Volker Schneider · Frank Janning
Philip Leifeld · Thomas Malang (Hrsg.)

Politiknetzwerke

Volker Schneider
Frank Janning
Philip Leifeld
Thomas Malang (Hrsg.)

Politiknetzwerke

Modelle, Anwendungen
und Visualisierungen

VS VERLAG FÜR SOZIALWISSENSCHAFTEN

Bibliografische Information der Deutschen Nationalbibliothek
Die Deutsche Nationalbibliothek verzeichnet diese Publikation in der
Deutschen Nationalbibliografie; detaillierte bibliografische Daten sind im Internet über
<http://dnb.d-nb.de> abrufbar.

1. Auflage 2009

Alle Rechte vorbehalten
© VS Verlag für Sozialwissenschaften | GWV Fachverlage GmbH, Wiesbaden 2009

Lektorat: Frank Schindler

VS Verlag für Sozialwissenschaften ist Teil der Fachverlagsgruppe Springer Science+Business Media.
www.vs-verlag.de

Umschlaggestaltung: KünkelLopka Medienentwicklung, Heidelberg
Druck und buchbinderische Verarbeitung: Krips b.v., Meppel
Gedruckt auf säurefreiem und chlorfrei gebleichtem Papier
Printed in the Netherlands

ISBN 978-3-531-16401-4

Inhaltsverzeichnis

Kapitel 1

Die Analyse politischer Netzwerke: Konturen eines expandierenden Forschungsfeldes

Volker Schneider

1.1 Einleitung

Die Analyse von Politiknetzwerken ist eine politikwissenschaftliche Forschungsrichtung, die in den letzten 20 Jahren entstanden ist und sich durch spezifische analytische Konzepte und Theorien, aber auch durch bestimmte Methoden und Forschungsansätze auszeichnet. Eine aktuelle Übersichtsbibliographie und eine bibliometrische Analyse zeigen, dass weit mehr als tausend Schriften – Bücher und Artikel – in diesem Bereich publiziert worden sind (Schneider et al. 2007).

Netzwerkstrukturen auf allen politischen Ebenen und in vielen Politikfeldern sind identifiziert und analysiert worden – von der Kommunalpolitik bis zur Weltpolitik, von der Agrarpolitik bis zur Zollpolitik. Ein Abflauen des Interesses ist noch nicht auszumachen. Der Publikationsstrom fließt weiter und macht es immer schwieriger, die zunehmende Differenzierung und Verästelung der Debatte zu überschauen. Selbst den vielen Übersichtsartikeln, die bislang zu diesem Thema veröffentlicht worden sind, ist es nicht gelungen, mit der stürmischen Entwicklung Schritt zu halten. Eine übergreifende „geistige Landkarte" der hierbei verwendeten Theorieansätze und Konzepte oder gar eine Synthese empirischer Befunde steht noch aus.

Dieser Band versucht insofern zur Systematisierung dieser Forschungsrichtung beizutragen, als in ihm zum einen die Vielfalt von Herangehensweisen demonstriert wird, zum anderen die verschiedenen Ebenen und Bereiche der Analyse herausgestellt werden. In den insgesamt 16 Kapiteln werden Studien vorgestellt, die im Rahmen von Forschungsvorhaben, Dissertationen und Diplomarbeiten am Fachbereich Politik- und Verwaltungswissenschaft der Universität Konstanz entstanden sind. Das breite Themenspektrum impliziert einen umfassenden Politiknetzwerkbegriff, der nicht nur Aspekte öffentlicher Politik (*public policies*), sondern auch Politik im Sinne von Interessenkonflikt (*politics*) und institutionellen Ordnungen (*polity*) umfasst. Für viele der hier präsentierten Analysen sind eigene Daten erhoben worden, die unter je unterschiedlichen theoretischen und methodischen Gesichtspunkten analysiert werden. Eine Gruppe befasst sich mit theoretisch-konzeptionellen und methodischen Systematisierungsversuchen. Andere wenden verschiedene Konzepte und Methoden auf spezifische empirische Untersuchungsgegenstände an und zeigen dabei sehr eindrücklich, dass dieses Analyseinstrument für die Untersuchung öffentlicher Politiken genauso fruchtbar sein kann wie für das Verständnis von Vernetzung zwischen Staat, Verbänden und anderen Lobbying-Akteuren. Selbst für die Erforschung organisatorischer Beziehungen, die für das Verständnis moderner Organisationsgesellschaften so entscheidend sind, ist Netzwerkanalyse hervorragend geeignet. Schließlich wird in zwei Beiträgen demonstriert, wie das strukturanalytische Potential der Netzwerkanalyse auch bei der Untersuchung von kognitiven Strukturen und Überzeugungssystemen genutzt werden kann.

In Einleitungen wie dieser wird oft versucht, ein Forschungsfeld als „Landkarte im großen Maßstab" zu skizzieren, in der verschiedene Forschungsorientierungen und Schulen verortet werden. Viele Übersichten zum Thema Politiknetzwerke haben hierzu schon wertvolle Beiträge geleistet. In den folgenden Abschnitten wird daher nicht versucht, eine weitere Spezialkarte zu zeichnen, sondern aus den vorliegenden Übersichten eine Synthese von Perspektiven zu gewinnen. Viele Reviews sind sowohl selektiv in Bezug auf die theoretischen Orientierungen als auch in Bezug auf die verwendeten Methoden. Manche konzentrieren sich nur auf bestimmte Untersuchungsformen, manche sogar nur auf bestimmte nationale Ansätze und Traditionen. Die meisten sind eher konzeptionell orientiert, einige versuchen jedoch generalisierungsfähige empirische Befunde dieser Forschungsrichtung herauszudestillieren (Raab und Kenis 2007; Schneider 2006; Adam und Kriesi 2007). Eine Zusammenschau von Übersichten zielt deshalb darauf, die unterschiedlichen Perspektiven in einer Metaübersicht zusammenzutragen.

Metaübersichten sind neben systematischen Reviews und Metaanalysen eine spezifische Forschungsstrategie, mit der versucht wird, das sich zunehmend spezialisierende Wissen in den verschiedenen Wissenschaftsbereichen möglichst systematisch zu überschauen. Mittels einer kontrollierten Auswahl von wissenschaftlichen Publikationen und einer an expliziten Kriterien orientierten Synthese von Forschungsresultaten soll der Stand der Forschung in einem bestimmten Gebiet in einer zumindest intersubjektiv überprüfbaren Form dargestellt werden. Hauptziel ist, die theoretischen und methodischen Orientierungen in einer Forschungsrichtung zu strukturieren. In bestimmten Bereichen der Policy-Forschung hat dieses Vorgehen bereits wichtige Dienste geleistet (Littell et al. 2008). Der Synthetisierungsgrad solcher Analysen hängt jedoch davon ab, wie formalisiert und standardisiert die jeweiligen Forschungsbefunde berichtet werden. Bei Metaanalysen ist diese Standardisierung zweifellos am höchsten. Dort wird versucht, selbst heterogene Wissensbestände eines Gebietes mit statistischen Verfahren vergleichbar zu machen. Auf diese Weise erwartet man, langfristig zu einem kumulativen Wissensfortschritt zu gelangen. Gering ist die Formalisierung eher bei narrativen oder interpretativen Übersichten, in denen Wissensbestände meist intuitiv oder zumindest nach einer nicht explizierten Systematik referiert werden. Ein mittleres Formalisierungsniveau haben systematische Übersichten, in denen zumindest das Auswahlverfahren der referierten Artikel sowie Bewertungskriterien klar spezifiziert werden.

Bei systematischen Reviews wie auch bei Metaanalysen ist man bestrebt, grundlegende wissenschaftliche Standards wie Nachvollzieh- und Überprüfbarkeit auch auf die Strukturierung von Wissensbeständen anzuwenden. Eine systematische Übersicht über die neusten Entwicklungen in diesem Forschungsgebiet, die diese Kriterien auch nur annähernd erfüllt, würde den Rahmen dieser Einleitung sprengen. Trotzdem soll im Folgenden zumindest eine systematische Zusammenstellung unterschiedlicher Theorieansätze, Forschungsorientierungen und Methoden anvisiert werden. Hierbei sollen das Auswahlverfahren der Übersichtsartikel sowie die Vergleichsdimensionen der verschiedenen Übersichtsartikel klar expliziert werden. Das Ziel dieser Einleitung ist daher weniger, die Reviews selbst zu klassifizieren, als auf der Grundlage ihrer Integration zu einer systematischen Zusammenstellung von Begriffsdefinitionen, Theorien und Methoden in der Politiknetzwerkanalyse zu gelangen. Hierbei wird in drei Schritten vorgegangen: In einem ersten Zugang wird die Auswahl der Übersichtsartikel begründet. Anschließend werden die Vergleichsdimensionen expliziert, die in der systematischen Vergleichsanalyse der Übersichten verwendet werden. Schließlich werden die verschiedenen Gegenstandsdefinitionen, Theorien und Methoden, die in den Überblicksartikeln thematisiert werden, möglichst systematisch zusammengetragen. Gleichzeitig werden auch die verschiedenen Beiträge dieses Sammelbandes in diese Systematik eingeordnet.

1.2 Politiknetzwerk-Übersichten und ihre Dimensionen

Der erste Schritt umfasst die Identifikation von Publikationen, die in ihrer Hauptfunktion eine Darstellung des betreffenden Forschungsfeldes anstreben oder als Nebenprodukt anderer Ziele (z. B. Theoriebildung oder empirische Analyse) zumindest partielle Übersichten enthalten.[1] Zu den erstgenannten Reviews zählen Artikel in Handbüchern (John 2001; Raab und Kenis 2007; Rhodes 2006), Lehrbüchern (Windhoff-Héritier 1993; Knill 2000; Schneider 2008), Übersichten und Einleitungen in Sammelbänden (Kenis und Schneider 1991; Marin und Mayntz 1991; Klijn 1997; Marsh 1998; Baumgarten und Lahusen 2006; Adam und Kriesi 2007; Lang und Leifeld 2008) und nicht zuletzt auch spezifische Überblicksartikel in wissenschaftlichen Zeitschriften (Jordan und Schubert 1992; Dowding 1995; Börzel 1998; Thatcher 1998). Zur zweiten Gruppe zählen Publikationen, die weniger eine systematische Darstellung des Forschungsfeldes anstreben als auf spezifische theoretische, methodische oder empirische Aspekte fokussieren und hierbei zumindest partiell diese neue Forschungsrichtung darstellen (Atkinson und Coleman 1989; Rhodes 1990; van Waarden 1992; Pappi 1993; Scharpf 1994; Mayntz 1996; Peters 1998; Carlsson 2000).

Mit einer solchen zitationsbasierten Auswahl konnten mehr als zwanzig Übersichtsartikel identifiziert werden, in denen die Forschungsrichtung der Analyse politischer

---

[1]Das zentrale Kriterium zur Aufnahme in die hier untersuchte Zusammenstellung ist die internationale Sichtbarkeit der Publikationen, gemessen über durchschnittliche jährliche Zitationen sowohl in Web of Science (*WoS*) als auch in Google Scholar (*GS*). Die Zitation einer Publikation hat in der internationalen Wissenschaftsgemeinschaft in WoS ein höheres Prestige als in GS, was hauptsächlich durch die exklusivere Datengrundlage von WoS bedingt ist, in der vorrangig Artikel aus hochwertigen Zeitschriften ausgewertet werden. Ein Nachteil des WoS ist, dass diese Exklusivität zu einem starken Selektionsbias führt. Buchpublikationen und Artikel, die in nichtenglischen Sprachen veröffentlicht werden, werden hier nur zu einem Bruchteil wahrgenommen. Auch bei GS gibt es derartige Verzerrungen, jedoch nicht in dem Maße wie in WoS. Aus diesem Grund ist es sinnvoll, bei der Identifikation relevanter Publikationen beide Datenbasen kombiniert zu verwenden.

Netzwerke mehr oder weniger übergreifend skizziert wird. Diese Übersichten werden im Folgenden verwendet, um ein komposites Bild der Politiknetzwerkanalyse zu erstellen. Hierbei werden hauptsächlich drei Dimensionen untersucht:

- Auf metatheoretischer Ebene ist interessant, wie diese spezifische analytische Orientierung eingeordnet und wie der Gegenstandsbereich von Politiknetzwerken definiert und spezifiziert wird. Handelt es sich um einen Theorieansatz, um eine bestimmte Forschungsstrategie oder eher um eine neue methodische Richtung? Fokussiert diese Analyse nur auf den Policy-Aspekt, oder werden alle Dimensionen des Politikbegriffs erfasst? Wichtig in dieser Dimension ist auch, welche Konnotation dem Netzwerkbegriff zugewiesen wird.

- Aufschlussreich ist ferner, wie sich die verschiedenen theoretischen Strömungen der Analyse politischer Netzwerke aufgliedern und auf welche Hintergrund- oder Komplementärtheorien Bezug genommen wird. Gibt es spezifische Netzwerktheorien oder eher allgemeine Theorien, die zum Netzwerkdenken anschlussfähig sind?

- Auf methodischer Ebene ist schließlich von Interesse, welche Untersuchungsformen, Forschungsdesigns und Methoden unterschieden werden. Ist Netzwerkanalyse selbst eine spezifische Untersuchungsform, oder sind auch viele der allgemeinen sozialwissenschaftlichen Forschungsstrategien und Designs anwendbar?

In empirischer Hinsicht könnte ein Vergleichskriterium sein, ob und wieweit Befunde empirischer Netzwerkanalysen bereits generalisierungsfähig sind. Dies würde allerdings voraussetzen, dass bereits Metaanalysen oder qualitative Synthesen vorliegen. Wie Raab und Kenis (2007) richtig beobachten, ist das Forschungsfeld hier bezüglich der verwendeten Ansätze und Verfahren jedoch noch zu heterogen. In den folgenden Abschnitten konzentriert sich die Metaübersicht daher auf das in Übersichtsartikeln präsente Spektrum an Einordnungen, Begriffsdefinitionen, Theorien und Methoden.

1.3 Metatheoretische Einordnungen und Begriffsdefinitionen

Die zentralen Fragen auf theoretischer Ebene sind einerseits, wie die Politiknetzwerkanalyse meta- und wissenschaftstheoretisch eingeordnet wird, andererseits auf welche Theorien und Ansätze die jeweiligen Analysen Bezug nehmen. Bevor auf die einzelnen Theorien eingegangen wird, ist zunächst der wissenschaftslogische Status der Politiknetzwerkanalyse zu klären.

In der Frage, worum es bei der Analyse politischer Netzwerke genau geht, unterscheiden sich die verschiedenen Perspektiven sehr deutlich:

- Eine allgemeine Übereinstimmung besteht darin, dass das „Beziehungsnetz" in der Politik zunächst eine im Alltagswissen leicht zugängliche Metapher darstellt. Dieser wird jedoch sehr unterschiedliche Theoriefähigkeit bescheinigt (Dowding 1995; Pappi und Henning 1998; Peters 1998).

- Der Theoriestatus wird am wenigsten von einigen britischen Autoren bestritten, die im Politiknetzwerk-Begriff bereits eine eigenständige Theorie angelegt sehen, die diese Phänomene von anderen Politikstrukturen wie etwa Policy-Communities abgrenzt (Marsh 1998; Rhodes 2006).

- Aus einer weiteren Perspektive kann der Politiknetzwerkansatz als eine „Netzwerktheorie der Politikproduktion im Entstehen" betrachtet werden, die letztlich aus vielen erfolgreichen Hypothesentests hervorgehen würde. Die Bestrebungen seien bislang jedoch wenig erfolgreich gewesen, und das „Theorien-Lagerhaus" sei eher leer (Raab und Kenis 2007).

- Alternativ hierzu ist Politiknetzwerkanalyse eher ein methodisch orientierter, theorieunspezifischer analytischer Ansatz, der – je nach Gegenstand und Fragestellung – ganz unterschiedliche Theorien integriert und weniger auf eine allgemeine Netzwerktheorie hinzielt (Lang und Leifeld 2008; Brandes und Schneider 2009).

- Schließlich kann diese Forschungsrichtung als eine bloße Ansammlung quantitativer und qualitativer Verfahren im Sinne einer „analytischen Werkzeugkiste" (Börzel 1998; Knill 2000) betrachtet werden, die keine bestimmten Theoriebezüge implizieren.

Wie die vorausgegangenen Zitationen zeigen, sind alle diese Verortungen in der Übersichtsliteratur vertreten. Ein erstes Ergebnis dieser Zusammenstellung ist daher, dass die überwiegende Mehrheit der Autoren von keiner allgemeinen Theorie der Politiknetzwerke spricht und im Gegensatz auf ein Spektrum von Theorien verweist, auf das netzwerkanalytische Methoden angewandt werden können. Insofern ist dieser Forschungsansatz kein „Paradigma" (Kuhn 1970), als viele Begriffe verwendet werden, die gleichzeitig in unterschiedlichen Theorien Verwendung finden. Treffender für diesen Zusammenhang ist eher der Begriff der „Theoriennetze" (Stegmüller 1973). Hier existieren zwar jeweils zu einer Theorie gehörige Kernbegriffe, neben denen aber überschneidende Begriffe koexistieren können, die ihren spezifischen Sinn je nach Theoriennetz changieren. Der Begriff Netzwerk im Kontext der Graphentheorie hat beispielsweise eine andere Bedeutung als der Netzwerkbegriff im Neoinstitutionalismus oder gar in der Sozialkapitaltheorie. Während die Graphentheorie ein rein formal-abstraktes Beschreibungs- und Aussagensystem darstellt, in der alle Konfigurationen von Knoten, die mit Kanten verbunden sind, als Netzwerke betrachtet werden, ist mit dem neoinstitutionalistischen Netzwerkbegriff eine sehr spezifische Beziehungskonfiguration verbunden, die z. B. von Markt und Hierarchie abgegrenzt wird. In der Sozialkapitaltheorie wiederum geht es eher um Dichte und Intensität von Beziehungen und weniger um eine bestimmte Strukturausprägung. Man kann daher den einfachen Schluss ziehen, dass unterschiedliche Netzwerktheorien auch unterschiedliche Netzwerkbegriffe verwenden. Einen Einblick in diese Bedeutungsvarianten gibt der Beitrag von Brandes und Schneider (2009) in diesem Band.

Beim Politiknetzwerk ergeben sich grundlegende Bedeutungsdimensionen zunächst aus den drei Perspektiven des Politikbegriffs, wie er in der Politikwissenschaft gebraucht wird: Politik kann sich auf *Policy*-Aspekte (inhaltliche, problembezogene Seite), auf *Politics*-Facetten (Perspektive der Konflikte, Macht- und Interessenkämpfe), als auch auf die *Polity* (institutionelle Ordnung des politischen Raums) beziehen. Dies gibt eine Überschneidung von Mengen, bei der sich den unterschiedlichen Teil- und Schnittmengen insgesamt sieben Politiknetzwerkbegriffe zuordnen lassen:

1. Den engsten Fokus und die kürzeste Reichweite besitzt der Begriff des „Themennetzwerks" („issue network") (Heclo 1978), indem dieser Begriff auf persönliche Netzwerke zwischen den an einer öffentlichen Politik beteiligten Experten, die auf bestimmte Themenbereich spezialisiert sind, verweist. Dieser Begriff bezieht sich daher auf eine Untermenge des Policy-Netzwerk-Begriffs. Das Themennetzwerk steht der Alltagsvorstellung eines Netzwerks sehr nahe und ist fachsprachlich eng verwandt mit der *policy community* (Wright 1988), die auf ein Expertennetzwerk verweist, das sich um ein Politikthema herum – wie z. B. Gesundheitspolitik – bildet.

2. Deutlich erweitert ist der Fokus eines Politiknetzwerkbegriffs, der nicht nur Experten, sondern alle an einer spezifischen öffentlichen Politik beteiligten Akteure aus unterschiedlichen gesellschaftlichen Teilbereichen umfasst. Diese sind durch spezifische Austausch- und Kooperationsbeziehungen miteinander verbunden, durch ähnliche Orientierungen geprägt und mit unterschiedlichen Ressourcen und Kapazitäten ausgestattet. Gemeinsam „produzieren" sie eine öffentliche Politik in dem Sinne, wie ein industrielles Produktionsnetzwerk ein bestimmtes Produkt produziert.

3. Eine noch größere Reichweite hat ein Politiknetzwerkbegriff, der alle Akteure des zweiten Politiknetzwerkbegriffs enthält, jedoch zusätzlich auch Akteure integriert, die abweichende Ziele und Werte verfolgen und beispielsweise auch eine öffentliche Politik verhindern möchten. Auch wenn diese Akteure inhaltlich nichts zur Formulierung beitragen, aber formelle und informelle Vetopositionen besitzen, sind sie für den Policy-Verbund relevant. Durch den Einbezug von Politics-Aspekten könnte man dieses dritte Politiknetzwerk knapp als „Konfliktnetzwerk" bezeichnen.

4. Eine ähnliche Reichweite, aber einen anderen Fokus besitzt ein vierter Politiknetzwerkbegriff, der sich sowohl auf Polity- als auch auf Politics-Aspekte bezieht. Beispielhaft für diese Sicht stehen jene Beiträge in diesem Buch, die Affiliationsnetzwerke zwischen dem Parlament und Interessengruppen herausarbeiten.

5. Noch größer ist die Reichweite eines Politiknetzwerkbegriffs, der sich auf das national spezifische, aber über einzelne öffentliche Politiken hinausweisende Netzwerk bezieht, das gesellschaftliche Teilbereiche wie Staat, intermediäre Organisationen und Gesellschaft mit unterschiedlichen Orientierungen, Ressourcen und Institutionen integriert. Diese Konfiguration kann als „Interessenvermittlungsnetzwerk" bezeichnet werden. In diesem Begriff sind alle Politikdimensionen enthalten, gleichzeitig bezieht dieser sich aber eindeutig auf eine spezifische Systemstruktur.

6. Eine ähnliche System- oder Konfigurationsperspektive nimmt ein Politiknetzwerkbegriff ein, der besonders die koordinativen und steuerungsrelevanten institutionellen Beziehungen zwischen Akteuren hervorhebt, die für die Lösung politisch relevanter Probleme bedeutsam sind. Dieses Steuerungsnetzwerk integriert alle drei Politikperspektiven, betont jedoch das Netzwerk als eine spezifische Governance- bzw- Steuerungsstruktur.

7. Die größte Reichweite und den schwächsten Fokus hat der letzte hier diskutierte Begriff: Er ist rein graphentheoretisch fundiert und umfasst alle Beziehungen zwischen politikrelevanten Akteuren (Individuen, Gruppen, Organisationen, Institutionen) und Beziehungskonfigurationen jedweder Ausprägung und Ausdehnung – von egozentrierten Wählernetzwerken über nationale Elitennetzwerke bis zu inter- oder transnationalen Verhandlungsnetzwerken. Dieser Begriff ist zugleich der inklusivste und abstrakteste und wurde sehr klar von Pappi (1993) herausgearbeitet. Er ist anschlussfähig an alle Theorien und anwendbar auf allen analytischen Ebenen. Wird z. B. ein umfassender Politikbegriff verwendet, dann können aus dieser Perspektive auch interne Prozesse von Firmen und Bürokratien als „Mikropolitik" erfasst werden.

Diese Auflistung zeigt, dass es aus wissenschaftstheoretischer Perspektive wenig Sinn macht, über die Mehrdeutigkeit oder gar Schwammigkeit des Wortes Politiknetzwerks zu klagen. Hinter der bloßen Bezeichnung verbergen sich einfach verschiedene Begriffe, die jeweils unterschiedliche Foki und damit auch unterschiedliche Bedeutungen haben.

1.4 Theorien und Forschungsansätze

Die verschiedenen Übersichtsartikel können in einem weiteren Schritt darauf hin untersucht werden, welche Theorien oder Strömungen der Theorieentwicklung dort thematisiert werden. Generell ist das Spektrum der in der sozialen Netzwerkanalyse angewandten Theorien recht breit: Es reicht von Großparadigmen (wie etwa Strukturfunktionalismus oder Rational Choice) über Theorien mittlerer Reichweite (wie beispielsweise die Tauschtheorie oder der Neokorporatismus) bis zu punktuellen Minitheorien (z. B. die Theorie des strukturellen Gleichgewichts oder der strukturellen Löcher).

In den Analysen politischer Netzwerke spiegelt sich dieses breite Spektrum wider, obwohl einige dieser Schulen klar im Vordergrund stehen. Während die älteren Reviews der frühen 90er Jahre hauptsächlich jene Strömungen skizzierten, die als Vorläufer der Politiknetzwerkanalyse betrachtet werden können, versuchen spätere Übersichten die unübersichtlich werdende Debatte zu ordnen. Kenis und Schneider (1991) verweisen hinsichtlich der theoretischen Abstammung zum einen auf die politik- und verwaltungswissenschaftliche Policy-Forschung, auf organisationssoziologische Ansätze, die auf interorganisationale Beziehungen fokussieren, und Varianten der politischen Soziologie, die einerseits in der Eliteforschung, andererseits in der Verbändeforschung anzutreffen sind. Jordan und Schubert (1992) fügen diesem Spektrum weitere Ansätze und Begriffstypologien aus der amerikanischen und britischen

Policy-Forschung hinzu. Windhoff-Héritier (1993) zufolge fließen in der Analyse von Politiknetzwerken folgende Strömungen zusammen: die Rational-Choice-Theorie in Form der Ressourcentausch und -abhängigkeitstheorie; der politische Neoinstitutionalismus; die symbolische Interaktionstheorie und die Policy-Analyse. Klijn (1997) ordnet die Theorieentwicklung hin zur Politiknetzwerkanalyse in der Weise, als er organisationswissenschaftliche, policy-analytische und politikwissenschaftliche Ansätze mit jeweiligen Untervarianten unterscheidet, die ein breites Spektrum von sozialwissenschaftlichen Theorien umfassen.

Versuche, die Debatte selbst zu strukturieren beginnen mit dem einflussreichen Überblicksaufsatz von Dowding (1995), der einen deskriptiven, einen Präferenz- und Koalitionsbildungs-, sowie einen soziologischen Ansatz unterscheidet. Der erstgenannte umfasst im Wesentlichen britische Studien (Rhodes 1990; Marsh 1998), der zweite angelsächsische Studien zu Kollektiventscheidungen und Koalitionsbildungen. Hierzu gehört auch das amerikanische Advocacy-Coalitions-Framework (Sabatier 1993). Der dritte Ansatz enthält diverse amerikanische und deutsche Studien, die auf politisch-soziologischen Theorien und Theorieansätzen basieren. Eine einflussreiche Differenzierung, die bereits bei Pappi (1993) angelegt war, führte Börzel (1998) mit der Unterscheidung zwischen Analysen ein, die einerseits auf der Governance-Theorie, andererseits auf Theorien der Interessenvermittlung basieren. Viele nachfolgende Übersichten haben diese Einteilung teilweise oder ganz übernommen (John 2001; Rhodes 2006; Adam und Kriesi 2007). Interessanterweise ordnete Rhodes (2006) die Interessenvermittlungsperspektive, die interorganisationale Analyse und den Governance-Ansatz als deskriptive Anwendung ein, während als die wichtigsten theoretischen Ansätze nur die Machtdependenztheorie und Rational Choice erwähnt werden. Die inklusivste und systematischste – weil bibliometrisch fundierte – Übersicht haben Lang und Leifeld (2008) vorgelegt, die zu den bereits erwähnten Ansätzen einige bislang in der Diskussion noch nicht identifizierten Ausläufer hinzufügen und damit zu insgesamt fünf Theoriefamilien gelangen: Organisationsstaat und politischer Tausch; Eliten und Weltsystem; Partizipation und Sozialkapital; Governance und Interessenvermittlung; Issue networks, Epistemic Communities und Advocacy Coalitions.

Auch wenn das Verständnis von dem, was Theorien, Theorieansätze oder nur einfache analytische Bezugsrahmen darstellen, über die Artikel hinweg stark variiert, so lassen sich in vereinfachter Weise folgende Theorieansätze in der Analyse politischer Netzwerkanalyse als „Top 10" identifizieren. Die Zusammenstellung beschränkt sich nicht nur auf die Analyse von Policy-Netzwerken, sondern ist von einem inklusiven Politikbegriff geprägt, der alle drei Politikperspektiven integriert:

1. Interessenvermittlungstheorien aus der vergleichenden Politikwissenschaft und politischen Soziologie, in denen netzwerkanalytisch insbesondere Kommunikations- und Verhandlungsbeziehungen zwischen wichtigen gesellschaftlichen Gruppen wie Staat, Wirtschaft, Arbeit und Zivilgesellschaft und deren intermediären Organisationen im Vordergrund stehen. Die jeweiligen Theorien thematisieren sozio-politische Konfigurationen wie Pluralismus, Korporatismus, Klientelismus und Etatismus. Davon abgeleitete Hypothesen vermuten eine

differenzielle Leistungsfähigkeit dieser Strukturen in der Lösung politischer und gesellschaftlicher Probleme. Ein Beispiel bieten Atkinson und Coleman (1989).

2. Governance-Theorien aus der Wirtschaftswissenschaft, Soziologie und der Policy-Forschung, die teilweise durch die erstgenannte Theoriegruppe inspiriert sind, jedoch stärker auf die Erklärung gesellschaftlicher Koordination und Ordnungsbildung zielen. Auch sie sind stark an Problemlösungsfähigkeit interessiert; ein spezifisches Merkmal dieser Ansätze ist, dass ein Netzwerk nicht nur eine Ansammlung von Beziehungen, sondern als spezifische Form dezentraler und horizontaler Kommunikation – d. h. als spezifische Governancestruktur – betrachtet wird (Kenis und Schneider 1991).

3. Macht-, Tausch- und Ressourcenabhängigkeitstheorien aus der Soziologie und der Managementlehre. In diesen Ansätzen werden insbesondere die gegen- und einseitige Abhängigkeit von Organisationen in den für sie wichtigen Ressourcenbeziehungen und die hierauf basierenden Austauschnetze betont. Netzwerkanalyse wird hier nicht nur dazu eingesetzt, die Ressourcenflüsse in der Produktion einer öffentlichen Politik abzubilden, sondern in der Struktur dieser Austauschbeziehungen auch die spezifischen Machtpositionen der verschiedenen Akteure zu bestimmen (Knoke 1990; Rhodes 1990).

4. Theorien kollektiver Entscheidungen und Koalitionsbildungen aus der politischen Ökonomie. Mittels Netzwerkanalyse werden hier einerseits die Teilnahme an Entscheidungen, andererseits die Struktur von Präferenzen und Interessenpositionen als auch Informationsaustauschbeziehungen zur Aushandlung gemessen und analysiert (Carlsson 2000).

5. Sozialkapitaltheorien aus der politischen Soziologie, die den Wert und Investitionscharakter von sozialen Beziehungen nicht nur für die einzelnen Individuen, sondern auch für die Integration ganzer Sozialsysteme betonen. Netzwerkanalyse wird hier besonders zur Messung und Analyse von vertrauensbildenden Beziehungen zwischen Individuen, aber auch zur Affiliationsanalyse zwischen Individuen und freiwilligen Organisationen eingesetzt (La Due Lake und Huckfeldt 1998).

6. Eliten- und Klassentheorien aus der politischen Soziologie, in denen persönliche und organisatorische Netzwerkbeziehungen als relevant für den Zusammenhalt und die Integration politischer Eliten betrachtet werden. Zentrale Untersuchungseinheiten sind hier entweder Personen oder Organisationen. In einigen Ansätzen werden auch Kontrollbeziehungen zwischen Eliten und ökonomischen und politisch-bürokratischen Positionen betont (Knoke 1993).

7. Weltsystemtheorien, die stark durch die marxistische politische Ökonomie inspiriert sind. Die zentralen Analyseeinheiten sind hier Nationalstaaten, die über politische und ökonomische Beziehungen miteinander verknüpft sind. Die Beziehungsanalyse fokussiert dabei nicht nur auf das Netzwerk der Handels- und Kapitalflüsse, in dem Länder und Regionen zentral, semiperipher oder peripher

verortet werden, sondern auch auf politische Interventions- und Kontrollmuster, die auf die Stabilisierung dieser globalen Strukturen zielen (Snyder und Kick 1979).

8. Theorien rationalen Wählens, die auf polit-ökonomischen Theorien rekurrieren, jedoch mit soziologischen Ansätzen erweitert werden, die den Wähler nicht nur als isolierten Nutzenmaximierer, sondern im Netz sozialer Beziehungen betrachten, der sich durch sein soziales Umfeld beeinflussen lässt. Der analytische Fokus liegt hier in der Regel auf egozentrierten Netzwerken, die den einzelnen Wähler umspannen (Huckfeldt und Sprague 1987).

9. Populations- und Organisationsökologische Theorien, die größtenteils aus der Organisationssoziologie stammen, dort aber durch biologische Theorien inspiriert wurden. Wie Ökosysteme hochgradig vernetzt und ineinander verschachtelt sind, so können auch „Politökologien" (Ronit und Schneider 1997) als multiplexe Mehrebenennetzwerke betrachtet werden. Neuere Ansätze in der Verbändeforschung nehmen Bezug auf diese Perspektive (Lang et al. 2008).

10. Diskurs- und Kommunikationstheorien, in denen Netzwerke nicht nur als Affiliationsbeziehungen zwischen politischen Akteuren und Überzeugungssystemen, sondern auch in der Beschreibung und Analyse der inneren Struktur dieser kognitiven Systeme zwischen den Akteuren zum Tragen kommen. Insbesondere der Beitrag von Janning et al. (2009) in diesem Band gibt einen Überblick über diesen Bereich der Theorienlandschaft.

1.5 Untersuchungsformen und Methoden

In den meisten Übersichten stehen theoretische und konzeptionelle Fragen im Vordergrund. Einige Übersichtsartikel äußern sich jedoch auch zu Untersuchungsformen, Forschungsdesigns und Methoden. Hier kann bereits eine Zusammenstellung und Auflistung möglicher Varianten zu einer Systematisierung dieser Forschungsrichtung beitragen.

Das Spektrum möglicher Analyseformen ist ein Abbild moderner Wissenschaft und ihrer vielfältigen Erkenntnismöglichkeiten. Wie Arbeit in modernen, funktional differenzierten und vernetzten Gesellschaften sehr spezialisiert verrichtet wird und Endprodukte aus vielen parallelen und vorgelagerten Arbeitszusammenhängen hervorgehen, so gibt es auch in der Wissenschaft verschiedene Untersuchungsformen, Produkttypen und Verflechtungszusammenhänge in der Erkenntnisproduktion.

Diese Ausdifferenzierungen sind auch für die politische Netzwerkanalyse relevant. Generell können sich wissenschaftliche Untersuchungen an Problemen, Daten, Theorien, Hypothesen und Methoden orientieren oder an Kombinationen derselben. Jede Untersuchungsform verfügt über einen eigenen Bezugsrahmen, in dem spezifische Fragestellungen sinnvoll sind. Beispielsweise gehen datenorientierte Analysen nicht einfach von Beobachtungen aus, sondern von der Grundannahme, dass Realität als solche nicht direkt zugänglich ist, sondern mittels Daten repräsentiert werden. Diese können Beobachtungen enthalten, sind jedoch nicht auf diese beschränkt, da nicht alles beobachtbar ist. Manche Dinge können jedoch indirekt aus anderen Beobachtungen erschlossen werden. Analysen, in denen es daher um Messbarkeit geht, wie z. B. die Konstruktion von Indikatoren, können als datenorientiert eingestuft werden. Eine Untersuchungsform, in der das Untersuchungsobjekt weniger die empirische Welt selbst als die sie darstellenden Begriffe und Theorien darstellt, ist eher theorieorientiert. In hypothesenorientierten Untersuchungen schließlich sind zwei Orientierungen denkbar: Einerseits kann die Bildung und Formulierung von Hypothesen im Vordergrund stehen, andererseits die Überprüfung an empirischen Daten. Letzere können zu diesem Zweck selbst erhoben werden (Primärdaten) oder aus anderen Erhebungen stammen (Sekundäranalysen). Bei der Bildung von Hypothesen können diese entweder deduktiv aus Theorien abgeleitet werden oder induktiv durch empirische Daten oder Probleme inspiriert sein. In methodenorientierten Studien schließlich stehen Anwendung und Funktionsweise von Verfahren im Vordergrund. Diese können sich auf ein breites Spektrum von Mess- und Analyseverfahren beziehen. Das Spektrum der Kombinationsmöglichkeiten zeigt, dass es viele Wege zur wissenschaftlichen Erkenntnis gibt.

Hinzu kommt, dass neben den diversen Instrument-Kombinationen auch Spezialisierungen innerhalb der Instrumente entstehen. In der Theoriebildung zielen viele Arbeiten auf die Systematisierung und Spezifizierung von Begriffen (Theoriebildung im engeren Sinne), während andere wiederum an der Typologisierung und Klassifizierung von Theorieansätzen arbeiten, was ein wichtiges Anliegen eines Übersichtsartikels ist. Mit Simulation und Modellierung schließlich können als spezifische Formen von „Gedankenexperimenten" spezifische Theorie-Hypothesen-Kombinationen betrachtet werden, soweit es nicht um reine Modellüberprüfungen an empirischen Daten geht („model fitting").

Auch auf empirischer Ebene gibt es neue Spezialisierungen in Bezug auf daten- und hypothesenorientierte Arbeiten. Neben der Masse konventioneller Hypothesentests ist eine zunehmende Anzahl von Studien darauf aus, mittels qualitativer und quantitativer Verfahren die vorliegenden empirischen Befunde zu synthetisieren. Eine spezielle Strategie der quantitativen Synthese ist die Metaanalyse, daneben werden aber auch qualitative Integrationsformen vorgeschlagen. Insgesamt ergibt dies eine beachtliche Vielfalt wissenschaftlicher Untersuchungsformen und daraus hervorgehender „Wissensprodukte".

Auch im vorliegenden Buch wird ein Großteil dieses wissenschaftlichen Produktspektrums abgedeckt. In vielen werden eigens erhobene Daten präsentiert (Analyse von Primärdaten); in zwei Fällen werden aus anderen Quellen stammende Daten zur Überprüfung theoretisch abgeleiteter Hypothesen verwendet (Sekundärdatenanalyse). Die Beiträge im ersten Teil dieses Buches sind dezidiert an Theorie- und Methodenentwicklung orientiert. Obwohl bei den meisten hier erörterten Übersichtsanalysen das Hauptaugenmerk auf der konzeptionellen Ebene liegt, so werden doch in einigen auch methodische Fragen angesprochen. Die längste Tradition hat die Unterscheidung zwischen quantitativen, qualitativen und gemischten Untersuchungsformen (Marin und Mayntz 1991; Börzel 1998). Eine neue Übersicht hebt am Beispiel vergleichender Fallstudien die Vorteile qualitativer Erhebungsverfahren wie teilstrukturierte Leifadeninterviews hervor und sieht darin insbesondere den Vorteil, ein tieferes Verständnis für Sinnbezüge und Bedeutungen von Beziehungen zu gewinnen (Baumgarten und Lahusen 2006). Mehrere Darstellungen sehen besonders das vergleichende Vorgehen als gut geeignet, um differenzielle Wirkungen von Netzwerkstrukturen zu bestimmen. Windhoff-Héritier (1993) verweist auf das Potenzial des Most-Similar-Systems-Design. Auch Marsh (1998) betont die Vorzüge des komparativen Ansatzes, um die spezifische Wirksamkeit von Netzwerkstrukturen herauszuarbeiten. Neben der Forschungsstrategie des internationalen Vergleichs (Vergleich von Politiknetzwerken unterschiedlicher Länder) wird dabei auch der intersektorale Vergleich von Politikfeldern oder Politikarenen hervorgehoben.

In Kenis und Schneider (1991) wurde neben vergleichenden Ansätzen eine Reihe weiterer Forschungsstrategien erörtert, die bei der Analyse von Politiknetzwerken Anwendung finden können: Präskriptive Analysen von Politiknetzwerken, in denen empirisch vorliegende Strukturen mit aus normativen Theorien abgeleiteten Idealkonfigurationen verglichen werden; die Bildung und Überprüfung formaler Modelle z. B. zu Interaktionsstrukturen und Austauschprozessen; die Überprüfung von Struktur- oder Konfigurationshypothesen in Bezug auf Netzwerke; und schließlich der Einsatz der Netzwerkanalyse, um komplexe Interaktions- und Netzwerkdynamiken zu rekonstruieren. Der letztgenannte Punkt ist ein früher Verweis auf die sich im letzten Jahrzehnt ausbreitende Forschung zur agentenbasierten Modellierung, auf die besonders in der aktuellen Übersicht von Adam und Kriesi (2007) hingewiesen wird. Beide Autoren unterscheiden diesen neuen Typus der Netzwerkanalyse von zwei älteren Formen, in denen es einerseits um die Analyse von Positionen in Netzwerken gehe, die mittels spezifischer Indizes gemessen werden (variablenorientierter Ansatz), andererseits um die Analyse von Koalitionsstrukturen, in denen die Gruppierung und Klassifikation von Akteuren und Beziehungen im Vordergrund stehe (Cliquenanalyse und Blockmodelle).

Generell ist festzustellen, dass es neben den Forschungsdesigns, die ausschließlich in Netzwerkanalysen angewandt werden (wie etwa die Analyse egozentrierter Netzwerke oder Blockmodelle), auch Untersuchungsformen und Forschungsstrategien gibt, die unspezifisch sind und in vielen sozialwissenschaftlichen Forschungskontexten Verwendung finden (wie etwa Einzelfallstudien, vergleichende Fallstudien, Regressionsanalysen). Eine integrierende Darstellung dieses Spektrums ist nicht leicht, da jede dieser Grundformen aus vielen unterschiedlichen Facetten besteht. Klassifikationen können sich an folgenden Differenzierungen orientieren:

- Eine Analyse kann sich primär auf die Welt der Ideen (Begriffe, Theorien, Methoden) oder auf materielle Probleme und die in Daten repräsentierten empirischen Fakten beziehen;

- Eine Untersuchung kann sich auf einen einzelnen Fall oder auf den Vergleich mehrerer oder sogar vieler Fälle beziehen;

- Die methodische Ausrichtung der Analyse kann qualitativ oder quantitativ sein;

- Die empirische Basis können Primär- oder Sekundärdaten sein;

- Die Untersuchung kann beschreibend, Hypothesen generierend oder Hypothesen überprüfend ausgerichtet sein;

- Die Auswahl und Anordnung der Untersuchungsfälle kann experimentell, quasi-experimentell oder auch nicht-experimentell orientiert sein;

- In der Analyse von Beziehungsnetzen können Daten sich auf Gesamtnetze oder auch nur auf egozentrierte Teilnetze beziehen, die sich um Personen bilden, die im Fokus der Analyse stehen.

Natürlich ist diese Aufzählung von Kategorisierungsdimensionen nicht erschöpfend. Viele, wenn auch nicht alle, können miteinander kombiniert werden. Fallstudien müssen sich nicht auf qualitative Methoden beschränken, sondern können auch quantitative Elemente enthalten. Einige der in diesem Band enthaltenen Studien präsentieren einen solchen Methodenmix. Studien mit größeren Fallzahlen sind meist quantitativ ausgerichtet, weil eine Vielzahl qualitativer Analysen rein forschungspraktisch schwer zu realisieren ist; prinzipiell ist das aber nicht unmöglich. Andererseits macht eine qualitative Analyse beim Vergleich vieler kleiner und einfacher Netze wie z. B. egozentrierter Netzwerke wenig Sinn. Ein ähnliches Argument betrifft experimentelle Studien. Diese müssen nicht per se auf den Vergleich vieler Fälle ausgerichtet sein. Wie beispielsweise Diamond (1983) am Beispiel der ökologischen Analyse zeigt, sind auch experimentelle und quasi-experimentelle Fallstudien denkbar.

In methodischer Hinsicht sind unter den hier diskutierten Übersichtsartikeln nur wenige so differenziert, dass sie auf die jeweiligen netzwerkanalytischen Methoden eingehen. Viele verweisen auf deren mathematische Wurzeln (Graphentheorie). Spezifische netzwerkanalytische Methoden werden aber nur selektiv erwähnt. Bereits Kenis und Schneider (1991) und Windhoff-Héritier (1993) verweisen auf Varianten der Verbundenheitsanalyse und der Analyse von Subnetzwerken und die Methode der multidimensionalen Skalierung. In Pappi (1993) werden die Grundgedanken der Netzwerkanalye als Methode skizziert sowie einzelne Verfahren wie die Analyse indirekter Beziehungen und Pfaddistanzen sowie struktureller Äquivalenzen in Grundlinien erläutert. Dowding (1995) stellt in einer Tabelle unter dem Titel „Logik der Netzwerkanalyse" die Hauptuntersuchungseinheiten und -dimensionen dar und erwähnt dort auch die Zentralitätsanalyse. Neuere Übersichten sind diesbezüglich detailreicher und präziser. Raab und Kenis (2007) verweisen in dieser Hinsicht auf die Analyse von Dichte, Zentralität, Prestige, Cliquenzugehörigkeit und strukturelle Äquivalenz. Einige dieser Analysemethoden werden auch bei Adam und Kriesi (2007) angesprochen, wie beispielsweise Blockmodellierung, multidimensionale Skalierung und Clusteranalyse. Wie bereits vermerkt, ist dort die Erwähnung der agentenbasierten Modellierung sehr innovativ. Sehr systematisch wird das Spektrum quantitativer Methoden in Lang und Leifeld (2008) dargestellt, wo unterschiedliche Methoden der Zentralitätsanalyse erörtert, die Analyse von Netzwerkdichte, Blockmodellanalyse und MDS erklärt und schließlich auch Clusteranalyse und Cliquenanalyse als Verfahren kurz skizziert werden. Als Fazit dieser Zusammenschau lassen sich die wichtigsten der in der Politiknetzwerkanalyse verwendeten Verfahren und Techniken unter folgende Analysetypen subsumieren:

- In der Verbundenheitsanalyse wird untersucht, wie stark ganze Netze oder Teilnetze verbunden sind. Ein zentrales Kriterium dabei ist die Netzwerkdichte, welche die Anzahl der existierenden Beziehungen mit der Anzahl theoretisch möglicher Verknüpfungen in Beziehung setzt. Ein weiteres Kriterium kann sein, ob ein Netz in der Form verknüpft ist, dass jeder Knoten über direkte und indirekte Verbindungen mit jedem anderen Knoten verbunden ist, oder ob das Gesamtnetz in unverbundene Teile (Komponenten) zerfällt. Ein solches Verfahren wird als Komponentenanalyse bezeichnet.

- Die Zentralitätsanalyse ist die übliche Bezeichnung für verschiedene Verfahren zur Bestimmung von Netzwerkprominenz: Einerseits geht es um die Bestimmung zentraler Positionen in einem Beziehungsgeflecht auf der Basis der Anzahl von direkten und indirekten Verbindungen, andererseits um die Kontrolle wichtiger Verbindungen und schließlich um Statuspositionen in einem Netzwerk, das auf gewichteten Beziehungen basiert.

- Die Teilgruppenanalyse kann als Familie von Verfahren betrachtet werden, mit denen Netzwerke auf systematische Weise in Untergruppen zerlegt werden. Diese können nominal (z. B. auf der Basis von kategorialen Merkmalen der Knoten) aber auch auf Basis der empirischen Beziehungsmuster erfolgen. In der Cliquenanalyse werden jene Knoten als Teilgruppen zusammengefasst, die untereinander stark verbunden sind. Die Blockmodell-Analyse hingegen aggregiert jene Knoten zu Blöcken, die ähnliche Beziehungsprofile aufweisen und nicht untereinander verbunden sein müssen. Häufig werden bei diesen Gruppierungsanalysen hilfsweise auch allgemeinere Methoden wie Clusteranalyse und multidimensionale Skalierung eingesetzt.

- Eine Affiliationsanalyse umfasst die Untersuchung von Verknüpfungen zwischen getrennten Teilmengen (z. B. Personen und Organisationen, Personen und Ereignissen, Personen und Gremien usw.) und der daraus resultierenden Beziehungsmuster. Diese Methode, die häufig in Analysen von Interlocking Directorates eingesetzt wird, ist jedoch auch offen für alle Beziehungen, die zwischen disjunkten Untersuchungsmengen entstehen.

- Eine Multiplexitätsanalyse zielt auf die Untersuchung der Wirkungen und Strukturen, die aus der Verknüpfung zweier oder mehrerer Beziehungsarten (z. B. Information und Reputation) zwischen Knotenpaaren entstehen.

- Spezielle Untersuchungsformen und -methoden stellen die Analyse von Ego-Netzwerken und die Mikrostrukturanalyse von Netzwerken dar, in denen entweder Gemeinsamkeiten und Unterschiede vieler unterschiedlicher Ego-Netzwerke analysiert werden oder die Häufigkeit, in der typische Dyaden und Triaden in einem Netzwerk auftreten, im Vordergrund steht.

- Relativ neu ist die agentenbasierte Modellierung von Netzwerkdynamiken, in denen (meist) mit Simulationsverfahren die Entstehung von Netzwerkbildung und die dabei wirkenden Dynamiken rekonstruiert werden. Häufig werden hier entscheidungs- und spieltheoretische Varianten mit netzwerkanalytischen Methoden verbunden.

- Schließlich gibt es eine Gruppe von inferenzstatistischen Modellen (QAP, ERGM und SIENA), die aus der allgemeinen Statistik auf die Analyse relationaler Daten adaptiert wurden.

1.6 Die Beiträge in diesem Band

Das Hauptziel dieses Bandes ist, einen Überblick über verschiedene theoretische und methodische Orientierungen in der politischen Netzwerkanalyse zu geben. Hierzu decken die hier versammelten Beiträge einen Großteil des in der gegenwärtigen Forschungspraxis vertretenen Spektrums ab. Mit Ausnahme der rein qualitativen sowie der experimentellen Studien sind die meisten Forschungsansätze in diesem Sammelband vertreten.

In Tabelle 1.1 werden die unterschiedlichen theoretischen und methodischen Orientierungen, die in den verschieden Studien vertreten sind, in einen systematischen Zusammenhang gestellt. In den Zeilen der Tabelle werden jedoch nur die in diesem Band repräsentierten Theorien, Untersuchungsformen und Methoden erwähnt. Bestimmte Theorien, die im Abschnitt über Theorien aufgelistet wurden (Weltsystemtheorie, Sozialkapital) fallen daher weg. Andererseits kommen in dieser Auflistung zwei weitere hinzu (Systemtheorie und Theorien des Wissensmanagements), die in der Analyse politischer Netzwerke bisher eher selten aufgetreten sind. In Bezug auf die Untersuchungsformen sind sowohl vergleichende Analysen als auch Fallstudien vertreten. In den meisten Studien werden eigens erhobene Daten analysiert, die entweder über Befragungen oder über Dokumentenanalysen gewonnen wurden. Zwei Beiträge stellen Sekundäranalysen dar. Viele der Analysen sind überwiegend strukturbeschreibend bzw. strukturabgleichend („pattern matching"), indem sie empirische Ausprägungen von Beziehungsstrukturen mit normativen oder aus Theorien abgeleiteten Mustern vergleichen. Die meisten Studien konzentrieren sich auf Zentralitäts- und Affiliationsanalyse. Innovativ ist der Einsatz der Multiplexitätsanalyse in zwei Beiträgen, in denen Konzepte aus der Biologie und Organisationssoziologie umgesetzt werden. Eine Verknüpfung der Netzwerkanalyse mit allgemeinen quantitativen Methoden liegt nur in einem Beitrag vor, in dem sowohl MDS als auch Regressionsanalyse zur Untersuchung von Netzwerkdaten eingesetzt werden.

1.7 Konklusion

Durch die Metaübersicht und das Theorien- und Methodenspektrum der in diesem Band vertretenen Beiträge werden zumindest die wichtigsten Konturen der Politiknetzwerkanalyse erkennbar. Es zeigt sich besonders die Vielfalt der möglichen Forschungsstrategien. Nicht nur traditionelle Hypothesentests, sondern auch theoretisch angeleitete Strukturbeschreibungen und -abgleiche leisten einen erhellenden Einblick in die Komplexität moderner Politik. Aus einer Lehrbuchperspektive möchte

Facetten	Schneider/Leifeld	Malang	Lang	Schmedes	Schaumayer	Halbherr	Ohm	Gaugler	Schmid	Orlowski	Nagel
Theorien											
Kollektiventscheidungen	●	●	○	○	○	○	○	○	○	○	○
Macht & Tausch & Ressourcenabhängigkeit	●	○	○	○	○	○	●	●	●	○	○
Interessenvermittlung	○	●	●	●	●	●	●	●	●	●	○
Governance	○	○	○	○	○	●	○	○	○	●	○
Klassen & Eliten	○	●	○	○	○	○	○	○	○	○	○
Politische Ökosysteme	○	○	●	○	○	○	○	○	○	○	○
Diskurse & Überzeugungen	●	○	○	○	○	○	○	○	○	○	○
System-/Differenzierungstheorie	○	○	○	○	○	○	○	○	○	●	○
Theorien des Wissensmanagements	○	○	○	○	○	○	○	○	○	○	●
Untersuchungsformen											
Einzelfallstudie	●	○	○	○	○	○	○	○	○	○	○
Vergleichender Ansatz	○	●	●	○	○	○	○	○	○	○	○
Primärdatenanalyse	●	○	●	●	●	○	●	●	○	●	●
Sekundärdatenanalyse	○	●	○	○	○	●	○	○	○	○	○
Hypothesenbildung	○	●	○	○	○	●	●	○	●	○	○
Hypothesenüberprüfung	●	●	○	○	○	●	●	○	●	○	○
Strukturbeschreibung/-abgleich	○	○	●	●	●	●	○	○	○	○	●
Methoden											
Verbundenheitsanalyse	○	●	○	○	○	○	○	○	○	●	○
Zentralitätsanalyse	●	●	●	●	●	●	●	○	○	○	●
Teilgruppenanalyse	○	○	○	○	○	○	○	○	○	●	○
Affiliationsanalyse	●	●	○	○	○	○	○	●	●	●	○
Multiplexitätsanalyse	○	○	●	●	○	○	○	○	○	○	○
Allgemeine Methoden	●	○	○	○	○	○	○	○	○	○	○

Tabelle 1.1: Vergleich der Studien in diesem Sammelband

dieser Band daher zur weiteren Anwendung, Kritik und Weiterentwicklung dieser Forschungsansätze anregen. Unterstützend ist hierzu insbesondere das Glossar, in dem die wichtigsten methodischen und technischen Begriffe dieser Forschungsrichtung erläutert werden. Es gibt unzählige politische Beziehungen, die sich für Netzwerkanalysen eignen. Nicht immer ist die Erhebung dieser Daten jedoch so aufwändig wie bei Befragungen. Insbesondere bei der Strukturanalyse von politischen Diskursen und der Analyse von Überzeugungssystemen kann heute auf eine wachsende Zahl von Volltextdatenbanken zugegriffen werden.

Gerade dieser Forschungsstrang der Diskursnetzwerkanalyse, der in diesem Band gleich mit mehreren Artikeln besonders prominent herausgestellt wird, ist bis heute nur wenig ausgeschöpft. Diese Analyse birgt jedoch ein immenses Potenzial, insbesondere auch die theoretisch etwas stagnierende Policy-Analyse und Politikfeldforschung voranzubringen. Auch die aktuelle Finanz- und Wirtschaftskrise hat die Bedeutung dieser kognitiven Ebene wieder verdeutlicht. Traditionelle entscheidungsorientierte Ansätze sind vorrangig daran interessiert, wie Akteure bei einer gegebenen und nicht hinterfragten Wahrnehmung einer politischen Situation ihren individuellen oder kollektiven Nutzen maximieren und sich hierzu kollektiv abstimmen. Hierbei wird die Komplexität der Wahrnehmung und Deutungen gesellschaftlicher Realität unterschätzt. „Die Wahrnehmung einer Situation scheint", wie der amerikanische New-York-Times-Kolumnist Brooks zur Zeit des Ausbruchs der Finanzkrise am 27. Oktober 2008 schrieb, „auf den ersten Blick eine bemerkenswert einfache Operation zu sein: Man schaut und guckt um sich. Aber dieser extrem einfach erscheinende Operationsmodus ist in Wirklichkeit hoch komplex, weil das meiste einer Handlung unterhalb der Bewusstseinsschwelle abläuft. Die Anschauung und Wahrnehmung der Welt ist ein aktiver Prozess der Sinnproduktion, der die nachfolgenden Phasen eines Entscheidungsprozesses formt, ausrichtet und inhärent verzerrt" (übers. d. VS). In diesem Zusammenhang verweist der Journalist auf die Bedeutung der verhaltensorientierten Ökonomie, in der Ökonomen zusammen mit Psychologen seit Jahrzehnten an der Entschlüsselung dieser komplexen Wahrnehmungs- und Deutungsprozesse arbeiten. Übersehen wird aus dieser USA-zentrierten Perspektive häufig, dass auch in anderen Disziplinen – wie beispielsweise der Soziologie und der Politikwissenschaft – bereits viele Ansätze existieren, die sich die Analyse dieser komplexen Wahrnehmungs- und Situationsdeutungsprozesse zur Aufgabe gemacht haben. Aus der Perspektive der Politiknetzwerkanalyse besteht die Herausforderung darin, die Analyse dieser kognitiven Strukturen mit relationalen Theorien und Methoden zu verbinden und so einer systematischen, quantitativen, empirischen Analyse zugänglich zu machen.

Literaturverzeichnis

Adam, Silke und *Hanspeter Kriesi*, 2007: The Network Approach. In: *Paul A. Sabatier* (Hg.), Theories of the Policy Process, S. 129–154. Boulder: Westview Press.

Atkinson, Michael M. und *William D. Coleman*, 1989: Strong States and Weak States: Sectoral Policy Networks in Advanced Capitalist Economies. British Journal of Political Science 19: 47–67.

Baumgarten, Britta und *Christian Lahusen*, 2006: Politiknetzwerke – Vorteile und Grundzüge einer qualitativen Analysestrategie. In: *Betina Hollstein* und *Florian*

Straus (Hg.), Qualitative Netzwerkanalyse: Konzepte, Methoden, Anwendungen, S. 177–197. Wiesbaden: VS-Verlag.

Brandes, Ulrik und *Volker Schneider*, 2009: Netzwerkbilder: Politiknetzwerke in Metaphern, Modellen und Visualisierungen. In: *Volker Schneider, Frank Janning, Philip Leifeld* und *Thomas Malang* (Hg.), Politiknetzwerke. Modelle, Anwendungen und Visualisierungen. Wiesbaden: VS Verlag für Sozialwissenschaften.

Börzel, Tanja A., 1998: Organizing Babylon – On the Different Conceptions of Policy Networks. Public Administration 76: 253–273.

Carlsson, Lars, 2000: Policy Networks as Collective Action. Policy Studies Journal 28: 502–520.

Diamond, Jared M., 1983: Ecology: Laboratory, Field and Natural Experiments. Nature 304: 586–587.

Dowding, Keith, 1995: Model or Metaphor? A Critical Review of the Policy Network Approach. Political Studies 43: 136–158.

Heclo, Hugh, 1978: Issue Networks and the Executive Establishment. The New American Political System 94: 87–124.

Huckfeldt, Robert und *John Sprague*, 1987: Networks in Context: The Social Flow of Political Information. The American Political Science Review 81: 1197–1216.

Janning, Frank, Philip Leifeld, Thomas Malang und *Volker Schneider*, 2009: Diskursnetzwerkanalyse. Überlegungen zur Theoriebildung und Methodik. In: *Volker Schneider, Frank Janning, Philip Leifeld* und *Thomas Malang* (Hg.), Politiknetzwerke. Modelle, Anwendungen und Visualisierungen. Wiesbaden: VS Verlag für Sozialwissenschaften.

John, Peter, 2001: Policy Networks. In: *Kate Nash* und *Alan Scott* (Hg.), The Blackwell Companion to Political Sociology. Oxford: Blackwell.

Jordan, Grant und *Klaus Schubert*, 1992: A Preliminary Ordering of Policy Network Labels. European Journal of Political Research 21: 7–27.

Kenis, Patrick und *Volker Schneider*, 1991: Policy Networks and Policy Analysis. Scrutinizing a New Analytical Toolbox. In: *Bernd Marin* und *Renate Mayntz* (Hg.), Policy Networks. Empirical Evidence and Theoretical Considerations, S. 25–59. Frankfurt am Main: Campus.

Klijn, Erik Hans, 1997: Policy Networks: An Overview. In: *Walter J.M. Kickert, Erik Hans Klijn* und *Joop F.M. Koppenjan* (Hg.), Managing Complex Networks. Strategies for the Public Sector, S. 14–34. London: Sage Publications.

Knill, Christoph, 2000: Policy-Netzwerke. Analytisches Konzept und Erscheinungsform moderner Politiksteuerung. In: *Johannes Weyer* (Hg.), Soziale Netzwerke: Konzepte und Methoden der sozialwissenschaftlichen Netzwerkforschung, S. 111–133. München: Oldenbourg.

Knoke, David, 1990: Political Networks: The Structural Perspective. New York: Cambridge University Press.

Knoke, David, 1993: Networks of Elite Structure and Decision Making. Sociological Methods and Research 22: 23–45.

Kuhn, Thomas S., 1970: The Structure of Scientific Revolutions. Chicago: University of Chicago Press.

La Due Lake, Ronald und *Robert Huckfeldt*, 1998: Social Capital, Social Networks, and Political Participation. Political Psychology 19: 567–584.

Lang, Achim und *Philip Leifeld*, 2008: Die Netzwerkanalyse in der Policy-Forschung: Eine theoretische und methodische Bestandsaufnahme. In: *Frank Janning* und *Katrin Toens* (Hg.), Die Zukunft der Policy-Forschung. Eine theoretische und methodische Bestandsaufnahme, S. 223–241. Wiesbaden: VS Verlag für Sozialwissenschaften.

Lang, Achim, Karsten Ronit und *Volker Schneider*, 2008: From Simple to Complex: An Evolutionary Sketch of Theories of Business Association. In: *Jürgen R. Grote, Achim Lang* und *Volker Schneider* (Hg.), Organized Business Interests in Changing Environments: The Complexity of Adaptation, S. 17–41. New York: Palgrave Macmillan.

Littell, Julia H., Jacqueline Corcoran und *Vijayan Pillai*, 2008: Systematic Reviews and Meta-Analysis. Oxford: Oxford University Press.

Marin, Bernd und *Renate Mayntz*, 1991: Introduction: Studying Policy Networks. In: *Bernd Marin* und *Renate Mayntz* (Hg.), Policy Networks: Empirical Evidence and Theoretical Considerations, S. 11–23. Frankfurt am Main: Campus Verlag.

Marsh, David, 1998: The Development of the Policy Network Approach. In: *David Marsh* (Hg.), Comparing Policy Networks, S. 3–20. Buckingham: Open University Press.

Mayntz, Renate, 1996: Policy-Netzwerke und die Logik von Verhandlungssystemen. In: *Patrick Kenis* und *Volker Schneider* (Hg.), Organisation und Netzwerk. Institutionelle Steuerung in Wirtschaft und Politik, Organisation und Netzwerke. Institutionelle Steuerung in Wirtschaft und Politik, S. 471–496. Frankfurt am Main: Campus.

Pappi, Franz Urban, 1993: Policy-Netze: Erscheinungsformen moderner Politiksteuerung oder methodischer Ansatz? In: *Adrienne Windhoff-Héritier* (Hg.), Policy-Analyse: Kritik und Neuorientierung, S. 84–96. Opladen: Westdeutscher Verlag.

Pappi, Franz Urban und *Christian H.C.A. Henning*, 1998: Policy Networks: More than a Metaphor? Journal of Theoretical Politics 10: 553–575.

Peters, B. Guy, 1998: Policy Networks. Myth, Metaphor and Reality. In: *David Marsh* (Hg.), Comparing Policy Networks, S. 56–78. Buckingham: Open University Press.

Raab, Jörg und *Patrick Kenis*, 2007: Taking Stock of Policy Networks: Do they Matter? In: *Frank Fischer, Gerald J. Miller* und *Mara S. Sidney* (Hg.), Handbook of Public Policy Analysis: Theory, Methods, and Politics, Nr. 125 in Public Administration and Public Policy, S. 187–199. Taylor & Francis CRC Press.

Rhodes, Roderick A.W., 1990: Policy Networks. A British Perspective. Journal of Theoretical Politics 2: 293–317.

Rhodes, Roderick A.W., 2006: Policy Network Analysis. In: *Michael Moran, Martin Rein* und *Robert E. Goodin* (Hg.), The Oxford Handbook of Public Policy, S. 425–447. Oxford: Oxford University Press.

Ronit, Karsten und *Volker Schneider*, 1997: Organisierte Interessen in nationalen und supranationalen Politökologien. Ein Vergleich der G7-Länder mit der Europäischen Union. In: *Ullrich von Alemann* und *Bernhard Weßels* (Hg.), Verbände in vergleichender Perspektive, S. 29–62. Berlin: Edition Sigma.

Sabatier, Paul A., 1993: Advocacy Koalitionen, Policy Wandel und Policy-Lernen: Eine Alternative zur Phasenheuristik. In: *Adrienne Héritier* (Hg.), Policy-Analyse: Kritik und Neuorientierung (PVS-Sonderheft 24), S. 116–148. Opladen: Westdeutscher Verlag.

Scharpf, Fritz W., 1994: Politiknetzwerke als Steuerungssubjekte. In: *Hans-Ulrich Derlien, Uta Gerhardt* und *Fritz W. Scharpf* (Hg.), Systemrationalität und Partialinteresse. Festschrift für Renate Mayntz, S. 381–407. Baden-Baden: Nomos.

Schneider, Volker, 2006: Business in Policy Networks. Estimating the Relative Importance of Corporate Direct Lobbying and Representation by Trade Associations. In: *David Coen* und *Wyn Grant* (Hg.), Business and Government: Methods and Practice, International Political Science Association 2000 Series, S. 109–127. Opladen: Barbara Budrich Publishers.

Schneider, Volker, 2008: Akteurkonstellationen und Netzwerke in der Politikentwicklung. In: *Klaus Schubert* und *Nils C. Bandelow* (Hg.), Lehrbuch der Politikfeldanalyse, 2. Auflage, S. 107–145. München: Oldenbourg.

Schneider, Volker, Achim Lang, Philip Leifeld und *Birte Gundelach*, 2007: Political Networks – A Structured Bibliography. URL `http://www.polnet-school.info`.

Snyder, David und *Edward L. Kick*, 1979: Structural Position in the World System and Economic Growth, 1955–1970: A Multiple-Network Analysis of Transnational Interactions. American Journal of Sociology S. 1096–1126.

Stegmüller, Wolfgang, 1973: Theorie und Erfahrung. Berlin: Springer.

Thatcher, Marc, 1998: The Development of Policy Network Analyses. From Modest Origins to Overarching Frameworks. Journal of Theoretical Politics 10: 389–416.

van Waarden, Frans, 1992: Dimensions and Types of Policy Networks. European Journal of Political Research 21: 29–52.

Windhoff-Héritier, Adrienne, 1993: Policy Network Analysis: A Tool for Comparative Political Research. In: *Hans Keman* (Hg.), Comparative Politics: New Directions in Theory and Method, S. 143–160. Amsterdam: Vrije Universiteit Press.

Wright, Maurice, 1988: Policy Community, Policy Network and Comparative Industrial Policies. Political Studies 36: 593–612.

Teil I

Theoretische und methodische Grundlagen

Kapitel 2

Netzwerkbilder: Politiknetzwerke in Metaphern, Modellen und Visualisierungen

Ulrik Brandes und Volker Schneider

2.1 Einleitung

Vor mehr als 25 Jahren diagnostizierte Marc Granovetter ein Theoriedefizit in der sozialen Netzwerkanalyse und kritisierte vor allem, dass – etwas frei interpretiert – hinter dem methodischen Budenzauber oft nur geringe theoretische Substanz zu entdecken sei (Granovetter 1979). Eine anders geartete Kontroverse in der Literatur zu politischen Netzwerken ist der Vorwurf quantitativ arbeitender Netzwerkanalytiker an die qualitative Strömung der Politiknetzwerkforschung, nur metaphorisch mit dem Netzwerkbegriff umzugehen, während sie selbst einen präzisen, mathematisch fundierten oder zumindest logisch kohärenten Sprachgebrauch für sich in Anspruch nehmen. Ein erster solcher Vorwurf kam von Charles Raab und war an die britische Schule der Politiknetzwerkforschung um Rod Rhodes gerichtet (Raab 1992). Am bekanntesten ist jedoch Keith Dowdings scharfe Kritik sowohl an der qualitativen britischen Policy-Network-Schule, als auch an der quantitativen politisch-soziologisch orientierten Netzwerkforschung (Dowding 1995, 2001). Während er an der qualitativen Strömung die bloße Metaphorik kritisierte, monierte er an der quantitativen das Fehlen einer expliziten Theorie, auf deren Basis sich das Netzwerkphänomen über individuelles und kollektives Handeln rationaler Akteure erklären ließe. In der Folge nahmen mehrere Autoren Bezug auf diese Debatte, indem sie sich entweder dem einen (Marsh und Smith 2001) oder anderen Lager (Grote 1995; Pappi und Henning 1998) anschlossen oder gar die Frage stellten, ob das mit Politiknetzwerk bezeichnete Phänomen überhaupt existiere (Peters 1998).

Wir knüpfen an diese Grundproblematik an und werfen zunächst die ketzerische Frage auf, ob Metaphorik im wissenschaftlichen Erkenntnisprozess grundsätzlich problematisch ist oder ob Metaphern und andere Bilder in der Produktion neuen Wissens nicht auch wichtige und produktive Funktionen haben, die häufig unterschätzt werden. Metaphern bewirken durch Analogiesetzung zu Vertrautem den leichteren Zugang selbst zu vielschichtigen und abstrakten Sachverhalten, können dadurch aber auch weitere Schlüsse nahelegen, die im ursprünglichen Sachverhalt nicht offensichtlich waren. Beispielsweise ist die Erkenntnis konstituierende Seite von Sprachbildern ein zentrales Thema der Kognitionslinguistik, in der es darum geht, wie Begriffe uns

befähigen, Vorstellungen oder mentale Repräsentationen komplexer Phänomene zu erzeugen. So ermöglicht das Englische in der politikwissenschaftlichen Fachsprache mit
politics, *polity* und *policy* die Unterscheidung dreier unterschiedlicher Aspekte, die im
deutschen Begriff „Politik" vereint sind. Der Bedeutungsvorrat, den eine Fachsprache für Begriffsdifferenzierung zur Verfügung hat, bedingt unterschiedliche Wahrnehmungen und Realitätskonstruktionen. Da Realität jedoch nur repräsentiert und nie
als solche wahrgenommen werden kann, kann auch der Politiknetzwerk-Begriff nicht
unmittelbar der Realität gegenüberstellt werden – wenn man nicht naiven positivisti-
schen Beobachtungsvorstellungen auf den Leim gehen oder in marxistische Widerspie-
gelungstheorien zurückfallen will. Allenfalls lässt sich streiten, ob dieser Begriff eine
taugliche Beschreibung des Phänomens stark dezentralisierter und hoch vernetzter
Politik ist und ob das erhaltene Konstrukt einer Realitätsprüfung zugänglich ist.

Selbst wenn Metaphern wissenschaftlichen Modellen in Bezug auf Präzision und
Systematik unterlegen sind, so vermitteln viele einen fruchtbaren theoretischen Gehalt, der den Entwurf von Modellen leiten kann. Auch vage Konstruktionen können auf
wichtige Aspekte, Strukturen und Mechanismen verweisen, die der interessierenden
Realität innewohnen. Auf der anderen Seite können präzise mathematische Modelle
politikwissenschaftlich gehaltlos sein, wenn ihre Voraussetzungen empirisch widerleg-
bar oder unüberprüfbar sind. Mario Bunge wirft diesbezüglich Teilen der modernen
Wirtschaftswissenschaften vor, „Humbug-Mathematik" zu betreiben (Bunge 1998).
Mathematik werde dort eingesetzt, um Laien einzuschüchtern und an der Nase her-
umzuführen. Unüberprüfbare oder falsche Aussagen würden in mathematische Form
gekleidet, um respektabel oder sogar unanfechtbar zu erscheinen. Nichts sei jedoch
leichter, als mathematisch korrekte, aber empirisch gehaltlose Theorien zu konstruieren (Bunge 1998: 458).

Legt man Präzision und Gehalt als Maßstäbe an, um Repräsentationen sozialer und
politischer Realität in Begriffen, Bildern, Modellen und Theorien zu bewerten, dann
ist das letztendliche Ziel natürlich, beide Dimensionen zu maximieren. Schwierig ist
daher vor allem die vergleichende Bewertung von gehaltvollen, aber vagen (Formlo-
sigkeit) und präzisen, aber leeren Theorien (Scheinpräzision), worauf sich auch die
eingangs zitierten wechselseitigen Vorwürfe zurückführen lassen. Sozialwissenschaftliche Forschung, die nicht nur selbstreferenziell sein will, sondern an realitätstauglichen
Repräsentationen unserer komplexen Welt interessiert ist, sollte es sich nicht leisten,
einen der beiden Aspekte außer Acht zu lassen.

Davon ausgehend wollen wir aufzeigen, dass gehaltvolle Modelle notwendig einer
theoretischen Fundierung bedürfen, in der die Wesensmerkmale des interessierenden Netzwerkphänomens erfasst sind. Obwohl es eigentlich offensichtlich erscheinen
müsste, dass es keine generelle Netzwerktheorie unabhängig von ihrem spezifischen
Gegenstand und Kontext geben kann, werden quantitative Netzwerkanalyseverfahren
doch häufig so eingesetzt, als ob es keine Rolle spielte, um welche Art Netzwerk und
Fragestellung es sich handelt.

Gegenüber anderen vorliegenden Übersichten der Politiknetzwerk-Literatur (Kenis
und Raab 2008; Lang und Leifeld 2007; Raab und Kenis 2007) wollen wir einige der
im Begriff Politiknetzwerk zusammengefassten Phänomene daher anhand ihrer Aus-
gangsmetaphern unterscheiden. Die hier vorgelegte Unterteilung erhebt keinen An-

spruch auf Vollständigkeit, sondern soll vielmehr illustrieren, dass netzwerkanalytische Methodik nur mit theoretisch fundierter Modellbildung und unter Berücksichtigung der jeweiligen Ontologie präzise *und* gehaltvoll sein kann. Es geht folglich nicht um eine empirische Klassifikation vorliegender Arbeiten (siehe hierzu Leifeld 2007), sondern speziell um die Frage, in welchen unterschiedlichen Metaphern und Sinnbildern verdichtete Grundphilosophien über Politiknetzwerke kommuniziert werden. Ein Vergleich im letzten Abschnitt stellt die wesentlichen Merkmale tabellarisch heraus.

2.2 Metaphern, Modelle und Visualisierungen

Unser Hauptargument wird sein, dass netzwerkanalytische Methoden – wie andere Methoden der empirischen Sozialforschung – der Rechtfertigung durch einen theoretischen Rahmen bedürfen, weil gängige mathematische Modelle für Politiknetzwerke so allgemein sind, dass eine Vielzahl von gehaltlosen und scheinpräzisen Analysen möglich ist. Weil der Begriff des Netzwerks in beiderlei Hinsicht verwendet wird, sollen dazu zunächst Metaphern von Modellen unterschieden und anschließend die Rolle von Visualisierungen geklärt werden.

2.2.1 Metaphern

Metaphern sind Sprachbilder, in denen ein Sachverhalt dadurch veranschaulicht wird, dass er mit Begriffen eines vertrauteren Sachverhalts bezeichnet wird. Voraussetzung für das Funktionieren einer Metapher ist ein hinreichendes Maß an Ähnlichkeit zwischen den beiden Sachverhalten. In den Sozialwissenschaften werden zahlreiche, meist abstrakte und komplexe Sachverhalte mit Metaphern verbildlicht, etwa zur Veranschaulichung von Staat und Gesellschaft. Die Vorstellung von einer Regierung als Steuermann ist eine der ältesten solchen Metaphern und taucht bereits bei den antiken Griechen auf. Der Begriff des Steuerns war zu jener Zeit vor allem aus der Schifffahrt vertraut, wurde aber eben auch schon analog auf planerische Entscheidungen im Staate angewandt. So verwenden beispielsweise bereits Platon und Aristoteles den Steuermann als Analogie zum Staat.

Ein anderes Beispiel für die metaphorische Darstellung komplexer Zusammenhänge ist die Veranschaulichung funktionaler Differenzierung über das Bild des Körpers. Jedes Körperteil nimmt hier eine spezialisierte Position ein (man denke etwa an die Rolle von Kopf, Herz, rechter Hand usw.). Eine ähnliche Vorstellung liegt der Metaphorik der physiokratischen Schule in der Nationalökonomie des 18. Jahrhunderts zu Grunde. Komplexe Vorstellungen von Wirtschaftszusammenhängen werden über die Metapher des Blutkreislaufs im Modell des Wirtschaftskreislaufs transportiert. Auch die von Adam Smith geprägte Metapher der „unsichtbaren Hand", welche die Selbstorganisation in einer arbeitsteiligen und über den Markt koordinierten Gesellschaft bezeichnet, ist eine Möglichkeit, die Funktionsweise moderner Gesellschaften bildlich darzustellen. Smith wurde seinerzeit offenbar durch James Watts „Governor" – den Fliehkraftregler der Dampfmaschine – inspiriert, in dem das Prinzip der Regulierung über negative Rückkopplung verwirklicht ist (Mayr 1971).

Auch heute werden Metaphern gerne verwendet, um die wesentlichen Funktions-prinzipien komplexer sozialer Phänomene in anschaulicher Weise darzustellen. So unter-scheidet etwa Gareth Morgan acht Bilder für Organisationen, darunter so grund-legende wie Maschine, Organismus und Gehirn (Morgan 2006). Alle legen eine spe-zifische Sicht auf Zusammensetzung, interne Vernetzung und in der Regel auch auf Funktionsweisen nahe. In der Staatstheorie schließlich lässt sich eine Reihe von Bil-dern unterscheiden (z. B. Instrument vs. Arena), in denen der Staat, sein Aufbau, seine Aufgaben und Funktionsweisen auf sehr verschiedene Weise gedacht werden (Schneider 1999).

In all diesen Fällen besteht die produktive Funktion von Metaphern darin, in an-schaulicher Weise komplexe Zusammenhänge und Funktionsabläufe auszudrücken. Dabei können die jeweiligen Beschreibungen durchaus vage und interpretationsfähig sein und so einen graduellen Verständnisfortschritt unterstützen.

2.2.2 Modelle

Im Unterschied zum Sprachbild, das meist vage und ungenau ist, soll ein Modell den repräsentierten Sachverhalt klar, präzise und vollständig beschreiben. Dabei spielt es keine Rolle, ob es sich um ein mathematisches, ikonografisches oder praktisches Modell handelt und ob zur Beschreibung seiner Elemente Metaphern verwendet wer-den. Wenn beispielsweise Adam Smiths unsichtbare Hand eine vage Vorstellung über einen Selbstregulierungszusammenhang erzeugt, der ohne zentrale Instanz auskommt, dann wäre der Fliehkraftregler ein praktisches Modell dafür, sofern Dampf, Dreh-geschwindigkeit, Fliehkraft usw. wesentliche Elemente und Zusammenhänge eines ökonomischen Systems wiedergeben. Im speziellen Fall des Fliehkraftreglers ist eine solche Übertragung natürlich fraglich.

Einleuchtender ist das durch die französischen Physiokraten inspirierte Kreislauf-modell der Wirtschaft. Bill Phillips (1950) hat diese Vorstellung in den 1950er Jah-ren sowohl mathematisch (durch ein System von Differenzialgleichungen) als auch praktisch (mit der berühmten „hydraulischen Maschine") präsentiert. In der Phillips-Maschine, wie dieses praktische Modell heute genannt wird (Modhadam und Carter 1989), ist der Wirtschaftskreislauf durch ein physikalisches System kommunizierender Flüsse modelliert, das sowohl eine technisch-ingenieurmäßige Umsetzung wie auch ei-ne präzise mathematische Beschreibung der unterstellten Zusammenhänge ermöglicht (siehe Abbildung 2.1). Hierdurch können Vorgänge tatsächlich, wie es die Idealvorstel-lung einer wissenschaftlichen Erklärung von Hempel und Oppenheim (1948) verlangt, unter eine oder mehrere Gesetzmäßigkeiten subsumiert werden, die unter bestimm-ten Rahmenbedingungen spezifische Wirkungen entfalten, und dadurch die kausalen Funktionsmechanismen eines Komplexes offenlegen.

Aufgrund der immensen Komplexität moderner Gesellschaften und der im Vergleich dazu unterentwickelten sozialwissenschaftlichen Methoden und Theorien sind letztere noch weit davon entfernt, gesellschaftliche Zusammenhänge mathematisch so präzise modellieren zu können, wie dies in der Physik im Bereich physikalisch-technischer Zu-sammenhänge üblich ist. Selbst die Biologie, trotz beeindruckender Fortschritte etwa auf der Zell- und Molekularebene, ist von solchen Präzisionsleistungen weit entfernt

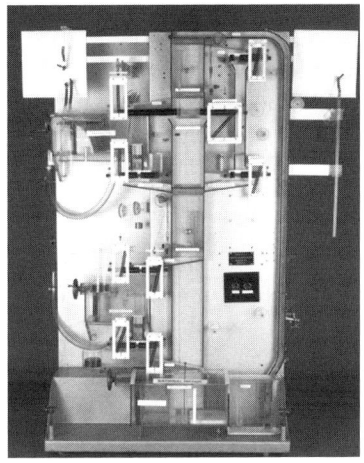 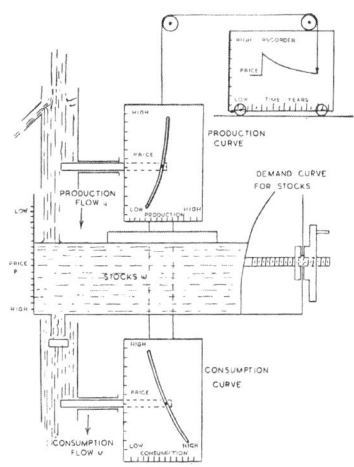

(a) Farbfoto   (b) Schematische Darstellung nach Phillips (1950)

Abbildung 2.1: Phillips-Maschine

(Lazebnik 2004). Modelle sowohl in der Biologie, als auch in den Sozialwissenschaften sind daher häufiger Erklärungsskizzen, in welchen Aspekte komplexer Zusammenhänge zumindest logisch kohärent und konfigurativ angemessen dargestellt werden. Oft kann zumindest aufgezeigt werden, welche Komponenten eines Systems mit welchen Mechanismen interagieren. So manches ausgefeilte mathematische Modell in der Politikwissenschaft oder auch der Ökonomie baut auf so idealisierten und unrealistischen Annahmen auf, dass sein Gehalt fraglich ist. Axel Leijonhufvud kritisierte diese einmal dahingehend, dass dort „incredibly smart people in unbelievably simple situations" modelliert würden, während wir eigentlich fragen sollten „how believably simple people cope with incredibly complex situations" (Leijonhufvud 1996: 40). Ein Hauptunterschied zwischen Metaphern und Modellen bzw. Modellierungsversuchen ist daher nicht unbedingt die Präzision (denn viele Erklärungsskizzen bleiben ebenfalls ungenau), sondern eher die explizite Strukturierung der Erklärung. Während Metaphern in Bezug auf Annahmen und Schlussfolgerungen oft vage und implizit bleiben und somit für verschiedene Interpretationen offen sind, müssen Modellelemente und -zusammenhänge detailliert und eindeutig spezifiziert werden.

2.2.3 Visualisierungen

Visualisierungen sind Bilder in einem anderen Sinne als Metaphern und Modelle, da hier als Abgrenzungsmerkmal das Medium der Kommunikation, nicht die Eigenschaften ihres Inhalts heran gezogen wird. Es ist auch keine Einordnung entlang der Achsen Präzision und Gehalt sinnvoll, da der Inhalt nicht festgelegt ist und beispielsweise ja gerade aus einer Metapher oder einem Modell bestehen kann. Durch die Blutkreislauf-

Metapher wird bereits eine vage Vorstellung von der modernen Wirtschaft als Fluss von Geld und Gütern erzeugt, die durch die oben erwähnte Phillips-Maschine konkretisiert modelliert wird. Die mechanisch-hydraulische Realisierung des Modells macht die unterstellten Zusammenhänge und deren Konsequenzen erfahrbar, und sie kann genauso als Visualisierung aufgefasst werden wie ein Diagramm ihres zu Grunde liegenden mathematischen Modells oder eine schematisch-metaphorische Zeichnung.

Der Nutzen einer grafischen oder baulichen Visualisierung besteht nicht darin, dass sie als solche eine Erklärung leistet, sondern im kognitiven Mehrwert, eine in abstrakter Form existierende Erklärung unmittelbarer, umfassender, effizienter und verständlicher fassbar zu machen (Tufte 2006). Visualisierungen sind daher für Metaphern und Modellzusammenhänge insbesondere mnemonisch wertvoll und können in Form von Daten- und Informationsvisualisierungen auch komplexe Modelle kompakt und detailliert wiedergeben. In den folgenden Abschnitten werden vor allem Beispiele für den letztgenannten Zweck gegeben.

Visualisierungen können, genau wie sprachliche und mathematisch-formale Repräsentationen, erhellen und verstellen. Für gute Visualisierung müssen der sichtbar zu machende Inhalt, seine Gestaltung und die zur Realisierung eingesetzten Verfahren – insbesondere beim für Netzwerkvisualisierungen entscheidenden automatischen Layout (Brandes und Wagner 2004) – geeignet bestimmt werden (Brandes et al. 1999). Maßgeblich sind daher auch hier die Auswahl gehaltvoller Information und deren effektive und präzise Repräsentation (Brandes et al. 2006).

2.2.4 Netzwerke als Metapher und Modell

Der Begriff des Netzwerks selbst ist zunächst natürlich eine Metapher und ruft daher gewollte und ungewollte Assoziationen hervor, betont aber die Einbettung von Akteuren in ihre Beziehungsstrukturen. Darauf aufbauend können verschiedene Erklärungsmodelle für die Konsequenzen solcher Einbettung formuliert werden, dürfen aber nicht aus den verwendeten Metaphern begründet werden.

Ein für die Verbreitung der Netzwerkanalyse günstiger, für den Gehalt der damit durchgeführten Untersuchungen aber mitunter hinderlicher Umstand ist, dass der Begriff des Netzwerks genauso gut für ein mathematisches Modell stehen kann, in dem Beziehungen durch (mit Knoten- und Kantenattributen versehene) Graphen beschrieben werden. Dieses Modell ist jedoch von so abstrakter Natur und allgemeiner Bedeutung, dass eine Vielzahl von Analysemethoden entwickelt werden konnten, die trotz oberflächlichen Bezugs für den jeweils interessierenden Sachverhalt ohne Relevanz sind.

Mit Netzwerken assoziierte oder sie darstellende Visualisierungen tun ein Übriges, Schlussfolgerungen nahe zu legen, die nur aus dem Bild begründet sind. Ein häufig gemachter Fehler ist z. B. die Interpretation von zentral platzierten Akteuren als strukturell bedeutsam, auch wenn das grafische Design und die Realisierung der Visualisierung diesen Zusammenhang gar nicht herstellen.

Im folgenden Abschnitt soll anhand von sechs metaphorischen Vorstellungen von Netzwerken gezeigt werden, dass es mehrere grundlegend unterschiedliche theoretische Orientierungen in der Politiknetzwerkanalyse gibt und es illusionär bleibt, auf eine

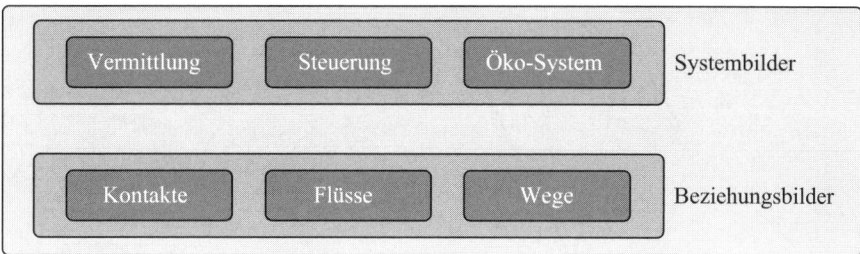

Abbildung 2.2: Netzwerkbilder

einzige integrierende Politiknetzwerk-Theorie zu hoffen. Ferner soll deutlich werden, dass die darauf aufbauenden Theorien notwendige Einschränkungen für Modellierung und Methodenanwendung bei Politiknetzwerken implizieren und damit letztlich die Interpretierbarkeit der Ergebnisse nachhaltig beeinflussen.

2.3 Netzwerkbilder politischer Strukturen

So wie es unterschiedliche Staats- und Gesellschaftsbilder gibt, lassen sich auch unterschiedliche Vorstellungen von Politiknetzwerken identifizieren. Sechs solcher Bilder sollen im Folgenden vorgestellt werden. Bei den ersten drei handelt es sich um Beziehungsbilder, in denen Vorstellungen vom Wesen der eingegangenen Beziehungen zum Tragen kommen, ohne Vorgaben für bestimmte Formausprägungen des Gesamtnetzes zu implizieren. Die letzten drei hingegen sind Systembilder, die grundsätzliche Vorstellungen spezifischer (Makro-)Konfigurationen oder sozialer Gebilde enthalten (siehe Abbildung 2.2).

2.3.1 Gute Kontakte

Die gängigste Vorstellung von Politik- und anderen Sozialnetzwerken ist die eines Geflechts von guten und nützlichen sozialen Kontakten. Netzwerke sind hier eine Umschreibung guter Beziehungen im alltagsüblichen Sinne. Die genauen Konsequenzen solcher Beziehungen werden in der Regel nicht detailliert aufgeführt und auch die Bewertung ihrer Intensität ist eine Aufgabe für sich. Mit guten Beziehungen können flüchtiges persönliches Kennen, enge Freundschaftsbeziehungen, verwandtschaftliche Banden, geschäftliche Kooperation und vieles mehr gemeint sein. In einer neueren Forschungsrichtung über Sozialkapital ist besonderes Vertrauen der Kitt, der Beziehungen zusammenhält (Portes 1998). Die Verwendung der Kapitalmetapher verweist hier in der gewollten Konsequenz auch auf den Investitionsaspekt: Es muss etwas investiert werden, um Vertrauen aufzubauen, das instrumentell für darüber hinaus weisende Zwecke gut sein kann. Gute persönliche Beziehungen können aus dieser Sicht eine Sozialinfrastruktur sein, um beispielsweise an gute Informationen zu gelangen oder soziale Unterstützung zu mobilisieren.

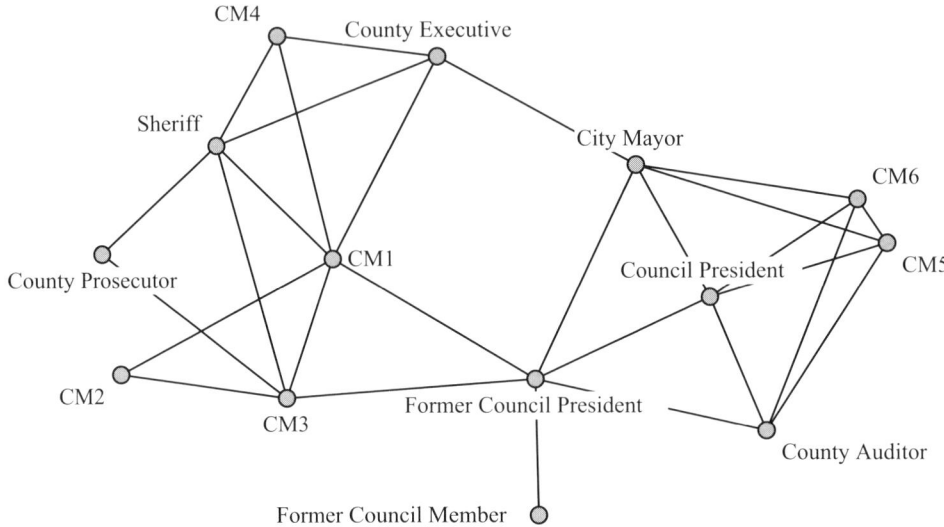

Abbildung 2.3: Unterstützende Beziehungen

In der Literatur zu Politiknetzwerken nahmen bereits die ersten Analysen auf lokalpolitischer Ebene eine solche Perspektive ein, allerdings ohne die Beziehungen als Sozialkapital explizit zu thematisieren. Der übergeordnete Rahmen in Laumann und Pappis erster netzwerkanalytischer Untersuchung politischer Prozesse in „Altneustadt" im Sinne der Parson'schen Systemtheorie war eher einflusstheoretisch ausgerichtet, gute persönliche Beziehungen wurden jedoch als ein wichtiges Verfügungsmittel gesehen, um vertrauenswürdige Informationen zu gewinnen und politische Unterstützung zu mobilisieren (Laumann und Pappi 1976). Beides lässt sich letztlich für politische Einflussnahme nutzen.

Eine lange Reihe von Politiknetzwerkanalysen wurde seither von dem Grundgedanken beeinflusst, in guten Beziehungen einen wichtigen Aspekt von Politik zu sehen. Eine sehr unmittelbare Vorstellung von einem Zusammenhang zwischen guten Beziehungen und politischem Einfluss wird beispielsweise in Doreian und Alberts Analyse politischer Prozesse in einem U.S.-amerikanischen Bezirk (county) deutlich (Doreian 1988; Doreian und Albert 1989). Gute Beziehungen, so wird unterstellt, ziehen politische Unterstützung nach sich. Dieses Netzwerk ist in Abbildung 2.3 visualisiert.

In dieser Vorstellung, nach der sich gute Beziehungen mehr oder weniger direkt in politische Unterstützung und Einfluss ummünzen lassen, sind die beiden strukturell einflussreichsten Akteure das *Council Member 1* und der *Former Council President*. Sie gehören jedoch zu verschiedenen, klar erkennbaren Gruppierungen innerhalb des Netzwerks der vierzehn wichtigsten Akteure, und es wird geschlossen, dass das resultierende Patt ein wesentlicher Grund für die Verschleppung politischer Entscheidungen ist. Obwohl dieses Bild der direkten Umsetzung von Beziehungen in Einfluss stark vereinfacht ist, so gibt die Visualisierung in Abbildung 2.3 doch einen schönen Einblick in die Einflussverteilung eines kleinen politischen Systems mit mehreren Machtzentren.

Lägen Daten über mehrere lokale politische Systeme vor, dann ließen sich Vergleiche anstellen, in denen beispielsweise eine unterschiedliche Dichte dieser guten Beziehungen, analog zur Verwendung des Sozialkapitalbegriffs auf Systemebene, als Erklärungsfaktor für unterschiedlichen sozialen Zusammenhalt solcher politischen Gemeinschaften betrachtet werden. Eine solche Makroperspektive ist jedoch nicht unproblematisch.

Aus einer übergreifenden Perspektive ist das Netzwerk nicht nur ein amorphes Aggregat von „Vitamin B", sondern ein strukturiertes Ensemble, über welches Akteure auch indirekt politische Unterstützung mobilisieren können. Aufgrund der Art der Beziehungen ist nicht nur die Anzahl direkter, sondern auch indirekter Verbindungen theoretisch bedeutsam. Zwei- oder mehrschrittige Beziehungen erscheinen hier jedoch kaum interpretierbar, da Beziehungsinhalte wie Freundschaft nicht unbedingt übertragbar sind. Durchaus vorstellbar ist, dass der *Council President* den ehemaligen Vorsitzenden bittet, bei dem ansonsten isolierten *Former Council Member* für Unterstützung zu werben. Bei mehrschrittigen Verbindungen ist dies jedoch unwahrscheinlich, zumindest nehmen Motivierungskraft und Einflusspotenzial in der Kette ab. Auch wenn indirekte Beziehungen schwächer gewichtet werden, können Aufsummierungen problematisch sein, wenn es rivalisierende Einflüsse gibt. Wenn beispielsweise der *Council President* und *Council Member 1* unterschiedliche Interessen vertreten und damit unterschiedliche Einflusszentren darstellen, welchen unterstützt dann der ehemalige Vorsitzende, der zu beiden gute Beziehungen hat?

Gute persönliche Beziehungen unvermittelt als politischen Einfluss zu interpretieren, ist daher nicht unproblematisch. Ein weiteres Problem ist, dass gute Beziehungen, die bei natürlichen Personen Sinn machen, oft schwierig auf „korporative Akteure", d. h. juristische Personen übertragen werden können. Die bekannte Redewendung „Staaten haben keine Freunde, Staaten haben Interessen" trifft auch auf Organisationen zu. Es ist schwierig, von „befreundeten Organisationen" in derselben Weise zu reden, wie man von befreundeten Individuen spricht. Tut man es dennoch, dann erfordert dies einen Verweis auf spezifische Mechanismen wie z. B. eine Ritualisierung von Kooperation mittels spezifischer Institutionen (vgl. z. B. Einrichtungen zur Förderung der deutsch-französischen Freundschaft oder Städtepartnerschaften).

2.3.2 Flüsse

Mehrschrittige Beziehungen, die bei sozialen Verbindungen wie Bekanntschaft, Verwandtschaft und Freundschaft problematisch sind, können aber sinnvoll interpretiert werden, wenn es um Flüsse oder Kreisläufe geht. Wie beim Wirtschaftskreislauf bedeutet letzteres jedoch nicht, dass die Ströme kreisförmig verlaufen müssen; sie bilden jedoch ein irgendwie geartetes System kommunizierender Röhren, in denen sich ein spezifisches Gut verbreitet (Information, Energie oder irgendeine andere Ressource), das zwischen den Knoten übertragbar ist und manchmal über weite Strecken transportiert wird. Auch solche Systeme sind in der Hinsicht amorph, dass die Anzahlen der Verbindungen und die möglichen Formvarianten nach oben offen sind. Der „Kreislauf" kann aus einem Zuflussnetz bestehen, in dem z. B. dezentral verfügbare Informationen mobilisiert und an eine oder mehrere zentrale Stellen gelenkt werden. Er kann jedoch auch ein Abfluss- oder Verteilungsnetz sein, in dem Informationen vom Zentrum in die Peripherie wandern.

Eine der ältesten sozialwissenschaftlichen Anwendungen dieser Metapher ist die Flussanalyse von Informationen und Transaktionen, die Karl Deutsch in den 60er Jahren betrieb (Deutsch 1963). Auch heute noch bildet bei den meisten Analysen politischer Netzwerke der Informationsaustausch eine zentrale Vernetzungsdimension. Die bereits erwähnte lokalpolitische Studie (Laumann und Pappi 1976), eine sektorvergleichende Analyse von Politikfeldern in den USA (Laumann und Knoke 1987) und eine international vergleichende Analyse des Politikfelds Arbeit (Knoke et al. 1996) untersuchen Informationsflüsse sehr systematisch, wobei besonders innovativ in den letztgenannten Studien war, einerseits Sende- und Empfängerflüsse jeweils unterschiedlich zu erheben und hierdurch auch Hinweise auf die Zuverlässigkeit von Daten zu generieren, und andererseits diese Ressourcenflüsse mittels ökonomischer Konzepte wie Gleichgewichtspreisbildung zu modellieren (Coleman 1990).

Eine fruchtbare Anwendung dieser Flussmetapher findet sich gegenwärtig in Innovations- und regionaler Industriepolitik. Dass bei vielen neuen Industrien regionale Agglomerationen, also geografische Nähe und intensive Vernetzung solcher regionalen Cluster, innovationsfördernd wirkt, ist inzwischen eine allgemein akzeptierte Vorstellung, die seit geraumer Zeit nicht nur die nationale Industriepolitik, sondern auch Innovationspolitik auf europäischer Ebene prägt. Nach diesem Konzept werden öffentliche Forschungsorganisationen häufig als Inkubatoren eingesetzt, die in regionalen Industriekomplexen Wissensgemeinschaften initiieren und innovationsrelevantes Wissen verbreiten. Dass solche politischen Strategien manchmal nur in der Frühphase von technologischen Neuentwicklungen wirksam und wichtig sind, ist in einer sehr beachteten Studie über innovationspolitische Netzwerke von biotechnologischen Firmen in der Region Boston untersucht worden (Owen-Smith und Powell 2004). Wegweisend ist dabei die Unterscheidung zweier Arten von Informationsflüssen: Einerseits von offenen Kanälen, in denen Informationen für alle Mitglieder eine Gemeinschaft zugänglich sind, andererseits von geschlossenen Leitungen, über welche Informationen nur solchen Netzwerkteilnehmern zugänglich sind, die über formelle Arrangements mittels Finanzierung, Vermarktung und Lizensierung an diese Netze angeschlossen sind. Diese formellen Institutionen stellen gleichzeitig Übertragungswege für innovationsrelevantes Wissen bereit. Ferner wird in dieser Studie auf wichtige institutionelle Merkmale bei den Mitgliedern solcher Netze hingewiesen. Während öffentliche Wissenschaftsinstitutionen von Natur aus einen offenen wissenschaftlichen Informationsaustausch betreiben, sind Privatfirmen natürlich daran interessiert, neues Wissen exklusiv zu verwerten, und optieren daher eher für geschlossene Informationskreisläufe. Die Studie konnte zeigen, dass mit der zunehmenden Kommerzialisierung der Biotechnologie seit den 1980er Jahren öffentliche Wissenschaftsinstitutionen einen immer geringeren Anteil in der Akteurspopulation einnehmen und gleichzeitig immer weniger als Schaltstellen für die innovationsrelevanten Informationsflüsse zwischen den Firmen benötigt werden.

In Abbildung 2.4 ist diese Entwicklung eindrucksvoll dargestellt. Die beiden Schaubilder zeigen das innovationspolitische Netzwerk zu verschiedenen Zeitpunkten (1988 und 1998) wobei die Beziehungen, an denen öffentliche Forschungsorganisationen beteiligt sind, in grauer und jene zwischen privaten Organisationen in schwarzer Farbe dargestellt sind. Die einzelnen Organisationsformen sind durch unterschiedliche Symbole dargestellt: biotechnologische Firmen durch Kreise, Venture-Kapital-Firmen durch Vierecke, und öffentliche Forschungsorganisationen durch graue Diamanten. Die Diagramme weisen auf eine interessante Entwicklung hin. In den 1980er spielten die öffentlichen Forschungsorganisationen noch eine kritische Rolle, denn ohne diese wäre das Netz weitgehend in isolierte Organisationen zerfallen. Ende der 1990er Jahren hatten aber private Organisationen dermaßen an Bedeutung gewonnen, dass die Rolle der öffentlichen Organisationen stark relativiert wurde. Würden sie ausfallen, wäre nur noch eine geringe Zahl der Organisationen isoliert. Die Visualisierung verdeutlicht die unterschiedliche Rolle und Bedeutung der öffentlichen Forschungsorganisationen.

Neben der reinen Beschreibung dieser Flussnetze ist es analytisch interessant, z. B. auf Akteursebene mittels unterschiedlicher Zentralitätskonzepte die strategischen Positionen zu identifizieren, die unterschiedliche Organisationen in diesem Netzwerk einnehmen, oder auf Systemebene die jeweiligen Fragmentierungs- oder Integrationsgrade der Systeme herauszuarbeiten.

2.3.3 Wege

Das letzte der hier diskutierten Bilder ist die Vorstellung eines Wegenetzes in der Politik. Das Netz beschreibt dabei nicht politische Interaktionen selbst, sondern die Zugangspfade zu Entscheidungszentren bzw. zu politischen Arenen allgemein. Dies können personelle Verbindungen zu bestimmten Gremien oder Funktionsträgern sein, die in Entscheidungsprozessen involviert sind. Aktuell wird diese Abgrenzung zwischen einer solchen Zugangsinfrastruktur und den tatsächlichen Interaktionen über die Differenzierung zwischen „Zugang" und „Einfluss" diskutiert (Bouwen 2002). Persönliche oder organisatorische Beziehungen zu politischen Entscheidungseinheiten werden dabei als bloße Zugangspfade gefasst, die nur unter bestimmten Voraussetzungen tatsächlich für Einflussnahme genutzt werden.

Sehr häufig untersuchte Beziehungen, die als ein solches politisches „Streckennetz" gedeutet werden können, sind persönliche Beziehungen über Gremien im Sinne von vernetzten Leitungsgremien („interlocking directorates"). Sind politische Akteure gemeinsam Mitglied in einem Gremium, dann treten sie zumindest potenziell in Kontakt und könnten wichtige Informationen austauschen. Für die Nutzung von Kontaktgelegenheiten und Informationsaustausch können auch ähnliche Einstellungen und geistige Orientierung (Religionen, Weltbilder, Grundphilosophien usw.) förderlich sein. Es ist zu vermuten, dass Akteure mit ähnlichen Orientierungen eher Kontakte unterhalten als jene, die unterschiedliche Orientierungen aufweisen. Schließlich legt eine solche Perspektive nahe, ein breit gefächertes Beziehungsspektrum daraufhin zu untersuchen, ob eine bestimmte Beziehung (wie etwa ein guter Kontakt) vor allem als Infrastruktur verwendet wird, um darauf aufbauend Beziehungen höherer Ordnung zu realisieren. Granovetters Frage, ob Informationen über freiwerdende Jobs besser

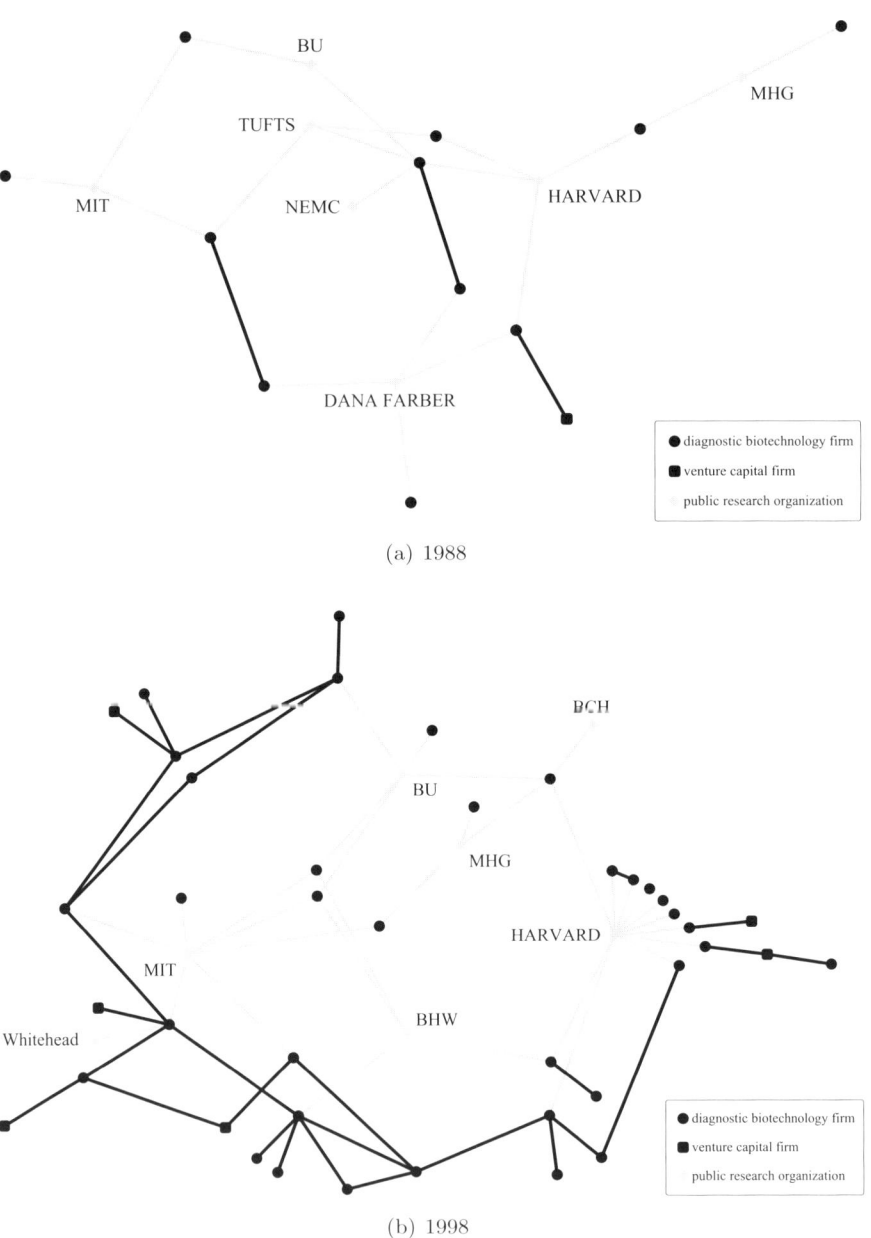

(a) 1988

(b) 1998

Abbildung 2.4: Wissensflüsse

über starke oder schwache Beziehungen wandern, impliziert letztlich eine solche Ebenendifferenzierung von Netzwerken (Granovetter 1973). Aus dieser Perspektive sind flüchtige Kontakte eine andere, viel weiter ausgedehnte Informationsinfrastruktur als starke Beziehungen, die häufig nur auf kleine Verwandtschafts- und Freundschaftscliquen mit geringem Nachrichtenwert beschränkt sind. Die Stärke von schwachen Beziehungen ist, dass ihr Einzugsbereich für Informationen größer ist, ihre Schwäche, dass Informationen natürlich weniger zuverlässig sind. Vertrauensvolle Informationen erwartet man eher von nahe stehenden, eng verbundenen Personen.

In vielen Studien werden Kontaktinfrastrukturen als Proxy für tatsächlich realisierte Beziehungen verwendet. Nur wenige Analysen beziehen beide Ebenen systematisch aufeinander. Eine neuere Anwendung ist die Verbindung von Sabatiers Advocacy Coalition Framework (ACF) mit politischer Netzwerkanalyse (Weible und Sabatier 2005). Glaubenssysteme und Interaktionsnetzwerke lassen sich aus dieser Perspektive so kombinieren, dass die Zugehörigkeit zu gemeinsamen Glaubenssystemen als eine kognitive Infrastruktur betrachtet wird, welche die Wahrscheinlichkeit von Kommunikation erhöht (Schneider und Leifeld in diesem Band).

Der Zusammenhang zwischen institutionellen und kognitiven Infrastrukturen und den darin realisierten Kommunikationsbeziehungen kann in der Netzwerkanalyse eines Gesetzgebungsverfahrens über Chemikalienpolitik verdeutlicht werden. In diesem Fall werden einerseits Informationen über die Mitgliedschaft von Akteuren in Entscheidungs- und Beratungsgremien, andererseits Affiliationen zu gemeinsamen Problemphilosophien mit dem Netzwerk tatsächlicher Informationsaustauschbeziehungen verknüpft. Es wird dann vermutet, dass Organisationspaare, die gemeinsame Mitgliedschaften zu diesen Gremien unterhalten und ähnliche Grundeinstellungen zum Chemikalienproblem haben, eher intensiven Informationsaustausch pflegen als Organisationspaare, bei denen diese Voraussetzungen nicht vorliegen.

In Abbildung 2.5 ist ein solches Netzwerk dargestellt, in dem alle potenziellen Kommunikationsverbindungen, die durch gemeinsame Mitgliedschaften in politikberatenden und -koordinierenden Gremien aufgespannt werden (analog einer Verbindungsinfrastruktur), als graue Linien und die realisierten Kommunikationen als durchgezogene schwarze Linien dargestellt. Gestrichelte schwarze Linien hingegen symbolisieren tatsächliche Kommunikationsbeziehungen, die abseits der über Gremienmitgliedschaften vorgezeichneten institutionellen Bahnen verlaufen. Das Diagramm macht deutlich, dass es nur wenige solcher „Querfeldein"-Verbindungen gibt und die überwiegende Mehrheit der Verbindungen auf institutionellen Wegen verlaufen. Im Diagramm repräsentieren Breite und Höhe der Akteursknoten jeweils noch den Anteil an potenziellen und realisierten Beziehungen. Die einflussreichsten Akteure, der *Verband der Chemischen Industrie*, das federführende Ministerium *BMJFG* und die Chemiegewerkschaft *IGCPK*, sind gleichzeitig in zentralen Bereichen des Wegenetzes positioniert.

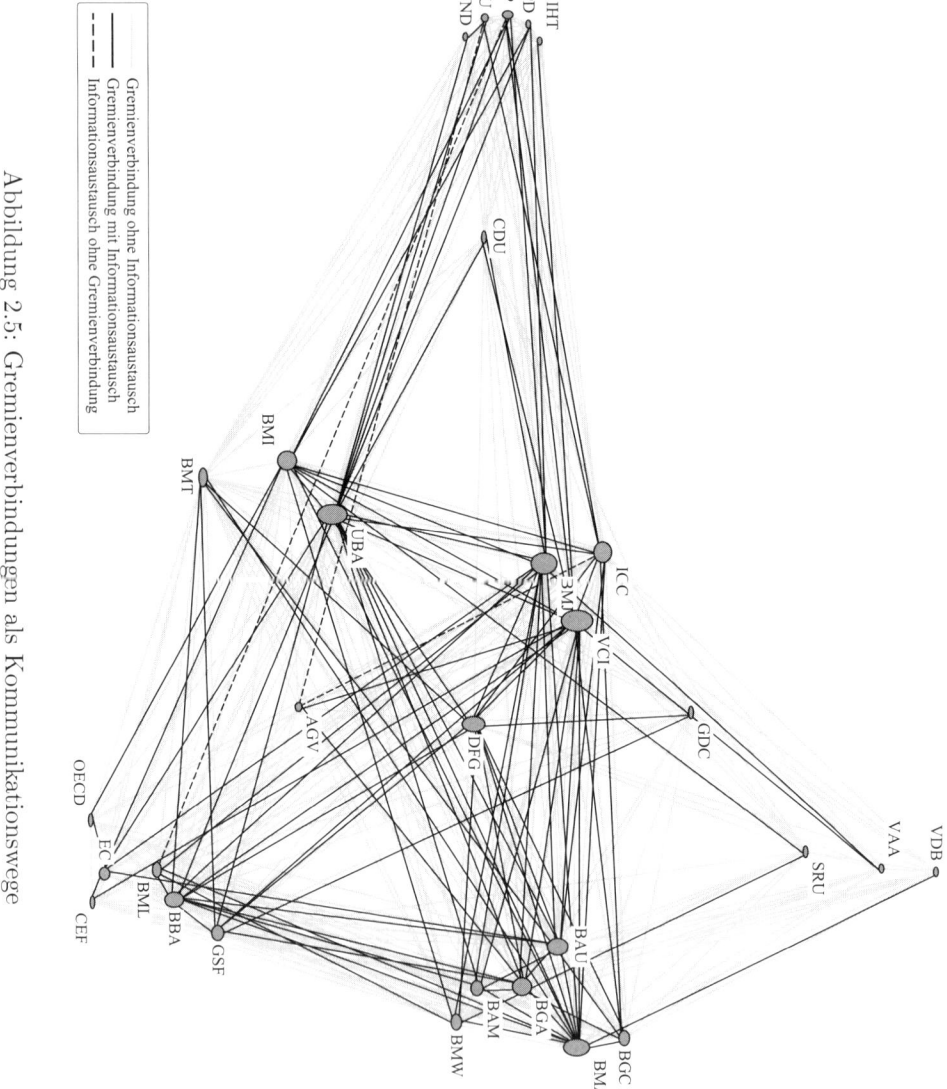

Abbildung 2.5: Gremienverbindungen als Kommunikationswege

2.4 Systembilder

Ein wichtiges Merkmal der bislang vorgestellten Beziehungsbilder ist, dass sie für die Gestalt der Gesamtnetze keine Begriffe haben. Es fehlen also Konzepte für Systemkonfigurationen in der Hinsicht, dass ein Gesamtnetzwerk eine begrenzte Anzahl von Gestaltausprägungen im Sinne „diskreter Strukturalternativen" (Williamson 1996) annehmen kann. Ein derartiges Begriffsinstrumentarium bieten „systemische Ansätze", wie sie in den folgenden drei Abschnitten vorgestellt werden.

2.4.1 Vermittlungssysteme

Das erste Bild, das eine Unterscheidung zwischen spezifischen Strukturausprägungen macht, geht von einer Ausdifferenzierung des politischen Systems in unterschiedliche Elemente (Akteure, Institutionen) aus, die sich auf bestimmte Aufgaben spezialisieren. Parteien, Verbänden und sozialen Bewegungen werden hierbei spezifische Aufgaben und Funktionsweisen zugeordnet, wie gesellschaftliche Interessen mit staatlichen Akteuren vermittelt und in öffentliche Politikprozesse eingespeist werden. Seit den 1970er Jahren wurde hierzu der Begriff der Interessenvermittlung geprägt, um im Vergleich zum älteren Begriff der Interessenrepräsentation auf Facetten politischer Prozesse hinzuweisen, die der komplexen Realität moderner Gesellschaft näher kommen (Schmitter und Lehmbruch 1979):

1. die Bidirektionalität politischer Kommunikationsprozesse;

2. die zunehmende Bedeutung intermediärer Organisationen;

3. die Existenz komplexer Makrostrukturen, die Interessenartikulation, -definition und -repräsentation übergreifend regulieren.

Die erste Facette bedeutet, dass staatliche Akteure und Verbände als intermediäre Organisationen Interessen nicht einfach passiv rezipieren, sondern aktiv an ihrer Definition teilnehmen. Die zweite verweist darauf, dass in modernen Organisationsgesellschaften die Interessen der Bürger im politischen Raum nicht direkt, sondern in der Regel über Großorganisationen wie Parteien und Verbände vertreten werden. Die dritte Facette schließlich verweist auf diskrete Makrostrukturen, die Kommunikationswege zwischen Staatsbürgern, den vermittelnden Großorganisationen und dem Staat festlegen.

In Abbildung 2.6 sind vier Makrokonfigurationen dargestellt:

- Eine nicht vermittelnde, pluralistische Systemstruktur, in der jeder politische Akteur mit jedem kommuniziert, interagiert und sich abstimmt. Der Staat bildet hier nur einen institutionellen Rahmen für friedliche Konfliktaustragung und -beilegung.

- Eine etatistische Systemstruktur, in der politische Akteure ihre Interessen gegenüber dem Staat direkt vertreten und nur über diesen vermittelt miteinander in Kontakt treten.

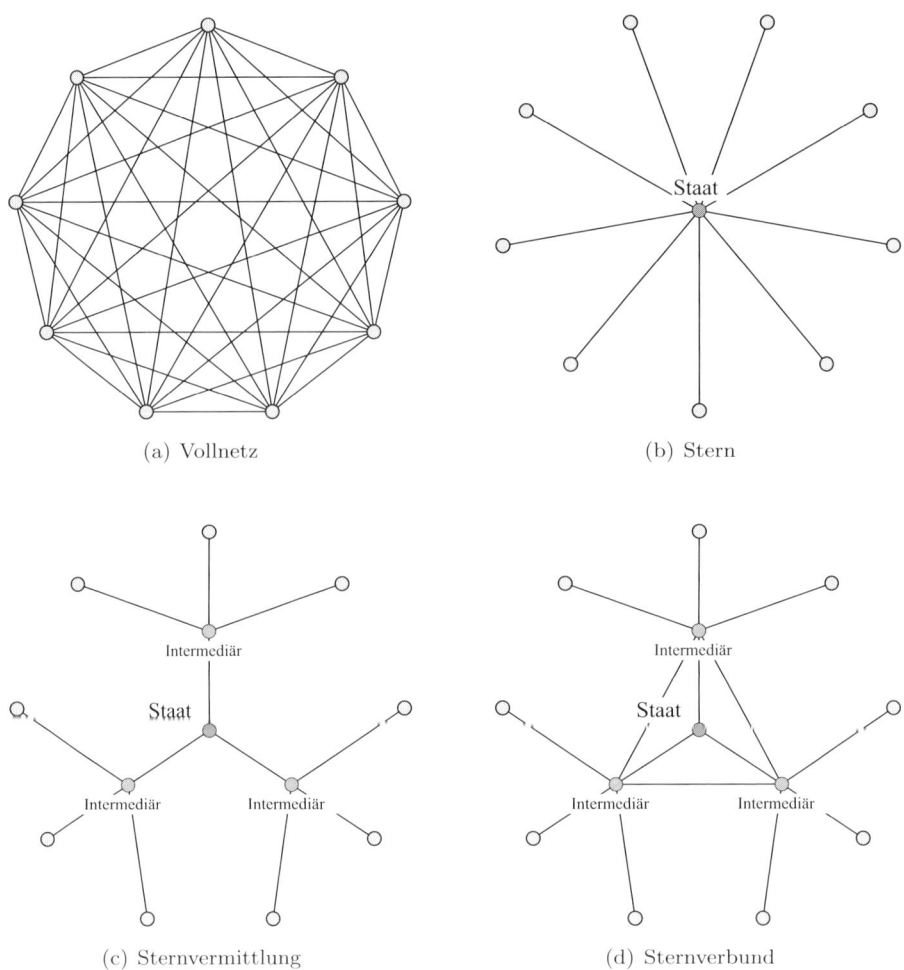

(a) Vollnetz   (b) Stern

(c) Sternvermittlung   (d) Sternverbund

Abbildung 2.6: Interessenvermittlungssysteme

- Eine staatskorporatistische Systemstruktur mit intermediären Organisationen, die drei unterschiedliche Gesellschaftssegmente mit dem Staat vermittelt.

- Eine gesellschaftskorporatistische Systemstruktur mit intermediären Organisationen, die unterschiedliche Gesellschaftssegmente vermitteln, gleichzeitig aber einen eigenen Verhandlungsverbund bilden.

Aus dieser Vermittlungsperspektive können Politiknetzwerke somit unterschiedliche Makrostrukturen aufweisen, die in der Interessenvermittlung komparative Vorteile besitzen. Die pluralistische Systemstruktur impliziert eine hohe Unabhängigkeit

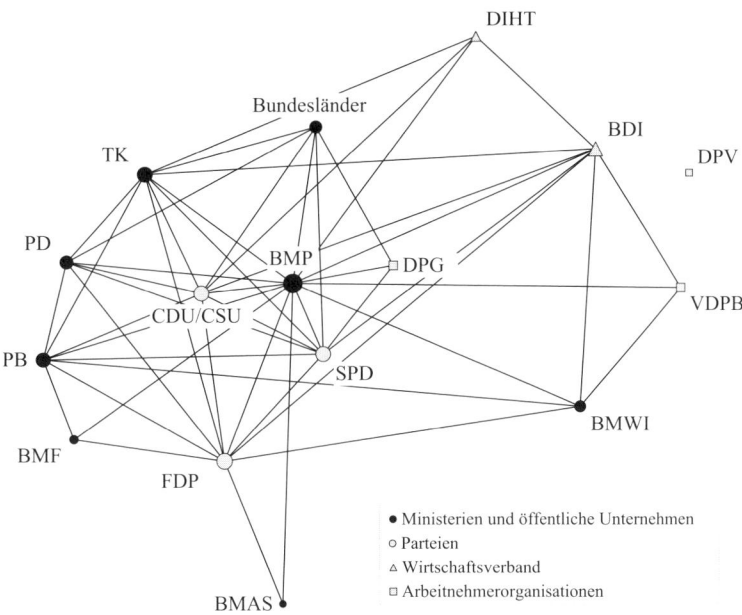

Abbildung 2.7: Interessenvermittlung in der Telekommunikationspolitik

der Akteure, aber sehr ressourcenaufwändige Prozesse der Interessenartikulation und -vertretung nach allen Seiten. Das Sternnetz ist als diametral entgegengesetzte Alternative extrem sparsam, dafür laufen aber alle Kommunikationsprozesse über den Staat, der als Zentrum alle Lasten dieser Vermittlung zu tragen hat. Gleichzeitig ist hier das Risiko sehr hoch, dass das Zentrum ausfällt oder seine Position missbräuchlich einsetzt. Während sich im Staatskorporatismus die Belastung für den Staat durch die vorgeschalteten Vermittlungsorganisationen deutlich reduziert, werden im Gesellschaftskorporatismus sowohl die Belastung als auch das Risiko reduziert. Beide Varianten des Korporatismus stellen also Kompromissmodelle dar, bei denen Belastungen und Risiken im interessenvermittelnden Kommunikationsprozess ausgewogen sind.

Diese Vermittlungsperspektive kann am Politiknetzwerk der Privatisierung des deutschen Telekommunikationssystems visuell verdeutlicht werden. Die Makrostruktur der Kommunikation in diesem Politikfeld kann als eine Form des Gesellschaftskorporatismus interpretiert werden, in dem nicht nur die Verbände, sondern auch die Parteien wichtige intermediäre Organisationen darstellten, die einen großen und integrierten Verhandlungsverbund bildeten. Abbildung 2.7 stellt einen Ausschnitt der 16 einflussreichsten Organisationen in diesem reformpolitischen Netzwerk dar (Schneider 2008).

Neben Regierung und Verwaltung waren hauptsächlich die Parteien und die Spitzen- und Branchenverbände der Wirtschaft zentral in diesem politischen Kom-

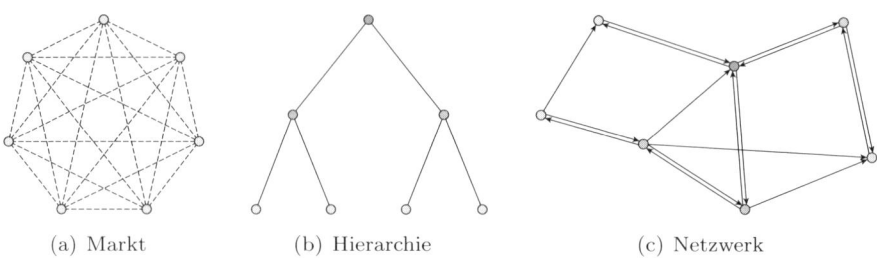

Abbildung 2.8: Markt, Hierarchie und Netzwerke als Steuerungsformen

munikations- und Entscheidungsprozess. Abbildung 2.7 stellt die beiden Aspekte der unterschiedlich vorteilhaften Positionierung der verschiedenen Akteure in der Kommunikationsstruktur und deren „Einflussreputation" dar. Der letztgenannte Aspekt ist über die Größe der Knoten symbolisiert. Das Bild legt nahe, den Entscheidungsprozess als ein gesellschaftskorporatistisches Verhandlungsergebnis zwischen Regierung, Parteien und Großverbänden zu interpretieren und weniger als Ergebnis pluralistischer Interessenmaximierung einerseits oder etatistisch-hierachischer Konzertierung andererseits.

2.4.2 Steuerungssystem

Eine andere Vorstellung diskreter Strukturausprägungen ist in der Governance-Theorie zu finden, wobei Governance als eine auf Institutionen basierende Koordinations- und Steuerungsstruktur begriffen wird, die für die involvierten Akteure unterschiedliche Anreiz- und Kontrollstrukturen bereitstellt (Kenis und Schneider 1996; Mayntz 2006). Diese Grundidee stammt aus der neoinstitutionalistischen Ökonomie, in der Markt und Hierarchie als Hauptausprägungen betrachtet werden (Williamson 1996). Wie Abbildung 2.8 illustriert, sind im Markt die einzelnen Komponenten autonom und gleichrangig. Koordination verläuft dort über kurzfristige Beziehungen (symbolisiert durch gestrichelte Linien) und spontan durch potenzielle Partizipation aller. Eine Hierarchie hingegen zeichnet sich dadurch aus, dass die Koordinationsbeziehungen über ein übergeordnetes Machtzentrum laufen, das die Interaktionen der untergeordneten Einheiten kontrolliert (dargestellt durch einen gerichteten Graphen, vgl. Abbildung 2.8(b)). Netzwerke werden aus dieser Perspektive häufig als Hybridformen zwischen Markt und Hierarchie eingestuft (Kenis und Raab 2008; Wald und Jansen 2006). Sie bilden Konfigurationen mit weitgehend autonomen Komponenten, die aber in selektiver Weise dauerhafte – häufig gegenseitige – Beziehungen eingehen, um beispielsweise gemeinsame Projekte zu koordinieren.

Anwendungen dieses Konzepts in der Politiknetzwerkliteratur betonen den Produktionscharakter und die koordinierte Kooperation bei der Verarbeitung von Policy-Problemen. Die für eine Problemlösung nötigen, in der Gesellschaft weit verstreuten Ressourcen werden dabei auf dezentrale Weise mobilisiert und in einem vernetzten

Produktionsprozess über intensive Informationsaustausch- und Kooperationsbeziehungen zusammengefügt. Im Zentrum des Interesses steht dabei die Leistungsfähigkeit der koordinierten Gesamtstruktur, ein bestimmtes politisches Problem zu lösen, weniger jedoch die Macht und der Einfluss der beteiligten Akteure.

Zur Verdeutlichung dieser Vorstellung soll das Politiknetzwerk der Einführung von Bildschirmtext in Deutschland und Frankreich dienen. Die Grundidee des technologischen Großprojekts Bildschirmtext in den 1980er Jahren war, der breiten Bevölkerung über reguläre Telefonverbindungen Zugang zu elektronischen Informationssystemen zu verschaffen. Frankreich und Deutschland gingen dabei technisch und wirtschaftlich sehr unterschiedliche Wege. Aufgrund eines alternativen technischen Designs und anderer industriepolitischer Rahmenbedingungen in diesem Sektor (hohe vertikale Integration, Dominanz eines neomerkantilistischen Politikstils) konnte Frankreich den überwiegenden Teil der Systemkomponenten hierarchisch integrieren und über die Staatsverwaltung koordinieren. Informationen sollten dort über ein einfaches Spezialgerät, das Minitel, zugänglich sein, dessen Produzenten letztlich vertikal in die Telekommunikationsverwaltung integriert waren. Das technische Konzept in Deutschland hingegen sah vor, dass elektronische Informationen über konventionelle Fernsehgeräte, die mit einem Modem und einem speziellen Dekoder erweitert wurden, zugänglich gemacht werden sollten. Dies implizierte eine sehr heterogene und stark fragmentierte Akteurskonstellation, weil damit neben den traditionellen Telefonherstellern auch viele Fernseh- und Computerproduzenten Teilnehmer dieser Technologieallianz wurden. Dieser komplexe Verbund musste dann weniger über hierarchische An- und Unterordnung als über horizontale Netzwerkbeziehungen koordiniert werden (Dutton et al. 2008; Mayntz und Schneider 1988). In Abbildung 2.9 sind die empirisch erhobenen intensiven Kooperationsbeziehungen zwischen den wichtigsten technischen Akteuren (Technologieallianz) dieses Einführungsprozesses dargestellt. Ein wichtiger Befund dieser Analyse war, dass nicht alle Akteure, die in koordinierter Weise hätten zusammenwirken sollen, intensive Kommunikations- und Kooperationsbeziehungen pflegten. Eine Reihe von Friktionen im Einführungsprozess können auf diese defizitären Abstimmungen zurückgeführt werden.

Neben der Verwaltung (*Postministerium* und *Fernmeldetechnisches Zentralamt (FTZ)* nehmen dort auch Verbände (*ZVEI* und *VDMA*) Koordinationsfunktionen wahr. Für Gerätefirmen spielt der *ZVEI* eine wichtige Rolle. Aus einer Steuerungsperspektive ermöglicht uns dieses Netzwerk realisierter Kooperationsbeziehungen insofern eine Problemdiagnose, als wir die Ist-Konfiguration mit einem Soll-Zustand vergleichen können, den ein erfolgreiches innovations- und technologiepolitisches Netzwerk implizieren würde, in dem besonders die daran beteiligten Firmen – trotz Konkurrenzverhältnis – eng zusammenarbeiten müssen.

2.4.3 Öko-System

Das letzte der hier diskutierten Bilder ist das komplexeste. Es besteht darin, politische und soziale Zusammenhänge als integrierte, aber heterogene und multirelationale Mehrebenenstrukturen zu begreifen. Es geht darum, einen sozialen Zusammenhang als ein komplexes, verschachteltes „Öko-System" abzubilden, das aus vielen Teilsystemen

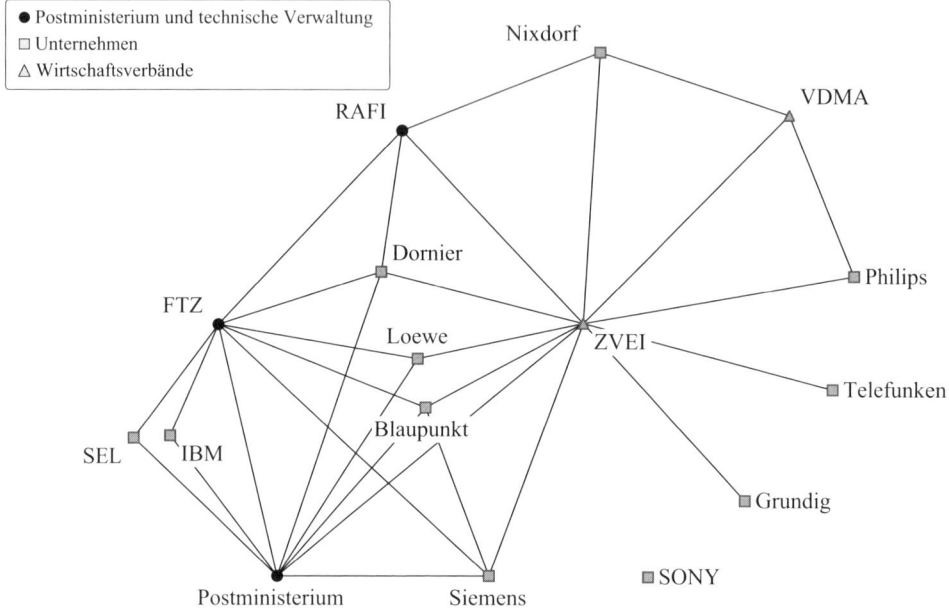

Abbildung 2.9: Das Netzwerk des Technologieprojekts Bildschirmtext

und funktionalen Kreisläufen zusammengesetzt ist, die selbst wiederum Subsysteme bilden. Die Komponenten auf den unterschiedlichsten Ebenen (Zellen, Organismen, Population, Gemeinschaften usw.) gehen vielschichtige Beziehungen miteinander ein und passen sich hierdurch an ihre jeweiligen Lebensräume an. Im Gesamtaggregat entsteht eine ungesteuerte, aus lokaler Interaktion erzeugte Ordnung (Emergenz). Die Beziehungsvielfalt impliziert zum Beispiel, dass neben einem Konkurrenzverhältnis meist gleichzeitig auch Kooperationsbeziehungen existieren. In den Sozialwissenschaften ist diese Grundvorstellung stark durch theoretische Entwicklungen in der Organisationssoziologie beeinflusst (Astley 1985; Freeman und Audia 2006). Im Unterschied zu den beiden vorausgegangenen Bildern werden mit der Ökologie-Metapher jedoch keine spezifischen Formausprägungen verbunden, sondern eher makrostrukturelle Gestaltprinzipien in der Weise, dass es sich um komplexe Konfigurationen mit (1) Mehrebenenstrukturen, (2) heterogenen Komponenten, und (3) multiplexen Beziehungen handeln muss, die einen Zusammenhang trotz partieller Konflike integrieren.

In der politischen Netzwerkanalyse ist der ökologische Ansatz bislang nur zögernd angewandt worden. Da Gesamtnetzwerkanalysen aus dieser Perspektive immens umfangreich sind, haben sich die vorliegenden Arbeiten weitgehend auf die Analyse von einzelnen Akteurspopulationen beschränkt (vgl. auch den Beitrag von Lang in diesem Band). In einer aktuellen Studie ist diese Vorstellung auf britische Wirtschaftsverbände im Chemie-Sektor angewandt worden, deren Interaktion aus einer multikompositionalen und multirelationalen Perspektive beschrieben wurde (Grote 2008).

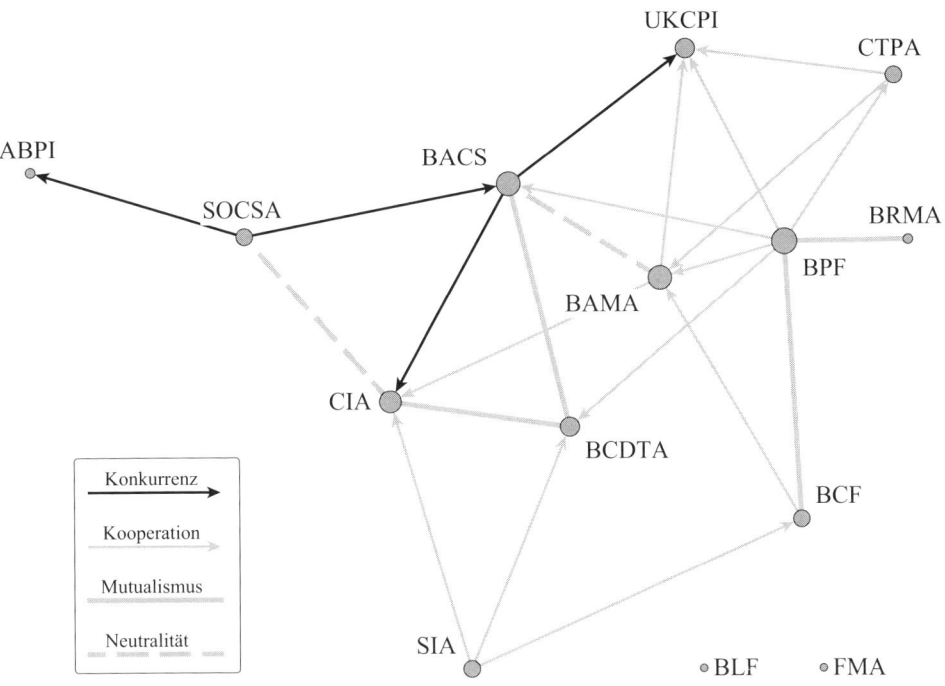

Abbildung 2.10: Ökologische Beziehungen unter Wirtschaftsverbänden im britischen Chemiesektor

Im Gegensatz zu Strukturausprägungen aus der Interessenvermittlungsperspektive, in denen entweder nur Konkurrenz oder nur Kooperation zwischen den unterschiedlichen Verbänden bestehen kann, sind aus dieser Perspektive – analog zu den Unterscheidungen zwischen Mutualismus und Kommensalismus in der Biologie – komplexe Kombinationen und Mischungen denkbar, in denen die Verbände aus den unterschiedlichsten Teilbranchen multiplexe Beziehungen unterhalten.

Abbildung 2.10 zeigt ein eher dezentralisiertes Verbändesystem, in dem die *Chemicals Industry Association (CIA)* als ältester und wichtigster Verband nicht die zentrale Position einnimmt, die man eigentlich von ihm erwarten würde. Gleichzeitig ist dies ein System, in dem die Verbände vielfältige Beziehungen pflegen und neben den wenigen Konkurrenzbeziehungen insbesondere viele Kooperationsverhältnisse auftreten. Politiktheoretisch bedeutsam sind dabei vor allem jene Kooperationsbeziehungen, die in dem nach der Theorie des Neokorporatismus gemeinhin als pluralistisch klassifizierten britischen Verbändesystem eigentlich nicht existieren dürften. Allein die Messung und Visualisierung dieses immer noch stark simplifizierten Verbände-Ökosystems macht deutlich, dass die traditionellen Ansätze der Verbändeforschung, die mit holzschnittartig vereinfachten Ordnungsvorstellungen operieren, der komplexen Realität moderner Gesellschaften nicht gerecht werden (Lang et al. 2008).

2.5 Konklusion

Der theoretische Diskurs über Politiknetzwerke unterliegt einer babylonischen Unübersichtlichkeit, die unter anderem auf die Vermischung verschiedener Bedeutungsebenen des Netzwerkbegriffs zurückzuführen ist. Ziel dieses Aufsatzes waren daher Unterscheidung und Klärung der jeweiligen Rollen, die Metaphern, Modelle und Visualisierungen in der Politiknetzwerkanalyse spielen, um so einen Beitrag zur Strukturierung der Diskussion zu leisten.

Im Gegensatz zu der in Politik- und Sozialwissenschaften wahrscheinlich dominierenden abschätzigen Haltung sehen wir die metaphorische Verwendung von Netzwerken dabei nicht grundsätzlich kritisch. Zu den produktiven Aspekten dieser spezifischen Darstellungsform gehört, dass sie durch Analogiesetzung zu Vertrautem den leichteren Zugang zu komplexen Sachverhalten ermöglicht. Metaphern sind wissenschaftlichen Modellen in Bezug auf Präzision und Systematik unterlegen, können jedoch sehr gehaltvolle Vorstellungen über Aufbau und Dynamik politischer Ordnungen prägnant kommunizieren und Unterschiede im Theorie-Ansatz aufzeigen. Anhand von sechs beispielhaft ausgewählten Metaphern haben wir mehrere theoretische Orientierungen in der Politiknetzwerkanalyse vorgestellt und so auch deutlich gemacht, dass eine einzige integrierende Politiknetzwerk-Theorie weder möglich noch sinnvoll ist. Wir haben außerdem verdeutlicht, dass die auf diesen Metaphern aufbauenden Theorien über Politiknetzwerke notwendige Einschränkungen für Modellierung und Methodenanwendung implizieren und somit letztlich die Interpretierbarkeit der Ergebnisse nachhaltig beeinflussen.

Bei den vorgestellten drei Beziehungsbildern kommen Vorstellungen vom Wesen der eingegangen Beziehungen zum Tragen, ohne dass Vorgaben für bestimmte Formausprägungen des Gesamtnetzes gemacht werden. Letztere sind charakterisierend für die drei anschließenden Systembilder, die grundsätzliche Vorstellungen über spezifische Meso- oder Makrokonfigurationen bzw. soziale Gebilde enthalten. Jede dieser Metaphern korrespondiert mit einer oder mehreren spezifischen Theorien, die wiederum unterschiedliche Erklärungsebenen und -logiken bedingen. So wird z. B. der Wert persönlicher Kontakte in den Sozialkapitaltheorien einerseits auf individueller Akteursebene als Erklärungsfaktor verwendet. Auf der anderen Seite kann die Summe bzw. das Aggregat der Kontakte aller Akteure eine Erklärungsebene darstellen, auf der z. B. der Grad der Dichte an persönlichen Beziehungen den Zusammenhalt einer politischen Gemeinschaft erklärt. Die spezifische strukturelle Anordnung von Beziehungen ist aus dieser Sicht unerheblich, während sie bei den Systembildern wiederum das zentrale Moment von Erklärungen darstellt.

Sowohl das Bild des Vermittlungssystems als auch jenes des Steuerungssystems basieren zwar auf einer Menge von individuellen Akteuren, darauf aufbauende Erklärungsmodelle setzen jedoch an der spezifischen Anordnung dieser Handlungseinheiten und deren selektiven Verknüpfung an. Ein relativ neues Bild ist der Öko-System-Ansatz, in dem sowohl die Heterogenität der Akteure als auch die Mehrschichtigkeit von Beziehungen und Beziehungsmustern (Multiplexität) betont wird. Im Unterschied zu den ersten beiden Systembildern erzwingt diese Perspektive eine Abkehr von der Vorstellung, dass soziale Zusammenhänge auf einige wenige Ordnungs- und Funkti-

	Theorien	Beispiele für Erklärungen
Beziehungsbilder		
Kontakte	Einflusstheorien, Sozialkapitaltheorien	Individuelles Sozialkapital erklärt individuelle Einflussposition; Summe des Sozialkapitals einer Gemeinschaft erklärt ihren Zusammenhalt
Flüsse	Tauschtheorien, Differenzierungstheorie; Ressourcenabhängigkeitstheorie	Ressourcenabhängigkeit bzw. Tauschposition erklären Macht und Einfluss; das Wachstum von Austauschbeziehungen erklärt die soziale Differenzierung eines Systems
Wege	Zugangstheorie; Kommunikationstheorien	Kontrolle von Zugangswegen/-pfaden und strategische Positionen darauf bringen Macht und Einfluss; das Aggregat der Kommunikations- und Partizipationsbeziehungen eines politischen Systems erklären Stabilität oder Leistungsfähigkeit
Systembilder		
Vermittlungssystem	Korporatismustheorie, Pluralismustheorie	Struktur des Interessenvermittlungssystems erklärt unterschiedliche Funktionsweisen politischer Systeme, und diese wiederum erklären unterschiedliche politische Performanz, z. B. Innovation, Stabilität, Anpassung usw.
Steuerungssystem	Kybernetik, Governancetheorie	Struktur des Steuerungssystems erklärt unterschiedliche Koordinations- und Interaktionsformen eines politischen Systems; diese erklären unterschiedliche politische Performanz, z. B. Innovation, Stabilität, Anpassung usw.
Öko-System	Populationsökologie, Organisationsökologie	Struktur des Öko-Systems (Organisationsgemeinschaft) erklärt insbesondere dynamische Integration und Performanz, z. B. Innovation und Anpassung eines Systems

Tabelle 2.1: Netzwerkbilder und Netzwerktheorien

onsprinzipien zurückgeführt werden können. Gleichzeitig wird eine Perspektive eingenommen, in der die Emergenz der Ordnung aus lokalen Interaktionsbeziehungen betont wird und letztlich eine dynamische Perspektive in der Netzwerkforschung betont wird, aus der weitere Netzwerkbilder entstehen werden.

Wie jüngst Wagner (2008) in einer Bewertung von Theorieentwicklungen betonte, liegt die Zukunft sozialwissenschaftlicher Analyse nicht im „Osten des Paradieses", in dem gesellschaftliche Ordnung durch die Interaktion weniger Akteure mit homogenen Handlungsorientierungen zu einfachen Gleichgewichtskonstellationen führt, sondern, um hier das oben evozierte Bild wieder aufzugreifen, eher im „Westen Babylons", wo viele Akteure mit unterschiedlichen Sprachen, Wahrnehmungen und Orientierungen in komplexen Situationen interagieren, wo Ordnungen sich evolutionär herausbilden und sich von Ungleichgewicht zu Ungleichgewicht hangeln. Dies ist gegenwärtig die Kernproblematik der Komplexitätstheorie, die in der deutschen Sozial- und Politikwissenschaft erst langsam Aufmerksamkeit findet und zu der eine Form der Netzwerkanalyse, in der die verschiedenen bildlichen Ebenen sauber voneinander getrennt sind, einen wertvollen Beitrag leisten kann (Lang et al. 2008; Schneider und Bauer 2009).

Literaturverzeichnis

Astley, W. Graham, 1985: The Two Ecologies: Population and Community Perspectives on Organizational Evolution. Administrative Science Quarterly 30: 224–241.

Bouwen, Pieter, 2002: Corporate Lobbying in the European Union: The Logic of Access. Journal of European Public Policy 9: 365–390.

Brandes, Ulrik, Patrick Kenis und *Jörg Raab*, 2006: Explanation through Network Visualization. Methodology 2: 16–23.

Brandes, Ulrik, Patrick Kenis, Jörg Raab, Volker Schneider und *Dorothea Wagner*, 1999: Explorations into the Visualization of Policy Networks. Journal of Theoretical Politics 11: 75–106.

Brandes, Ulrik und *Dorothea Wagner*, 2004: Netzwerkvisualisierung. it – Information Technology 46: 129–134.

Bunge, Mario, 1998: Social Science under Debate: A Philosophical Perspective. Toronto: University of Toronto Press.

Coleman, James Samuel, 1990: Foundations of Social Theory. Cambridge, Mass: Belknap Press of Harvard University Press.

Deutsch, Karl W., 1963: Nerves of Government. New York: Free Press.

Doreian, Patrick, 1988: Using Multiple Network Analytic Tools for a Single Social Network. Social Networks 10: 287–312.

Doreian, Patrick und *Louis H. Albert*, 1989: Partitioning Political Actor Networks: Some Quantitative Tools for Analyzing Qualitative Networks. Journal of Quantitative Anthropology 1: 279–291.

Dowding, Keith, 1995: Model or Metaphor? A Critical Review of the Policy Network Approach. Political Studies 43: 136–158.

Dowding, Keith, 2001: There must be an End to Confusion: Policy Networks, Intellectual Fatigue, and the Need for Political Science Methods Courses in British Universities. Political Studies 49: 89–105.

Dutton, William H., *Volker Schneider* und *Thierry Vedel*, 2008: Large Technical Systems as Ecologies of Games: Cases from Telecommunications to the Internet. SSRN eLibrary: `http://ssrn.com/paper=1141393`.

Freeman, John H. und *Pino G. Audia*, 2006: Community Ecology and the Sociology of Organizations. Annual Review of Sociology 32: 145–169.

Granovetter, Mark S., 1973: The Strength of Weak Ties. American Journal of Sociology 78: 1360–1380.

Granovetter, Mark S., 1979: The Theory Gap in Social Network Analysis. In: *Paul W. Holland* und *Samuel Leinhardt* (Hg.), Perspectives on Social Network Research, S. 501–518. New York: Academic Press.

Grote, Jürgen R., 1995: Policy Networks or Clientelist Exchange: From Metaphors to the Measurement of State-Society Relations. Bericht, Mannheimer Zentrum für Europäische Sozialforschung (MZES), Mannheim.

Grote, Jürgen R., 2008: Persistent Divergence? Chemical Business Associations in Britain and Germany. In: *Jürgen R. Grote, Achim Lang* und *Volker Schneider* (Hg.), Organized Business Interests in Changing Environments: The Complexity of Adaptation, S. 65–87. New York: Palgrave Macmillan.

Hempel, Carl Gustav und *Paul Oppenheim*, 1948: Studies in the Logic of Explanation. Philosophy of Science 15: 135–175.

Kenis, Patrick und *Jörg Raab*, 2008: Politiknetzwerke als Governanceform. Versuch einer Bestandsaufnahme und Neuausrichtung der Diskussion. In: *Gunnar Folke Schuppert* und *Michael Zürn* (Hg.), Governance in einer sich wandelnden Welt, S. 132–148. Wiesbaden: VS Verlag für Sozialwissenschaften.

Kenis, Patrick und *Volker Schneider* (Hg.), 1996: Organisation und Netzwerk. Institutionelle Steuerung in Wirtschaft und Politik. Frankfurt am Main: Campus Verlag.

Knoke, David, Franz Urban Pappi, Jeff Broadbent und *Yutaka Tsujinaka*, 1996: Comparing Policy Networks: Labor Politics in the U. S., Germany, and Japan. Cambridge: Cambridge University Press.

Lang, Achim, 2009: Verbandsökologien im Informations- und Kommunikationssektor. In: *Volker Schneider, Frank Janning, Philip Leifeld* und *Thomas Malang* (Hg.), Politiknetzwerke. Modelle, Anwendungen und Visualisierungen. Wiesbaden: VS Verlag für Sozialwissenschaft.

Lang, Achim und *Philip Leifeld*, 2007: Die Netzwerkanalyse in der Policy-Forschung: Eine theoretische und methodische Bestandsaufnahme. In: *Frank Janning* und *Katrin Töns* (Hg.), Die Zukunft der Policy-Forschung. Theorien, Methoden, Anwendungen, S. 223–241. Wiesbaden: VS Verlag für Sozialwissenschaft.

Lang, Achim, Karsten Ronit und *Volker Schneider*, 2008: From Simple to Complex: An Evolutionary Sketch of Theories of Business Associations. In: *Jürgen R. Grote, Achim Lang* und *Volker Schneider* (Hg.), Organized Business Interests in Changing Environments: The Complexity of Adaptation, S. 17–41. New York: Palgrave Macmillan.

Laumann, Edward O. und *David Knoke*, 1987: The Organizational State: Social Choice in National Policy Domains. University of Wisconsin Press.

Laumann, Edward O. und *Franz Urban Pappi*, 1976: Networks of Collective Action: A Perspective on Community Influence Systems. New York: Academic Press.

Lazebnik, Yuri, 2004: Can a Biologist Fix a Radio? – Or, what I Learned while Studying Apoptosis. Biochemistry 69: 1403–1406.

Leifeld, Philip, 2007: Policy Networks: A Citation Analysis of the Quantitative Literature. Diplomarbeit, Universität Konstanz, Fachbereich Politik- und Verwaltungswissenschaft. URL `http://www.ub.uni-konstanz.de/kops/volltexte/2007/2663/`.

Leijonhufvud, Axel, 1996: Towards a Not-Too-Rational Macroeconomics. In: *David Colander* (Hg.), Beyond Microfoundations: Post Walrasian Macroeconomics, S. 39–55. Cambridge: Cambridge University Press.

Marsh, David und *Martin J. Smith*, 2001: There is More than One Way to Do Political Science: On Different Ways to Study Policy Networks. Political Studies 49: 528–541.

Mayntz, Renate, 2006: Governance Theory als fortentwickelte Steuerungstheorie. In: *Gunnar Folke Schuppert* (Hg.), Governance-Forschung. Vergewisserung über Stand und Entwicklungslinien, *Schriften zur Governance-Forschung*, Bd. 1, S. 11–20. Baden-Baden: Nomos.

Mayntz, Renate und *Volker Schneider*, 1988: The Dynamics of System Development in a Comparative Perspective: Interactive Videotex in Germany, France and Britain. In: *Renate Mayntz* und *Thomas P. Hughes* (Hg.), The Development of Large Technical Systems, S. 263–297. Frankfurt am Main: Campus Verlag.

Mayr, Otto, 1971: Adam Smith and the Concept of the Feedback System: Economic Thought and Technology in 18th-Century Britain. Technology and Culture 12: 1–22.

Modhadam, Reza und *Collin Carter*, 1989: The Restoration of the Phillips Machine: Pumping up the Economy. Economic Affairs S. 22–27.

Morgan, Gareth, 2006: Images of Organization. London: Sage Publications.

Owen-Smith, Jason und *Walter W. Powell*, 2004: Knowledge Networks as Channels and Conduits: The Effects of Spillovers in the Boston Biotechnology Community. Organization Science 15: 2–21.

Pappi, Franz Urban und *Christian H. C. A. Henning*, 1998: Policy Networks: More than a Metaphor? Journal of Theoretical Politics 10: 553–575.

Peters, Guy, 1998: Policy Networks: Myth, Metaphor and Reality. In: *David Marsh* (Hg.), Comparing Policy Networks, S. 21–32. Buckingham/Philadelphia: Open University Press.

Phillips, Alban William Housego, 1950: Mechanical Models in Economic Dynamics. Economica 17: 283–305.

Portes, Alejandro, 1998: Social Capital: Its Origins and Applications in Modern Sociology. Annual Reviews in Sociology 24: 1–24.

Raab, Charles D., 1992: Taking Networks Seriously: Education Policy in Britain. European Journal of Political Research 21: 69–90.

Raab, Jörg und *Patrick Kenis*, 2007: Taking Stock of Policy Networks: Do they Matter? In: *Frank Fischer, Gerald J. Miller* und *Mara S. Sidney* (Hg.), Handbook of Public Policy Analysis: Theory, Methods, and Politics, Nr. 125 in Public Administration and Public Policy. Boca Raton: Taylor & Francis CRC Press.

Schmitter, Philippe C. und *Gerhard Lehmbruch* (Hg.), 1979: Trends Toward Corporatist Intermediation. London: Sage Publications.

Schneider, Volker, 1999: Staat und technische Kommunikation. Wiesbaden: Westdeutscher Verlag.

Schneider, Volker, 2008: Akteurkonstellationen und Netzwerke in der Politikentwicklung. In: *Klaus Schubert* und *Nils C. Bandelow* (Hg.), Lehrbuch der Politikfeldanalyse, 2. Auflage, S. 107–145. München: Oldenbourg.

Schneider, Volker und *Johannes Bauer*, 2009: Von der Governance- zur Komplexitätstheorie: Rekonstruktion gesellschaftlicher Ordnungsbildung. In: *Ingo Schulz-Schaeffer* und *Johannes Weyer* (Hg.), Management komplexer Systeme. München: Oldenbourg.

Schneider, Volker und *Philip Leifeld*, 2009: Belief-Systeme, Diskursnetzwerke und politische Kommunikation: Ein zweiter Blick auf die deutsche Chemikalienkontrolle der 1980er Jahre. In: *Volker Schneider, Frank Janning, Philip Leifeld* und *Thomas Malang* (Hg.), Politiknetzwerke. Modelle, Anwendungen und Visualisierungen. Wiesbaden: VS Verlag für Sozialwissenschaft.

Tufte, Edward R., 2006: Beautiful Evidence. Cheshire, CT: Graphics Press.

Wagner, Richard E., 2008: Finding Social Dilemma: West of Babel, not East of Eden. Public Choice 135: 55–66.

Wald, Andreas und *Dorothea Jansen*, 2006: Netzwerke. In: *Arthur Benz, Susanne Lütz, Uwe Schimank* und *Georg Simonis* (Hg.), Handbuch Governance, S. 93–105. Wiesbaden: VS Verlag für Sozialwissenschaften.

Weible, Christopher M. und *Paul A. Sabatier*, 2005: Comparing Policy Networks: Marine Protected Areas in California. Policy Studies Journal 33: 181–201.

Williamson, Oliver E., 1996: Vergleichende ökonomische Organisationstheorie: Die Analyse diskreter Strukturalternativen. In: *Patrick Kenis* und *Volker Schneider* (Hg.), Organisation und Netzwerk. Institutionelle Steuerung in Wirtschaft und Politik, S. 167–212. Frankfurt am Main: Campus Verlag.

Kapitel 3

Diskursnetzwerkanalyse. Überlegungen zur Theoriebildung und Methodik

Frank Janning, Philip Leifeld, Thomas Malang und Volker Schneider

3.1 Einleitung

Die Entdeckung, dass Denksysteme, Ideologien, Überzeugungen, Normen und Werte in der Politik allgemein und in politischen Entscheidungsprozessen im Besonderen eine bedeutende Rolle spielen, ist wahrlich nicht neu. Bedeutende Strömungen der politischen Philosophie – von den alten Griechen bis zum deutschen Idealismus – sind maßgeblich von dieser Grundannahme geprägt. Auch in der modernen Politikwissenschaft spielt die Welt der Ideen eine nicht unbedeutende Rolle, insbesondere in den Analysen zur politischen Kultur. Sowohl die strukturfunktionale Systemtheorie als auch der französische Strukturalismus haben die (relative) Autonomie von ideellen Prozessen stets betont. Das Ideelle als Gegenstand der Politikanalyse in modernen diskursanalytischen Varianten ist daher nicht ungewöhnlich. Innovativ hingegen ist der spezielle theoretische und methodische Zugang. Während traditionelle Analysen empirische Evidenz in der Regel nur über pauschale oder anekdotische Verweise auf relevante Denk- und Überzeugungssysteme zu erzeugen versuchten, haben moderne Untersuchungen den Anspruch, über Mikroanalysen von Sprachbildern und Argumentationsmustern die spezifische Funktionslogik dieser ideellen Strukturen zu dechiffrieren.

Ohne die Entwicklung neuer Methoden ist dieser Anspruch jedoch nicht einzulösen. In beiden Hauptströmungen der Diskursanalyse, die entweder an Habermas kommunikativer Diskursethik oder an Foucaults poststrukturalistischer Theorie der Macht orientiert sind, ist Sprach- und Textanalyse eine zentrale Forschungsstrategie, um Metaphern, Argumentationsstrukturen und kollektive Wissensbestände als Material für eine „Mikrophysik" von Macht und Konsens zu verwenden und insbesondere ideelle Mechanismen von Macht und Herrschaft herauszuarbeiten.

In den letzten zehn Jahren ist diese zunächst in der Soziologie entwickelte Analyse auch in der empirischen Policy-Forschung angekommen. Eine zunehmende Zahl von Analysen erklärt Politikentwicklungen besonders durch Wahrnehmungs- und Argumentationsmuster. Dies wird als „argumentative Wende" der Policy-Forschung bezeichnet. Während die meisten dieser Studien auf rein qualitativen Methoden beruhen, werden wir in unserem Überblick zeigen, dass mittlerweile ein breites Spektrum strukturanalytischer Methoden entstanden ist, das eine fruchtbare Synthese von qualitativ-textanalytischen und quantitativ-beziehungsanalytischen Methoden erlaubt, um den hohen Anspruch der „Mikrophysik" in der empirischen Analyse zumindest ansatzweise einzulösen.

Unser Überblick ist in drei Teile gegliedert. In einem ersten Abschnitt werden wir die wichtigsten Studien einer neuen analytischen Bewegung referieren, die wir als Indiz für eine argumentative bzw. kulturalistische Wende in der Policy-Forschung betrachten. In einem weiteren Abschnitt stellen wir mit der Netzwerkanalyse ein beziehungsanalytisches Instrumentarium vor, das sich, wie wir in einem weiteren Abschnitt mit unterschiedlichen Methoden zeigen, fruchtbar in der Analyse von Denksystemen und Argumentationsstrukturen in der Politik einsetzen lässt. Der Überblick schließt mit einer zusammenfassenden Betrachtung.

3.2 Diskurse und die „argumentative Wende" in der Politikanalyse

Im letzten Jahrzehnt sind sprach- und textanalytische Verfahren auch in der Policy-Forschung angekommen. Mittlerweile haben die darauf fußenden qualitativen Forschungsansätze interessante Anwendungen hervorgebracht (Saretzki 2003; Schneider und Janning 2006). In der Realanalyse von politischen Entscheidungsprozessen schlug sich die Einsicht nieder, dass die Wahrnehmung von Problemen und die Unterbreitung von Lösungsvorschlägen nicht als ein einfacher objektiver Mechanismus abläuft, der linear aus policy-bezogenen Strukturvariablen (Institutionen, Ressourcen, Interessen usw.) abgeleitet werden kann. Vielmehr liegt der Grund für die Komplexität der politischen Gestaltungsprozesse in der Unschärfe und Subjektivität von Perzeptionen und Interpretationen der am Entscheidungsprozess beteiligten Akteure und in deren Veränderung durch einen fortwährenden Diskussionsprozess (Fischer 2003). Eine wissenschaftliche Erklärung und Rekonstruktion des Policy-Making wird dadurch nicht unmöglich, jedoch muss der Eigenanteil an Interpretation und diskursiven Praktiken im politischen Prozess gezielt herausgearbeitet und analysiert werden (Gottweis 1998).

Die in der Policy-Forschung diskutierten Forschungsansätze haben trotz Gemeinsamkeiten in Zielorientierung und Gegenstandswahl recht unterschiedliche Vorstellungen über Verfahren und Konzepte zur Unterstützung der interpretativen Rekonstruktionsarbeit. Es existieren nebeneinander einzelne Forschungsansätze für die inhaltsanalytische Bestimmung der Bedeutung von Erzählmustern (Narrativen) und von Interpretationsrahmen (Frames) im Policy-Making-Prozess sowie für die Verwendung des diskursanalytischen Instrumentariums in der Policy-Analyse (Hajer 1995; Roe 1994; Schön und Rein 1994). Darüber hinaus untersuchen Policy-Forscher die Rolle von Verständigungsprozessen in politischen Verhandlungen (Barthe 2001; Wiesner 2006), sowie Zusammenhalt und Lernfähigkeit von Programmkoalitionen (Bandelow 1999; Sabatier und Jenkins-Smith 1993).

In den letzten zehn Jahren finden besonders Policy-Forscher große Aufmerksamkeit, die sich dem „argumentative turn" in der Policy-Forschung verschrieben hat. Ausgehend von einem in den USA erschienenen Sammelband, der unterschiedliche Vertreter dieser neuen Orientierung versammelt (Fischer und Forester 1993), werden auch hierzulande die Implikationen dieser Forschungsrichtung diskutiert (Nullmeier 1993, 1997; Saretzki 1998). Grundsätzlich werden mit dieser Wende zwei neue Zielorientierungen für die Policy-Forschung angemahnt: Zum einen erstrebt der argumentative turn eine Auseinandersetzung mit der Praxis der Policy-Forscher, die mit ihren Analysen und Empfehlungen selbst auf den Policy-Prozess einwirken und Argumente für politische Entscheidungen vorbereiten und prägen. In dieser Hinsicht beinhaltet die erste Zielorientierung die Reflexion über Policy-Analyse als diskursive Praxis. Zum anderen folgt die Notwendigkeit einer Neufassung des Gegenstands der Policy-Analyse aus einem spezifischen Verständnis politischer Entscheidungen: Diese können nicht einfach als rationale Prozesse verstanden werden, in denen Wissensressourcen generiert und in problemadäquate Entscheidungen transformiert werden. Vielmehr beeinflussen Aspekte der sprachlichen Vermittlung, der spezifischen Deutung und Verarbeitung von Informationen sowie der Glaubwürdigkeit und des rhetorischen Geschicks von Sprechern den Policy-Prozess. Die zweite Zielorientierung betrifft deshalb die Reflexion über die narrativ-inhaltliche Dimension von Politiken. Politische Programmentwürfe, Stellungnahmen und öffentliche Äußerungen sowie die verabschiedeten Gesetzestexte und spezifizierten Verwaltungsvorschriften werden als Text, als Narration (Roe 1994), als Ideenskripte und Grundüberzeugungen (Schön und Rein 1994) sowie als Ergebnis von diskursiven Praktiken (Hajer 1995) interpretiert, die politische Problemdeutungen und Verantwortungszuweisungen generieren. Durch die systematische Analyse dieser Konstrukte wird es möglich, den zu Grunde liegenden Diskurs zu rekonstruieren und seine Auswirkungen auf den Politikprozess zu untersuchen. Dieser zweite Aspekt steht im Folgenden im Mittelpunkt. Durch die neue Perspektive auf den Policy-Prozess werden neue Methoden nötig, die hier unter dem Schlagwort des „Diskursnetzwerks" vorgestellt werden.

3.2.1 Diskurse und die Mikroanalyse der Macht

Die Diskursanalyse benutzt wie andere qualitative Ansätze in der Policy-Analyse interpretative Verfahren, strebt aber stärker die Kontextualisierung von Redebeiträgen, Stellungnahmen, Programmschriften usw. in übergeordnete Diskussionslinien und Machtkonstellationen an (Blatter et al. 2007). Innerhalb der diskursanalytischen Forschung können exaktere Forschungsansätze wie jener von Fairclough (1995a,b), der stark auf detailgenauen Textanalysen fußt, von offeneren Vorgehensweisen abgegrenzt werden (Kerchner 2006; Titscher et al. 2000). Die für die Diskursanalyse wichtige Kategorienbildung zur Ermittlung von Begriffs- und Sinnbeziehungen zwischen den Diskursen erfolgt deutlich theoriegeleiteter als bei den anderen qualitativen Forschungsansätzen.

Ein wichtiger Bezugspunkt für die Rezeption der Diskursanalyse in den Sozialwissenschaften ist das Werk von Foucault (1989, 1991, 1998, 2003). In beeindruckenden historischen Studien werden darin die Verbreitung von wissenschaftlichen Theorien, Behandlungsmethoden der Humanwissenschaften und von Zensur und Ausschließungsprinzipien in Form von Diskursanalysen etabliert (Bublitz 1999; Keller 2004).

Zentral dabei ist Foucault's Machttheorie mit ihrer Annahme, dass in jeder Gesellschaft die Produktion von Diskursen kontrolliert, selektiert und kanalisiert wird. Da Diskurse als Legitimität und Ordnung produzierende gesellschaftliche Aussagensysteme und Sinnzuschreibungen betrachtet werden können, ist die Herrschaft über den Diskurs gleichsam eine Kontrollform der Selbstwahrnehmung einer Gesellschaft (Foucault 1991).

Über die reine Foucault-Rezeption hinaus hat in den letzten Jahren eine methodologisch orientierte Diskussion über die Potentiale der Diskursanalyse eingesetzt (Angermüller et al. 2001; Bublitz et al. 1999; Howarth et al. 2000; Kerchner und Schneider 2006; Wodak und Chilton 2005). Hierzu sollen nur die grundsätzlichen Überlegungen vorgestellt werden. Nach Keller (2004, 2005) beginnt eine Diskursanalyse zunächst mit der Frage, wie ein Diskurs als Analysegegenstand definiert werden kann. Bezugspunkt für eine solche Definition ist das weiter gefasste Verständnis von Foucault, der Diskurse je nach Forschungsgegenstand als Aussagesysteme, Sinnzuschreibungen, Geltungsansprüche oder Wissenssysteme bezeichnet. Diskurse fokussieren und formulieren Themen als gesellschaftsrelevante Deutungs- und Handlungsprobleme. Sie materialisieren sich in Ensembles von Kategorien und Praktiken, die Akteure mit Argumenten und Deutungsmustern für die jeweiligen Probleme ausstatten. Durch das Handeln der sozialen Akteure werden diskursive Ereignisse produziert und die soziale Realität von Phänomenen hergestellt und reproduziert. Gleichzeitig manifestieren sich Diskurse in Gestalt von Dispositiven und Praktiken konkreter Akteure. Das in Diskursen gesammelte Wissen liefert Kategorien zur Wahrnehmung und Deutung von Phänomen und darauf bezogenen akzeptablen Handlungsformen. Durch dieses handlungsbezogene Wissen werden Bewertungsmaßstäbe für die Begründung sozialer Anerkennung geliefert. Verschiedenartige Diskurse treffen in Debatten aufeinander und ringen um Diskurshoheit. Hierbei werden soziale Gruppen und besondere Akteure mit Deutungsmacht aktiv, die sich zu Diskursformationen zusammenschließen. Letztere sind voneinander abgrenzbare Gruppierungen, die den gleichen Regeln für die Strukturbildung und Abgrenzung folgen. Die Arenen, in denen Diskurse miteinander in Konkurrenz stehen, werden Diskursfelder genannt. Innerhalb dieser Arenen herrschen Diskursverhältnisse und Diskursregime, also Beziehungsgefüge zwischen Diskursen sowie zwischen Diskursen und Anwendungsfeldern.

Neben den allgemeinen Eigenschaften von Diskursen und ihrer (sozialen) Funktion, kann die inhaltliche Struktur von Diskursen dargestellt werden: Keller (2005: 235 ff.) schlägt hierfür vier Konzepte vor:

- *Deutungsmuster*, d. h. allgemeine Interpretationsschemata für die Organisation der Wahrnehmung und Erfahrungen von Akteuren, die durch Diskurse verbreitet werden;

- *Klassifikationen*, d. h. soziale Typisierungsprozesse, mit deren Hilfe neue Handlungssituationen von Akteuren kategorial erfasst und mit schon erlebten Situationen und Situationselementen (Gegenstände, Personen, Eigenschaften, Ereignisse usw.) verglichen werden können;

- *Phänomenstrukturen*, d. h. die Ordnung der Elemente oder Dimensionen des Gegenstandsfeldes eines Diskurses;

- *narrative Strukturen*, d. h. Erzählungen und Argumentationsstrukturen, die die einzelnen Aspekte und Elemente des Diskurses insbesondere in prozessualer Hinsicht sinnvoll miteinander in Beziehung setzen.

3.2.2 Diskurse und verständigungsorientiertes Handeln

Das zentrale Konzept in der Theorie von Jürgen Habermas ist die des kommunikativen Handelns, das sich sowohl im Sinne eines forschungsleitenden Idealtypus für die Analyse konkreter Kommunikationsverhältnisse als auch für eine Zeitdiagnose moderner Gesellschaft verwenden lässt (Habermas 1973, 1981). Habermas hat die Leitgedanken dieses Konzepts wie folgt formuliert: „Der Begriff des kommunikativen Handelns ... bezieht sich auf die Interaktion von mindestens zwei sprach- und handlungsfähigen Subjekten, die (sei es mit verbalen oder extraverbalen Mitteln) eine interpersonale Beziehung eingehen. Die Aktoren suchen eine Verständigung über die Handlungssituation, um ihre Handlungspläne und damit ihre Handlungen einvernehmlich zu koordinieren" (Habermas 1981: 128).

In dieser Bestimmung wird der Versuch einer intersubjektivitätstheoretischen Einbindung (soziale Welt) von antizipierten Selbstwahrnehmungen (subjektive Welt) und Handlungssituationen (objektive Welt) in sprachliche Interaktionen deutlich. Da kommunikatives Handeln im Sinne einer Verständigung über gemeinsam zu verwirklichende Handlungspläne grundsätzlich nur als Form des sozialen Handelns aufzufassen ist, rückt das Problem der Handlungskoordinierung, also die Abstimmung über zum Handlungserfolg führende Ziele und Mittel sowie über angemessene Situationsdefinitionen in das Zentrum der Analyse. Für Habermas setzt das Aushandeln von Situationsdefinitionen aber eine gewisse Rationalität und Argumentationsfähigkeit der Akteure voraus (Habermas 1984). In diesem Sinne geht er davon aus, dass gesellschaftliche Modernisierung vor allem als Rationalisierungsfortschritt verstanden werden muss. Im Zuge einer weitgehenden „Entzauberung der Welt" (Max Weber) als Folge der radikal betriebenen Aufklärung und Entmythologisierung in Wissenschaft, Kultur, Religion und Politik lässt sich das kommunikative Handeln als Handlungsform verstehen, die die überlieferten, qua Normen und Werten vorgegebenen Situationsdefinitionen ablöst. Der Zerfall eines durch Normen tradierten, unhinterfragten Konsenses in der Auseinandersetzung mit der natürlichen und sozialen Umwelt zwingt zur Abstimmung der vielfältigen Anschauungen und Handlungsentwürfe, die mit gleicher Legitimität und Geltung in der Gesellschaft um Zustimmung und Verwirklichung konkurrieren. Durch den Zerfall traditioneller Normen ist es den Individuen selbst aufgetragen, für das gesellschaftliche Zusammenleben einen Hintergrund geteilter Annahmen und Regeln durch das Aushandeln von gemeinsamen Situationsdefinitionen herzustellen (Habermas 1984: 465). Für die aufwändige Konstruktion einer gemeinsamen sozialen Welt mit verbindlichen Bezugspunkten können die Akteure allerdings auf Rationalitätspotentiale zurückgreifen, die ihnen kraft der besonderen Eigenschaften von sprachlicher Kommunikation zur Verfügung stehen (Habermas 1981: 128).

Gemeint sind Elemente der Verständigungsorientierung, die bei jedem Sprechakt un-
reflektiert verwendet werden und die daraufhin analysiert werden können, auf welche
Weise und in welchem Umfang diese Elemente bei sozialen Interaktionen verwandt
werden.

Die Theorie des kommunikativen Handelns hat in der empirischen Forschung unterschiedliche Aufnahme gefunden: Zum einen ist die Verwendung des kommunikativen
Handlungstypus als Idealtypus populär geworden, mit dessen Hilfe vermachtete oder
asymmetrische Kommunikationsstrukturen analysiert und kritisiert werden können
(Holzinger 2001; Spörndli 2004). Das dialogische Prinzip des kommunikativen Handelns lässt sich aber auch auf die Forschungspraxis selbst übertragen. Hierbei muss
der Forscher lernen, seine eigenen Erkenntnisse und Analysen in einem intersubjektiven Austausch mit den Probanden auf ihre Geltung und Wahrhaftigkeit hin ab-
zuklopfen. Auf diese Weise wird – im Sinne eines intersubjektiven, demokratischen
Erkenntnisprozesses – das wissenschaftliche Wissen für die Akteure des untersuchten
Handlungsfeldes verfügbar gemacht (Fischer 2003).

3.2.3 Diskursanalyse in der Policy-Forschung

In der Politikwissenschaft findet die Diskursanalyse ihre Anwendung bei der Rekonstruktion und theoretischen Durchdringung von öffentlichen Debatten im Wechselspiel
mit offiziellen Sprachregelungen und Diskussionsbeiträgen (z. B. Diskurse zur Legiti-
mierung des Irak-Krieges), bei politischen Kontroversen, in denen ein Freund/Feind-
Schema erzeugt wird (z. B. Debatten über nationale Identitäten), im Rahmen von
Politikfeldanalysen bei der diskursiven Konstruktion von Problemverursachern oder
Zielgruppen oder beim "framing"von Policy-Problemen (Gerhards et al. 1998; Hajer 1995; Jäger und Jäger 2007; Jung 1994; Keller 1998; Litfin 1994; Schneider 2001;
Schwab-Trapp 2002).

Besonders einflussreich sind die auf das Politikfeld Umwelt bezogenen Diskursanalysen von Maarten Hajer geworden. Hajer (1995, 2003b,a, 2007) geht zweistufig vor,
in dem er einerseits Sprach- und Textanalyse betreibt, andererseits aber auch Akteurskonstellationen im Hinblick auf ihre Formulierung von spezifischen Diskursen
analysiert. Der erste Teil der Diskursanalyse hat den Aufweis von Bedeutungsstruk-
turen (terms of policy discourse) zum Gegenstand. Hiermit sind die Hilfsmittel der
Textanalyse angesprochen, die einen Bias in den Diskussionsbeiträgen und Programm-
formulierungen dokumentieren können. Genauer schlägt Hajer (2003b: 103 ff.) drei
Operationen vor, die drei unterschiedliche Schichten des Policy-Diskurses betreffen:
erstens die Analyse von Handlungsfäden (story lines), Mythen und Metaphern; zweitens die Untersuchung des Policy-Vokabulars; und drittens die Rekonstruktion von
epistemischen Grundüberzeugungen. Die Handlungsfäden konstruieren Narrationen
und stellen in der Policy-Debatte Verbindungen zwischen einzelnen Argumenten und
Sachverhalten her. So werden Verdichtungen einer komplexen Problemmaterie auf
einzelne Begriffe oder Leitsätze möglich. Handlungsfäden verwenden Metaphern, um
einen Sachverhalt oder eine Kausalitätsannahme zu verdeutlichen. Die Untersuchung
des Policy-Vokabulars auf der zweiten Ebene wird durch die Analyse von wissenschaftlichen Ansätzen und Erklärungsmodellen, die die Policy-Akteure zur Legitima-

tion ihrer Vorschläge und Sichtweisen heranziehen, umgesetzt. In der Umweltpolitik werden z. B. häufig Ansätze aus der Biologie eingesetzt, um das Policy-Problem zu erschließen und Gestaltungsvorschläge abzusichern. Die dritte Schicht der epistemischen Grundüberzeugungen betrifft noch grundlegendere, unhintergehbare und kaum offen zugestandene Leitbilder und Denkstrukturen, die bei der Wahrnehmung eines Problems und bei der Reflexion über Problemlösungen zum Tragen kommen. In der Umweltpolitik lassen sich beispielsweise unterschiedliche Grundüberzeugungen aufweisen, wie die Umwelt als Gegenstand gesehen wird, entweder als schützenswertes Gut, das vor weiterer Veränderung oder Zerstörung bewahrt werden muss, oder als entwicklungsfähiger Lebensraum, der mit anderen Lebensräumen in Beziehung steht und dessen Stellung in ökologischen Netzwerken neu austariert oder gestärkt werden muss (Hajer 2003b: 106).

Der Hinweis auf diese Analysegegenstände führt über das Reflexionsniveau anderer qualitativer Ansätze in der Policy-Forschung kaum hinaus. Hinzu kommt in der Diskursanalyse jedoch die dezidierte Auseinandersetzung mit Diskurskoalitionen, d. h. mit Akteursgruppen, die sich mit den vorgetragenen Handlungsfäden, Policy-Ansätzen und Grundüberzeugungen identifizieren oder sie gezielt nutzen, um in der Policy-Debatte bestimmte Interessen durchzusetzen. Damit wird nicht die Position vertreten, dass Diskurse sich einfach für die Realisierung vorgegebener, objektiver Interessen der Akteure instrumentalisieren lassen. Im Gegenteil muss davon ausgegangen werden, dass Interessen erst im Diskurs durch die Zuteilung von Positionen und Handlungsfäden entstehen bzw. konstituiert werden (Hajer 1995). Vor diesem Hintergrund bilden sich Diskurskoalitionen auf relationale Weise durch Bezugnahmen auf bestimmte Argumente und Metaphern mit der Intention heraus, diese Sichtweisen als hegemoniale Definitionen von der Wirklichkeit durchzusetzen.

Die Diskursanalyse ist sicherlich in ihrem Anspruch ernst zu nehmen, die narrativen und diskursspezifischen Elemente in Policy-Debatten herauszuarbeiten. Es lassen sich aber methodologische und konzeptuelle Schwächen in ihrer bisherigen Verwendung ausmachen. Methodologische Defizite betreffen vor allem die Transparenz des Analyseinstrumentariums bei der Interpretation und Bewertung von Policy-Diskursen. Nur selten und eher beiläufig wird über die Methode der qualitativen Auswertung Auskunft gegeben. In theoretisch-konzeptioneller Hinsicht fällt auf, dass der Ansatz von Hajer über keine dezidierte Vorstellung vom Policy-Prozess, von Struktur- und Sondermerkmalen einzelner Politikfelder und von der Einbettung einzelner Policy-Kontroversen in die nationale oder transnationale Politikgestaltung verfügt. Es gibt zwar Hinweise auf übergeordnete Konfliktkonstellationen oder auf internationale Interdependenzen als Auslöser, die starke Mikroorientierung beim Einsatz der Diskursanalyse in der Policy-Forschung bekommt aber Einflüsse aus der politischen Gesamtlage, der strukturellen Machtverteilung zwischen Interessengruppen und der Verteilung von institutionellen Kompetenzen nur ausschnitthaft in den Blick. Insofern erscheint die Konzeptualisierung der Policy-Kontroversen als Bestandteil von Kräfteverhältnissen und Austauschbeziehungen des gesamten Politikfeldes ungenügend ausgeführt. Aufgrund der starken Mikroorientierung besitzt die Diskursanalyse nur wenig Möglichkeiten, die Spezifik von Akteurskonstellationen zu erschließen, den internen Zusammenhalt von Programmkoalitionen zu ermitteln und die Beschaffenheit von Macht- und Statusungleichheiten innerhalb und zwischen den Diskurskoalitionen genauer zu bestimmen (ähnlich Nullmeier 2001).

3.3 Politiknetzwerke und Diskurskoalitionen

Der gemeinsame Kern der diskursanalytischen Ansätze ist einerseits die Betonung der kognitiven und ideellen Seite von sozialem und politischem Handeln, andererseits der mikroanalytische Ansatz, in dem Diskurselemente wie Sprachbilder, Argumentationsmuster, Handlungsfäden und deren Strukturzusammenhänge im Detail entschlüsselt werden. Diskursanalytische Ansätze sind somit immer auch an Beziehungsstrukturen und Verweisungszusammenhängen interessiert, und daher im weitesten Sinne strukturanalytisch. Hierdurch ergeben sich Verknüpfungspunkte zu verwandten strukturanalytischen Ansätzen in den Sozialwissenschaften, die ebenfalls Beziehungen und relationale Verknüpfungen in den Vordergrund stellen, in der Analyse jedoch weniger auf die kognitive Ebene der Wahrnehmung, Deutung und Argumentation abheben, sondern eher materielle Interessen und Beziehungen zwischen politischen Akteuren im Auge haben, selbst wenn es um Kommunikation und Aushandlung geht.

3.3.1 Politiknetzwerke von Kommunikation und Ressourcentausch

Zentral in diesem Zusammenhang ist das in den 1980er Jahren eingeführte Konzept des Politiknetzwerks (policy network), das im Kern jene Akteure und deren Beziehungen umfasst, die an der Formulierung und Implementation einer öffentlichen Politik (public policy) beteiligt sind. Obwohl in der ausufernden Diskussion mehrere Definitionen dieses Konzepts konkurrieren (einen Überblick über die neuere Diskussion geben Raab und Kenis (2007) und Adam und Kriesi (2007)), scheint dahingehend Konsens zu herrschen, dass Politiknetzwerke eine Reaktion auf veränderte gesellschaftliche Rahmenbedingungen darstellen, in denen öffentliche Politiken nicht mehr ausschließlich von den staatlichen Hauptinstitutionen wie Parlament und Regierung geformt und umgesetzt werden können, sondern auf Grund von Interessenverflechtung und Ressourcenverteilung eine Vielzahl heterogener staatlicher und nicht-staatlicher Organisationen und Interessengruppen am Politikprozess beteiligt werden müssen (Kenis und Schneider 1991). Dissens in der Definition des Konzepts besteht zum einen darin, ob ein Politiknetzwerk nur jene Akteure enthält, die ähnliche inhaltliche Interessen, geteilte Normen oder Situationsdeutungen aufweisen (Börzel 1998), oder ob auch Akteure mit konfligierenden Interessen in das Netzwerk einbezogen sind. Aus der erstgenannten Perspektive würden in einer spezifischen öffentlichen Politik dann immer mehrere Politiknetzwerke konkurrieren. Für eine solche Auffassung wäre der Begriff Policy-Gemeinschaft passender. Die zweite Perspektive ist insbesondere in quantitativen Politiknetzwerkanalysen zu finden. Nach dieser sind alle an einer öffentlichen Politik direkt und indirekt beteiligten Akteure über das Kriterium der „gegenseitigen Relevanz" eingebunden, d. h. alle Akteure, die sich in Bezug auf ein Politikthema gegenseitig für relevant halten und einander in Handlungskalküle einbeziehen, sind Teil des Politiknetzwerks. Aus dieser Sicht kann ein Politiknetzwerk wie folgt definiert werden: Policy-Netze bestehen aus einer Anzahl untereinander verbundenen, in ihren Handlungen jedoch autonomen Akteuren, die gemeinsam durch Kommunikation, Ressourcentausch und Verhandlung versuchen, den Policy-Output und möglichst auch den Policy-Outcome in ihrem Interesse bzw. gemäß ihren Präferenzen mitzugestalten.

Insbesondere der zweite Aspekt impliziert die strukturelle Einbettung eines jeden Akteurs in ein Netzwerk multipler Beziehungen, das mit Hilfe der sozialen Netzwerkanalyse untersucht werden kann (Jansen 2006; Knoke und Yang 2008). Im Mittelpunkt steht dabei die Suche nach auftretenden Mustern, die als Strukturen betrachtet werden, die sowohl auf Ebene der individuellen Akteure, der Teilgruppen im Beziehungsnetz und dem Gesamtnetzwerk untersucht werden können. Dabei werden Maße über die positionelle Anordnung einzelner Akteure, die Formierung von Teilgruppen innerhalb des Gesamtnetzwerkes sowie die Eigenschaften der gesamten Beziehungsstruktur eines Netzwerks mittels quantitativer Verfahren errechnet. Im Idealfall haben diese Maßzahlen Erklärungskraft auf Aggregatebene. So kann ein Akteur mit einem hohen Zentralitätsgrade als mächtiger Akteur betrachtet werden, da es ihm auf Grund seiner herausragenden Position möglich ist, die Kommunikation im Netzwerk in seinem Sinne zu lenken.

Wird das Politiknetzwerk vor allem als ein System von Ressourcenflüssen betrachtet (vgl. Brandes und Schneider 2009), dann sind vermutlich jene Akteure besonders mächtig, die Ressourcen selbst generieren, an viele liefern, und selbst wiederum in geringem Maße von anderen Akteuren abhängig sind. Tauschtheoretisch orientierte Studien konnten diesbezüglich zeigen, dass Akteure, die in dem genannten Sinne vorteilhafte Tauschpositionen einnehmen, auch ihre Interessen und Policy-Positionen besser durchsetzen können als Akteure, die eher nachteilhaft positioniert sind. Diese tauschtheoretische Sicht ist natürlich nur eine Variante von Politiknetzwerkanalysen. Daneben existieren Studien, die stark auf Macht, Kommunikation und Vertrauen abheben. Schließlich gibt es eine Richtung, in der Wissen, kulturelle Elemente und Diskurse im Vordergrund stehen. Neuerdings wird z. B. die Frage gestellt: „What is the role of knowledge, identity and discourse in forming and guiding the negotiated interaction in governance networks?" (Torfing 2005: 311). Grundlegend für diese neue Sicht sind beispielsweise die oben beschriebenen Arbeiten von Hajer (1995).

Auf der anderen Seite wenden sich auch traditionelle Netzwerkanalytiker dieser Richtung zu. Knoke (2004) betont neuerdings z. B. die Rolle von frames, die es ermöglichten, Problemerkennung, Sinnzuschreibung und daraus folgende Handlungen von Policy-Akteuren zu beschreiben und ihr Zusammenwirken zu rekonstruieren. Der dynamische Diskurs generiere die kollektive Wahrnehmung eines exogenen Problems, die zu einer Neuanordnung des Politikfeldes führe. Auch Burt (2004) fokussiert neuerdings auf Diskurse, in denen Informationsbroker in amerikanischen Managernetzwerken eine wichtige Rolle spielen. Vielen dieser neuen Studien erweitern somit die herkömmlichen Ansätze und Methoden in der Politiknetzwerkanalyse durch diskursive Elemente. Offenbar gibt es eine neue Generation der Netzwerkforschung (Pierre 2000).

3.3.2 Advocacy-Koalitionen und Überzeugungssysteme

Neben den Bestrebungen, diskursive Aspekte in die Politiknetzwerkanalyse zu integrieren, gibt es seit längerem Bestrebungen, Konfliktstrukturen in Überzeugungssystemen („belief systems") zu bestimmen. Von besonderer Bedeutung ist hier der von Paul Sabatier und Mitarbeitern entwickelte Advocacy-Koalitionen-Ansatz, der die Existenz von mehreren Programmkoalitionen in einem Politikfeld, ihre Stellung zueinander und die Veränderungen in ihrem Kräfteverhältnis zum Gegenstand der Analyse macht (Sabatier und Jenkins-Smith 1993). Im Unterschied zur oben skizzierten Diskursanalyse ermöglicht der AC-Ansatz auch eine Gesamtschau der Akteursbeziehungen im Politikfeld und analysiert insbesondere Interaktionen und auf Diskurspositionen bezogene Allianzen. Inzwischen gibt es ein fast unüberschaubares Spektrum von Anwendungen dieses Ansatzes (Sabatier und Weible 2007), der auch in Deutschland gut etabliert ist. Dort wurde er auf so unterschiedliche Untersuchungsgegenstände wie die Krankenhauspolitik, Gentechnologie, Abfallbeseitigung und Umweltpolitik angewandt (Bähr 2003; Bandelow 1999; Eberg 1997; Simon 2000).

Der Advocacy-Koalitionen-Ansatz unterstellt, dass sich Akteure im politischen Prozess engagieren, um die handlungsleitenden Orientierungen ihrer Überzeugungssysteme in praktische Politik umzusetzen. Letztere enthalten auf spezifische Politikausschnitte bezogene Wertvorstellungen, Annahmen über wichtige Kausalbeziehungen, Perzeptionen von Weltzuständen (z. B. Größenordnung von Problemen) und Auffassungen über die Wirksamkeit von Policy-Instrumenten. Etwas theoretischer gefasst, ist ein Überzeugungssystem eine Menge von grundlegenden Wertvorstellungen, Kausalannahmen und Problemperzeptionen, die dreiteilig strukturiert sind.

Die grundlegendste Ebene eines Überzeugungssystems stellt der Hauptkern dar, der grundlegende normative und ontologische Überzeugungen umfasst, die über einzelne Policy-Subsysteme hinausgehen und für sämtliche Politikfelder Gültigkeit beanspruchen, wie z. B. die relative Bewertung von individueller Freiheit vs. sozialer Gleichheit. Dieser Hauptkern ist nur schwer zu ändern. Die zweite Ebene, der Policy-Kern, ist weniger umfassend und nur zu verändern, wenn die Erfahrung der Akteure schwerwiegende Anomalien aufweist. Dieser bezieht sich auf sämtliche Aspekte eines Policy-Subsystems und beinhaltet wesentliche Positionen und Strategien der Akteure, mit denen zentrale Wertvorstellungen innerhalb des Subsystems umgesetzt werden können, wie z. B. Auffassungen über die Beschaffenheit und das implizite Risiko eines Policy-Problems und dessen wesentlichen Ursachen, oder über die angemessene Verteilung von Steuerungsleistungen zwischen Markt und Staat. Auf der untersten Ebene des Überzeugungssystems sind die sekundären Aspekte angesiedelt, die sich auf einen engen Bereich beziehen, der meist nur Teile des Policy-Subsystems abdeckt. Sie sind relativ leicht zu ändern und beinhalten instrumentelle Entscheidungen und Informationssuchen, die notwendig sind, um Inhalte des Policy Kerns durchzusetzen, wie z. B. Einschätzungen über die Ernsthaftigkeit einzelner Problemaspekte oder die Wichtigkeit einzelner Kausalzusammenhänge.

Innerhalb eines Policy-Subsystems können diejenigen Akteure zu einer Advocacy-Koalition aggregiert werden, die den Policy-Kern eines Überzeugungssystems teilen und ihre Handlungen über einen längeren Zeitraum hinweg koordinieren. Hierbei wird zwischen schwacher und starker Koordination unterschieden: Während eine starke Koordination die Entwicklung, Kommunikation, Akzeptanz und Durchführung eines gemeinsamen Handlungsplans umfasst, bezieht sich eine schwache Abstimmung auf Akteure, die ihr politisches Verhalten nur gegenseitig beobachten und ihre Handlungen so anpassen, dass sich ihre politischen Strategien hinsichtlich des gemeinsamen Ziels ergänzen (Zafonte und Sabatier 1998: 480). Neben privaten und öffentlichen Akteuren, die unterschiedlichen Ebenen der Staatsorganisation angehören, können auch Einzelpersonen wie Wissenschaftler, Journalisten und Politikberater Teil einer Advocacy-Koalition sein. Innerhalb eines Policy-Subsystems gibt es jedoch immer auch Akteure, die keiner Koalition angehören. Zu diesen Akteuren zählen Policy-Vermittler, die versuchen, vernünftige Kompromisse zwischen den Koalitionen herbeizuführen, um das Konfliktniveau gering zu halten. Eine wichtige Annahme ist jedoch, dass sich langfristig die Akteure entweder einer Advocacy-Koalition anschließen oder das Policy-Subsystem verlassen. Ferner wird davon ausgegangen, dass innerhalb eines Policy-Subsystems in der Regel ein bis vier Koalitionen bestehen, wobei es sich im Fall einer einzigen Koalition um ein „ruhiges" Subsystem handelt, in dem das Konfliktniveau gering ist.

3.4 Die Quantitative Analyse von Diskursnetzwerken

Die Analyse von Diskursnetzwerken setzt einerseits die Untersuchung eines fortschreitenden politischen Diskurses und andererseits die Verknüpfung der im Diskurs verwendeten Elemente mit Akteuren voraus. Während in der bisherigen wissenschaftlichen Literatur über Politiknetzwerke ausschließlich die Ebene der Akteure und Beziehungen betrachtet worden ist, hat die Inhalts- und vor allem Diskursanalyse einen starken Fokus auf den politischen Prozess und seine Dynamik gelegt. Wie in den vorherigen Abschnitten dargelegt, können beide Forschungstraditionen und damit auch beide Methodologien verknüpft werden, um eine simultane Analyse auf mehreren Ebenen durchzuführen. Hier hat es in den letzten Jahrzehnten einige theoretische Anknüpfungspunkte gegeben, die Kommunikation, Überzeugungen, Ideologien und Perzeptionen von Akteuren in die Untersuchung des politischen Prozesses inkorporieren und somit die Betrachtung von Diskursnetzwerken sinnvoll erscheinen lassen. Im Folgenden werden die theoretischen Grundlagen der Analyse von Diskursnetzwerken skizziert, um anschließend einen Überblick über die Forschungspraktiken zu liefern.

3.4.1 Diskurse als Netzwerke

Die Verbindung diskursanalytischer Elemente in der Analyse politischer Akteurkonstellationen ist bereits bei der Darstellung des Advocacy-Koalitionen-Ansatz von Sabatier und Jenkins-Smith (1993) aufgezeigt worden. Einen ähnlichen Ansatz verfolgen Baumgartner und Jones (1991) in ihrer Theorie der durchbrochenen Gleichgewichte („punctuated equilibrium"). Sie betonen die Bedeutung von „beliefs and values concerning a particular policy" bei der Interaktion von so genannten Policy-Venues und Policy-Images. Policy-Verlierer oder andere vom Gesetzgebungsprozess ausgeschlossene, außenstehende Beobachter versuchen, ähnlich den Annahmen Foucaults, die institutionelle Arena zu ändern, in der eine Policy verhandelt wird, indem sie für ihr Policy-Image Werbung machen und Deutungsvorherrschaft anstreben. Sie können noch unentschlossene Akteure im Diskurs überzeugen, oder Akteure mobilisieren, die bislang keine Rolle gespielt haben. Es wird angenommen, dass diese Änderung der Arena eine Wirkung auf das allgemeine Policy-Image hat, und eine sich selbst verstärkende Rückkopplung beginnt, die im bekannten Ausbruch aus einem Status Quo mündet. In beiden theoretischen Ansätzen ist offensichtlich eine generelle Unsicherheit der Akteure über die tatsächlichen Auswirkungen eines anstehenden Policy-Programms eine notwendige Bedingung für deren Engagement in der Durchsetzung ihrer Überzeugungen. Dies betrifft besonders technische Probleme, bei denen gegensätzliche Wahrnehmungen identischer Fakten durch das Aufkommen wissenschaftlicher versus sozialer Symbolik begünstigt werden. Ein anderes Beispiel sind aufkommende komplexe Probleme, deren Struktur noch nicht von allen Akteuren vollständig verstanden wird.

Der „Civic Arena"-Ansatz von Mische und Pattison (2000) geht in eine andere Richtung. Statt sich über ein vordefiniertes Issue auseinanderzusetzen, entwickeln hier Akteure aus anfänglich unterschiedlichen Sektoren zufällig oder aus Interesse an einem Issue überlappende Aktivitäten – „public settings" oder „civic arenas" – und treten miteinander in einen Diskurs ein, in dem soziokulturelle Mechanismen („interanimation" und „suppression" genannt) eine Konvergenz von Überzeugungen und Problemwahrnehmungen zur Folge haben und letztendlich gemeinsame politische Aktivitäten entstehen lassen. In dem Beispiel von Mische und Pattison (2000) ist diese gemeinsame Aktivität die Amtsenthebung des brasilianischen Präsidenten Fernando Color de Melo gleichermaßen durch Studenten- und Arbeiterbewegungen und Liberale, zum Schluss sogar gestützt von konservativen Eliten, die sich von der untergehenden Regierung abwenden.

Der gemeinsame Nenner dieser Theorien ist die Neudefinition von Policy-Überzeugungen im politischen Diskurs zwischen den Akteuren, so dass im Endeffekt das Policy-Outcome verändert wird. Die letzte der drei genannten Theorien betont soziokulturelle Mechanismen in der öffentlichen Arena, die als Produktionsstätte neuer Wahrnehmungen dient, während die beiden vorherigen Ansätze die Verbreitung bereits prädefinierter kultureller Entitäten als antreibenden Mechanismus erachten. Überzeugungen sind daher in der ersten Sichtweise wie auch die materiellen Interessen oder Präferenzen exogen vorgegeben und werden in einem Kampf um die Definitionsmacht eines Issues eingesetzt, während sie in der anderen Sichtweise erst im politischen Prozess aufgrund soziokultureller Mechanismen endogen geformt werden. Wenn im Folgenden eine Trennung zwischen exogenen und endogenen Präferenzen unternommen wird, geschieht dies nicht, um letztlich festzulegen, ob Akteure den Diskurs beeinflussen oder von ihm beeinflusst werden. Vielmehr ist die Trennung analytischer Natur, durch die eine Untersuchung der verschiedenen Ebenen (Stufen) des Diskursprozesses möglich wird. Eine Mikrofundierung endogen geformter Überzeugungen bieten individuelle oder gruppenbezogene kognitive Prozesse, wie sie von DiMaggio (1997) beschrieben werden.

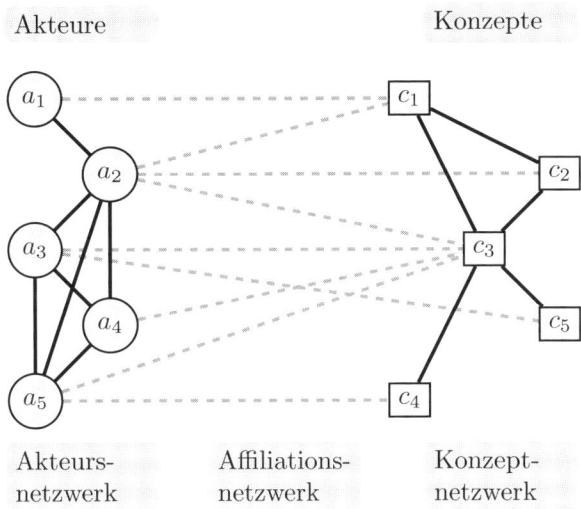

Abbildung 3.1: Vereinfachte Darstellung des Diskursnetzwerk-Modells

Diese kognitiven Prozesse und endogene Überzeugungsformation spielen auch eine wichtige Rolle in dem Ansatz des Collective Symbolic Coping von Wagner et al. (2002): Den Autoren zufolge findet ein zweiteiliger, teilweise zufälliger Interpretationsprozess neuer technologischer oder wissenschaftlicher Issues statt. Zuerst entwickeln Experten, Bürokraten und Regulatoren ein Verständnis oder eine terminologische Interpretation der Innovation und beziehen sich dabei auf gemeinsame Symbole und Metaphern aus ihrer Disziplin oder Sozialisation. Dies sind die Bestandteile des Diskurses, die im ersten Teil als Deutungsmuster und Klassifikationen beschrieben wurden. In einem zweiten Schritt wird die öffentliche Sphäre mittels medialer Kommunikation informiert, die darauf wiederum einen Interpretationsprozess initiiert. Nachdem das Thema so Aufmerksamkeit erregt hat (awareness), werden divergierende Images produziert (divergence). Die öffentliche Sphäre fokussiert dann auf einige Bilder (convergence), und schließlich wird die Aufmerksamkeit für das Thema im Lauf der Jahre zurückgehen, bis neue Fakten den Diskurs wiederbeleben (normalization). Der treibende Mechanismus hinter diesen Vorgängen ist weder wissenschaftlich überprüfbare Wahrheit, noch eine willkürliche Auswahl von Frames, sondern das Kriterium der Plausibilität der kommunizierten Images, konditioniert durch das Bildungsniveau der Rezipienten. Es existiert ein Feedback-Mechanismus von der Öffentlichkeit zurück zu den Entscheidern, so dass das Policy-Outcome in unvorhersagbarer Weise beeinflusst wird.

Nach der Beschreibung der bisherigen Modelle wird im Folgenden die Idee des Diskursnetzwerkes formalisiert.[1] Den vier hier vorgestellten Ansätzen ist gemein, dass es eine definierbare Menge A von Akteuren gibt, der eine ebenso messbare Menge C von Symbolen, Bildern oder Konzepten gegenübersteht. Die Akteursmenge A besteht aus

---

[1] Eine Software-Implementation dieses Modells basierend auf einigen der weiter unten beschriebenen Ansätze wird in Anhang B dieses Sammelbands demonstriert.

den einzelnen Akteuren a_1, a_2 usw., und die Konzeptmenge C besteht aus den Konzepten c_1, c_2 usw., daher ist $A = \{a_1, a_2 \cdots a_m\}$ und $C = \{c_1, c_2 \cdots c_n\}$. Die bisher übliche Betrachtung erfasst die Relationen zwischen den Akteuren oder die Relationen zwischen den Konzepten, verbindet aber kaum die beiden Mengen miteinander. In der Politiknetzwerkanalyse werden typischerweise Relationen wie Kommunikation, Ressourcentausch oder Einflussreputation zwischen den Akteuren gemessen und für relationale Erklärungen von Positionen oder Politikergebnissen herangezogen. In der Diskursanalyse hingegen werden die Elemente des Diskurses, also die Konzepte, als Teile eines größeren Ganzen interpretiert, das sich aufgrund seiner Relationen zwischen den Konzepten konstituiert. Relationen zwischen den Konzepten können beispielsweise Verbindungen über allgemeinere Kategorien oder Sinnzusammenhänge sein, die zwei Konzepte gemeinsam innehaben, oder etwa symbolische oder metaphorische Ähnlichkeit (Ähnlichkeit der Metaphern und des Policy-Vokabulars). Auf der syntaktischen Ebene können solche Relationen zwischen Konzepten in einer einfachen Prädikatrelation innerhalb semantischer Tripletts bestehen. Die Relationen werden durch die Menge $E = \{e_1, e_2 \cdots e_l\}$ ausgedrückt. Das Ziel ist nun, nicht nur die Relationen innerhalb der jeweiligen Mengen, sondern auch die Verbindungen zwischen beiden Ebenen messbar zu machen, um auch die Interdependenz zwischen Policy-Diskurs und Akteurshandlungen untersuchen zu können (vgl. Abbildung 3.1).

Die Kommunikations- und Einflussattributionsstrukturen im Akteursnetzwerk können etwa dergestalt in den Diskurs eingefasst sein, dass Frames oder Belief-Systeme Akteurskonstellationen formen, was der Sichtweise der endogenen Überzeugungen entspricht. Alternativ können Akteurscluster eigene Überzeugungssysteme produzieren und über diese ihre exogenen Überzeugungen verbreiten. Da nur eine diachrone Betrachtung solche Veränderungen sichtbar werden lässt, kann das Netzwerk der Beziehungen zwischen Akteuren und Konzepten zu wiederholten, diskreten Zeitpunkten t erfasst werden, wobei $T = \{t_1, t_2 \cdots t_k\}$.

Zu jedem dieser Zeitpunkte können also erstens die Beziehungen zwischen den Akteuren untersucht werden, die sich durch den Graphen $G_t = (A, E)$ ausdrücken lassen, d.h. ein Graph G besteht aus Knoten der Akteursmenge A und Kanten der Relationsmenge E. Zweitens lassen sich die Konzepte und ihre Relationen durch den Graphen $G_t = (C, E)$ ausdrücken. Drittens können ausschließlich die Relationen zwischen den beiden Mengen als bipartiter Graph („Affiliationsnetzwerk") dargestellt werden. Der bipartite Graph $G_t = (A, C, E)$ mit $\{a, a'\} \notin E$ and $\{c, c'\} \notin E$ gibt die in der Abbildung grau gestrichelten Verbindungen wieder und lässt dabei die Relationen zwischen Elementen jeweils gleicher Mengen außer acht. Diese Relationen können viertens als Hypergraph $H_t = (A, C)$ aufgefasst werden, d.h. man betrachtet allein die Akteurspopulation und verbindet dann alle Akteure, die ein gemeinsames Konzept haben. Alternativ kann ein solcher Graph als gewichteter Graph dargestellt werden: Zwei Akteure werden miteinander verbunden, wenn sie mindestens ein gemeinsames Konzept haben, und das Gewicht der jeweiligen Kante, die zwei Akteure verbindet, wird durch die Anzahl der gemeinsamen Konzepte bestimmt („Akteursnetzwerk"). Fünftens kann exklusiv die Menge der Konzepte als gewichteter Graph betrachtet werden, indem zwei Konzepte dann miteinander verbunden werden und ein entsprechendes Gewicht erhalten, wenn sie mindestens einem Akteur gemeinsam zugehören („Konzeptnetzwerk"). Wenn beispielsweise zwei Konzepte von fünf Akteuren gemeinsam benutzt werden, erhält die Kante den Wert 5. Alternativ kann man dieses Netzwerk als dualen Hypergraph $H_t^* = (C, A)$ auffassen.

In Matrixform kann das gesamte Diskursnetzwerk als $a \times c \times t$-Inzidenz-Array aufgefasst werden, bei dem es einen Stapel von k verschiedenen $a \times c$-Matrizen gibt. Eine Möglichkeit ist es, ein solches Diskursnetzwerk aus longitudinaler Perspektive als serielle Menge von Querschnittsbetrachtungen zu analysieren. In wiederholten Messpunkten werden Veränderungen in den Beziehungen erfasst, so dass dynamische Ansätze wie die oben beschriebenen messbar gemacht werden können. Dadurch können Änderungen im Diskurs wie auch Transformationen der Akteurskonstellationen innerhalb eines Diskursfeldes erkannt und aufeinander bezogen werden. Vorausgesetzt ist natürlich, dass hierzu adäquate Daten vorliegen. Im Folgenden sollen fünf Ansätze zur empirischen Messung von Diskursnetzwerken vorgestellt werden, von denen die ersten beiden eher genereller Natur sind und mit den folgenden drei spezifischeren Methoden verknüpft werden können.

3.4.2 Der Co-Occurrence-Ansatz

Es existieren zwei grundsätzlich verschiedene Arten von Textdaten in der Diskursnetzwerkanalyse. Entweder werden Nachrichtentexte aus Wochen- oder Tageszeitungen analysiert, was es nötig macht, sowohl die Konzepte als auch die Akteure aus dem Geschriebenen zu inferieren und miteinander in Beziehung zu setzen, oder es werden Positionspapiere betrachtet, die eindeutig mit je einem Akteur verknüpft sind. Als Positionspapiere versteht man in diesem Zusammenhang Pressemitteilungen, Satzungen, Programme oder andere Stellungnahmen eines Akteurs, aus denen seine Position im Bezug auf ein prädefiniertes Thema extrahiert werden kann.

Hat man einmal ein Two-Mode-Netzwerk aus Akteuren und Konzepten gewonnen, können die Positionen der Akteure anhand ihrer Konzepte differenziert betrachtet werden. Hierzu wird eine Co-Occurrence-Matrix mit den Akteuren als Zeilen und den Konzepten als Spalten aufgespannt und mit Hilfe eines Distanzmaßes wie etwa dem Jaccard-Koeffizienten oder Pearsons Korrelationskoeffizienten eine Distanzmatrix zwischen den Akteuren errechnet, um anschließend die Akteure mit einer hierarchischen Clusteranalyse zu clustern und in einem zwei- oder dreidimensionalen Raum mit einer Multidimensionalen Skalierung darzustellen. Auf diese Weise erhält man eine differenzierte Abbildung der Ähnlichkeit zwischen den Überzeugungen und Konzeptaffiliationen der Akteure innerhalb eines mehrdimensionalen Diskursraumes. Die zugrunde liegenden zwei oder drei Dimensionen können inhaltlich interpretiert werden, z.B. als Pro- versus Anti-Koalitionen oder als von unterschiedlich motivierten Problemperzeptionen geleitete Diskurskoalitionen. Dies spiegelt recht stark den Gedanken der Rahmenanalyse (Frame Analysis) wider, die bereits in der ersten Hälfte dieses Beitrags diskutiert worden ist. Miller (1997) gibt ein Beispiel für eine solche Rahmenanalyse mittels Co-Occurrence-Matrizen und seinem Programm VB-Pro. Ein weiteres Programm mit diesem Zweck wird von Leydesdorff (2007) vorgestellt, jedoch stellen durchaus auch Standardsoftwarepakete für Datenanalyse oder Netzwerkanalysepakete die erforderlichen Analysefunktionen bereit.

Führt man eine Co-Occurrence-Analyse durch, ist die Auswahl der zu berücksichtigenden Konzepte sowie der zugrunde liegenden Texte für die Unterscheidungskraft der Methode kritisch. So wählt Miller (1997) Pressemitteilungen mit 500 bis 2.000 Wörtern aus und beschränkt sich unter Ausschluss besonders häufiger und besonders seltener Terme auf 123 häufig genutzte Wörter, die er als „substantively meaningful" erachtet. Erforderlich ist in diesem Zusammenhang auch eine Rückführung von unterschiedlichen Wortendungen auf den Wortstamm oder die Grundform des Wortes (Lemmatisierung oder Stemming). Wie die in Frage kommenden Konzepte ausgewählt werden, obliegt in der einfachen Rahmenanalyse entweder der manuellen Aufgabe des Wissenschaftlers oder folgt aus der Verwendung anderer formaler Textanalyseverfahren, die weiter unten vorgestellt werden. Die Entscheidung, mehr oder weniger diskriminierende Konzepte in die Analyse aufzunehmen, hängt vor allem davon ab, ob die Diskriminanzkraft maximiert werden soll oder ob die Gesamtheit aller möglichen kulturellen Einflüsse inklusive Überzeugungen oder Unterschieden in der Wortwahl zu Lasten der Diskriminanzkraft mit einbezogen werden sollen.

Corman et al. (2002) unterscheiden Inferenz, Positionierung und Repräsentation als drei Ziele, die mit Textanalyseverfahren verfolgt werden. Inferenz zielt darauf ab, auf der Grundlage einiger in einem Text vorkommender Wörter und deren Wort- oder Kategorienhäufigkeiten auf den Sinn der gesamten Texteinheit zu schließen. Positionierung kann als eine Lagebeschreibung von Texteinheiten oder Autoren/Rednern in einem zwei- oder mehrdimensionalen diskursiven Raum verstanden werden. Repräsentation ist schließlich die Charakterisierung einer Texteinheit oder eines Autors/Redners durch die verkürzte Darstellung eines Textes und/oder seines internen Zusammenhangs, z. B. mit Hilfe einer künstlichen Grammatik oder eines Graphen. Der skizzierte Co-Occurrence-Ansatz verfolgt nach diesem Klassifikationsschema das Ziel der Positionierung der Akteure. Eine weitere Unterscheidung ist die nach induktiven und deduktiven Verfahren (Klein 1996). Induktive Methoden zielen darauf ab, die Kategorien, Dimensionen oder diskriminierenden Wörter erst mit dem Fortschreiten der Analyse auszuwählen, um so eine größtmögliche Übereinstimmung mit den Daten zu erreichen und auf diese Weise Hypothesen zu generieren, die später mittels anderer Methoden überprüft werden können. Deduktive Verfahren hingegen beziehen ihre Kriterien aus einer vorher existierenden Theorie und wenden dieses Schema auf den jeweiligen Text an, um Hypothesen testen zu können.

Der Co-Occurrence-Ansatz hat eine Affinität zur induktiven, explorativ angelegten Methodologie, kann aber prinzipiell auch hypothesentestend eingesetzt werden, sofern starke theoretische Annahmen über die existierenden Frames und die Zuordnung der Konzepte zu den Frames bestehen. Liegen ausreichend viele Informationen in Textform vor, erlaubt der Ansatz die serielle Betrachtung des Diskursraumes und seiner Veränderung, so dass beispielsweise die Auswirkungen exogener Schocks zu bestimmten Zeitpunkten auf das Diskursnetzwerk betrachtet werden können. Alternativ kann dann die Entwicklung einzelner Akteure über die Zeit analysiert werden, falls man wie oben beschrieben aus theoretischen Gründen davon ausgeht, dass sich einige Akteure als Policy-Unternehmer darum bemühen, die Überzeugungen anderer Akteure zu ändern. Beim induktiven Vorgehen ist die interpretative Eigenleistung moderat, beim deduktiven Vorgehen ist sie gering. Die Auswahl der zu berücksichtigenden Konzepte

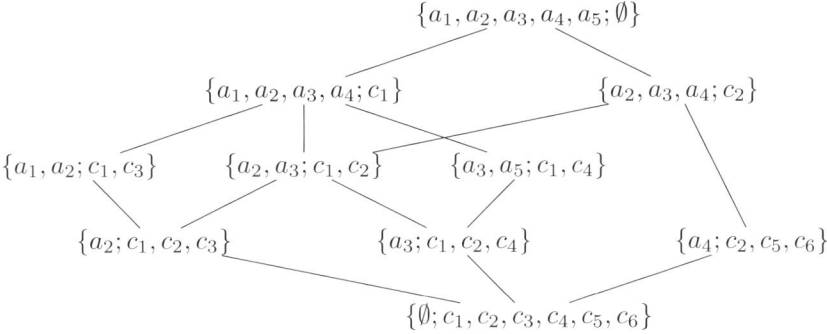

Abbildung 3.2: Galois Lattice adaptiert nach Roth und Bourgine (2005)

wird darüber hinaus in dem einen Fall weitgehend durch andere Textanalyseverfahren gesteuert (siehe unten) und in dem anderen Fall durch die zugrunde liegende Theorie, daher kann die Reliabilität des Co-Occurrence-Ansatzes als relativ hoch eingestuft werden.

Eine verwandte Methode der Darstellung von Two-Mode-Daten ist die Korrespondenzanalyse (Greenacre 1984), die auf einer Singular Value Decomposition beruht und ebenfalls Daten aus einer Affiliationsmatrix dimensionenreduzierend darstellen kann. Mit dem Carroll-Green-Schaffer Scaling (Carroll et al. 1986, 1989) soll außerdem eine gleichzeitige Interpretation der Distanzen zwischen den Akteuren und zwischen den Konzepten sowie zwischen den beiden Mengen im zweidimensionalen Raum möglich sein. Die mathematischen Eigenschaften dieser Skalierung werden jedoch von Greenacre (1989) in Zweifel gezogen.

3.4.3 Formale Konzeptanalyse

Der zweite Ansatz ist die formale Konzeptanalyse mit Hilfe von Konzeptgittern (Galois Lattices). Hier ist explizit vorgesehen, duale Mengen von Akteuren und Konzepten in einem einzigen Graphen als isomorphe Abbildungen der Strukturen zu betrachten. Nach Mohr (1998: 364) birgt die grafische Darstellung der Relationen zwischen beiden Mengen den Vorteil, die sich voneinander unterscheidenden Pfade der Konzeptaffiliation auf Grundlage der Visualisierung intuitiv zu verstehen. Darüber hinaus können Konzeptgitter als einfache Clustertechnik genutzt werden, ohne dass Distanzmaße benötigt werden, die in den meisten anderen Clustertechniken berechnet werden müssen. Stattdessen beruhen sie auf maximalen, empirisch beobachteten, gemeinsam auftretenden Kombinationen von Akteuren und Konzepten, um Überzeugungssysteme oder Diskursräume voneinander abzugrenzen. Treten beispielsweise bei der Analyse von Chemikalienpolitik die Begriffe Umwelt, Risiko, Belastung, Messwerte, ökologisches Gleichgewicht usw. bei mehreren Akteuren gemeinsam auf, kann darauf geschlossen werden, dass die zugehörigen Akteure einer Pro-Umwelt-Diskurskoalition angehören.

Galois Lattices werden üblicherweise als Hasse-Diagramme dargestellt. Abbildung 3.2 zeigt ein solches Diagramm mit einer fiktiven Akteursmenge und deren Affiliation mit einer fiktiven Konzeptmenge. Die Menge am oberen Ende des Gitters wird als Wurzel oder als Supremum bezeichnet und enthält die maximale Anzahl an Akteuren, aber keine Konzepte, während die Menge am unteren Ende Nullelement oder Infimum genannt wird und die maximale Anzahl an Konzepten, aber keine Akteure enthält. Alle intermediären Mengen enthalten die empirisch beobachteten Kombinationen von Akteuren und ihren benutzten Konzepten. Dabei werden verschachtelte Mengen betrachtet, z. B. ist die rechts eingezeichnete Menge $\{a_2, a_3, a_4; c_2\}$ auf der Konzeptebene ein Subkonzept der Menge $\{a_4; c_2, c_5, c_6\}$, aber auf der Akteursebene ein Superkonzept dieser Menge.

Wenngleich prinzipiell jede Art von Affiliation untersucht werden kann, wenden Roth und Bourgine (2003, 2005) Galois Lattices explizit auf Akteure und Konzepte an, um epistemische Gemeinschaften oder kulturelle Cliquen zu untersuchen. Sie entwickeln dazu einen umfassenden Rahmen, der Schwellenwerte zum Aussortieren von Konzepten nach Häufigkeit, eine Lemmatisierung und eine Liste mit Stoppwörtern wie etwa Pronomen oder Artikel enthält, die nicht berücksichtigt werden sollen. In Konzeptgittern sehen sie mehrere Vorteile gegenüber anderen Clusterverfahren: Galois Lattices bieten zum einen die Möglichkeit der Mehrfachklassifikation in mehr als ein Überzeugungssystem. Darüber hinaus sind die Ergebnisse genauer als in anderen Verfahren (Roth und Bourgine 2005: 7). Dem stehen jedoch auch Nachteile gegenüber. Einen detaillierten Vergleich zwischen ähnlichkeitsbasierten Clustertechniken und Galois Lattices unternehmen Valtchev und Missaoui (2000). Sozialwissenschaftliche Anwendungsbeispiele für Galois Lattices bieten Mohr und Duquenne (1997), Mische und Pattison (2000) und Schweizer (1993). Leicht verständliche Einführungen in die Konzeptanalyse aus sozialwissenschaftlicher Perspektive bieten Freeman und White (1993), Roth und Bourgine (2003, 2005) und Schweizer (1993). Mathematisch ambitioniertere Einführungen geben Ganter und Wille (1999) und Pattison und Breiger (2002). Hinweise auf Softwareimplementationen finden sich bei Ganter und Wille (1999: 94) und Joslyn und Mniszewski (2002: 25).

Die formale Konzeptanalyse dient vor allem der Repräsentation von Strukturen und ist nicht für das von Corman et al. (2002) beschriebene Ziel Inferenz geeignet. Das Kriterium der Positionierung wird nur teilweise erfüllt, da die Lage eines Akteurs auf dem Gitter seiner Konzeptaffiliation entspricht, es sich aber nicht um ein distanzbasiertes Verfahren handelt. Die Konzeptanalyse ermöglicht die recht einfache Interpretation von Überzeugungssystemen und Akteursgruppen; eine Betrachtung über die Zeit hinweg dürfte sich hingegen als weniger einfach erweisen. Der erforderliche manuelle Aufwand umfasst die Lemmatisierung und das Erstellen einer Stoppliste; ein Wörterbuch oder Kategoriensystem ist nicht erforderlich. Daher kann der manuelle Aufwand als eher gering und die Reliabilität als vergleichsweise hoch eingeschätzt werden, zumal für die Lemmatisierung und Erstellung der Stoppliste zunehmend Algorithmen bzw. automatische Verfahren herangezogen werden (vgl. Üschner 2007). Da in der Regel die komplexen Strukturen zeitlich erst nach dem Erstellen eines Konzeptgitters sichtbar werden, eignen sich Galois Lattices vor allem für ein exploratives Vorgehen.

3.4.4 Computergestützte kategorienbasierte Inhaltsanalyse

Während die ersten beiden vorgestellten Verfahren genereller Natur sind und insbesondere der Repräsentation und Positionierung von Akteuren und Diskursen dienen, setzen die drei weiteren Verfahren direkt bei der Analyse von Texten ein. Sie sind daher weniger in der Lage, die Verbindungen zwischen Akteuren und Konzepten zu skalieren, sondern eben diese Verbindungen überhaupt erst zu etablieren und die beiden bereits eingeführten Verfahren mit diesen Daten zu füttern. Zu unterscheiden sind sie von qualitativen Verfahren der Diskursanalyse, da sie die Quellen nicht als Teil eines größeren Diskurses interpretieren und einordnen, sondern versuchen, in den untersuchten Quellen inhaltliche Muster und Dimensionen zu identifizieren, die als konkrete Ausprägung eines Diskurses betrachtet werden kann.

Die kategorienbasierte Inhaltsanalyse ist das klassische Instrument, um Positionspapiere aller Art zu analysieren. Seit den 1960er Jahren werden immer häufiger Computer eingesetzt, um Inhaltsanalysen operativ zu unterstützen. Ihr schematischer Ablauf hängt davon ab, ob induktiv oder deduktiv geforscht wird. Bei induktiven Inhaltsanalysen werden Wörter oder Ausdrücke aus dem Text sukzessiv beim Lesen zu Kategorien zusammengefasst, so dass hier Kategorien erst schrittweise entstehen. Hat beispielsweise der Wissenschaftler den Eindruck, dass einige Wörter einen kohärenten Sinn ergeben (wie z.B. die Existenz eines Pro-Umwelt-Frames), dann wird er eine Kategorie mit dem Titel Umwelt-Frame bilden und alle dafür typischen Ausdrücke dieser Kategorie zuordnen, und ebenso wird er mit weiteren Kategorien verfahren. Bei deduktiven Inhaltsanalysen steht bereits vorher aus theoretischen Gründen fest, welche Kategorien existieren. So könnte z.B. die Hypothese getestet werden, dass das Erscheinen des UN-Klimaberichts als exogenes Ereignis den Diskursraum der Akteure dahingehend verändert, dass für Pro-Industrie-Akteure eine Verleugnung des Klimawandels in der öffentlichen Debatte nicht mehr tragbar ist und sie stattdessen den von Menschen hervorgerufenen Klimawandel bezweifeln. Die entsprechenden Kategorien könnten lauten: *Klimawandel bezweifeln* = {*Klimawandel existiert nicht, Klimawandel ist ein Gerücht, Messfehler,* ...} und *nicht von Menschenhand* = {*nicht von Menschen hervorgerufen, Menschenhand, natürliche Schwankung,* ...}.

Induktiven und deduktiven Inhaltsanalysen ist gemein, dass im Anschluss an die Kategorienbildung und Konzeptzuordnung eine Auszählung der Konzeptnennungen in jedem Positionspapier oder jeder Texteinheit stattfindet, um mit Hilfe der Häufigkeiten der Kategorien Hypothesen zu generieren bzw. zu testen. Bei einem Test der oben genannten Hypothese müsste beispielsweise je mindestens eine Messung vor und nach dem Erscheinen des Klimaberichts vorgenommen werden, und ein externes Kriterium müsste herangezogen werden, um festzustellen, welche Akteure als Pro-Industrie-Akteure in Frage kommen.

Software wie Atlas.ti oder MaxQDA kann dabei helfen, Wörter zu taggen, Wörterbücher mit Kategorien anzulegen und zu verwalten oder Häufigkeitsauszählungen vorzunehmen. Der wesentliche Beitrag von klassischen Inhaltsanalysen für die Erforschung von Diskursnetzwerken besteht darin, verschiedenartige Wörter per Wörterbuch oder Kategoriensystem zu einheitlichen Konzepten zu vereinen. Beispielsweise kann ein Positionspapier im Bezug auf das Problem der alternden

Gesellschaft unterschiedliche Häufigkeiten für die Lösungskategorien Renteneintritts-alter erhöhen, Fertilität erhöhen, Pflegezeit einführen, Rentenbezüge kürzen usw. aufweisen, wenn der zugrunde liegende Text von verschiedenartigen Wörtern der jeweils gleichen Kategorie Gebrauch macht, z. B. *Fertilität erhöhen* = {*Kinder be-kommen, Kinder kriegen, Kindergeld erhöhen, Familien stärken, …*}. Werden die Kategorienhäufigkeiten über mehrere Positionspapiere und Akteure in einer Matrix aggregiert, können diese Daten als Input für dimensionenreduzierende Verfahren oder Clusterverfahren genutzt werden. Prinzipiell erhält man eine Datenmatrix, die für den oben beschriebenen Co-Occurrence-Ansatz geeignet ist. Problematisch an solchen Verfahren ist die Annahme, dass alle Dimensionen gleich wichtig sind – eine unterschiedliche Gewichtung der Dimensionen ist nicht möglich. Dieser Umstand trifft jedoch ebenso auf die direkte Nutzung von Konzepten ohne ihre Vereinheitli-chung über Kategorien zu. Gegenüber anderen Verfahren ist die hohe Flexibilität bei der Bildung von Kategorien hervorzuheben, doch diese Flexibilität hat einen hohen Preis: Nicht nur erhöht sich der manuelle Aufwand durch das Lesen, Taggen und die Kategorienbildung um ein Vielfaches, sondern auch die Reliabilität des Verfahrens leidet darunter, dass Kategorien und ihre Konzeptuntermengen vom jeweiligen Wis-senschaftler recht willkürlich gewählt werden können. Eine Lösung offerieren Laver und Garry (2000) und Laver et al. (2003): Sie kalibrieren ein Wörterbuch anhand ei-niger Referenztexte, die für bestimmte Frames, Ideologien oder Überzeugungssysteme typisch sind, indem sie für alle Wörter w_i die Wahrscheinlichkeit errechnen, einen bestimmten Referenztext r_j zu lesen, gegeben das Wort w_i, um anschließend auf der Grundlage dieser Wahrscheinlichkeiten neue Texte in diese Kategorien klassi-fizieren zu können. Auf diese Weise kann zwar der Aufwand erheblich reduziert werden und die Reliabilität deutlich erhöht werden, in der Praxis der Policy-Analyse wird es jedoch schwierig sein, passende prototypische Referenztexte zu finden, die auf die Profile der Akteure passen, vor allem wenn keine Informationen über die Überzeugungssysteme à priori vorliegen. Darüber hinaus ist man hierbei auf eine Analyse beschränkt, die die relative Position der Akteure zueinander wiedergibt, während die klassische kategorienbasierte Inhaltsanalyse vor allem dem Zweck der Inferenz dient, da aus den Kategorienhäufigkeiten der Sinn eines Textes in Kurz-form abgeleitet werden soll. Eine Einführung in computergestützte Inhaltsanalyse inklusive Kategorienmatrizen gibt Kuckartz (2007). Die Unterscheidung zwischen induktiven und deduktiven Inhaltsanalysen führt Klein (1996) aus. Mergenthaler (1996) behandelt u. a. die Themen Kategorienbildung und Lemmatisierung.

3.4.5 Satz- oder grammatikbasierte Ansätze

Ansätze, die auf einer künstlichen Grammatik beruhen, versuchen die Wörter in Texten in prädefinierte syntaktische Schemata zu pressen, um eine verkürzte se-mantische Darstellung des Textes zu generieren. So bedient sich Franzosi (1990, 1994) semantischer Tripletts, also der Kategorien Akteure, Handlungen und Ob-jekte und einiger Modifizierer, d. h. Attribute wie Raum, Zeit oder Adjektive, um Zeitungsartikel zu kodieren. Beispielsweise kann nach Franzosi der Satz „Der UN-Generalsekretär hat am Freitag Sudans Hauptstadt Khartum besucht" in die Struktur

<Semantisches Triplett 1> <Subjekt> UN-Generalsekretär <Handlung> besuchen <Zeit> Freitag <Objekt> Khartum <Land> Sudan <Typ> Hauptstadt überführt werden. Diese Struktur ähnelt an sich dem XML-Format; Franzosi befürwortet jedoch eine Speicherung der Informationen in einer relationalen Datenbank, in der je eine Tabelle für jedes syntaktische Element und jeden Modifizierer angelegt wird, so dass keine redundanten Informationen gespeichert werden und damit per Abfrage leicht Häufigkeitsauszählungen bestimmter Subjekte, Handlungen oder Objekte möglich sind, um Kreuztabellen oder Regressionen berechnen zu können (Franzosi 1994: 132). Am Ende des Kodierungsprozesses steht eine verkürzte Darstellung, die dem von Corman et al. (2002: 170) vorgeschlagenen Ziel der Repräsentation eines Textes entspricht, und zugleich die Möglichkeit, eine Sinnstruktur aus dieser verkürzten Darstellung abzuleiten, was dem Ziel der Inferenz entspricht.

Einen ähnlichen, etwas simpleren Ansatz verfolgen „kognitive Karten" (Axelrod 1976). Ein Anwendungsbeispiel bietet Kim (2005); eine Übersicht findet sich bei Young (1996). Subjekte und Objekte werden bei der kognitiven Kartierung über positive (+) oder negative (-) Relationen miteinander in Verbindung gesetzt. Hier wird nicht der gesamte Text mit allen Attributen und Handlungen übernommen, sondern auf eine sehr einfache Grundstruktur reduziert, die in der Lage sein soll, die Informationen aus dem zugrundeliegenden Text in einem Graphen zu repräsentieren. In eine ähnliche Richtung gehen semantische Netzwerke oder knowledge graphs (Popping und Roberts 1997; Popping 2003), die die Verbindungen zwischen unterschiedlichen Konzepten nicht über positive und negative Relationen, sondern logische Relationen wie is a kind of, has as kind, is part of, has as part, equals, might cause oder is caused by konzipieren. Die Anwendbarkeit von kognitiven Karten beschränkt sich jedoch weitgehend auf die Abgrenzung von Konzepten untereinander, und knowledge graphs vermögen keine Handlungen abzubilden. Young (1996) sieht kognitive Karten als zu simplifizierend an und schlägt eine Erweiterung der Relationen auf 50 mögliche Handlungen wie defend, honor, confront, attack usw. sowie 14 Verknüpfungen wie if-then, component, negative-cause (-) usw. vor, um wiederum in einem Graphen die Struktur eines Positionspapiers oder sogar eines ganzen Diskurses verkürzt abzubilden. Auf diese Weise würden Überzeugungsstrukturen sichtbar gemacht, um die Entscheidungen rationaler Akteure erklären zu können.

Die hier vorgestellten Ansätze unterscheiden sich von den anderen vor allem darin, dass Relationen zwischen Akteuren und Konzepten direkt aus dem Text geschlossen werden, so dass im Gegensatz zu den meisten anderen Techniken einfache Nachrichtenmeldungen zugrundegelegt werden können. Dies erhöht die Anwendbarkeit, da die Datenbeschaffung wesentlich leichter ist, erhöht jedoch gleichzeitig den manuellen Aufwand, da jedes Triplett oder jede semantische Einheit von einem Kodierer umgeformt werden muss, was darüber hinaus die Reliabilität gefährdet. Kategorienbildung oder Lemmatisierung entfallen dafür aufgrund der manuellen Bearbeitung. Klein (1996) und Popping und Roberts (1997) stellen die hier vorgestellten Techniken zum einen der qualitativen, induktiven Inhaltsanalyse und zum anderen der quantitativen und hypothesentestenden Inhaltsanalyse gegenüber und bezeichnen sie übereinstimmend als clause-based content analysis. Weiterhin unterscheidet sich diese Technik von den anderen quantitativen Methoden darin, dass sie eine Textrepräsentation direkt generiert und keine Daten liefert, die anschließend mit dem Co-Occurrence-Ansatz oder mit Galois Lattices analysiert werden müssen.

Eine künstliche semantische Grammatik kann theoretisch auf das spezifische Analyseziel hin angepasst werden. So wäre eine Grammatik denkbar, die mit ihren Kategorien und Modifizierern speziell auf die Policy-Analyse zugeschnitten ist. Sie müsste dann um feste standardisierte Modifizierer wie Instrumente, Ressourcen oder Issues erweitert werden, um den Spezifika der Policy-Analyse Rechnung zu tragen.

3.4.6 Wortnetzwerkanalyse und Centering Resonance Analysis

Den oben beschriebenen kategorienbasierten Ansätzen stellen Landmann und Züll (2004) Ansätze gegenüber, die ohne Diktionär auskommen und mit einem gleitenden Textfenster beliebiger Größe (z. B. zehn Wörter) arbeiten, um Begriffscluster innerhalb von Texten zu identifizieren. Nach Danowski (1982, 1993) kann als erstes eine Lemmatisierung vorgenommen und eine Stoppliste benutzt werden, um unwichtige Wörter wie Artikel oder Pronomen herauszufiltern. Dann wird eine Co-Occurrence-Matrix mit allen im Text verbleibenden Wörtern aufgespannt. Es werden zunächst die ersten zehn Wörter aus dem Text betrachtet; das erste Wort wird mit den restlichen neun Wörtern des Textfensters in der Matrix über die entsprechenden Zelleneinträge miteinander verbunden. Das Textfenster gleitet nur ein Wort weiter, also vom zweiten bis zum elften Wort, und es wird nun das zweite Wort mit den neun folgenden Wörtern verbunden. Die Relationen werden zur Matrix additiv hinzugefügt. Das Verschieben und Hinzuaddieren wird so lange wiederholt, bis das Ende des Textes erreicht ist. Am Ende dieser Prozedur steht ein Textnetzwerk, das die Struktur des untersuchten Textes repräsentieren soll.

Nun besteht die Wahl zwischen zwei Arten der Weiterverwertung dieser Netzwerkdaten: Ist das zugrunde gelegte Material ein Nachrichtentext, kann das Netzwerk direkt betrachtet werden. Aus dem Graphen kann beispielsweise abgeleitet werden, welche Akteure mit welchen Konzepten in Verbindung gebracht werden und welche Akteure oder welche Konzepte die zentralsten Knoten im Diskurs sind. Um letzteres zu erreichen, können z. B. alle als Akteure markierten Knoten über ihre gemeinsamen Konzepte betrachtet werden, so dass mit Hilfe von Zentralitätsmaßen wie der Degree-Zentralität die zentralsten Akteure herausgefiltert werden können. Einen solchen Ansatz verfolgt beispielsweise die Software AUTOMAP, die darüber hinaus mit umfangreichen Lemmatisierungsalgorithmen, Kategorisierungsmöglichkeiten und anderen Preprocessing-Werkzeugen ausgestattet ist (Carley et al. 2006; Üschner 2007), so dass beispielsweise alle in der Kategorie Akteure befindlichen Knoten farbig oder bezüglich ihrer Form von den anderen abgesetzt dargestellt werden können.

Die andere Art der Weiterverwertung kann gewählt werden, wenn Positionspapiere der Akteure untersucht werden. So können die Textnetzwerke der Positionspapiere für jeden Akteur separat aggregiert werden, um anschließend mit Hilfe von Zentralitätsmaßen die zentralsten Konzepte des Akteurs zu identifizieren. Diese Zentralitätswerte können in eine Matrix, die die Akteure als Spalten und die Konzepte als Zeilen enthält, eingetragen werden, um eine Datengrundlage für die Weiterverwertung mit dem eingangs beschriebenen Co-Occurrence Ansatz zu erhalten. Auf diese Weise wird ein Clustern oder eine niedrigdimensionale Darstellung der Akteurspositionen untereinander möglich. Millers Frame Mapping oder der kategorienbasierten Inhaltsanalyse ist diese Methode als Co-Occurrence-Input überlegen, da nicht nur die reine Häufigkeit, sondern auch ihre Zentralität im Text in die Punktzahl der Konzepte mit eingeht. Ein geeignetes Zentralitätsmaß dafür wäre die Betweenness-Zentralität.

Der Textnetzwerkansatz erhöht aufgrund der starken Automatisierung die Reliabilität und verringert den manuellen Aufwand. Ein Nachteil des Verfahrens besteht jedoch in der Wahl der Größe des Textfensters. Hierzu gibt es verschiedene, meistens induktiv gesteuerte Überlegungen, bei denen die Länge des Textfensters jedoch immer stark von den Charakteristika des jeweiligen Quellenmaterials abhängt. Corman et al. (2002) kritisieren etwas allgemeiner, ein Textfenster sei nicht geeignet, den Meinungsfluss innerhalb eines ganzen Textes zu erfassen. Sie stellen daher einen anderen Ansatz vor, der automatische Textanalyse mit der Hilfe von Netzwerken beinhaltet: Die Centering Resonance Analysis strukturiert Texte nach der Adjazenz von Nominalphrasen: Über Preprocessing-Werkzeuge wird der Text dahingehend verarbeitet, dass ausschließlich Satzglieder übrig bleiben, die aus Substantiven und ihren Attributen bestehen. In Frage kommen daher vor allem Subjekte und Objekte. Innerhalb jeder Nominalphrase werden alle Wörter als Knoten behandelt und miteinander über eine Kante verbunden. Die einzelnen Nominalphrasen werden untereinander verbunden, wenn sie im Satz hintereinander genannt werden, d. h. wenn keine andere Nominalphrase dazwischen liegt. So entstehen Kettenstrukturen von Sätzen, die aber untereinander an den Stellen verbunden sind, an denen sie gemeinsame Knoten aufweisen. Das resultierende Netzwerk repräsentiert nach Corman et al. (2002) den Text und seine Bedeutung. Nun kann ein Zentralitätsmaß wie etwa die Betweenness-Zentralität für jeden Knoten errechnet werden, um die relative Bedeutung jedes Wortes in dem Sinnesfluss des Textes quantifizieren zu können. Die berechneten Werte repräsentieren die relative Wichtigkeit der Wörter noch besser als die Werte, die bei der fensterbasierten Textnetzwerkanalyse errechnet werden. Einen Vergleich zwischen der fensterbasierten Analyse und der Centering Resonance Analysis findet man bei Blumenthal (2006).

Bei der Centering Resonance Analysis gibt es nun wiederum mehrere Möglichkeiten, wie die resultierenden Daten verwendet werden können. Einerseits können die Daten als Eingabe für den oben beschriebenen Co-Occurrence-Ansatz dienen. Die Autoren selbst geben ein Beispiel für diese Art der Nutzung. Andererseits können die Zentralitätswerte einiger ausgewählter Konzepte über die Zeit betrachtet werden, um eine Aussage über die relative Wichtigkeit der Konzepte für die Akteure oder Akteursgruppen zu bestimmten Zeitpunkten treffen zu können. Eine dritte Möglichkeit besteht in der Erstellung mehrerer Graphen zu verschiedenen Zeitpunkten oder von verschiedenen Akteuren, um die Entwicklung des Diskurses im Längsschnitt oder die unterschiedlichen Schwerpunkte des Diskurses im Querschnitt zu betrachten. Möglich wird dies mit Hilfe der Dynamic Centering Resonance Analysis (Brandes und Corman 2003), einer Erweiterung der CRA um eine dynamische Komponente, bei der mehrere Graphen in einem dreidimensionalen Raum übereinander gelegt werden.

3.4.7 Zusammenfassende Betrachtung

Die fünf hier vorgestellten Analyseverfahren erlauben die quantitative Untersuchung von Diskursnetzwerken. Drei dieser Verfahren dienen insbesondere der Datengenerierung, während die beiden anderen die weitergehende Verwertung dieser Daten erlauben. Tabelle 3.1 zeigt eine vergleichende Übersicht über diese Techniken.

Eine wichtige Einschränkung bei einem möglichen Analysevorhaben betrifft die Anwendbarkeit dieser Techniken: Wenngleich alle Verfahren hier holzschnittartig präsentiert worden sind, ergibt sich in der Forschungspraxis eine große Vielfalt an Parametern, die berücksichtigt werden sollten. Dazu zählen gründliche Vorüberlegungen wie die Art der Lemmatisierung, mögliche Schwellenwerte für Worthäufigkeiten, die Wahl einer geeigneten Software oder der Einsatz und das Design einer Stoppwörterliste, die nicht zu berücksichtigende Elemente enthält. Es sollte beim Lesen dieses Beitrags auch deutlich geworden sein, dass die Vielfalt an Techniken teils miteinander kombiniert werden kann und dass keine absolute und objektive Grenzziehung zwischen den Methoden existiert.

Auf der theoretischen Ebene ist eine genauere Differenzierung zwischen den verschiedenen Arten von Konzepten und ihren zugehörigen Annahmen von Nöten, damit deutlicher wird, ob Überzeugungen in dem jeweiligen theoretischen Rahmen als endogen oder als exogen konzipiert werden und um welche Arten (Ideologien, Religionen o. ä.) es sich handelt.

Die Verfahren der quantitativen Diskursnetzwerkanalyse stecken insgesamt ein breites Spektrum ab, das ein großes Potential der Diskursanalyse eröffnet, das in der Politikwissenschaft allgemein und in der Policy-Forschung im Besonderen noch weitgehend unausgeschopft ist.

3.5 Konklusion

Die Art und Weise, wie politische und gesellschaftliche Akteure Situationen deuten und wahrgenommene Realität in Denksystemen aller Art – von Religionen über Ideologien bis zur wissenschaftsbasierten Überzeugungssystemen – kollektiv repräsentieren, ist eine Dimension politischer Analyse, die zwar auf eine lange Tradition verweisen kann, die jedoch erst in jüngster Zeit in Politikwissenschaft und Policy-Forschung an Bedeutung gewonnen hat. Zentrales Merkmal dieser neuen Orientierung ist vor allem die ausgeprägte Methodenfokussierung. In diesem Artikel sind zunächst zwei Hauptvertreter dieser „argumentativen" oder „kulturalistischen Wende" und die Grundidee der Diskursanalyse als solche dargestellt worden. Ferner wurden mehrere innovative methodischen Konzepte und Verfahren skizziert, in denen Diskursstrukturen mit Hilfe der sozialen Netzwerkanalyse und anderer strukturanalytischer Methoden untersucht werden können. Die dabei angestrebte Quantifizierung ursprünglich qualitativen Daten- und Quellenmaterials verfolgt keinen Selbstzweck, sondern zielt dabei letztlich auf höhere Verallgemeinerung und bessere Vergleichbarkeit. Während traditionelle Analysen empirische Evidenz in der Regel nur über fallspezifische und manchmal stark idiosynkratrische Darstellungen von Denk- und Überzeugungssystemen erzeugen können, ist ein zentrales Merkmal quantitativ-strukturanalytischer Verfahren,

Analyseschritt	Kategorienbasiert	Satz- oder grammatikbasiert	Wortnetzwerk-analyse	Co-Occurrence	Galois Lattices
Analyseschritt	Datengenerierung	Datengenerierung	Datengenerierung	Verarbeitung	Verarbeitung
Textmaterial	Positionspapiere	Nachrichten	Positionspapiere	Positionspapiere	Positionspapiere
Darstellung	Matrix	Graph oder relationale Datenbank	Graph oder Matrix	Matrix oder Scatterplot	Graph/Lattice
Forschungslogik	induktiv oder hypothesentestend	induktiv oder hypothesentestend	induktiv	eher induktiv	eher induktiv
Ziel (nach Corman et al.)	Inferenz (Positionierung)	Inferenz, Repräsentation	Repräsentation	Positionierung	Repräsentation (Positionierung)
Lemmatisierung erforderlich?	nur bei automatischer Kodierung	nein	ja	ja	ja
Kategorien/Wörterbuch	ja	ja	nein	nein	nein
Manueller Aufwand	hoch	hoch	mittel	gering	gering
Interpretative Eigenleistung	hoch (Kategorien bilden und Wörter zuordnen)	hoch (Syntax bilden und Wörter zuordnen)	mittel (Netzwerke interpretieren)	gering (Dimensionen interpretieren)	gering (Cluster finden)
Reliabilität	gering	gering	mittel	hoch	hoch
Verfügbarkeit von Software	gut	mittel	schlecht	gut	mittel

Tabelle 3.1: Quantitative Verfahren im Vergleich

dass sowohl die Analyse größerer Textmengen, als auch jene von komplexen und übergreifenden Beziehungsstrukturen möglich wird. Bereits die für die Quantifizierung nötige Systematik erhöht sowohl die Generalisierbarkeit als auch die intersubjektive Überprüfbarkeit von Aussagen. Schließlich ermöglicht die relationale Komponente der quantitativen Analyse eine Untersuchung komplexer Zusammenhänge, die in dieser Form weder durch qualitative Analysen weniger Fälle noch durch quantitativ-kategoriale Verfahren wie z. B. die Korrelations- und Regressionsanalyse geleistet werden kann. Eine systematische Darstellung der Beziehungen zwischen drei oder vier Elementen eines Diskurses ist auf qualitative Weise noch durchführbar, aber keine zwischen 10 oder gar 100 Diskurselementen. Allein bei 10 Elementen eines Diskurses würde eine systematische Beziehungsanalyse die Überprüfung von 90 Beziehungen ($n \cdot (n-1)$) implizieren. Dies ist nur durch systematische Informationsverdichtungen mittels quantitativer Verfahren darstellbar.

Obwohl alle der im vierten Abschnitt referierten Methoden einen Beitrag zu einer so definierten quantitativen Strukturanalyse von Diskursen leisten, hat eine jede ihre spezifischen Stärken und Schwächen, Möglichkeiten und Beschränkungen. Ziel dieses Vergleichs war es, die unterschiedlichen Vorgehensweisen zu verdeutlichen und die komparativen Stärken herauszustellen. Allein die Vielfältigkeit der Ansätze und selbst die Unterschiede im wissenschaftslogischen Zugang zeigen, dass diese Forschungsrichtung ein immenses Potential aufzuweisen hat, das es nun gilt, in empirischen Analysen zu erschließen. Auch die Datenlage stimmt hoffnungsvoll, denn ein Kennzeichen unserer Informationsgesellschaft ist ja gerade, dass ein wachsender Teil massenmedialer und individueller Kommunikation nicht nur in digitaler Weise stattfindet, sondern auch in dieser Weise dokumentiert wird. Elektronische Ausgaben von Tageszeitungen, Agenturmeldungen, Parlamentsprotokolle, Parteiprogramme usw. häufen digitale Datenberge an, die geradezu auf eine quantitativ-strukturanalytische Auswertung „warten". Gleichzeitig hängt der allgemeine Zugang zu diesen Analyseformen natürlich auch von der Verfügbarkeit von Software ab. Obwohl die Zahl der Programme und deren Benutzerfreundlichkeit in den letzten Jahren deutlich zugenommen haben, so ist die Lage in der Netzwerkanalyse noch stark fragmentiert. Integrierte Programme, wie wir sie in der allgemeinen sozialwissenschaftlichen Datenanalyse kennen, sind gegenwärtig leider noch nicht in Sicht. Aber auch hier wird die weitere Entwicklung nicht Halt machen.

Literaturverzeichnis

Adam, Silke und *Hanspeter Kriesi*, 2007: The Network Approach. In: *Paul A. Sabatier* (Hg.), Theories of the Policy Process. Boulder: Westview Press.

Angermüller, Johannes, Katharina Bunzmann und *Martin Nonhoff*, 2001: Diskursanalyse: Theorien, Methoden, Anwendungen. Hamburg: Argument.

Axelrod, Robert, 1976: Structure of Decision: The Cognitive Maps of Political Elites. Princeton: Princeton University Press.

Bandelow, Nils C., 1999: Lernende Politik. Advocacy-Koalitionen und politischer Wandel am Beispiel der Gentechnologiepolitik, Bd. 41. Berlin: Edition Sigma.

Barthe, Susan, 2001: Die verhandelte Umwelt. Zur Institutionalisierung diskursiver Verhandlungssysteme im Umweltbereich am Beispiel der Energiekonsensgespräche von 1993. Baden-Baden: Nomos.

Baumgartner, Frank R. und *Bryan D. Jones*, 1991: Agenda Dynamics and Policy Subsystems. The Journal of Politics 53: 1044–1074.

Blatter, Joachim K., *Frank Janning* und *Claudius Wagemann*, 2007: Qualitative Politikanalyse. VS Verlag.

Blumenthal, Julia, 2006: Netzwerk-Textanalyse. Bachelorarbeit, Universität Konstanz, Fachbereich Informatik und Informationswissenschaft. URL `http://w3.ub.uni-konstanz.de/kops/volltexte/2007/2714/`.

Brandes, Ulrik und *Steven R. Corman*, 2003: Visual Unrolling of Network Evolution and the Analysis of Dynamic Discourse. Information Visualization 2: 40–50.

Brandes, Ulrik und *Volker Schneider*, 2009: Netzwerkbilder: Politiknetzwerke in Metaphern, Modellen und Visualisierungen. In: *Volker Schneider*, *Frank Janning*, *Philip Leifeld* und *Thomas Malang* (Hg.), Politiknetzwerke. Modelle, Anwendungen und Visualisierungen. Wiesbaden: VS Verlag.

Bublitz, Hannelore, 1999: Foucaults Analogie des kulturell Unbewußten. Frankfurt am Main: Campus.

Bublitz, Hannelore, *Andrea D. Bührmann*, *Christine Hanke* und *Andrea Seier*, 1999: Das Wuchern der Diskurse. Frankfurt am Main: Campus-Verlag.

Burt, Ronald S., 2004: Structural Holes and Good Ideas. American Journal of Sociology 110: 349–99.

Bähr, Holger, 2003: Probleme der Implementation von Umweltpolitik in der Europäischen Union. Eine vergleichende Policy-Analyse am Beispiel der IVU-Richtlinie. Diplomarbeit, Fachbereich Politik- und Verwaltungswissenschaft, Universität Konstanz, Konstanz. URL `http://w3.ub.uni-konstanz.de/v13/volltexte/2003/1035/pdf/baehr.pdf`.

Börzel, Tanja A., 1998: Organizing Babylon – On the Different Conceptions of Policy Networks. Public Administration 76: 253–273.

Carley, Kathleen, *Jana Diesner* und *Matt De Reno*, 2006: AutoMap User's Guide. Technical Report CMU-ISRI-06-114, Carnegie Mellon University, School of Computer Science, Institute for Software Research. URL `http://www.casos.cs.cmu.edu/publications/papers/CMU-ISRI-06-114.pdf`.

Carroll, J. Douglas, Paul E. Green und *Catherine M. Schaffer*, 1986: Interpoint Distance Comparisons in Correspondence Analysis. Journal of Marketing Research 23: 271–280.

Carroll, J. Douglas, Paul E. Green und *Catherine M. Schaffer*, 1989: Reply to Greenacre's Commentary on the Carroll-Green-Schaffer Scaling of Two-Way Correspondence Analysis Solutions. Journal of Marketing Research 26: 366–368.

Corman, Steven R., Timothy Kuhn, Robert D. McPhee und *Kevin J. Dooley*, 2002: Studying Complex Discursive Systems: Centering Resonance Analysis of Communication. Human Communication Research 28: 157–206.

Danowski, James A., 1982: A Network-based Content Analysis Methodology for Computer-mediated Communication: An Illustration with a Computer Bulletin Board. In: *Robert N. Bostrom* (Hg.), Communication Yearbook, Bd. 6, S. 904–925. New Brunswick, NJ: Transaction Books.

Danowski, James A., 1993: Network Analysis of Message Content. In: *William D. jr. Richards* und *George A. Barnett* (Hg.), Progress in Communication Sciences, Bd. 12, S. 197–221. Norwood, NJ: Ablex.

DiMaggio, Paul, 1997: Culture and Cognition. Annual Review of Sociology 23: 263–287.

Eberg, Jan, 1997: Waste Policy and Learning. Policy Dynamics of Waste Management and Waste Incineration in the Netherlands and Bavaria. Delft: Eburon.

Fairclough, Norman, 1995a: Critical Discourse Analysis: the Critical Study of Language. London: Longman.

Fairclough, Norman, 1995b: Media Discourse. London: Arnold.

Fischer, Frank, 2003: Reframing Public Policy: Discursive Politics and Deliberative Practices. Oxford: Oxford University Press.

Fischer, Frank und *John Forester*, 1993: The Argumentative Turn in Policy Analysis and Planning. Durham: Duke University Press.

Foucault, Michel, 1989: Wahnsinn und Gesellschaft. Eine Geschichte des Wahnsinns im Zeitalter der Vernunft. Frankfurt am Main: Suhrkamp.

Foucault, Michel, 1991: Die Ordnung des Diskurses. Frankfurt am Main: Fischer-Taschenbuch-Verlag.

Foucault, Michel, 1998: Der Wille zum Wissen. Sexualität und Wahrheit. Frankfurt am Main: Suhrkamp.

Foucault, Michel, 2003: Die Anormalen: Vorlesungen am Collège de France. Frankfurt am Main: Suhrkamp.

Franzosi, Roberto, 1990: Computer-Assisted Coding of Textual Data Using Semantic Text Grammars. Sociological Methods & Research 18: 442–471.

Franzosi, Roberto, 1994: From Words to Numbers: A Set Theory Framework for the Collection, Organization, and Analysis of Narrative Data. Sociological Methods and Research 24: 105–136.

Freeman, Linton C. und *Douglas R. White*, 1993: Using Galois Lattices to Represent Network Data. Sociological Methodology 23: 127–146.

Ganter, Bernhard und *Rudolf Wille*, 1999: Formal Concept Analysis. Berlin/Heidelberg: Springer-Verlag.

Gerhards, Jürgen, Friedhelm Neidhardt und *Dieter Rucht*, 1998: Zwischen Palaver und Diskurs: Strukturen öffentlicher Meinungsbildung am Beispiel der deutschen Diskussion zur Abtreibung. Opladen: Westdeutscher Verlag.

Gottweis, Herbert, 1998: Governing Molecules: the Discursive Politics of Genetic Engineering in Europe and the United States. London: MIT Press.

Greenacre, Michael J., 1984: Theory and Applications of Correspondence Analysis. Orlando, FL: Academic Press.

Greenacre, Michael J., 1989: The Carroll-Green-Schaffer Scaling in Correspondence Analysis: A Theoretical and Empirical Appraisal. Journal of Marketing Research 26: 358–365.

Habermas, Jürgen, 1973: Legitimationsprobleme im Spätkapitalismus. Frankfurt am Main: Suhrkamp.

Habermas, Jürgen, 1981: Theorie des kommunikativen Handelns. Frankfurt am Main: Suhrkamp.

Habermas, Jürgen, 1984: Vorstudien und Ergänzungen zur Theorie des kommunikativen Handelns. Frankfurt am Main: Suhrkamp.

Hajer, Maarten A., 1995: The Politics of Environmental Discourse: Ecological Modernization and the Policy Process. Oxford: Oxford University Press.

Hajer, Maarten A., 2003a: A Frame in the Fields: Policymaking and the Reinvention of Politics. In: *Maarten. A. Hajer* und *Hendrik Wagenaar* (Hg.), Deliberative Policy Analysis: Understanding Governance in the Network Society, S. 88–110. Cambridge: Cambridge University Press.

Hajer, Maarten A., 2003b: Argumentative Diskursanalyse. Auf der Suche nach Koalitionen, Praktiken und Bedeutung. In: *Reiner Keller, Andreas Hirseland, Werner Schneider* und *Willy Viehöfer* (Hg.), Handbuch Sozialwissenschaftliche Diskursanalyse, S. 271–298. Opladen: Leske+Budrich.

Hajer, Maarten A., 2007: Diskursanalyse in der Praxis: Koalition, Praktiken und Bedeutung. In: *Frank Janning* und *Katrin Toens* (Hg.), Die Zukunft der Policy-Forschung. Theorieentwicklung, Methodenfragen und Anwendungsaspekte. Wiesbaden: VS Verlag.

Holzinger, Katharina, 2001: Verhandeln statt Argumentieren oder Verhandeln durch Argumentieren? Eine empirische Analyse auf der Basis der Sprechakttheorie. Politische Vierteljahresschrift 42: 414–446.

Howarth, David R., *Aletta J. Norval* und *Yannis Stavrakakis*, 2000: Discourse Theory and Political Analysis: Identities, Hegemonies and Social Change. Manchester: Manchester University Press.

Jansen, Dorothea, 2006: Einführung in die Netzwerkanalyse: Grundlagen, Methoden, Forschungsbeispiele. 3. Auflage. Wiesbaden: VS-Verlag für Sozialwissenschaften.

Joslyn, Cliff und *Susan Mniszewski*, 2002: Relational Analytical Tools: VisTool and Formal Concept Analysis. Report prepared for the advanced knowledge integration for assessing terrorist threats project, Los Alamos National Laboratory. URL `http://www.ccs3.lanl.gov/~joslyn/papers.html`.

Jung, Matthias, 1994: Öffentlichkeit und Sprachwandel: Zur Geschichte des Diskurses über die Atomenergie. Opladen: Westdeutscher Verlag.

Jäger, Margarete und *Siegfried Jäger*, 2007: Deutungskämpfe. Theorie und Praxis kritischer Diskursanalyse. Wiesbaden: VS Verlag.

Keller, Reiner, 1998: Müll, die gesellschaftliche Konstruktion des Wertvollen: Die öffentliche Diskussion über Abfall in Deutschland und Frankreich. Opladen: Westdeutscher Verlag.

Keller, Reiner, 2004: Diskursforschung: Eine Einführung für SozialwissenschaftlerInnen. Opladen: Leske + Budrich.

Keller, Reiner, 2005: Wissenssoziologische Diskursanalyse: Grundlegung eines Forschungsprogramms. Wiesbaden: VS Verlag.

Kenis, Patrick und *Volker Schneider*, 1991: Policy Networks and Policy Analysis. Scrutinizing a New Analytical Toolbox. In: *Bernd Marin* und *Renate Mayntz* (Hg.), Policy Networks. Empirical Evidence and Theoretical Considerations, S. 25–59. Frankfurt am Main: Campus.

Kerchner, Brigitte, 2006: Diskursanalyse in der Politikwissenschaft. Ein Forschungsüberblick. In: *Brigitte Kerchner* und *Silke Schneider* (Hg.), Foucault: Diskursanalyse der Politik, S. 33–67. Wiesbaden: VS-Verlag.

Kerchner, Brigitte und *Silke Schneider*, 2006: Foucault: Diskursanalyse der Politik. Wiesbaden: VS-Verlag.

Kim, Dong-Hwan, 2005: Cognitive Maps of Policy Makers on Financial Crises of South Korea and Malaysia: A Comparative Study. International Review of Public Administration 9: 31–38.

Klein, Harald, 1996: Classification of Text Analysis Software. In: *Rüdiger Klar* und *Otto Opitz* (Hg.), Classification and Knowledge Organization. Proceedings of the 20th Annual Conference of the Gesellschaft für Klassifikation e.V. Universität Freiburg, S. 255–261. Berlin/Heidelberg: Springer-Verlag.

Knoke, David, 2004: The Sociopolitical Construction of National Domains. In: *Christian H.C.A. Henning* und *Christian Melbeck* (Hg.), Interdisziplinäre Sozialforschung. Theorien und empirische Anwendungen. Festschrift für Franz Urban Pappi, S. 81–96. Frankfurt am Main: Campus.

Knoke, David und *Song Yang*, 2008: Social Network Analysis. Second Edition. Los Angeles: Sage Publications.

Kuckartz, Udo, 2007: Einführung in die computergestützte Analyse qualitativer Daten. Wiesbaden: VS-Verlag.

Landmann, Juliane und *Cornelia Züll*, 2004: Computerunterstützte Inhaltsanalyse ohne Diktionär? Ein Praxistest. ZUMA-Nachrichten 54: 117–140.

Laver, Michael, Kenneth Benoit und *John Garry*, 2003: Extracting Policy Positions from Political Texts Using Words as Data. American Political Science Review 97: 311–331.

Laver, Michael und *John Garry*, 2000: Estimating Policy Positions from Political Texts. American Journal of Political Science 44: 619–634.

Leydesdorff, Loet, 2007: FullText.exe for Full Text Analysis. URL http://users. fmg.uva.nl/lleydesdorff/software/fulltext/index.htm.

Litfin, Karen T., 1994: Ozone Discourses: Science and Politics in Global Environmental Cooperation. New York: Columbia University Press.

Mergenthaler, Erhard, 1996: Computer-Assisted Content Analysis. In: *Cornelia Züll, Janet Harkness* und *Jürgen H.P. Hoffmeyer-Zlotnik* (Hg.), ZUMA-Nachrichten Spezial: Text Analysis and Computers. Mannheim: Zentrum für Umfragen, Methoden und Analysen (ZUMA).

Miller, M.Mark, 1997: Frame Mapping and Analysis of News Coverage of Contentious Issues. Social Science Computer Review 15: 367–377.

Mische, Ann und *Philippa Pattison*, 2000: Composing a Civic Arena: Publics, Projects, and Social Settings. Poetics 27: 163–194.

Mohr, John W., 1998: Measuring Meaning Structures. Annual Review of Sociology 24: 345–370.

Mohr, John W. und *Vincent Duquenne*, 1997: The Duality of Culture and Practice: Poverty Relief in New York City, 1888–1917. Theory and Society 26: 305–356.

Nullmeier, Frank, 1993: Wissen und Policy-Forschung. Wissenspolitologie und rhetorisch-dialektisches Handlungsmodell. In: *Adrienne Windhoff-Héritier* (Hg.), Policy-Analyse: Kritik und Neuorientierung, S. 175–196. Opladen: Westdeutscher Verlag.

Nullmeier, Frank, 1997: Interpretative Ansätze in der Politikwissenschaft. In: *Arthur Benz* und *Wolfgang Seibel* (Hg.), Theorieentwicklung in der Politikwissenschaft: Eine Zwischenbilanz, S. 101–144. Baden-Baden: Nomos.

Nullmeier, Frank, 2001: Politikwissenschaft auf dem Weg zur Diskursanalyse. In: *Reiner Keller, Andreas Hirseland, Werner Schneider* und *Willy Viehöver* (Hg.), Handbuch der sozialwissenschaftlichen Diskursanalyse. Band I: Theorien und Methoden, S. 285–311. Opladen: Leske + Budrich.

Pattison, Philippa E. und *Ronald L. Breiger*, 2002: Lattices and Dimensional Representations: Matrix Decompositions and Ordering Structures. Social Networks 24: 423–444.

Pierre, Jon, 2000: Debating Governance. Authority, Steering, and Democracy. Oxford: Oxford University Press.

Popping, Roel, 2003: Knowledge Graphs and Network Text Analysis. Social Science Information 42: 91–106.

Popping, Roel und *Carl W. Roberts*, 1997: Network Approaches in Text Analysis. In: *Rüdiger Klar* und *Otto Opitz* (Hg.), Classification and Knowledge Organization. Proceedings of the 20th Annual Conference of the Gesellschaft für Klassifikation e.V. Universität Freiburg, S. 381–389. Berlin/Heidelberg: Springer-Verlag.

Raab, Jörg und *Patrick Kenis*, 2007: Taking Stock of Policy Networks: Do they Matter? In: *Frank Fischer, Gerald J. Miller* und *Mara S. Sidney* (Hg.), Handbook of Public Policy Analysis: Theory, Methods, and Politics, Nr. 125 in Public Administration and Public Policy. Taylor & Francis CRC Press.

Roe, Emery M., 1994: Narrative Policy Analysis: Theory and Practice. Durham: Duke University Press.

Roth, Camille und *Paul Bourgine*, 2003: Binding Social and Cultural Networks: A Model. Arxiv preprint nlin.AO/0309035 URL `http://camille.roth.free.fr/papers.php`.

Roth, Camille und *Paul Bourgine*, 2005: Epistemic Communities: Description and Hierarchic Categorization. Mathematical Population Studies 12: 107–130. URL `http://camille.roth.free.fr/papers.php`.

Sabatier, Paul A. und *Hank C. Jenkins-Smith*, 1993: Policy Change and Learning: An Advocacy Coalition Approach. Boulder: Westview Press.

Sabatier, Paul A. und *Cristopher M. Weible*, 2007: The Advocacy Coalition Framework. In: *Paul A. Sabatier* (Hg.), Theories of the Policy Process, S. 189–220. Boulder, CO: Westview Press.

Saretzki, Thomas, 1998: Post-positivistische Policy-Analyse und deliberative Politk. In: *Michael T. Greven, Herfried Münkler* und *Rainer Schmalz-Bruns* (Hg.), Bürgersinn und Kritik, S. 297–321. Baden-Baden: Nomos.

Saretzki, Thomas, 2003: Aufklärung, Beteiligung und Kritik: Die 'argumentative Wende' in der Policy-Analyse. In: *Klaus Schubert* und *Nils C. Bandelow* (Hg.), Lehrbuch der Politikfeldanalyse, S. 391–417. München: Oldenburg.

Schneider, Jens, 2001: Deutsch sein: Das Eigene, Das Fremde und die Vergangenheit im Selbstbild des Vereinten Deutschland. Frankfurt am Main: Campus Verlag.

Schneider, Volker und *Frank Janning*, 2006: Politikfeldanalyse. Akteure, Strukturen und Diskurse in der öffentlichen Politik. Wiesbaden: VS Verlag.

Schwab-Trapp, Michael, 2002: Kriegsdiskurse. Opladen: Leske + Budrich.

Schweizer, Thomas, 1993: The Dual Ordering of Actors and Possessions. Current Anthropology 34: 469–483.

Schön, Donald A. und *Martin Rein*, 1994: Frame Reflection: Toward the Resolution of Intractable Policy Controversies. New York: Basic Books.

Simon, Michael, 2000: Krankenhauspolitik in der Bundesrepublik Deutschland. Historische Entwicklung und Probleme der politischen Steuerung stationärer Krankenversorgung. Opladen: Westdeutscher Verlag.

Spörndli, Markus, 2004: Diskurs und Entscheidung: Eine empirische Analyse kommunikativen Handelns im deutschen Vermittlungsausschuss. Wiesbaden: VS Verlag.

Titscher, Stefan, Michael Meyer, Ruth Wodak und *Eva Vetter*, 2000: Methods of Text and Discourse Analysis. London: Sage Publications Inc.

Torfing, Jacob, 2005: Governance Network Theory. Towards a Second Generation. European Political Science 4: 305–315.

Valtchev, Petko und *Rokia Missaoui*, 2000: Similarity-based Clustering versus Galois lattice building: Strengths and Weaknesses. Bericht, Département d'Informatique, Montréal. URL `http://www.latece.uqam.ca/en/abstract00_c11.html`.

Wagner, Wolfgang, Nicole Kronberger und *Franz Seifert*, 2002: Collective Symbolic Coping with new Technology: Knowledge, Images and Public Discourse. British Journal of Social Psychology 41: 323–343.

Wiesner, Achim, 2006: Politik unter Einigungszwang: Eine Analyse föderaler Verhandlungsprozesse. Frankfurt am Main: Campus.

Wodak, Ruth und *Paul A. Chilton*, 2005: A New Agenda in Critical Discourse Analysis: Theory, Methodology and Interdisciplinarity. Amsterdam: Benjamins.

Young, Michael D., 1996: Cognitive Mapping Meets Semantic Networks. The Journal of Conflict Resolution 40: 395–414.

Zafonte, Mathew und *Paul A. Sabatier*, 1998: Shared Beliefs and Imposed Interdependencies as Determinants of Ally Networks in Overlapping Subsystems. Journal of Theoretical Politics 10: 473–505.

Üschner, Patric, 2007: Generierung und Visualisierung von Netzwerkdaten zur Analyse des Parlamentsbereichs Gesundheit. Forschungsarbeit, Hochschule Mittweida (FH), Fachbereich Medien.

Kapitel 4

Eine Ko-Zitationsanalyse der quantitativen Netzwerkanalysen in der Politikwissenschaft

Philip Leifeld

4.1 Bisherige Strukturierungsversuche

Seit der Publikation der ersten formalen Policy-Netzwerkanalysen in den 1970er Jahren (z. B. Laumann und Pappi 1976) sind ca. 200 quantitative Anwendungen sowie mehrere hundert qualitative oder vergleichende Netzwerkanalysen in der Politikwissenschaft erschienen. Die Untersuchungseinheiten und Politikfelder sind dabei so vielfältig wie die angewendeten Methoden.

Der theoretische Sinn und Gehalt des Policy-Netzwerk-Konzepts wird insbesondere in den 1990er Jahren intensiv diskutiert (Dowding 1995; Kenis und Schneider 1991; Raab und Kenis 2007), während zu dieser Zeit Unsicherheit darüber entsteht, wie die wachsende Anzahl konkurrierender Netzwerkkonzepte und Beiträge in diesem Forschungsfeld zu strukturieren sei (Dowding 2001). Um eine Synthese zu erreichen, beschreiben britische und deutsche Autoren verschiedenartige Beziehungen zwischen Staat und Gesellschaft in Abgrenzung zueinander (Jordan und Schubert 1992; Rhodes und Marsh 1992; van Waarden 1992) und werden unterdessen dafür kritisiert, Typologien statt Theorien zu erschaffen (Pappi 1993).

Im Jahr 1998 gelingt es Börzel, die einfache Beschreibung konkurrierender Konfigurationen zu überwinden und stattdessen die theoretische Landschaft gemäß zweier Denkschulen, der angelsächsischen „Interessenvermittlungsschule" und der deutschen „Governance-Schule", zu ordnen. Sie vermutet, dass die Schulen sich bezüglich ihres Analyserahmens unterscheiden: Während die erstgenannte Schule hauptsächlich mit der Modellierung unterschiedlicher Beziehungen zwischen Staat und Gesellschaft beschäftigt sei, tendierten die deutschen Arbeiten dazu, Policy-Netzwerke als eine alternative Form von Governance zwischen Hierarchie und Markt zu verorten (Börzel 1998: 1), oder anders formuliert seien Policy-Netzwerke eine „tatsächliche Veränderung in den politischen Entscheidungsstrukturen" (Mayntz 1993: 40). Börzels Unterscheidung befasst sich jedoch ausschließlich mit „Policy-Netzwerken", die eine Unterkategorie des breiter gefassten Begriffs „politische Netzwerke" sind (z. B. Netzwerke von Wählern usw.).

Es existieren darüber hinaus weitere intuitive Versuche, die bestehende Literatur über Politiknetzwerke zu ordnen (z. B. Kenis und Raab 2003; Raab und Kenis 2007), aber es fehlt bislang an einer formalen Fundierung zur Abgrenzung von Denkschulen. Der vorliegende Artikel soll diese Lücke in der bisherigen Forschung schließen, indem das Forschungsgebiet der quantitativen politischen Netzwerkanalyse zwischen 1976 und 2006 mit Hilfe bibliometrischer Verfahren analysiert wird.[1] Die Methode der Ko-Zitationsanalyse wird eingesetzt, um Denkschulen innerhalb der Disziplin aufzuspüren. Es wird gezeigt, dass vier teilweise überlappende Cluster beobachtet werden können, die auf recht unterschiedlichen Methoden, Theorien und zugrundeliegenden Konzepten beruhen.

4.2 Invisible-College-Theorie

Die von Börzel (1998) beschriebene „babylonische Vielfalt" an unterschiedlichen Netzwerkkonzepten und theoretischen Verständnissen wirft die Frage auf, ob verschiedene Ansätze oder Denkschulen auch in den quantitativen empirischen Studien existieren. Es bleibt zudem die Frage offen, welche Mikroprozesse für eine solche Ausdifferenzierung von Schulen verantwortlich sein mögen.

Einen möglichen Erklärungsansatz bietet die Invisible-College-Theorie von Price (1963) und Crane (1972). Wissenschaftliche Landschaften werden als soziale Prozesse wahrgenommen, die vom Netzwerkverhalten der Wissenschaftler induziert werden. Sie bauen Netzwerke oder „soziale Zirkel" (Kadushin 1968) auf, die aus Anhäufungen mehr oder weniger kohäsiver Forschungsgruppen bestehen, die durch ähnliche theoretische Sichtweisen zusammengehalten werden (Crane 1972: 14). Einige durchschnittlich oder wenig produktive Forscher umgeben führende Wissenschaftler (S. 56). Die Nachwuchswissenschaftler werden rekrutiert und sozialisiert, so dass sie Teil der kohäsiven „Solidarity Group" (Mullins 1968) werden und ihre Forschungsfragen vom Kopf der Gruppe definiert werden. Diese intern *formal* organisierten Gruppen werden durch „Weak Ties" (Zuccala 2006 nach Granovetter 1973) zwischen den Gruppen ergänzt, so dass eine *informelle* Meso-Struktur innerhalb der wissenschaftlichen Disziplin entsteht. Über diese informellen Verbindungen informieren sich die führenden Wissenschaftler gegenseitig über aktuelle Trends und Problemlösungsansätze (Crane 1972: 35). Da die Verbindungen zwischen den kollaborierenden Arbeitsgruppen für Außenstehende oft unsichtbar sind, werden die Netzwerke von Crane als „Invisible Colleges" bezeichnet.

Bereits kurz nach dem Erscheinen dieses Modells kommt die Idee auf, die Invisible-College-Hypothesen mit Hilfe von Zitationsanalysen zu testen. Der Gedanke dahinter ist, dass Zitationen die Gesamtheit aller theoretischen, methodologischen und sonstigen Einflüsse in einem einfach messbaren Indikator abbilden und dass Wissenschaftler, die ein sehr ähnliches Zitationsprofil aufweisen, eine hohe Wahrscheinlichkeit haben, auch in der realen Welt miteinander in Kontakt zu stehen. Mullins et al. (1977) untersuchen mit Hilfe eines Blockmodells die Struktur eines Themenfeldes auf der Basis von Ko-Zitationen und können Cranes Vermutungen über die interne Kern-

---

[1] Der Artikel ist ein Ergebnis des Forschungsprojekts „Politiknetzwerke und politische Theorie" an der Universität Konstanz. Weitere Details finden sich bei Lang und Leifeld (2008) und Leifeld (2007).

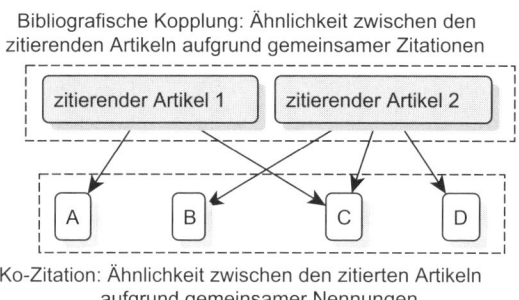

Abbildung 4.1: Bibliografische Kopplung und Ko-Zitation

Peripherie-Struktur einer Forschungsgruppe sowie die Entwicklung von Denkschulen als Cluster innerhalb des Themenfelds bestätigen. Lievrouw (1989: 618) kritisiert die Methode der Zitationsanalyse dafür, dass sie formale Strukturen benutze, um informelle Kommunikationsbeziehungen zu messen. Dies sei nicht notwendigerweise ein valider Inferenzschluss. Zuccala (2004) diskutiert diesen Punkt im Detail und analysiert, ob formale Ko-Zitationen tatsächlich informelle Kommunikationsstrukturen abbilden. Sie führt eine Ko-Zitationsanalyse und eine Ko-Autorenanalyse in einem Forschungsfeld durch und zeichnet außerdem qualitative und quantitative Daten über die tatsächliche Kommunikation zwischen den Wissenschaftlern im Rahmen eines ethnografischen Forschungsdesigns auf. Anschließend testet sie die Kongruenz der drei Datenquellen mit Hilfe von QAP-Matrixkorrelationen und folgert, dass Zitationen tatsächlich hoch mit wissenschaftlicher Kommunikation korrelieren.

Dieser Überblick zeigt, dass konkurrierende Sichtweisen im Hinblick auf Hypothesentests mittels Zitationsanalysen bestehen. Triangulation scheint der fruchtbarste Ansatz zu sein, um wissenschaftliche Kommunikationsbeziehungen aufzudecken. Dennoch ist eine Zitationsanalyse geeignet, um zumindest unterschiedliche Denkschulen oder Epistemic Communities zu identifizieren. Der Begriff der Epistemic Communities unterscheidet sich von dem der Invisible Colleges fundamental darin, dass lediglich ähnliche Sichtweisen und theoretische Ansätze eines gemeinsam erkannten Problems die Affiliation zu einer Gruppe begründen und somit manifeste Kommunikation keine Rolle in dem theoretischen Modell spielt (Haas 1992; Roth und Bourgine 2005). Bei der Betrachtung von Epistemic Communities erscheint es dann allerdings sinnvoll, die identifizierten Cluster im Lichte ihrer benutzten Methoden, zugrundeliegenden Theorien und anderer Charakteristika im letzten Abschnitt dieses Artikels zu interpretieren.

4.3 Zitationsanalysen und Bibliometrie

Eine Unterscheidung kann zwischen den Untersuchungsformen *Ko-Zitationsanalyse* und *bibliographische Kopplung* getroffen werden (Garfield 2001), die beide in die-

Anzahl	Zitation	Anzahl	Zitation
66	Wasserman und Faust (1994)	28	Coleman (1990)
62	Laumann und Knoke (1987)	25	Granovetter (1973)
50	Scott (2000)	24	Granovetter (1985)
47	Borgatti et al. (2002)	23	Dowding (1995)
41	Laumann und Pappi (1976)	23	Kenis und Schneider (1991)
41	Knoke (1990b)	20	van Waarden (1992)
36	Freeman (1979)	19	Dahl (1961)
33	Knoke und Kuklinski (1982)	19	Kingdon (1984)
31	Heclo (1978)	19	Knoke und Laumann (1982)
29	Knoke et al. (1996)	19	Olson (1971)

Tabelle 4.1: Die 20 am häufigsten zitierten Publikationen

ser Analyse eingesetzt werden. Während in einer Ko-Zitationsanalyse im eigentlichen Sinn zwei Artikel dann als ähnlich eingestuft werden, wenn sie von den gleichen Dokumenten *zitiert werden*, bezieht sich der Begriff bibliografische Kopplung auf die Ebene der zitierenden Artikel: Hier werden zwei Artikel als ähnlich angesehen, wenn sie die selben Dokumente *zitieren*. Abbildung 4.1 fasst diese Zwei-Ebenen-Prozedur zusammen.

Im Fall der Ko-Zitationsanalyse ist das Ziel, Subgruppen von häufig zusammen zitierten Dokumenten aufzuspüren und somit einen ersten Einblick in die Struktur von Forschungsschulen oder Themen zu liefern. Die bibliografische Kopplung wird anschließend untersucht, um die bestehende Auswahl an zitierenden Publikationen diesen zuvor identifizierten und beschriebenen Clustern zuzuordnen.

Die hier vorgestellte Zitationsanalyse basiert auf 193 quantitativen Politiknetzwerkanalysen und 8490 zitierten Dokumenten aus den 193 Bibliografien. Das Ziel der Analyse ist die Identifikation von Subgruppen in der quantitativen Politiknetzwerkanalyse. Alle englisch- und deutschsprachigen Publikationen zwischen 1976 und 2006 inklusive Artikeln, Büchern, Konferenzpapieren und Berichten, die eine quantitative, empirische Analyse von Netzwerken enthalten und in das Gebiet der Politikwissenschaft eingeordnet werden können, bilden die Auswahlgesamtheit. Der Datensatz ist in Folge einer intensiven Datenbanksuche und Online-Recherche kompiliert worden.

Zuerst wird eine binäre 193×8490-Matrix aus den rohen Zitationsbeziehungen konstruiert. Jede Zelle enthält eine 1, wenn das Zeilendokument das Spaltendokument zitiert, und andernfalls eine 0. Diese binäre Affiliationsmatrix kann durch zeilenweise (bzw. spaltenweise) Berechnung des Kreuzprodukts der rechteckigen Matrix in zwei separate quadratische Matrizen transformiert werden. Dies ergibt einen neuen 8490×8490-Datensatz, der dyadische Informationen darüber enthält, wie oft zwei Dokumente von anderen Publikationen gemeinsam zitiert worden sind – dies entspricht der Ebene der Ko-Zitationsanalyse –, und einen neuen 193×193-Datensatz, der relationale Informationen darüber enthält, wie oft zwei Artikel andere Dokumente gemeinsam zitieren (bibliografische Kopplung).

Tabelle 4.1 zeigt zunächst die 20 am häufigsten zitierten Publikationen. Es wird deutlich, dass wenige Werke besonders häufig zitiert werden und dass die Zitationshäufigkeiten exponentialverteilt sind. Unter den mit Abstand am häufigsten genannten Publikationen finden sich überproportional viele Standardlehrbücher (Knoke und Kuklinski 1982; Scott 2000; Wasserman und Faust 1994).

4.4 Analyse des Ko-Zitationsnetzwerks

Das Netzwerk gemeinsam zitierter Publikationen besteht aus 8490 Knoten und mehr als 70 Millionen möglichen Verbindungen, von denen allerdings nur sehr wenige realisiert sind, da die meisten Publikationen nur einmal zitiert werden. An dieser Stelle muss das Signal vom „Störgeräusch" getrennt werden, da selten zusammen zitierte Artikel als sehr spezialisierte Werke betrachtet werden können, die vermutlich nicht in das Spezialgebiet der Politiknetzwerke gehören und die Identifikation von Denkschulen unnötig behindern würden: Braam et al. (1988: 20) schlagen einen „Schwellenwert" für zitierte Dokumente vor, d. h. alle Publikationen, die weniger als eine bestimmte Häufigkeit gemeinsam in Literaturverzeichnissen aufgeführt werden, werden aus dem Datensatz entfernt. In der vorliegenden Analyse wird das Problem pragmatisch gelöst, indem der Schwellenwert iterativ erhöht wird, bis eine Subgruppenstruktur leicht erkennbar ist. Abbildung 4.2 zeigt zu Illustrationszwecken das Ko-Zitationsnetzwerk unter Auslassung aller Publikationen, die mit keiner anderen Publikation sechs mal oder häufiger gemeinsam zitiert worden sind.

Eine Clusteranalyse kann entweder auf der einfachen 8490×8490-Ko-Zitationsmatrix, auf einer Distanzmatrix mit Jaccard-Koeffizienten oder auf einer zuvor in einem Netzwerkanalyseprogramm wie UCINET berechneten Matrix mit Cliquen-Mitgliedschaften durchgeführt werden.[2] In einem ersten Schritt soll die letztere Methode gewählt werden: Einfache Cliquen und die Zuordnung der Artikel zu diesen Cliquen werden berechnet, nachdem die fünf am häufigsten zitierten „Common-Sense"-Artikel entfernt worden sind. Führt man dann eine hierarchische Clusteranalyse nach dem Average-Linkage-Verfahren auf der Cliquenmatrix der zitierten Dokumente bei einem Schwellenwert von 6 durch, so werden drei große Cluster sowie einige Publikationen ohne Clusterzuordnung sichtbar (Abbildung 4.3). Die größte Subgruppe erscheint am unteren Ende des Dendrogramms und enthält 23 in eine kettenähnliche Struktur gefasste Zitationen; sie soll hier vorläufig als „Tausch-Cluster" bezeichnet werden (Interpretationen folgen in Abschnitt 4.6). Das zweitgrößte Cluster besteht von unten gezählt aus den nächsten 15 Zitationen („Governance-Cluster"). Ein weiteres Cluster befindet sich in der Mitte des Dendrogramms und setzt sich aus den 13 Zitationen zwischen Walker (1983) und McConnell (1966) zusammen („Elite-Cluster"). Wird der Schwellenwert auf 5 reduziert, wird ein viertes Cluster am oberen Ende der Abbildung sichtbar („Partizipations-Cluster"). Die Struktur kann unabhängig von der benutzten Methode bestätigt werden, wenn die oben bereits kurz erwähnten Ko-Zitationshäufigkeiten oder Jaccard-Distanzen bei der Clusteranalyse zugrunde gelegt

---

[2]Alle hier durchgeführten Berechnungen sind in UCINET oder in R durchgeführt worden.

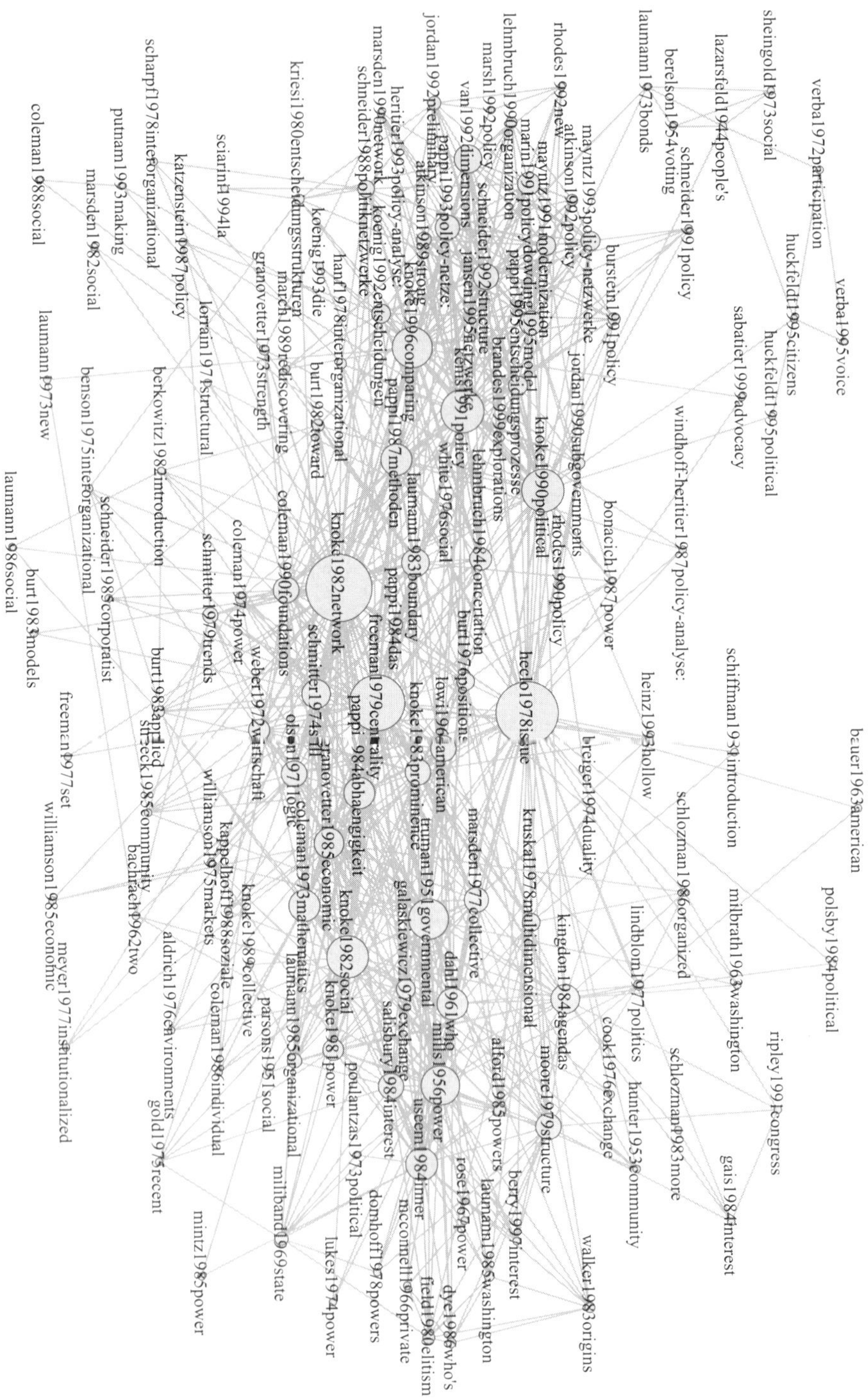

Abbildung 4.2: Netzwerk der zitierten Literatur bei Schwellenwert 5

Height

0   20   40   60   80

scharpf1978interorganizational

sheingold1973social
laumann1973bonds
lazarsfeld1944peoples
white1976social
lorrain1971structural

bonacich1987power
williamson1975markets
freeman1977set
lindblom1977politics
rhodes1992new
marsden1990network
granovetter1973strength

burt1983applied
berkowitz1982introduction

polsby1984political
schlozman1986organized
ripley1991congress
laumann1985organizational
kingdon1984agendas
heinz1993hollow
kappelhoff1988soziale
coleman1986individual

lehmbruch1990organization
mcconnell1966private
lukes1974power

knoke1981power
salisbury1984interest
hunter1953community

dye1986whos
field1980elitism
moore1979structure
useem1984inner
dahl1961who
mills1956power

laumann1985washington
walker1983origins

jordan1990subgovernments
hanf1978interorganizational
schneider1988politiknetzwerke
kriesi1980entscheidungsstrukturen

burt1982toward
kruskal1978multidimensional

mayntz1991modernization
atkinson1992policy
koenig1992entscheidungen
pappi1995entscheidungsprozesse
mayntz1993policy-netzwerke
schneider1992structure
dowding1995model
pappi1993policy-netze:
van1992dimensions
marin1991policy
knoke1990political
knoke1996comparing
kenis1991policy

atkinson1989strong
jordan1992preliminary

pappi1984das
schmitter1979trends

burt1976positions
galaskiewicz1979exchange
lehmbruch1984concertation
burstein1991policy

weber1972wirtschaft

laumann1983boundary
coleman1973mathematics
knoke1983prominence
marsden1977collective
schmitter1974still
granovetter1985economic
olson1971logic
truman1951governmental
lowi1964american
coleman1990foundations
pappi1987methoden
pappi1984abhaengigkeit
knoke1982social
heclo1978issue
freeman1979centrality
knoke1982network

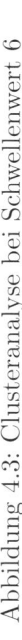

Abbildung 4.3: Clusteranalyse bei Schwellenwert 6

	Elite	Tausch	Partizipation	Governance
Elite	2,00	0,41	0,03	0,04
Tausch	0,41	2,35	0,31	0,43
Partizipation	0,03	0,31	0,72	0,11
Governance	0,04	0,43	0,11	2,67

Tabelle 4.2: Dichtetabelle des Blockmodells

werden oder wenn mit Hilfe einer Tabu-Search-Optimierung ein Blockmodell-Ansatz verfolgt wird. Details zu diesen Validierungen finden sich bei Leifeld (2007).

Wird eine Tabu-Search-Permutation der 81×81-Co-Occurrence-Matrix (dies entspricht einem Schwellenwert von 6) durchgeführt, können die vier Cluster wie in Tabelle 4.2 dargestellt rekonstruiert werden: Die Dichten der Blöcke entlang der Hauptdiagonalen liegen mit Ausnahme des Partizipationsblocks höher als 2,0. Die Ausnahmestellung dieses Blocks liegt vor allem darin begründet, dass einige der nicht in Cluster fallenden Dokumente diesem Block als „Restkategorie" zugeordnet werden. Die Dichten abseits der Diagonalen liegen alle weit unter 1,0. Die Dichten zwischen dem Elite- und dem Tauschblock sowie zwischen dem Governance- und dem Tauschblock lassen auf eine moderate Verbindung zwischen diesen Denkschulen schließen. Die Tauschschule kann als Bindeglied zwischen Elite- und Governance-Netzwerkanalysen interpretiert werden.

Nach dem Ausprobieren weiterer Kombinationen von Schwellenwerten und benutzten Clustermethoden können schließlich 59 Publikationen identifiziert werden, die eine robuste Clusterstruktur ausmachen. Diese 59 Kerndokumente und ihre Aufteilung in die vier Cluster kann Tabelle 4.3 entnommen werden. Abbildung 4.4 zeigt eine nicht-metrische multidimensionale Skalierung (Stress-Wert = 0,18), die diese viergeteilte Clusterstruktur validiert und visualisiert. Die MDS beruht auf Jaccard-Distanzen der reduzierten 193×59-Co-Occurrence-Matrix. Erkennbar ist, dass das Partizipationscluster (unten im Plot) sich stark von den anderen drei Clustern unterscheidet, während insbesondere das Tausch-Cluster und die Elite-Gruppe leichte Überlappungen aufweisen. Die Position des Tausch-Clusters zwischen Elite- und Governance-Schule bestätigt die Befunde des Blockmodells.

4.5 Klassifikation der zitierenden Literatur

Das endgültige Ziel dieser Analyse ist die Klassifikation aller quantitativen Politiknetzwerkstudien in Forschungstraditionen oder Denkschulen gemäß empirisch abgeleiteter Kriterien. Diese Diskriminanzkriterien sind in Form von 59 identifizierten Kernpublikationen und deren induktiver Einteilung in vier Cluster im vorherigen Abschnitt entwickelt worden. Hierzu sind Subgruppenanalysen und Projektionstechniken zum Einsatz gekommen, um die zitierten Publikationen von einander zu trennen. Im folgenden Abschnitt sollen auf dieser Basis nun die 193 zitierenden Publikationen in die

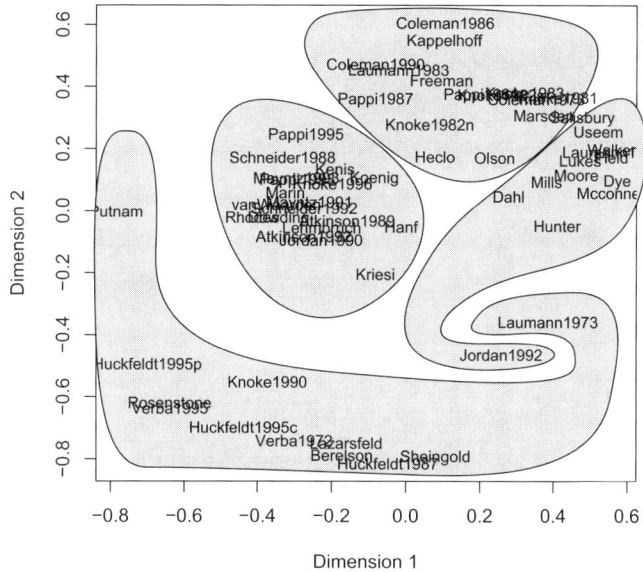

Abbildung 4.4: NMDS der 59 zitierten Kernpublikationen

vier entdeckten Gruppen eingeteilt werden, um anschließend die Bedeutung dieser vier Denkschulen interpretieren zu können.

Die Bibliographien der 193 zitierenden Dokumente werden herangezogen, um eine 193×4-Matrix mit den Häufigkeiten der Nennungen von Clusterdokumenten zu konstruieren. Wenn beispielsweise Schneider (1988) zwei Kerndokumente aus dem Governance-Cluster, zehn Kerndokumente aus dem Tausch-Cluster, keinen Partizipationsartikel und vier Elite-Publikationen enthält, hat diese Publikation eine Wahrscheinlichkeit von 12,5 % für die Governance-Schule, 62,5 % für die Tausch-Schule, 0 % für die Partizipations-Schule und 25 % für die Elite-Schule. Das Tausch-Cluster wäre daher die „beste Wette" für diese Publikation. Abbildung 4.5 zeigt die Wahrscheinlichkeitsverteilung für jeden der 193 Artikel. Je dunkler ein Feld ist, desto höher ist die Wahrscheinlichkeit an dieser Stelle. Die erste Spalte in jedem Teilbild reflektiert dabei das Elite-Cluster, die zweite das Governance-Cluster, die dritte das Tausch-Cluster und die vierte das Partizipations-Cluster. Die inhaltliche Bedeutung dieser Cluster oder Schulen wird im nächsten Abschnitt interpretiert. Die vollständigen bibliographischen Angaben zu den 193 Publikationen finden sich bei Leifeld (2007).

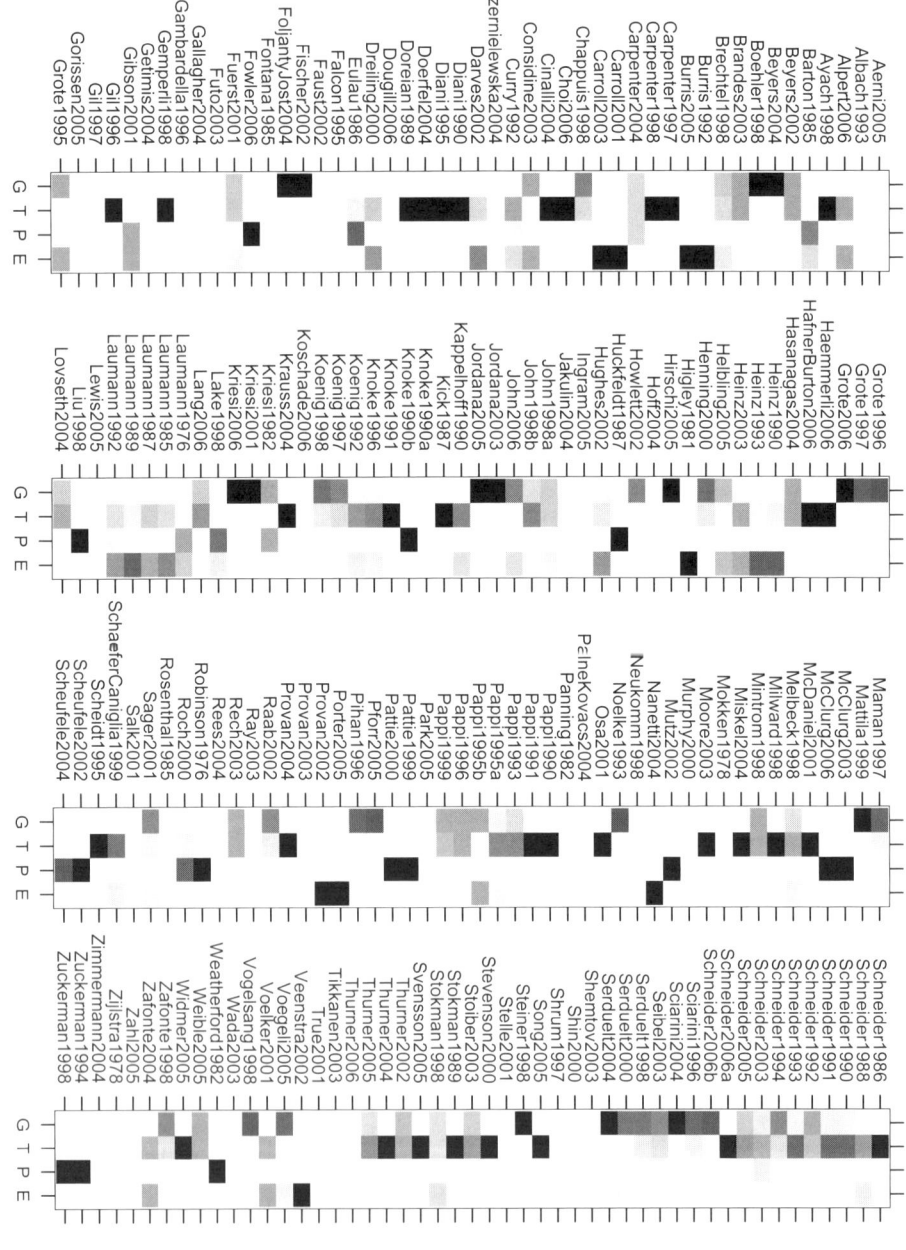

Abbildung 4.5: Wahrscheinlichkeitsverteilung der zitierenden Artikel

Governance-Cluster	Tausch-Cluster
Atkinson und Coleman (1989)	Coleman (1973)
Atkinson und Coleman (1992)	Coleman (1986)
Dowding (1995)	Coleman (1990)
Hanf und Scharpf (1978)	Freeman (1979)
Jordan (1990)	Heclo (1978)
Jordan und Schubert (1992)	Kappelhoff (1988)
Kenis und Schneider (1991)	Knoke und Kuklinski (1982)
Knoke et al. (1996)	Knoke und Laumann (1982)
König (1992)	Knoke und Burt (1983)
Kriesi (1980)	Laumann et al. (1983)
Lehmbruch (1990)	Marsden und Laumann (1977)
Marin und Mayntz (1991)	Olson (1971)
Mayntz (1991)	Pappi und Kappelhoff (1984)
Mayntz (1993)	Pappi (1987)
Pappi (1993)	
Pappi et al. (1995)	
Rhodes und Marsh (1992)	
Schneider (1988)	
Schneider (1992)	
van Waarden (1992)	

Partizipationscluster	Elite-Cluster
Berelson et al. (1954)	Dahl (1961)
Huckfeldt und Sprague (1987)	Dye (1986)
Huckfeldt et al. (1995b)	Field und Higley (1980)
Huckfeldt et al. (1995a)	Hunter (1953)
Knoke (1990a)	Knoke (1981)
Laumann (1973)	Laumann et al. (1985)
Lazarsfeld et al. (1944)	Lukes (1974)
Putnam et al. (1993)	McConnell (1966)
Rosenstone und Hansen (1993)	Mills (1956)
Sheingold (1973)	Moore (1979)
Verba und Nie (1972)	Salisbury (1984)
Verba et al. (1995)	Useem (1984)
	Walker (1983)

Tabelle 4.3: Zusammenfassung der Cluster-Ergebnisse – Stabile Lösung

4.6 Interpretation der Denkschulen

Die beiden vorherigen Abschnitte haben sich mit der eigentlichen empirischen Analyse der Ko-Zitationsmuster befasst. Das Ergebnis der Analyse ist die Herausarbeitung einer Struktur, in der es vier große Cluster gibt. Diese Cluster sind – im Lichte der in Abschnitt 4.2 diskutierten Literatur – als Denkschulen interpretierbar, die sich methodisch, theoretisch und unter Bezugnahme weiter Charakteristika voneinander unterscheiden. Die 193 zitierenden Publikationen sind diesen vier Clustern zugeordnet worden. Die Unterscheidungsmerkmale und die Grundelemente der empirisch identifizierten Denkschulen sollen in den folgenden Abschnitten anhand der zitierenden Publikationen herausgearbeitet werden. Die Interpretation dieser Schulen soll an dieser Stelle eher oberflächlich gehalten werden, da sich weitere Details bereits bei Leifeld (2007) und Lang und Leifeld (2008) finden.

4.6.1 Politischer Tausch und Organisationsstaat

Insbesondere drei typische Faktoren kennzeichnen die Arbeiten dieser Schule:

1. Die Analyse nationaler Politikfelder mit einem Fokus auf Organisationen als korporativen Akteuren („Organisationsstaat")

2. Die untersuchten Relationen werden typischerweise als soziale Tauschprozesse interpretiert. Eine Untermenge dieser Studien bezieht sich auf Colemans Tauschmodell (Coleman 1986, 1990).

3. Multidimensionale Skalierungen in Verbindung mit Blockmodellen oder Clusteranalysen werden vergleichsweise häufig eingesetzt.

Die Ergebnisse, die diese Art von Analyse produziert, sind in der Regel die Identifikation von Koalitionen sowie die Messung individueller Interessen- oder Machtpositionen. Macht ist in diesem Zusammenhang ein relationales Konstrukt, das sich auf die Fähigkeit von Akteuren bezieht, Ereignisse zu kontrollieren. Hier kommt das Modell von Coleman (Coleman 1986, 1990) ins Spiel: Das Politiknetzwerk wird als Marktplatz angesehen, auf dem die Kaufkraft eines Akteurs gleichbedeutend mit seiner Fähigkeit ist, Ereignisse zu kontrollieren.

4.6.2 Elite-Forschung

Die Publikationen dieser Denkschule befassen sich vornehmlich mit politischen und wirtschaftlichen Elitesystemen in Nordamerika. Im Gegensatz zum vorher beschriebenen Cluster untersucht diese Schule entweder Individuen oder „Elitegruppen" (d. h. Think Tanks oder Konzerne) als Akteure. Die konzeptuellen Wurzeln dieser Denkschule liegen hauptsächlich in verschiedenen Formen traditioneller Eliteforschung, insbesondere dem Modell der *Machtelite* (Dye 1986; Hunter 1953; Mills 1956), marxistischen *Klassenmodellen* (z. B. Domhoff 1967), dem *puralistischen Elitenmodell* von Dahl (1961) und der *Inner-Circle-Theorie* (Useem 1984). Das am häufigsten eingesetzte Messkonstrukt dieser Denkschule sind „Interlocking Directorates": Relationen zwischen individuellen oder korporativen Akteuren werden anhand von gemeinsamen Mitgliedschaften gemessen. Das Analyseziel ist oft die Beschreibung der „Schattenstruktur" hinter den offiziellen staatlichen Hierarchien. Die meisten Publikationen beschäftigen sich entweder mit der Frage, welche strukturelle Elitenkonfiguration existiert (Burris 1992; Porter et al. 2005), oder damit, inwiefern diese Struktur Attributvariablen beeinflusst, z. B. wie sich die strukturelle Einbettung von Eliten auf ihre politischen Einstellungen auswirkt (Burris 2005; Darves und Dreiling 2002).

4.6.3 Partizipation und Sozialkapital

Das dritte Cluster bezieht sich hauptsächlich auf die USA und zu einem geringeren Teil auf Großbritannien. Seine Publikationen befassen sich mit Netzwerken als einer Erklärung für politische Partizipation und Sozialkapital und beinhalten den Einfluss individueller, interpersonaler Diskussionsnetzwerke oder Nachbarschaftsnetzwerke auf Wahlpräferenzen (Zuckerman et al. 1998), Wahlbeteiligung (Knoke 1990b; McClurg 2006; Pattie und Johnston 2000), politisches Wissen und Information (Scheufele et al. 2004) oder bürgerschaftliches Engagement (Lake und Huckfeldt 1998). Die Publikationen, die das Partizipations- und Sozialkapital-Cluster bilden, weisen einen Methodenapparat auf, der sich stark von den anderen Denkschulen unterscheidet. Sie basieren ausschließlich auf Egonetzwerk-Daten und ihrer Konzeption als unabhängige Variablen in Regressions- und Pfadanalysen.

4.6.4 Governance und Interessenvermittlung

Die Studien in diesem Cluster basieren auf der Messung organisationaler Konfigurationen, sind jedoch außerdem von zwei neueren Entwicklungen beeinflusst worden: Dies ist zum einen die britische und deutsche Diskussion über den Nutzen des Politiknetzwerkkonzepts as Metapher, analytisches Werkzeug oder Theorie (Dowding 1995; Kenis und Schneider 1991). Ein Aspekt dieser Diskussion ist die Erstellung von Typologien unterschiedlicher Netzwerkkonfigurationen als Modelle der Beziehungen zwischen Staat und Gesellschaft (van Waarden 1992). Der andere Einfluss ist die deutsche Literatur über „Governance", in der Netzwerkstrukturen als Koordinationsmechanismus irgendwo zwischen Markt und Hierarchie und zugleich als realer Wandel in politischen Systemen angesehen werden, nicht jedoch als Wandel in Theorien oder Methoden (Mayntz 1991). Die Unterscheidung der beiden Einflüsse ist bereits von Börzel (1998) ausgearbeitet worden.

Zusammen mit diesen neuen Einflüssen gibt es einen Wechsel in der Analyseebene weg vom Nationalstaat hin zu anderen territorialen oder politischen Einheiten. Zugleich werden nicht nur Tauschbeziehungen, sondern andere Beziehungen wie Kommunikation oder gemeinsame Mitgliedschaften betrachtet. Formale Tauschmodelle werden nicht mehr benutzt. Im Gegensatz zu früheren, einheitlicheren Ansätzen ist Netzwerkanalyse in diesem neueren Cluster durch methodologischen, theoretischen und relationalen Pluralismus gekennzeichnet.

4.7 Diskussion

Im Rahmen der Analyse sind vier Denkschulen im Bereich der quantitativen Politiknetzwerkanalyse induktiv ermittelt und beschrieben worden. 193 zitierende Publikationen sind empirisch in diese Denkschulen eingeordnet worden. Es ist zu erwarten, dass weitere Denkschulen existieren oder in Zukunft existieren werden, die jedoch aufgrund ihrer geringen Publikationsanzahl noch nicht identifizierbar sind. So entwickelt sich seit 1998 langsam ein kulturalistischer Trend hin zur Betrachtung von Überzeugungssystemen („belief systems", z. B. Zafonte und Sabatier 1998). Eine Denkschule kann bei den wenigen bisherigen Publikationen in dem Bereich jedoch empirisch noch nicht nachgewiesen werden. Ähnlich verhält es sich mit Literatur über die Struktur des Weltsystems (z. B. Carroll und Carson 2003), die bislang recht stark an die Elite-Schule geknüpft ist.

Eine in Abschnitt 4.2 beschriebene Überprüfung mittels anderer Indikatoren mag zeigen, ob die gefundenen Denkschulen auch als „Invisible Colleges" interpretiert werden können. Die vorliegende Analyse trägt ungeachtet dieser Problematik dazu bei, die häufig diskutierte theoretische Landschaft im Bereich der Politiknetzwerkanalyse zu strukturieren. Der Überblick in diesem Artikel kann helfen, preußische Ordnung in die „babylonische Vielfalt" der Policy-Netzwerkanalysen zu bringen. Es liegt nun an den Autoren, diese Informationen zu nutzen und in zukünftiger Arbeit bestehende Ansätze gewinnbringend zu synthetisieren.

Literaturverzeichnis

Atkinson, Michael M. und *William D. Coleman*, 1989: Strong States and Weak States: Sectoral Policy Networks in Advanced Capitalist Economies. British Journal of Political Science 19: 47–67.

Atkinson, Michael M. und *William D. Coleman*, 1992: Policy Networks, Policy Communities and the Problems of Governance. Governance 5: 154–180.

Berelson, Bernard R., Paul F. Lazarsfeld und *William N. McPhee*, 1954: Voting: A Study of Opinion Formation in a Presidential Campaign. Chicago: University of Chicago Press.

Borgatti, Steve P., Martin G. Everett und *Linton C. Freeman*, 2002: UCINET VI. Software for Social Network Analysis. Natick, MA: Analytic Technologies.

Braam, Robert R., Henk Floribert Moed und *Anthony F.J. van Raan*, 1988: Mapping of Science: Critical Elaboration and New Approaches. A Case Study in Agricultural Biochemistry. Informetrics 87/88: 15–28.

Burris, Val, 1992: Elite Policy-Planning Networks in the United States. Research in Politics and Society 4: 111–134.

Burris, Val, 2005: Interlocking Directorates and Political Cohesion among Corporate Elites. American Journal of Sociology 111: 249–283.

Börzel, Tanja A., 1998: Organizing Babylon – On the Different Conceptions of Policy Networks. Public Administration 76: 253–273.

Carroll, William K. und *Colin Carson*, 2003: Forging a New Hegemony? The Role of Transnational Policy Groups in the Network and Discourses of Global Corporate Governance. Journal of World-Systems Research 9: 67–102.

Coleman, James Samuel, 1973: The Mathematics of Collective Action. London: Heinemann Educational Books.

Coleman, James Samuel, 1986: Individual Interests and Collective Action: Selected Essays, Bd. 1. Cambridge University Press.

Coleman, James Samuel, 1990: Foundations of Social Theory. Cambridge, Mass: Belknap Press of Harvard University Press.

Crane, Diana, 1972: Invisible Colleges: Diffusion of Knowledge in Scientific Communities. Chicago: University of Chicago Press.

Dahl, Robert Alan, 1961: Who Governs? Democracy and Power in an American City. New Haven: Yale University Press.

Darves, Derek und *Michael Dreiling*, 2002: Corporate Political Networks and Trade Policy Formation. Humanity and Society S. 1.

Domhoff, G. William, 1967: Who rules America? Englewood Cliffs, NJ: Prentice-Hall.

Dowding, Keith, 1995: Model or Metaphor? A Critical Review of the Policy Network Approach. Political Studies 43: 136–158.

Dowding, Keith, 2001: There must be an End to Confusion: Policy Networks, Intellectual Fatigue, and the Need for Political Science Methods Courses in British Universities. Political Studies 49: 89–105.

Dye, Thomas R., 1986: Who's running America? Englewood Cliffs, NJ: Prentice Hall.

Field, G. Lowell und *John Higley*, 1980: Elitism. London: Routledge.

Freeman, Linton C., 1979: Centrality in Social Networks: Conceptual Clarification. Social Networks 1: 215–239.

Garfield, Eugene, 2001: From Bibliographic Coupling to Co-Citation Analysis via Algorithmic Historio-Bibliography. Speech delivered at Drexel University, Philadelphia, PA, November 27.

Granovetter, Mark, 1985: Economic Action and Social Structure: The Problem of Embeddedness. American Journal of Sociology 91: 481–510.

Granovetter, Mark S., 1973: The Strength of Weak Ties. American Journal of Sociology 78: 1360–1380.

Haas, Peter M., 1992: Introduction: Epistemic Communities and International Policy Coordination. International Organization 46: 1–35.

Hanf, Kenneth und *Fritz W. Scharpf*, 1978: Interorganizational policy Making: Limits to Coordination and Central Control. London: Sage.

Heclo, Hugh, 1978: Issue Networks and the Executive Establishment. In: *Anthony King* (Hg.), The New American Political System, S. 87–124. Washington, D.C.: American Enterprise Institute.

Huckfeldt, Robert, Paul Allen Beck, Russell J. Dalton und *Jeffrey Levine*, 1995a: Political Environments, Cohesive Social Groups, and the Communication of Public Opinion. American Journal of Political Science 39: 1025–1054.

Huckfeldt, Robert und *John Sprague*, 1987: Networks in Context: The Social Flow of Political Information. The American Political Science Review 81: 1197–1216.

Huckfeldt, Robert, John Sprague und *Alan S. Zuckerman*, 1995b: Citizens, Politics, and Social Communication: Information and Influence in an Election Campaign. Cambridge: Cambridge University Press.

Hunter, Floyd, 1953: Community Power Structure: A Study of Decision-Makers. Chapel Hill: University of North Carolina Press.

Jordan, Grant, 1990: Subgovernments, Policy Communities, and Networks: Refilling the Old Bottles? Journal of Theoretical Politics 2: 319–338.

Jordan, Grant und *Klaus Schubert*, 1992: A Preliminary Ordering of Policy Network Labels. European Journal of Political Research 21: 7–27.

Kadushin, Charles, 1968: Power, Influence and Social Circles: A New Methodology for Studying Opinion Makers. American Sociological Review 33: 685–699.

Kappelhoff, Peter, 1988: Soziale Tauschsysteme. Dissertation, Wirtschafts- und Sozialwissenschaftliche Fakultät der Universität Kiel.

Kenis, Patrick und *Jörg Raab*, 2003: Wanted: A Good Network Theory of Policy Making. Paper prepared for the 7th National Public Management Conference. Washington, October 9–10.

Kenis, Patrick und *Volker Schneider*, 1991: Policy Networks and Policy Analysis: Scrutinizing a New Analytical Toolbox. In: *Bernd Marin* und *Renate Mayntz* (Hg.), Policy Networks: Empirical Evidence and Theoretical Considerations, S. 25–59.

Kingdon, John W., 1984: Agendas, Alternatives, and Public Policies. New York: Harper Collins.

Knoke, David, 1981: Power Structures. In: *Samuel L. Long* (Hg.), Handbook of Political Behavior, Bd. 3, S. 275–332. Plenum.

Knoke, David, 1990a: Networks of Political Action: Toward Theory Construction. Social Forces 68: 1041–1063.

Knoke, David, 1990b: Political Networks: The Structural Perspective. New York: Cambridge University Press.

Knoke, David und *Ronald S. Burt*, 1983: Prominence. In: Applied Network Analysis: A Methodological Introduction, S. 195–222. London: Sage.

Knoke, David und *James Kuklinski*, 1982: Network Analysis. London: Sage.

Knoke, David und *Edward O. Laumann*, 1982: The Social Organization of National Policy Domains. Social Structure and Network Analysis S. 255–270.

Knoke, David, Franz Urban Pappi, Jeff Broadbent und *Yutaka Tsujinaka*, 1996: Comparing Policy Networks: Labor Politics in the U. S., Germany, and Japan. Cambridge: Cambridge University Press.

Kriesi, Hans-Peter, 1980: Entscheidungsstrukturen und Entscheidungsprozesse in der Schweizer Politik. Frankfurt am Main: Campus Verlag.

König, Thomas, 1992: Entscheidungen im Politiknetzwerk. Der Einfluss von Organisationen auf die arbeits- und sozialrechtliche Gesetzgebung in den 80er Jahren. Wiesbaden: Deutscher Universitätsverlag.

Lake, Ronald La Due und *Robert Huckfeldt*, 1998: Social Capital, Social Networks, and Political Participation. Political Psychology 19: 567–584.

Lang, Achim und *Philip Leifeld*, 2008: Die Netzwerkanalyse in der Policy-Forschung: Eine theoretische und methodische Bestandsaufnahme. In: *Frank Janning* und *Katrin Toens* (Hg.), Die Zukunft der Policy-Forschung. Eine theoretische und methodische Bestandsaufnahme, S. 223–241. Wiesbaden: VS Verlag für Sozialwissenschaften.

Laumann, Edward O., 1973: Bonds of Pluralism: The Form and Substance of Urban Social Networks. New York: Wiley.

Laumann, Edward O., John P. Heinz, Robert L. Nelson und *Robert H. Salisbury*, 1985: Washington Lawyers and Others: The Structure of Washington Representation. Stanford Law Review 37: 465–502.

Laumann, Edward O. und *David Knoke*, 1987: The Organizational State: Social Choice in National Policy Domains. University of Wisconsin Press.

Laumann, Edward O., Peter V. Marsden und *David Prensky*, 1983: The Boundary Specification Problem in Network Analysis. In: *Ronald S. Burt* und *Michael J. Minor* (Hg.), Applied Network Analysis: A Methodological Introduction, S. 18–34. London: Sage Publications.

Laumann, Edward O. und *Franz Urban Pappi*, 1976: Networks of Collective Action: A Perspective on Community Influence Systems. New York: Academic Press.

Lazarsfeld, Paul F., *Bernard L. Berelson* und *Hazel Gaudet*, 1944: The People's Choice: How the Voter Makes up his Mind in a Presidential Campaign. New York: Columbia University Press.

Lehmbruch, Gerhard, 1990: The Organization of Society, Administrative Strategies, and Policy Networks. Elements of a Developmental Theory of Interest Systems. In: *Roland M. Czada* und *Adrienne Windhoff-Héritier* (Hg.), Political Choice, Institutions, Rules, and the Limits of Rationality, S. 121–158. Frankfurt am Main: Campus.

Leifeld, Philip, 2007: Policy Networks: A Co-Citation Analysis of the Quantitative Literature. Diplomarbeit, Universität Konstanz, Fachbereich Politik- und Verwaltungswissenschaft. URL `http://www.ub.uni-konstanz.de/kops/volltexte/2007/2663/`.

Lievrouw, Leah A., 1989: The Invisible College Reconsidered: Bibliometrics and the Development of Scientific Communication Theory. Communication Research 16: 615–628.

Lukes, Steven, 1974: Power: A Radical View. New York: New York University Press.

Marin, Bernd und *Renate Mayntz*, 1991: Policy Networks: Empirical Evidence and Theoretical Considerations. Frankfurt am Main/Boulder, CO: Campus Verlag/Westview Press.

Marsden, Peter V. und *Edward O. Laumann*, 1977: Collective Action in a Community Elite: Exchange, Influence Resources, and Issue Resolution. In: *Robert J. Liebert* und *Allen W. Imershein* (Hg.), Power, Paradigms, and Community Research, S. 199–250. Beverly Hills: Sage Publications.

Mayntz, Renate, 1991: Modernization and the Logic of Interorganizational Networks. Knowledge and Policy: The International Journal of Knowledge Transfer and Utilization 6: 3–16.

Mayntz, Renate, 1993: Policy-Netzwerke und die Logik von Verhandlungssystemen. In: *Adrienne Héritier* (Hg.), Policy-Analyse: Kritik und Neuorientierung. PVS-Sonderheft, Bd. 24, S. 39–56. Opladen: Westdeutscher Verlag.

McClurg, Scott D., 2006: The Electoral Relevance of Political Talk: Examining Disagreement and Expertise Effects in Social Networks on Political Participation. American Journal of Political Science 50: 737–754.

McConnell, Grant, 1966: Private Power & American Democracy. New York: Alfred A. Knopf.

Mills, C. Wright, 1956: The Power Elite. Oxford: Oxford University Press.

Moore, Gwen, 1979: The Structure of a National Elite Network. American Sociological Review 44: 673–692.

Mullins, Nicholas C., 1968: Social Origins of an Invisible College: The Phage Group. In: Paper presented to the American Sociological Association, Boston, August 1968.

Mullins, Nicholas C., Lowell L. Hargens, Pamela K. Hecht und *Edward L. Kick*, 1977: The Group Structure of Cocitation Clusters: A Comparative Study. American Sociological Review 42: 552–562.

Olson, Mancur, 1971: The Logic of Collective Action: Public Goods and the Theory of Groups. Cambridge: Harvard University Press.

Pappi, Franz Urban, 1987: Methoden der Netzwerkanalyse. München: Oldenbourg.

Pappi, Franz Urban, 1993: Policy-Netze: Erscheinungsformen moderner Politiksteuerung oder methodischer Ansatz? Opladen: Westdeutscher Verlag.

Pappi, Franz Urban und *Peter Kappelhoff*, 1984: Abhängigkeit, Tausch und kollektive Entscheidung in einer Gemeindeelite. Zeitschrift für Soziologie 13: 87–117.

Pappi, Franz Urban, Thomas König und *David Knoke*, 1995: Entscheidungsprozesse in der Arbeits- und Sozialpolitik. Der Zugang der Interessengruppen zum Regierungssystem über Politikfeldnetze: Ein deutsch-amerikanischer Vergleich. Frankfurt am Main/New York: Campus-Verlag.

Pattie, Charles und *Ron Johnston*, 2000: 'People who Talk Together Vote Together': An Exploration of Contextual Effects in Great Britain. Annals of the Association of American Geographers 90: 41–66.

Porter, Mason A., Peter J. Mucha, Mark E.J. Newman und *Casey M. Warmbrand*, 2005: A Network Analysis of Committees in the U.S. House of Representatives. In: Proceedings of the National Academy of Sciences of the United States of America, Bd. 102, S. 7057–7062.

Price, Derek J. de Solla, 1963: Little Science, Big Science. Columbia University Press.

Putnam, Robert D., Robert Leonardi und *Rafaella Y. Nanetti*, 1993: Making Democracy Work: Civic Traditions in Modern Italy. Princeton, NJ: Princeton University Press.

Raab, Jörg und *Patrick Kenis*, 2007: Taking Stock of Policy Networks: Do they Matter? In: *Frank Fischer, Gerald J. Miller* und *Mara S. Sidney* (Hg.), Handbook of Public Policy Analysis: Theory, Methods, and Politics, Nr. 125 in Public Administration and Public Policy. Boca Raton: Taylor & Francis CRC Press.

Rhodes, Rod A.W. und *David Marsh*, 1992: New Directions in the Study of Policy Networks. European Journal of Political Research 21: 181–205.

Rosenstone, Steven J. und *John Mark Hansen*, 1993: Mobilization, Participation, and Democracy in America. New York: Macmillan.

Roth, Camille und *Paul Bourgine*, 2005: Epistemic Communities: Description and Hierarchic Categorization. Mathematical Population Studies 12: 107–130.

Salisbury, Robert H., 1984: Interest Representation: The Dominance of Institutions. The American Political Science Review 78: 64–76.

Scheufele, Dietram A., Matthew C. Nisbet, Dominique Brossard und *Erik C. Nisbet*, 2004: Social Structure and Citizenship: Examining the Impacts of Social Setting, Network Heterogeneity, and Informational Variables on Political Participation. Political Communication 21: 315–338.

Schneider, Volker, 1988: Politiknetzwerke der Chemikalienkontrolle: Eine Analyse einer transnationalen Politikentwicklung. European University Institute. Berlin/New York: Walter de Gruyter.

Schneider, Volker, 1992: The Structure of Policy Networks: A Comparison of the 'Chemicals Control' and 'Telecommunications' Policy Domains in the Federal Republic of Germany. European Journal of Political Research 21: 109–129.

Scott, John, 2000: Social Network Analysis: A Handbook. London: Sage Publications.

Sheingold, Carl A., 1973: Social Networks and Voting: The Resurrection of a Research Agenda. American Sociological Review 38: 712–720.

Useem, Michael, 1984: The Inner Circle. Oxford: Oxford Univ. Press.

Verba, Sidney und *Norman H. Nie*, 1972: Participation in America: Political Democracy and Social Equality. New York: Harper and Row.

Verba, Sidney, Key Lehman Schlozman und *Henry E. Brady*, 1995: Voice and Equality: Civic Voluntarism in American Politics. Cambridge: Harvard University Press.

van Waarden, Frans, 1992: Dimensions and Types of Policy Networks. European Journal of Political Research 21: 29–52.

Walker, Jack L., 1983: The Origins and Maintenance of Interest Groups in America. The American Political Science Review 77: 390–406.

Wasserman, Stanley und *Katherine Faust*, 1994: Social Network Analysis: Methods and Applications. Cambridge: Cambridge University Press.

Zafonte, Matthew und *Paul Sabatier*, 1998: Shared Beliefs and Imposed Interdependencies as Determinants of Ally Networks in Overlapping Subsystems. Journal of Theoretical Politics 10: 473–505.

Zuccala, Alesia Ann, 2004: Revisiting the Invisible College: A Case Study of the Intellectual Structure and Social Process of Singularity Theory Research in Mathematics. Dissertation, University of Toronto.

Zuccala, Alesia Ann, 2006: Modeling the Invisible College. Journal of the American Society for Information Science and Technology 57: 152–168.

Zuckerman, Alan S., Laurence A. Kotler-Berkowitz und *Lucas A. Swaine*, 1998: Anchoring Political Preferences: The Structural Bases of Stable Electoral Decisions and Political Attitudes in Britain. European Journal of Political Research 33: 285–321.

Kapitel 5

Zur Validität in der Netzwerkanalyse

Nicolas Marschall

5.1 Einleitung

Datensätze in der Netzwerkanalyse und die daraus entstehenden Visualisierungen sind Versuche, eine komplexe Realität stark vereinfacht abzubilden. Während der Datenerhebung und Datenerfassung können zahlreiche Probleme auftreten. Der Forscher ist wiederholt gezwungen, Kompromisse einzugehen. Dies kann unter anderem notwendig sein zur Begrenzung des Arbeitsaufwands, wegen unvollständiger Daten, um bei Analyse und Visualisierung den Überblick zu behalten, oder weil sich bestimmte Eigenschaften nicht in einer Matrix erfassen lassen. Am Ende dieser Kette von Kompromissen steht ein Datensatz, bei dem die Frage angebracht ist, ob dieser trotzdem eine korrekte und präzise Abbildung der Realität darstellt. Es folgt eine Analyse der Daten mit Methoden, die ebenfalls sorgfältig gewählt werden müssen, um die vorliegende Forschungsfrage korrekt beantworten zu können.

Man könnte argumentieren, dass unter solchen Voraussetzungen erhebliche Zweifel an der Validität netzwerkanalytischer Studien und ihrer Schlussfolgerungen angebracht sind (eine solche Meinung findet sich bei Killworth und Bernard 1976). Der Autor dieses Artikels möchte die Methoden der Netzwerkanalyse nicht als fehlerhaft abtun, tritt jedoch dafür ein, sich damit auseinander zu setzen und die in diesem Artikel beschriebene Problematik bei jedem Forschungsprojekt bewusst im Auge zu behalten.

Im Rahmen einer Diplomarbeit wurde untersucht, welche Faktoren die Validität einer Studie möglicherweise gefährden. Im Anschluss an eine umfangreiche Sichtung der Literatur wurde eine Auswahl dieser Probleme simuliert, um ihre Auswirkungen auf die Ergebnisse von Untersuchungen in der Netzwerkanalyse zu ermitteln. Es wurden unveränderte Datensätze verglichen mit solchen, in denen beispielsweise Ausfälle bei der Befragung („Nonresponse") simuliert wurden. Sind Maße wie Zentralität und Dichte bei allen Datensätzen identisch, oder gibt es möglicherweise erhebliche Unterschiede? Wissenschaftler möchten Ausfälle zwar so weit wie möglich vermeiden, nehmen sie am Ende aber als unvermeidbares Übel bei befragungsbasierten Studien in Kauf.

Dieses Kapitel beginnt mit einer Übersicht der in der Literatur diskutierten Probleme und fährt fort mit einer Beschreibung der Methodik der vorliegenden Studie und ihrer Ergebnisse. Der Fokus liegt auf unimodalen Forschungsdesigns, die per Fragebogen erhobene Gesamtnetzwerke untersuchen.

5.2 Methodische Probleme der Netzwerkanalyse

5.2.1 Validitätskriterien

Die erste Voraussetzung für die Validität einer Studie ist eine klare Formulierung der Fragestellung. Ob ein Netzwerk-Datensatz korrekt ist, lässt sich nur sagen, wenn geklärt ist, was er abbilden soll. Beispielsweise gibt Marsden (1990: 437) an, dass viele Studien nicht eindeutig darstellen, ob sie die objektive Realität untersuchen oder die Realität, wie sie von den Beteiligten empfunden wird. Angaben zum Zeitrahmen fehlen meist ebenso. Sind Momentan-Situationen oder langfristige, sich wiederholende Interaktionen gemeint? Auch die Art der untersuchten sozialen Beziehungen ist oftmals unklar definiert. Konzepte wie „Freundschaft" sind vage und können unterschiedlich verstanden werden. Schließlich ist auch die Auswahl der untersuchten Einheiten wichtig. Wo endet das Netzwerk, und warum endet es dort (vgl. zur sogenannten „Boundary Specification" Laumann et al. 1983, 1989)? Erst wenn diese Fragen beantwortet sind, existieren Kriterien zur Beurteilung der Validität.

5.2.2 Probleme der Datenerhebung

Nach der Konzeption einer Studie folgt für gewöhnlich die Datenerhebung, häufig mittels Fragebögen oder Interviews. Untersuchungen in diesem Bereich belegen, dass die Art und Weise der Befragung für die Validität einen Unterschied macht. Auch wenn es einfacher und billiger ist, den Befragten fertige Listen von Akteuren zu präsentieren, führt es zu vollständigeren Daten, wenn sie selbst weitere Kontakte benennen können (Doreian und Woodard 1992). Den Fragebogen am Computer statt auf Papier zu beantworten, erspart nicht nur die Eingabe der Daten in den PC, sondern scheint die Befragten eher zu korrekten und vollständigen Antworten zu motivieren (Corman 1990). Wer wissen möchte, wie die Befragten ihre Interaktionen in Erinnerung haben, sollte mit Fragebögen arbeiten. Wer jedoch die (davon oft deutlich abweichenden) tatsächlichen Interaktionen untersuchen möchte, ist besser beraten, die Befragten über den Untersuchungszeitraum hinweg zeitnah ein Tagebuch führen zu lassen (Conrath et al. 1983). Die Formulierung der Fragen ist von großer Relevanz. Die Realität ist oft komplexer als Fragebögen es erfassen können. Ein Arbeitskollege kann beispielsweise zugleich Freund und Ratgeber sein. Es ist daher schwierig für eine Person, Fragen nach Beziehungen zu anderen Personen ad hoc zu beantworten. Fehler sind dabei wahrscheinlich (Richards 1985; Burt und Schøtt 1989). Dies zeigt sich auch darin, dass die Angaben zweier Akteure zu ihrer gegenseitigen Beziehung häufig voneinander abweichen. Batchelder (1989) weist darauf hin, dass insbesondere Fragen nach der Stärke einer Beziehung zu sehr subjektiven Antworten führen. Selbst wenn die Art der Skala vorgegeben ist, sind Vergleiche der Antworten unterschiedlicher Personen äußerst fragwürdig.

Ein besonders schwer zu lösendes Problem der Datenerhebung sind Ausfälle („Nonresponse"). Befragte sind nicht erreichbar, möchten nicht antworten oder verstehen aufgrund von Sprachbarrieren die Fragen nicht. Im ungünstigsten Fall fehlen durch Ausfälle für die Fragestellung wichtige zentrale Akteure, oder Netzwerke spalten sich in einzelne nicht verbundene Komponenten auf. Hier könnte man die Angaben der anderen Akteure zu ihren Beziehungen zur nicht antwortenden Person heranziehen, soweit von diesen denn Antworten vorliegen. Allerdings eignet sich nicht jede Frage für eine solche „Symmetrisierung". Manche Beziehungen laufen nur in eine Richtung: Organisation X kann Mitglied in Organisation Y sein, aber Organisation Y ist nicht unbedingt auch Mitglied in Organisation X. Oft bleibt nur die Möglichkeit, nicht antwortende Akteure entweder ganz aus dem Datensatz wegzulassen, oder sie ohne jegliche Angaben über ihre Beziehungen aufzunehmen. Schnell kommt es dazu, dass ein Netzwerk-Datensatz keine vollständige und akkurate Abbildung der Realität mehr darstellt. Zu klären bliebe die Frage, ob sich diese Abweichungen auf das Ergebnis von Analysen des Datensatzes auswirken. Auf diese Frage soll in Abschnitt 5.5.6 näher eingegangen werden.

5.2.3 Verlässlichkeit der Informationen

Selbst wenn die Befragung sorgfältig geplant und durchgeführt wird, kann man nicht annehmen, dass die Antworten auch korrekt sind. Studien von Killworth und Bernard (1976) und Bernard et al. (1984, 1981) lösten eine Debatte aus, weil sie zu dem Schluss kamen, dass Befragte sich nicht mit akzeptabler Genauigkeit daran erinnern können, mit wem sie kommuniziert haben. Folglich seien Theorien, die auf derzeit verfügbaren Netzwerk-Daten beruhen, suspekt (Killworth und Bernard 1976). Die Tatsache, dass die Antworten zweier Akteure über ihre gegenseitigen Beziehungen oft voneinander abweichen, stützt diese Darstellung. Bei einer Durchsicht von Studien über Netzwerke in ländlichen Gegenden stießen Deseran und Black (1981) auf hohe Raten von Nicht-Übereinstimmung der Antworten zwischen 40 und 65%. Diese Tatsache werde von den Forschern meist ignoriert, und die Daten würden einfach symmetrisiert, anstatt die Ursachen für diese Diskrepanzen zu untersuchen. Auch Brewer (2000) konnte bestätigen, dass Befragte einen beträchtlichen Teil ihrer Kontakte vergessen. Werden beispielsweise 20% der Verbindungen nicht berichtet, so wird die Dichte eines Netzwerks um 20% unterschätzt. Hlebec und Ferligoj (2001) fanden in einer Studie mit Schulkindern heraus, dass die Korrektheit der Antworten auch von der Stimmung der Befragten abhängt, jedoch nur wenn sie ihre Kontakte auf einer Liste identifizieren müssen anstatt diese aus ihrer Erinnerung zu nennen.

Mögliche Lösungen für diese Problematik sind sowohl statistische Modelle (vgl. Butts 2003) als auch der kognitive Sozialstrukturansatz („cognitive social structure", CSS). Hierbei werden die Befragten nicht nur zu ihren eigenen Beziehungen befragt, sondern auch zu den Beziehungen der anderen Akteure untereinander (vgl. Koehly und Pattison 2005). Es sind zwar erst recht Unterschiede zwischen den Antworten zu erwarten, aber es ist unwahrscheinlich, dass jeder Befragte die gleichen Kontakte vergisst oder falsch berichtet. Idealerweise lässt sich eine Art „Mehrheitsmeinung" identifizieren, die auf die korrekte Antwort hindeutet. Eine andere Lösung wäre es,

bei nicht übereinstimmenden Antworten zur Klärung ein erneutes Interview durchzuführen. Allerdings erfordern diese Maßnahmen viel Aufwand und sind nur bei kleineren Netzwerken praktikabel.

5.2.4 Stichproben in der Netzwerkanalyse

Viele Netzwerke sind zu groß, um komplett erfasst werden zu können. Während man
kleinere Gruppen von Personen oder Organisationen interviewen kann, ist z. B. das
Aufnehmen ganzer Bevölkerungen von Staaten in einen Netzwerk-Datensatz sowohl
organisatorisch als auch von der für die Analyse benötigten Rechenleistung her so gut
wie unmöglich.

Früh gab es daher Veröffentlichungen zu Stichprobenziehung in der Netzwerkanalyse. Die einen Ansätze bauen auf Methoden zur Erhebung egozentrierter Netzwerke
auf. Dazu zählen „snowball sampling" (Goodman 1961) und die „random walk strategy" (Klovdahl et al. 1977). Bei beiden wird ein Netzwerk von einem Individuum
aus erforscht, indem dieses nach seinen Kontakten befragt wird und diese dann ebenfalls interviewt werden (bei der „random walk strategy" jeweils nur ein einzelner der
Kontakte). Wird dies von mehreren Startpunkten aus gemacht, so sollten sich die so
entstehenden Egonetzwerke früher oder später zu einem Gesamtnetzwerk verbinden.

Es gibt auch Ansätze, die Zufallsstichproben einer Grundgesamtheit ziehen und in
den Netzwerk-Datensatz aufnehmen. So präsentierte Granovetter (1976) eine Methode, um anhand von Stichproben die Dichte eines Netzwerks zu schätzen. Erickson
und Lee (1981) und Erickson und Nosanchuk (1983) berichteten schließlich von einer ersten Studie, bei der solche Stichproben – trotz einiger Probleme erfolgreich –
eingesetzt wurden, um die Dichte eines sozialen Netzwerks zu schätzen.

Johnson et al. (1989), Galaskiewicz (1991) und Costenbader und Valente (2003)
untersuchten sogar Zentralitäts-Analysen von Netzwerk-Stichproben, indem sie mittels Software eine Stichprobenziehung mit einem bestehenden Datensatz simulierten,
und die Analysen der Stichproben nachher mit einer Analyse des Originals verglichen.
Die Schlussfolgerung aus diesen Studien ist, dass gemittelte Ergebnisse wiederholter
Stichproben nötig sind, um Dichte und Zentralität einigermaßen korrekt zu schätzen.

Der Aufwand für die Datenerhebung bei wiederholten großen Stichproben ist oftmals ebenso groß wie der einer Befragung der Grundgesamtheit. Der Nutzen von
Stichproben in der Netzwerkanalyse ist daher zweifelhaft, zumal sich auch zahlreiche Probleme bei der praktischen Umsetzung ergeben, wie Erickson und Nosanchuk
(1983) in ihrem Artikel über die von ihnen durchgeführte Netzwerk-Sampling-Studie
berichten.

5.2.5 Fehlende Akteure

Die Diskussion um Stichproben lässt sich auf andere Fälle übertragen. So führen auch
Ausfälle dazu, dass am Ende nur eine Art Stichprobe des Netzwerks vorliegt. Lässt
man Akteure aufgrund ihrer geringeren Bedeutung oder anderer Kriterien bei der
Datenerhebung aus, sieht das Netzwerk ebenfalls deutlich anders aus als das Original.

Hierzu gibt es Studien in der Physik und der Informatik, in denen die Verwundbarkeit von Computer-Netzwerken durch Ausfälle oder gezielte Angriffe simuliert wurde, z. B. Albert et al. (2000) oder Holme et al. (2002). Obwohl die Anwendung eine ganz andere ist, sind die Methoden sehr ähnlich. Es werden zufällig oder gezielt Einheiten aus einem Netzwerk entfernt, um zu sehen, ob dieses anschließend noch funktioniert. Was für einen Sozialwissenschaftler Ausfälle bei der Datenerhebung sind, ist für einen Informatiker der Systemausfall von Servern. Aus diesen Studien lassen sich nicht nur einzelne Erkenntnisse auf die Soziale Netzwerkanalyse übertragen, sondern auch die Methodik und die Einsicht, dass es wichtig ist, sich mit solchen Fragen auseinanderzusetzen.

5.2.6 Wahl falscher Analysemethoden

Auch die Methoden für die Analyse des Netzwerks sollten sorgfältig gewählt werden. Oftmals unterscheiden sie sich z. B. in ihren Annahmen. Wenn Reziprozität und die Stärke der Beziehungen wichtig für die Forschungsfrage sind, sollten keine Maße eingesetzt werden, die eine binäre symmetrische Matrix erfordern (vgl. Richards 1985: 114-115). Derartige Analyse-Methoden gängiger Software für die Netzwerk-Analyse transformieren die Matrix vorher, machen sie also symmetrisch bzw. binär, wobei die Daten vereinfacht werden und Informationen verloren gehen, die für die Forschungsfrage von Relevanz sein könnten.

5.2.7 Fazit

Zusammengefasst sei gesagt, dass es eine Reihe von Veröffentlichungen gibt, die vor Gefahren für die Validität netzwerkanalytischer Studien warnen. Andere überprüfen bestimmte Probleme durch Experimente oder Simulationen. Allerdings ist dies bisher nur Stückwerk. Teilaspekte der Gesamtproblematik wurden untersucht, andere Teile sind noch ungeklärt. Die in diesem Artikel präsentierte Studie setzt deshalb auf eine systematische Untersuchung einer Auswahl methodischer Probleme der Netzwerkanalyse.

5.3 Gegenstand der Studie

Bei der vorliegenden Untersuchung geht es um die Frage, ob bei gegebenen Analyse-Methoden und bei durch Simulation methodischer Probleme veränderten Datensätzen die gleichen Ergebnisse herauskommen. Kommt es zu einer Verfälschung der Werte?

5.3.1 Validität und Reliabilität

Das Kriterium zur Beurteilung der Validität sind die Ergebnisse verschiedener Maße der Netzwerk-Analyse (z. B. Zentralität oder Dichte), die für einen bestehenden Datensatz berechnet wurden. Dieser unveränderte Datensatz dient als Modell für die

„Realität", um deren Abbildung und Analyse es in den meisten Studien der Netzwerk-analyse geht. Im Anschluss werden verschiedene problematische Vorgänge (z. B. Non-response oder Dichotomisieren) einzeln simuliert, indem der Datensatz so verändert wird, wie man es durch den jeweiligen Vorgang erwarten würde.

Bei bestimmten Problemen (z. B. Nonresponse oder Vergessen bei der Befragung) ist nicht eindeutig vorherbestimmt, welche Akteure und Antworten davon betroffen sind. Diese werden durch ein Zufallsverfahren ausgewählt, und es werden wiederholte Stichproben gezogen, um die Reliabilität des „Instruments" zu beurteilen. Es wird angenommen, dass nicht jeder Durchgang der Simulation gleich großen Schaden an-richtet. Man kann sich nicht auf nur einen einzelnen Durchgang verlassen, weil so das tatsächliche Ausmaß der Beeinträchtigung über- oder unterschätzt werden könnte. In-teressant ist ebenfalls die Frage, ob sich die Abweichungen der Ergebnisse bei wieder-holten Stichproben-Ziehungen im Mittel aufheben, oder ob ein systematischer Fehler in eine Richtung vorliegt.

5.3.2 Untersuchte Maße und Methoden

Für die Simulation wurden verschiedene Maße eingesetzt. Um den Aufwand für die Studie beherrschbar zu halten, war es notwendig, eine Auswahl zu treffen. Diese sollte möglichst viele Analyse-Verfahren umfassen, jedoch nachher zu quantitativ vergleich-baren Daten führen. Dies wäre z. B. bei Block Modeling kompliziert gewesen, weshalb dies ausgeklammert werden musste. Auf der Ebene des Gesamtnetzwerks wurden Dichte sowie Degree- und Eigenvektor-Zentralisierung gewählt. Auf der Ebene der Un-tergruppen wurden Cliquen und k-Plexe bestimmt, und auf der individuellen Ebene verschiedene Maße der Zentralität (Degree, Closeness, Eigenvektor und Betweenness).

Auch die Auswahl der untersuchten methodischen Probleme musste aufgrund ihrer Vielzahl unvollständig sein, sollte aber ein möglichst breites Spektrum abdecken. Es sollten sowohl Simulationen in bisher nicht von anderen Autoren untersuchten Berei-chen stattfinden, als auch Studien wie die aus dem Bereich der Stichprobenziehung repliziert und durch Untersuchung weiterer Maße der Netzwerk-Analyse ergänzt wer-den. Im Speziellen werden Ausfälle und Vergessen bei der Befragung, Versuche der Stichprobenziehung, das Auslassen oder Entfernen unwichtiger Akteure, Symmetri-sieren, Dichotomisieren und das Zusammenfassen von Akteuren untersucht. Diese Vorgänge unterscheiden sich teils erheblich. Während Symmetrisieren für gewöhnlich nach erfolgter Eingabe der Daten in den PC durch den Wissenschaftler absichtlich per Software durchgeführt wird, ist Nonresponse ein während der Datenerhebung von außen verursachtes Problem. Gemeinsam ist jedoch allen, dass sie vermutlich einen Einfluss auf die Ergebnisse einer Studie haben und dass dies auf die gleiche Art und Weise überprüft werden kann. Gemeinsam ist ihnen ebenfalls, dass man diese Vorgänge (außer vielleicht das Zusammenfassen von Akteuren) nicht einfach verhin-dern bzw. auf sie verzichten kann. Ein Rest an Nonresponse bleibt vermutlich in jeder größeren Studie enthalten, die enorme Größe vieler Netzwerke zwingt zum Weglas-sen unwichtiger Akteure bei der Datenerhebung, und bestimmte Analyse-Verfahren erfordern eine vorherige Symmetrisierung oder Dichotomisierung.

Im nächsten Kapitel werden die einzelnen untersuchten methodischen Probleme noch einmal genauer erklärt. Zuvor wird auf die Einflussfaktoren für die Validität eingegangen, die in der vorliegenden Simulations-Studie vermutet werden.

5.3.3 Einflussfaktoren

Der offensichtlichste Faktor ist die Größe eines Netzwerks. So kann ein Akteur in einem Netzwerk aus 2500 Akteuren leicht 50 Beziehungen haben, während dies in einem Netzwerk aus 20 Akteuren unmöglich ist. In der vorliegenden Studie wurde zur Kontrolle daher immer auf normalisierte Werte zurückgegriffen.

Die Dichte eines Netzwerks könnte ebenfalls eine Rolle spielen. In Netzwerken mit geringer Dichte kann das Entfernen nur weniger Beziehungen oder Akteure dazu führen, dass das Netzwerk in zwei separate Komponenten auseinander bricht. Auch die Distanz zwischen zwei Akteuren (wichtig z. B. für die Closeness-Zentralität) kann sich stärker verändern, da es weniger alternative Pfade zwischen ihnen gibt, wenn einer unterbrochen wird. Es gibt jedoch auch einen gegenteiligen Effekt. In einem dichten Netzwerk führt das Entfernen eines einzelnen Akteurs im Durchschnitt zum Verlust von mehr Verbindungen als das Entfernen eines Akteurs aus einem Netzwerk mit geringer Dichte.

Zentralisierung ist ein weiterer vermuteter Einflussfaktor. In idealtypischen „baumartigen" Netzwerken kann das Fehlen eines einzigen Punktes gleich zum Abbrechen eines ganzen „Astes" führen. In großen sozialen Netzwerken ist jedoch davon auszugehen, dass auch periphere Akteure Verbindungen miteinander haben, vergleichbar mit einem unvollständigen Spinnennetz. Hier könnte die Gefahr bestehen, dass die Zentralisierung eines Netzwerks sich stark verändert. Werden Äste unterbrochen, während die radförmige Struktur aus dem „Spinnennetz" erhalten bleibt, sollte sich die Zentralisierung stark verringern. Dies heißt jedoch nicht, dass stark zentralisierte Netzwerke besonders anfällig sind. Im extremen Fall, bei dem ein zentraler Punkt ohne Umwege mit allen anderen verbunden ist, diese jedoch nicht untereinander verbunden sind, sollte das Fehlen eines Akteurs (außer dem in der Mitte) keine Konsequenzen haben. Das Netzwerk bleibt weiterhin hoch zentralisiert. Eine besonders niedrige Zentralisierung ist nicht immer problematisch. Der eine Extremfall wäre der eines perfekten Kreises. Hier würde eine einzige Unterbrechung zu einer starken Veränderung führen. Der andere Fall einer Zentralisierung von 0 % wäre ein Netzwerk, in dem jeder mit jedem verbunden ist. Hier machen Unterbrechungen in einem gewissen Ausmaß relativ wenig aus. Allerdings sind große soziale Netzwerke mit einer Dichte von nahezu 100 % unüblich. Für gewöhnlich liegt diese deutlich unter 50 %. Dieses Beispiel zeigt zudem, dass Zentralisierung und Dichte nicht unabhängig voneinander sind.

Der letzte untersuchte Einflussfaktor ist das Ausmaß der Veränderung. Es ist verständlich, dass eine Stichprobe von 90 % zu einer besseren Schätzung der tatsächlichen Werte führt als eine Stichprobe von 10 %. Ebenso werden mehr Ausfälle zu mehr Beeinträchtigung führen. Unklar ist jedoch, wo die Grenzen liegen. Welches Ausmaß an Nonresponse ist akzeptabel, welches nicht mehr?

5.4 Methodik und Analyse

5.4.1 Untersuchte Netzwerke

Die Einflussfaktoren Dichte und Zentralisierung werden dadurch untersucht, dass verschiedene Netzwerke eingesetzt werden, die sich in dieser Hinsicht unterscheiden. Wenn die Validität der Ergebnisse je nach Dichte oder Zentralisierung deutlich anders ist, so deutet dies darauf hin, dass der jeweilige Einflussfaktor eine Rolle spielt.

Insgesamt 47 Netzwerke aus dem sozialen (insbesondere politischen) Bereich wurden in Hinblick auf diese Faktoren betrachtet, um eine Auswahl zu treffen. Auf den ersten Blick wäre es sinnvoll, alle Kombinationen aus niedriger, mittlerer und hoher Dichte und Zentralisierung zu untersuchen. Allerdings treten diese nicht alle in der Realität sozialer Netzwerke auf. Netzwerke mit einer hohen Dichte haben kaum unterschiedliche Zentralisierung. Daher wurden für die Untersuchung der Zentralisierung eine konstant niedrige Dichte und drei stark unterschiedliche Zentralisierungen gewählt. Für die Untersuchung der Dichte wurden vier Netzwerke verschiedener Dichte ausgesucht. Für die Untersuchung der Dichotomisierung mussten andere Netzwerke ausgesucht werden, da die Laumann/Knoke-Netzwerke binär sind. Hier wurden Matrizen von Pappi et al. (1995) und Bernard et al. (1981) gewählt.

5.4.2 Software

Die Analyse wurde durchgeführt mit der UCINET-Software von Borgatti et al. (2002) in der Version 6.109 von 2005, die eine große Auswahl an Maßen der Netzwerkanalyse wie auch an Möglichkeiten zur Transformation von Matrizen und zum Entfernen von Akteuren enthält. Verschiedene Hilfsprogramme, teilweise selbst programmiert, dienten zum Generieren von Zufallszahlen, für die Konvertierung der Datei-Formate der Datensätze und zum Durchführen derjenigen Veränderungen an Datensätzen, die mit UCINET nicht möglich waren. Der Vergleich der Ergebnisse zwischen veränderten und Original-Datensätzen erfolgte mit OPENOFFICE.org CALC, Korrelationen wurden mit STATA berechnet.

5.4.3 Symmetrisieren von Matrizen

Beim Symmetrisieren wird sichergestellt, dass zwei Akteure nicht unterschiedliche Angaben zu ihrer gegenseitigen Beziehung machen. In der vorliegenden Simulation wurden Beziehungen, die nur von einer Seite berichtet wurden, auch der anderen Seite zugeschrieben.

5.4.4 Dichotomisieren von Beziehungen

Beim Dichotomisieren werden jegliche Angaben über die Stärke einer Beziehung zu Gunsten einer rein binären Angabe in der Matrix (1 = „vorhanden", 0 = „nicht vorhanden") entfernt. Hier wurden verschiedene Schwellenwerte für die Aufnahme einer Beziehung simuliert, und zwar der Median, der Durchschnitt, die 25 %-Schwelle und die 75 %-Schwelle, außerdem natürlich der einfachste Fall, in dem alle Beziehungen unabhängig von ihrer Stärke als „vorhanden" gezählt werden.

5.4.5 Zusammenfassen von Akteuren

Das Zusammenfassen von Akteuren bezieht sich auf die Frage, ob Untereinheiten einer großen Organisation getrennt oder zusammen befragt und in den Datensatz aufgenommen werden. Ein Beispiel ist der Kongress der Vereinigten Staaten. Hier ist eine Trennung zwischen Senat und Repräsentantenhaus möglich, wenn nicht sogar zusätzlich zwischen den einzelnen Parteien und Ausschüssen. Dies kann simuliert werden, indem vorhandene Trennungen im Datensatz wieder aufgehoben werden. Vorhanden ist eine Beziehung für den neuen Akteur dann, wenn mindestens einer der ursprünglichen Akteure sie hatte. Im vorliegenden Fall wurden für die Untersuchung drei der Matrizen herangezogen und jeweils vier verschiedene Zusammenführungen vorgenommen. In einem fünften Durchgang wurden alle vier gleichzeitig simuliert. Es ist zu vermuten, dass die Auswirkungen des Zusammenfassens von Akteuren sehr vom jeweiligen Einzelfall abhängen. Daher ist es mit dieser eingeschränkten Simulation allein nicht möglich, eventuelle Zusammenhänge und Einflussfaktoren aufzudecken. Es ging eher darum, allgemein zu überprüfen, wie stark der Einfluss solcher Maßnahmen auf die Ergebnisse einer Studie für gewöhnlich ist.

5.4.6 Vergessene Beziehungen

Für die Simulation des Vergessens bei der Befragung werden nicht Akteure, sondern berichtete Beziehungen zufällig aus der Matrix entfernt. Da Brewer (2000) eine durchschnittliche Vergessensrate von etwa 20 % suggeriert, wurden zufällig 20 % der Verbindungen entfernt. Es gab jeweils zehn Ziehungen mit unterschiedlichen Zufallszahlen.

5.4.7 Stichprobenziehung

Bei einer Zufallsstichprobe wird die Befragung auf eine Zufallsauswahl aller Akteure beschränkt. Im Fall dieser Simulation werden alle nicht in der Stichprobe enthaltenen Einheiten aus dem Datensatz entfernt. Es werden Stichproben unterschiedlicher Größe gezogen (50 %, 37,5 %, 25 % und 12,5 %), und es finden jeweils drei wiederholte Ziehungen mit unterschiedlichen Zufallszahlen statt. Für größere Stichproben könnten analog die Ergebnisse derjenigen Nonresponse-Simulation herangezogen werden, bei der nicht antwortende Akteure komplett entfernt werden.

5.4.8 Ausfälle bei der Befragung

Die Simulation von Nonresponse umfasst Ausschöpfungsquoten von 95 %, 90 %, 80 %, 70 % und 60 %. Es wurden jeweils drei wiederholte Ziehungen mit unterschiedlichen Zufallszahlen durchgeführt. Es wurden verschiedene Strategien zum Umgang mit Nonresponse getestet. So können nicht antwortende Akteure entfernt werden. Sie können aber auch ohne von ihnen berichtete Beziehungen aufgenommen werden. Zusätzlich wurde auch versucht, anhand der Angaben ihrer Gegenüber die Antworten durch Symmetrisieren zu rekonstruieren. Nicht jede durch eine Matrix beantwortete Fragestellung erlaubt es, auf Beidseitigkeit der Beziehungen zu schließen. Dies war auch mit den vorliegenden Matrizen nicht möglich. In manchen Fällen existiert jedoch eine zweite Matrix im Datensatz, in der die gleiche Fragestellung in entgegengesetzter Richtung beantwortet wird, und somit die für eine Rekonstruktion der Antwort notwendigen Angaben enthalten sind.

In einer weiteren Simulation wurde angenommen, dass die der Regierung angehörenden Akteure mit doppelter Wahrscheinlichkeit nicht antworten. Hier wurden ebenfalls alle Ausschöpfungsquoten und Strategien getestet, allerdings nicht die Zentralisierungs-Matrizen, weil sie keine oder nicht genügend Regierungs-Akteure umfassten. Das Ziel ist es, festzustellen, ob es zu einer unterschiedlich guten oder schlechten Validität führt, wenn Nonresponse verzerrt auftritt.

Schließlich wurde auch überprüft, welche Konsequenzen es hat, wenn die wichtigsten Akteure[1] nicht antworten – in einem Durchgang 3 von 5, in einem anderen 6 von 10. Es fanden keine wiederholten Ziehungen statt.

5.4.9 Auslassen von Akteuren

Beim Auslassen oder Entfernen unwichtiger Akteure geht es darum, dass der Wissenschaftler Kriterien zu ihrer Wichtigkeit aufstellt, und seine Studie dann auf den wichtigsten Teil beschränkt. Handelt es sich um eine Sekundäranalyse bestehender Daten, so ist es möglich, dass aufgrund ihrer niedrigen Zentralität oder anderer Kriterien unwichtige Akteure entfernt werden - sei es zur Verringerung der Rechenzeit (die z. B. bei Subgruppen-Analysen auch mit moderner Hardware noch relativ hoch sein kann), oder um bei Analyse und Visualisierung besser den Überblick zu behalten. Beides kann durch das Entfernen von Akteuren aus dem Datensatz nach unterschiedlichen Kriterien simuliert werden. Die Matrizen wurden in mehreren Durchgängen auf 80 %, 60 %, 40 %, 20 % und 10 % ihrer Größe reduziert. Verschiedene Kriterien für die Auswahl der Akteure wurden nacheinander durchgespielt. In einem Durchgang wurde die Matrix „organizations especially influential for respondent" als Kriterium herangezogen, die Informationen über den Einfluss der verschiedenen Akteure enthält, wie er von den anderen Akteuren empfunden wurde. In weiteren Durchgängen der Simulation wurden die verschiedenen Maße der Zentralität (Degree, Closeness, Eigenvektor und Betweenness) jedes Akteurs als Kriterium eingesetzt, berechnet mit dem unverkleinerten Original-Datensatz.

In einer letzten Simulation wurden alle Akteure mit weniger als 2, 3 oder 4 Verbindungen entfernt. Dies ergab andere Netzwerkgrößen als bei den vorherigen Verfahren. Um den Aufwand zu reduzieren, wurde für Closeness-, Eigenvektor- und Betweenness-Zentralität als Kriterium nur das jeweilige Zentralitätsmaß berechnet und nicht die anderen beiden. Das Schaubild 5.1 stellt beispielhaft dar, wie das Entfernen peripherer Akteure die Zentralität in einem Netzwerk sogar komplett umkehren kann.

---

[1]Zur Ermittlung der wichtigsten Akteure vgl. die zugrunde liegende Diplomarbeit von Marschall (2006).

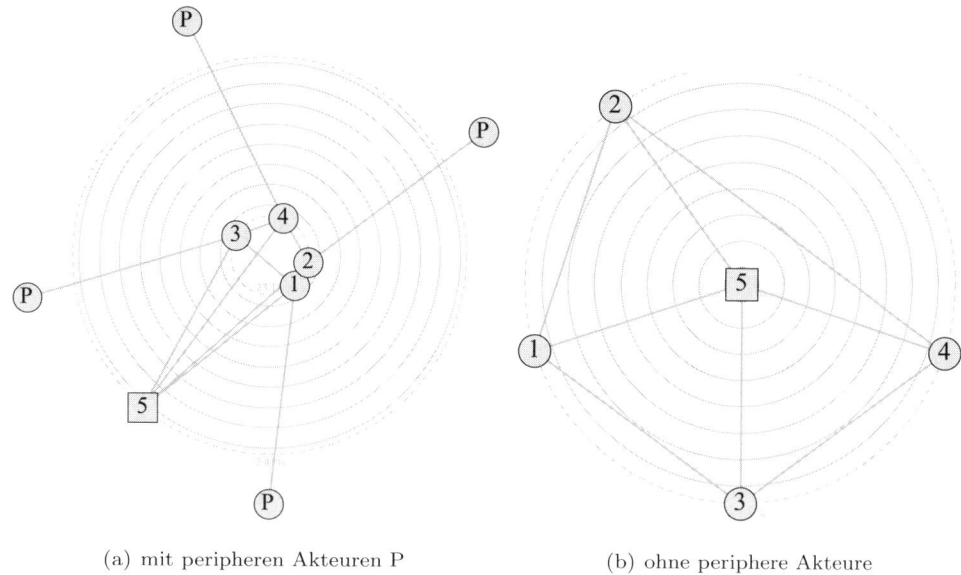

(a) mit peripheren Akteuren P   (b) ohne periphere Akteure

Abbildung 5.1: Betweenness-Zentralität

5.4.10 Vergleich der Ergebnisse

Im Anschluss an die Simulationen wurden für jede der entstandenen Matrizen die in Kapitel 5.3.2 genannten Maße berechnet. Die Ergebnisse von Original- und veränderten Matrizen wurden schließlich verglichen. Im Fall von Zentralisierung und Dichte wurde das Ergebnis des veränderten Datensatzes durch das des Original-Datensatzes geteilt und 1 abgezogen ($\frac{\text{simuliert}}{\text{original}} - 1$). Somit zeigen negative Werte einen Schätzer geringer als das Original an und positive Werte einen Schätzer größer als das Original. Ein Ergebnis von 1 würde bedeuten, dass der vorliegende Wert aufgrund des methodischen Problems um 100 % überschätzt wurde.

Beim Vergleich von Subgruppen war es die einfachste Lösung, ihre Anzahl gegenüber zu stellen. Damit können keine Subgruppen erkannt werden, die in der Größe reduziert werden oder sich von ihrer Zusammensetzung her ändern. Insofern ist dies nur als Indikator für Veränderung zu betrachten. Dies sollte aber akzeptabel sein, da bei den meisten Simulationen keine Beziehungen hinzugefügt werden und folglich keine neuen Subgruppen-Mitgliedschaften entstehen. Zudem wurde als Mindestmitgliederzahl für die Subgruppen die maximale Gruppengröße verwandt, die in allen eingesetzten Matrizen vorkommt. Cliquen mussten mindestens vier Mitglieder haben, k-Plexe fünf mit $2k$.

Zentralitäts-Berechnungen liefern eine ganze Liste von Werten als Ergebnis, einen für jeden Akteur. Die Listen wurden einander gegenüber gestellt, die Quadratwurzel aller Werte gezogen und mit STATA ihre Korrelation berechnet. Für diejenigen Simulationen, die das Ziehen wiederholter Stichproben vorsehen, wurden auch der mittlere Fehler und die Standard-Abweichung berechnet.

Schließlich wurden die Ergebnisse auch manuell auf Ausreißer untersucht. Ein im Durchschnitt gutes Ergebnis kann trotzdem problematisch sein, wenn die Gefahr von Ausreißern besteht. Schließlich weiß ein Wissenschaftler nicht, ob seine Studie (für die man z. B. im Fall von Nonresponse oder Vergessen keine weiteren Stichproben ziehen kann) ein Ausreißer ist oder nicht.

5.4.11 Einschränkungen

Bevor die Ergebnisse präsentiert werden, sollte noch auf einige Einschränkungen der vorliegenden Studie hingewiesen werden. Es hätten jeweils mehr Stichproben gezogen werden sollen, sowohl um Ausreißer eher zu entdecken, als auch um zu verhindern, dass vorhandene Ausreißer den Mittelwert der Ergebnisse zu sehr beeinflussen. Es wäre sinnvoll gewesen, mehr Matrizen für jede Stufe von Dichte und Zentralisierung zu untersuchen. Somit hätte man den Einfluss unbekannter weiterer Faktoren eher ausschließen können. Die einzelnen Vorgänge, insbesondere Vergessen und Symmetrisieren, hätten noch genauer untersucht werden können. Zudem gibt es noch verschiedene weitere Möglichkeiten, die Ergebnisse miteinander zu vergleichen und Einflussfaktoren zu ermitteln. So werden in der Literatur unter anderem t-tests (Conrath et al. 1983) und Regression (Costenbader und Valente 2003) für solche Zwecke eingesetzt.

Es war jedoch notwendig, den Aufwand für diese Studie beherrschbar zu halten. Selbst in ihrer vorliegenden Form erforderten die Simulation und ihre Auswertung über einen Monat ganztägiger Arbeit. Die zahlreichen Kombinationen an untersuchten Faktoren machten es erforderlich, sogar kleine Zwischenschritte hunderte Male zu wiederholen. Deshalb hätte das Einbeziehen weiterer Vergleichsmaße oder Matrizen leicht zu einem zusätzlichen Zeitbedarf von mehreren Wochen geführt. Als Überblick ist diese Untersuchung jedoch gut geeignet. Sie soll dazu anregen, den einen oder anderen Aspekt in weiteren Studien genauer unter die Lupe zu nehmen. Die Auswahl interessanter Bereiche sollte durch die folgenden Ergebnisse einfacher fallen.

5.5 Ergebnisse

In diesem Unterkapitel werden die wichtigsten Erkenntnisse vorgestellt. Auf die zahlreichen Tabellen mit den genauen Ergebnissen muss aus Platzgründen leider verzichtet werden. Sie finden sich in der ausführlichen Fassung der Diplomarbeit im Internet (Marschall 2006).

5.5.1 Symmetrisieren von Matrizen

Bei der Symmetrisierung erhöht sich die Dichte, da Verbindungen hinzugefügt werden. Je höher die Asymmetrie vorher war, desto höher der Zuwachs an Dichte. Daher verursacht das Symmetrisieren von Matrizen mit hoher Dichte weniger „Schaden" an den Ergebnissen.

Die untersuchten Matrizen sind relativ asymmetrisch. Die Zentralität wurde nach eingehenden und ausgehenden Verbindungen getrennt berechnet (z. B. Indegree- und Outdegree-Zentralität). Die auf eingehenden Verbindungen basierenden Maße zeigen eine starke Abweichung der Werte vom korrekten Ergebnis, die ausgehenden Verbindungen sind stabiler. Dies könnte daran liegen, dass viele leere Indegrees mit ihrem Gegenstück aufgefüllt wurden, während wenige Outdegrees hinzugefügt werden mussten. Dies zeigt sich auch bei der Matrix mit der höchsten Zentralisierung. Die Indegree-Zentralisierung wird komplett umgekehrt: aus einer niedrigen wird eine hohe Zentralisierung. Subgruppen und Eigenvektor-Zentralisierung konnten nicht untersucht werden, da für diese Maße durch UCINET ohnehin vorher die Matrix symmetrisiert wird. Insofern besteht kein Unterschied zu den Ergebnissen aus dem Original-Datensatz.

Auf Symmetrisieren sollte folglich insbesondere dann verzichtet werden, wenn die durch eine Matrix beantwortete Fragestellung richtungsgebunden ist und eine „Spiegelung" der Ergebnisse zu falschen Angaben führt: wenn Akteur A Geld von Akteur B erhält, dann wäre es falsch, durch Symmetrisieren automatisch anzunehmen, dass Geld auch in der anderen Richtung fließt. Wenn Matrizen besonders asymmetrisch sind, handelt es sich oft gerade um solche Fälle. Wie die Simulation zeigt, werden dann die Ergebnisse besonders stark verfälscht. Auch Maße, die von alleine symmetrisieren, sind in diesem Fall fragwürdig.

5.5.2 Dichotomisieren von Beziehungen

Beim Dichotomisieren wird die Dichte dann am besten geschätzt, wenn alle Verbindungen unabhängig von ihrer Stärke als „vorhanden" gezählt werden. Je mehr Beziehungen bei diesem Vorgang verworfen werden, desto niedriger wird die Dichte.

Degree-Zentralisierung wird stark überschätzt und ist noch am korrektesten, wenn nur besonders starke Beziehungen in der Matrix enthalten bleiben. Eigenvektor-Zentralisierung wird dagegen stark unterschätzt, gerade wenn nur besonders starke Beziehungen nach der Dichotomisierung enthalten bleiben. Bei der Analyse von Subgruppen und Zentralität findet ohnehin eine Dichotomisierung statt, bei der alle Beziehungen unabhängig von ihrer Stärke als „vorhanden" gezählt werden. Die Strategie mit einem Schwellenwert von 25 % kommt dem am nächsten und führt daher zu den besten Schätzungen. Dies ist aber mit Vorsicht zu betrachten, da nicht die bewertete Original-Matrix, sondern lediglich ein anderer Schwellenwert das Vergleichs-Kriterium ist.

Bei Subgruppen und Zentralität führt eine hohe Dichte der Matrix zu besseren Ergebnissen, während Dichte und Zentralisierung bei einer geringeren Dichte der Matrix besser geschätzt werden. Bei den vorliegenden Datensätzen geht eine niedrige Dichte einher mit einem kleinen Spektrum an unterschiedlichen Beziehungsstärken, während eine hohe Dichte eine besonders lange Skala unterschiedlicher Stärken impliziert. Mit Ausnahme von Eigenvektor- und Outdegree-Zentralität werden alle Maße durch Dichotomisieren erheblich verfälscht. Auch wenn man ad hoc annehmen könnte, dass Durchschnitt oder Median als mittlere Werte ein sinnvoller Schwellenwert seien, konnte die Simulation diese nicht als besonders valide bestätigen.

Es ist empfehlenswert, nur auf Grund theoretischer Annahmen zu dichotomisieren und den Schwellenwert sinnvoll zu wählen. Wenn beispielsweise Cliquen durch den Wissenschaftler als Gruppen enger Freunde definiert werden, ist es sinnvoll, einen hohen Schwellenwert für die Dichotomisierung zu wählen, weil schwache Beziehungen normalerweise nicht auf eine enge Freundschaft hindeuten. UCINET würde bei seiner automatischen Dichotomisierung bei der Suche nach Cliquen auch alle schwachen Beziehungen berücksichtigen, was in diesem Beispiel nicht angebracht wäre. Ähnliche Fragen nach dem Sinn und der theoretischen Bedeutung muss man sich auch bei den anderen Maßen der Netzwerkanalyse stellen. Die Simulation beweist, dass es einen erheblichen Unterschied machen kann.

5.5.3 Zusammenfassen von Akteuren

Beim Zusammenfassen von Akteuren stellte sich erwartungsgemäß heraus, dass je mehr „Fusionen" gleichzeitig vorgenommen werden, desto größer die Veränderung der Ergebnisse wird. Dichte und Zentralisierung werden tendenziell überschätzt. Die Anzahl der Cliquen blieb in der Simulation unverändert, auch wenn in bestimmten Fällen ein zusammengefasster Akteur einen der ursprünglichen Akteure als Mitglied einer Clique ersetzte. Es wären jedoch auch Fälle denkbar, in denen eine Clique durch Zusammenfassen aufgelöst wird, weil die Mitglieder der Clique zu einem einzelnen Akteur „verschmolzen" werden. In einigen Fällen entstanden in der Simulation zusätzliche k-Plexe, die jeweils auch einen der zusammengefassten Akteure enthielten. Maße der Zentralität werden am stärksten verändert, insbesondere Closeness-Zentralität, am wenigsten Betweenness.

Die Schlussfolgerung aus der Simulation ist, dass das Zusammenfassen von Akteuren in begrenztem Umfang zu akzeptablen Ergebnissen führt, wenn Zentralisierung, Dichte und Subgruppen ermittelt werden. Bei der Zentralität ist mehr Vorsicht geboten. Freilich sollte bei der Entscheidung für das Zusammenfassen der theoretische Bezug nicht fehlen. Welche Untereinheiten einer Organisation sind tatsächlich als eigenständiger Akteur zu betrachten, und welche sind möglicherweise nur Ansammlungen von Individuen mit unterschiedlichen Zielsetzungen und Verhaltensweisen, die besser einzeln untersucht werden sollten?

5.5.4 Vergessene Beziehungen

Bei der Simulation des Vergessens bei der Befragung wurden Dichte und Outdegree-Zentralisierung um 20 % unterschätzt (20 % der Verbindungen wurden für die Simulation entfernt). Während es bei der Dichte keine Varianz gibt, gibt es eine geringe Varianz bei der Outdegree-Zentralisierung. Die Outdegree-Zentralität weist eine hohe Korrelation mit den Ergebnissen der unveränderten Original-Matrix und wenig Varianz auf. Eigenvektor-Zentralisierung wird zwar im Mittel korrekter als Degree-Zentralisierung geschätzt, die einzelnen Ergebnisse haben aber eine höhere Varianz und umfassen auch extreme Ausreißer. Für Subgruppen sind vergessene Beziehungen eine große Gefahr. Im Durchschnitt verschwinden zwei Drittel der Gruppen deshalb. Zudem gibt es eine hohe Varianz. Vor dem Hintergrund, dass es durchaus üblich und normal ist, dass Befragte Beziehungen vergessen, ist dies Besorgnis erregend für jede Studie. Es konnte bestätigt werde, dass Closeness-Zentralität in Netzwerken mit geringer Dichte stark gefährdet ist. Die Korrelation der Werte mit den Ergebnissen der Original-Matrix reichte von 0,99 für ein Netzwerk mit hoher Dichte bis nur 0,18 für eines mit niedriger Dichte. Es scheint viel auszumachen, dass sich mangels alternativer Pfade in Netzwerken mit geringer Dichte die Distanz zwischen den Akteuren durch das Entfernen von Verbindungen stark verändert. Vor diesem Hintergrund ist es erstaunlich, dass Betweenness-Zentralität relativ stabil bleibt, auch wenn sie ebenfalls auf den Pfaden zwischen Akteuren basiert. Die anderen Maße der Zentralität sind ebenfalls relativ stabil und weisen jeweils geringfügig schlechtere Ergebnisse für Netzwerke mit niedriger Dichte auf. Stark zentralisierte Netzwerke bleiben auch dann stark zentralisiert, wenn einige Verbindungen fehlen. Diese Erkenntnis kann jedoch nicht auf Zentralität übertragen werden. Hier ist eine niedrige Zentralisierung des Netzwerks oftmals von Vorteil.

5.5.5 Stichprobenziehung

Das Ziehen von Zufallsstichproben ist mit Abstand die problematischste Maßnahme, die ein Wissenschaftler in der Netzwerkanalyse durchführen kann. Der offensichtlichste Einflussfaktor ist die Größe der Stichprobe. Je größer die Stichprobe, desto valider die Ergebnisse. Der Zusammenhang ist weniger deutlich, aber auch die Varianz wiederholter Ziehungen scheint bei größeren Stichproben kleiner zu sein. Ausgenommen sind hier Subgruppen, denn bei kleinen Stichproben sind keine mehr vorhanden und die Varianz ist daher bei Null. Auch bei der Zentralität ist die Varianz bei kleinen Stichproben niedriger, aber nur weil die Korrelation der Schätzer mit den Ergebnissen der Original-Matrix konstant niedrig ist. Mit Stichproben kann noch am besten die Dichte eines Netzwerks geschätzt werden, es besteht jedoch eine Tendenz, sie zu unterschätzen (im Durchschnitt um 14 %). Degree-Zentralisierung produziert die besten Ergebnisse bezüglich der Zentralisierung, sie werden aber immer unterschätzt (im Durchschnitt um 30 %). Die Veränderung der Werte bei der Eigenvektor-Zentralisierung liegt bei durchschnittlich 50 %, wobei hier eine Tendenz zur Mitte besteht: Werte über 50 % werden unterschätzt, Werte unter 50 % überschätzt. Subgruppen sind in Stichproben fast nicht mehr nachzuweisen. Zwar bleiben in großen Stichproben manchmal noch welche erhalten, im Durchschnitt werden aber 98 % vernichtet. Bei den Zentralitäts-Maßen sind Outdegree- und Betweenness-Zentralität am besten geschätzt worden. Bei großen Stichproben lassen Korrelationen von 0,6 noch einen Rest der mit dem Netzwerk abgebildeten Realität erkennen. Über alle Stichproben-Größen hinweg liegt die Korrelation nur noch bei 0,4. Eigenvektor- und Indegree-Zentralität haben eine Korrelation von 0,25 mit den Ergebnissen der vollständigen Matrix, und bei Closeness-Zentralität liegt die Korrelation sogar unter 0,1. Daraus kann geschlossen werden, dass mit Stichprobenziehung bestenfalls eine grobe Schätzung von Dichte und Zentralisierung möglich ist, aber keine Analyse von Subgruppen und Zentralität.

5.5.6 Ausfälle bei der Befragung

Bei der Simulation von Nonresponse (durch Zufallsauswahl) führte mehr Nonresponse erwartungsgemäß zu einer größeren Beeinträchtigung der Daten. Die niedrigste Ausschöpfungsquote (60 %) lieferte unerwartet gute Ergebnisse, was aber vermutlich Zufall ist und an den nur wenigen Stichproben-Ziehungen liegt, die der Simulation zu Grunde lagen. Was die Varianz der Ergebnisse angeht, ist kein klarer Einfluss der Ausschöpfungsquote zu erkennen. Die Dichte wird bei einer Ausschöpfungsquote ab 90 % um ca. 5 % unterschätzt. Bei einer Ausschöpfungsquote unter 90 % geht der Fehler schnell hoch auf Werte, die mit den Dichte-Schätzungen bei einer Stichprobenziehung vergleichbar sind (bis zu 20 % Fehler). Eigenvektor-Zentralisierung ist für Matrizen mit hoher Dichte und niedriger Zentralisierung am besten geeignet, Outdegree-Zentralisierung für Matrizen mit niedriger Dichte und Zentralisierung. Für Indegree-Zentralisierung gibt es kein klares Muster. Wie auch schon bei der Simulation von Stichprobenziehungen geht der Fehler bei Eigenvektor-Zentralisierung in Richtung Mitte, während Degree-Zentralisierungen unterschätzt werden. Im Durchschnitt die Hälfte der Subgruppen verschwindet durch Nonresponse, stark abhängig von der Ausschöpfungsquote. Zentralität wird, gerade bei hohen Ausschöpfungsquoten, noch relativ gut vorhergesagt. Eine Ausnahme ist die Closeness-Zentralität, die schon bei 5 % Nonresponse nur noch eine Korrelation von 0,5 mit den Ergebnissen des Original-Datensatzes aufweist.

Wie sollte mit Nonresponse umgegangen werden? Die nicht antwortenden Akteure einfach wegzulassen ist außer für die Berechnung der Dichte mit Abstand die schlechteste aller Alternativen. Die anderen Möglichkeiten, die fehlenden Werte mit Nullen oder mit der jeweils passenden Antwort des Gegenübers aufzufüllen, sind deutlich besser und etwa gleich erfolgreich. Das Auffüllen mit den Werten aus einer Matrix, in der die gleiche Frage in gegensätzlicher Richtung beantwortet wird, ist mit einer höheren Varianz und daher mit mehr Unsicherheit verbunden. So kann die Anzahl der Subgruppen dadurch stark zunehmen, und Degree-Zentralisierung kann deutlich überschätzt werden.

Die verzerrte Nonresponse, bei der Regierungs-Akteure mit doppelter Wahrscheinlichkeit nicht antworten, führte im Schnitt zu korrekteren Schätzungen der Ergebnisse. Ausgenommen ist die Strategie, nicht antwortende Akteure ganz aus der Matrix zu entfernen: das Fehlen vieler Akteure, die einander nahe stehen, scheint besonderen Schaden anzurichten. Freilich kann man aus diesem einen simulierten Beispiel nicht schließen, dass verzerrte Nonresponse immer besser ist als zufällige. Es kann nur gesagt werden, dass sich die Validität signifikant unterscheiden kann.

In einem weiteren Durchgang wurde simuliert, dass die wichtigsten Akteure nicht antworten. Hier muss berücksichtigt werden, dass deutlich weniger Einheiten entfernt wurden als bei der Simulation zufälliger Nonresponse. Trotzdem war die Veränderung beachtlich. Die meisten Maße werden unterschätzt, und der Fehler nimmt überproportional stark zu, wenn die Anzahl der entfernten wichtigen Akteure erhöht wird. Die Zahl der Subgruppen verringert sich stark. Die Zahl der k-Plexe kann durch Auffüllen der fehlenden Werte mit den jeweiligen Antworten des Gegenübers aber auch stark überschätzt werden. Hier besteht besonders viel Unsicherheit. Bei den Zentralitäts-

Maßen stellt sich Closeness-Zentralität erneut als besonders anfällig heraus. Dennoch ist das Auffüllen der fehlenden Werte mit den Antworten des Gegenübers die beste Lösung (bei Subgruppen ausgenommen). Die Akteure ganz wegzulassen, ist erneut die schlechteste Strategie.

5.5.7 Auslassen von Akteuren

Auch beim Weglassen unwichtiger Akteure nach verschiedenen Kriterien ist wieder ein deutlicher Einfluss der Anzahl der entfernten Akteure zu erkennen. Die Dichte wird um ein Vielfaches überschätzt, da vor allem die Akteure mit wenigen Beziehungen wegfallen. Die Zentralisierung wird unterschätzt, aber lange nicht so deutlich wie die Dichte. Einige Subgruppen fallen zwar durch das Weglassen unwichtiger Akteure ebenfalls weg, allerdings ist der Effekt weniger ausgeprägt als bei den anderen Simulationen. Die Betweenness-Zentralität ist am stabilsten, während die Closeness-Zentralität wieder erhebliche Veränderungen aufweist. Insgesamt können Zentralitäts-Maße recht gut berechnet werden, allerdings gibt es auch Kombinationen, die problematisch sind. Wenn nur 20 % des Netzwerks mit einer hohen Zentralisierung auf Basis der Einfluss-Matrix entfernt werden, hat die Closeness-Zentralität nur noch eine Korrelation von 0,167 mit den Ergebnissen aus der Original-Matrix.

Die beste Strategie für die Auswahl der zu entfernenden Akteure scheint es zu sein, alle Akteure mit weniger als 2, 3 oder 4 Verbindungen zu entfernen. Für die Zentralitäts-Maße ist es am besten, genau das jeweils berechnete Maß vorher als Kriterium für die Verkleinerung einzusetzen. Degree-Zentralität ist jedoch nur geringfügig schlechter geeignet. Die Angaben aus der externen Einfluss-Matrix sind dagegen die schlechteste Strategie. Wer dort als einflussreich betrachtet wird, ist nicht immer auch ein wichtiger Akteur in den anderen Matrizen. Tabelle 5.1 stellt zusammenfassend die wichtigsten Ergebnisse und daraus abgeleitete Empfehlungen dar. Sie erhebt keinen Anspruch auf Vollständigkeit.

5.6 Fazit

Die untersuchten methodischen Probleme können die Validität der Ergebnisse von Studien der Netzwerkanalyse erheblich gefährden. Bei Analysen können signifikant unterschiedliche Ergebnisse herauskommen. In den meisten Fällen ist der Fehler nicht zufällig, sondern geht klar in eine Richtung. Bestimmte Maße wie Closeness-Zentralität und das Ermitteln von Subgruppen sind besonders anfällig. Einige der untersuchten Probleme und Vorgänge sind gefährlicher als andere. Auch die offensichtlichste Lösung, um mit Problemen umzugehen, ist nicht immer die beste: bei Nonresponse sollte es vermieden werden, nicht antwortende Akteure einfach wegzulassen.

Der eindeutigste Einflussfaktor ist das Ausmaß der Veränderung (Ausschöpfungsquote, Stichproben-Größe, Anzahl weggelassener Akteure usw.). Dichte und Zentralisierung üben in vielen Fällen ebenfalls einen Einfluss aus, allerdings kann dieser je nach untersuchtem Maß in eine andere Richtung gehen. Insofern ist der Einfluss zu komplex, um beispielsweise daraus zu schließen, dass eine niedrige Dichte des unter-

Maßnahme	Wichtigste Erkenntnisse	Wichtigste Empfehlungen
Symmetrisieren	Vor allem Dichte kann stark überschätzt werden, Veränderung abhängig vom Grad der Asymmetrie	Nicht symmetrisieren, wenn die zugrunde liegende Fragestellung richtungsgebunden ist
Dichotomisieren	Nur Degree- und Eigenvektor-Zentralität eingermaßen stabil, sonst massive Veränderung der Ergebnisse	Theoretisch begründet einsetzen: wie stark muss eine für die Untersuchung relevante Beziehung sein?
Zusammenfassen	Zentralität wird besonders stark verändert, die anderen Maße sind relativ stabil	Immer eigenständige Akteure untersuchen, nicht Gruppen gegensätzlich handelnder Individuen
Vergessen	Dichte entsprechend des Vergessens unterschätzt, Ermittlung von Subgruppen besonders problematisch	Den Befragten als Gedächtnisstütze Namenslisten vorlegen oder sie zeitnah Tagebuch führen lassen
Stichprobenzhg.	Grobe und ungenaue Schätzung von Dichte und Zentralisierung möglich, ansonsten ungeeignet	Anderes Design wählen, z.B. Fallstudien, die evtl. Schlüsse auf Gesamtpopulation zulassen
Ausfälle	Hohe Ausfallraten führen zu ähnlich schlechten Ergebnissen wie Stichprobenziehung	Akteure nicht auslassen, ihre Antworten durch Angaben ihrer Interaktionspartner rekonstruieren
Auslassen	Dichte stark überschätzt, Zentralität kann auch sehr problematisch sein	Nicht nach Einflussreputation kürzen, Besser gar nicht kürzen, eher kleinere Gruppe untersuchen

Tabelle 5.1: Zusammenfassung der Ergebnisse

suchten Netzwerks immer problematisch ist. Dichte und Zentralisierung sind ohnehin nur Indikatoren für bestimmte strukturelle Schwächen. Sie sind nicht einmal besonders gut geeignet, da sie nicht unabhängig voneinander sind. Allerdings können sie als schneller Weg betrachtet werden, um bei vorliegenden Datensätzen einen ersten Eindruck zur Anfälligkeit für verschiedene methodische Probleme zu erlangen. Langfristig sollten Algorithmen entwickelt und in Software für Netzwerkanalyse integriert werden, die speziell darauf ausgelegt sind, strukturelle Schwächen zu finden und Matrizen auf ihre Anfälligkeit hin zu beurteilen. Die Notwendigkeit für weitere Untersuchungen in diesem Bereich zeigt sich klar durch die Besorgnis erregenden Ergebnisse dieser Studie.

Literaturverzeichnis

Albert, Réka, Hawoong Jeong und *Albert-László Barabási*, 2000: Error and Attack Tolerance of Complex Networks. Nature 406: 378–382.

Batchelder, William H., 1989: Inferring Meaningful Global Network Properties from Individual Actor's Measurement Scales. In: *Freeman. Linton C., Douglas R. White* und *A.Kimball Romney* (Hg.), Research Methods in Social Network Analysis, S. 89–134. Fairfax: George Mason University Press.

Bernard, H. Russel, Peter Killworth, David Kronenfeld und *Lee Sailer*, 1984: The Problem of Informant Accuracy: The Validity of Retrospective Data. Annual Review of Anthropology 13: 495–517.

Bernard, H. Russell, Peter Killworth und *Lee Sailer*, 1981: Summary of Research on Informant Accuracy in Network Data, and on the Reverse Small World Problem. Connections 4: 11–25.

Borgatti, Stephen P., Martin G. Everett und *Linton C. Freeman*, 2002: Ucinet for Windows: Software for Social Network Analysis. Harvard: Analytic Technologies.

Brewer, Devon D., 2000: Forgetting in the Recall-based Elicitation of Personal and Social Networks. Social Networks 22: 29–43.

Burt, Ronald S. und *Thomas Schøtt*, 1989: Relational Contents in Multiple Network Systems. In: *Freeman. Linton C., Douglas R. White* und *A.Kimball Romney* (Hg.), Research Methods in Social Network Analysis, S. 185–213. Fairfax: George Mason University Press.

Butts, Carter T., 2003: Network Inference, Error, and Informant (In)Accuracy: A Bayesian Approach. Social Networks 25: 103–140.

Conrath, David W., Charles A. Higgins und *Ronald J. McClean*, 1983: A Comparison of the Reliability of Questionnaire versus Diary Data. Social Networks 5: 315–322.

Corman, Steven Robert, 1990: Computerized vs. Pencil and Paper Collection of Network Data. Social Networks 12: 375–384.

Costenbader, Elizabeth und *Thomas W. Valente*, 2003: The Stability of Centrality Measures when Networks are Sampled. Social Networks 25: 283–307.

Deseran, Forrest A. und *Lisa Black*, 1981: Problems with Using Self Reports in Network Analysis: Some Empirical Findings in Rural Counties. Rural Sociology 46: 310–318.

Doreian, Patrick und *Katherine L. Woodard*, 1992: Fixed List versus Snowball Selection of Social Networks. Social Science Research 21: 216–233.

Erickson, Bonnie H. und *Terry A. Nosanchuk*, 1983: Applied Network Sampling. Social Networks 5: 367–382.

Erickson, Bonnie H.and Nosanchuk Terry A. und *Edward Lee*, 1981: Network Sampling In Practice: Some Second Steps. Social Networks 3: 127–136.

Galaskiewicz, Joseph, 1991: Estimating Point Centrality Using Different Network Sampling Techniques. Social Networks 13: 347–386.

Goodman, Leo A., 1961: Snowball Sampling. Annals of Mathematical Statistics 32: 148–170.

Granovetter, Mark S., 1976: Network Sampling: Some First Steps. American Journal of Sociology 81: 1287–1303.

Hlebec, Valentina und *Anuska Ferligoj*, 2001: Respondent Mood and the Instability of Survey Network Measurements. Social Networks 23: 125–140.

Holme, Petter, Brom Jun Kim, Chang No Yoon und *Seung Kee Han*, 2002: Attack Vulnerability of Complex Networks. Physical Review 65: 1–14.

Johnson, Jeffrey C., James S. Boster und *Don Holbert*, 1989: Estimating Relational Attributes from Snowball Samples through Simulation. Social Networks 11: 135–158.

Killworth, Peter D. und *H. Russell Bernard*, 1976: Informant Accuracy in Social Network Data. Human Organization 35: 269–286.

Klovdahl, Alden S., Zamakhsyari Dhofier, G. Oddy, J. O'Hara, S. Stoutjesdijk und *A. Whish*, 1977: Social Networks in an Urban Area: First Canberra Study. Australian and New Zealand Journal of Sociology 13: 169–171.

Koehly, Laura M. und *Phillippa Pattison*, 2005: Random Graph Models for Social Networks: Multiple Relations or Multiple Raters. In: *Peter J. Carrington, John Scott* und *Stanley Wasserman* (Hg.), Models and Methods in Social Network Analysis, S. 162–189. New York: Cambidge University Press.

Laumann, Edward O., Peter V. Marsden und *David Prensky*, 1989: The Boundary Specification Problem in Network Analysis. In: *Linton C. Freeman, Douglas R. White* und *A. Kimball Romney* (Hg.), Research Methods in Social Network Analysis, S. 61–87. Fairfax: George Mason University Press.

Laumann, E.O., P.V. Marsden und *D. Prensky*, 1983: The Boundary Specification Problem in Network Analysis. In: *R.S Burt* und *M.J.r Mino* (Hg.), Applied Network Analysis: A Methodological Introduction, S. 18–34. Beverly Hills: Sage.

Marschall, Nicolas, 2006: Methodological Problems with Transformation and Size Reduction of Data Sets in Network Analysis. Diplomarbeit, Universität Konstanz, Fachbereich Politik- und Verwaltungswissenschaft. URL `http://w3.ub.uni-konstanz.de/kops/volltexte/2006/1942/`.

Marsden, Peter V., 1990: Network Data and Measurement. Annual Review of Sociology 16: 435–463.

Pappi, Franz Urban, Thomas König und *David Knoke*, 1995: Entscheidungsprozesse in der Arbeits- und Sozialpolitik. Der Zugang der Interessengruppen zum Regierungssystem über Politikfeldnetze: Ein deutsch-amerikanischer Vergleich. Frankfurt/New York: Campus Verlag.

Richards, William D., 1985: Data, Models, and Assumptions in Network Analysis. In: *Robert McPhee* und *Philip K. Tompkins* (Hg.), Organizational Communication: Traditional Themes and New Directions, S. 109–128. Beverly Hills: Sage.

Teil II

Netzwerke in öffentlichen Politiken

Kapitel 6

Überzeugungssysteme, Diskursnetzwerke und politische Kommunikation: Ein zweiter Blick auf die deutsche Chemikalienkontrolle der 1980er Jahre

Volker Schneider und Philip Leifeld

6.1 Ein neuer Blick auf alte Daten

Wie in vielen anderen sozialwissenschaftlichen Forschungsfeldern kann die Analyse sozialer und politischer Netzwerke nicht auf einer einzigen, umfassenden Theorie basieren. Stattdessen gibt es ein Spektrum an Ansätzen, die sich in den vergangenen Jahrzehnten entwickelt und gegenseitig bedingt haben. Während der „holistische" Strukturfunktionalismus und verwandte systemtheoretische Ansätze bis in die 1970er Jahre beliebt waren (Laumann und Pappi 1976; McCord 1980), ist die Policy-Analyse in den 1980ern und 1990ern zunehmend akteurs- und entscheidungsorientiert geworden (Burt 1982; Coleman 1990; Wippler 1978). Seit Ende der 1990er Jahre zeichnet sich bei der Untersuchung von Policy-Outcomes mit Hilfe relationaler und institutioneller Faktoren nun der Trend ab, kulturalistische Variablen als zentrale Konstrukte in die Erklärungen aufzunehmen.

So untersuchen Zafonte und Sabatier (1998) die Rolle von überlappenden Überzeugungssystemen („belief systems") in Abgrenzung zu funktionaler Interdependenz als Erklärungsfaktoren für Koordination zwischen Subsystemen, Weible und Sabatier (2005) erforschen den Überlappungsgrad zwischen Allianz-, Koordinations- und Überzeugungsnetzwerken, und Zafonte und Sabatier (2004) betrachten die Stabilität von Policy-Koalitionen auf der Basis gemeinsamer Überzeugungen der Akteure. Carpenter et al. (1997, 1998) vergleichen die relative Bedeutung starker und schwacher Verbindungen („strong ties" vs. „weak ties") sowie technischer Information für die Einflussreputation von Lobbyisten; bei Carpenter et al. (2004) werden Akteurspräferenzen einerseits und soziale Beziehungen zu Drittparteien andererseits als Erklärungsfaktoren für politische Kontaktaufnahme analysiert. Nach Huckfeldt und Sprague (1987) schließlich werden politische Kommunikationspartner sowohl aufgrund von kongruenten Präferenzprofilen als auch aufgrund leichter Erreichbarkeit oder funktionaler Gründe zum Informationstausch ausgewählt. Policy-Outcomes werden folglich nicht mehr wie in früheren Paradigmen aufgrund monolithischer Präferenzen angestrebt, sondern basieren auf prozessual veränderbaren Überzeugungen, die durch die Kommunikation politisch-strategischer und wissenschaftlich-technischer Erkenntnisse geformt werden und in politische Gelegenheitsstrukturen wie etwa gemeinsame Gremienmitgliedschaften eingefasst sind.

Eine besondere Bedeutung scheint sowohl in dieser Neuausrichtung der politischen Netzwerkforschung als auch bei der Untersuchung sogenannter Risikopolitiken der wissenschaftlichen Information zuzukommen. Sobald eine Policy betrachtet wird, die wie beispielsweise das Chemikalienproblem, Klimawandel oder HIV-Prävention von technischer Unsicherheit gekennzeichnet ist, erlangen Akteure dann eine hohe Einflussreputation und letztendlich eine große Macht im Bezug auf das Policy-Outcome, wenn sie gut informiert sind. Wie Carpenter et al. (2004) richtig beobachten, hat diese Erkenntnis schon Heclo (1978: 103) formuliert:

> „Knowing what is right becomes crucial, and since no one knows that for sure, going through the process of dealing with those who are judged knowledgeable [. . .] becomes even more crucial."

Der vorliegende Beitrag hat das Anliegen, die deutsche Chemikalienkontrollpolitik der 1980er Jahre im Lichte dieser neueren theoretischen Entwicklungen nachzuzeichnen. Während die Analyse von 1988 Interessenkonflikt, Machtstrukturen und institutionell moderierte Tauschprozesse in den Vordergrund stellte, erwarten wir von den kulturalistischen Ansätzen neue Einblicke in die Chemikaliengesetzgebung. Gleichzeitig möchten wir von methodologischen Fortschritten in der Netzwerkanalyse (Brandes und Erlebach 2005; Scott 2000; Wasserman und Faust 1994) und hier insbesondere der Visualisierung von Graphen (Brandes et al. 1999, 2001) Gebrauch machen, die zur Zeit früherer Studien eines der Autoren (Schneider 1990, 1988, 1986, 1985) noch nicht verfügbar waren. Zunächst soll das Politikfeld mit seinen Akteuren noch einmal kurz skizziert werden, bevor die eigentliche quantitative Analyse beginnt. Hier sollen erstens die Rolle der Wissenschaft im politischen Prozess und die Bedeutung wissenschaftlich-technischer Information in Abgrenzung zu politisch-strategischer Kommunikation evaluiert werden. Die zentrale Frage ist, welche Rolle Wissenskommunikation dabei spielt, einen Informationsvorsprung und damit Einfluss zu sichern. Welche Rolle spielen Forschungsorganisationen? Welche Art von Information ist wichtiger – wissenschaftliche oder politische? Der zweite Schwerpunkt des Beitrags ist die Beantwortung der Frage, was Akteure dazu veranlasst, mit anderen Akteuren in Kommunikation zu treten. Hier werden die Netzwerke nicht nur auf individueller Akteursebene oder auf aggregierter Netzwerkebene betrachtet, sondern es werden dyadische Informationen zugrundegelegt. Suchen sich politische Akteure solche Kommunikationspartner aus, die ähnliche Interessen haben oder als einflussreich wahrgenommen werden, oder eher solche, mit denen sie bereits andere Arten von Informationen tauschen oder die aufgrund gemeinsamer Gremienmitgliedschaft leicht erreichbar scheinen? Welchen Zusammenhang gibt es schließlich zwischen Information und dem Policy-Outcome? Die Schlussfolgerung wird die wichtigsten Ergebnisse kurz protokollieren und Anhaltspunkte für verbesserte Forschungsdesigns geben.

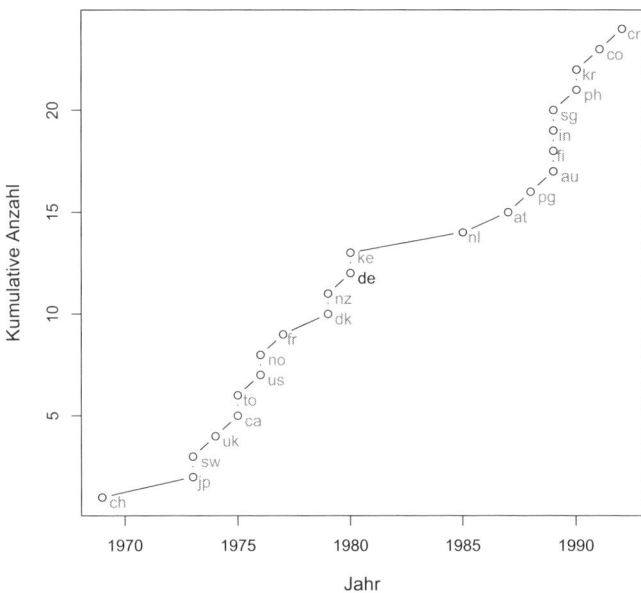

Abbildung 6.1: Die Diffusion der Chemikalienkontrolle. Quelle: UNEP (1995).

6.2 Das Politiknetzwerk der Chemikalienkontrolle

Nach dem Zweiten Weltkrieg nimmt die Produktion von Chemikalien so stark zu, dass zur damaligen Zeit etwa 100.000 verschiedene chemische Substanzen auf dem Markt gehandelt werden. Viele dieser Chemikalien sind erwiesenermaßen extrem schädlich für die menschliche Gesundheit und die Umwelt, teils schleichend oder erst nach Langzeitkontakt. Zu Beginn der 1970er Jahre entsteht daher in den meisten Industrienationen die Sichtweise, dass man sich einen reaktiven Ansatz im Umgang mit diesen lange als gefährlich eingestuften Substanzen nicht mehr leisten könne, daher werden in der Folgezeit nach und nach Chemikalienkontrollprogramme und Testprozeduren für chemische Substanzen entwickelt. Abbildung 6.1 zeigt, dass die Schweiz 1969 mit ihrem „Giftgesetz" ein Vorreiter ist, gefolgt von Japan und Schweden mit ähnlichen Gesetzen im Jahr 1973. Die beginnende weitere Verbreitung kann als früher Teil eines Policy-Diffusionsprozesses begriffen werden. Die Ausbreitungseffekte in dieser Kettenreaktion sind jedoch recht disproportional, zumal die US-amerikanische Gesetzgebung wohl eine weitaus größere Signalwirkung als alle anderen Gesetze bis dahin zusammengenommen hat. Die Ausbreitung auf alle OECD- und EC-Länder ist daher nicht einfach eine passive Übertragung auf der Basis von Informationsdissemination und Policy-Lernen, sondern es wird von Seiten der USA eine Agenda-Setzung über viele bilaterale und multilaterale Kanäle vorgenommen, die die OECD, die EC und sogar das Umwelt-Komitee der NATO umfasst (für weitere Details siehe Schneider 1988).

In der Bundesrepublik Deutschland wird gegen Ende der 1970er Jahre hauptsächlich auf Betreiben der OECD und der EC ein legislativer Prozess in Gang gebracht, der 1980 in der Verabschiedung des Gesetzes zum Schutz vor gefährlichen Stoffen (ChemG) mündet, das jedoch nur auf die Kontrolle neu vermarkteter Chemikalien beschränkt ist. Diese Einschränkung ist beabsichtigt, da die chemische Industrie fatale Folgen für ihre wirtschaftliche Grundlage befürchtet, wenn ihre Kontrollverpflichtungen auf alle Arten von Chemikalien ausgeweitet würden. Dem Verband der chemischen Industrie kommt in diesem Prozess eine sehr mächtige Rolle zu, da ihm das Repräsentationsmonopol der ökonomischen und industriellen Interessen obliegt und diese ein wichtiger Arbeitsgeber und Investor auf dem Weltmarkt ist. Die chemische Industrie ist nicht nur ein Wachstumssektor, sondern bietet aufgrund seiner Nähe zur Genforschung, Biotechnologie usw. eine gewisse Zukunftssicherheit. 20 Jahre später startet die Europäische Kommission eine neue Initiative, auch alte Chemikalien in ein umfassendes Schutzschema aufzunehmen (Rogers 2003). Die in diesem Beitrag vorgestellte Netzwerkanalyse bezieht sich jedoch auf den alten legislativen Prozess in den späten 1970er und frühen 1980er Jahren.

Da der Hauptreferenzpunkt des Policy-Akteurssystems das Chemikalienproblem und seine direkten und indirekten Effekte sind, ist es möglich, eine mehr oder weniger klar definierte Menge interessierter Akteure zu definieren. Was die direkten Effekte im Lebenszyklus einer Chemikalie angeht, sind Arbeitsschutz-, Gesundheits- und Umweltinteressen von der möglichen Toxizität solcher Substanzen betroffen. Darüber hinaus werden indirekt staatliche Akteure oder Parteien aktiviert, die Beziehungen zu direkt involvierten Interessen aufweisen, indem das Problem von diesen oder anderen Akteuren politisiert wird. Es ist daher möglich, theoretisch und aus einer institutionellen Perspektive das folgende Akteursset abzuleiten: Dazu gehören der Staat, die Parteien bzw. der parlamentarische Sektor, organisierte Interessen (Kapital, Arbeit, Umwelt und Verbraucher) und schließlich Akteure aus Wissenschaft und Technologie. Neben den prädefinierten institutionellen Strukturen entstehen andere Strukturen aus sozialen, interaktiven Prozessen. Während Akteure kommunizieren, Ressourcen tauschen oder kooperieren, werden diverse Abhängigkeiten geschaffen, die eine ebenso signifikante Auswirkung auf das individuelle oder kollektive Verhalten der involvierten Akteure haben. Sowohl ihr institutioneller Kontext als auch die unterschiedlichen Positionen der Akteure in den Emergenzstrukturen formen den Interaktionsprozess. So kommt es gleichsam zu vorteil- und nachteilhaften Positionen für die Akteure und somit zu Differenzen in Macht und Einfluss. Der Interaktionsprozess ist wiederum in Überzeugungen und Wahrnehmungen eingebettet, die einen Einfluss auf Kommunikationsmuster und Interessenpositionen nehmen. Kommunikationsnetzwerke dienen als Arena für den Austausch, die Synchronisation oder die Anpassung von Überzeugungen, Problemperzeptionen und Lösungsvorstellungen.

Zur Abgrenzung der Menge involvierter Akteure werden traditionelle Methoden aus der Eliteforschung benutzt. Das Problem der korrekten Auswahl von Akteuren ist nicht zu vernachlässigen, da die weiteren Ergebnisse der Analyse in hohem Maß von der Reliabilität und Validität dieser Verfahren abhängen. Zuerst können wir die

Regierung und öffentliche Verwaltung
BMA   Bundesministerium für Arbeit und Sozialordnung
BML   Bundesministerium für Landwirtschaft, Ernährung und Forsten
BMI   Bundesministerium des Innern
BMJ   Bundesministerium für Jugend, Familie und Gesundheit
BMW   Bundesministerium für Wirtschaft und Finanzen
BMT   Bundesministerium für Forschung und Technologie
BBA   Biologische Bundesanstalt
BAM   Bundesanstalt für Materialprüfung
BAU   Bundesanstalt für Arbeitsschutz und Unfallforschung
BGA   Bundesgesundheitsamt
UBA   Umweltbundesamt

Parteien
SPD   Sozialdemokratische Partei Deutschlands
CDU   Christlich-Demokratische Union
FDP   Freie Demokratische Partei

Organisierte Interessen
AGV   Arbeitsgemeinschaft der Verbraucher
BUND   Bund für Umwelt- und Naturschutz Deutschlands
VCI   Verband der Chemischen Industrie
BBU   Bundesverband der Bürgerinitiativen Umweltschutz
IHT   Deutscher Industrie- und Handelstag
VAA   Verband Angestellter Akademiker und Leitender Angestellter der
       Chemischen Industrie
IGC   Industriegewerkschaft Chemie, Papier, Keramik

Wissenschaft und Technologie
BGC   Berufsgenossenschaft der Chemischen Industrie
DFG   Deutsche Forschungsgemeinschaft
SRU   Sachverständigenrat für Umweltfragen
VDB   Verband der Betriebsärzte
GDC   Gesellschaft Deutscher Chemiker
GSF   Gesellschaft für Strahlenforschung

Internationale Organisationen
EC   Europäische Gemeinschaft
OECD   Organisation für wirtschaftliche Zusammenarbeit und Entwicklung
CEF   Europäischer Rat des Verbunds der Chemischen Industrie

Tabelle 6.1: Das Akteurssystem der Chemikalienkontrolle

politischen Akteure durch den *Positionsansatz* aus der Eliteforschung identifizieren: Alle möglichen Organisationen aus institutionellen Sektoren, die möglicherweise von dem Chemikalienproblem betroffen sein könnten, werden unter Zuhilfenahme relevanter Handbücher über öffentliche Organisationen und der Liste von Lobbyisten im Deutschen Bundestag zusammengestellt. Anschließend werden nach dem *Entscheidungsansatz* Pressearchive, Teilnehmerlisten von relevanten Veranstaltungen und Verwaltungsunterlagen zu Hilfe genommen, um die tatsächliche Beteiligung von Organisationen nachzuzeichnen und neue Akteure zu der Liste hinzuzufügen. Das Gesamtergebnis ist eine Liste mit 90 Organisationen, die gebeten werden, Jahresberichte, Positionspapiere, Pressematerial und andere relevante Materialien einzusenden. Auf der Grundlage dieser Unterlagen und Expertenurteilen werden dann 39 Organisationen in die Auswahl einbezogen und im Winter 1984/85 nach dem Vorbild von Laumann und Knoke (1987) und Laumann und Pappi (1976) mit einem standardisierten Fragebogen versehen. Acht weitere Akteure werden von den Akteuren benannt und ebenfalls in die Umfrage einbezogen. Nur 40 der 47 Akteure (85 %) können erfolgreich befragt werden. Um einen komplett abgedeckten *Einflusskern* aus dieser Akteursmenge auszuwählen, werden nur die 30 Akteure zurückbehalten, die mindestens einmal von Informanten als einflussreich genannt worden sind. Diese endgültige Liste von Akteuren ist in Tabelle 6.1 zu sehen.

6.3 Die Rolle der Wissenschaft im politischen Prozess

Der erste Schwerpunkt der Analyse soll die Rolle wissenschaftlicher Akteure und technischer Kommunikation im politischen Prozess sein. In den ursprünglichen Studien sind zwei unterschiedliche Kommunikationsbeziehungen per Fragebogen erhoben worden: politische/strategische Kommunikation und wissenschaftliche/technische Kommunikation. Die erste dieser Beziehungen ist mit der folgenden Frage erhoben worden:

> „Bitte nennen sie die Namen aller Organisationen, mit denen Sie regelmäßigen Informationsaustausch über Angelegenheiten der Chemikalienkontrolle pflegen."

Wissenschaftlich-technische Kommunikation wurde hingegen mit der folgenden Frage erhoben:

> „Für den Entscheidungsprozess zum Chemikaliengesetz waren wissenschaftliche und technische Informationen von zentraler Bedeutung.
>
> a) Von welcher der in der Liste genannten Organisationen erhält Ihre Organisation normalerweise wissenschaftliche und technische Informationen?
>
> b) An welche Organisationen liefert Ihre Organisation solche Informationen?"

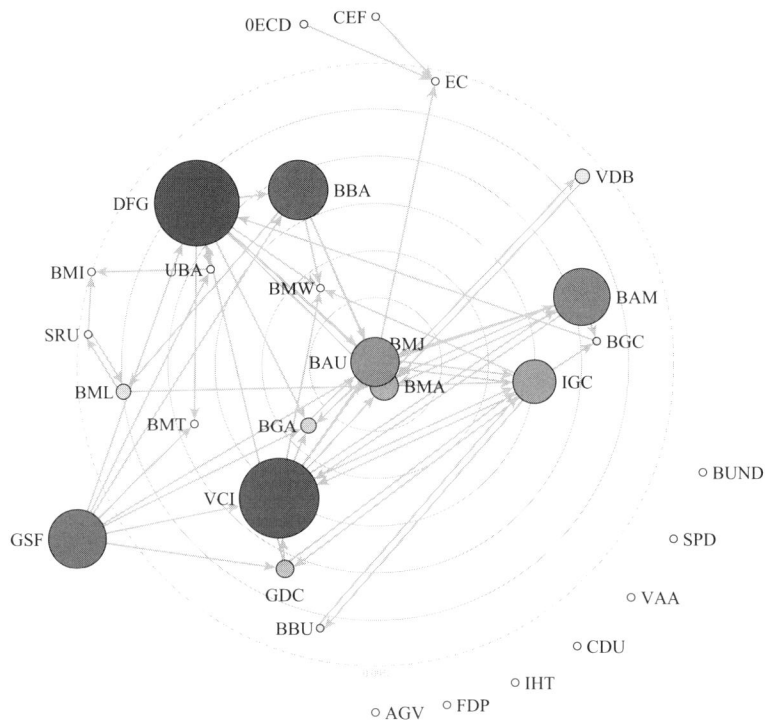

Abbildung 6.2: Sender und Empfänger wissenschaftlicher Information

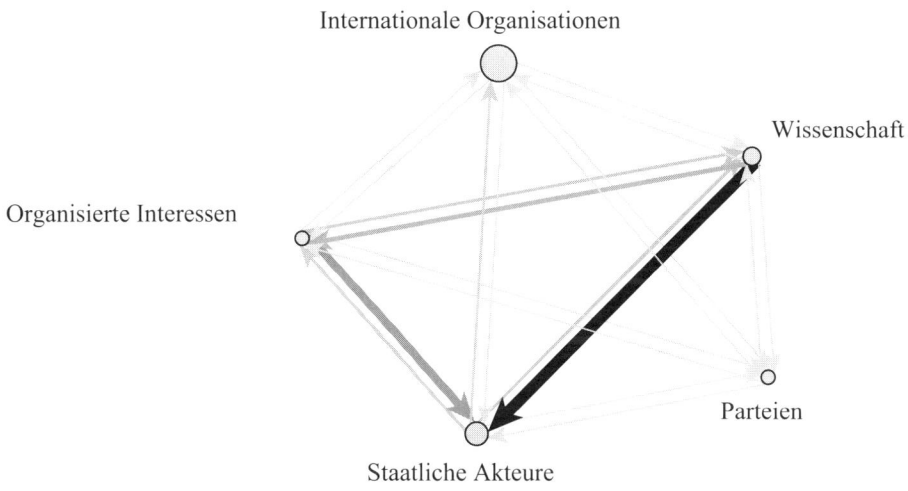

Abbildung 6.3: Wissenschaftlicher Informationstausch zwischen Akteursgruppen

6.3.1 Wissenschaftlicher Informationstausch auf Akteursebene

Diese zweigliedrige Frage nach dem Tausch wissenschaftlicher Informationen produziert je ein One-Mode-Netzwerk für jede der beiden Richtungen des Informationsflusses und ermöglicht die Überprüfung, ob die vom Sender angegebenen Informationen auch vom Empfänger bestätigt werden können. Die zweite Matrix wird zu diesem Zweck mit der Transponierten der ersten Matrix multipliziert, um ein bestätigtes One-Mode-Netzwerk wissenschaftlichen Informationstausches zu generieren. Abbildung 6.2 visualisiert diese Netzwerkdaten mit Hilfe der Software visone, wobei Maßzahlen für *Hubs* und *Authorities* als Lage respektive Farbton der Knoten visualisiert werden. Je zentraler ein Knoten gelegen ist, desto mehr wissenschaftliche Information empfängt dieser Akteur daher von Akteuren, die als wichtige Sender (*Hubs*) gelten. Interessanterweise sind die Bundesministerien bzw. -anstalten BMJ, BMA und BAU die technisch am besten informierten Akteure, gefolgt von einigen weiteren Ministerien. Während die Lage der Knoten die Zentralität der Informationsempfänger darstellt, gibt der Farbton der Knoten die Hub-Zentralität an, d. h. solche Akteure sind dunkler eingefärbt, die viele technische Informationen weitersenden und dabei in besonderem Maße die Akteure bedienen, die als *Authorities* gelten. Wichtige technische Informationssender sind demnach wie zu erwarten die wissenschaftlichen Organisationen, allen voran die *Deutsche Forschungsgemeinschaft* (DFG) und die *Gesellschaft für Strahlenforschung* (GSF). Ein ebenfalls auffälliger Informationssender ist die *Biologische Bundesanstalt*. Besonders ist hier jedoch die Rolle des *Verbands der Chemischen Industrie* (VCI) hervorzuheben, der ein äußerst wichtiger technischer Sender ist, jedoch vergleichsweise wenige Informationen empfängt. Dies trifft zwar auch auf die wissenschaftlichen Organisationen zu; bei diesen ist die Informationsdissemination jedoch ein unbestrittenes und allgemein akzeptiertes Organisationsziel, während die Tätigkeit des VCI im Lichte seiner Rolle als privater Interessenverband gesehen werden muss. Der VCI ist darüber hinaus in viele unbestätigte Informationskontakte involviert; er bezeichnet die Information, die er sendet, als wissenschaftlich-technisch, obgleich es sich eigentlich um politische Information handelt. Diese beiden Beobachtungen können als Hinweis darauf gewertet werden, dass der VCI eine starke Einflussnahme ausübt und die Überzeugungssysteme und Wahrnehmungen anderer Akteure mit Hilfe von gefilterten Informationen zu beeinflussen sucht, die er von anderen Akteuren empfängt und als wissenschaftlich deklariert. Dies ist vor allem möglich, da technische Informationen im Gegensatz zu politischen von den Akteuren in der Regel als glaubwürdig oder neutral eingestuft werden dürften. Die Ergebnisse der hier durchgeführten Berechnungen auf der Grundlage bestätigter Informationsflüsse sind dahingehend robust, dass sie größtenteils auch bei der Vereinigungsmenge der beiden Matrizen, also unbestätigtem Informationstausch, bestätigt werden können.

6.3.2 Wissenschaftlicher Informationstausch auf Gruppenebene

Bisher haben wir die individuelle Akteursebene betrachtet und möchten nun den Fokus auf Akteursrollen innerhalb des Politikfelds legen. Abbildung 6.3 zeigt die oben bereits aufgeführten Akteursgruppen und die Dichte des Informationstauschs zwischen diesen Gruppen (visualisiert als Breite und Farbton der Kanten). So kann in dem Schaubild abgelesen werden, dass zum einen wissenschaftliche Organisationen besonders häufig Regierungsakteure beraten und zum anderen diese Informationen auch über indirekte Kanäle ihr Ziel erreichen: Die zweithöchste Dichte haben Informationen, die von wissenschaftlichen Organisationen an Interessengruppen gesendet werden und von diesen – möglicherweise gefiltert – an die Regierung weitergegeben werden. Besonders aktiv sind hier im Einklang mit den oben beschriebenen Beobachtungen der VCI und die IGC. Die Größe eines Knotens gibt außerdem die interne Dichte einer Akteursgruppe wieder. Internationale Organisationen koordinieren sich demnach relativ stark untereinander, gefolgt von staatlichen Akteuren. Dennoch spielt externer Austausch für internationale Organisationen keine Rolle. Die Parteien erhalten nach eigenen Angaben Informationen von den Ministerien, dies wird von den Behörden jedoch nicht bestätigt.

6.3.3 Technische vs. politische Kommunikation - Eine Doppelstrategie

Die vorangegangenen Ausführungen machen deutlich, dass die industriellen Interessengruppen versuchen, wissenschaftliche Informationen an Schlüsselakteure zu senden und so die Problemwahrnehmungen dieser Akteure zu prägen. Eine ebenso wichtige Frage ist, warum Akteure als einflussreich wahrgenommen werden. Einflussreputation ist ein Konzept zur Messung von Macht und Einfluss, bei dem Macht per Befragung statt per direkter Messung in Erfahrung gebracht wird. Man kann dabei die klassischen Probleme der Umfrageforschung umgehen, da bereits der einfache Glaube an den Einfluss eines Akteurs einen ähnlichen Effekt wie tatsächliche Macht bedeuten kann. Machtreputation wird daher als empirischer Proxy eingesetzt. Heclo (1978: 103) wirft die Hypothese auf, dass sich Akteure in Zeiten großer informationeller Unsicherheit und gestiegener Komplexität ihre Informationen von anderen Akteuren beschaffen müssen und dass diese informierten Akteure daher besonders einflussreich sind. Trifft dies auf wissenschaftlich-technische Informationen in gleichem Maße zu wie auf politisch-strategische Informationen? Wir vermuten, dass wissenschaftliche Kommunikation wie im Fall der industriellen Interessen eher der subtilen Prägung von Perzeptionen und Überzeugungen dient, während politische Kommunikation der direkten Einflussnahme oder dem direkten strategischen Austausch dient. Demnach müssten politisch-strategisch gut informierte Akteure eher als offenkundig einflussreich wahrgenommen werden. Daraus folgen zwei Hypothesen:

H_1: Wissenschaftliche Kommunikation hat nur einen moderaten Einfluss auf die Einflussreputation von Akteuren.

H_2: Politische Kommunikation hat einen starken Einfluss auf die Einflussreputation von Akteuren.

Zur Überprüfung der Hypothesen nutzen wir eine OLS-Regression mit der Eigenvektorzentralität der Einflussreputation der Akteure als abhängiger Variable und den entsprechenden Zentralitäten der beiden Kommunikationsbeziehungen als unabhängigen

	Einflussreputation
Politische Information	0,83***
Technische Information	−0,23
R^2	0,53

Tabelle 6.2: OLS-Regression. $^{***}p < 0,001$, $^{**}p < 0.01$, $^{*}p < 0.05$, $^{.}p < 0.1$

Variablen. Da Netzwerkdaten in der Regel aufgrund besonderer Mechanismen im datengenerierenden Prozess (wie etwa „preferential attachment") einem Power Law folgen, müssen sie zuerst in geeigneter Weise transformiert werden, um die Linearitätsannahme der OLS-Regression nicht zu verletzen. Wir nutzen hier eine Box-Cox-Power-Transformation, um den jeweiligen optimalen Exponenten zu finden und die Daten entsprechend zu transformieren. Tabelle 6.2 zeigt die Ergebnisse der Berechnung (vgl. auch Abbildung 6.4).

Akteure, die politisch-strategisch eine hohe Kommunikationszentralität aufweisen, sind demnach einflussreicher als weniger gut informierte Akteure; der Zusammenhang ist recht stark und außerdem hochsignifikant. Da es sich um eine Vollerhebung handelt, müssen Signifikanzniveaus mit Vorsicht interpretiert werden; die Stärke des Zusammenhangs zeigt jedoch bereits, dass ein recht großer Effekt vorhanden ist. Wissenschaftliche Information scheint hingegen keine Rolle im Bezug auf Einflussreputation zu spielen; es kann kein Zusammenhang nachgewiesen werden. Offenkundig nutzen die Akteure wissenschaftliche Information auf subtile Weise, um Einfluss zu nehmen und Sichtweisen zu formen, während politische Kommunikation eher zu offenkundigem Einfluss verhilft. Wir werden politische Kommunikation daher im folgenden Abschnitt genauer beleuchten.

6.4 Die Rolle politischer Kommunikation

Politische Kommunikation ist neben der wissenschaftlichen Kommunikation eine Schlüsselvariable bei der Erklärung politischer Einflussnahme und letztendlich des Policy-Outcomes. Es ist daher zum einen die Frage zu stellen, wodurch Kommunikation induziert wird; zum anderen gilt es zu klären, wie dominant die kommunikativsten Akteure letztendlich bei der Ausgestaltung des Chemikaliengesetzes sind.

6.4.1 Was induziert Kommunikation?

Huckfeldt und Sprague (1987) sowie Carpenter et al. (2004) kommen übereinstimmend zu dem Ergebnis, dass die Wahl eines Gesprächspartners zum einen durch gemeinsame Präferenzen und zum anderen durch den sozialen Kontext bestimmt wird. Diese soziale Komponente sind bei Carpenter et al. (2004) die gemeinsamen Beziehungen zu dritten Akteuren („social trust") und bei Huckfeldt und Sprague (1987) die einfache Erreichbarkeit der potenziellen Kommunikationspartner (Erreichbarkeitshypothese). Beiden Arbeiten ist gemein, dass sowohl Kongruenz in den Präferenzen/Interessen

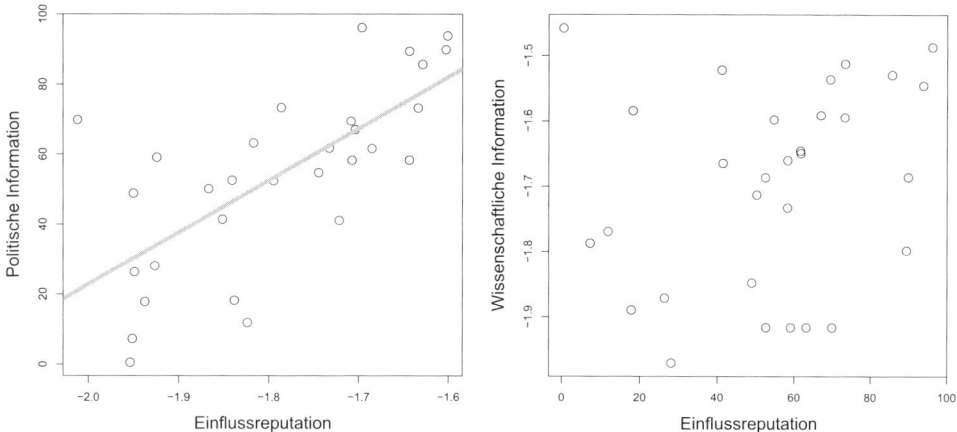

Abbildung 6.4: Kommunikationszentralität und Einflussreputation

zweier Akteure als auch die An- oder Abwesenheit sozialer Faktoren bei der Entscheidung für oder gegen einen Kommunikationspartner relevant sind. In beiden Fällen werden dyadische Kommunikationsbeziehungen als abhängige Variablen untersucht. Daraus ergeben sich auch für die vorliegende Studie zwei interessante Hypothesen. Eine davon ist die Präferenzhypothese:

H_3: Je ähnlicher die Interessen zweier Akteure sind, desto wahrscheinlicher ist es, dass sie Informationen austauschen.

Diese Hypothese entspricht zugleich dem in der Soziologie sehr beliebten Homophilie-Konzept (für einen Überblick über mehr als 100 Homophilie-Studien siehe McPherson et al. 2001). Interessen wurden in der Original-Studie von 1988 mit Hilfe von sechs Fragen in Erfahrung gebracht, die sich auf die Hauptdimensionen des Problems beziehen. Die Befragten konnten eine positive, neutrale oder negative Einstellung zu den folgenden Kernpunkten angeben:

Selbstregulierung: Sollte der Staat überhaupt gesetzgeberisch tätig werden, oder sollte Selbstregulierung vorangetrieben werden, wie es vom VCI vorgeschlagen wurde?

Ausmaß: Einige Akteure favorisierten eine *ressortübergreifende Lösung*, die gleichzeitig Umwelt-, Gesundheits- und soziale Aspekte in einen gesetzlichen Rahmen fassen sollte, andere waren für die *kleine Lösung*, die nur auf eine Regulierung eng gefasster ökologischer Aspekte des Chemikalienproblems abzielte.

Verfahren: Ein anderes Thema war die Entscheidung zwischen einem *Zulassungsverfahren*, d. h. die Zulassung chemischer Substanzen müsste von einer staatlichen

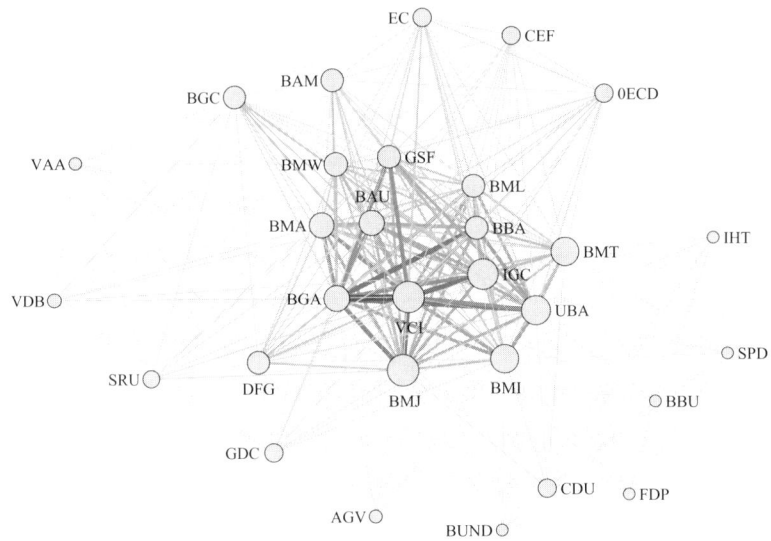

Abbildung 6.5: Gremienstruktur

Stelle kontrolliert werden, und einem *Anmeldeverfahren*, bei dem die Hersteller die entsprechende Stelle nur über das neue Produkt informieren müssten.

Kontrollzeitpunkt: Sollten die Kontrollmechanismen bereits vor der Herstellung oder erst vor der Vermarktung kontrolliert werden?

Intensität: Sollten alle Chemikalien kontrolliert werden, oder sollte die Kontrolle vom hergestellten Volumen abhängig sein?

Auf dem Markt befindliche Substanzen: Sollten die 50.000 chemischen Substanzen, die bereits auf dem Markt waren, wie neue Substanzen behandelt werden oder gar nicht in Betracht gezogen werden?

Wenngleich diese sechs Streitfragen („Issues") den komplexen legislativen Prozess nicht vollständig abbilden können, handelt es sich bei ihnen doch um die Kernaspekte, deren ausschließliche Betrachtung hier aus pragmatischen Gründen erfolgen muss. Auf der Basis dieser Daten wurde eine quadratische Distanzmatrix errechnet, die die Unähnlichkeiten der Interessenpositionen als euklidische Distanzen zwischen zwei beliebigen Akteuren darstellt. Nach der Transformation der Distanzen d_{ij} in Ähnlichkeiten $s_{ij} = 1 - d_{ij}$ erhalten wir die erste unabhängige Variable des Regressionsmodells, die Präferenzähnlichkeit.

Die zweite aus den obigen Überlegungen folgende Hypothese ist die Erreichbarkeitshypothese:

H_4: An je mehr gemeinsamen Gremien zwei Akteure teilnehmen, desto höher ist ihre Kommunikationswahrscheinlichkeit.

Hintergrund dieser Hypothese ist die Überlegung, dass politische Akteure am ehesten mit solchen Organisationen Kontakt aufnehmen, deren Erreichbarkeit leicht gegeben ist und bei denen keine Transaktionskosten anfallen. Der Anreiz für solche Kontakte besteht darin, sich möglichst gut zu informieren und zu positionieren. Abbildung 6.5 zeigt eine Visualisierung der Gremienstruktur. Es existiert ein recht kohäsiver Kern an Gremienverbindungen, in dem wiederum VCI und IGC sowie die meisten Bundesministerien sehr zentrale Positionen einnehmen. Umweltinteressen beispielsweise haben erst gar nicht die Gelegenheit, Kontakte in Gremien aufzubauen, da sie von vorn herein nicht mit am Tisch sitzen.

Neben den beiden von Huckfeldt und Sprague (1987) und Carpenter et al. (2004) vorgeschlagenen Mechanismen sind weitere Anreize denkbar. So werden Akteure vermutlich eher geneigt sein, politische Informationen mit Akteuren auszutauschen, mit denen sie bereits wissenschaftliche Informationen tauschen, da die Barriere nicht mehr so groß ist. Der gleiche Mechanismus ist auch umgekehrt denkbar: Akteure werden dann wissenschaftliche Informationen tauschen, wenn sie bereits politische Informationen tauschen.

> H_5: Die Wahrscheinlichkeit, dass zwei Akteure eine Art von Information tauschen, ist höher, wenn sie bereits eine andere Art von Information tauschen.

Die letzte der vier Hypothesen ist ein Argument, das als „preferential attachment" bekannt ist: Ein Akteur wird dann mit höherer Wahrscheinlichkeit einen anderen Akteur als Kommunikationspartner auswählen, wenn er diesen bereits als einflussreich einschätzt, da einflussreiche Kontakte zur Durchsetzung eigener Interessen vorteilhaft sind: Sie können die besten Ressourcen bieten, und ihre Zentralität im Kommunikationsnetzwerk verschafft ihnen die Möglichkeit, Visionen oder auch ganz konkrete Forderungen leichter an andere Akteure zu verteilen, als periphere Akteure dazu in der Lage wären. Hier verläuft die Kausalität vermutlich in beide Richtungen: Akteure werden einflussreich, indem sie viele Kontakte machen (siehe auch Abschnitt 6.3), und Kontakte mit viel Einfluss werden aufgrund ihrer positiven Externalitäten häufig als Kommunikationspartner gewählt.

> H_6: Je höher ein Akteur den Einfluss seines Gegenübers einschätzt, desto höher ist die Wahrscheinlichkeit, dass er diesen als Kommunikationspartner wählt.

Es ist nun fraglich, auf welche Art von Kommunikation der jeweilige Mechanismus zutrifft. So können etwa Gelegenheitsstrukturen wie Gremien für beide Arten von Kommunikation förderlich sein, während man technische Informationen vielleicht nicht notwendigerweise an einflussreiche Akteure geben möchte. Die folgenden Regressionen testen daher zwei konkurrierende Modelle: das politische und das technische Modell. Betrachtet werden ausschließlich dyadische Informationen, so dass $n = 30^2 - 30 = 870$ Dyaden untersucht werden können. Um dem Problem der Autokorrelation und Multikollinearität in quadratischen Matrizen zu entgehen, wird hier eine multiple Regression mit einer „quadratic assignment"-Prozedur (MRQAP) verwendet, die den Effekt mehrerer unabhängiger Matrizen auf eine abhängige Matrix

	Modell 1 Politische Information	Modell 2 Technische Information
Politische Information		0,12***
Technische Information	0,35***	
Einflussreputation	0,19***	0,01
Präferenzähnlichkeit	0,02˙	−0,01
Gemeinsame Gremien	0,07***	0,02**
R^2	0,28	0,14

Tabelle 6.3: QAP-Regression. $^{***}p < 0,001,$ $^{**}p < 0.01,$ $^{*}p < 0.05,$ $˙p < 0.1$

berechnen kann, ohne dabei verzerrte Schätzer aufgrund kollinearer Daten zu produzieren. Details finden sich bei Dekker et al. (2005). Die Ergebnisse werden in Tabelle 6.3 dargestellt.

Der Modellfit zeigt, dass das Modell maßgeblich besser auf politische Kommunikation passt als auf wissenschaftliche Kommunikation; insgesamt ist die Erklärungskraft jedoch moderat. Das Hauptargument von Huckfeldt und Sprague (1987) und Carpenter et al. (2004), die Kongruenz von Interessen, scheint nur ein mittelmäßiger Prädiktor für Kommunikationsbeziehungen zu sein. Während die Akteure politische Informationen oftmals mit ähnlich gesinnten Akteuren tauschen, geben sie wissenschaftliche Informationen lieber an andersartige Akteure weiter, was als weitere Bestätigung der These aufgefasst werden kann, dass organisierte Interessen subtile Beeinflussung über die Dissemination technischen Wissens ausüben. Stehen zwei Akteure jedoch bereits in Kontakt, wird auch die jeweils andere Art von Kommunikation initiiert. Nimmt eine Organisation eine andere als einflussreich wahr, ist sie bestrebt, einen politisch-strategischen Informationsaustausch mit dieser zu beginnen, nicht jedoch wissenschaftliche Informationen zu senden. Dies wiederum lässt sich mit dem Umstand erklären, dass solche Akteure als einflussreich empfunden werden, mit denen man viel kommuniziert, nicht jedoch solche, die eine gegensätzliche Position vertreten. Diese Gegenparteien möchte man lieber mit technischen Darstellungen beeinflussen. Gelegenheitsstrukturen über gemeinsame Gremienzugehörigkeit bieten schließlich bei beiden Kommunikationsbeziehungen starke Anreize zur Initiierung eines Kontakts.

Der moderate Determinationskoeffizient impliziert, dass es weitere wichtige Erklärungsfaktoren geben muss, die Kommunikationsflüsse und wohl letztendlich das Policy-Outcome beeinflussen. Wie aus einer Vielzahl kulturalistisch orientierter Arbeiten hervorgeht, sind dies neben den hier vorgestellten Variablen vermutlich allen voran die Überzeugungen der Akteure (vgl. exemplarisch Zafonte und Sabatier 1998). In der ursprünglichen Befragung von 1988 wurde die Ideologie der Akteure mit Hilfe einer vergleichsweise rudimentären Frage erhoben, indem die Befragten mit vier kurzen Textabschnitten konfrontiert wurden, die prototypisch für vier Ideologien sind (*kapitalistisch, wohlfahrtstechnokratisch, ökologisch/umweltorientiert, sozialistisch*). Die Akteure wurden gebeten, ihre Zustimmung oder Ablehnung zu diesen Ideologien bzw.

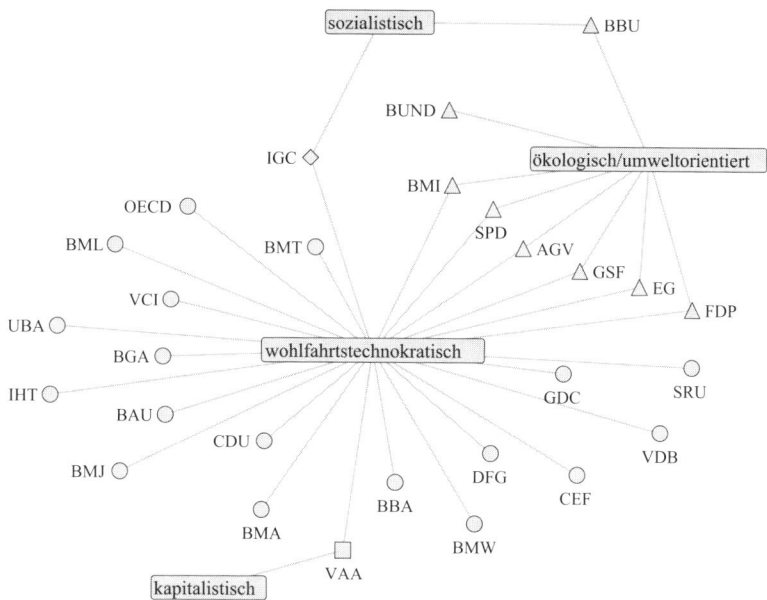

Abbildung 6.6: Die Affiliation der Akteure zu vier Ideologien

den zugehörigen Texten anzugeben, so dass ein binäres Two-Mode-Netzwerk erhoben werden konnte, das grafisch in Abbildung 6.6 dargestellt ist. Die dominante Ideologie ist demnach die wohlfahrtstechnokratische, wobei viele „grüne" Akteure auch gleichzeitig die Affiliation zur technokratischen Ideologie angeben. Es wäre nun interessant zu prüfen, ob ideologische Ähnlichkeit eine Auswirkung darauf hat, ob Akteure miteinander in politische oder technische Kommunikation treten. Für diesen Zweck benötigt man jedoch anspruchsvollere Messungen und Skalierungen, die die ideologische Ähnlichkeit zwischen Akteuren besser abbilden können. Dies führt in die theoretische und methodologische Richtung der *Diskursnetzwerke*, die an anderer Stelle in diesem Band behandelt werden. Hinzu kommt, dass die Abgrenzung zwischen Ideologie und anderen Arten von Überzeugungen hier nicht näher theoretisch bestimmt worden ist. Wir verzichten daher auf die Einbeziehung ideologischer Proximität in die Analyse des Akteursverhaltens und verweisen darauf, dass zukünftige Forschung im Bereich von Diskursnetzwerken diese Nische besetzen sollte.

6.4.2 Der Einfluss auf das Policy-Outcome

Nachdem die Gründe für das Eingehen von Kommunikationsrelationen geklärt sind, bleibt die Frage, inwiefern die Akteure ihren Informationsvorsprung bei der Ausgestaltung des Gesetzes nutzen können. Hier bietet sich die zweidimensionale Kartierung der Akteurspräferenzen an. Die oben errechneten Distanzen zwischen den Organisationen unterliegen einer extrinsischen Dimensionalität, die mittels einer multidimensionalen Skalierung auf die den Daten inhärente intrinsische Dimensionalität reduziert werden kann (vgl. Jain und Dubes 1988: 42). Auf diese Weise kann ein zweidimensionales Abbild der Distanzen mit einem geringen, nicht darstellbaren Restwert (dem „Stress"-Wert) von 0,09 erreicht werden. Abbildung 6.7(a) zeigt das Ergebnis dieses Verfahrens. Auf der linken Seite im Plot finden sich vorwiegend Umwelt- und Konsumenteninteressen, während auf der rechten Seite des Diagramms hauptsächlich die Industrieinteressen sowie die staatlichen Behörden zu verorten sind. Die im Gesetz realisierte Position ist deckungsgleich mit der Position des VCI, die rechts im Bild inmitten eines großen Clusters von Akteuren zu sehen ist. Die horizontale Achse des Diagramms kann offensichtlich als Gewinner-Verlierer-Dimension interpretiert werden; sie zeigt die mächtigen Befürworter auf der rechten Seite gegenüber den relativ machtlosen Gegnern dieser Version des verabschiedeten Chemikaliengesetzes auf der linken Seite. Die vertikale Dimension ist weniger einfach zu interpretieren. Hier können wir gleichsam Differenzen im Bezug auf Produzenteninteressen und Umweltinteressen feststellen, es kann jedoch im Gegensatz zur horizontalen Achse kein kontinuierlicher Trend abgelesen werden.

Gleichzeitig ist diese MDS ein Bubble-Plot, in dem die Kommunikationszentralität eines Akteurs durch die Größe eines Kreises angegeben wird, der um den jeweiligen Akteur gespannt wird. So ist deutlich zu sehen, dass die Akteure, die viele politisch-strategische Informationen erhalten und sich mit vielen anderen Akteuren abstimmen, auch am nächsten am realisierten Policy-Outcome liegen. Dies legt die Vermutung nahe, dass politische Kommunikation im Gegensatz zur wissenschaftlichen Kommunikation der direkten Einflussnahme dient. Unterstützt wird diese Vermutung durch die Tatsache, dass auch Einflussreputation und Kommunikation wie weiter oben gezeigt stark miteinander korrelieren.

Der Zusammenhang zwischen der Zentralität eines Akteurs im politischen Kommunikationsnetzwerk und seiner Fähigkeit, seine Interessen durchzusetzen, wird in dem Scatterplot mit Loess-Smoother in Abbildung 6.7(b) noch deutlicher aufgezeigt. Hier wurde als Berechnungsgrundlage die euklidische Distanz zwischen den sechs gemessenen Präferenzen eines Akteurs und der letztlich im Gesetz realisierten Position herangezogen. Je zentraler ein Akteur im Kommunikationsnetzwerk ist, desto näher liegt er von seinen Präferenzen her am realisierten Policy-Outcome. Dies legt den Schluss nahe, dass die Einbettung eines Akteurs in politische Informationsaustauschbeziehungen von wesentlicher Bedeutung dafür ist, ob er im politischen Prozess seine Interessen erfolgreich wahren kann.

6.5 Schlussfolgerung

Der vorliegende Beitrag hat zum einen die Rolle der wissenschaftlichen Kommunikation und zum anderen die Bedeutung der politischen Kommunikation für die Chemikaliengesetzgebung der 1980er Jahre analysiert. Dabei sind einige interessante Ergebnisse produziert worden, die noch einmal knapp festgehalten werden sollen:

1. Organisierte Interessen verfolgen eine Doppelstrategie: Sie filtern technische Informationen, die sie von wissenschaftlichen Organisationen erhalten, und

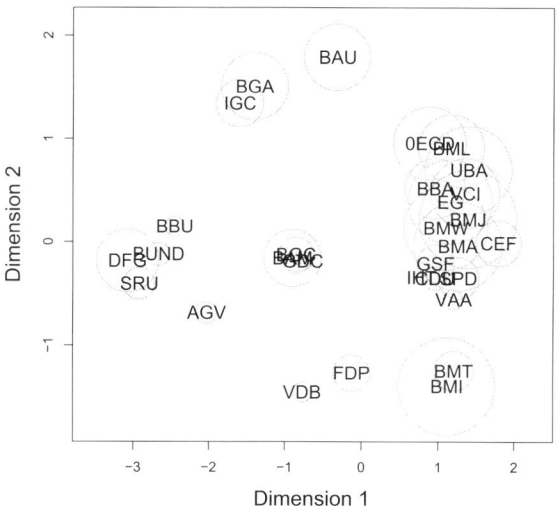

(a) Multidimensionale Skalierung der Interessenpositionen mit eingezeichneter Kommunikationszentralität als Bubble-Plot

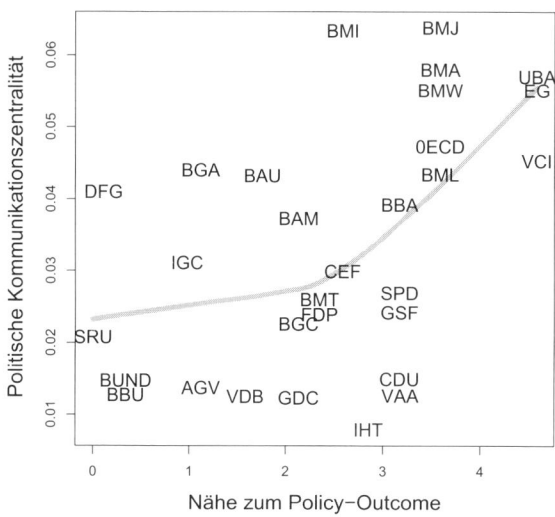

(b) Der Zusammenhang zwischen Zentralität im politischen Kommunikationsnetzwerk und Nähe zum Policy-Outcome

Abbildung 6.7: Interessenpositionen und Kommunikationszentralität

geben sie an staatliche Akteure weiter, um eine subtile Beeinflussung ihrer Überzeugungen zu erreichen. Gleichzeitig knüpfen sie politisch-strategische Kontakte, um ihre direkte Einflussposition auszubauen, sofern sie über die erforderlichen Gelegenheiten dazu verfügen.

2. Gremien fungieren als Gelegenheitsstrukturen, um ohne weitere Transaktionskosten Kontakte knüpfen und ausbauen zu können und Akteure beeinflussen zu können.

3. Akteure, die über bessere Abstimmungs- und Beeinflussungskanäle verfügen, können ihre Interessenposition stärker durchsetzen als periphere Akteure in den Kommunikationsnetzwerken.

Die Analyse hat dazu beigetragen, die Rolle politischer Kommunikation im Policy-Making besser zu verstehen. Vernachlässigt werden musste aufgrund nur rudimentär erhobener Daten die Rolle der Ideologie, die neben policy-spezifischen Überzeugungen („policy core beliefs" nach Zafonte und Sabatier 1998) in den Akteuren existiert. Es wäre wünschenswert, entsprechende Hypothesen für beide Arten von Überzeugungen in zukünftige Forschungsdesigns direkt aufzunehmen, um die Rolle kultureller Variablen im Policy-Making noch genauer erforschen zu können. Im Hinblick darauf wäre es vorteilhaft, exaktere Messverfahren für die Präferenzmessung wie auch die Messung von Überzeugungen zu entwickeln. Vielversprechend scheinen in dieser Hinsicht quantitative Methoden der Diskursanalyse zu sein, die in diesem Sammelband an anderer Stelle diskutiert werden.

Literaturverzeichnis

Brandes, Ulrik und *Thomas Erlebach* (Hg.), 2005: Network Analysis: Methodological Foundations. Berlin: Springer-Verlag.

Brandes, Ulrik, Patrick Kenis, Jörg Raab, Volker Schneider und *Dorothea Wagner*, 1999: Explorations into the Visualization of Policy Networks. Journal of Theoretical Politics 11: 75–106.

Brandes, Ulrik, Jörg Raab und *Dorothea Wagner*, 2001: Exploratory Network Visualization: Simultaneous Display of Actor Status and Connections. Journal of Social Structure 2: 1.

Burt, Ronald S., 1982: Toward a Structural Theory of Action: Network Models of Social Structure, Perception, and Action. New York: Academic Press.

Carpenter, Daniel P., Kevin M. Esterling und *David M.J. Lazer*, 1997: Information and Contact-Making in Policy Networks: A Model with Evidence from the U.S. Health Policy Domain. In: Presented at the Annual meeting of the American Political Science Association.

Carpenter, Daniel P., Kevin M. Esterling und *David M.J. Lazer*, 1998: The Strength of Weak Ties in Lobbying Networks – Evidence from Health-Care Politics in the United States. Journal of Theoretical Politics 10: 417–444.

Carpenter, Daniel P., Kevin M. Esterling und *David M.J. Lazer*, 2004: Friends, brokers, and transitivity: Who informs whom in Washington politics? The Journal of Politics 66: 224–246.

Coleman, James Samuel, 1990: Foundations of Social Theory. Cambridge, Mass.: Belknap Press of Harvard University Press.

Dekker, David, David Krackhardt und *Tom A.B. Snijders*, 2005: Sensitivity of MR-QAP Tests to Collinearity and Autocorrelation Conditions. Working Paper 2005-03, Carnegie Mellon, Heinz School.

Heclo, Hugh, 1978: Issue Networks and the Executive Establishment. In: *Anthony King* (Hg.), The New American Political System, S. 87–124. Washington, D.C.: American Enterprise Institute.

Huckfeldt, Robert und *John Sprague*, 1987: Networks in Context: The Social Flow of Political Information. The American Political Science Review 81: 1197–1216.

Jain, Anil K. und *Richard C. Dubes*, 1988: Algorithms for Clustering Data. Upper Saddle River, NJ: Prentice-Hall.

Laumann, Edward O. und *David Knoke*, 1987: The Organizational State: Social Choice in National Policy Domains. Madison: University of Wisconsin Press.

Laumann, Edward O. und *Franz Urban Pappi*, 1976: Networks of Collective Action: A Perspective on Community Influence Systems. New York: Academic Press.

McCord, Edward, 1980: Structural-Functionalism and the Network Idea: Towards an Integrated Methodology. Social Networks 4: 371–381.

McPherson, Miller, Lynn Smith-Lovin und *James M. Cook*, 2001: Birds of a Feather: Homophily in Social Networks. Annual Review of Sociology 27: 415–444.

Rogers, Michael D., 2003: The European Commission's White Paper Strategy for a Future Chemicals Policy: A Review. Risk Analysis 23: 381–388.

Schneider, Volker, 1985: Corporatist and Pluralist Patterns of Policy-Making for Chemicals Control: A Comparison Between West Germany and the USA. In: *Alan Cawson* (Hg.), Organized Interests and the State. Studies in Meso-Corporatism, S. 174–192. Beverly Hills: Sage.

Schneider, Volker, 1986: Tauschnetzwerke in der Politikentwicklung. Journal für Sozialforschung 26: 383–416.

Schneider, Volker, 1988: Politiknetzwerke der Chemikalienkontrolle: Eine Analyse einer transnationalen Politikentwicklung. New York/Berlin: de Gruyter.

Schneider, Volker, 1990: Control as a Generalized Exchange Medium within the Policy Process? A Theoretical Interpretation of a Policy Analysis on Chemicals Control. In: *Bernd Marin* (Hg.), Governance and Generalized Exchange. Self-Organization Policy Networks in Action. Frankfurt: Campus.

Scott, John, 2000: Social Network Analysis: A Handbook. London: Sage Publications.

UNEP, 1995: Guidanceppp on Chemicals Legislation: Overview. Final Draft. United Nations Environment Programme, Environmental Law and Institutions Programme Activity Center, International Register of Potentially Toxic Chemicals. URL `http://portalserver.unepchemicals.ch/Publications/Forms/All.htm`.

Wasserman, Stanley und *Katherine Faust*, 1994: Social Network Analysis: Methods and Applications. Cambridge: Cambridge University Press.

Weible, Christopher M. und *Paul A. Sabatier*, 2005: Comparing Policy Networks: Marine Protected Areas in California. Policy Studies Journal 33: 181–202.

Wippler, Reinhard, 1978: The Structural-Individualistic Approach in Dutch Sociology. Netherlands Journal of Sociology 14: 135–155.

Zafonte, Mathew und *Paul A. Sabatier*, 1998: Shared Beliefs and Imposed Interdependencies as Determinants of Ally Networks in Overlapping Subsystems. Journal of Theoretical Politics 10: 473–505.

Zafonte, Mathew und *Paul A. Sabatier*, 2004: Short-Term versus Long-Term Coalitions in the Policy Process: Automotive Pollution Control, 1963-1989. Policy Studies Journal 32: 75–107.

Kapitel 7

Zwischen Hierarchie, Pluralismus und Netzwerk: Die Beziehungen zwischen Regierung und Verwaltung am Beispiel der amerikanischen Gesundheitspolitik

Verena Halbherr

7.1 Fragestellung

Der Diskussion um die Entstehung politischer Entscheidungen liegt in der Politikwissenschaft meist das klassische Staatsverständnis zugrunde. Dieses geht davon aus, dass die gesetzgebende Gewalt dem Einfluss verschiedener Interessengruppen ausgesetzt ist und die vom Parlament und der Regierung beschlossenen Gesetze durch das „Vollzugsinstrument" Verwaltung lediglich umgesetzt werden. Das folgende Kapitel befasst sich dagegen mit einem in den meisten Studien wenig beachteten Aspekt: der Interaktion zwischen Verwaltung und Regierung. Aus verschiedenen theoretischen Ansätzen lassen sich Hypothesen über die interorganisatorischen Beziehungen zwischen Regierung und Verwaltung ableiten. Die empirische Netzwerkanalyse hat das Potenzial diese Hypothesen zu operationalisieren und zu visualisieren um sie somit anhand relationaler Daten zu prüfen. Diese Methode ermöglicht, über die Betrachtung der formalen Positionen und Rollen hinaus, eine Analyse der tatsächlichen Interaktionen bzw. der strukturellen Beziehungen zwischen den Akteuren. Das folgende Kapitel beleuchtet die Beziehung zwischen Regierung und Verwaltung am Beispiel des Politikfeldes Gesundheitspolitik in den USA näher.

In der politikwissenschaftlichen Literatur existieren unterschiedliche theoretische Ansätze und Modelle über die Beziehung zwischen Regierung und Verwaltung. Oftmals findet hierbei jedoch keine Überprüfung der meist deskriptiven Ansätze und induktiven Modelle statt. Anstatt Hypothesen und Erklärungskraft der Theorien an Public-Policy-Studien zu testen, wird häufig lediglich das Zustandekommen politischer Entwicklungen im Hinblick auf den theoretischen Bezugsrahmen, Modelle und Metaphern „gelesen" (Dobuzinskis 1992). Es existieren wenige Arbeiten, die sich mit der Prüfung von Hypothesen in diesem Bereich auseinandersetzen. Generell können dabei drei Theorienfamilien von Beziehungs- bzw. Steuerungsformen ausgemacht werden: Erstens, die klassische Staatsvorstellung von Weber, die als „integrierter Verwaltungsstaat" bezeichnet werden kann. Zweitens, die pluralistische Vorstellung, nach der der Staat eine Vielfalt weitgehend autonomer Agenturen bildet. Drittens, die Vorstellung des Staats als Organisationsnetzwerk oder Netzwerkstaat. Die Frage, welche der unterschiedlichen Theorien die tatsächlichen interorganisatorischen Beziehungen zwischen Regierung und Verwaltung am besten beschreibt, kann durch eine Untersuchung der Interaktionen der staatlichen Akteure untereinander im Rahmen einer Netzwerkanalyse beantwortet werden.[1]

Viele Autoren haben in Studien die Gleichzeitigkeit von Steuerungsformen aufgezeigt (vgl. u. a. Schneider und Kenis 1996: 20 f.; Benz 2002: 175; Scharpf 1997). Diese Studien beziehen aber auch immer die nicht öffentlichen Akteure in ihre Untersuchung mit ein. Auf die Frage nach den interorganisatorischen Beziehungen zwischen Regierung und Verwaltung, also den Beziehungen speziell innerhalb der Exekutive oder innerhalb der staatlichen Akteure im Allgemeinen, wurde in den oben genannten Studien meist nicht näher eingegangen. Im Folgenden wird überprüft, inwiefern die Theorien auch für den hier fokussierten Teilbereich, der Beziehung zwischen Regierung und Verwaltung, gelten.

7.2 Aufbau und Aufgaben der Exekutive und deren Besonderheiten in den USA

In allen demokratischen Staaten gilt das Prinzip der dreifachen Gewaltenteilung (nach Montesquieu 1994) in Legislative, Exekutive und Judikative. Die hier vorliegende Analyse konzentriert sich auf die Beziehungen der Akteure der Exekutive, also zwischen Regierung und Verwaltung. Die grundsätzliche Aufgabe von Regierungen im politischen Prozess besteht in der Initiierung von politischen Programmen und Gesetzgebungsprozessen sowie in der Erarbeitung von Entscheidungsvorschlägen, über die dann im Parlament beraten und abgestimmt wird. Die Aufgabe der Verwaltung besteht de jure lediglich im Vollzug von Gesetzen und Programmen. Formal stellt die Verwaltung einen Institutionenkomplex dar, der intern aus einer Vielzahl von Akteuren (Ministerien, Sonderbehörden usw.) zusammengesetzt ist.

Das Fallbeispiel USA wurde ausgewählt, da innerhalb der Exekutive Besonderheiten festzustellen sind, auf die im folgenden Abschnitt kurz eingegangen wird. Die heutige Exekutive in den USA ist in zwei Komponenten aufgeteilt: Der eine Teil setzt sich aus dem Präsidenten, seinem *Executive Office of the President* (EOP) und dem Kabinett zusammen. Der zweite Teil besteht aus den Ministerien (*Departments*) und innerhalb dieser aus den spezialisierten Sonderbehörden (*Independent Agencies* und *Regulatory Organizations*). Dem Präsidenten wird ausdrücklich die exekutive Macht in Artikel II, Sektion 2 der amerikanischen Verfassung gewährt. Ihm stehen dabei die derzeit ca. 400 Mitarbeiter des EOP zur Verfügung, die vom Präsidenten bestimmt und auch ausschließlich vom ihm, ohne Zustimmung des Senats, eingesetzt werden. Im EOP sind die engsten Vertrauensleute des Präsidenten zu finden, von denen er Beratung, Informationsbeschaffung und Unterstützung erwarten kann. Das EOP setzt sich aus

---

[1]In dieser Analyse werden die Fragen nach der Reichweite des Einflusses bestimmter Akteure, der Effektivität der Steuerungsformen oder den Zielen der einzelnen Akteure ausgeklammert.

dem *White House Office* (WHO) und verschiedenen Beraterstäben des Präsidenten zusammen. In dem dieser Analyse zugrunde liegenden Datensatz „The Organizational State" von Laumann et al. (1987) sind zwei Akteure des EOP enthalten: das *White House Office* und, stellvertretend für die Beraterstäbe, das *Office of the Management and Budget* (OMB). Der Einfluss des amerikanischen Kabinetts wird meist als sehr gering eingeschätzt, da es keinerlei Handlungsmacht bei Policy-Entscheidungen hat. In der amerikanischen Verfassung wird ein Kabinett nicht einmal explizit erwähnt, sondern nur aus Artikel II, Sektion 2 der amerikanischen Verfassung abgeleitet.[2]

Wichtigste organisatorische Einheiten der Verwaltung sind neben den Ministerien die Sonderbehörden (*Independent Agencies*). Diese unabhängigen Regulierungskommissionen unterstehen formell nicht dem Weisungsrecht des Präsidenten und haben einen breiten Ermessensspielraum. Die Verwaltungslandschaft in den USA ist - im Gegensatz zu Deutschland – von Sonderbehörden geprägt (Scharpf 1970). Ihre Funktion besteht in der Umsetzung einer bestimmten Aufgabe, dadurch sind sie sehr stark funktional spezialisiert. Bekannte und wichtige Beispiele für diese Sonderbehörden sind die CIA (*Central Intelligence Agency*), die NASA (*National Aeronautics and Space Administration*), die FTC (*Federal Trade Commission*) und die HCFA (*Health Care Financing Administration*). FTC und HCFA sind als Akteure im Datensatz vertreten. Eine Auflistung der Akteure findet sich in Tabelle 7.1.

7.3 Warum eine Netzwerkanalyse?

Die Netzwerkanalyse wird hier im Sinne eines Werkzeugs, als eine Art „analytical toolbox for describing and measuring regional configurations and their structural characteristics" (Kenis und Schneider 1991: 44), verwendet. Eine solche Nutzung hat den Vorteil, die verschiedenen Beziehungsarten zwischen den Akteuren zu analysieren und die Strukturen graphisch darstellen zu können. Außerdem ist ein Vergleich unterschiedlicher Netzwerke mittels normierter Netzwerkmaße möglich. Dies beinhaltet, dass nicht nur die formellen Machtverhältnisse abgebildet werden, sondern auch die informellen Strukturen, die sich nicht aus offiziellen Organigrammen ablesen lassen. Dabei wird die tatsächliche strukturelle Position des Akteurs in einem Netzwerk als Machtressource oder Form seines sozialen Kapitals betrachtet (vgl. Burt 1992). In der folgenden Strukturanalyse[3] der Netzwerke stehen die verschiedenen Beziehungsarten

---

[2]Auch in dem der Analyse zugrunde liegenden Datensatz wird auf das Kabinett nicht eingegangen und somit die Aufgabe des Kabinetts nicht näher analysiert.

[3]Die Grundlage einer Strukturanalyse bilden die folgenden zwei Postulate von Laumann und Pappi (1976: 7 ff.):

1. Aufgrund verschiedener Arten von sozialen Beziehungen in jedem komplexen sozialen System bestehen eine Vielzahl von sozialen Strukturen. Je nach der Analyse von verschiedenen Beziehungsarten (wie zum Beispiel Austausch von Informationen, informelle Kommunikation, Ressourcentausch, Opposition usw.) kann die Struktur der Akteure völlig verschieden aussehen.

2. Muster von Beziehungen kommen nicht durch Zufall zustande, sondern werden durch andere Charakteristika und Akteure bedingt.

zwischen den Akteuren im Mittelpunkt. Die Ergebnisse der quantitativen Netzwerkanalyse der verschiedenen Beziehungsarten liefern Erkenntnisse darüber, wie sich die interorganisatorischen Beziehungen bezüglich des Machtverhältnisses zwischen Regierung und Verwaltung tatsächlich gestalten.

Der folgenden Analyse der Beziehungsstrukturen innerhalb der Exekutive liegt der Datensatz der Studie „The Organizational State" von Laumann et al. (1987) zugrunde. Dieser enthält umfangreiche relationale Daten aller Akteure – sowohl staatliche als auch private – der Politikfelder Energie und Gesundheit in den USA während der Carter-Ära (1971-1980). Trotz seiner Fülle an Informationen muss dieser Datensatz bislang leider als „unterforscht" bezeichnet werden. In der Studie von Laumann et al. (1987) wird der Staat nicht klassisch in seiner institutionellen Funktionsweise untersucht sondern als eine Vielzahl von Politikfeldern und -arenen gesehen, in denen staatliche und private Akteure agieren. Dabei werden nicht nur die formellen Machtverhältnisse, sondern die Beziehungen innerhalb des Akteurs „Staat", also die internen Strukturen, anhand verschiedener Beziehungen näher beleuchtet. Die Autoren untersuchen sowohl den Einfluss von formalen Institutionen (wie den staatlicher Akteure der Legislative und Exekutive) als auch den von Verbänden, Interessengruppen, Gewerkschaften, Forschungseinheiten und wirtschaftlichen Vereinigungen. Das Politikergebnis wird daher als Produkt komplexer Interaktionen zwischen den verschiedenen Gruppen dargestellt.

Die folgende Analyse beschränkt sich, stellvertretend und beispielhaft für andere Politikfelder, auf den Bereich Gesundheit. Des Weiteren werden nur die staatlichen Akteure betrachtet. Innerhalb der staatlichen Akteure erfolgt eine Begrenzung auf das Subnetzwerk der Exekutive, d. h. auf die Beziehung zwischen Verwaltung und Regierung. Einen Überblick über das Akteurssystem gibt Tabelle 7.1.

7.4 Darstellung der drei Theorie-Cluster

In den folgenden Abschnitten wird – zugunsten einer ausführlichen Darstellung der Hypothesenprüfung und der Visualisierung der Ergebnisse – in aller Kürze auf die drei Theorie-Cluster eingegangen, die es erlauben, empirisch überprüfbare Hypothesen über die Beziehung von Regierung und Verwaltung abzuleiten (für weitere Ausführungen siehe Halbherr 2006). Entlang des Kontinuums zwischen hierarchischen und marktähnlichen Verhandlungsformen lässt sich der integrierte Verwaltungsstaat klar dem ersten und der Verwaltungspluralismus dem letzteren Begriff zuordnen – der Netzwerkstaat befindet sich zwischen diesen Polen.

7.4.1 Integrierter Verwaltungsstaat

Unsere heutige Vorstellung des Staats impliziert, laut Scharpf (1992), ein ganz spezifisches Bild: Der Staat ist nach außen souverän und nach innen integriert. Die Bürgerinnen und Bürger geben ihre Interessen und Präferenzen an die von ihnen demokratisch gewählten Repräsentanten (Parteien, Parlamente und Regierungen) weiter. Der demokratischen Verfassung gemäß kommt ihnen die Aufgabe der politi-

Regierung: Executive Office of the President (EOP)
OMB   Office of Management and the Budget
WHO   The White House Office

Verwaltung: Independent Agency
FTC   Federal Trade Commission
HCFA   Health Care Financing Administration

Verwaltung: Department of Health and Human Services (HHS)
HHSSEC   Office of the Secretary
HHSHLT   Office of the Assistant Secretary for Health
ADAMHA Alcohol, Drug Abuse, and Mental Health Administration
HRA   Health Resource Administration
HSA   Health Service Administration

Verwaltung: HHS: Food and Drug Administration
FDA   Commissioner and associated staff
FDADRG   Bureau of Drugs
FDSFOOD Bureau of Food

Verwaltung: National Institutes of Health (NIH)
NIHDIR   Director and associated staff
NIHNCI   National Cancer Institute
NIHAGE   National Institute of Aging
NIHAID   National Institute of Allergy and Infectious Diseases
NIHAMD National Institute Arthritis, Metabolism, and Digestive Diseases
NIHKID   National Institute of Child Health and Human Development
NIHDNT   National Institute of Dental Research
NIHENV   National Institute of Environmental Health Services
NIHGMS National Institute of General Medical Sciences
NIHNCD Nat. Inst. of Neurological Communicative Disorders and Strokes

Legislative: House of Representatives
HDCHLT Subcommittee on Health: Democratic Party members and staff (House of Representatives)
HRWHLT Subcommittee on Health: Republican Party members and staff (House of Representatives)
SRFHLT   Subcommittee on Health: Republican Party members and staff (Senate)
SRHHLT   Subcommittee on Health and Scientific Research: Republican Party member and staff (Senate)
SDFHLT   Subcommittee on Health: Democratic Party members and staff (Senate)

Tabelle 7.1: Das Akteurssystem

schen Willensbildung zu, während der öffentlichen Verwaltung der Vollzug bzw. die Durchführung dieses Willens übertragen wird. Max Weber ist der klassische Vertreter dieser integrierten Staatsvorstellung, in der die Verwaltung und alle anderen staatlichen Organisationen, hierarchisch der Regierung untergeordnet sind. „Der eigentliche Beamte [...] soll seinem eigentlichen Beruf nach nicht Politik treiben", sondern nach berechenbaren, mechanischen, „ent-menschlichten" Regeln arbeiten: Sine ira et studio, „ohne Zorn und Eingenommenheit" soll er seines Amtes walten. „Parteinahme, Kampf, Leidenschaft" werden dagegen als Element des Politikers betrachtet (vgl. Weber 1994: 25). Für die innerstaatliche Beziehung zwischen Regierung und Verwaltung bedeutet dies, verkürzt und vereinfacht dargestellt, dass

1. die Regierung in den Beziehungen zwischen Regierung und Verwaltung den mächtigeren Akteur darstellt und

2. die Beziehungen bzw. Interaktionen entlang formaler, hierarchischer Positionen und Strukturen stattfinden.

7.4.2 Verwaltungspluralismus

Die oben beschriebene Staatsvorstellung des hierarchisch integrierten Staates steht im Gegensatz zur Vorstellung eines fragmentierten, pluralistischen Staates. Der Staat wird hier als marktähnliche Arena verstanden, in der verschiedene Akteure versuchen, ihre jeweils individuellen Interessen zu verwirklichen. Der Staat selbst wird nicht als unitarischer Akteur betrachtet, sondern als neutraler Schiedsrichter und die staatliche Politik daher als Vektorensumme aus dem Einfluss der Interessengruppen. Im Zentrum des Politikfeldes gibt es folglich keinen dominierenden zentralen Akteur.

Das Bürokratiemodell von Allison (1971) stellt einen Ansatz innerhalb der verwaltungspluralistischen Theorietradition dar, aus dem Hypothesen über die Beziehung von Regierung zu Verwaltung abgeleitet werden können. Das Individuum bzw. der Akteur und dessen eigene Interessenmaximierung treten hier in den Vordergrund. Folglich werden im pluralistischen Ansatz die Policy-Ergebnisse nicht als Lösung von Problemen betrachtet, sondern als Kompromisse, entstanden aus Koalitionen und Wettbewerb zwischen autonomen Akteuren (vgl. Allison 1971: 144). Der Präsident wird dabei als ein wichtiger Akteur unter vielen anderen mächtigen Akteuren betrachtet. Regierungshandeln muss folglich als Ergebnis der „Verhandlungsspiele" verstanden werden (Allison 1971: 144). Die Aussagen des Clusters des Verwaltungspluralismus lassen sich auf die drei folgenden Aussagen reduzieren:

1. Die Verwaltung stellt in den Beziehungen zwischen Regierung und Verwaltung den mächtigsten Akteur dar.

2. Politik und Regierungshandeln ergibt sich als Vektorensumme des Einflusses.

3. Wettbewerb bestimmt die Beziehungen zwischen den Akteuren.

7.4.3 Netzwerkstaat

Der Netzwerkansatz[4] bewegt sich zwischen den beiden oben beschriebenen Extremen des fragmentierten, pluralistischen Staates (Governanceform Markt) auf der einen Seite und eines nach außen souveränen und nach innen integrierten Staates im Weberschen Sinne (Governanceform Hierarchie) auf der anderen Seite. Im Netzwerk-Cluster wird sowohl die fragmentierte Struktur betont, die durch autonome Akteure entsteht, als auch die Hierarchie zwischen den Akteuren und die aus dieser Struktur resultierende polyzentrische[5] Anordnung der mächtigen Akteure. In Abgrenzung zum Pluralismus wird nicht von der Gleichheit der Akteure ausgegangen. Auch die Annahme der relativen Stabilität der Beziehungen und Kontinuität der Strukturen im Netzwerk-Cluster steht im Kontrast sowohl zur pluralistischen als auch zur integrierten Staatsvorstellung. Dennoch liegt dem Ansatz nicht die Stabilität der Strukturen wie bei Weber zugrunde: Neue Akteure treten ein, Akteure in der „Peripherie" wie im „Kern" können ihre Positionen verändern, Koalitionen können entstehen bzw. sich ändern. Weder bei der Zusammensetzung noch bei den Strukturbeziehungen gibt es eine Art von Stabilität, die eine Hierarchie bietet. Im Theoriencluster des „Netzwerkstaats" sind zwei Ansätze auszumachen, die trotz ihrer Grundannahmen leichte Variationen bezüglich der Positionierung zwischen den beiden Polen Hierarchie (integrierter Verwaltungsstaat) und Markt (Verwaltungspluralismus) aufweisen. Beim Issue-Network-Ansatz von Heclo sind eher pluralistische Züge festzustellen, beim Ansatz der Implementationsforschung von Mayntz eher hierarchische Tendenzen.

Der Issue-Network-Ansatz von Hugh Heclo

Der Ausgangspunkt des Issue Network Ansatzes von Heclo (1978) besteht darin, dass sich in Bezug auf bestimmte Aufgaben und Problemstellungen themenbezogene Netzwerke („Issue Networks") bilden. Heclo definiert diese Issue Networks als Gebilde, die aus einer großen Anzahl von Akteuren mit variierendem Grad an Engagement bestehen, in denen Interessen und Positionen nicht fix sind, sondern erst durch Verhandlungen festgelegt werden. Gemeinsames Interesse wie auch die Ergebnisorientierung spielen hierbei eine wichtige Rolle. Diese Art der Zusammenarbeit steht im Gegensatz zur rein pluralistischen Entscheidungsfindung und der individuellen Interessenmaximierung. Im Issue Network ist ein einfacher Ein- und Austritt möglich (vgl. Heclo 1978), was wieder auf die pluralistische Tendenz der Theorie verweist. Es können je nach Beziehungsart und Thema andere Zentren entstehen. Um diese Zentren herum entwickelt sich eine hierarchische Anordnung der Akteure.

---

[4]Der Begriff „Netzwerk" wird von verschiedenen Autoren unterschiedlich genutzt und unterschiedlich verstanden. Netzwerke werden entweder als hybridartige Zwischenform (Williamson 1996) oder als eigenständige Steuerungsform (Powell 1996) definiert.

[5]Der Grund für die polyzentrische Anordnung ist dadurch gegeben, dass öffentliche Politik heute, so Schneider (2000), nur noch durch zielorientiertes Zusammenwirken staatlicher und gesellschaftlicher Organisationen möglich ist. Die „politische Macht wird polyzentrischer, indem gesellschaftliche Kräfte nun konzentrierter auftreten" (Schneider 2000: 251).

Der Ansatz in der Implementationsforschung von Renate Mayntz

Der Ansatz der Implementationsforschung (Mayntz 1980)[6] orientiert sich im Gegensatz zum Issue Network nicht an den Interessen der Akteure, sondern argumentiert vielmehr von der hierarchischen Struktur im Staat aus. Mayntz akzeptiert dabei die formale Hierarchie, übersieht aber nicht die informellen Beziehungen der Akteure. Die traditionelle Sicht der Implementation mit ihrer institutionellen Teilung der Macht zwischen Regierung und ausführender Verwaltung wird aufgegeben. Der Verwaltung muss, um ihre Aufgaben erfüllen zu können, nicht nur bei der Vorbereitung und Planung der Gesetze, sondern auch notwendigerweise beim Vollzug der Verwaltungsaufgaben Eigenständigkeit zugestanden werden (vgl. Mayntz 1997: 73). Trotz der Selbstständigkeit der Einheiten mit jeweils individuellen Interessen wird in diesem Ansatz die Hierarchie innerhalb des Staates betont. Wie die Implementationsforschung zeigt, sind Behörden nicht nur neutrale Instrumente, sondern greifen sowohl innerhalb der ihnen zugestandenen Handlungsspielräume wie auch darüber hinaus selbst steuernd ein (vgl. Mayntz 1997: 97). So kann diese Vorstellung – im Gegensatz zur oben dargestellten eher pluralistischen Auffassung von Heclo – als hierarchischer Ansatz im Cluster des Netzwerkstaats betrachtet werden.

Die Aussagen des dritten Clusters des Netzwerkstaates lassen sich auf die folgenden reduzieren:

1. Regierung und Verwaltung sind beide mächtige Akteure.

2. Die Macht ist polyzentrisch angesiedelt.

3. Hierarchie und Wettbewerb bestimmen die Beziehungen zwischen den Akteuren.

Die Hauptmerkmale, auch im Gegensatz zu den beiden anderen Theorie-Clustern, bestehen darin, dass zwar die einzelnen Akteure als autonome Einheiten mit eigenen Interessen betrachtet, gleichzeitig aber hierarchische Beziehungen zwischen den Akteuren nicht negiert werden.

7.5 Analyse der Beziehungsarten

In den folgenden Abschnitten findet eine Netzwerkanalyse anhand der Konzepte Zentralität und Dichte statt. Es werden die jeweiligen Netzwerke der Beziehungsarten a) Kommunikation, b) Tausch von Expertise und c) Opposition im Politikfeld Gesundheit analysiert.[7] Diese Beziehungsarten wurden stellvertretend für die wichtigsten Interaktionen innerhalb der Exekutive ausgewählt. Tabelle 7.2 stellt nochmals die zentralen Hypothesen und Annahmen in Bezug auf die verschiedenen Beziehungsarten dar.

---

[6]Obwohl Renate Mayntz den Schwerpunkt ihrer Betrachtungen auf Deutschland legt, sind ihre Annahmen bezüglich der interorganisatorischen Beziehungen zwischen Regierung und Verwaltung auch auf die USA übertragbar.

[7]Zur Berechung von Kennzahlen wurden die Verfahren und Algorithmen der quantitativen Netzwerkanalyse aus UCINET (Borgatti et al. 1999) verwendet. Die anschließende Visualisierung wurde mit visone durchgeführt. Für technische Details bzw. zur näheren Vorgehensweise verweise ich auf Halbherr (2006).

	Bezeichnung	Zusammenfassung	Governanceform
1	Integrierter Verwaltungsstaat (Weber)	Die Regierung stellt in den Beziehungen zwischen Regierung und Verwaltung den mächtigsten Akteur dar. Hierarchie bestimmt die Beziehungen.	Hierarchie (Hierarchie; keine autonomen Akteure)
2	Verwaltungspluralismus (Allison)	Die staatliche Politik ist Vektorensumme der Einflüsse. Somit stellt in den Beziehungen zwischen Regierung und Verwaltung die Verwaltung den mächtigsten Akteur dar. Wettbewerb bestimmt die Beziehungen.	Markt (keine Hierarchie; autonome Akteure)
3	Netzwerkstaat (Heclo, Mayntz)	Macht ist polyzentrisch und je nach Beziehungsart unterschiedlich. Regierung und Verwaltung haben gleich viel Macht. Hierarchie und Wettbewerb bestimmen die Beziehungen.	Hybridform (Hierarchie; autonome Akteure)

Tabelle 7.2: Überblick über die Hypothesen und Annahmen der Theorie-Cluster

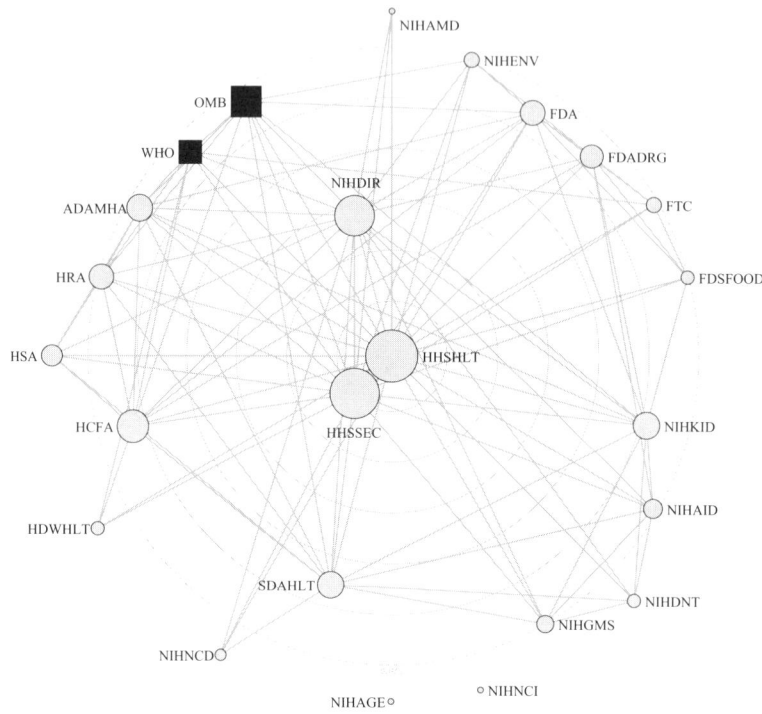

Abbildung 7.1: „Kommunikation" zwischen Regierung und Verwaltung; Betweeness-
             und Degree-Zentralität; $d = 0{,}38$. — Größe: Degree; Position: Bet-
             weenness. — Regierung: Quadrat; Verwaltung: Kreis

7.5.1 Kommunikation

Kommunikation stellt die Basis aller Tauschbeziehungen (vertrauliche Kommunikation, Tausch von Expertise usw.) im Netzwerk dar. Entsprechend der Annahmen der
drei Theoriencluster sind folgende Ergebnisse zu erwarten: Gemäß des ersten Clusters, dem integrierten Verwaltungsstaat nach Weber, ist von Kommunikation bzw.
hierarchischen Anweisungen entlang der „Hierarchiekette" auszugehen und somit von
einer geringen Dichte des Netzwerkes. Im zweiten Cluster, dem Verwaltungspluralismus, ist dagegen eine hohe Dichte zu erwarten, da ständige Verhandlungen und
Konflikte zwischen den Akteuren stattfinden. Im dritten Cluster, dem Netzwerkstaat,
ist neben der hohen Dichte der Kommunikationsbeziehungen auch die Frage nach
der Zentralität der Akteure relevant. Ein gezieltes Zusammenarbeiten im Rahmen
von „Issue Networks" wie auch eine polyzentrische Anordnung der Akteure ist zu
erwarten. Die Kommunikation beschränkt sich nicht nur auf Weisungen entlang des
formalen Dienstweges (siehe integrierter Verwaltungsstaat), sondern es bestehen auch
Tauschbeziehungen innerhalb einzelner Hierarchieebenen (siehe Pluralismus).

Bei der Visualisierung (Abbildung 7.1) wurden die Knoten gemäß ihrer Zentralität platziert, d. h. je höher die Zentralität, desto zentraler ist der Knoten im Schaubild. Der zentralste Akteur wird dabei immer in der Mitte platziert. Die Größe der Knoten gibt Auskunft über die Anzahl der Kanten und somit über die direkten Beziehungen. Diese „größten" Akteure sind jedoch nicht nur diejenigen, die der formalen Hierarchie entsprechend die höchste Zentralität inne haben sollten, sondern es gehört auch der Direktor des *National Institute of Health* (NIHDIR), einer dem *Department of Health and Human Services* (HHS) unterstellten Behörde, dazu. Dies entspricht nicht den Annahmen des Weberschen Verwaltungsstaates. Es ist das *Office of the Assistant Secretary for Health* (HHSHLT), das 93 % direkte Beziehungen hat, und das *Office of the Secretary* (HHSSEC) des HHS, das 89 % direkte Beziehungen besitzt. Die beiden Regierungsakteure (OMB und WHO) haben auch eine nicht zu vernachlässigende Rolle im Bezug auf ihre Zentralität.

Die Analyse der Dichte („density") des gesamten Netzwerkes ergibt einen Wert von 0,38, d. h. 38 % aller möglichen Verbindungen sind real existent. Dies ist ein sehr hoher Wert im Vergleich zu sonstigen politischen Prozessen. Das relativ dichte und zusammenhängende Kommunikationsnetzwerk spricht für Beziehungen, die über die streng hierarchischen Weisungen hinausgehen. Die hohe Dichte deutet zudem auf eine sehr hohe Kommunikationsfrequenz hin, die auch direkt zwischen den Akteuren stattfindet. Neben der hohen Dichte ist der Zentralisierungsgrad im gesamten Netzwerk bezüglich der Betweenness-Zentralität relativ gering (0,12), und so ist die Fähigkeit, den Informationsfluss kontrollieren zu können, nur als mäßig einzustufen. Es gibt also keinen starken Informationsbroker, z. B. in Form des Präsidenten. Die hohe Dichte, wie auch die Tatsache, dass es keinen einzelnen zentralen Akteur bzw. Informationsbroker gibt, spricht für eine Bestätigung der Hypothesen des Verwaltungspluralismus.

Insgesamt ist erkennbar, dass die Verwaltung eine deutlich zentralere Rolle als die Regierung inne hat und somit, in Bezug auf Kommunikation, als relativ mächtigerer Akteur betrachtet werden kann. Dies bestätigt die Hypothesen des Verwaltungspluralismus, die die Verwaltung in der Beziehung zwischen Regierung und Verwaltung als den mächtigeren Akteur definieren. Auch Aspekte des Netzwerkstaat-Clusters wie die hohe Dichte der Kommunikationsbeziehungen, die hohe Zentralität von Regierungsakteuren (jedoch mit niedrigeren Zentralitätswerten als die Akteure aus der Verwaltung) sowie der Aspekt, dass sich die Kommunikation nicht nur auf den Dienstweg beschränkt, sind enthalten. Durch die nähere Betrachtung der anderen Beziehungsnetzwerke soll der Frage, welche der drei oben beschriebenen Theorie-Cluster eine adäquate Beschreibung der Realität darstellen, weiter nachgegangen werden.

7.5.2 Tausch von Expertise

Bei der Analyse der Beziehungsart „Tausch von Expertise", im Sinne von technischem und wissenschaftlichem Fachwissen, wird davon ausgegangen, dass kein Akteur alle Ressourcen individuell bereitstellen kann. Vielmehr findet ein Tausch mit anderen Akteuren statt, bei dem zwischen Abhängigkeit und Ressourcengewinn abgewogen werden muss. Der Tausch von Expertise und auch die Frage, von wem diese Beziehungen ausgehen, wird je nach zugrunde liegender Hypothese unterschiedlich beantwortet. Im integrierten Verwaltungsstaat, wie er von Weber dargestellt wird, liegt das Fachwissen bei den Bürokraten, also bei der Verwaltung. Akteure aus der Verwaltung sind im Besitz dieser Expertise und geben sie dem Dienstweg folgend an die Regierung weiter. Somit ist von einer geringen Dichte des Tauschnetzwerkes auszugehen. In der pluralistischen Vorstellung stehen die Akteure im Konflikt zueinander und sind primär auf ihren eigenen Vorteil bedacht. Dabei wird angenommen, dass die Expertise sowohl bei der Regierung als auch bei der Verwaltung liegt. Das Wissen der autonomen Akteure wird nur zur individuellen Interessenmaximierung ausgetauscht, daher ist von einem wenig dichten Netzwerk im Pluralismus-Cluster auszugehen. Ein weiterer Grund für die geringe Dichte liegt in der Annahme der Autonomie der Akteure, die als voneinander unabhängig und somit auch als nicht gut vernetzt betrachtet werden. Entsprechend dem dritten Cluster des Netzwerkstaates ist anzunehmen, dass die Expertise bei der Verwaltung liegt (Implementationsforschung), der Staat aber als komplexes mehrstufiges System mit zunehmender Ausdifferenzierung und Spezialisierung der Teilsysteme betrachtet wird (Mayntz 1997). Expertise wird somit nicht nur ausschließlich entlang der formal-hierarchischen Struktur weitergegeben. Angewendet auf das Politikfeld Gesundheit bedeutet dies, dass die einzelnen Akteure innerhalb des *Department of Health and Human Services* ihr Wissen direkt an die Regierung weitergeben und dies nicht nur entlang der formalen „Hierarchiekette" passiert. Der „Tausch von Expertise" geschieht in Issue Networks, in denen ein hohes Interesse am Politikergebnis besteht. Das Netzwerk ist polyzentrisch angeordnet, und um die verschiedenen zentralen Akteure herum gibt es hierarchische Anordnungen. Folglich ist eine große Dichte des Netzwerks zu erwarten.

Die geringe Dichte (0,14) des Netzwerkes „Tausch von Expertise" (Abbildung 7.2) lässt im Vergleich zur hohen Dichte des Netzwerkes „Kommunikation" (0,38) darauf schließen, dass die Akteure nicht gemäß dem Issue-Network-Ansatz zielorientiert zusammenarbeiten, sondern interessensorientiert, da bei zielorientierter Zusammenarbeit das Netzwerk dichter wäre (vgl. Benz 1994: 39). Dies ist mit den Annahmen des pluralistischen Ansatzes, der die individuelle Nutzenmaximierung postuliert, vereinbar. Die Annahmen werden noch durch die vielen vom Netzwerk isolierten Akteure verstärkt. Die Hypothesen des Issue-Network-Ansatzes können nicht bestätigt werden, da die geringe Dichte des Netzwerkes nicht auf eine problemlösungsorientierte Haltung hindeutet.

Im Netzwerk „Tausch von Expertise" nehmen Akteure der Verwaltung, und nicht der Regierung, die zentralen Positionen ein und haben zu mehr Akteuren direkten Kontakt als andere Akteure des Netzwerkes. Die Organisationen mit der höchsten Zentralität stammen aus der Führungsspitze des *Department of Health and Human Services* (HHS), aber auch aus seiner untergeordneten Forschungseinheit, dem *National Institute of Health* (NIH). Wie Abbildung 7.2 zeigt, haben der Direktor des *National Institute of Health* (NIHDIR), das *Office of the Secretary* (HHSSEC) und das *Office of the Assistant Secretary* (HHSHLT) des *Department of Health and Human Services* (HHS) die zentralsten Positionen (gemäß Betweenness-Zentralität) inne. Die Regierungsakteure sind dabei vollständig von der Verwaltung isoliert – wie das OMB (*Office of Management and the Budget*) – oder an der Peripherie zu finden. Das *White House Office* (WHO), das hier als Proxy für den Präsidenten verwendet wird, befindet

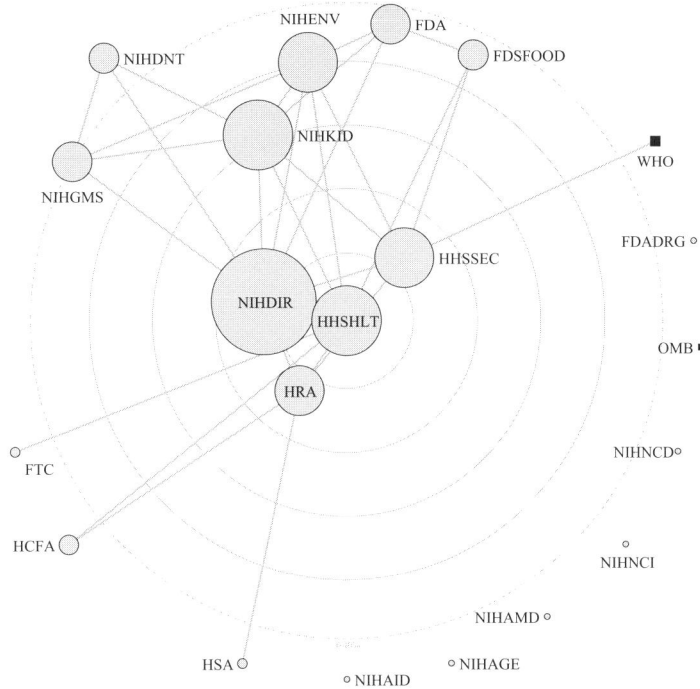

Abbildung 7.2: „Tausch von Expertise" zwischen Regierung und Verwaltung; Betweenness- und Degree-Zentralität; $d = 0{,}14$. — Größe: Degree; Position: Betweenness. — Regierung: Quadrat; Verwaltung: Kreis

sich außerhalb des Kerns, da es nur eine direkte Verbindung zum *Office of the Secretary* (HHSSEC) des HHS hat. Die Hypothesen des Verwaltungspluralismus, die schon durch die geringe Dichte bekräftigt wurden, werden durch die zentrale Position der Akteure aus der Verwaltung unterstützt. Wie die Zentralitätswerte (Abbildung 7.2) zeigen, bestehen jedoch bezüglich der Beziehungen der Akteure der Exekutive untereinander noch weitere Machtzentren mit einem Kern und einer Peripherie. Dies unterstützt folglich auch die Hypothesen des dritten Clusters des Netzwerkstaates, welches von mehreren Machtzentren ausgeht. So kann man aus der Analyse der Beziehungsart schließen, dass diese marktähnliche, pluralistische Elemente aufweist.

Die Betrachtung der direkten Beziehung der Regierung (WHO, OMB) im Zusammenspiel mit allen staatlichen Akteuren – also auch der Legislativen – zeigt auf (Abbildung 7.2), dass die Regierung nur mit dem formal in der Hierarchie am höchsten stehenden Akteur des *Department of Health and Human Services*, dem *Office of the Secretary* (HHSSEC), das in der Hierarchie direkt unter ihr angesiedelt ist, interagiert.[8]

---

[8] Jedoch ist hinzuzufügen, dass sich der Tausch von Expertise nur auf höchster politischer gemäß der hierarchischen Rangfolge vollzieht.

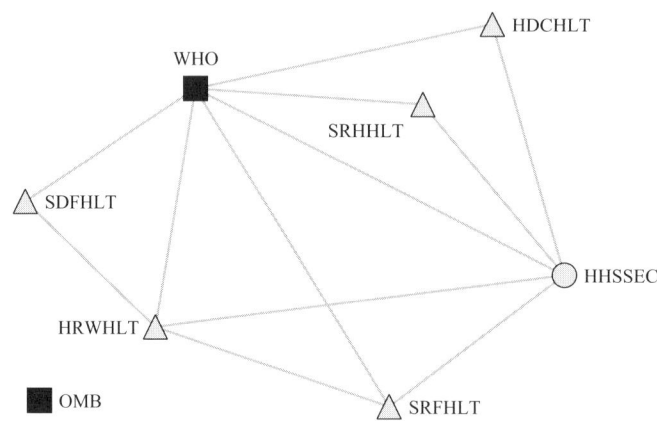

Abbildung 7.3: Alle staatlichen Akteure mit direkter Verbindung zur WHO im Netz-
            werk „Tausch von Expertise"; $d = 0{,}13$. — Regierung: Quadrat; Ver-
            waltung: Kreis; Legislative: Dreieck

Dies widerspricht, wie auch schon die geringe Dichte des Netzwerkes „Tausch von
Expertise", den Annahmen des Issue Networks (3. Cluster), in dem von einem „Tausch
von Expertise" in Gruppen mit hohem Interesse am Politikergebnis ausgegangen wird.
Demgemäß würden die einzelnen Akteure innerhalb des *Department of Health and
Human Services* ihr Wissen direkt an die Regierung weitergeben, und das nicht nur
gemäß der formalen Hierarchie. Dieses Ergebnis bestätigt die Annahmen des Theorie-
Clusters des integrierten Verwaltungsstaates, welches davon ausgeht, dass die Expertise nur entlang der formalen Hierarchie weitergegeben wird. Bezüglich der Interaktionen der Akteure der Exekutive untereinander bestehen jedoch, wie die Zentralitätswerte zeigen, noch weitere Machtzentren mit einem Kern und einer Peripherie.
Dies unterstützt folglich auch die Hypothesen des dritten Clusters des Netzwerkstaates, welches von mehreren Machtzentren ausgeht. So kann man aus der Analyse der
Beziehungsart „Tausch von Expertise" darauf schließen, dass es sich hierbei bezüglich
der Dimensionen um eine Hybridform zwischen Hierarchie und Markt handelt, die
zwar starke marktähnliche Elemente aufweist, jedoch auch – wie in der Analyse der
direkten Beziehungen der Regierungsakteure deutlich wurde - hierarchische Elemente
beinhaltet.

7.5.3 Opposition

Zuletzt wird das Beziehungsnetzwerk „Opposition" zwischen den Akteuren näher betrachtet. Im ersten Theorie-Cluster des „Integrierten Verwaltungsstaats" wird von
einer hierarchischen Unterordnung der Verwaltung unter die Regierung, also einer
vollständigen Integration des Verwaltungsapparates unter bzw. in die Regierung, ausgegangen. Folglich ist hier weder Opposition zwischen den einzelnen Akteuren noch
zwischen der Regierung und der Verwaltung zu erwarten. Dieser Umstand steht in

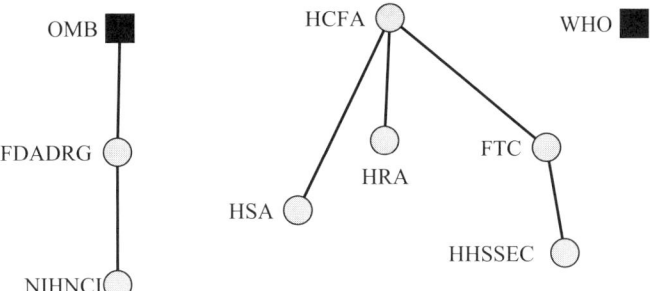

Abbildung 7.4: „Opposition" zwischen Regierung und Verwaltung. — Regierung: Quadrat; Verwaltung: Kreis

deutlichem Gegensatz zum zweiten Cluster des „Verwaltungspluralismus", dem gemäß die Akteure nicht hierarchisch integriert sind, sondern als autonome Einheiten mit jeweils individuellen Interessen in Konflikt und somit auch in Opposition zueinander stehen. Das dritte Cluster des „Netzwerkstaats" lässt zwar Konflikte zwischen den ebenfalls als autonom betrachteten Akteuren erwarten, dennoch sind auch Koalitionen zwischen Akteuren in Bezug auf verschiedene Issues vorstellbar. „Opposition" ist sowohl innerhalb als auch zwischen Regierung und Verwaltung zu erwarten, woraus ein mäßig dichtes Netzwerk folgt. Als Indikator für verschiedene Machtzentren, die im Cluster Netzwerkstaat postuliert werden, wird hier die „Opposition" zwischen Akteuren, die der formalen Hierarchie entsprechend zusammenarbeiten sollten, betrachtet.

Die Visualisierung des Netzwerks „Opposition" – nach Anwendung der Maximalmethode – ergibt nur eine sehr kleine Anzahl von Akteuren, die in Opposition zueinander stehen (siehe Abbildung 7.4). Das lässt darauf schließen, dass die Akteure nicht gegeneinander arbeiten. Ergo stellt dies ein Gegenbeispiel für die aus dem pluralistischen Cluster abgeleiteten Hypothesen dar. Es gibt nur einen Opponenten innerhalb der Verwaltung, der in Opposition zur Regierung bzw. nur in Opposition zum *Office of Management and the Budget* (OMB) steht, nämlich das *Bureau of Drugs* (FDADRG), welches eine Unterbehörde der dem *Department of Health and Human Services* (HHS) unterstehenden *Food and Drug Administration* ist. Es gibt jedoch keine direkte Opposition zum *White House Office* (WHO) und somit zum Präsidenten. Dies unterstützt den hierarchischen Ansatz des ersten Theorie-Clusters des „integrierten Verwaltungsstaats", der aufzeigt, dass die Verwaltung sich nicht in Opposition zur Regierung befindet, sondern ihr hierarchisch untergeordnet ist. Dennoch wird, durch den Tatbestand der Opposition zwischen den Verwaltungseinheiten, die Hypothese unterstützt, dass die Verwaltung nicht vollständig hierarchisch integriert ist. Die Annahmen des Netzwerkstaates, der von autonomen, jedoch nicht in ständigem Konflikt und Opposition zueinander stehenden Akteuren ausgeht, finden in der Analyse der Beziehung „Opposition" Bestätigung.

7.5.4 Ergebnisse der Netzwerkanalyse

Die Analyse lässt den Schluss zu, dass sich entlang den Gegenpolen „integrierter Verwaltungsstaat" und „Verwaltungspluralismus" die Beziehung zwischen Regierung und Verwaltung als eine Hybridform mit hierarchischen wie auch marktförmigen Elementen darstellt. Sowohl die Analyse des Netzwerkes der Beziehungsart „Kommunikation" als auch „Tausch von Expertise" und „Opposition" bestätigen die Annahmen des dritten Clusters, also des Netzwerkstaates. Innerhalb des Theorienclusters sind jedoch neben den hierarchischen Elementen starke Annäherungen an den Pluralismus vorhanden. Dennoch werden nicht alle Annahmen des Issue Network Ansatzes von Heclo bestätigt. Die Frage, welcher theoretische Ansatz die tatsächliche Beziehungsstruktur zwischen Regierung und Verwaltung im Politikfeld Gesundheit in den USA am besten darstellt, kann nicht eindeutig beantwortet werden. Weder die Regierung noch die Verwaltung können als einzige mächtige Spitze der staatlichen Akteure aufgefasst werden. Es ist allerdings festzustellen, dass das traditionelle Staatsverständnis mit der Annahme, dass die Verwaltung lediglich als Vollzugsinstrument der Regierung fungiert, sich in dieser Analyse nicht bestätigt. Die Beziehung zwischen Regierung und Verwaltung, wie hier am Beispiel des Politikfeldes Gesundheit in den USA exemplarisch untersucht, lässt sich somit als eine pluralistische Arena mit hierarchischen Elementen, als eine „pluralistische Netzwerk-Beziehung", beschreiben.

7.6 Ausblick

Die Analyse der staatlichen Akteure im Politikfeld Gesundheit in den USA wirft natürlich die Frage auf, in wie weit sich diese Ergebnisse verallgemeinern lassen. Es ist davon auszugehen, dass Akteurskonstellationen in Policy Netzwerken sowohl zwischen einzelnen Politikfeldern als auch zwischen Staaten variieren, die unterschiedliche Regierungssysteme und unterschiedliche politische Kulturen besitzen. Darüber hinaus sind es nicht nur nationale Akteure, die auf den Staat einwirken, sondern auch transnationale Akteure wie die UNO, NATO und EU. Dies stellt eine Erweiterung des Rahmens der staatlichen Akteure dar. Es muss die Frage gestellt werden, inwieweit Variablen wie die Umwelt (statisch vs. dynamisch), unterschiedliche Gestaltungsmaxime (pluralistisch, individualistisch, kollektiv usw.), Parteidisziplin, Technologie, Regierungsform, Zentralisierung/Dezentralisierung, wirtschaftliche Entwicklungsstadien wie auch die gesamte wirtschaftliche Situation einen Einfluss auf die interorganisatorischen Beziehungen haben und ob sich unter Berücksichtigung dieser Tatsachen die Ergebnisse dieser Analyse auf andere Politikfelder bzw. auf andere Länder übertragen lassen.

Literaturverzeichnis

Allison, Graham T., 1971: Essence of Decision. Explaining the Cuban Missile Crisis. Boston: Little, Brown and Company.

Benz, Arthur, 1994: Kooperative Verwaltung. Funktionen, Vorraussetzungen und Folgen. Baden-Baden: Nomos.

Benz, Arthur, 2002: Akteure und Interaktionsstrukturen im Staat. In: *Arthur Benz* (Hg.), Der moderne Staat, S. 139–181. München: Oldenbourg.

Borgatti, Steve P., *Martin G. Everett* und *Linton Freeman*, 1999: UCINET 6.0. Software for Social Network Analysis. Harvard: Analytic Technologies.

Burt, Ronald S., 1992: Structural Holes. Cambridge: Harvard University Press.

Dobuzinskis, Laurent, 1992: Modernist and Postmodernist Metaphors of the Policy Process. Control and Stability vs Chaos and Reflexive Understanding. Policy Sciences 25: 355–388.

Halbherr, Verena, 2006: Netzwerkanalyse interorganisatorischer Beziehungen zwischen Regierung und Verwaltung in den USA am Beispiel des Politikfelds Gesundheit. Konstanz: Diplomarbeit.

Heclo, Hugh, 1978: Issue Networks and the Executive Establishment. In: *Anthony King* (Hg.), The New American Political System, S. 87–124. Washington, D.C.: American Enterprise Institute.

Kenis, Patrick und *Volker Schneider*, 1991: Policy Networks and Policy Analysis. Scrunting a New Analytical Toolbox. In: *Bernd Marin* und *Renate Mayntz* (Hg.), Policy Networks. Empirical Evidence and Theoretical Considerations, S. 25–69. Frankfurt a.M.: Campus.

Laumann, Edward O., *David Knoke* und *Kim Yong-Hak*, 1987: An Organizational Approach to State Policy Formation. A Comparative Study of Energy and Health Domains. American Sociological Review 50: 1–19.

Laumann, Edward O. und *Franz U. Pappi*, 1976: Networks of Collective Action. A Perspective on Community Influence Systems. London: Adademic Press.

Mayntz, Renate, 1980: Einleitung. Die Entwicklung des analytischen Paradigmas der Implementationsforschung. In: *Renate Mayntz* (Hg.), Implementation politischer Programme. Empirische Forschungsberichte, S. 1–17. Königstein: Hain.

Mayntz, Renate, 1997: Soziale Dynamik und politische Steuerung. Theoretische und methodische Überlegungen. Frankfurt a.M.: Campus.

Montesquieu, Charles-Lois de, 1994: Vom Geist der Gesetze. Ditzingen: Reclam. Orginalwerk von 1748.

Powell, Walter W., 1996: Weder Markt noch Hierarchie. In: *Patrick Kenis* und *Volker Schneider* (Hg.), Organisation und Netzwerke: Institutionelle Steuerung in Wirtschaft und Politik, S. 213–272. Frankfurt a.M.: Campus.

Scharpf, Fritz W, 1970: Die politischen Kosten des Rechtsstaats. Eine vergleichende Studie der deutschen und amerikanischen Verwaltungskontrollen. Tübingen: Mohr.

Scharpf, Fritz W., 1992: Die Handlungsfähigkeit des Staates am Ende des 20. Jahrhunderts. In: *Beate Kohler-Koch* (Hg.), Staat und Demokratie in Europa, S. 93–115. Opladen: Leske und Budrich.

Scharpf, Fritz W., 1997: Games Real Actors Play. Actor-Centered Institutionalism in the Policy Research. Boulder: Westview Press.

Schneider, Volker, 2000: Organisationsstaat und Verhandlungsdemokratie. In: *Raymund Werle* und *Uwe Schimank* (Hg.), Gesellschaftliche Komplexität und kollektive Handlungsfähigkeit, S. 243–269. Frankfurt a.M.: Campus.

Schneider, Volker und *Patrick Kenis*, 1996: Verteilte Kontrolle. Institutionelle Steuerung in modernen Gesellschaften. In: *Patrick Kenis* und *Volker Schneider* (Hg.), Organisation und Netzwerk. Institutionelle Steuerung in Wirtschaft und Politik, S. 7–41. Frankfurt a.M.: Campus.

Weber, Max, 1994: Politik als Beruf. Schutterwald: Wiss. Verlag. Orginalwerk von 1919.

Williamson, Oliver E., 1996: Vergleichende ökonomische Organisationstheorie. Die Analyse vergleichender Strukturalternativen. In: *Patrick Kenis* und *Volker Schneider* (Hg.), Organisation und Netzwerk. Institutionelle Steuerung in Wirtschaft und Politik, S. 213–271. Frankfurt a.M.: Campus.

Kapitel 8

Gut beraten? Das interorganisationale Netzwerk um die innovationspolitischen Beratungsgremien der Bundesregierung

Matthias Orlowski

8.1 Die Hightech-Strategie für Deutschland

Im August 2006 verabschiedete zunächst das Kabinett, drei Monate später dann der Bundestag die Hightech-Strategie für die Bundesrepublik Deutschland. Teil dieser ressortübergreifenden Strategie zur Verbesserung der Innovationsfähigkeit der deutschen Volkswirtschaft ist die bessere Vernetzung von Wirtschaft, Wissenschaft und Politik. Dieser Ansatz findet auch auf politischer Ebene eine Entsprechung. Dazu wurden seitens der Bundesregierung zwei Gremien eingerichtet, deren Mitglieder, aus den drei gesellschaftlichen Teilbereichen stammend, innovationspolitische Maßnahmen und Ziele zu unterschiedlichen Sektoren diskutieren. Zum einen handelt es sich dabei um den *Rat für Innovation und Wachstum* (RIW), der siebzehn Mitglieder zählt. Das informelle Beratungsgremium ist direkt am Bundeskanzleramt angegliedert und verfasst Empfehlungen und Stellungnahmen zur Innovationspolitik der Regierung. Das zweite Gremium ist die *Forschungsunion Wirtschaft–Wissenschaft* (FWW) des Bundesministeriums für Bildung und Forschung. Sie ergänzt mit ihren achtzehn Teilnehmern den RIW und ist weitgehend mit den gleichen Aufgaben betraut. Im Vordergrund stehen für beide Gremien die Begleitung der Umsetzung der Hightech-Strategie, die Beratung der Regierung in Fragen der Innovationspolitik sowie die mustergültige Vernetzung von Wirtschaft, Wissenschaft und Politik.

Im Hinblick auf die beratende Funktion der beiden Gremien sowie auf die vorgesehene Verbesserung der Vernetzung spielt der berufliche Hintergrund der Gremienmitglieder eine entscheidende Rolle. Zunächst ist eine Beratung frei von Interessen, die sich aus der Mitgliedschaft in anderen Organisationen ergeben, nur schwer vorstellbar. Außerdem sind es eben diese Organisationen aus den verschiedenen gesellschaftlichen Teilbereichen, die durch die Beratungsgremien mustergültig vernetzt werden sollen. Somit stellt sich die Frage, wie sich das Netzwerk von Organisationen um die beiden Gremien gestaltet, welches sich aus der gemeinsamen Mitgliedschaft einer Person in jeweils mindestens zwei Organisationen ergibt. So kann darauf geschlossen werden, welche Interessen Eingang in die Beratungsgremien finden. Außerdem gilt es zu klären, ob die Gremien tatsächlich neue Verbindungen zwischen Organisationen schaffen, die bis dahin relativ isoliert arbeiteten.

Um diesen Fragen nachzugehen, wird im Folgenden zunächst aus einer systemtheoretischen Perspektive die Notwendigkeit der Integration gesellschaftlicher Subsysteme im Hinblick auf das Innovationssystem ausgearbeitet. Welchen Einfluss die Zugehörigkeit der Akteure zu den verschiedenen Subsystemen auf ihr Wissen, ihre Werte und Interessen hat, wird im darauf folgenden Abschnitt erörtert. Aus diesen theoretischen Überlegungen werden jeweils Empfehlungen für die Besetzung der Beratungsgremien abgeleitet. Die Beziehungen zwischen Organisationen werden in der vorliegenden Arbeit[1] durch Interlocking Directorates operationalisiert. Aus einer kurzen Diskussion dieses Forschungsansatzes kann auf die Rolle von Interlocking Directorates bei der Integration gesellschaftlicher Subsysteme geschlossen werden. Die anschließende Analyse gliedert sich in zwei Abschnitte. Zunächst wird im Hinblick auf den notwendigen Wissens-, Werte- und Interessenpluralismus die Zusammensetzung der beiden Gremien genauer untersucht. Schließlich erfolgt eine Analyse des gesamten Netzwerks unter Berücksichtigung aller Beziehungen zwischen den ausgemachten Organisationen. So kann letzten Endes geklärt werden, ob in den Gremien eine ausgeglichene Beratung der Bundesregierung gewährleistet ist und ob sie tatsächlich entscheidend zur Integration von Wirtschaft, Wissenschaft und Politik beitragen.

8.2 Systemtheorie, Innovationen und interorganisationale Netzwerke

8.2.1 Die differenzierte Gesellschaft

Die moderne, arbeitsteilig organisierte Gesellschaft hat sich im Laufe der Zeit immer weiter in Teilsysteme[2] ausdifferenziert. Diese Idee geht bereits auf frühe Soziologen wie Durkheim und Weber zurück. Die wohl bekannteste Ausarbeitung erfolgte durch Niklas Luhmann, der in den unterschiedlichen Kommunikationsmodi der Subsysteme das wesentliche Differenzierungskriterium sieht (Luhmann 1984). Hier soll allerdings auf ein stärker handlungstheoretisch geprägtes Differenzierungskriterium der Subsysteme Bezug genommen werden. In der Systemtheorie von Richard Münch sind die Teilsysteme mit der Leistungserstellung jeweils spezifischer Güter sowohl für die anderen Subsysteme, als auch für das gesellschaftliche Gesamtsystem betraut. Dabei folgen die Akteure bei der Leistungserstellung unterschiedlichen Handlungsmaximen (Münch 1982). Das Wissenschafts- und Bildungssystem, welches die methodische Produktion und Vermittlung von theoriegeleitetem Wissen zur Aufgabe hat, folgt dabei der Maxime, wahres und unwahres Wissen zu unterscheiden. Es geht also um die Maximierung wahren Wissens. Die Herstellung kollektiv verbindlicher Werte und deren autoritative Durchsetzung ist die zentrale Funktion des politischen Systems (Easton 1957). Handlungsleitend ist dabei die Maximierung von Macht. Akteure im Wirtschaftssystem handeln profitmaximierend, da ihre originäre Funktion die Schaffung von Mehrwert

---

[1] Der vorliegende Beitrag basiert auf Orlowski (2007).
[2] Die Begriffe *Teilsystem* und *Subsystem* werden in dieser Arbeit synonym gebraucht.

ist (Heinrichs 2002; Lange und Schimank 2004). So lassen sich zahlreiche Subsysteme der Gesellschaft analytisch fassen. Hier erfolgt jedoch eine Beschränkung auf die genannten drei Teilsysteme, da sie es sind, deren Schnittmenge als Kernbereich des Innovationssystems aufgefasst werden kann.

Die Teilsysteme sind nicht vollkommen isoliert, sondern stehen in verschiedenen Beziehungen zueinander. So wie die gesamte Gesellschaft auf die in Subsystemen arbeitsteilig erstellten Güter angewiesen ist, so ist auch jedes Teilsystem auf die Leistungen der anderen angewiesen (Schimank 1996). Daraus ergibt sich die Erfordernis der Integration der Subsysteme (Lange und Schimank 2004: 12). Die Bedürfnisse der Subsysteme müssen den jeweils anderen bekannt sein, und für diese muss ein Anreiz bestehen, ihnen nachzukommen. Diese Interdependenzbewältigungen finden auf der Ebene der Akteure durch Handlungsabstimmung statt, wobei den Akteuren unterschiedliche Mittel zur Verfügung stehen. Neben der Kommunikation zwischen Akteuren unterschiedlicher Subsysteme sind beispielsweise wechselseitige Beobachtung, gezielte Beeinflussung oder Verhandlung denkbar (Lange und Schimank 2004: 20). Grundlage all dieser Mittel ist der Informationsfluss zwischen den Akteuren.

8.2.2 Das Innovationssystem

Für das Innovationssystem ist die Integration der Teilsysteme von besonderer Bedeutung. Dabei muss zunächst verdeutlicht werden, dass das Innovationssystem hier nicht so verstanden werden kann wie die bisher behandelten gesellschaftlichen Teilsysteme. Es bietet vielmehr ein heuristisches Konzept, das den komplexen Wirkungszusammenhängen in Innovationsprozessen gerecht werden soll. Man kann das Innovationssystem als diejenigen Integrationshandlungen begreifen, die im Ergebnis „Wissen, Fähigkeiten und Artefakte bezüglich neuer Technologien schaffen, speichern und transferieren" (Welsch 2005: 68). Obwohl also auch hier eine kollektive Leistung Definitionsmerkmal ist, gibt es einen entscheidenden Unterschied zu gesellschaftlichen Subsystemen. Dieser besteht darin, dass die Akteure, die mit dieser Leistungserbringung befasst sind, in ihren Handlungen unterschiedlichen Maximen folgen. Insgesamt ist das Innovationssystem also die Schnittmenge verschiedener Subsysteme (Lundvall 1992: 13 ff.).

Im Zentrum stehen das Wissenschafts-, das Wirtschafts- und das politische System. In komplexen Interaktionsprozessen zwischen Akteuren der unterschiedlichen Subsysteme wird dabei Grundlagenwissen angewandt, woraus Technologien entstehen, die letztlich in Produkte umgesetzt werden. Diese Prozesse verlaufen nicht linear, sondern sie sind von diversen Rückkopplungen, Verbesserungen und Verwerfungen geprägt, die sich auch nicht auf die Entwicklung einer Technologie oder eines Produktes beschränken; stattdessen kommen immer wieder neue Ideen auf, die in die Entwicklung anderer einfließen (Lundvall 1992). Mit der Grundlagenforschung sind vor allem Universitäten und staatliche Forschungseinrichtungen befasst, die primär an der Bereitstellung dieses Wissens an sich interessiert sind. Das politische System prägt entscheidend die Rahmenbedingungen, unter denen diese Entwicklungen stattfinden. So können etwa einzelne Projekte finanziell gefördert, bestimmte Forschungsrichtungen von vorn herein verboten oder rechtsverbindliche Normen gesetzt werden. Die Umsetzung von Technologien in Produkten und deren Vermarktung erfolgt letzten Endes durch profitorientierte Unternehmen. Auch andere gesellschaftliche Teilsysteme haben wichtige Einflüsse auf derlei Entwicklungen. Dies manifestiert sich vor allem in der Nachfrage nach Ergebnissen des Innovationsprozesses. Die Nachfrage ist nicht nur abhängig davon, welcher Nutzen den neuen Technologien und Produkten beigemessen wird, sondern auch von den ihnen zugeschriebenen Folgen für Umwelt und Gesellschaft. Obwohl sie einen sekundären, über die drei zentralen Subsysteme vermittelten Effekt auf den Innovationsprozess haben, gehören Konsumenten und Gruppen anderer Teilsysteme, die sich mit Technikfolgenabschätzung befassen, ebenfalls zum Innovationssystem (Dolata 2007: 10). Die gute Abstimmung der Akteure des Innovationssystems ist also von großer Bedeutung für die Innovationsfähigkeit der Gesellschaft. Die Integration dieser Subsysteme zu fördern, ist eine der zentralen Aufgaben, die den beiden hier behandelten Beratungsgremien zugeschrieben wird. Die Beteiligung wichtiger Akteure aus den unterschiedlichen Bereichen des Innovationssystems kann also zum Evaluationskriterium für die hier behandelten Beratungsgremien gemacht werden.

8.2.3 Pluralismus von Wissen, Werten und Interessen

Der RIW und die FWW lassen sich der praxisorientierten, korporatistischen Politikberatung zuordnen. Durch die beiden Gremien wird nicht auf theoriegeleitetes, methodisch erworbenes Wissen über Innovationspolitik zugegriffen, sondern auf das professionelle Praxiswissen und das kulturelle Alltagswissen der Mitglieder (Heinrichs 2002: 21). Sowohl das Praxis-, als auch das Alltagswissen einer Person sind von verschiedenen Faktoren ihrer Umwelt bestimmt. Diese lassen sich einerseits aus den Eigenschaften derjenigen Teilsysteme ableiten, in denen die jeweilige Person Rollen erfüllt. Sowohl kollektive Akteure als auch Individuen sind in ihren Werten und Interessen geprägt von den Handlungsmaximen des Teilsystems, dem sie zugeordnet werden können(Heinrichs 2002: 29 ff.). Andererseits spielt die inhaltliche Ausrichtung der Tätigkeiten von Personen eine entscheidende Rolle für ihr Wissen. Die inhaltliche Ausrichtung überschreitet prinzipiell die Grenzen von Subsystemen. So ist beispielsweise das praktische Wissen eines wissenschaftlichen Mitarbeiters an einem Lehrstuhl für Informationswissenschaft zu weiten Teilen vergleichbar mit dem eines angestellten Programmierers in einem Softwareentwicklungsunternehmen. Innerhalb eines Subsystems gibt es natürlich zahlreiche Tätigkeitsfelder mit unterschiedlichen inhaltlichen Ausrichtungen. Während also die Werte und Interessen einer Person vornehmlich durch die Handlungsmaximen der Subsysteme geprägt sind, ist das praktische Wissen größtenteils von der inhaltlichen Ausrichtung der Tätigkeiten abhängig. Es ist folglich davon auszugehen, dass es sich bei den Ratschlägen der Gremienmitglieder nicht um Ableitungen aus objektiv *richtigem* Wissen handelt, sondern vielmehr um Schlussfolgerungen, die sich aus dem von individuellen Wertvorstellungen und Interessen geprägten Wissen der Mitglieder ziehen lassen. Will man einseitige Interesseneinflüsse und Bewertungen vermeiden, muss bei der Gremienbesetzung ein Interessen-, Werte- und Wissenspluralismus gewahrt bleiben, um den Interessenausgleich im Diskurs zu ermöglichen.

8.2.4 Interlocking Directorates

Wie bisher deutlich wurde, spielt die Zugehörigkeit der Mitglieder der beiden hier behandelten Beratungsgremien zu verschiedenen Organisationen eine entscheidende Rolle im Hinblick auf die Integration der Subsysteme sowie für ihr Wissen, ihre Werte und Interessen. Die Mitgliedschaft einer Person in mehreren Organisationen und die daraus resultierenden Beziehungen zwischen diesen Organisationen wird in der Interlocking-Directorates-Forschung thematisiert. Man spricht dabei von Interlocking Directorates, „when a person affiliated with one organization sits on the board of directors of another organization" (Mizruchi 1996: 271). Die Beziehung zwischen zwei Organisationen, der Interlock, kommt also immer durch eine Person, den Interlocker, zustande.

Sowohl in Deutschland, als auch in den Vereinigten Staaten standen zu Beginn der Interlocking-Directorates-Forschung die Verbindungen von Banken zu Unternehmen im Vordergrund des Interesses. Dieses Interesse war in den USA vor allem politischer Natur, da durch die Studien Anzeichen der Kartellbildung ausgemacht werden sollten (Fennema und Schijf 1978: 301). Bis in die fünfziger Jahre wiesen Studien zu Interlocking Directorates daher vor allem auf die Vernetzung von Finanzinstitutionen untereinander, Finanzinstitutionen mit Unternehmen sowie verschiedenen Unternehmen untereinander hin (Wallich 1905; Sweezy 1953). Wie die Nutzung der Interlocking-Directorates-Forschung im Rahmen von kartellrechtlichen Maßnahmen bereits andeutet, wurden in diesen Studien Interlocks vor allem als Mittel der Kollusion und Kooperation zwischen Unternehmen gedeutet (Pennings 1980: 88). Bei der Untersuchung der Verbindungen zwischen Finanzinstitutionen und anderen Unternehmen werden Interlocks als Mittel der Kontrolle von Unsicherheitsfaktoren der organisationalen Umwelt interpretiert (Mizruchi und Stearns 1988; Pennings 1980). Diese Studien basieren auf organisations- und ressourcenabhängigkeitstheoretischen Überlegungen, die auch heute noch in verschiedenen Varianten zur Anwendung kommen (Carpenter und Westphal 2001; Geletkanycz et al. 2001; Ruigrok et al. 2006). Der Fokus liegt dabei immer auf der Wirkung von Interlocks für Organisationen. Der Zusammenhang zwischen Interlocks und Organisationserfolg wird dadurch erklärt, dass der interorganisationale Informationsfluss über Interlocks zu einer schnelleren und besseren Anpassung der Organisationen an neue Gegebenheiten führt (Dalton et al. 1999). Mitte der fünfziger Jahre begannen auch Soziologen sich vermehrt mit dieser Forschungsrichtung auseinanderzusetzen. Der Fokus dieser im Rahmen marxistischer und elitentheoretischer Ansätze verfassten Studien lag damals wie heute auf den sozio-ökonomischen Hintergründen besonders aktiver Interlocker (Domhoff 1967; Silva et al. 2006) oder auf der sozialen Integration durch gemeinsame Mitgliedschaften in Unternehmensgremien (Carroll und Carson 2003; Mills 1956; Scott 1991). Hier stehen also weniger die Organisationen, die durch Interlocks verknüpft sind, als vielmehr die Interlocker selbst im Mittelpunkt des Interesses.

Welche Ursachen und Konsequenzen Interlocking Directorates letzten Endes zugeschrieben werden, ist also immer abhängig vom theoretischen Hintergrund der Studien. Prinzipiell hat das Zustandekommen von Interlocking Directorates einen ambivalenten Charakter (Mizruchi 1996: 277). Wessen und welche Beweggründe tatsächlich für das Entstehen von Interlocks verantwortlich waren, muss jeweils im Einzelfall untersucht werden. Auch die Konsequenzen von Interlocks sind empirisch kaum eindeutig zu fassen (Mizruchi 1996: 275). Allen Theorien zu Interlocking Directorates liegt jedoch die Annahme zu Grunde, dass über gemeinsame Mitgliedschaften in Gremien ein Informationsaustausch zwischen Personen und letztlich auch Organisationen stattfindet. Die Unterschiede ergeben sich dann daraus, welche Konsequenzen dieser Informationsaustausch hat. Dieser ist natürlich unabhängig von den Ursachen, die zu Interlocks zwischen Organisationen führen, und konnte auch empirisch nachgewiesen werden (Davis 1991; Davis und Greve 1997). Im Folgenden wird daher angenommen, dass das Vorhandensein eines Interlocks zwischen zwei Organisationen ein aussagekräftiger Indikator für eine Beziehung zwischen ihnen ist (Mizruchi 1996: 272). Interlocks schaffen mindestens einen Kommunikationskanal zwischen zwei Organisationen. Welche Konsequenzen sich daraus ergeben, bleibt offen.

8.2.5 Vorläufige Schlussfolgerungen

Hinsichtlich der Innovationsfähigkeit einer Gesellschaft ist die Integration ihrer Subsysteme von besonderer Bedeutung. Diese setzt den Informationsaustausch zwischen Akteuren der unterschiedlichen Subsysteme voraus. Da Interlocking Directorates zumindest einen Kommunikationskanal zwischen Organisationen, also kollektiven Akteuren, darstellen und damit die Möglichkeit zum Informationsaustausch zwischen Subsystemen schaffen, können sie als ein Mittel gesellschaftlicher Integration aufgefasst werden. Der Informationsaustausch über Interlocks erfolgt immer durch Personen. Die weitergegebenen Informationen und vor allem die Interpretation dieser Informationen sind geprägt von Wissen, Wertevorstellungen und Interessen der Beteiligten. Diese wiederum sind unter anderem abhängig vom gesellschaftssystemischen und inhaltlichen Umfeld der Organisationen, in denen die jeweilige Person tätig ist. Hinsichtlich einer ausgeglichenen Beratung der Bundesregierung und der besseren Vernetzung von Wirtschaft, Wissenschaft und Politik durch die beiden Gremien ergibt sich damit nicht nur aus innovationspolitisch pragmatischer Perspektive, sondern auch unter demokratietheoretischen Gesichtspunkten die Notwendigkeit, die Gremien so zu besetzen, dass möglichst vielfältige Organisationen aus verschiedenen inhaltlichen Tätigkeitsfeldern und gesellschaftlichen Subsystemen durch Interlocks mit den Gremien verbunden sind. Ob die Zusammensetzung der Gremien dieser Anforderung genügt, soll im Folgenden untersucht werden.

8.3 Operationalisierung und Datenerhebung

8.3.1 Interorganisationales Netzwerk

Die Anwendung von Interlocking Directorates auf die hier thematisierten Fragestellungen erfordert eine Modifikation der entsprechenden Definition. Um dual verfasste Unternehmen, Forschungseinrichtungen, Stiftungen sowie staatliche Institutionen im Netzwerk um den RIW und die FWW zu erfassen, wurden generell die Mitglieder des Leitungsorganes einer Organisation und die des entsprechenden Kontrollgremiums als potenzielle Interlocker erfasst. Für den Bundestag, die Bundesregierung und alle Foren zur Diskussion von Politiken erfolgt eine Vollerhebung aller Mitglieder.

Ausgangspunkt des zu erhebenden Interlocking-Directorates-Netzwerks sind die Mitglieder der FWW sowie die des RIW als Interlocker. Für jedes Mitglied wurde die Zugehörigkeit zu anderen Organisationen zunächst in frei verfügbaren Lebensläufen erhoben. Anschließend erfolgte die namentliche Suche in der Datenbank LexisNexis und im Registerportal von Bund und Ländern. So konnten der elektronische Bundesanzeiger, die Handelsregister und Vereinsregister aller Bundesländer sowie Pressemitteilungen und Firmenprofile privater Anbieter gleichzeitig nach Mitgliedschaften durchsucht werden. Alle so gewonnenen Angaben zur Mitgliedschaft wurden durch den Geschäfts- bzw. Jahresbericht der entsprechenden Organisation überprüft, denen dann auch die weiteren Mitglieder der entsprechenden Gremien entnommen wurden. So konnte eine Affiliationsmatrix angefertigt werden, die die Mitgliedschaft von Personen in den Leitungs- oder Kontrollgremien der Organisationen abbildet.

Durch Transponieren der Affiliationsmatrix und anschließende Vormultiplikation der transponierten mit der Ausgangsmatrix wurde eine quadratische Adjazenzmatrix errechnet, die die Verbindungen der Organisationen über gemeinsame Mitglieder angibt. Die Zellen dieser Matrix enthalten die Zahl gemeinsamer Mitglieder. Da auf die Intensität der Beziehungen im Folgenden nicht weiter eingegangen wird, wurde die Matrix dichotomisiert. Die Verbindungen zwischen den Organisationen werden ferner als ungerichtet behandelt, da die Richtung des Informationsflusses nicht weiter thematisiert wird.

8.3.2 Operationalisierung der Subsysteme

Die Zuordnung der Organisationen zu gesellschaftlichen Teilsystemen erfolgte gemäß ihres primären Zwecks. Dieser wurde den Satzungen der Organisationen entnommen. Gewinnorientiert handelnde Unternehmen wurden dem Wirtschaftssystem und nicht gewinnorientierte Forschungseinrichtungen dem Wissenschaftssystem zugeschrieben. Staatliche Institutionen wurden als Teil des politischen Systems behandelt. Eine besondere Rolle kommt Stiftungen, Interessengruppen bzw. Verbänden und Foren zur Diskussion von Politiken zu. Sie sind als intermediäre Organisationen zwischen den Subsystemen zu begreifen und sollen daher zunächst gesondert betrachtet werden. Die nominale Variable *Zweck* wurde also in die Kategorien *Unternehmen, Forschungsinstitution, staatliche Institution, Interessengruppe, gemeinnützige Organisation* und *Policyforum* eingeteilt.

Um die inhaltliche Ausrichtung der Tätigkeit von Organisationen zu erfassen, wurde in Anlehnung an die Wirtschaftszweigsystematik Ausgabe 2003 (WZ 2003) des Statistischen Bundesamtes (Destatis 2002) die Variable *Branche* erstellt, die 19 Kategorien umfasst. Alle Organisationen wurden nun einer dieser Kategorien zugeordnet.[3]

---

[3]Die Zuordnung von Zweck und Branche erfolgte durch zwei unabhängige Kodierer. Aus den Ergebnissen ergab sich eine Interkoderreliabilität nach Perreault und Leigh (1989) von 0,99 bzw. 0,98. Von der intersubjektiven Nachvollziehbarkeit der Zuordnung kann also ausgegangen werden.

8.4 Das innovationspolitische Netzwerk der Bundesrepublik

Um die Frage beantworten zu können, ob bei der Besetzung der Gremien ein Werte-, Wissens- und Interessenpluralismus gewahrt wurde, müssen zunächst die Organisationen betrachtet werden, welche mit den Beratungsgremien in Verbindung stehen.[4] In einem zweiten Schritt soll dann geklärt werden, wie sich die Vernetzung der Organisationen untereinander gestaltet und welchen Beitrag die beiden Beratungsgremien zur Integration des Netzwerks leisten.

8.4.1 Zusammensetzung des Netzwerks

Insgesamt konnten 180 Organisationen ausgemacht werden, die mit dem RIW, der FWW oder mit beiden Gremien über Interlocks verbunden sind. Unter diesen Organisationen finden sich 25 Forschungsinstitutionen. Darunter sind die großen Forschungseinrichtungen Deutschlands wie etwa die *Deutsche Forschungsgemeinschaft* und die *Max-Planck-Gesellschaft.* Eine Einbindung dieser großen Organisationen in innovationspolitische Beratungsgremien ist sicherlich unabdingbar. Neben dem *Bundestag* und der *Bundesregierung* wurden die *Bund-Länderkommission für Bildungsplanung und Forschungsförderung* sowie die *KfW Bankengruppe* als staatliche Institutionen im Netzwerk identifiziert. Mehr als die Hälfte der Organisationen sind Unternehmen und damit dem Wirtschaftssystem zuzuordnen. Darunter sind sowohl Großkonzerne wie *Volkswagen, DaimlerChrysler* oder *Henkel,* als auch kleine und mittelständische Unternehmen verschiedener Branchen. Unter den Unternehmen fällt zunächst die relativ hohe Anzahl von Finanzdienstleistern auf. Dies kann als Hinweis darauf aufgefasst werden, dass Finanzinstitutionen generell stark durch Interlocks mit allen anderen Sektoren verknüpft sind, wie es frühere Studien der Interlocking Directorates Forschung nahe legen (Mizruchi und Stearns 1988; Pennings 1980).

Der größte Teil der Unternehmen stammt aus dem Bereich Maschinen- und Fahrzeugbau. Da diese Branche weniger dem Hightech-, als vielmehr dem Mediumtechbereich zugeordnet werden muss, ist eine solch starke Repräsentanz im Netzwerk zumindest fragwürdig. Hier wird deutlich, dass sich die Akteure aus diesem traditionell starken Sektor der deutschen Volkswirtschaft auch in politischen Gremien Geltung verschaffen. Gleiches gilt für die großen deutschen Energieversorger, die bis auf *EON* alle im Netzwerk um die beiden Beratergremien vertreten sind. Außerdem gehören sechs der sechzehn im Netzwerk vertretenen Interessengruppen dem Maschinen- und Fahrzeugbausektor an, darunter die *IG Metall.* Es besteht daher durchaus die Gefahr eines einseitigen Einflusses der hiermit verbundenen Interessen auf die Gremienarbeit. Neben fünf branchenübergreifenden Interessenverbänden, der *IG Metall* und den fünf Arbeitgeberorganisationen des Maschinen- und Fahrzeugbausektors sind noch jeweils zwei Interessengruppen aus den Bereichen Energie und Automationstechnik vertreten. Auch diese Branchen zählen nicht zu den technologieintensivsten, sondern eher zu denen, die traditionell großen Einfluss in Deutschland haben. Als einziger Bran-

---

[4]Das Netzwerk wurde in seiner Zusamensetzung am 30. Juni 2006 erhoben.

chenverband des Hochtechnologiebereiches verbleibt BITKOM, der die Interessen der Informations- und Telekommunikationstechnologiebranche vertritt. Bemerkenswert ist ferner, dass unter allen Interessengruppen nur eine Gewerkschaft, die *IG Metall*, vertreten ist. Alle anderen sind arbeitgebernahe Organisationen. Darunter der *Bundesverband der Deutschen Industrie* sowie die *Bundesvereinigung Deutscher Arbeitgeberverbände*. Angesichts der Tatsache, dass die Reform der Unternehmenssteuer im Rahmen der Hightech-Strategie als innovationspolitische Maßnahme behandelt wird (Bundeministerium für Bildung und Forschung 2006: 18), die somit unter anderem auch dem Einfluss der beiden Gremien unterliegt, ist eine kritische Hinterfragung der Kräfteverhältnisse zwischen Kapital- und Arbeitsinteressen in den Gremien durchaus angebracht. Konsumentengruppen, Umweltschutzverbände und Akteure der Technikfolgenabschätzung sind überhaupt nicht in die beiden Beratungsgremien integriert. Bedenkt man die oben dargelegte Bedeutung dieser Gruppen im Innovationssystem, stellt diese Tatsache ein enormes Defizit in der Gremienbesetzung dar. Dabei sind Kommissionen und Gremien, die der Regierung bezüglich dieser Gesichtspunkte beratend zur Seite stehen, an anderer Stelle vorhanden. Die Förderung der Absprache und Kooperation dieser Gruppen durch eine Beteiligung in den beiden nationalen innovationspolitischen Beratungsgremien wäre sicherlich eine Bereicherung gewesen.

8.4.2 Gesonderte Betrachtung der Gremien

Ob sich die Forschungsunion und der Rat in ihrer Besetzung ergänzen oder vielmehr redundante Beziehungen bilden, soll nun kurz in einer gesonderten Betrachtung der Zusammensetzung der jeweiligen Netzwerke erörtert werden. Mit dem RIW sind 100 Organisationen direkt verbunden. Von diesen wiederum gehören 32 auch zum Netzwerk um die Forschungsunion. Darunter sind die großen Forschungsinstitutionen und fünf nationale, branchenübergreifende Policyforen. Nur sieben der 104 Unternehmen im Gesamtnetzwerk stehen in Verbindung zu beiden Gremien. Unter diesen finden sich jedoch einige der größten deutschen Unternehmen bzw. ihre Tochtergesellschaften. Namentlich sind dies die *Allianz Group*, *Siemens*, zwei Tochtergesellschaften des *ThyssenKrupp*-Konzerns sowie die IT-Tochter der Lufthansa, die *Lufthansa Systems Group*. Zwar verzeichnen, abgesehen von der *Allianz Group*, diese Firmen relativ hohe Forschungs- und Entwicklungsausgaben; dass sie jedoch Einfluss auf beide Gremien haben, ist wohl auch hier auf ihre volkswirtschaftliche Bedeutung zurückzuführen. Der RIW allein weist Verbindungen zu 61 Unternehmen auf. Der Anteil ist also etwas höher als im Gesamtnetzwerk. Hier dominieren vor allem Unternehmen aus Branchen mit mittlerem bis hohem Technologieniveau. Unter den Unternehmen aus Hochtechnologiesektoren stammen fast alle aus dem Bereich Informationstechnologie. Andere wichtige zukunftsträchtige Branchen wie beispielsweise Optik oder Nanotechnologie sind demgegenüber stark unterrepräsentiert. Durch die Einrichtung der Forschungsunion kamen 84 neue Organisationen in das Netzwerk. Zunächst seien die zwölf neu eingebundenen Forschungsinstitutionen an dieser Stelle erwähnt. Es sind vor allem das *Deutsche Forschungszentrum für Künstliche Intelligenz* und das *Laserzentrum Hannover*, von denen wichtiges zusätzliches Fachwissen für eine erfolgreiche Innovationspolitik zu erwarten sind. Hinsichtlich der hier eingebundenen Unternehmen ist vor allem die Diversifikation der Hightechbranchen im Netzwerk beachtlich. Unternehmen der Branchen Messtechnik und Optik werden lediglich durch die Forschungsunion in die Beratungsgremien mit einbezogen. Im Rahmen der Hightech-Strategie werden diese Bereiche durch spezielle Innovationsstrategien gefördert. Dass entsprechende Unternehmen Gelegenheit haben, ihre Bedürfnisse in den innovationspolitischen Beratungsprozess einfließen zu lassen, scheint daher durchaus sinnvoll. Erwähnenswert sind allerdings auch die zwölf zusätzlichen Interessengruppen, die durch die Forschungsunion in das Netzwerk gelangen. Diese gehören vor allem dem Bereich Maschinen- und Fahrzeugbau an, worunter allerdings auch die einzige Gewerkschaft fällt, die hier in die deutsche Innovationspolitik eingebunden wird.

Es bleibt festzuhalten, dass durch die beiden Beratungsgremien wichtige Akteure der unterschiedlichen gesellschaftlichen Teilsysteme aus diversen Branchen in die Innovationspolitik einbezogen werden. Deutschlands große Forschungseinrichtungen sind ebenso beteiligt wie verschiedene Unternehmen aus zukunftsträchtigen Sektoren. Auch die Beteiligung von kleinen und mittleren Unternehmen scheint gewährleistet. Jedoch hätte im Hinblick auf die Beteiligung aller wichtigen Gruppen des Innovationssystems auf die Mitgliedschaft des einen oder anderen Vertreters deutscher Großkonzerne zugunsten der Integration von Konsumenten und Akteuren der Technikfolgenabschätzung verzichtet werden können. Durch die Einrichtung der Forschungsunion bekamen zusätzlich Unternehmen aus wichtigen Branchen und zahlreiche Forschungseinrichtungen Zugang zur innovationspolitischen Beratung. Allerdings konnten bestehende Ungleichgewichte durch das zweite Gremium kaum ausgeglichen werden. Im Gesamtnetzwerk sind Kapitalinteressen insgesamt sowie Vertreter der Branche Maschinen- und Fahrzeugbau überrepräsentiert.

8.4.3 Vernetzung von Wirtschaft, Wissenschaft und Politik

Im Folgenden soll nun die Aufgabe der Beratungsgremien, Wirtschaft, Wissenschaft und Politik besser zu vernetzen, beurteilt werden. Dazu wird das Netzwerk von Interlocking Directorates aller Organisationen untersucht, die integrative Funktion der Beratungsgremien ausgearbeitet und schließlich überprüft, inwieweit überhaupt eine Notwendigkeit der zusätzlichen Integration durch staatliche Beratungsgremien besteht.

Kohäsion des Netzwerks

Um zu beurteilen, wie stark das Netzwerk integriert ist, wird hier zunächst auf das Konzept der Netzwerkdichte zurückgegriffen. Im Gesamtnetzwerk werden 12 % der möglichen Beziehungen zwischen den Organisationen durch Interlocks realisiert. Eine Interpretation dieses Wertes an sich ist zunächst kaum zielführend, er dient vielmehr als Vergleichsmaß für die weiter unten beschriebenen Dichtewerte.

Ein genaueres Bild der Kohäsion des Netzwerks bietet die Betrachtung der Pfaddistanzen zwischen den Organisationen. Natürlich kann jede Organisation jede andere im Netzwerk erreichen, da sie alle entweder mit dem RIW oder der FWW verbunden sind. Die maximale Pfaddistanz im Netzwerk beträgt folglich drei. Die durchschnitt-

	Gemeinnützige Organisationen	Unternehmen	Interessengruppen	Forschungsinstitutionen	Policy-foren	Staatliche Institutionen
Gemeinnützige Organisationen	0,229	0,100	0,113	0,221	0,414	0,298
Unternehmen		0,082	0,108	0,080	0,263	0,038
Interessengruppen			0,158	0,070	0,325	0,047
Forschungsinstitutionen				0,240	0,344	0,130
Policyforen					0,644	0,500
Staatliche Institutionen						0,833

Tabelle 8.1: Durchschnittliche Dichte nach Blöcken

liche Pfaddistanz von 2,05 verweist darauf, dass mehr Organisationen die maximale Pfaddistanz überbrücken müssen, um zu anderen zu gelangen, als dass sie direkt über Interlocks mit ihnen verbunden sind. Knapp 20 % aller Dyaden im Netzwerk sind nur so verbunden. Zwischen ca. 10 % bestehen direkte Verbindungen, und bei den anderen müssen Informationen über eine Zwischenstation vermittelt werden.

Aus den theoretischen Überlegungen ließe sich schließen, dass die mittlere Kohäsion des Netzwerks vor allem auf relativ isolierte Subsysteme zurückzuführen ist. Danach wären Organisationen aus einem Subsystem stärker untereinander vernetzt als mit anderen, und die Verbindungen zwischen den Subsystemen kämen vor allem über intermediäre Organisationen zustande. Um dieser Vermutung nachzugehen, wurde die Ausgangsmatrix zunächst in Blöcke eingeteilt. Die Zuordnung einer Organisation zu einem Block erfolgte dabei nach dem Zweck, der ihr bei der Datenerhebung zugeschrieben wurde. Für jeden Block sowie für die Blöcke untereinander ließen sich nun Dichtewerte berechnen. Hier fällt zunächst auf, dass die staatlichen Organisationen am besten untereinander verknüpft sind. Die Beziehungsdichte zwischen staatlichen und Forschungsinstitutionen entspricht mit 0,13 in etwa der durchschnittlichen Netzwerkdichte, und die zwischen Staat und Wirtschaft ist unterdurchschnittlich. Den theoretischen Überlegungen folgend, müssten die Werte der Diagonalen in Tabelle 8.1 über den anderen liegen und insgesamt auch über der durchschnittlichen Netzwerkdichte. Wie man sieht, ist dies nur teilweise der Fall. Während für alle Gruppen die Dichte innerhalb der Blöcke größer ist als gegenüber den Beziehungen zu anderen Gruppen und die Dichte auch über dem Durchschnitt liegt, verhält es sich bei Unternehmen anders.

Dieses Ergebnis ist vor allem auf die großen Unterschiede bezüglich der Anzahl von Akteuren in jedem Block zurückzuführen. Die Zahl möglicher Beziehungen innerhalb eines Blocks steigt exponenziell mit der Zahl von Akteuren, die ihm zugeordnet werden. Zum Vergleich von Blöcken sehr unterschiedlicher Größe ist das Konzept der Dichte daher unzulänglich.

Es bedarf also eines weiteren Konzeptes zur Beurteilung der Blockbildung nach Subsystemen. Krackhardt und Stern (1988) haben hierzu den E-I-Index entwickelt, der das Verhältnis der Anzahl von Beziehungen innerhalb einer Gruppe abbildet. Die Berechnung des E-I-Index für die verschiedenen Blocke in Tabelle 8.2 zeigt, dass bei allen Gruppen die Beziehungen zu Akteuren außerhalb der eigenen Gruppe überwiegen. Allerdings weisen Unternehmen den niedrigsten Grad an Außenorientierung auf. Der E-I-Indexwert von 0,008 weist darauf hin, dass sich interne und externe Beziehungen in etwa die Waage halten. Von den externen Beziehungen wiederum dominieren diejenigen zu Policyforen. Die Beziehungen zu den staatlichen Organisationen machen mit zwei Prozent den geringsten Teil der Außenbeziehungen des Wirtschaftssystems aus. Die restlichen Verbindungen zu Organisationen anderer Blöcke verteilen sich zu gleichen Teilen auf Interessengruppen, gemeinnützige Organisationen und Forschungseinrichtungen. Es bestehen also durchaus direkte Beziehungen zu den anderen Subsystemen, jedoch wird durch die meisten externen Beziehungen des Wirtschaftssystems an intermediäre Organisationen angeknüpft.

---

[5]Die Werte in Klammern geben den Anteil an allen externen Beziehungen der Gruppe der jeweiligen Reihe wieder. Die Werte der Diagonale entsprechen der Anzahl interner Beziehungen.

	Gemeinnützige Organisationen	Unternehmen	Interessengruppen	Forschungsinstitutionen	Policy-foren	Staatliche Institutionen
Gemeinnützige Organisationen	96	219 (45 %)	38 (8 %)	116 (24 %)	87 (18 %)	25 (5 %)
Unternehmen	219 (24 %)	882	180 (20 %)	208 (23 %)	274 (31 %)	16 (2 %)
Interessengruppen	38 (13 %)	180 (60 %)	38	28 (9 %)	52 (17 %)	3 (1 %)
Forschungsinst.	116 (26 %)	208 (46 %)	28 (6 %)	144	86 (19 %)	13 (3 %)
Policyforen	87 (17 %)	274 (53 %)	52 (10 %)	86 (17 %)	58	20 (3 %)
Staatliche Inst.	25 (32 %)	16 (21 %)	3 (4 %)	13 (17 %)	20 (26 %)	10 (4 %)
Gesamt	581	1779	339	595	577	87
Externe Verbindungen	485	897	301	451	519	77
E-I-Index	0,67	0,01	0,78	0,52	0,80	0,77

Tabelle 8.2: Verteilung externer Beziehungen und E-I-Index[5]

Auch das Wissenschaftssystem weist eine vergleichsweise hohe Binnenorientierung auf. Dennoch überwiegen auch hier die Beziehungen zu Organisationen anderer Subsysteme bzw. zu intermediären Organisationen. Zunächst sticht hier die gute direkte Vernetzung von Wirtschaft und Wissenschaft ins Auge. Immerhin 46 % der externen Verbindungen bestehen zu Unternehmen. Die geringe Anbindung an Interessengruppen ist nicht weiter verwunderlich, dienen diese doch primär der Vermittlung wirtschaftlicher Interessen. Auch die Akteure aus dem Wissenschaftssystem sind aktiv in gemeinnützigen Organisationen. Der Anteil von Außenbeziehungen zu diesem Block entspricht in etwa dem des Wirtschaftssystems, was erneut auf den intermediären Charakter dieser Organisationen verweist. Die Anbindungen an staatliche Organisationen machen auch hier den geringsten Teil externer Beziehungen aus, was insgesamt jedoch vor allem auf die geringe Zahl von staatlichen Akteuren im Netzwerk zurückzuführen ist. Daher rührt auch die hohe Außenorientierung des politischen Systems. Wie Tabelle 8.1 entnommen werden kann, sind die staatlichen Akteure relativ gut untereinander verbunden. Tabelle 8.2 zeigt, dass ihre Außenbeziehungen sich recht gleichmäßig über die anderen Blöcke verteilen, wobei allerdings nur wenige Verbindungen zu Interessengruppen, dafür überdurchschnittlich viele zu gemeinnützigen Organisationen bestehen. Auch das politische System ist also sowohl direkt mit den anderen Subsystemen, als auch mit intermediären Organisationen verbunden. Diese wiederum weisen alle ein ähnliches Muster in ihren Verbindungen auf. Alle sind stark nach außen orientiert, was ihrer Funktion als Intermediäre untermauert. Dabei überwiegen die Beziehungen zur Wirtschaft mit über 50 %, während die anderen Blöcke jeweils mit 10 % bis 20 % der externen Verbindungen angebunden werden. Der geringe Anteil von Beziehungen zu staatlichen Institutionen erklärt sich wie oben. Es bleibt also festzuhalten, dass alle Blöcke untereinander auch direkt vernetzt sind und sich die Differenzierung in relativ isolierte Teilsysteme nicht eindeutig in den direkten Beziehungen widerspiegelt. Die mittlere Kohäsion ergibt sich also nicht aus systematisch verteilten strukturellen Löchern, die diese Struktur widerspiegeln würden.

Nun wurde auch die Pfaddistanzmatrix des Netzwerks nach dem Zweck der Organisationen geblockt und die durchschnittliche Pfaddistanz innerhalb der Blöcke sowie zwischen ihnen berechnet. Die durchschnittliche Pfaddistanz zwischen Forschungseinrichtungen und Unternehmen beträgt 2,11, was darauf hindeutet, dass sie zumeist über dritte Organisationen miteinander verbunden sind. Die Werte für Verbindungen von Forschungseinrichtungen zu staatlichen Institutionen sowie von diesen zu Unternehmen liegen knapp unter zwei. Hier ist der Anteil direkter Verbindungen also etwas höher. Dennoch bleiben viele Organisationen dieser Bereiche nur über dritte miteinander verbunden. Ferner zeigt sich, dass die Policyforen zu allen anderen Blöcken eine durchschnittliche Pfaddistanz von weniger als zwei haben. Sie stehen also mit relativ vielen Organisationen aus diesen Bereichen direkt in Verbindung und tragen so entscheidend zur Integration des Netzwerks bei.

Integration durch Rat und Forschungsunion

Wie stark die integrative Wirkung der untersuchten Beratungsgremien dabei ist, kann durch einen Vergleich der bisher gemachten Feststellungen zur Kohäsion des Netz-

	Gesamtnetzwerk	ohne Rat und Forschungs-union	Änderung	Prozentuale Änderung
Gemeinnützige Organisationen	87,40	230,59	143,19	164 %
Unternehmen	13,88	23,74	9,86	71 %
Interessengruppen	77,72	178,73	101,01	130 %
Forschungs-institutionen	74,72	129,11	54,39	73 %
Policyforen	1050,82	594,93	−455,90	−43 %
Staatliche Institutionen	23,25	29,90	6,66	29 %

Tabelle 8.3: Durchschnittliche Betweeness Zentralität in Blöcken

werks mit dem Netzwerk nach Entfernen der Beratungsgremien ausgearbeitet werden. Lediglich neun Organisationen werden durch die Beseitigung des Rates und der Forschungsunion im Netzwerk isoliert. Das zeigt, dass auch ohne die Beratungsgremien Informationsfluss über Interlocking Directorates zwischen dem Großteil der Organisationen möglich ist. Allerdings steigt die maximale Pfaddistanz im Netzwerk ohne die Beratungsgremien auf fünf. Mit einem Anteil von 0,1 % an allen kürzesten Wegen zwischen zwei Organisationen betrifft dies allerdings nur sehr wenige Dyaden. Die durchschnittliche Pfaddistanz steigt auf 2,28; die Informationswege zwischen den Organisationen werden also länger. Dies betrifft zunächst die Unternehmen. Die durchschnittlichen Distanzen zu allen anderen Organisationsgruppen steigen überdurchschnittlich. Im Gegensatz dazu bleiben die Distanzen zwischen gemeinnützigen Organisationen und allen anderen Gruppen relativ konstant, was erneut auf ihren intermediären Charakter verweist. Interessengruppen, die hier auch als intermediäre Organisationen betrachtet werden, verzeichnen die größten Einbußen an Nähe zu den anderen Gruppen im Netzwerk ohne den Rat und die Forschungsunion. Die beiden Beratungsgremien verkürzen also die Informationswege zwischen den Organisationen des Netzwerks. Es bleibt allerdings festzuhalten, dass auch ohne die Beratungsgremien ein Informationsaustausch über Interlocking Directorates sowohl innerhalb der gesellschaftlichen Teilsysteme, als auch über ihre Grenzen hinweg möglich ist.

Die Rolle intermediärer Organisationen

Um zu beurteilen, welche Gruppen den indirekten, grenzübergreifenden Informationsaustausch ermöglichen, wird hier auf das Konzept der Betweeness-Zentralität nach Freeman (1979) zurückgegriffen. Zunächst kann dieses Maß dahingehend interpretiert werden, wie viel Informationsfluss eine Organisation zwischen anderen kontrolliert, bzw. inwieweit Information zwischen zwei Organisationen nur über die jeweilige dritte ausgetauscht werden kann.

Da Informationsfluss zwischen Organisationen über Interlocking Directorates hier als Mittel gesellschaftlicher Integration aufgefasst wird, kann also angenommen werden, dass Organisationen mit einer hohen Betweeness-Zentralität einen großen Beitrag zur Integration leisten, da sie die kürzest möglichen Verbindungen zwischen zwei anderen Organisationen schaffen. Tabelle 8.3 zeigt, dass Policyforen die mit Abstand höchste durchschnittliche Betweeness-Zentralität im Netzwerk aufweisen. Dies ist zunächst nicht verwunderlich, da unter ihnen ja die hier untersuchten Beratungsgremien sind, welche direkte Verbindungen zu den meisten Organisationen im Netzwerk haben. Die durchschnittliche Betweeness-Zentralität der Policyforen sinkt folglich nach Herausrechnung des RIW und der FWW von 1051 auf 595. Sie bleiben jedoch vor den gemeinnützigen Organisationen, die in diesem Netzwerk einen Durchschnitt von 231 aufweisen, mit Abstand die zentralste Gruppe in dieser Hinsicht.

Der Wert der gemeinnützigen Organisationen steigt nach Herausrechnung der beiden Gremien um 164 % auf 231. Dieser überdurchschnittliche Anstieg verweist darauf, dass sie als Bindeglieder zwischen Organisationen dienen, sobald der kürzeste Weg zwischen diesen nicht mehr über die Forschungsunion oder den Rat verläuft. Gleiches gilt im Übrigen für die Interessengruppen, deren durchschnittliche Betweeness-Zentralität im Netzwerk ohne RIW und FWW von zuvor 78 auf 179 ansteigt. Insgesamt weisen also diejenigen Gruppen, die hier als Intermediäre zwischen den Subsystemen gehandelt werden, im Durchschnitt eine wesentlich höhere Betweeness-Zentralität als diejenigen Organisationen auf, welche direkt einem Teilsystem zugeordnet wurden. Nach Entfernen der Beratungsgremien steigt ihre vermittelnde Rolle noch weiter, und sie tragen so entscheidend zur Systemintegration bei.

Entfernt man alle Policyforen, gemeinnützige Organisationen und Interessengruppen aus dem Netzwerk, zerfällt das Netzwerk der verbleibenden Organisationen in fünf Komponenten. Dabei können sich 34 % der Organisationen dann gar nicht mehr erreichen. Die größte Komponente des Netzwerks umfasst jedoch auch weiterhin 107 Organisationen, die über Interlocking Directorates verbunden sind. Dies zeigt, dass ein durchaus erheblicher Teil der untersuchten Organisationen aus Wirtschaft, Wissenschaft und Politik direkt miteinander in Verbindung stehen. Alle anderen werden über intermediäre Organisationen in das Netzwerk eingebunden. Außerdem verkürzen sich durch die intermediären Organisationen die Informationswege zwischen den meisten Organisationen. So steigt die durchschnittliche Pfaddistanz des Netzwerks ohne intermediäre Organisationen auf 2,42, was einem Anstieg von 18 % gegenüber dem Gesamtnetzwerk entspricht. Policyforen, gemeinnützige Organisationen und Interessengruppen haben also eine entscheidende integrative Funktion.

Die anderen Policyforen haben einen entscheidenden Anteil an der Integration der Subsysteme über indirekte Verbindungen. Inhaltlich befassen sie sich alle mit innovationspolitischen Fragestellungen. Dabei konzentrieren sich das *Forum für Zukunftsenergien* und die *Deutsche Energie-Agentur* auf Fragen der Energieeffizienz und die Förderung erneuerbarer Energien, während die anderen allgemeine Ansätze zur Förderung der Innovationsfähigkeit Deutschlands verfolgen. Die Arbeit dieser branchenübergreifenden Foren ist also nahezu deckungsgleich mit der des RIW und der FWW, sieht man von deren begleitender Funktion bei der Implementierung der Hightech-Strategie ab. Direkten Zugang zu Policyforen hat die Regierung dabei zum

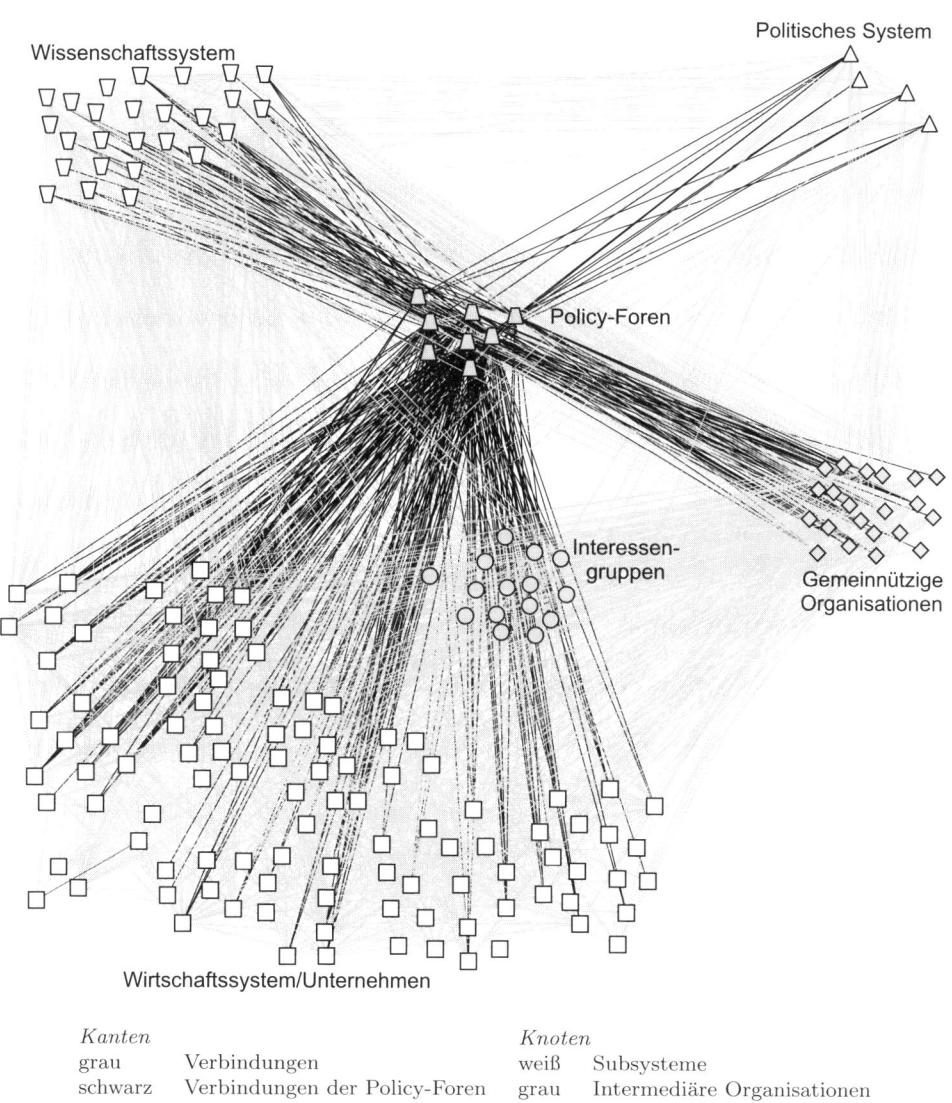

Politisches System

Wissenschaftssystem

Policy-Foren

Interessen-
gruppen

Gemeinnützige
Organisationen

Wirtschaftssystem/Unternehmen

Kanten		*Knoten*	
grau	Verbindungen	weiß	Subsysteme
schwarz	Verbindungen der Policy-Foren	grau	Intermediäre Organisationen

Abbildung 8.1: Verbindungen zwischen Subsystemen und die intermediäre Funktion
der Policyforen ohne den Rat und die Forschungsunion

Rationalisierungs- und Innovationszentrum der Deutschen Wirtschaft sowie zur *Deutschen Energie-Agentur*. Da die Policyforen untereinander stark vernetzt sind, bietet sich die Möglichkeit für die Bundesregierung, über höchstens zwei Schritte Informationen aller wichtigen Policyforen zu erhalten.

Sowohl der RIW, als auch die FWW leisten also einen Beitrag zur Integration von Wirtschaft, Wissenschaft und Politik. Es bestehen jedoch auch zahlreiche direkte Verbindungen zwischen Akteuren aus den drei Subsystemen. Ferner gibt es zahlreiche Organisationen, die als Intermediäre ebenfalls zur Integration dieser Teilsysteme beitragen. Bedenkt man, dass hier nur diejenigen Organisationen untersucht wurden, die direkt mit dem Rat oder der Forschungsunion verbunden sind, stellt sich die Frage, ob sich bei einer weitläufigeren Untersuchung der Vernetzung von Akteuren des Innovationssystems nicht herausstellen würde, dass die integrative Wirkung bestehender Policyforen der neu eingerichteten Beratungsgremien mindestens gleichkommt. Da sich die bestehenden Policygruppen auch inhaltlich mit innovationspolitischen Fragestellungen befassen, hätte die Kooperation mit diesen Foren vertieft und auf die Einrichtung gesonderter Beratungsgremien verzichtet werden können. So hätte die Gewährung eines weiteren exklusiven Zugangs von Partikularinteressen zum politischen System von vorn herein vermieden werden können.

8.5 Zusammenfassung und Ausblick

Die funktional ausdifferenzierten gesellschaftlichen Subsysteme sind auf die Leistungen der jeweils anderen angewiesen, um ihre Funktionen erfüllen zu können. Dies erfordert die Integration der Teilsysteme über Informationsaustausch. Im Hinblick auf die Innovationsfähigkeit der Gesellschaft sind diese Abstimmungsprozesse zwischen den Akteuren des Innovationssystems von besonderer Bedeutung. Betrachtet man Interlocking Directorates als Kommunikationskanal zwischen Organisationen, bieten sie ein Mittel gesellschaftlicher Integration, sofern sie zwischen Organisationen unterschiedlicher Teilsysteme zustande kommen. Es konnte gezeigt werden, dass zwischen Akteuren aus Wirtschaft, Wissenschaft und Politik zahlreiche direkte Verbindungen bestehen. Neben dem RIW und der FWW sind es vor allem andere innovationspolitische Policyforen, die entscheidend zur Integration der Akteure beitragen. Eine engere Kooperation der Regierung mit diesen Foren hätte daher eine Alternative zur Einrichtung weiterer Gremien sein können. Von einer „neuen Kultur strategischer Kooperation" (Bundeministerium für Bildung und Forschung 2006: Pressemitteilung 113/2006) kann vor diesem Hintergrund sicher nicht gesprochen werden, auch wenn die innovationspolitischen Beratungsgremien der Bundesregierung zur Integration wichtiger Akteure des Innovationssystems beitragen. Allerdings sind nicht alle wichtigen Gruppen in den beiden Gremien vertreten. Konsumenten, Umweltschützer und andere Gruppen der Technikfolgenabschätzung wurden leider nicht in die Gremien eingebunden. Ferner herrscht ein Übergewicht von Vertretern traditionell starker Gruppen, unabhängig von ihrer Forschungsaktivität sowie von Kapitalinteressen an sich. Ob sich dieses Ungleichgewicht dann jedoch auch in der entsprechenden Gesetzgebung niederschlägt, liegt in der Hand der Entscheidungsträger des politischen

Systems. Das Übergewicht einzelner Interessen in der Beratungsphase auszugleichen, stellt eine besondere Verantwortung für die politischen Entscheider dar.

Literaturverzeichnis

Bundeministerium für Bildung und Forschung, 2006: Die Hightech-Strategie für Deutschland. Informationsbroschüre.

Carpenter, Mason A. und *James D. Westphal*, 2001: The Strategic Context of External Network Ties: Examining the Impact of Director Appointments on Board Involvement in Strategic Decision Making. The Academy of Management Journal 44: 639–660.

Carroll, William K. und *Colin Carson*, 2003: The Network of Global Corporations and Elite Policy Groups: A Structure for Transnational Capitalist Class Formation? Global Networks 3: 29–57.

Dalton, Dan R., Catherine M. Daily, Jonathan L. Johnson und *Alan E. Ellstrand*, 1999: Number of Directors and Financial Performance: A Meta-Analysis. Academy of Management Journal 42: 674–686.

Davis, Gerald F., 1991: Agents without Principles? The Spread of the Poison Pill through the Intercorporate Network. Administrative Science Quarterly 36: 583–613.

Davis, Gerald F. und *Henrich R. Greve*, 1997: Corporate Elite Networks and Governance Changes in the 1980s. American Journal of Sociology 103: 1–37.

Destatis, 2002: Klassifikation der Wirtschaftszweige. Wiesbaden: Statistisches Bundesamt.

Dolata, Ulrich, 2007: Technik und sektoraler Wandel: Technologische Eingriffstiefe, sektorale Adaptionsfähigkeit und soziotechnische Transformationsmuster. MPIfG Discussion Paper.

Domhoff, G. William, 1967: Who rules America? Englewood Cliffs, NJ: Prentice-Hall.

Easton, David, 1957: An Approach to the Analysis of Political Systems. World Politics 9: 383–400.

Fennema, Meindert und *Huibert Schijf*, 1978: Analysing Interlocking Directorates: Theory and Methods. Social Networks 1: 297–332.

Freeman, Linton C., 1979: Centrality in Social Networks: Conceptual Clarification. Social Networks 1: 215–239.

Geletkanycz, Marta A., Brian K. Boyd und *Sydney Finkelstein*, 2001: The Strategic Value of CEO External Directorate Networks: Implications for CEO Compensation. Strategic Management Journal 22: 889–898.

Heinrichs, Harald, 2002: Politikberatung in der Wissensgesellschaft: Eine Analyse umweltpolitischer Beratungssysteme. Wiesbaden: Deutscher Universitätsverlag.

Krackhardt, David und *Robert N. Stern*, 1988: Informal Networks and Organizational Crises: An Experimental Simulation. Social Psychology Quarterly 51: 123–140.

Lange, Stefan und *Uwe Schimank*, 2004: Governance und gesellschaftliche Integration. Wiesbaden: VS Verlag für Sozialwissenschaften.

Luhmann, Niklas, 1984: Soziale Systeme: Grundriss einer allgemeinen Theorie. Frankfurt: Suhrkamp.

Lundvall, Bengt-Ake, 1992: National Systems of Innovation: Towards a Theory of Innovation and Interactive Learning. London/New York: Pinter.

Mills, C. Wright, 1956: The Power Elite. Oxford: Oxford University Press.

Mizruchi, Marks S., 1996: What Do Interlocks Do? An Analysis, Critique, and Assessment of Research on Interlocking Directorates. Annual Review of Sociology 22: 271–298.

Mizruchi, Marks S. und *Linda B. Stearns*, 1988: A Longitudinal Study of the Formation of Interlocking Directorates. Administrative Science Quarterly 33: 194–210.

Münch, Richard, 1982: Theorie des Handelns: Zur Rekonstruktion der Beiträge von Talcott Parsons, Emile Durkheim und Max Weber. Frankfurt: Suhrkamp.

Orlowski, Matthias, 2007: Das Netz der Berater. Eine Analyse des Netzwerks um die innovationspolitischen Beratungsgremien der Bundesregierung. Bachelorarbeit, Fachbereich Politik- und Verwaltungswissenschaft, Universität Konstanz.

Pennings, Johannes M., 1980: Interlocking Directorates: Origins and Consequences of Connections Among Organizations' Boards of Directors. San Francisco, Washington, London: Jossey-Bass.

Perreault, William D., Jr und *Laurence E. Leigh*, 1989: Reliability of Nominal Data Based on Qualitative Judgments. Journal of Marketing Research 26: 135–148.

Ruigrok, Winfried, Simon I. Peck und *Hansueli Keller*, 2006: Board Characteristics and Involvement in Strategic Decision Making: Evidence from Swiss Companies. Journal of Management Studies 43: 1201–1226.

Schimank, Uwe, 1996: Theorien gesellschaftlicher Differenzierung. Opladen: Leske + Budrich.

Scott, John, 1991: Networks of Corporate Power: A Comparative Assessment. Annual Review of Sociology 17: 181–203.

Silva, Francisca, Nicolás Majluf und *Ricardo D. Paredes*, 2006: Family Ties, Interlocking Directors and Performance of Business Groups in Emerging Countries: The Case of Chile. Journal of Business Research 59: 315–321.

Sweezy, Paul M., 1953: The Present as History: Essays and Reviews on Capitalism and Socialism. New York/ London: Monthly Review Press.

Wallich, Paul, 1905: Die Konzentration im deutschen Bankwesen. Stuttgart: Cotta.

Welsch, Johann, 2005: Innovationspolitik. Eine problemorientierte Einführung. Wiesbaden: Gabler.

Teil III

Netzwerke im politischen Prozess

Kapitel 9

Wirtschaftsverbände zwischen Kooperation und Wettbewerb: Ein Vergleich deutscher, britischer und spanischer Verbandsökologien im I&K-Sektor

Achim Lang

> „Fressen oder gefressen werden – die
> veränderte Verbandslandschaft"
>
> ———————————————————
>
> Geschäftsführer des Verbands der
> deutschen Internetwirtschaft – eco[1]

9.1 Evolutionstheoretische und ökologische Perspektiven in der Politikwissenschaft und der Verbändeforschung

Theorietransfers von der Biologie in die Politikwissenschaft sind ein relativ neues Phänomen. Seit den 1990er Jahren haben jedoch Publikationen, die evolutionstheoretische Ansätze auf politikwissenschaftliche Fragestellungen übertragen, kontinuierlich zugenommen. Neben allgemeinen Einführungen und Überlegungen zur Fruchtbarkeit von Biologie und Darwinismus in der Politikwissenschaft (Masters 1990; Anhart 1994, 1995; Kerr 2002) existieren inzwischen eine Reihe von Studien, die evolutionstheoretische Konzepte auf den Wandel von Institutionen (Jones und Sulkin 2003; Ward 2003) oder die Entstehung und Veränderung von Policies (John 1999; Steinmo 2003) beziehen. Darüber hinaus hat die Linnésche Taxonomie Eingang in die Parteienforschung gefunden (Gunther und Diamond 2003), während das Zusammenspiel unterschiedlicher politischer Akteure mit ökologischen Ansätzen analysiert wird (Ronit und Schneider 1997). Evolutionstheoretische und ökologische Überlegungen werden seit einigen Jahren auch in der Verbändeforschung angestellt, um der weitgehend neo-korporatistisch motivierten Theoriebildung eine neo-pluralistische und

---

[1] Vortrag auf der Mitgliederversammlung am 19.5.1999, Folien-Überschrift im Ausblick auf das neue Geschäftsjahr.

populationsökologische Perspektive entgegenzusetzen (McFarland 2004; Lowery und
Gray 2004). In dieser neuen Perspektive wird besonders auf die Parallelität von
ökonomischer und gesellschaftlicher Differenzierung einerseits und deren Abbildung in
der Verbandslandschaft andererseits hingewiesen. Demgegenüber sehen jedoch Vertreter der neo-korporatistischen Verbandstheorie in staatlichen Unterstützungsleistungen
und in hierarchisch organisierten Verbandssystemen wesentliche Faktoren, die die
Komplexität von Verbandslandschaften reduzieren, indem sich aus Differenzierungs-
prozessen hervorgegangene neue Interessen in das bestehende Interessenvermittlungs-
system integrieren lassen.

In diesem Beitrag wird nun diese Kontroverse aufgegriffen und auf den Bereich
der interverbandlichen Beziehungen übertragen. Dabei werden die Ausdifferenzierung
und die Entstehung ökologischer Beziehungen in Wirtschaftsverbandslandschaften in
einem weitgehend neu entstandenen Politikfeld, der Informations- und Kommunikati-
onspolitik, in den drei Ländern Deutschland, Großbritannien und Spanien untersucht.
Im Fokus des Beitrags steht dabei die Frage, ob die drei Verbandslandschaften ähnliche
ökologische Strukturen aufweisen oder ob Charakteristika des nationalen Verbandssystems einen Einfluss auf die ökologischen Beziehungsnetzwerke haben. Die nationalen Verbandssysteme in den drei untersuchten Ländern unterscheiden sich dabei
grundlegend in Bezug auf die interne Vernetzung und Hierarchie.

In Spanien hat sich nach der Transition zur Demokratie in den 1970er Jahren ein
hierarchisches Wirtschaftsverbandssystem um den wirtschafts- und arbeitsmarktpolitischen Spitzenverband *Confederación Española de Organizaciones Empresariales*
(CEOE) entwickelt, das alle Wirtschaftssektoren einschließt (Brinkmann 2001). Die
CEOE vertritt rund eine Million Unternehmen, die in rund 2000 regionalen und 200
sektoralen Wirtschaftsverbänden organisiert sind. Innerhalb dieser Strukturen haben
die angeschlossenen Verbände aber weitgehende Autonomie. In den Tarifverhandlun-
gen werden die Unternehmen durch die sektoralen Mitgliedsverbände der CEOE, die
patronales, vertreten. Die Struktur der spanischen nationalen Verbandslandschaft ist
stark segmentiert und durch formelle und informelle Kooperationsbeziehungen zumeist zu den sektoralen Spitzenverbänden geprägt.

In Deutschland existiert keine eindeutige Verbandshierarchie. Vielmehr existieren
für die Wirtschafts- und Arbeitsmarktpolitik jeweils ein Spitzenverband: der *Bundesverband der Deutschen Industrie* (BDI) und die *Bundesvereinigung der Deutschen
Arbeitgeberverbände* (BDA). Der BDI gliedert sich heute in 41 Fachverbände, denen
36 Politikfeldern zugeordnet werden, und in 15 Regionalverbände. Der BDI vertritt
ausschließlich die Interessen des industriellen Sektors der Wirtschaft, während die
Dienstleistungsbrache von anderen Wirtschaftsverbänden repräsentiert wird (Lang
und Schneider 2007). Die BDA ist dagegen der Dachverband der Arbeitgeberverbände,
die aus dem Tarifvertragsgesetz ihre Ermächtigung zur sozialpolitischen Mitbestim-
mung herleiten (vgl. Schroeder 2007). Die deutsche Verbandslandschaft ist somit zwei-
geteilt in einen korporatistischen Industriebereich und einen durchaus pluralistischen
Dienstleistungsbereich.

In Großbritannien ist die *Confederation of British Industry* (CBI) ein wirtschafts-
und arbeitsmarktpolitischer Spitzenverband, der allerdings nicht in ein hierarchisches
Verbandssystem integriert ist. Die CBI war in den 1960er und 1970er Jahren aktiv

an den tripartistischen Konsultationen mit der Regierung und den Gewerkschaften beteiligt (Plöhn 2001: 178). Allerdings haben die zunehmende Bedeutungslosigkeit der organisierten Interessen und der ökonomische Niedergang unter der Regierung Thatcher ihre Spuren in der britischen Wirtschaftsverbandslandschaft hinterlassen (Hartmann 1985; Plöhn 2001). So ist der CBI mittlerweile als *primus inter pares* anzusehen, der zwar über die meisten Firmenmitglieder, zumeist aus Industriesektoren, verfügt, aber über keine besonderen institutionellen Privilegien verfügt. Die britische Verbandslandschaft ist durchweg kompetitiv lobbyistisch ausgerichtet.

Dieser Beitrag greift nun die nationalen Differenzen in der Stellung der wirtschafts- und arbeitsmarktpolitischen Spitzenverbände auf und untersucht, welchen Einfluss sie auf die Beziehungsstrukturen der sektoralen Wirtschaftsverbandssysteme in Spanien, Großbritannien und Deutschland ausüben. So sollten sich die sektoralen Wirtschaftsverbandssysteme deutlich unterscheiden: Die spanischen I&K-Verbände sollten demzufolge ein kooperatives Beziehungsnetzwerk entwickelt haben, in dem die Mitgliedsverbände der CEOE eine zentrale Stellung einnehmen. Im deutschen I&K-Wirtschaftsverbandssystem sollte sich die Zweiteilung in Industrie- und Dienstleistungsinteressen des nationalen Verbandssystems widerspiegeln. Die Industrieinteressen sollten dabei integrierter und kooperativer sein als die heterogen zusammengesetzten Interessen des Dienstleistungssektors. Die britische I&K-Verbandslandschaft dagegen sollte dagegen eher eine kompetitiv-pluralistische Struktur aufweisen.

Die Daten, die diesem Beitrag zugrunde liegen, basieren auf einer standardisierten Befragung von Repräsentanten, meist Geschäftsführern, von insgesamt 44 Wirtschaftsverbänden. Die Befragung fand im Rahmen des von der Deutschen Forschungsgemeinschaft (DFG) geförderten Projekts „Organisatorischer Wandel von Wirtschaftsverbänden" statt und erstreckte sich über den Zeitraum von September 2002 bis Juli 2003 (siehe dazu Lang 2006).

Der Beitrag gliedert sich neben der Einleitung in drei Abschnitte. Der zweite Abschnitt beschäftigt sich mit der konzeptionellen Einordnung einer ökologischer Perspektive in die Verbändeforschung. Im dritten Abschnitt wird das Untersuchungsdesign beschrieben und werden die interverbandlichen (ökologischen) Beziehungen operationalisiert. Im Anschluss werden die ökologischen Verbandsnetzwerke skizziert und wird narrativ deren Entstehung analysiert.

9.2 Das Ökologische in der Verbändeforschung

Ökologie, als ein Teilbereich der Biologie, ist die „Wissenschaft von der Verbreitung und Häufigkeit (Abundanz) von Organismen und den Interaktionen, welche die Verbreitung und Häufigkeit bestimmen" (Townsend et al. 2003: 6). Ökologische Interaktionen oder Beziehungen sind somit wesentlich für die Analyse von Biopopulationen oder im Falle von Wirtschaftsverbänden von Organisationspopulationen, die sich einen Lebensraum oder ein Politikfeld teilen. Die Interaktionen können dabei auf drei unterschiedlichen Analyseebenen angesiedelt sein (Townsend et al. 2003).

- Die Umweltebene bezieht alle Wechselwirkungen zwischen Organismen und Populationen mit der physikalischen Umwelt ein.

- Die interspezifische Ebene enthält alle Interaktionen zwischen unterschiedlichen Arten in einem Lebensraum.

- Die Populationsebene umfasst die Beziehungen zwischen Organismen innerhalb einer Biopopulation.

In einem ökologischen Lebensraum konkurrieren die Biopopulationen um Nahrung oder Brutplätze. Andererseits existieren auch Kooperationsbeziehungen zwischen den Populationen, die ihnen einen Vorteil im täglichen Überlebenskampf verschaffen. In der ökologischen Forschung werden solche Beziehungen zwischen zwei Populationen systematisch analysiert und entlang der Dimensionen Konkurrenz – Gegenseitigkeit klassifiziert. Innerhalb des ökologischen Klassifikationsschemas unterhalten zwei Populationen z. B. symbiotische Beziehung, wenn beide Populationen von dieser Beziehung profitieren.

Auch in der Organisationswissenschaft wurde diese Klassifikation von ökologischen Relationen bereits eingeführt (siehe Tabelle 9.1). So unterscheiden Brittain und Wholey (1988) sechs verschiedene Arten von Interaktionen zwischen Populationen und Organisationen in der US-amerikanischen Halbleiterindustrie und analysieren deren Performanz in Abhängigkeit von den Beziehungsstrukturen.

In der Verbändeforschung ist die Unterscheidung in verschiedene Arten von ökologischen Relationen noch unbekannt. Bisher konzentrierte sich besonders die (neo)korporatistische Forschung auf der Beschreibung und Analyse formeller und informeller Hierarchien. So subsummieren Schmitter und Streeck unter dem Begriff der interorganisatorischen Strukturen einerseits „Higher-Order Associations" (Dachverbände) und andererseits Verbandssysteme. Dachverbände werden von ihnen definiert als eine

„organization with a staff and a constitution whose members are other BIAs. In functional terms, higher-order associations are permanent organizations specializing in coordinating the activities of their member associations" (Schmitter und Streeck 1999: 69).

Verbandssysteme dagegen umfassen alle Verbände (auch Dachverbände), die in einer bestimmten Domäne tätig sind. Differenzierung und Integration in Verbandssystemen können sich entlang einer vertikalen und einer horizontalen Dimension vollziehen (Schmitter und Streeck 1999: 72 ff.).

Horizontale Differenzierung entsteht durch die Aufteilung der Domänen innerhalb eines Sektors unter verschiedenen Verbänden, die sich auf einen Ausschnitt der gesamten Interessendomäne spezialisieren. In unregulierten Verbandssystemen entstehen durch die autonomen Handlungen von Verbänden Domänenüberschneidungen, die zu Wettbewerbsbeziehungen führen können. Eine vertikale Differenzierung entsteht durch die Gründung von Dachverbänden, die koordinierend in die Verbandsaktivitäten auf den unteren Ebenen eingreifen und damit für eine vertikale bzw. hierarchische Integration von Verbänden in einem Verbandssystem sorgen (vgl. Coleman und Grant 1988; Coleman und Montpetit 2000). Eine horizontale Integration existiert durch den Aufbau nicht-hierarchische Koordinationsmechanismen zwischen Verbänden. Darunter fallen z. B. formelle und informelle Allianzen.

		Population B		
		Kooperation	Neutral	Konkurrenz
Population A	Kooperation	Vollständiger Mutualismus	Partieller Mutualismus	Schädigender Wettbewerb
	Neutral		Neutralität	Partieller Wettbewerb
	Konkurrenz			Vollständiger Wettbewerb

Tabelle 9.1: Ökologische Beziehungen in der Organisationswissenschaft. Eigene Darstellung in Anlehnung an Brittain und Wholey (1988)

Ausgehend von diesen Überlegungen zu Formen der horizontalen und vertikalen Integration unterscheiden Schmitter und Streeck (1999) zwei idealtypische Verbandssysteme (siehe Abbildung 9.1). Korporatistische Wirtschaftsverbandssysteme sind demnach charakterisiert durch dauerhafte und stabile Beziehungen auf allen Systemebenen. Auf der Ebene der Verbandslandschaft dominieren Kooperations- und Koordinationsbeziehungen zwischen den unterschiedlichen Hierarchieebenen, aus denen sich das Wirtschaftsverbandssystem zusammensetzt. Die Verbändehierarchie kumuliert schließlich in einem Spitzenverband, der auf der Ebene des Interessenvermittlungssystems in die Politikformulierung mit einbezogen wird. Diese wird durch Tauschprozesse geprägt, in denen staatliche Organisationen und Spitzenverbände sich gegenseitig Ressourcen beschaffen, welche die jeweilig andere Seite nicht selbst bereitstellen kann. Auch hier sind die Kooperationsbeziehungen wieder dominant. Entsprechendes gilt auch für das System kollektiven Handelns mit einer kooperativen Mitgliedschaftslogik. Die Mitgliedsunternehmen werden von den Fach- oder Regionalverbänden durch selektive Anreize an das Verbandssystem gebunden.

Pluralistische Verbandssysteme sind dagegen wesentlich fluider und dynamischer. So kann sich auf der Ebene des Interessenvermittlungssystems zwischen Verbänden und staatlichen Organisationen keine dauerhafte und stabile Hierarchie etablieren, da die Dominanz einer Gruppe idealtypischerweise eine Gegenreaktion benachteiligter Interessen auslöst (Truman 1971). Die Beziehung der Verbände zu ihren Mitgliedern ist analog zu den anderen Ebenen auch wechselhaft, da kein Verband dauerhaft eine konstante Mitgliederbindung gewährleisten kann. Wettbewerb ist die dominante Logik auf allen Systemebenen, jedoch besonders ausgeprägt innerhalb des Verbandssystems, in dem ein ständiger „Kampf" um Mitglieder und Zugang zu politischen Entscheidungsträgern stattfindet.

In diesem Beitrag interessieren vor allem die Beziehungen innerhalb eines Wirtschaftsverbandssystems, während die Interaktionen zwischen Mitgliedern und den Verbänden und zwischen Verbänden und öffentlichen Akteuren als erklärende Fakto-

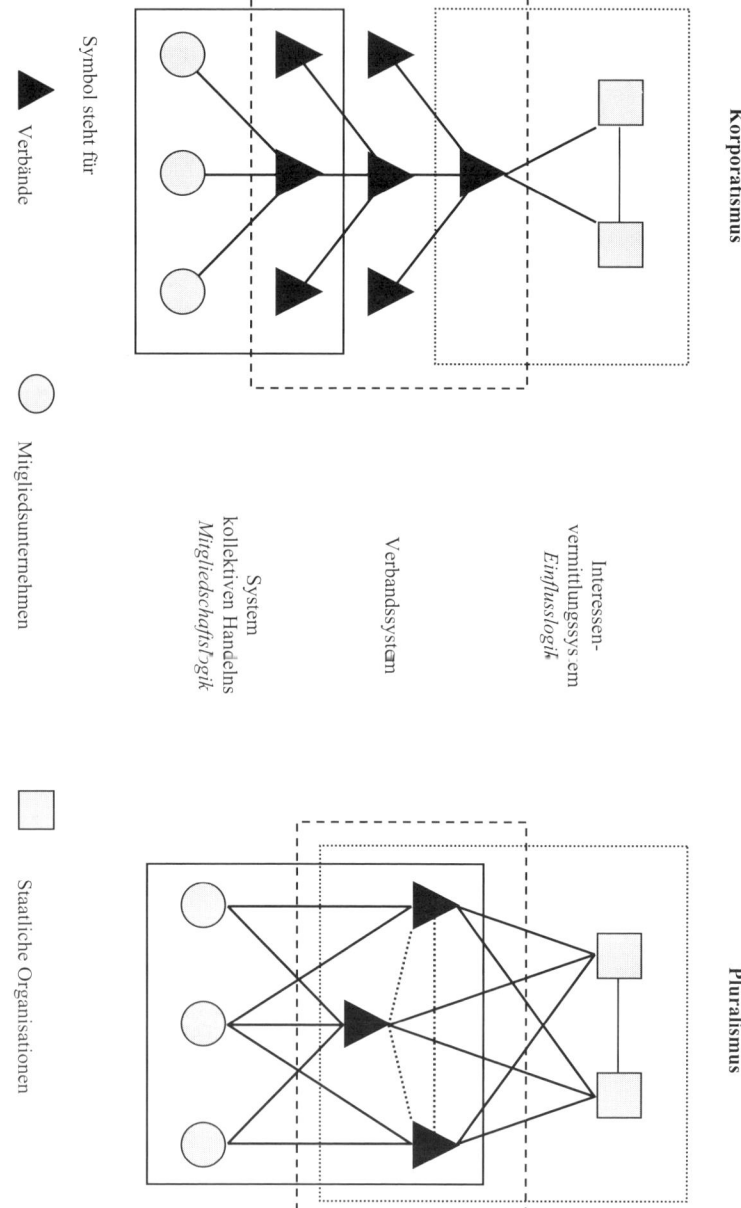

Korporatismus

Pluralismus

Symbol steht für

▶ Verbände

◯ Mitgliedsunternehmen

▢ Staatliche Organisationen

Interessen-
vermittlungssystem
Einflusslogik

Verbandssystem

System
kollektiven Handelns
Mitgliedschaftslogik

Anmerkungen: Durchgezogene Verbindungslinien zwischen Verbänden bedeuten Kooperations-beziehungen zwischen den
Organisationen, gestrichelte Linien stellen Wettbewerbsbeziehungen dar.

Abbildung 9.1: Idealtypische Verbandssysteme

ren für die Entstehung und Entwicklung der interverbandlichen (ökologischen) Beziehungen herangezogen werden. Der nachfolgende Abschnitt skizziert kurz die Auswahl der Wirtschaftsverbände und erläutert die Berechnung der ökologischen Relationen durch Methoden der quantitativen sozialen Netzwerkanalyse.

9.3 Datenerhebung und Methoden

In der sozialen Netzwerkanalyse hat die Eingrenzung der zu untersuchenden Akteure eine entscheidende Bedeutung auf die Validität der Ergebnisse. Generell lassen sich drei Strategien für die Akteursauswahl unterscheiden. Zum einen können alle Akteure untersucht werden, was jedoch meist aus forschungspragmatischen Gründen nicht durchgeführt werden kann. Die Ziehung einer Stichprobe ist meist ebenfalls nicht ratsam, da die soziale Netzwerkanalyse in den überwiegenden Fällen nicht an Durchschnittswerten interessiert ist, sondern die Beziehung der relevantesten Akteure zueinander untersuchen möchte. Als dritte Möglichkeit der Akteursauswahl bietet sich deshalb an, die Analyse auf die wichtigsten – fokalen – Akteure zu beschränken. Dazu muss jedoch zuerst eine Auswahl aller Akteure ermittelt werden. Das Vorgehen soll hier nur kurz skizziert werden.

Die Erfassung (möglichst) aller Wirtschaftsverbände im Informations- und Kommunikationssektor erfolgte über Verbändelisten wie der „Öffentliche Liste über die Registrierung von Verbänden", die als jährliche Beilage im Bundesanzeiger erscheint, und über Internetrecherchen. Zudem wurde ein Schneeballverfahren angewandt, in dem die Homepages aller gefunden I&K-Wirtschaftsverbände nach Verbindungen zu weiteren Verbänden untersucht wurden. Die intensive Recherche führte schließlich zu einer Gesamtzahl von 38 deutschen, 86 britischen und 53 spanischen Informations- und Kommunikationsverbänden.

Die selektive Auswahl eines fokalen Verbändesamples erfolgte nach anderen Kriterien als der Repräsentativität. Laumann et al. (1983) unterscheiden dabei zwei Auswahlverfahren, von ihnen „nominalistisch" und „realistisch" genannt. Im nominalistischen Verfahren erfolgt die Eingrenzung der Untersuchungsobjekte aufgrund bestimmter Individual- oder Gruppenmerkmale. Dies können das Verbandsalter oder die Mitgliedschaft in einem übergeordneten Dachverband sein. In der vorliegenden Arbeit wird allerdings das realistische Verfahren eingesetzt, da keine sinnvollen nominalistischen Abgrenzungskriterien für Wirtschaftsverbände existieren. Die Eingrenzung der Untersuchungseinheiten erfolgte über Expertenbefragungen in den drei Ländern. Zu den Experten gehören Wissenschaftler mit I&K-Fachgebiet, Mitglieder staatlicher Expertengremien und Chefredakteure einschlägiger Fachzeitschriften. In allen Ländern wurden die Experten aus möglichst unterschiedlichen Bereichen ausgesucht, um einen Bias zugunsten einer bestimmten Branche auszuschließen. Die Experten wurden gebeten, die Relevanz aller Verbände im Politikprozess auf einer Skala von 0 = unwichtig, über 1 = wichtig bis 2 = sehr wichtig zu beurteilen. Die Summe der Experteneinschätzung ergibt eine Reputationsrangreihe von Verbänden pro Land. In die Untersuchung werden alle Verbände aufgenommen, die mehr als 25 % der maximalen Punktzahl der addierten Expertenrankings erhalten haben. Dieses Vorgehen reduziert die Gesamtzahl der Untersuchungseinheiten auf 18 deutsche, 20 britische und 18 spanische Wirtschaftsverbände. Von diesen wiederum beteiligten sich 15 deutschen, 15 britischen und 14 spanischen Wirtschaftsverbände an der Untersuchung.

In der Verbandsforschung werden meist zwei unterschiedliche Relationen identifiziert, zum einen Wettbewerb in pluralistischen Systemen und zum anderen Kooperation und Subordination in hierarchisch organisierten korporatistischen Verbandssystemen. In solchen Verbandssystemen überwiegen also entweder Wettbewerbs- oder Kooperationsbeziehungen. Das ökologische Beziehungsnetzwerk, das in diesem Beitrag genauer analysiert werden soll, stellt die gegenseitige Kooperations-, Neutralitäts- und Konkurrenzbeziehungen der Verbände dar. Zur Analyse dieses Netzwerkes werden zwei unterschiedliche Beziehungsarten kombiniert, die innerhalb des Verbandsprojekts erhoben wurden. Zum einen sollten die Verbandsvertreter angeben, zu welchen anderen Organisationen sie „Beziehungen" bzw. „sehr intensive Beziehungen" unterhalten und zum anderen wurden sie gefragt, welche anderen Verbände in ihrer Branche aktiv sind und ob somit einen Domänenüberlappung zwischen ihnen besteht.

Die Erzeugung einer Beziehungsstruktur, die jedem Verbändepaar nur eine Beziehung zuordnet, sich aber aus den gerichteten Graphen Kooperation $G_K = (V, K)$ und Wettbewerb $G_W = (V, W)$ zusammensetzt, ergibt sich aus der algebraischen Verknüpfung dieser Graphen. Die beiden Graphen werden mit dem Konjunktions-Konnektor (logisches „und") aus der Booleschen Algebra verknüpft. Dadurch entstehen insgesamt sechzehn verschiedene Kombinationen, die sich aber aus Symmetriegründen auf sieben reduzieren lassen (siehe auch Tabelle 9.2)

Die Berechnung dieser Beziehungsstruktur, die der Visualisierung durch das Softwareprogramm Vison_e zugrunde liegt, erfolgte mittels Matrixalgebra und setzte sich aus den Matrizen Kontakt, Domänenüberlappung und deren jeweiligen transponierten Matrizen zusammen. Die transponierten Matrizen wurden in die Verknüpfung aufgenommen, da in der endgültigen Matrix nur eine Beziehungsart pro Akteurspaar wiedergegeben werden sollte. In den Ausgangsmatrizen Kontakt und Wettbewerb sind aber sowohl die Beziehung von Akteur A zu Akteur B als auch von Akteur B zu Akteur A enthalten. Durch das Transponieren konnten beide Beziehungen „übereinandergelegt" werden. Die endgültige Beziehungsmatrix ist als Dreiecksmatrix konzipiert, die nur die Werte oberhalb der Diagonalen beinhaltet.

9.4 Verbandsökologien im Informations- und Kommunikationssektor: ein Vergleich zwischen Deutschland, Großbritannien und Spanien

In diesem Abschnitt werden nun die Entwicklungslinien der Wirtschaftsverbandssysteme im I&K-Sektor in Deutschland, Großbritannien und Spanien nachgezeichnet und die ökologischen Beziehungen, die sich zwischen den Wirtschaftsverbänden entwickelt haben, analysiert.

Die Wirtschaftsverbandslandschaft im deutschen Informations- und Kommunikationssektor hat sich seit Mitte der 1980er Jahre grundlegend gewandelt. Bis dahin

Verband A		Verband B		Relation
Kooperation	Wettbewerb	Kooperation	Wettbewerb	
○	○	○	○	Keine
○	○	○	●	Partieller Wettbewerb
○	○	●	○	Kommensalismus
○	○	●	●	Neutralität
○	●	○	○	Partieller Wettbewerb
○	●	○	●	Vollständiger Wettbewerb
○	●	●	○	Schädigender Wettbewerb
○	●	●	●	Partieller Wettbewerb
●	○	○	○	Kommensalismus
●	○	○	●	Schädigender Wettbewerb
●	○	●	○	Mutualismus
●	○	●	●	Schädigender Wettbewerb
●	●	○	○	Neutralität
●	●	○	●	Partieller Wettbewerb
●	●	●	○	Kommensalismus
●	●	●	●	Neutralität

Tabelle 9.2: Dyaden von Wettbewerbs- und Kooperationsbeziehungen

wurde der Sektor hauptsächlich von sieben Wirtschaftsverbänden repräsentiert. Dazu gehörten mit dem *Verband Privater Kabelnetzbetreiber* (ANGA), dem *Bundesverband Telekommunikation* (VAF), und den BDI Fachverbänden *Verband Deutscher Maschinen- und Anlagenbau* (VDMA) und *Zentralverband Elektrotechnik und Elektronikindustrie* (ZVEI), Wirtschaftsverbände, die den privatwirtschaftlichen Teil des Telekommunikations- und Endgerätesektors, der nicht der damaligen Bundespost unterstand, repräsentierten (Schneider und Werle 1991; Schneider et al. 1994). Die BDA-Fachverbände *Bundesverband Deutscher Zeitungsverleger* (BDZV) und *Verband Deutscher Zeitschriftenverleger* (VDZ) agierten bis 1990 ausschließlich im Bereich der Printmedien, während der *Zentralverband der deutschen Werbewirtschaft* (ZAW) sektorübergreifend tätig war und von der Fernsehwerbung bis zu Anzeigen im Printbereich alle an der Werbung beteiligten Interessen repräsentierte. Dem ZAW gehören keine Unternehmen an, sondern nur Wirtschaftsverbände. Darunter befinden sich auch mit dem BDZV, dem VDZ, dem VPRT und dem Dmmv einige fokale I&K-Verbände.

Die Entwicklung der deutschen Verbandspopulation hat seit Mitte der 1980er Jahre den Pfad der Stabilität verlassen, der für die verschiedenen Subsektoren kennzeichnend war. Bis dahin hatte sich ein stabiles Interessengruppensystem herausgebildet, dass durch eine klare Domänenabgrenzung zwischen den Wirtschaftsverbänden gekennzeichnet war. Innerhalb des fokalen Samples, das schon vor Anfang der 1980er Jahre bestand, kam als vorletzter Verband ANGA im Jahr 1974 hinzu. In den darauffolgenden dreizehn Jahren kam es zu keiner weiteren Ausdifferenzierung und auch zu keinen Fusionen oder Angliederungen zwischen fokalen Verbände und solchen, die außerhalb der fokalen Verbändeauswahl standen. Erst im Jahr 1987 wurde mit dem VSI ein weiterer I&K-Verband gegründet.

Seit Mitte der 1980er Jahre gab es dagegen zahlreiche Veränderungen in der Zusammensetzung der deutschen sektoralen Wirtschaftsverbandslandschaft. Ab Mitte der 1990er Jahre gliederten sich sieben Verbände in die bestehenden Population ein und veränderten deren Zusammensetzung. Zu den ersten neuen Wirtschaftsverbänden im deutschen Informations- und Kommunikationssektor gehört der *Verband privater Rundfunk und Telekommunikation* (VPRT), der im Oktober 1990 gegründet wurde. In ihm fusionierten der *Bundesverbands privater Rundfunk und Telekommunikation* (BPRT) und der *Bundesverbands Kabel und Satellit* (BKS). Im selben Jahr wurde auch die *Arbeitsgemeinschaft Privater Rundfunk* (APR) als Reaktion auf die Entstehung lokaler und regionaler Radiostationen gegründet. Im Jahr 1995 wurde mit dem *Deutschen Multimedia Verband* (DMMV) einer der größten I&K-Verbände gegründet. Der Dmmv vertritt die digitale Wirtschaft, die sich aus den Bereichen Software, Systemdienstleister, E-Busines-/Internet- und Multimedia-Dienstleister, Internetagenturen, Zugangsplattformen, Onlinediensten und Internetangeboten (e-Commerce, e-Content, e-Services) zusammensetzt (DMMV 2002: 6). Seit der Gründung hat es der Dmmv verstanden, seine Position in der Vertretung der digitalen Wirtschaft kontinuierlich auszubauen. Im Jahr 1998 wurde der *Bund Deutscher Contentanbieter* (BDC), 1999 der *Verband der Informationswirtschaft* (VIW) und das *Internet Advertising Bureau* (IAB) und 2000 die *Online Anbietervereinigung* (Online AV) in den Dmmv integriert. Im Jahr 2001 kam die Gründung des *e-Kiosk Verbandes* nicht zustande, stattdessen wurden die beteiligten Unternehmen in den Dmmv eingegliedert (DMMV 2003: 88). Die Übernahme- und Fusionsaktivitäten wurden seither noch verstärkt. Mittlerweile hat sich auch der Verband der Softwareindustrie Deutschlands dem Dmmv angeschlossen.

Mitte und Ende der 1990er Jahre entstanden zudem vier Telekommunikations- und Internetverbände. Der *Verband der deutschen Internetwirtschaft* (Eco) wurde im Juni 1995 gegründet und vertritt die deutschen Softwareprovider. Der *Verband der Anbieter von Telekommunikations- und Mehrwertdiensten* (VATM) entstand 1998 aus der Fusion des *Verbands für Telekommunikation und Mehrwertdienste* (VTM) mit dem *Verband der Anbieter von Telekommunikationsdiensten* (VAT), in dem sich Mobilfunk-Anbieter zusammengeschlossen hatten. Der *Bundesverband der regionalen und lokalen Telekommunikationsgesellschaften* (BREKO) wurde im Jahr 1999 in Bonn gegründet. Der neueste und mittlerweile größte Wirtschaftsverband im Informations- und Kommunikationssektor ist der *Bundesverband Informationswirtschaft, Telekommunikation und neue Medien* (BITKOM). BITKOM wurde auf Betreiben des BDI und des damaligen Vorsitzende des ZVEI und ehemaligen Mitglieds des Zentralvorstands der Siemens AG, Volker Jung, gegründet, um die Informations- und Kommunikationswirtschaft in einem Verband zu bündeln. Der BITKOM entstand aus der Fusion des gemeinsamen *Fachverbands Informationstechnik* des VDMA und ZVEI mit dem *Fachverband Kommunikationstechnik* des ZVEI und den Verbänden *Bundesverband Informations- und Kommunikationssysteme* (BVB) und des *Bundesverbands Informationstechnologien* (BVIT). Ein fünfter Verband, der *Unternehmensverband Informationssysteme* (UVI), hatte sich in der Zwischenzeit den Bestrebungen angeschlossen, einen führenden Branchenverband aufzubauen, und beteiligte sich an dieser Fusion (BITKOM 2001: 7). Der *Bundesverband Telekommunikation* (VAF), der *Verband Organisations- und Informationssysteme* (VOI) und der *Bundesverband Bürowirtschaft* (BBW) suchten eine enge Anbindung an diesen neuen Spitzenverband, der sich in ihren Interessendomänen bildete, ohne aber ihre Eigenständigkeit zu verlieren. Das Ergebnis besteht aus dem „Modell BITKOM" (BITKOM 2001: 10), in dem ähnlich wie in vielen europäischen Branchenverbänden die Mitgliedschaft von Unternehmen und Verbände erlaubt ist und in dem die Interessen dieser unterschiedlichen Gruppen gemeinsam organisiert wird. Mit dem VAF, dem ZVEI und dem VDMA sind auch fokale Verbände Mitglied im BITKOM. Unmittelbar nach seiner Gründung wurde der *Bundesverband Informationswirtschaft, Telekommunikation und neue Medien* (BITKOM) in den BDI aufgenommen und ordnete sich gemessen am Potenzial des vertretenen Politikfeldes gleich unter die fünf größten Mitgliedsverbände ein (BDI 2001).

Die Dynamiken in der deutschen sektoralen Verbandslandschaft haben ihre Spuren auch in den ökologischen Beziehungen zwischen den Verbänden hinterlassen (siehe Abbildung 9.2). Im Bereich der Medienverbände, die die Branchen Rundfunk (VPRT, APR), Printmedien (BDZV, VDZ), Werbung (ZAW) und Multimedia (Dmmv) umfassen, dominieren die Kooperationsbeziehungen. Der VDZ ist der Wirtschaftsverband mit den meisten Kooperationsbeziehungen. Lediglich die Beziehung zum VPRT, die sich aus Sicht des VDZ kooperativ gestaltet, wird vom VPRT dagegen als konkurrierend bewertet. Andere Verbände, wie z. B. die APR und der ZAW, unterhalten ausschließlich Kooperationsbeziehungen. Innerhalb der Informations- und Kommunikationstechnologieverbände dominieren die Konkurrenzbeziehungen. Schon an den

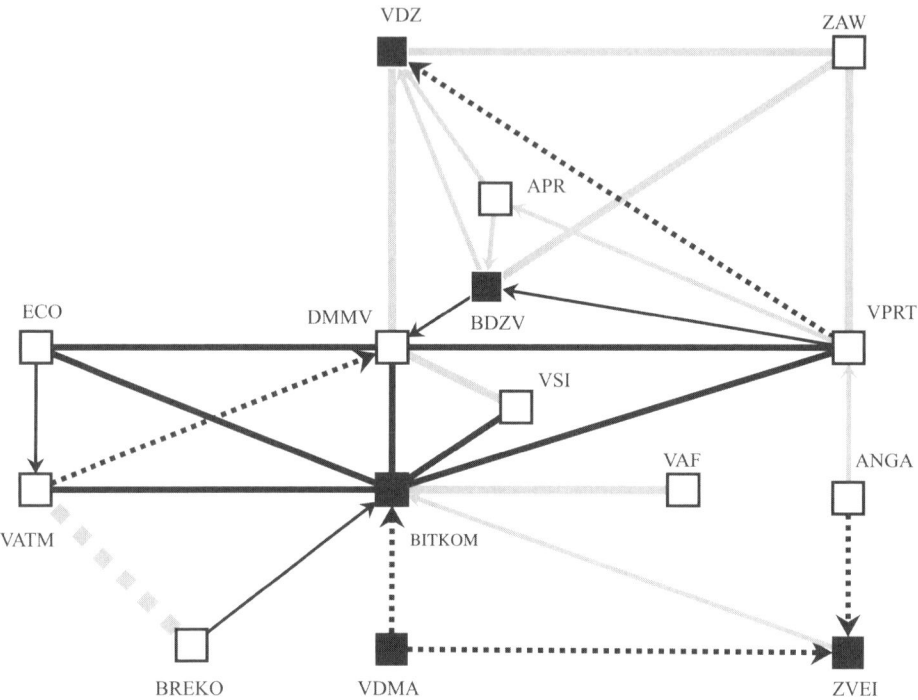

Relationen: Breite schwarze Linie (ohne Pfeil): vollständiger Wettbewerb. — Dünne schwarze Linie (mit Pfeil): partieller Wettbewerb; Pfeilrichtung hin zu „Wettbewerber". — Gestrichelte schwarze Linie (mit Pfeil): schädigender Wettbewerb; Pfeilrichtung. „Geschädigter".
Breite graue Linie (ohne Pfeil): Mutualismus. — Dünne graue Linie (mit Pfeil): einseitige Unterstützung; Pfeilrichtung: „Begünstigter". — Gestrichelte graue Linie: Neutralität.
Verbände: Schwarz: Mitglied im nationalen Spitzenverband. — Weiß: keine Mitgliedschaft im nationalen Spitzenverband.

Abbildung 9.2: Das Beziehungsnetzwerk der deutschen Verbandslandschaft

Schnittstellen zu den Medienverbänden beginnt der Wettbewerbsbereich. Der VPRT, der innerhalb der Medienverbänden noch einige Kooperationsbeziehungen aufweist, steht durchweg in einem konkurrierenden Verhältnis zu den anderen Informations- und Kommunikationstechnologieverbänden. Ähnliches trifft auch auf den *Deutschen Multimediaverband* (Dmmv) zu. Beide Verbände sind an den Schnittstellen der Sektoren angesiedelt und verbinden beide Verbandssubsysteme. Beide Verbände stehen beispielhaft für die deutsche Verbandspopulation, da sie in ihrem Beziehungsprofil die Populationsgegensätze vereinen: kooperativ in der Gruppe der Medienverbände, konkurrierend in der Gruppe der Informations- und Kommunikationstechnologieverbände.

Innerhalb der Gruppe der Informations- und Kommunikationstechnologieverbände ist vor allem der neugegründete BITKOM für die Wettbewerbsdichte zwischen den Verbänden verantwortlich. Insgesamt acht Verbände sehen sich in einer Konkurrenzbeziehung zum BITKOM. Selbst die BITKOM- und BDI-Mitglieder ZVEI und VD-

MA befinden sich unter den Verbänden, die in Konkurrenz zum BITKOM stehen. Nur der VAF hat eine mutualistische Beziehung zum BITKOM. Auch die gegenseitigen Beziehungen der anderen Verbänden sind durch Konkurrenz geprägt. Nur zwischen dem Dmmv und dem VSI besteht ein mutualistisches und zwischen dem VATM und dem Breko ein neutrales Verhältnis. Vor allem zwischen den letztgenannten Verbänden schwanken die Beziehungen zwischen Kooperation und Konkurrenz. Darin spiegelt sich die Stellung der Mitgliedsunternehmen beider Verbände in der Wertschöpfungskette wieder, die sowohl Kunden als auch Wettbewerber zugleich sein können. Zwischen den Verbänden im Infrastruktur- und Endgerätebereich bestehen die größten Asymmetrien in den gegenseitigen Verhaltensmustern. So bestehen zwischen dem VDMA und dem ZVEI, zwischen den VDMA und dem BITKOM und zwischen dem ANGA und dem ZVEI schädigende Wettbewerbsbeziehungen jeweils zu Ungunsten des letztgenannten Verbands. Besonders der ZVEI ist davon betroffen, dass sein kooperatives Verhalten nicht erwidert wird.

Die Beziehungsprofile der deutschen Wirtschaftsverbände haben sich durch die Ausweitung der Verbandspopulation in den letzten Jahren stark verändert. Der Dmmv, der VPRT und besonders der BITKOM haben innerhalb des deutschen Verbandssystems einen Wettbewerbsdruck erzeugt, den es vorher nicht gab. Vor allem die Informations- und Kommunikationstechnologieverbände sind davon betroffen, während sich bei den Medienverbänden die traditionelle verbandliche Arbeitsteilung und Kooperation zwischen den Zeitungs- und Zeitschriftenverlegerverbänden BDZV und VDZ (beides Fachverbände in der BDA), dem Verband der Werbewirtschaft ZAW und den Rundfunkverbänden APR und VPRT erhalten konnte. Zwischen den Medienverbänden zeichnet sich bisher nur in Bezug auf die Online-Medien eine Konfliktlinie ab. Die vormals stabile Hierarchie um die Elektronik- und Maschinenbauverbände ZVEI und VDMA ist seit der Gründung des BITKOM einem starken Wettbewerbsdruck gewichen, der besonders durch die Bestrebungen einen sektoreinheitlichen Spitzenverband zu installieren angeheizt wurde.

Die britische Verbandslandschaft besteht im Informations- und Kommunikationssektor aus fünfzehn fokalen Verbänden, die sämtliche Bereiche des Sektors abdecken. Die Mehrzahl der Verbände hat ihren Schwerpunkt im Mediensektor. Ingesamt zwölf fokale Wirtschaftsverbände bestanden Anfang der 1980er Jahre. Lediglich drei Verbände, die Teile des Internet- und Telekommunikationssektors repräsentieren, wurden seither gegründet. Zu den Medienverbänden gehört die 1926 gegründete *Advertsising Association* (AA). Die AA hat 31 Mitgliedsorganisationen, von denen 24 Wirtschaftsverbände sind. Zu den verbandlichen Mitgliedern gehören mit der *Commercial Radio Companies Association* (CRCA), dem *Institute of Practitioners in Advertising* (IPA), der *Newspaper Society* (NS) und der *Periodical Publishers Association* (PPA) auch einige fokale Medienverbände.

Die *Federation of Electronics Industry* (FEI), die ihren Namen inzwischen in *Information Technology Telecommunications and Electronics Association* (intellect) geändert hat, ist der größte britische I&K-Verband. Die FEI ist neben dem IPA und der BPIF Mitglied in der *Confederation of British Industry* (CBI). Die FEI hat in den letzten zwanzig Jahren einige Veränderungen erfahren, die ihren Ausdruck in zahlreichen Akquisitionen anderer Verbände und in häufigen Namenswechsel gefunden haben. Die FEI wurde 1944 als *Electronic Engeneering Association* gegründet. Im Jahr 1994 ging die EEA mit der *Electronic Components Industry Federation* zusammen und baute dadurch eine Stellung in der Interessenvertretung der elektronischen Komponentenhersteller aus. Allerdings existierten zu diesem Zeitpunkt weitere Wirtschaftsverbände in Großbritannien, die in dieser Domäne operierten. In den letzten Jahren hat sich die Akquisitionstätigkeit der FEI noch verstärkt. Im Jahr 2001 wurde die *Electronic Equipment Manufacturers Association* (BREMA) in die Verbandsstrukturen integriert und bildet seither eine eigene Abteilung innerhalb der von der FEI vertretenen Produktfamilie. Im Jahr 2002 wurde schließlich die *Computing Software and Services Association* (CSSA) in die Strukturen der FEI eingegliedert und die Organisation insgesamt vergrößert. Durch die letzte Akquisition versucht die FEI dem Konvergenzprozess des Sektors zu begegnen, indem das Interessenportfolio um den Softwarebereich erweitert wird, ohne sich allerdings zu weit von dem eigentlichen Interessenschwerpunkt, den elektronischen Komponenten, zu entfernen. Zu den neueren I&K-Verbänden gehört die 1994 gegründete *London Internet Exchange* (LINX), welche die Interessen von *Content Delivery Service Providern* (CDSPs) vertritt und zusätzlich den größten Internet Exchange Point in Europa betreibt. Ähnliche Interessen vertritt die *Internet Services Providers Association* (ISPA), die im Jahr 1995 entstand, und damit der letztgegründete fokale Verband in Großbritannien ist. Die ISPA vertritt die Interessen von über 100 britischen Anbietern von Internetdienstleistungen. Die ISPA sieht sich dabei, im Gegensatz zum LINX als reiner Wirtschaftsverband, der hauptsächlich Lobbyingarbeit verrichtet.

Die britische Verbandspopulation hat sich seit Mitte der 1980er Jahre nicht wesentlich verändert. Lediglich im Kommunikationssektor hat sich die Anzahl der Wirtschaftsverbände erhöht. Durch die drei Neugründungen und die Akquisitionen des FEI hat dieser Bereich sein Gewicht in der Population erhöhen können. Im Informationssektor dagegen kam es zu keinen Veränderungen in der Zusammensetzung der Wirtschaftsverbandslandschaft.

Die unterschiedlichen Dynamiken in den Bereichen Medien und Kommunikation haben sich auch auf die ökologischen Beziehungen zwischen den Wirtschaftsverbänden ausgewirkt. Die Medienverbände sind durch Kooperations- und Neutralitätsbeziehungen miteinander verbunden und relativ dicht vernetzt. Jeder Verband unterhält durchschnittlich drei Beziehungen zu anderen Verbänden. Die meisten Beziehungen unterhalten dabei die *Advertising Association* (AA) und die *Periodical Publishers Association* (PPA) mit jeweils fünf direkten Beziehungen zu anderen Verbänden. Einseitige Kooperationsbeziehungen bestehen besonders zwischen der AA und ihren Mitgliedern CRCA, IPA und PPA. Dabei kooperieren die Mitglieder mit dem Dachverband der Werbewirtschaft AA, während dieser sich neutral verhält. Lediglich die *Newspaper Society* (NS) steht der AA trotz Mitgliedschaft neutral gegenüber. Die NS und die PPA haben zu jeweils drei anderen Verbänden neutrale Beziehungen. In der gesamten britischen Verbandspopulation existiert nur eine symmetrische Kooperationsbeziehung. Diese besteht zwischen den Verbände MPA und PA, da beide Wirtschaftsverbände für den Schutz des geistigen Eigentums (Copyright) eintreten und zu diesem Zweck kooperieren. Die Medienverbände NS, PA und PPA haben sich zudem im Jahr 2001 zusammen mit der *Newspaper Publishers*

Association zur *Allianz UK Publishing Media* zusammengeschlossen, um gemeinsam allgemeine Positionen zu Pressefreiheit und geistigem Eigentum zu vertreten. Trotz dieses Zusammenschlusses bestehen zwischen den fokalen Verbänden nur neutrale Beziehungen. Das Zusammengehen in einer Allianz hat demnach die wechselseitigen Domänenüberschneidungen nicht aufgehoben, sondern nur die Konkurrenzbeziehungen abgeschwächt.

Die Informations- und Kommunikationstechnologieverbände stehen außerhalb des dicht vernetzten Medienverbandssystems, zu dem sie keine Beziehungen unterhalten. Zudem sind die Informations- und Kommunikationstechnologieverbände selbst nicht vernetzt. Lediglich zwischen BIMA und LINX und zwischen FCS und FEI bestehen asymmetrische Wettbewerbsbeziehungen, da sich die Mitgliederbasis der Verbände teilweise überschneidet. Die FIA, die BVA und die ISPA haben keine Beziehungen zu den anderen Verbänden aufgebaut.

Die Beziehungsstrukturen des britischen Wirtschaftsverbandssystems haben sich trotz der Ausweitung der Verbandspopulation in den letzten Jahren kaum verändert. Die neuen Verbände haben innerhalb des britischen Verbandssystems keinen Wettbewerbsdruck erzeugt, sondern haben sich an der Peripherie der Verbandsstrukturen positioniert. Bei den Informationsverbänden hat sich die traditionelle verbandliche Arbeitsteilung und Kooperation zwischen den Zeitungs- und Zeitschriftenverlegerverbänden NS und PPA, dem Verband der Werbewirtschaft AA, dem Rundfunkverband CRCA und dem Verband der Werbeagenturen IPA erhalten. Die Informations- und Kommunikationstechnologieverbände sind dagegen nicht oder nur durch Wettebewerb miteinander verbunden. Hier zeigt sich auch die aggressive Übernahmepolitik der FEI, die alle Konkurrenten „geschluckt" und somit zur Parzellierung beigetragen hat.

Die Mitgliedschaft eines sektoralen Verbands im nationalen Spitzenverband CBI hatte keine Auswirkungen auf die Dynamiken in der Verbandslandschaft, da sich die CBI im Gegensatz zum deutschen BDI nicht in die (Re)Strukturierung der sektoralen Verbandssystem einschaltet. Das „aggressive" Verhalten der FEI ist dagegen den technologischen und ökonomischen Umwälzungen des Sektors geschuldet, zumal die Akquisitionen mit Zustimmung der jeweiligen Verbandsmitglieder erfolgten.

Die spanische fokale Wirtschaftsverbandspopulation hat sich im Gegensatz zur britischen sektoralen Wirtschaftsverbandslandschaft seit den 1980er Jahren grundlegend verändert. Zu Beginn des Untersuchungszeitraums existierten erst acht Wirtschaftsverbände, die die Telekommunikations-, die Elektronikgüter-, die Printmedien- und die Werbeindustrie repräsentierten. Zu den Wirtschaftsverbänden, welche die ersten beiden Branchen vertreten, gehören der Verband der Telekommunikations- und Elektronikgüterindustrie ANIEL und der Verband des Informationstechnologiesektors SEDISI. Beide Wirtschaftsverbände sind Mitglieder im nationalen Spitzenverband CEOE.

Die Gruppe der Printmedien- und Werbeindustrieverbände, die schon vor dem Jahr 1985 bestanden, umfasst sechs Wirtschaftsverbände. Zu den Printmedienverbänden gehört der Zeitungsverlegerverband AEDE (*Asociación de Editores de Diarios Españoles*). Dieser wurde im Jahr der ersten freien Wahlen der Nach-Franco-Ära im Jahr 1978 gegründet und organisiert die Interessen der Tageszeitungsverleger. Die

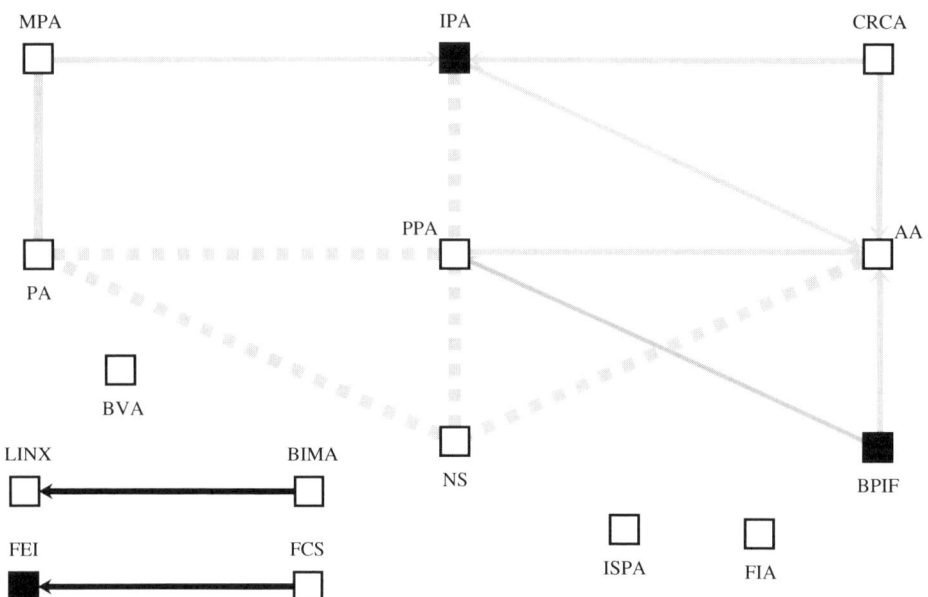

Relationen: Breite schwarze Linie (ohne Pfeil): vollständiger Wettbewerb. — Dünne schwarze Linie (mit Pfeil): partieller Wettbewerb; Pfeilrichtung hin zu „Wettbewerber". — Gestrichelte schwarze Linie (mit Pfeil): schädigender Wettbewerb; Pfeilrichtung: „Geschädigter".
Breite graue Linie (ohne Pfeil): Mutualismus. — Dünne graue Linie (mit Pfeil): einseitige Unterstützung; Pfeilrichtung: „Begünstigter". — Gestrichelte graue Linie: Neutralität.
Verbände: Schwarz: Mitglied im nationalen Spitzenverband. — Weiß: keine Mitgliedschaft im nationalen Spitzenverband.

Abbildung 9.3: Das Beziehungsnetzwerk der britischen Verbandslandschaft

AEDE wurde im Jahr 2000 zum Arbeitgeberverband (*patronal*) des Mediensektors bestimmt. Die Zeitschriftenverleger werden von zwei Wirtschaftsverbänden organisiert. Die *Asociación de Revistas de Información* (ARI) vertritt die Interessen der Publikumszeitschriftenverleger, während die Fachzeitschriften von der *Asociación de Prensa Profesional* (APP) repräsentiert werden. Die Werbeindustrie wird innerhalb der fokalen Verbandspopulation von der *Federación Nacional de Empresas de Publicidad* (FNEP), der *Asociación Española de Agencias de Publicidad* (AEAP) und der *Asociación de Medios Publicitarios de España* (AMPE) repräsentiert. Diese drei Organisationen organisieren jeweils ein bestimmtes Segment in der Wertschöpfungskette der Werbeindustrie. Von den Medienverbänden ist lediglich die FNEP Mitglied im nationalen Spitzenverband CEOE.

Seit dem Jahr 1987 sind sechs weitere Wirtschaftsverbände zur spanischen fokalen Verbandspopulation hinzugekommen. Bereits im Jahr 1989 wurde die *Federación de Organismos de Radio y Televisión Autonómicos* (FORTA) gegründet. Die Föderation hat allerdings keine Verbände als Mitglieder, sondern acht regionale Rundfunkbetreiber. Die FORTA stellt deswegen nicht nur einen Lobbyingverband

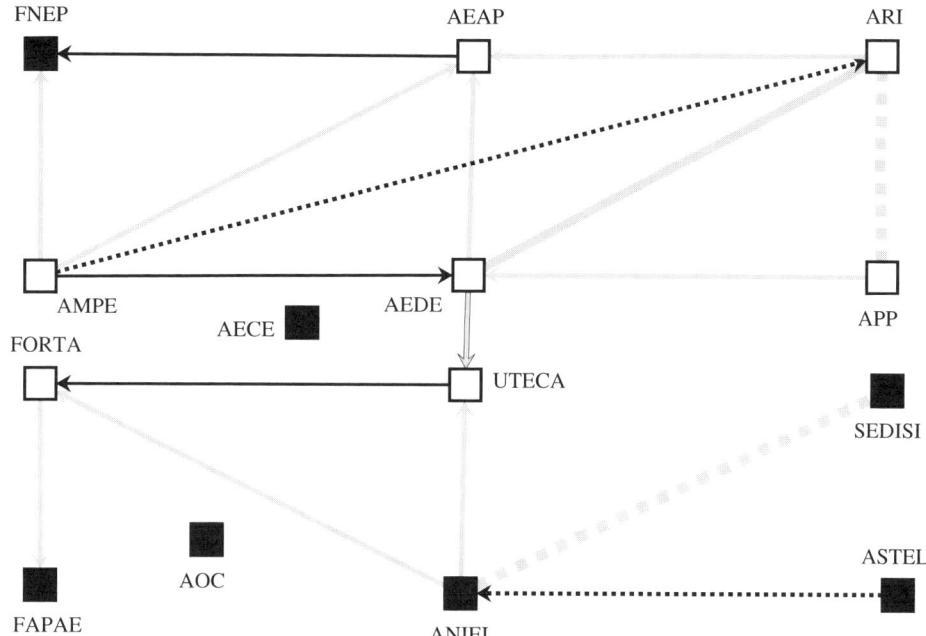

Abbildung 9.4: Das Beziehungsnetzwerk der spanischen Verbandslandschaft

dar, sondern vor allem einen gemeinsamen Verbund zur Beschaffung von Film- und Sportübertragungsrechten. Ebenfalls im Rundfunkbereich angesiedelt ist die 1991 entstandene *Federación de Asociaciones de Productores Audiovisuales Españoles* (FAPAE). Die FAPAE organisiert die Interessen der Film- und Fernsehproduzenten in Spanien und wurde bereits kurz nach ihrer Gründung in den nationalen Spitzenverband CEOE aufgenommen. Als letzter fokaler Rundfunkverband entstand im Jahr 1998 die *Unión de Televisiones Comerciales en Abierto* (UTECA) zur Verteidigung der Interessen der kommerziellen Fernsehsender. Die UTECA hat nur drei Mitglieder, die allerdings zu den größten Fernsehsendern Spanien gehören.

Die übrigen drei seit 1987 gegründeten Wirtschaftsverbände vertreten Interessen im Telekommunikationsbereich. Die im Jahr 1995 gegründete *Asociación de Empresas Operadoras y de Servicios de Telecomunicaciones* (ASTEL) repräsentiert die in Spanien operierenden Telekommunikationsgesellschaften mit Ausnahme der *Telefonica*. Die ASTEL sieht sich als politischer Gegenpol zum einstigen Monopolisten und dessen weitreichenden Kontakte zur spanische Administration (ASTEL 1998, 1999). Die

Agrupación de Cable (AOC) entstand 1998 als ein wirtschaftlicher und politischer Zusammenschluss regionaler Kabelnetzbetreiber. Beide Wirtschaftsverbände wurden bereits kurz nach ihrer Gründung in den nationalen Spitzenverband CEOE aufgenommen. Im selben Jahr wurde auch die *Asociación Española de Comercio Electronico* (AECE) gegründet.

Innerhalb des spanischen Verbandssystems sind lediglich zwei neu gegründete Verbände, die AECE und die AOC, nicht integriert. Die übrigen Wirtschaftsverbände verteilen sich auf zwei kohäsive Gruppen. In der ersten Gruppe befinden sich sechs etablierte Wirtschaftsverbände der Medien- und der Werbeindustrie. Zwischen diesen Verbänden existieren sowohl Kooperations-, Konkurrenz- als auch neutrale Beziehungen.

Konkurrenzbeziehungen gehen ausschließlich von den Wirtschaftsverbänden der Werbeindustrie aus. Der Verband AMPE steht in Konkurrenz zu den Zeitungs- und Zeitschriftenverlegerverbänden AEDE und ARI, da diese ihre Mitglieder in werberelevanten Fragen vertreten. Die Zeitungs- und Zeitschriftenverbände verhalten sich dagegen kooperativ oder neutral. Die Zeitschriftenverbände ARI und APP unterhalten neutrale Beziehungen. Beide Verbände beschränken ihre Interessenrepräsentation auf ihre Domäne, die Publikumszeitschriften einerseits und die Fachzeitschriften andererseits. Eine formale Kooperation existiert nicht. Eine sektorübergreifende Kooperation findet zwischen den Zeitungs- und Zeitschriftenverbänden AEDE und ARI und dem Verband der privaten Fernsehsender UTECA statt. Diese Verbände agieren gemeinsam gegen die öffentlich-rechtlichen Fernsehanstalten RTVE und deren aggressive Werbepolitik.

Die zweite Gruppe besteht aus Telekommunikations- und Rundfunkverbänden, deren Beziehungsdichte deutlich geringer ist als zwischen den Medien- und Werbeindustrieverbänden. In dieser Gruppe befinden sich mit der ANIEL und der SEDISI nur zwei etablierte Wirtschaftsverbände. Zwischen diesen beiden Verbänden existiert eine neutrale Beziehung, die durch eine klare Trennung der Zuständigkeiten gekennzeichnet ist. Nur in Fällen, in denen gemeinsame Interessen betroffen sind, kooperieren sie. Der Telekommunikations- und Elektronikindustrieverband ANIEL kooperiert zudem mit den Rundfunkverbänden FORTA und UTECA, die wiederum in Konkurrenz zueinander stehen.

In der spanischen Wirtschaftsverbandslandschaft macht sich der Einfluss des nationalen Spitzenverbands CEOE ausgleichend bemerkbar. So wird im Gegensatz zur britischen CBI die Ausweitung und Strukturierung sektoraler Verbandssysteme durchaus beeinflusst, jedoch deutlich weniger restriktiv, wie dies vom deutschen BDI gehandhabt wird. Die CEOE hat die Hälfte der fokalen Wirtschaftsverbände als Mitglieder aufgenommen, darunter viele relativ junge Verbände. Somit ist der Konkurrenzkampf um Interessenrepräsentation und Mitglieder im von technologischer Konvergenz betroffener Branchen nicht zusätzlich intensiviert worden. Im Ergebnis dominieren die kooperativen Beziehungen. Konkurrenz findet sich dagegen eher im Medien- und hier besonders im parzellierten Werbebereich.

9.5 Zusammenfassung

Dieser Beitrag beschäftigte sich mit der Frage, welche ökologischen Beziehungen sich in sektoralen Wirtschaftsverbandssystemen entwickeln und welchen Einfluss das nationale Spitzeverbandssystem auf die Beziehungsstrukturen haben. Die Analyse beruhte auf Netzwerkdaten zu Kooperations-, Neutralitäts- und Konkurrenzbeziehungen zwischen Wirtschaftsverbänden im Informations- und Kommunikationssektor in Deutschland, Großbritannien und Spanien.

Die Beziehungen sind in den Verbandssystemen unterschiedlich verteilt. So existieren signifikante Unterschiede zwischen den Ländern. Die Konkurrenzbeziehungen sind in Deutschland signifikant häufiger vorzufinden als in Spanien oder Großbritannien. In Spanien und Großbritannien gibt es zusammen weniger Wettbewerb innerhalb der Wirtschaftsverbandssysteme als in der deutschen Verbandspopulation. In dieser dominiert vor allem zwischen den neuen Telekommunikationsverbänden der Wettbewerb um Einfluss und Mitglieder. Die signifikanten Unterschiede gehen alle auf die deutsche Fallstudie zurück, die in dieser Hinsicht erheblich von den anderen Länderstudien abweicht. Vor allem der neugegründete Multimediaverband Dmmv und die aus Fusionen hervorgegangene VPRT und BITKOM stehen in Konkurrenz zu vielen anderen Verbänden. Dies kann auf die Zentralisierung der industriellen Interessen in Deutschland zurückgeführt werden. So war es für jeden Verband innerhalb des Kommunikationssektors absehbar, dass Aktivitäten mit dem Ziel unternommen werden, die hierarchische Ordnung auch auf den neu entstehenden I&K-Sektor auszudehnen. Von den ersten Anläufen dieses Ziel zu erreichen, Mitte der 1990er Jahre, bis zur Gründung des BITKOM 1999 musste jeder deutsche Kommunikationsverband befürchten, an den Rand der Interessenvermittlungsstrukturen gedrängt zu werden und außerhalb der institutionalisierten Handlungslogik zu stehen. Dieser Wettlauf um die günstigste Ausgangsposition führte zwangsläufig zu Konkurrenzbeziehungen zwischen den betroffenen Wirtschaftsverbänden.

Bei den Neutralitätsbeziehungen gibt es dagegen nur geringe Unterschiede zwischen den Ländern. Ein neutrales Verhältnis ist meistens bei etablierten Verbänden anzutreffen, die ihre Domäne und ihre Zuständigkeiten miteinander abgestimmt haben. Ein Beispiel dafür ist die Interessenvertretung der wichtigen Werbewirtschaft, die in Deutschland und in Großbritannien von jeweils einem zentralen Dachverband wahrgenommen wird, der aber nur die allgemeinen Interessen vertritt und bei Dissens seiner verbandlichen Mitglieder eine neutrale Position einnimmt. Die neueren Verbände vor allem in Großbritannien und Spanien haben dagegen eher selten eine neutrale Beziehung zu ihren direkten Nachbarn aufgebaut. Die neueren deutschen Verbände sind wiederum überdurchschnittlich oft neutral im Vergleich zu den Verbänden aus Großbritannien und Spanien.

Bei den kooperativen Beziehungen gibt es keine signifikanten Differenzen zwischen den Ländern. Vielmehr existieren Unterschiede innerhalb der sektoralen Verbandssysteme. Besonders häufig sind Kooperationsbeziehungen zwischen den Medienverbänden anzutreffen, während bei den Telekommunikationsverbänden der Wettbewerb überwiegt. Die verschiedenartigen Kooperationsmuster können auf die Entstehungsgeschichte der beiden Teilsektoren zurückgeführt werden. Innerhalb der

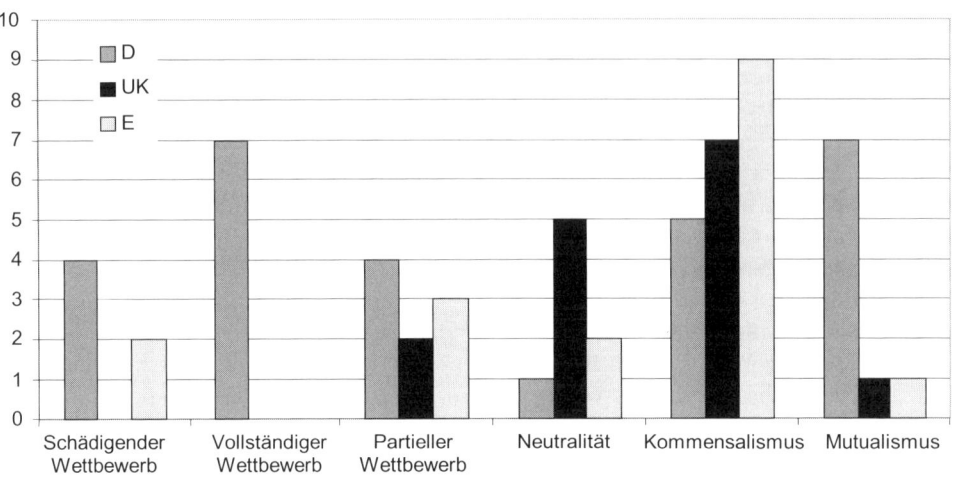

Abbildung 9.5: Häufigkeitsverteilungen der Beziehungstypen

schon seit teilweise über hundert Jahren bestehenden Verbände hat sich mit der Zeit eine Aufgabentrennung entwickelt, in der jeder Verband sein eigenes Tätigkeitsfeld und eine eigene Mitgliederbasis besitzt. Diese Aufgabeteilung zwischen den Medien- und Printverbänden ließ sich auch mit dem Aufkommen des Fernsehens als weiterem Medium für Inhalte aufrechterhalten, denn nach wie vor bestand eine klare Trennung zwischen den einzelnen Bereichen. Erst durch die technologische Konvergenz, in deren Verlauf die Sektorgrenzen verwischt wurden und neue sektorübergreifende Verbände entstanden sind, fällt es den Wirtschaftsverbänden immer schwerer, eine künstliche Trennung aufrecht zu erhalten. Dies ist besonders in Deutschland zu beobachten, dessen etablierte Medienverbände durch kooperative Beziehungen miteinander verbunden sind. Die neueren Verbände konkurrieren jedoch sowohl mit den etablierten Verbänden als auch mit den anderen neugegründeten Verbänden.

Die nationalen Spitzenverbandssysteme haben einen wesentlichen Einfluss auf die Strukturierung zumindest der Kommunikationsverbandssysteme. In Großbritannien hat sich die geringe Integration der Industrieverbände direkt auf die Kommunikationsverbände ausgewirkt. Durch die Fusionstätigkeit der FEI wird der größte Teil des Kommunikationssektors von einem Wirtschaftsverband repräsentiert, die übrigen kleineren Verbände sind dagegen isoliert. In Deutschland führte dagegen die Exklusivität der Mitgliedschaft im nationalen wirtschaftspolitischen Spitzenverband BDI zu Konkurrenzbeziehungen der Verbände gegen den designierten sektoralen Spitzenverband BITKOM und folglich auch zu einem pluralistischen Verbandssystem. In Spanien jedoch ist die Mitgliedschaft im nationalen Spitzenverband weit weniger exklusiv als in Deutschland. Folglich sich weniger Konkurrenzbeziehungen aufgebaut worden, da die übrigen Kommunikationsverbände innerhalb kürzester Zeit in die CEOE aufgenommen wurden. Der etablierte Wirtschaftsverband ANIEL konnte deshalb seine dominante Position bewahren.

Literaturverzeichnis

Anhart, Larry, 1994: The Darwinian Biology of Aristotle's Political Animal. American Journal of Political Science 38: 464–485.

Anhart, Larry, 1995: The New Darwinian Naturalism in Political Theory. The American Political Science Review 89: 389–400.

BDI, 2001: Bundesverband der Deutschen Industrie. Jahresbericht 2000. Berlin: BDI.

BITKOM, 2001: Bundesverband Informationswirtschaft, Telekommunikation und neue Medien. Tätigkeitsbericht 2001. Berlin: BITKOM.

Brinkmann, Sören, 2001: Spanien. Der lange Weg in die Zivilgesellschaft. In: *Werner Reutter* und *Peter Rütters* (Hg.), Verbände und Verbandssysteme in Westeuropa. Opladen: Leske und Budrich.

Brittain, Jack W. und *Douglas R. Wholey*, 1988: Competition and Coexistence in Organizational Communities. Population Dynamics in Electronic Components Manufacturing. In: *Glenn R. Carroll* (Hg.), Ecological Models of Organizations. Cambridge: Ballinger.

Coleman, William D. und *Wyn Grant*, 1988: The Organizational Cohesion and Political Access of Business: A Study of Comprehensive Associations. European Journal of Political Research 16: 467–487.

Coleman, William. D. und *Eric Montpetit*, 2000: Multi-tiered Systems and the Organization of Business Interests. In: *Justin Greenwood* und *Jacek Henry J.* (Hg.), Organized Business and the New Global Order, S. 160–176. Basingstoke: Macmillan.

DMMV, 2002: Deutscher Multimedia Verband. Jahresbericht 2001. Düsseldorf: DMMV.

DMMV, 2003: Deutscher Multimedia Verband. Jahresbericht 2002. Folienvortrag, Düsseldorf.

Gunther, Richard und *Larry Diamond*, 2003: Species of Political Parties. A New Typology. Party Politics 9: 167–199.

Hartmann, Jürgen, 1985: Verbände in der westlichen Industriegesellschaft. Ein international vergleichendes Handbuch. Frankfurt am Main: Campus.

John, Peter, 1999: Ideas and Interests; Agendas and Implementation. An Evolutionary Explanation of Policy Change in British Local Government Finance. British Journal of Politics and International Relations 1: 39–62.

Jones, Bryan D. und *Heather A. Sulkin, Tracy annd Larsen*, 2003: Policy Punctuations in American Political Institutions. The American Political Science Review 97: 151–169.

Kerr, Peter, 2002: Saved from Extinction. Evolutionary Theorising, Politics and the State. British Journal of Politics and International Relations 4: 330–358.

Lang, Achim, 2006: Die Evolution sektoraler Wirtschaftsverbände. Informations- und Kommunikationsverbände in Deutschland, Großbritannien und Spanien. Wiesbaden: VS-Verlag.

Lang, Achim und *Volker Schneider*, 2007: Wirtschaftsverbände. Verbandspolitik im Spannungsfeld divergierender Interessen und hierarchischer Integration. In: *Ulrich Willems* und *Thomas von Winter* (Hg.), Interessenverbände in Deutschland, S. 221–243. Wiesbaden: VS-Verlag.

Laumann, Edward O., *Peter V. Marsden* und *David Prensky*, 1983: The Boundary Specification Problem in Network Analysis. In: *Ronald S. Burt* und *Michael J. Minor* (Hg.), Applied Network Analysis, S. 18–34. Beverly Hills: Sage.

Lowery, David und *Virginia Gray*, 2004: A Neopluralist Perspective on Research on Organized Interests. Political Research Quarterly 57: 163–175.

Masters, Roger D., 1990: Evolutionary Biology and Political Theory. The American Political Science Review 84: 195–210.

McFarland, Andrew S., 2004: Neopluralism. The Evolution of Political Process Theory. Lawrence: University Press of Kansas.

Plöhn, Jürgen, 2001: Großbritannien. Interessengruppen im Zeichen von Traditionen, sozialem Wandel und politischen Reformen. In: *Werner Reutter* und *Peter Rütters* (Hg.), Verbände und Verbandssysteme in Westeuropa. Opladen: Leske und Budrich.

Ronit, Karsten und *Volker Schneider*, 1997: Organisierte Interessen in nationalen und supranationalen Politökologien. Ein Vergleich der G7-Länder mit der Europäischen Union. In: *Ullrich von Alemann* und *Bernhard Weßels* (Hg.), Verbände in vergleichender Perspektive, S. 29–62. Berlin: Edition Sigma.

Schmitter, Philippe C. und *Wolfgang Streeck*, 1999: The Organization of Business Interests. Discussion paper, MPIfG, Köln.

Schneider, Volker, Godefroy Dang-Nguyen und *Raymund Werle*, 1994: Corporate Actor Networks in European Policy-Making. Harmonizing Telecommunications Policy. Journal of Common Market Studies 32: 473–498.

Schneider, Volker und *Raymund Werle*, 1991: Policy Networks in the German Telecommunications Domain. In: *Bernd Marin* und *Renate Mayntz* (Hg.), Policy Networks. Empirical Evidence and Theoretical Considerations. Frankfurt am Main: Campus.

Schroeder, Wolfgang, 2007: Arbeitgeberverbände. In: *Ulrich Willems* und *Thomas von Winter* (Hg.), Interessenverbände in Deutschland, S. 221–243. Wiesbaden: VS-Verlag.

Steinmo, Sven, 2003: The Evolution of Policy Ideas. Tax Policy in the 20th Century. British Journal of Politics and International Relations 5: 206–236.

Townsend, Colin R., *John L. Harper* und *Michael Begon*, 2003: Ökologie. Berlin: Springer.

Truman, David B., 1971: The Governmental Process. Political Interests and Public Opinion. New York: Knopf.

Ward, Hugh, 2003: The Co-evolution of Regimes of Accumulation and Patterns of Rule. State Autonomy and the Possibility of Functional Responses to Crisis. New Political Economy 8: 179–202.

Kapitel 10

Zwei Logiken kollektiven Handelns? Empirische Überprüfung der Theorie sozialer Klassen anhand organisatorischen Handelns

Thomas Malang

10.1 Einleitung

Friedrich Schiller schrieb einst in einem Brief an Immanuel Kant: „Wenn die Könige bauen, haben die Kärrner zu tun". Angewandt auf die gegenwärtige Politik- und Sozialwissenschaft besteht dieser Zusammenhang weiterhin, mit dem Unterschied, dass die geplanten Gebäude der „Königin" Theorie oft nicht durch die „Kärrner" mit empirischen Beweisen untermauert werden. Ein Zeitgenosse von Schiller, Georg Willhelm Friedrich Hegel, veröffentlichte 1807 sein magnum opus „Phänomenologie des Geistes" als Antwort und Weiterentwicklung der Philosophie Kants. 40 Jahre danach begannen zwei Autoren, Hegels Dialektik „vom Kopf auf die Füße" zu stellen. Dieser Versuch von Karl Marx und Friedrich Engels, festgehalten im „Kommunistischen Manifest" von 1848, gilt bis heute als der Beginn der Klassentheorie. In den 1920ern gründeten Max Horkheimer und Theodor W. Adorno unter dem geistigen Einfluss von Marx und Engels das Institut für Sozialforschung in Frankfurt. Schnell etablierten sie eine philosophische Strömung, die als Kritische Theorie der Frankfurter Schule bekannt wurde und die eine Generation später mit Jürgen Habermas' „Theorie des kommunikativen Handelns" ihren Höhepunkt erreichte. Ein Sudent von Habermas, Claus Offe, veröffentlichte 1980 zusammen mit seinem Kollegen Helmut Wiesenthal einen viel rezipierten Aufsatz mit dem Titel „Two Logics of Collective Action: Theoretical Notes on Social Class and Organizational Form". Während ihr theoretisches Konstrukt stark diskutiert und kritisiert wurde (Crouch 1982; Schröder und Silvia 1996; Strauss 1984), gab es nur wenige Versuche, ihre Hypothesen empirisch zu prüfen (Streeck 1989; Traxler 1993).

Aus diesem Grund soll im vorliegenden Beitrag der Versuch unternommen werden, einige Annahmen von Offe und Wiesenthal einer empirischen Überprüfung zu unterziehen. Im Gegensatz zu Arbeiten, die der institutionellen Anordnung des Staatsapparates, der Attribute oder den rationalen Interessen der Akteure eine Aussagekraft über das Verhalten von Verbänden einräumen (Hall und Soskice 2001; Schmitter und Streeck 1999; Olson 1971), soll in diesem Kapitel untersucht werden, ob die verschiedenen Stellungen im Produktionsprozess einen Einfluss auf das Organisationsverhal-

ten von Verbänden haben. Im Vordergrund steht die Untersuchung mehrerer Tausch-
und Koalitionsnetzwerke von Arbeitgeber- und Arbeitnehmerverbänden des amerikanischen Politikfeldes Arbeit. Interessant ist hierbei, dass quantitative Netzwerkanalyse nicht nur als Mittel zur Strukturbeschreibung genutzt werden kann, sondern
dass durch die Betrachtung struktureller Eigenschaften sowohl individualistische als
auch holistische Handlungtheorien, die versuchen, eine Erklärung für gewisse Hand-
lungsergebnisse zu liefern, einer Überprüfung unterzogen werden können. Im zweiten
Abschnitt wird dazu eine kurze Einführung in die Grundlagen der Klassentheorie und
speziell in die Theorie unterschiedlichen kollektiven Handelns nach Offe und Wiesenthal gegeben, aus der in Abschnitt 10.3 Hypothesen deduziert werden, die nach
der Beschreibung der Daten im vierten Abschnitt operationalisiert werden. Nach einer Beschreibung des Untersuchungsgegenstandes, dem Arbeitsmarkt der Vereinigten
Staaten, in Abschnitt 10.6 folgt in Kapitel 10.7 der analytische Hauptteil, eine Netzwerkanalyse der Verbände und Organisationen dieses Politikfeldes. Die Ergebnisse
werden abschließend in Kapitel 10.8 unter Einbeziehung alternativer empirischer Ergebnisse diskutiert.

10.2 Die Theorie der Logiken kollektiven Handelns

Die zentrale Eigenschaft einer modernen Gesellschaft zeigt sich in der Theorie von Offe und Wiesenthal in der Tatsache, dass liberale Normen institutionalisiert sind. Aus
dieser Prämisse entwickelte Olson (1971) die viel rezipierte Theorie der Logik kollektiven Handelns. Diese der liberalen Wirtschaftsschule zuzurechnende Theorie besagt,
dass sich Gruppen bei kollektivem Verhalten nach gewissen Gesetzmäßigkeiten ver
halten und dadurch unüberwindbare Probleme auftreten. Es wird dabei von Olson
angenommen, dass alle Gruppen – egal auf welcher Seite des Produktionsprozesses sie
sich befinden – den gleichen Handlungsmustern folgen. Offe und Wiesenthal stellen
diese Annahmen in Frage, da sie sich mit dem grundsätzlichen Problem konfrontiert
sehen, dass freier und gleicher Zugang zum Markt und zur politischen Arena nicht zu
einer tatsächlichen Gleichheit innerhalb der Gesellschaft führt. Deshalb lautet die Forschungsfrage ihres Artikels: „How then can inequality emerge under the auspices of the
institutionalized liberal equation?" (Offe und Wiesenthal 1980: 69). Aus ihrer Verwur-
zelung in der marxistischen Politiktheorie erschließt sich ihre Analyseperspektive: die
auf den historischen Materialismus bezogene Klassentheorie (Esping-Andersen et al.
1976; Therborn 1976). Aus diesem Blickwinkel werden individuelle Handlungen und
organisierte Interessen auf zu Grunde liegende soziale Gegebenheiten zurückgeführt.
Diese spiegeln sich in den Klassen wider, die den Produktionsverhältnissen entsprin-
gen (Alford und Friedland 1985: 271).

Ausgangspunkt des Prozesses, der schließlich zu antagonistischen Klassen führt, ist
das Problem des einzelnen Arbeiters auf dem Markt. Das einzige Gut, das er zum
Kauf anbietet, seine Arbeitskraft, ist untrennbar mit seiner Person verbunden. Auf
der anderen Seite steht der Kapitalist, der die Kontrolle über die Produktionsgüter
besitzt und diese so mit der Arbeitskraft des Arbeiters verbindet, dass ein Mehrwert erzeugt wird. Als Gegenleistung für seine Arbeitskraft erhält der Einzelne einen

Lohn. Dieser Lohnarbeit entspringt dadurch automatisch ein Verhältnis der sozialen Kontrolle und der Dominanz zwischen einer kleinen Gruppe von Besitzern und einer großen Gruppe von Arbeitern. Um nämlich an dem anscheinend gleichen Austausch von Gütern zwischen Arbeit und Kapital teilzunehmen, muss der Arbeiter seine untergeordnete Rolle im Machtverhältnis akzeptieren (Offe und Wiesenthal 1980). In dieser Situation besitzen die Arbeiter keine Verhandlungsmacht, um ihre Position zu verbessern. Der Grund ist offensichtlich: Der einzelne Arbeiter muss sich dem Marktgleichgewicht anpassen, da er, falls er individuelle Forderungen stellt, durch einen anderen ersetzt wird. Um diesem Dilemma zu entfliehen, vereinigen sich die Arbeiter in kapitalistischen Ländern zu Interessenverbänden mit dem Ziel, Verhandlungsmacht gegenüber der Kapitalseite zu gewinnen.

Als eine Reaktion auf das Verbandsverhalten der Arbeiter tritt auch die Kapitalseite formalen Organisationen bei, die ihre kollektiven Interessen vertreten. Laut Offe und Wiesenthal ist diese Abfolgesequenz in allen kapitalistischen Staaten historisch bedingt. Im Sinne der marxistischen Theorie betrachten die Autoren diese Entwicklung als einen historischen Prozess. Bemerkenswerterweise unterscheidet sich jedoch ihre Analysebene. Während Engels angibt,

> „Die Kapitalisten sind immer organisiert. In den meisten Fällen brauchen sie keinen formellen Verband, keine Statuten, keine Funktionäre usw. Ihre im Vergleich zu den Arbeitern geringe Zahl, der Umstand, daß sie eine besondere Klasse bilden, ihr ständiger gesellschaftlicher und geschäftlicher Verkehr untereinander machen das alles überflüssig" (Engels 1936: 14),

untersuchen Offe und Wiesenthal die Handlungsverläufe auf der Mesoebene der Organisationen. Das Handlungsmotiv liegt dabei immer noch in der jeweiligen Klasse verankert, die Ergebnisse der Handlung sind aber nicht durch die Klasse determiniert. Vielmehr werden optionale Mechanismen wie interne Organisationsprozesse und institutionelle Rahmenbedingungen als entscheidend für das Verhandlungsergebnis betrachtet.

10.3 Hypothesen

Nach dieser kurzen Einführung über die generelle Perspektive der Klassentheorie werden im Folgenden die Annahmen der verschiedenen Logiken des kollektiven Handelns skizziert, die Offe und Wiesenthal aus der Klassentheorie gewinnen. In den weiteren Schritten werden diese Annahmen dann operationalisiert und einer empirischen Überprüfung unterzogen.

10.3.1 Modus Operandi

Um Verhandlungsmacht im Arbeitskampf zu erlangen, muss es beiden Seiten gelingen, glaubhaftes Sanktionspotenzial zu organisieren. Für die Arbeiterorganisationen ist der Streik das ultimative Mittel im Arbeitskampf. Ein Streik ist aber nur dann effektiv, wenn sich die meisten Mitglieder einer Organisation auch daran beteiligen. Darüber hinaus wird das Sanktionspotenzial der Arbeiterseite vergrößert, wenn sich verschiedene Verbände im Arbeitskampf gegenseitig unterstützen und gemeinsam handeln. Neben der Bereitschaft zu streiken kommt die Koordination der Handlung als weitere notwendige Bedingung für eine erfolgreiche Vetretung der Interessen hinzu. Zu Grunde liegt dem Ganzen die Dimension, die Offe und Wiesenthal die Notwendigkeit der *Handlungsbereitschaft* („willingness to act", Offe und Wiesenthal 1980: 80) nennen.

Das Sanktionspotential der Kapitalseite liegt hauptsächlich nicht in der Organisationsmacht des Verbandes, da im Arbeitskampf der einzelne Arbeitgeber handelt. Was Arbeitgeberverbände für ihre Mitglieder erreichen können, ist die Beeinflussung des Gesetzgebers zu ihren Gunsten durch einen spezifischen Informationsvorsprung. Um die Informationsressourcen instrumentalisieren zu können, müssen sie diese jedoch zuerst von ihren Mitgliedern erhalten. Um ein Sanktionspotenzial zu erreichen, benötigen Arbeitgeberverbände neben der monetären Bereitschaft der Mitglieder – auch was den Transfer von Informationen betrifft – eine *Zahlungsbereitschaft* („willingness to pay", Offe und Wiesenthal 1980: 80). Deshalb lässt sich folgende Hypothese ableiten: Auf Grund der Logik der Klassen lässt sich im Arbeitskampf auf Arbeitnehmerseite eine stärkere Mobilisierung der eigenen Mitglieder und unterstützender Organisationen beobachten als auf Arbeitgeberseite.

10.3.2 Klassenstruktur

Auf Grund der Tatsache, dass der Arbeiter untrennbar mit seiner Arbeitskraft verbunden ist, muss eine Arbeitnehmerorganisation ein breiteres Interessenspektrum abdecken als ein Arbeitgeberverband. Während der Arbeitgeber seine Interessen und Bedürfnisse außerhalb des Arbeitsmarktes realisieren kann, ist der Arbeiter lebensweltlich mit seiner Arbeit verbunden. Da er zugleich Subjekt und Objekt im Austausch der Arbeitskraft ist, sind die Arbeiterverbände mit der Aufgabe konfrontiert, das gesamte Spektrum von Bedürfnissen abzudecken, das die Arbeitnehmer in ihrer Funktion als Lohnarbeiter haben (Offe und Wiesenthal 1980: 75). Es handelt sich bei ihren Interessen nicht nur um materielle Vergütung, sondern auch um weiche Faktoren wie Arbeitszufriedenheit, Gesundheit, Freizeit und Arbeitssicherheit. Oft sind dies Interessen, die nicht rational berechnet werden können und sich gegebenenfalls gegenseitig ausschließen. Deshalb bedeutet eine „Optimierung" der Arbeiterinteressen einen hohen Grad an Deliberation (Bowles und Gintis 1986). Dieses Artikulieren und Verhandeln von Interessen bringt automatisch einen hohen Grad an Koordination mit sich. Die Arbeitgeber auf der anderen Seite können ihre Bedürfnisse auf die zu erwartenden Kosten und Nutzen reduzieren und diese rational kalkulieren. Da die Firmen ähnliche Zielvorstellungen haben, können sie diese gemeinsam durch einen Verband vertreten, ohne über die Ziele selbst innerhalb der Organisation in großem Maße verhandeln zu müssen. Die Hypothese lautet in diesem Fall: Auf Grund der Klassenlogik lässt sich bei Arbeitnehmerverbänden eine stärkere Interessenheterogenität feststellen als bei Arbeitgeberorganisationen.

10.3.3 Politische Macht

Eine weitere Annahme, die den Offe-Wiesenthal-Thesen zu Grunde liegt, ist, dass der Staat vom Zustand der Wirtschaft abhängig ist. Offe und Wiesenthal (1980: 85) leiten daraus für die Wirtschaft eine Position der indirekten Kontrolle über das Handeln des politischen Systems ab. Diese asymetrische Beziehung zwischen der Kapitalseite und dem Staatsapparat liegt im Sanktionspotenzial begründet, das durch Investitionen entsteht. Einzelne Firmen können bei Gefallen der Politik Investitionen tätigen oder aber diese bei Nichtgefallen unterlassen. Wenn nun die Kapitalseite das Zentrum des Entscheidungsuniversums und der Staat nur ein von der Wirtschaft abhängiger Akteur ist, dann wird automatisch der Arbeiterseite ebenfalls eine untergeordnete Rolle zugewiesen. Daraus folgt, dass in kapitalistischen Staaten die Arbeiterverbände fast nie die Agendasetter sind. Sie müssen normalerweise auf die Gesetzesvorschläge der Regierung reagieren, die von den Interessen des Kapitals perforiert sind. Die Hypothese lautet: Durch die Abbhängigkeitsverhältnisse im politischen Prozess müssen Arbeitnehmerverbände öfter gegen Gesetzesvorlagen opponieren als Arbeitgeberorganisationen.

10.4 Daten

Der Datensatz „Social Organization of the United States National Labor Policy Domain, 1981–1987", erhoben durch die Principle Investigators David Knoke und Naomi J. Kaufman, definiert sein Untersuchungsuniversum als „governmental and private sector organizations operating at a federal level" (Knoke und Kaufman 1993: 3). Ziel der Untersuchung war es, Inferenzschlüsse über den Partizipationsprozess verschiedenster Organisationen im Politikfeld Arbeit zu ziehen (vgl. Knoke und Burleigh 1989; Knoke und Pappi 1991). Aus diesem Grund wurden relationale Daten – Akteure und ihre Beziehungen zueinander – erhoben. Zur Re-Analyse werden deshalb in diesem Artikel die Methoden der quantitativen Netzwerkanalyse benutzt. Beziehungen werden dabei durch die verschiedenen Verbindungen zwischen den Akteuren konstituiert (vgl. Scott 2000).

Die Akteure sind in einem Verfahren, das inzwischen als Standard gelten kann, identifiziert und befragt worden. Die Ergebnisse werden in sechs binären Matrizen abgebildet, die Informationen über die Beziehungsdimensionen Kommunikation – geteilt in erhaltene und gesendete Informationen –, Austausch von Gefallen, Austausch von Unterstützung und eine Einschätzung des generellen und spezifischen Einfluss enthalten. Die Matrizen erhalten 117 befragte Akteure, die entweder Arbeitgeber- oder Arbeitnehmerverbände (17,1 % bzw. 25,6 %), Expertengruppen (8,5 %), öffentiche Interessengruppen (29,3 %), bundesstaatliche Vetreter (15,4 %) sowie legislative Komitees und politische Parteien (3,4 %) zugeordnet werden können. Aus diesen Matrizen wurden die Arbeitgeber- und Arbeitnehmerorganisationen extrahiert und nur die Beziehungen zu ihrer jeweiligen Klasse beibehalten. Es entstanden somit 19×19-Matrizen der Arbeitnehmerverbände und 30×30-Matrizen der Arbeitgeberorganisationen. Diese Matrizen spiegeln die jeweiligen Klassen wider und liegen der Untersuchung zu Grunde.

Eine weitere Datei enthält die Muster der Teilnahme von Organisationen an verschiedenen Events. Ein Event wird definiert als ein „critical, temporary located decision point in a collective decision-making sequence that must occur in order for a policy option to be finally selected" (Lauman und Knoke 1987: 251). Jedes Event findet demnach zu einem bestimmten Zeitpunkt in einer bestimmten Arena statt. Das Ergebnis des Events, gleichgültig ob von den beteiligten Organisationen als Erfolg oder Misserfolg interpretiert, gilt als definitive kollektive Entscheidung dafür, ob eine politische Rahmenbedingung verändert oder gelassen wird. Events werden nach ihrer institutionellen Arena klassifiziert: judikativ, exekutiv oder legislativ (Knoke et al. 1996: 15). Es wurden 36 Events während der Beobachtungsperiode ausgewählt. 19 Supreme-Court-Fälle, elf davon zufällig gezogen, die acht Events mit der größten Beteiligung von Interessengruppen und darüber hinaus 25 Congressional Acts, 20 davon auf Grund der Beteiligung und fünf zufällig gewählt.

10.5 Analyseebene

Probleme bei der Überprüfung der Offe-Wiesenthal-Hypothesen entstehen bei einem genaueren Blick auf die Analyseebene. Die Autoren vertreten die Ansicht, dass ein soziales Makrophänomen (die Klasse) die Handlungen von Organisationen und Individuen bestimmt. Organisationen sind nur ein Mittel zur Erfüllung der Handlungsziele, die durch die Klasse bestimmt werden. Diese Art des „Marxistischen Holismus" vernachlässigt die Bedeutung von Faktoren auf anderen Ebenen wie die Individualität des Einzelnen und Emergenzphänomene, die durch organisationale Dynamiken entstehen. Der Datensatz auf der anderen Seite ist auf Meso Ebene angesiedelt, auf der Organisationen in einem von ihnen aufgespannten Netzwerk interagieren. Entscheidungen werden in jeder Organisation von dafür zuständigen Führungspersonen getroffen. Sie werden von Knoke als „a knowledgeable representative from the organization, typically a director of governmental affairs" (Knoke und Kaufman 1993: 4) definiert. Aus dieser Betrachtungsweise ist nun für die Interessen der jeweiligen Organisationen nicht das Klassenbewusstsein ausschlaggebend, vielmehr fallen individuelle Abwägungen und organisatorische Eigeninteressen ins Gewicht.

Um aus Aussagen einer holistischen Theorie Hypothesen auf Mesoebene prüfen zu können, verlangt es nach einer systemischen Theorie. In solch einer Betrachtungsweise existieren ideelle Einflussfaktoren, es gibt jedoch keine autonomen sozialen Kräfte. Soziale Kräfte sind immer kollektive Aktionen oder Auswirkungen derer (Bunge 1996). Individuen sind jedoch durch ihre Stellung im Produktionsprozess perforiert. Ihre Handlungen werden teilweise von ihrer wirtschaftlichen Position bestimmt. Diese Position wird in der Klassentheorie als handlungsdeterminierend betrachtet (ähnlich im Pluralismus). Diesen Holismus relativiert eine systemische Theorie durch die Interaktion von Mikro- und Makroebene. Im vorliegenden Fall agieren Individuen mit einer gewissen Stellung innerhalb der strukturellen Anordnung auf der Mikroebene und gründen Organisationen, die auf der Mesoebene interagieren. Wenn Organisationen dieselben Interessen vertreten und deshalb zusammenarbeiten, entsteht durch diese Interaktion eine klassenspezifische Logik des kollektiven Handelns, die auf der Makroebene wahrgenommen wird, aber nicht durch diese determiniert ist. Vielmehr wird sie gleichfalls durch Akteur und Struktur bestimmt.

10.6 Operationalisierung

10.6.1 Modus Operandi

Auf Grund der angenommenen „Bereitschaft zu handeln" seitens der Arbeiter scheint es für einen Arbeiterverband angebracht, als Sanktionspotenzial für ein bestimmtes Event so viel Unterstützung wie möglich von anderen Arbeiterverbänden zu organisieren. Deshalb wird angenommen, dass das Netzwerk des Austauschs von Gefallen auf Arbeiterseite eine hohe Dichte besitzt, da davon ausgegangen wird, dass Gefallen reziprok zurückgezahlt werden. Auf Seiten der Industrie sind die Machtressourcen innerhalb der einzelnen Firmen verankert (Offe und Wiesenthal 1980: 83). Aus diesem Grund hat ein Arbeitgeberverband im Arbeitskampf nur ein geringes Sanktionspotenzial. Es wird darum angenommen, dass in Business-Netzwerken kaum Gefallen ausgetauscht werden, da gegenseitige Unterstützung nicht zweckdienlich ist. Folglich wird eine niedrige Dichte des Netzwerks „Austausch von Gefälligkeiten" erwartet.

10.6.2 Klassenstruktur

Wie oben bereits erläutert, werden nun die Effekte der angenommenen Heterogenität der Arbeiterinteressen näher betrachtet. Sie sollten auf Grund des größeren zwischenorganisatorischen Verhandlungsaufkommens auf Arbeiterseite zu einem höheren Kommunikationsanteil im Arbeiternetzwerk führen. Im Gegensatz dazu müssen sich Industrieverbände kaum mit einer Vielzahl konträrer Interessen auseinandersetzen. Sie können in der Abstimmung ihrer Bedürfnisse eindimensional vorgehen, weshalb eine niedrigere Kommunikationsdichte erwartet wird. Darüber hinaus wird erwartet, dass sich die heterogenen Interessen der Arbeiter auch durch die Zentralität im Kommunikationsnetzwerk beobachten lassen. Auch ist davon auszugehen, dass es sowohl kurze Kommunikationsdistanzen zwischen den Arbeiterverbänden sowie einen zentralen Akteur gibt, der die Deliberation leitet. Aus diesem Koordinationsgrund wird ein höherer Zentralitätsgrad einer Organisation sowie eine klarere Hierarchisierung des Arbeiternetzwerks erwartet. Außerdem wird angenommen, dass auf Grund der Interessenheterogenität der Arbeiterschaft jeder Arbeitnehmerverband an mehr politischen Ereignissen teilnehmen muss als eine Arbeitgeberorganisation. Abschließend ist zu erwarten, dass sich die Verbände bei mehr Events in der Teilnahme überschneiden als die Arbeiter, da jeder Verband nicht nur spezifische Interessen vertritt, sondern die allgemeinen Grundinteressen innerhalb der Arbeiterschaft heterogen vetreten sind.

10.6.3 Politischer Einfluss

Den schwierigsten Teil der Operationalisierung stellt das Auffinden von Indikatoren für die Vormachtstellung des Kapitals beim Gesetzgebungsprozess dar. Aus der Annahme, dass die Regierung die Interessen der Industrie stärker beachtet als die

Bedürfnisse der Arbeiter, kann abgeleitet werden, dass die Arbeiterverbände Geset-zesvorlagen öfter ablehnend gegenüberstehen als die Kapitalseite. Um ihre Interessen zur Geltung zu bringen, müssen die Arbeiterverbände darüber hinaus öfter konstrukti-ve Gegen- und Erweiterungsvorschläge erarbeiten als die Kapitalseite. Für diese Form der Opposition ist politische Unterstützung der anderen Verbände nötig, weshalb ein starkes und enges Netzwerk der politischen Unterstützung auf Arbeitnehmerseite er-wartet wird.

Arbeitgeberverbände sind nach Offe und Wiesenthal diesem Zwang zur Einmi-schung nicht unterworfen. Da von Seiten der Politik schon bei der Gestaltung von Gesetzen auf die Interessen der Industrie geachtet wird, müssen sie weder gegen einen Großteil der Gesetzesvorlagen opponieren, noch müssen sie, um die Interessen ihrer Klientel durchzusetzen, konstruktive Gegenvorschläge machen. Aus diesem Grund ist politische Unterstützung von Seiten der anderen Verbände nicht unbedingt Vorraus-setzung einer vorteilhaften Politik für die Industrie. Es ist anzunehmen, dass Kommu-nikationsverbindungen zwischen Arbeitgeberorganisationen und politischen Offiziellen stark ausgeprägt sind. Wie sonst könnte der Staat auf die Interessen der Industrie rea-gieren? Es bestehen kaum Zweifel, dass dieser Informationsaustausch existiert; Offe und Wiesenthal nehmen jedoch an, dass sich dieser nicht in öffentlichen Arenen, son-dern vielmehr in informellen Zierkeln abspielt. Für die Industrieverbände besteht kein Bedürfnis, öffentliche Unterstützung zu akkummulieren, weshalb für die Artikulation der Interessen keine öffentlichen Kanäle genutzt werden müssen (Offe und Wiesen-thal 1980: 86). Unter dieser Annahme ist es fraglich, ob die Kommunikation zwischen Verbänden und Regierungsoffiziellen im Fragebeogen wahrheitsgemäß angegeben wor-den ist. Aus diesem Grund werden Verbindungen mit der Regierung in dieser Arbeit nicht weiter berucksicht, da keine Moglichkeit gesehen wird, verborgenen Informati-onsaustausch valide zu messen.

10.7 Netzwerkanalyse

Bei der Analyse verscheidener Netzwerke ist es unerlässlich, zuerst die gemessenen Einheiten zu definieren. In den untersuchten Netzwerken kann jede Organisation in Bezug auf die nachgefragten Verbindungen sowohl als Sender als auch als Empfänger auftreten. Es handelt sich bei jedem Graphen um gerichtete Beziehungen. Jede gerich-tete Verbindung in einem Graphen wird Kante genannt. Die Dichte eines gerichteten Graphen ist gleich dem Anteil von realisierten Kanten, die er enthält. Es stellt sich des Weiteren die Frage, ob es generell möglich ist, Netzwerke von unterschiedlicher Größe zu vergleichen. Friedkin (1981: 41) findet tasächlich einen Zusammenhang zwischen der Dichte und der Größe des Netzwerks. Signifikant stellt sich dieser Zusammenhang jedoch nur dar, wenn die Dichte Richtung eins geht. Es sollte also für die Arbeit hier ausreichend sein, die Dichte als Indikator bei Netzwerken zu vergleichen, die um elf Akteure divergieren.

	Arbeitnehmerverbände	Arbeitgeberverbände
Dichte	0,506	0,031
Standardabweichung	0,500	0,173
Summe	173	27
Anzahl der Beobachtungen	342	870

Tabelle 10.1: Eigenschaften der Netzwerke „Austausch von Gefallen"

10.7.1 Modus Operandi

Die Ergebnisse der univariaten Statistiken, berechnet in UCINET, werden in Tabelle 10.1 präsentiert. Wie beschrieben werden die Gefallen-Netzwerke der Arbeiter und der Industrieverbände verglichen.

Schon auf den ersten Blick wird der Unterschied zwischen den beiden Netzwerken deutlich. Während die Dichte im Netzwerk „Austausch von Gefälligkeiten" der Arbeiterseite bei 0,506 liegt (also von allen möglichen Kanten 50,6 % tatsächlich existieren), findet ein Austausch von Gefallen zwischen Industrieverbänden fast überhaupt nicht statt (3,1 %). Die Varianz und die Standardabweichung im Business-Netzwerk sind vergleichsweise gering. Dies hängt jedoch direkt mit der niedrigen Dichte zusammen, wie Hanneman (2001: 42) feststellt. Es bleibt festzuhalten, dass sich die erste Annahme von Offe und Wiesenthal als richtig erweist. In der Tat kann ein höherer Grad an Austausch von Gefälligkeiten im Arbeiternetzwerk festgestellt werden. Daraus kann abgeleitet werden, dass Arbeitnehmerverbände tatsächlich einer „Bereitschaft zu handeln" gehorchen, während die Arbeitgeberseite diesem Imperativ nicht unterworfen ist und deshalb nicht gegenseitig kooperiert. Auf Grund der Gerichtetheit des Austausches von Gefälligkeiten ist es im nächsten Schritt möglich, die Betrachtung der Muster des Austauschs weiter zu intensivieren. Der Outdegree einer Organisation sind in diesem Fall die Gefallen, die an andere Verbände gegeben werden, während der Indegree die erhaltenen Gefallen darstellt.

Bei einer Betrachtung der Outdegrees im Gefallenen-Netzwerk der Arbeiterseite wird offensichtlich, dass es zwei verschiedene Cluster gibt. Zehn Organisationen haben einen Outdegree nahe der Absolutzahl 1 (neun Organisationen senden Gefallen an 88,9 % der anderen Organisationen, ein Verband sogar an die gesamten 100 %), während sieben weitere annähernd keine Gefallen erteilen (vier geben gar keine Gefallen, während drei weitere Gefallen an eine Organisation geben). Die statistische Minderheit von zwei Organisationen besitzt einen mittleren Wert im Versenden von Gefallen. Der Indegree ergibt ein sehr viel homogeneres Bild. Die überwiegende Mehrzahl von 17 Organisationen erhält ein mittleres Level von Gefallen zwischen 50 und 72,2 %. Nur zwei Organisationen erhalten fast gar keine Gefallen. Zusammengefasst erhalten fast alle Organisationen des Arbeiternetzwerks Gefallen, während nur die Hälfte auch welche verteilt. Ein Versuch der Interpretation dieses Phänomens folgt in den nächsten Abschnitten. Als nächstes soll die Verteilung im Arbeitgebernetz betrachtet werden.

	Arbeitnehmerverbände	Arbeitgeberverbände
Dichte	0,295	0,209
Standardabweichung	0,456	0,407
Summe	101	182
Anzahl der Beobachtungen	342	870

Tabelle 10.2: Eigenschaften der Kommunikationsnetzwerke

Im Gefallen-Netzwerk der Arbeitgeber führt die annähernde Nichtexistenz des Austausches von Gefälligkeiten (27 von 870 möglichen Pfeilen) zur Schlussfolgerung, dass das einzig beobachtbare Muster das Nichtvorhandensein eines Musters ist. Ein genauerer Blick auf das Verhältnis von Indegree und Outdegree bringt auch keinen Erkenntnisgewinn (10 Organisationen erteilen Gefallen, 12 erhalten). Im Moment steht die Beobachtung im Vordergrund, dass die erste Implikation von Offe und Wiesenthal nicht widerlegt werden kann. Es existiert tatsächlich ein deutlich höherer Austausch von Gefallen im Arbeitnehmernetzwerk. Dies kann auf den postulierten Zusammenhang zurückgeführt werden, dass durch die Notwendigkeit einer „Bereitschaft zu handeln" im Arbeiternetzwerk Sanktionspotenzial durch den Austausch von Gefallen erreicht wird. Jedoch ist noch nicht klar, warum fast alle Verbände Gefallen erhalten, während nur die Hälfte Gefallen – dafür in höherer Intensität – verteilen.

10.7.2 Klassenstruktur

Auf Grund der angenommenen Heterogenität der Interessen innerhalb der Arbeiterorganisationen lautete die zweite Hypothese des letzten Kapitels, dass es einen größeren Bedarf an Kommunikation zwischen den Arbeiterverbänden geben muss. Dies kann leicht durch die Überprüfung der Dichte der einzelnen Netzwerke überprüft werden. Unglücklicherweise hat der Datensatz von Knoke und Kaufman eine Form, die einer weiteren Bearbeitung bedarf, bevor er für diese Analyse nutzbar gemacht werden kann. Zunächst wird eine der beiden Matrizen „gesendete Informationen" und „erhaltene Information" transponiert und anschließend mit ihrem Konterpart addiert. Unbestätigte Beziehungen, die die Hälfte des Wertes einer bestätigten Beziehung haben, müssen deshalb transformiert werden. Es gibt üblicherweise zwei Methoden: Die Minimalmethode, nach der bei der Dichotomisierung die nicht bestätigten Beziehungen als keine Beziehung, also mit einer 0, gewertet werden, und die Maximalmethode, bei der genau das Gegenteil geschieht, nämlich dass die nicht bestätigten Beziehungen eine Aufwertung zu einer bestätigten Beziehung mit einer 1 erfahren. Es obliegt dem theoretischen Anliegen, welche Methode jeweils benutzt wird. Im hier vorliegenden Fall wurde nach der Minimalmethode dichotomisiert.

Auf den ersten Blick wird beim Vergleich der beiden Netzwerke deutlich, dass die Unterschiede in der Dichte nicht so groß sind, wie man auf Grund der Gefallen-Netzwerke hätte erwarten können. Der Dichteunterschied von 8,6 % wird nochmals relativiert, wenn man die größere Akteurszahl im Business-Netzwerk in Betracht zieht.

	Arbeitnehmerverbände	Arbeitgeberverbände
Degree-Zentralisierung	0,565	0,636
Betweenness-Zentralisierung	0,344	0,312

Tabelle 10.3: Zentralisierung der Kommunikationsnetzwerke

Es stellt sich nun die Frage nach der Verteilung der Kommunikationsbeziehungen innerhalb der Netzwerke. Die Offe-Wiesenthal-Annahmen behaupten nicht, dass Industrieverbände nicht miteinander kommunizieren. Kommunikation ist in dieser Arbeit vielmehr ein Indikator für die Abstimmung von Interessen. Man kann annehmen, dass, wenn die Arbeitnehmerorganisationen über ein breiteres Spektrum von Interessen verhandeln müssen, diese zielgerichtete Kommunikation anders strukturiert ist als ein bloßer ungezwungener Informationsaustausch. Weiterhin ist zu vermuten, dass es ein oder zwei starke Verbände gibt, welche die diskursive Praxis innerhalb des Arbeiternetzwerkes steuern. Hieraus ergibt sich das Vorkommen von einigen wenigen zentralen Akteuren im Kommunikationsnetzwerk der Arbeitnehmer.

Bei der Durchführung einer Zentralitätsberechnung im Netzwerk gibt es mehrere Dinge zu beachten. Zuerst muss zwischen Akteurs- und Netzwerkzentralität unterschieden werden. Während die erste Zentralität ein Maß auf Akteursebene ist, das den Grad der Zentralität einzelner Akteure innerhalb eines Netzwerks miteinander vergleicht, kann man mit der Netzwerkzentralität Aussagen darüber treffen, wie zentral ein einzelner Akteur im Gegensatz zu den anderen ist, wie hoch also in der Folge der Zentralitätsgrad des gesamten Netzwerks ist (Wasserman und Faust 1999: 176). Eine weitere Unterscheidung muss zwischen den verschiedenen Zentralitätsmaßen getroffen werden. Nach Freeman (1979) kann zwischen drei verschiedenen Zentralitätsmaßen getrennt werden: Gradzentralität, bei der ein zentraler Akteur der aktivste im Sinne der Akkumulation vieler Verbindungen ist, Nähezentralität, bei der nach der Distanz des einzelnen Akteurs zu den anderen Akteuren gefragt wird, und Zwischenzentralität, bei der nach der Mediatorrolle aufgrund der Position auf kürzesten Pfaddistanzen (geodesics) gemessen wird.

Nach der konzeptionellen Klärung folgt nun ein Blick auf die Ergebnisse der Zentralitätsberechnungen. Als erstes wird die Gradzentralität der beiden Netzwerke betrachtet. Der Grad an Kommunikation wird bestimmt durch die Kommunikationsverbindungen, die eine Organisation zu den anderen Akteuren des Netzwerks besitzt. Wie eben besprochen, wird zwischen gesendeten und erhaltenen Informationen getrennt. Wie aus Tabelle 10.3 entnommen werden kann, ist die Degree-Zentralisierung im Indstrienetzwerk etwas größer als im Arbeiternetz, während der Zusamenhang für das Betweenness-Maß genau umgekehrt ist. Da die Unterschiede aber nicht signifikant sind, können auf Grund der Kommunikationsverteilung im Netzwerk keine Rückschlüsse auf die angenommene Interessensheterogenität gezogen werden.

Bisher ist ein Maß auf Makroebene, der Zentralisierungsgrad der Kommunikationsnetzwerke, betrachtet worden. Es stellt sich die Frage, ob anhand der Zentralitätsanordnung der einzelnen Akteure Aussagen über die gesteuerte Kommunikati-

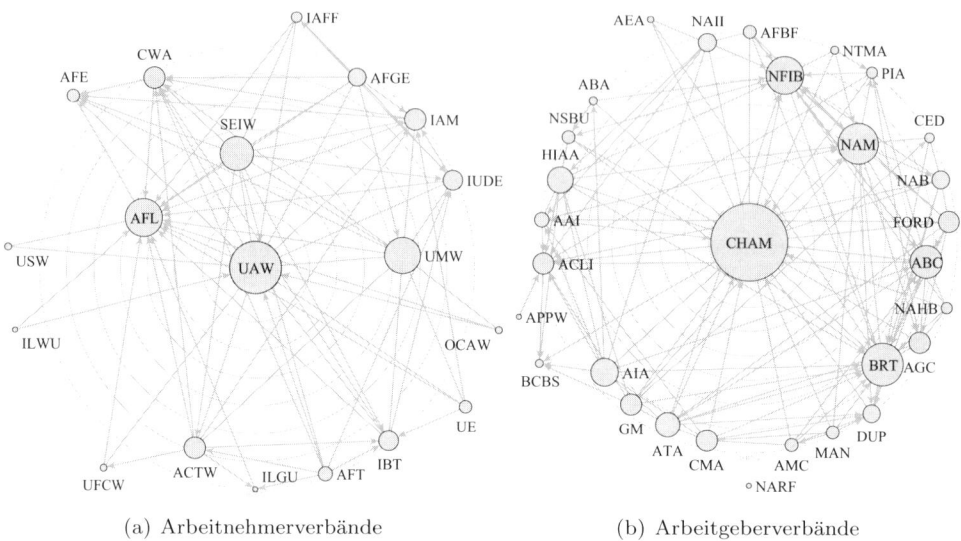

(a) Arbeitnehmerverbände   (b) Arbeitgeberverbände

Abbildung 10.1: Zentralität in den Kommunikationsnetzwerken. Größe: Degree; Position: Betweenness

on und damit über die Interessenheterogenität der Klassen möglich sind. Zu diesem Zweck werden in Abbildung 10.1 die Degree- und die Betweenness-Zentralität der beiden Netzwerke visualisiert. Die Betweenness-Zentralität wurde dabei über die Position im Netzwerk, die Degree-Zentralität über die Knotengröße visualisiert.

Wie aus der Abbildung ersichtlich wird, unterscheiden sich die Zentralitätsverteilungen zwischen den Netzwerken nicht in dem Maße, wie es zu einer Bestätigung der zweiten abgeleiteten Offe-Wiesenthal-Hypothese nötig gewesen wäre. Es zeigt sich, dass im Business-Netzwerk die *Chamber of Commerce of the United States* (CHAM) sowohl im Betweenness- als auch im Degreemaß die zentralste Stellung besitzt. Auf Seiten der Arbeitnehmer ist zwar ebenfalls eine Organisation bei beiden Maßen die zentralste Organisation (*United Auto Workers*, UAW), es existieren jedoch noch drei weitere Verbände, die eine ähnlich zentrale Rolle spielen (AFL, SEIW, UMW). Es ist jedoch nicht möglich, diesen drei Verbänden die Übernahme des auf Grund von Interessenheterogenität entstandenen Koordinationsbedarfs zuzuschreiben. Im Folgenden wird darum auf einen indirekten Beweis für Interessenheterogenität durch die Kommunikationsstruktur abgesehen und direkt analysiert, nach welchen Mustern sich die Organisationen an Policy-Events beteiligen.

Sollten Arbeitnehmerorganisationen auf Grund der beschriebenen Klassenlogik ein breiteres Interessensspektrum ihrer Klientel abdecken müssen als die Arbeitgeberverbände, scheint die Annahme sinnvoll, dass sich die Arbeitnehmerorganisationen an mehr und an vielfältigeren Policy-Events beteiligen als die Organisationen der Kapitalseite. Zur Überprüfung dieser Annahme wurden in einer Affiliationsmatrix jedem Policy-Event die jeweiligen Teilnehmer zugeordnet. In einem weiteren Schritt wurde

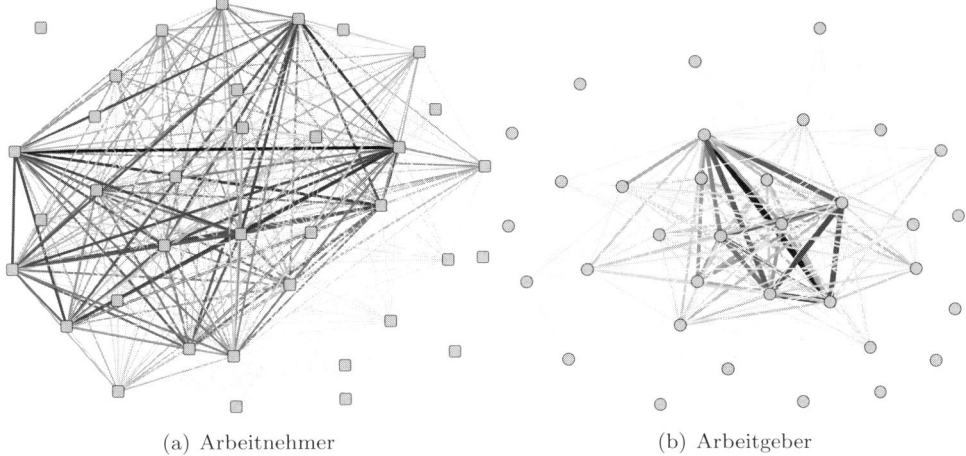

(a) Arbeitnehmer   (b) Arbeitgeber

Abbildung 10.2: Teilnahme an Policy-Events

in ^{v}iso$_{n}$e untersucht, wie die einzelnen Policy-Events durch die daran teilnehmenden Akteure zusammenhängen. Es wird angenommen, dass Interessenheterogenität zu einer erhöhten Teilnahme an unterschiedlichen Events führt. Es sollten deshalb mehr Events durch die Teilnahme von mehr Akteuren verbunden sein als bei homogenen Interessen, bei denen die Akteure nur an den wenigen sie betreffenden Events teilnehmen. Die Stärke der Verbindungen wird in ^{v}iso$_{n}$e durch die Abstufung der Graustufen visualisiert. Je dunkler die Verbindung, desto mehr gleiche Akteure nehmen an den verbundenen Events teil.

Wie aus Abbildung 10.2 ersichtlich wird, sind die Events viel stärker durch die gemeinsame Beteiligung von Arbeitnehmerverbänden verlinkt als durch Arbeitgeberorganisationen. Auf der einen Seite gibt es aus Sicht der Arbeitgeber nur eine Hand voll Events, an denen mehrere gleiche Organisationen teilnehmen, ganz im Gegensatz zu den Arbeitnehmern, die viele schwarze Kanten zwischen den einzelnen Events erzeugen. Des Weiteren lässt sich deutlich erkennen, dass annähernd ein Drittel der Events für die Interessen der Arbeitgeber überhaupt keine Rolle spielt, während auf Arbeitnehmerseite annähernd alle Events überlappende Teilnehmer besitzen. Da die Policy-Events ein breites Spektrum an verschiedenen inhaltlichen Themengebieten betreffen, kann gefolgert werden, dass eine Arbeitnehmerorganisation tatsächlich ein viel heterogeneres Interessenfeld abdeckt als eine Arbeitnehmerorganisation. Zur Vertretung dieser Interessen müssen sich viele Arbeitgeberverbände an den verschiedensten Policy-Events beteiligen. Die Kapitalseite wiederum kann sich auf ihre speziellen Interessengebiete konzentrieren, weshalb Arbeitgeberorganisationen zwar auch an Policy-Events partizipieren, jedoch Überlappungen seltener vorkommen, da ein Großteil der Events als nicht relevant betrachtet wird.

	Arbeitnehmerverbände	Arbeitgeberverbände
Dichte	0,292	0,071
Standardabweichung	0,455	0,257
Summe	100	62
Anzahl der Beobachtungen	342	870

Tabelle 10.4: Eigenschaften der Support-Netzwerke

10.7.3 Politischer Einfluss

Es wird nun die Hypothese überprüft, ob politische Unterstützung innerhalb des Netzwerks auf Arbeiterseite wichtiger ist als auf Seiten der Industrie. Aus diesem Grund werden die Dichten der beiden Netzwerke „Politische Unterstützung" betrachtet.

Wie aus Tabelle 10.4 ersichtlich wird, kann die Annahme, dass politische Unterstützung bei den Arbeiterverbänden ein notwendiges Mittel zur Erzeugung von Sanktionspotenzial ist, durch die univariaten Statistiken von UCINET belegt werden. Der Dichtegrad im Arbeiternetz ist ca. vier mal so hoch wie im Industrienetz. Im Vergleich zu den Dichten im Netzwerk „Tausch von Gefälligkeiten" ist dieses Verhältnis nicht ganz so hoch, dennoch werden die Annahmen von Offe und Wiesenthal in die richtige Richtung gestützt.

Im Folgenden wird nun ein weiterer Versuch unternommen, die von Offe und Wiesenthal postulierten antagonistischen Klassenlogiken kollektiven Handelns zu überprüfen. Es wird aus diesem Grund der Standpunkt und die Teilnahme der Organisationen an den einzelnen Events untersucht. Die theoretische Grundlage der Annahme, dass Arbeitnehmerorganisationen öfter in politischen Events partizipieren müssen und dabei meistens eine Gegenposition zum Regierungsentwurf einnehmen, ist tief in der Klassentheorie verwurzelt. Der Staat wird hierbei als Diener oder ausführendes Organ der kapitalistischen Interessen betrachtet, das zu ihrer Realisierung beiträgt. Dieser Prozess wird als unabhängig von den jeweiligen Regierungskonstellationen und Personen betrachtet und ist tief im System des kapitalistischen Staates verankert.

In den Jahren 1981–1987 partizipierten die 19 Arbeitnehmerorganisationen 315 mal an den 36 im Datensatz festgelegten Events. Hieraus errechnet sich ein Durchschnittswert von 16,8 Teilnahmen pro Organisation. Auf Businessseite nahm jede Organisation durchschnittlich neun mal an den Events teil, was sich aus der totalen Summe von 271 errechnet. In Bezug auf die reine Partizipationshäufigkeit wird die Annahme von Offe und Wiesenthal bestätigt. Wenn man nun aber in einem weiteren Schritt die strategischen Positionen, die von den Organisationen bei den jeweiligen Events eingenommen wurden, betrachtet, ändert sich das Bild. Bei den gesamten 332 Teilnahmen entschieden sich die Arbeitnehmerorganisationen 252 mal für eine Pro-Position, also eine Befürwortung der jeweiligen Gesetzesvorlage. Dies ist eine Mehrheit von 75,9 % der Fälle, während in nur 18,0 % eine ablehnende Haltung gegenüber der Vorlage eingenommen wurde. Auf Seiten der Industrie sieht das Verhältnis anders aus. Wenn eine Businessorganisation an einem Event teilnimmt, ist sie mit einer höheren Wahr-

	Arbeitnehmerverbände		Arbeitgeberverbände	
	+	−	+	−
Position	75,9	18,0	36,5	43,5
Alternative	41,6	58,1	49,8	48,7

Tabelle 10.5: Positionierung bei Events; Position + bedeutet Zustimmung, − Ablehnung, Alternative + bedeutet Vorschlag einer Alternative, − kein Vorschlag

scheinlichkeit dagegen. In 14,4 % der Fälle nimmt eine Organisation an einem Event teil, ohne eine Position zu beziehen. Auch durch die nächste Betrachtung können die Offe-Wiesenthal-Annahmen nicht bestätigt werden. Während eine Arbeiterorganisation nur in 41,6 % der Fälle eine Verbesserung oder einen Alternativvorschlag zu einer Gesetzesinitiative macht, ist die Wahrscheinlichkeithat einer Nichtverbesserung 58,1 %. Auf Seiten der Industrie ist dieses Verhältnis nahezu ausgeglichen.

Aus den neu gewonnenen Fakten ergeben sich Rückschlüsse auf die Annahmen von Offe und Wiesenthal. Es wurde keine klassenspezifische Logik bei der Teilnahme und der Einstellung zu politischen Events gefunden. Wie angenommen, partizipieren Arbeiterorganisationen im Durchschnitt öfter in Events als die Industrieverbände. Dies machen sie aber nicht auf Grund der klassentheoretischen Annahme, dass sie den von der Regierung vorgeschlagenen Gesetzesentwürfen widersprechen müssen. Im Gegenteil, sie stimmen öfter mit den Gesetzesvorlagen überein als die Industrieverbände. Diese Übereinstimmung mit der Regierung geht so weit, dass Arbeiterorganisationen keine Notwendigkeit haben, weiterführende Vorschläge zu machen. Vielmehr stimmen sie in einer passiven Art zu. Die Industrieverbände nehmen im Gegensatz dazu nicht so oft an Events teil; wenn sie sich aber einmischen, nehmen sie öfter eine Gegenposition zum offiziellen Gesetzesvorschlag ein. Aus dieser Erkenntnis muss eine Hauptannahme der Klassentheorie zurückgewiesen werden. Der Staatsapparat scheint nicht nur ein Erfüllungsgehilfe kapitalistischer Interessen zu sein. Vielmehr müssen sich die Interessen der Industrie in größerem Maße über offizielle Kanäle gegen Regierungsvorschläge stellen, als dies die Arbeiterverbände machen.

10.8 Vergleich und Schlussfolgerung

Sollte der einzige Weg des Erkenntnisgewinns tatsächlich die Falsifikation von Theorien (Popper 1982) sein, ist diese Studie nur in geringen Teilen ein Erfolg. Unter der Annahme, dass auch eine positive empirische Überprüfung einer Theorie einen Inferenzgewinn darstellt, ist es nun an der Zeit, die Ergebnisse der Analyse zusammenzufassen. Im Anschluss wird auf die Diskussionen eingegangen, welche die Offe-Wiesenthal-Annahmen auslösten, und es werden die hier gefundenen Ergebnisse mit denen anderer Autoren verglichen.

Der hier eingeschlagene Weg der Hypothesengenerierung und Operationalisierung lässt sich sicher kritisieren. Die weitreichenden Annahmen der Klassentheorie, die dem

Offe-Wiesenthal-Konstrukt zu Grunde liegen, lassen sich nur schwer umfassend testen. Des Weiteren wurden die Hypothesen nicht streng deduktiv gewonnen, vielmehr wurde versucht, zu den vorhandenen Daten die bestmögliche Überprüfung stattfinden zu lassen. Ausgangspunkt der Überlegungen waren die postulierte Interessenheterogenität innerhalb der Arbeiterverbände und der konträre Fall auf Seiten der Arbeitgeber plus die angenommene „Bereitschaft zu handeln" auf Seiten der Arbeiter, verglichen mit der „Bereitschaft zu zahlen" auf der Kapitalseite. Zur Überprüfung der beiden divergierenden Bereitschaften wurden die beiden Netzwerke zum Austausch von Gefälligkeiten analysiert. Es wurde angenommen, dass die Bereitschaft zu handeln am besten durch die Netzwerke überprüft werden kann, denen die Partizipation an Events auf Grund eines Austausches von Gefälligkeiten anstatt eigener Interessen zu Grunde liegt. Die Befunde lassen keinen Zweifel: Die Netzwerke über den Austausch von Gefälligkeiten wiesen die größten Unterschiede auf, die während der gesamten Studie festgestellt wurden. Es lässt sich eindeutig feststellen, dass es zwei divergierende Muster des Austausches von Gefälligkeiten gibt. Während die Verbände der Arbeitgeberseite nahezu keine Gefallen austauschen, besitzt das Netzwerk „Austausch von Gefälligkeiten" auf Arbeitnehmerseite eine hohe Dichte. Nach den Annahmen von Offe und Wiesenthal ist dies auf die unterschiedlichen Machtakkumulationen zurückzuführen. Während die Arbeitgeber auf Grund ihrer Position per se genügend Verhandlungsmacht besitzen, um im Arbeitskampf zu bestehen, sind die Arbeitnehmerorganisationen zur Kooperation gezwungen, um durch kollektives Handeln genügend Verhandlungsmacht zu erhalten. Die Annahme der Bereitschaft zu handeln als Modus der Machtakkumulation auf Arbeiterseite konnte demnach nachgewiesen werden.

Kollektives Handeln stellt sich für Arbeitnehmerverbände ungleich schwieriger dar als für die Gegenseite. Der Grund hierfür ist die zweite überprüfte Annahme aus der Theorie des unterschiedlichen kollektiven Handelns. Offe und Wiesenthal gehen bei der Arbeiterschaft von einer Heterogenität der Positionen, Meinungen und Interessen aus (Offe und Wiesenthal 1980: 81). Aus dieser Heterogenität entstehen verschiedene Positionen, die bei kollektivem Handeln ungleich schwieriger zu koordinieren sind als auf Seiten der Arbeitgeberverbände. Sollte diese Heterogenität tatsächlich bestehen, so die zweite Hypothese dieses Artikels, müsste für kollektives Handeln auf Arbeiterseite ein weit größerer Bedarf an Koordination der Interessen bestehen. Diese Koordination kann nur über das Instrument der Kommunikation erfolgen. Aus diesem Grund wurden zur empirischen Überprüfung der Hypothese die beiden Kommunikationsnetzwerke analysiert. Wie ein Blick auf die Ergebnisse zeigt, konnte diese Hypothese nicht bestätigt werden. Die Dichte der beiden Kommunikationsnetzwerke ist nahezu identisch. Aus der Visualisierung der Affiliationsmatrix von Akteuren und politischen Events wurde jedoch in einem weiteren Schritt ersichtlich, dass Arbeitnehmerverbände an mehr und an unterschiedlicheren Events teilnehmen als Arbeitgeberorganisationen. Durch dieses Teilnahmemuster konnte somit die abgeleitete Hypothese zur Interessenheterogenität teilweise bestätigt werden. Im Folgenden werden konträre Positionen und empirische Ergebnisse anderer Studien zur Interessenheterogenität betrachtet und diskutiert.

In einem Aufsatz mit dem Titel „Interest Heterogeneity and Organizing Capacity: Two Class Logics of Collective Action?" setzt sich Streeck (1989) kritisch mit den Offe-Wiesenthal-Thesen auseinander. Er geht in seinem Artikel auf das Konzept der *„umfassenden Organisation"* ¹ („encompassing organization") von Olson (1971) zurück. Dabei handelt es sich um Organisationen, die annähernd alle Mitglieder einer sozialen Klasse vereinen und gleichzeitig eine gemeinsame Policy für ihre gesamte Mitgliederschaft entwickeln und implementieren können (Streeck 1989: 11). Offe und Wiesenthal benutzen zwar nicht den Terminus der umfassenden Organisation, es ist jedoch offensichtlich, dass auch sie dieses Konzept anwenden. Streeck argumentiert nun, dass es nach der Argumentationslogik der Autoren auf Grund der Interessenheterogenität der Arbeiterseite für die Arbeitgeberverbände viel einfacher sein müsste, eine umfassende Organisation zu gründen und zu erhalten. Zu einer Hypothese abgeleitet stellt sich sein Zusammenhang wie folgt dar: „the capitalist class is likely to find it much easier than the working class to build and maintain encompassing organizations", weshalb „the number of capitalist associations in any given 'interest space' should be clearly lower than the number of trade unions" (Streeck 1989: 11). Folgerichtig vergleicht Streeck im Anschluss die Anzahl der Organisationen in sieben verschiedenen Politikfeldern (die er als „interest space" bezeichnet) in neun Ländern. Als Ergebnis erhält er das Verhältnis von durchschnittlich 16,4 Arbeitgeberorganisationen zu einem Arbeitnehmerverband. Auf Grund dieser Analyse kommt er zu dem Schluss, dass Arbeitnehmerverbände mehr und nicht weniger umfassend sind als Industrieverbände (Streeck 1989: 16), und die Heterogenität auf Seiten der Industrie größer ist als auf Seiten der Arbeiter.

Es ist schwierig, die hier gewonnenen Ergebnisse mit denen von Streeck zu vergleichen, vor allem weil ganz verschiedene Untersuchungsmethoden verwendet wurden. Ohne die Ergebnisse und die theoretischen Rückschlüsse von Streeck in Frage stellen zu wollen, ergeben sich in der Kombination der Ergebnisse von Streeck mit der Strukturanalyse der Kommunikationsdaten, die hier vorgenommen wurde, vielleicht andere Implikationen als bisher vermutet. Die geringere Anzahl von Arbeitnehmerverbänden in den jeweiligen Sektoren deutet eventuell nicht auf eine Interessenheterogenität auf Arbeitgeberseite hin, sondern lässt vielmehr den Rückschluss zu, dass Arbeiter große Organisationen brauchen, um Verhandlungsmacht zu gewinnen. Die heterogenen Interessen müssen dann innerhalb und zwischen den verschiedenen Arbeitnehmerorganisationen durch koordinierte Kommunikation auf eine gemeinsame Position festgelegt werden. Arbeitgeberorganisation haben auf Grund der Zahlungsbereitschaft dieses „Streben nach Größe" nicht nötig. Unter Berücksichtigung der Netzwerkdaten, die ein zentrales Kommunikationsaufkommen innerhalb der Arbeitnehmerverbände aufgezeigt haben, lässt sich unter Einbeziehung der Erkenntnisse von Streeck nicht folgern, dass die Arbeitgeber eine höhere Interessenheterogenität besitzen als die Arbeiter. Vielmehr bleibt zu vermuten, dass die Heterogenität etwa gleich groß ist, die Industrieseite jedoch keinen Anlass hat, diese Heterogenität zu verringern.

Die dritte Annahme von Offe und Wiesenthal, die hier empirisch überprüft wurde, war zentral in der ganzen Geschichte der Klassentheorie: die asymmetrische Machtverteilung zwischen den Verbänden und dem Staat. Es wurde angenommen, dass jede Regierung eines kapitalistischen Staates abhängig von den Interessen der Industrie ist und deshalb keine Entscheidung gegen den Willen der Arbeitgeberverbände treffen wird. Diese Hypothese wurde operationalisiert durch die Muster der Gesetzesblockaden. Die Arbeiterseite müsste, sollte die These empirisch belegt werden, weit öfter Gesetzesvorlagen opponieren als die Industrieseite, da die Regierung durch die implizite Agendamacht der Industrie keine Gesetze entwirft, die deren Interessen widersprechen. Wie die empirischen Befunde unmissverständlich zeigen, ist dies nicht der Fall. Im Gegensatz zu der klassentheoretischen Annahme haben Industrieverbände viel mehr inhaltliche Divergenzen zu Gesetzesvorlagen als Arbeitnehmerverbände. Auf der anderen Seite wurde kein Hinweis darauf gefunden, dass Industrieverbände kollektiv handeln, um Gesetzesvorlagen zu verhindern. Dies wiederum bestätigt die Annahme der Autoren, dass es die Industrieseite nicht nötig hat, ihre Probleme auf Verbandsebene zu klären, da der Verband neben der einzelnen Firma und der informellen Kooperation nur eine von drei möglichen Vereinigungsformen auf Industrieseite darstellt.

Zusammenfassend lässt sich sagen, dass die Positionierung innerhalb der antagonistischen Klassen nicht nur die Logik des kollektiven Handelns mitbestimmt, sondern auch Einfluss auf das Verhalten im Gesetzgebungsprozess hat. Es wurde festgestellt, dass die von Offe und Wiesenthal verfassten Annahmen der zwei Logiken kollektiven Handelns durch die Netzwerkanalyse des amerikanischen Arbeitsmarktes größtenteils gestützt werden. Diese Arbeit beschränkte sich jedoch nur auf einen geringen Teil der gesamten Theorie. Es werden daher weitere Analysen nötig sein, um ein umfassendes Bild des kollektiven Handelns einzelner Klassen modellieren zu können.

Literaturverzeichnis

Alford, Robert R. und *Roger Friedland*, 1985: Powers of Theory: Capitalism, the State and Democrazy. Cambridge: Cambridge University Press.

Bowles, Samuel und *Herbert M. Gintis*, 1986: Democracy and Capitalism. Property, Community, and the Contradictions of Modern Social Thought. London: Routleg.

Bunge, Mario, 1996: Finding Philosophy in Social Science. Yale: Yale University Press.

Crouch, Colin, 1982: Trade Unions. The Logic of Collective Action. Glasgow: Fontana.

Engels, Friedrich, 1936: The British Labour Movement. In: Articles from 'The Labour Standard'. London: Lawrence & Wishart.

Esping-Andersen, Gosta, Roger Friedland und *Eric O. Wright*, 1976: Modes of Class Struggle and the Capitalist State. Kapitalistate 4: 186–220.

Freeman, Linton C., 1979: Centrality in Social Networks: Conceptual Clarification. Social Networks 1: 215–239.

Friedkin, Noah E., 1981: The Development of Structure in Random Networks: An Analysis of the Effect of Increasing Network Density on Five Measures of Structure. Social Networks 3: 41–52.

Hall, Peter A. und *David W. Soskice*, 2001: Varieties of Capitalism: The Institutional Foundations of Comparative Advantage. Oxford: Oxford University Press.

Hanneman, Robert A., 2001: Introduction to Social Network Methods: Online Textbook. Riverside: University of California. URL `http://www.faculty.ucr.edu/~hanneman/nettext/`.

Knoke, David und *Frank Burleigh*, 1989: Collective Action in National Policy Domains. Constraints, Cleavages, and Policy Outcomes. Research in Political Sociology 4: 187–208.

Knoke, David und *Naomi J. Kaufman*, 1993: Social Organization of the United States National Labor Policy Domain, 1981–1987. Inter-University Consortium for Political and Social Research.

Knoke, David und *Franz Urban Pappi*, 1991: Organizational Actions Sets in the U.S. and German Labor Policy Domains. American Sociological Review 56: 509–523.

Knoke, David, Franz Urban Pappi, Jeffrey Broadbent und *Jutaka Tsujinaka*, 1996: Comparing Policy Networks. Labor Politics in the U.S., Germany, and Japan. Cambridge: Cambridge University Press.

Lauman, Edward O. und *David Knoke*, 1987: The Organizational State: A Perspective on National Energy and Health Domains. Madison: University of Wisconsin Press.

Offe, Claus und *Helmut Wiesenthal*, 1980: Two Logics of Collective Action: Theoretical Notes on Social Class and Organizational Form. Political Power and Social Theory 1: 67–115.

Olson, Mancur, 1971: The Logic of Collective Action. Public Goods and the Theory of Groups. Harvard: Harvard University Press.

Popper, Karl R., 1982: Logik der Forschung. Tübingen: Mohr.

Schmitter, Philippe C. und *Wolfgang Streeck*, 1999: The Organization of Business Interests. Studying the Associative Action of Business in Advanced Industrial Societies. Köln: Max-Planck-Institut für Gesellschaftsforschung, Working Paper.

Schröder, Wolfgang und *Stephen J. Silvia*, 1996: Gewerkschaften und Arbeitgeberverbände. Gewerkschaftliche Monatshefte 47: 601–615.

Scott, John, 2000: Social Network Analysis: A Handbook. London: Sage Publications.

Strauss, George, 1984: Industrial Relations. Time of Change. Industrial Relations 23: 1–15.

Streeck, Wolfgang, 1989: Interest Heterogeneity and Organizing Capacity. Two Class Logics of Collective Action? Berlin: WZB, Discussion Paper.

Therborn, Göran, 1976: Science, Class and Society. On the Formation of Sociology and Historical Materialism. London: NLB.

Traxler, Franz, 1993: Business Associations and Labor Unions in Comparison. Theoretical Perspectives and Empirical Findings on Social Class, Collective Action and Associational Organizability. British Journal of Sociology 44: 673–691.

Wasserman, Stanley und *Katherine Faust*, 1999: Social Network Analysis: Methods and Applications. Cambridge: Cambridge University Press.

Kapitel 11

Wirtschaftsverbände in der US-amerikanischen Chemieindustrie: Private Interessenregierungen in pluralistischem Umfeld?

Hans-Jörg Schmedes

11.1 Sektorale Chemieverbände in den USA: Herausforderungen in der verbandlichen Umwelt und ihre organisationelle Perzeption[1]

Stärker als die Regierungssysteme anderer Länder ist das politische System der USA unter besonderer Betonung der Rolle organisierter Interessengruppen und des Ausmaßes ihres Einflusses auf politische Entscheidungsprozesse untersucht worden, wobei die Vereinigten Staaten sogar als „Interessengruppengesellschaft" („interest group society", Berry 1984, 1997) charakterisiert worden sind. Diese prononcierte Stellung von Interessengruppen macht die Untersuchung der verbandlichen Organisationsfähigkeit in einem amerikanischen Wirtschaftssektor zu einer besonders interessanten Herausforderung. Die chemische Industrie wiederum bietet sich als sektoraler Untersuchungsschwerpunkt an, da der Chemiesektor der USA nicht nur innerhalb des US-amerikanischen Wirtschaftsgefüges eine besondere Rolle einnimmt, sondern ihm auch die Position des weltweit größten Chemiesektors zufällt (vgl. American Chemistry Council 2002: 11 f.).

Der vorliegende Beitrag konzentriert sich auf eine empirische Beschreibung von Veränderungsprozessen in den inter- und intraorganisationellen Strukturen sektora-

[1]Die vorliegende Analyse wurde innerhalb eines vergleichenden Forschungsprojektes an der Universität Konstanz und dem Europäischen Hochschulinstitut in Florenz durchgeführt. Ich danke den Mitgliedern dieses Projektes an beiden Institutionen für die fruchtbaren Diskussionen und die anregende Unterstützung, insbesondere Volker Schneider, Jürgen R. Grote, Achim Lang und Arndt Wonka. Darüber hinaus profitierte dieser Artikel von den hilfreichen Kommentaren der Teilnehmer eines Arbeitstreffens an der Universität Konstanz im Januar 2004 zu einer vorangegangenen Manuskriptfassung sowie von Achim Langs wertvollen Anmerkungen zu der hierin vorgenommenen Datenanalyse. Zudem danke ich den leitenden Verbandsrepräsentanten von 20 amerikanischen Chemieverbänden in Washington für ihre Bereitschaft zur Beantwortung eines Fragebogens sowie zur Durchführung persönlicher Interviews im September 2001.

ler Wirtschaftsverbände in der US-amerikanischen Chemieindustrie im Zeitraum von 1980 bis 2000 und versucht, die Ursachen dieser Veränderungsprozesse aufzuzeigen. Darüber hinaus wird auch auf die verbandliche Organisationsfähigkeit im untersuchten Sektor zum Zeitpunkt des Jahres 2002 eingegangen werden. Die Analyse konzentriert sich dabei auf eine Gruppe von 22 Verbänden mit besonders hoher Reputation, die im Folgenden auch als „fokale Verbände" bezeichnet werden. Diese wurden entsprechend der vergleichsweise hohen Relevanz ausgewählt, die ihnen von Beobachtern des Industriesektors auf Basis einer kompletten Auflistung aller 161 sektoralen Wirtschaftsverbände der Chemischen Industrie in den USA mit nationaler Bedeutung attestiert wurde, die wiederum mit Hilfe des Handbuches *National Trade and Professional Associations of the United States* (Downs et al. 2001) für das Jahr 2000 identifiziert werden konnten. Diese 22 Verbände wurden anschließend unter Verwendung eines standardisierten Fragebogens befragt, der zwischen September 2002 und März 2003 von 18 dieser 22 Verbände vollständig und von zwei weiteren Verbänden teilweise ausgefüllt wurde. Darüber hinaus wurden persönliche Leitfrageninterviews mit den Vertretern von 18 der 22 fokalen Verbände im September 2002 in Washington geführt. Auch konnten Informationen aus Verbandshandbüchern (vgl. Colgate und Broida 1981; Colgate et al. 1986; Russell et al. 1991, 1996; Downs et al. 2001) sowie aus Publikationen der Untersuchungsverbände berücksichtigt werden.

Wirtschaftsverbände werden in diesem Kapitel als intermediäre Organisationen zwischen einzelnen Firmen und dem Staat konzipiert. Dabei wird in der folgenden Analyse insbesondere deutlich werden, dass mitgliedschaftslogische Aspekte die bestimmenden Faktoren verbandlicher Organisationsfähigkeit in den USA darstellen, die Aktivitäten einzelner Verbände aber dennoch als „private Interessenregierungen" charakterisiert werden können, da sie Anforderungen an „regulierte Selbstregulierung" (Streeck und Schmitter 1996: 143) erfüllen. Dieses Ergebnis ist insofern überraschend, da das Konzept der privaten Interessenregierungen bislang als stärkste Ausprägung des Korporatismus verstanden worden ist und demnach als inkonsistent mit pluralistischen Arrangements angesehen wurde.

11.1.1 Wirtschaftliche Herausforderungen: Wachstums- und Konzentrationsprozesse in der Chemischen Industrie

Sowohl innerhalb des amerikanischen Wirtschaftsgefüges als auch im internationalen Vergleich spielt die Chemieindustrie der USA eine sehr wichtige Rolle. Entsprechend einer Datenzusammenstellung der *Organisation für wirtschaftliche Zusammenarbeit und Entwicklung* (OECD)[2] hat der Sektor zwischen den Jahren 1980 und 2000 ein Wachstum von über 160 Prozent erfahren, während der Gesamtanteil des Chemiesektors am US-amerikanischen Bruttoinlandsprodukt von 5,75 Prozent im Jahre 1980 auf 4,27 Prozent im Jahre 2000 gesunken ist. International nehmen die USA seit dem Jahr 1910 die führende Stellung als weltgrößter Chemieproduzent ein (vgl. American Chemistry Council 2002: 11; Arora und Rosenberg 1998: 71). Mit Blick auf die amerikanischen Importe und Exporte von Chemieprodukten belegen die Daten

---

[2]Die Angaben in diesem Abschnitt beruhen auf eigenen Berechnungen auf Basis von OECD-Daten (vgl. Organisation for Economic Co-operation and Development 2002a,b,c).

eindrücklich, dass die wirtschaftliche Internationalisierung keine neue Entwicklung für die Chemieindustrie darstellt, innerhalb der zwei untersuchten Dekaden jedoch deutlich zugenommen hat: Während die Exporte chemischer Produkte um mehr als 230 Prozent gestiegen sind, wuchsen die Importe im gleichen Zeitraum um mehr als 760 Prozent. Auch ausländische Direktinvestitionen haben eine wichtige Rolle in der Geschichte der US-amerikanischen Chemieindustrie gespielt: Aftalion (2001) hebt in seiner Darstellung beispielsweise hervor, dass amerikanische Wirtschaftsführer zu den ersten gehörten, die die Bedeutung des europäischen Integrationsprozesses und der Vereinbarungen des GATT-Abkommens für den internationalen Handel erkannt hätten. Anders als europäische Unternehmen räumten amerikanische Firmen der Errichtung von Produktionsstätten im Ausland Priorität gegenüber Exporten ein, wodurch sie „das Zeitalter multinationaler Unternehmen eröffnet" (Aftalion 2001: 250, eigene Übersetzung) hätten.[3] Im Hinblick auf die Zusammensetzung des Sektors beschreibt Mowery (1999: 3, eigene Übersetzung) die Chemieindustrie als „hochkonzentrierten Wirtschaftssektor, der von einer kleinen Anzahl global tätiger Unternehmen hinsichtlich ihrer Kapitalinvestitionen und ihrer Ausgaben für Forschung und Entwicklung dominiert" werde.

Innerhalb des Untersuchungszeitraums haben wirtschaftliche Konzentrationsprozesse zwischen Chemieunternehmen im nationalen und internationalen Rahmen die interne Struktur der Industrie auf besondere Art und Weise verändert.[4] Diese Entwicklung deckt sich mit den Anpassungszwängen von Chemiefirmen zugunsten einer Rückkehr zu ihren Kernkompetenzen (vgl. American Chemistry Council 2002: 107). Während die Stellung der amerikanischen Chemieindustrie innerhalb der US-amerikanischen Wirtschaftsstruktur sowie ihre Position im internationalen Vergleich mit den Chemiesektoren anderer Länder dabei größtenteils konstant geblieben sind, veränderte sich ihre interne Struktur erheblich. Trotz der Tatsache, dass wirtschaftliche Internationalisierungsprozesse keine neuartige Entwicklung für die Chemieindustrie darstellen, hat sich der Charakter dieser Prozesse im Laufe der Zeit doch deutlich verändert. Dies wird beispielsweise anhand der hohen Intensität des grenzüberschreitenden Handels sowie angesichts der starken Zunahme ausländischer Direktinvestitionen sowohl in den Vereinigten Staaten als auch im Ausland offensichtlich. Auch kann man die veränderte Ausprägung der Globalisierung sehr deutlich anhand der nationalen wie internationalen Konzernfusionen und Firmenübernahmen erkennen (vgl. Schmedes 2003: 63 ff.). Zwischen 1994 und 2001 belief sich der Wert solcher Fusions- und Übernahmevereinbarungen in Europa und den USA auf eine Summe von \$ 200 Mrd. (vgl. Aftalion 2001: 404). Für Wirtschaftsverbände sind diese Konzentrationsprozesse insofern von unmittelbarer Bedeutung, als sie zum einen die Anzahl (potenzieller) Verbandsmitglieder reduzieren und zum anderen im Falle gedeckelter Mitgliedsbeiträge eine Reduktion verbandlicher Einnahmen herbeiführen.

---

[3]Der Beginn dieses Zeitalters kann jedoch auch bereits um das Jahr 1900 herum datiert werden, als europäische Unternehmen – darunter insbesondere die deutschen Großkonzerne BASF, Bayer und Hoechst – damit begannen, Chemiewerke in den USA zu errichten (Aftalion 2001: 266 ff.).

[4]Vgl. die Daten von Young and Partners (2003a,b,c) für eine Übersicht über internationale Zusammenschlüsse und Übernahmen von Chemieunternehmen.

11.1.2 Technologische Herausforderungen: Chemische Innovationen und Entwicklungen in der Informations- und Telekommunikationstechnologie

Der Einfluss technologischer Entwicklungen auf Chemieverbände bezieht sich einerseits auf die gewichtige Rolle technologischer Innovationen innerhalb der chemischen Industrie (vgl. Landau 1998) sowie andererseits auf den Einsatz neuartiger Informations- und Kommunikationstechnologien, der die organisatorischen Abläufe innerhalb von Verbänden erheblich straffen sowie grenzüberschreitende Unternehmenszusammenschlüsse, Firmenübernahmen und weltweite strategische Allianzen erleichtern kann (vgl. Kang und Sakai 2001: 41).

Ralph Landau und Ashish Arora führen das hohe Maß an technologischer Innovation der Chemieindustrie in den USA auf den Wettbewerbsgrad zurück, „which is just enough [...] to spur the creation or improvement of products and processes and yet allow firms to make sufficient profits to provide the ability and incentives to invest in [research and development]" (Landau und Arora 1999: 39 f.). Demgegenüber hält Aftalion (2001: 325) jedoch fest, dass „[a]t the end of the 1990s the chemical industry in its main activities had reached a stage of maturation with respect to innovation". Dies wäre bewiesen durch die Tatsache, dass technologische Innovationen nicht die Ausrichtung des Bereichs Chemischer Grundstoffe im Untersuchungszeitraum geprägt hätten. Anstelle dessen kam es zu gewichtigen Veränderungen in den Segmenten der Biowissenschaft und der Spezialstoffe. Diese Entwicklung kann teilweise auf die wachsende Bedeutung der Biotechnologie sowohl in pharmazeutischen als auch in agrarwirtschaftlichen Erzeugnissen zurückgeführt werden. Seit den 1990er Jahren haben sich die Biowissenschaften zu den Antriebskräften der technologischen Innovationen im Chemiesektor entwickelt. Gemeinsam mit der Nanotechnologie wird von den Biowissenschaften eine weiterhin stets wachsende Bedeutung über die nächsten Dekaden hinweg erwartet (vgl. American Chemistry Council 2002: 158 ff.).

Naturgemäß spiegeln sich diese technologischen Entwicklungen in den Wirtschaftsindikatoren wider, die die Zusammensetzung des Chemiesektors beschreiben. Während die Chemieproduktion im Sektor der Chemischen Grundstoffe zwischen 1989 und 2000 um acht Prozent zunahm, wurde die Produktion im Bereich der Spezialstoffe um ungefähr 73 Prozent und in den Biowissenschaften um über 142 Prozent gesteigert.[5] Auch die Ausgaben für Forschung und Entwicklung zwischen 1991 und 2001 lassen vergleichbare Ergebnisse erkennen. Innerhalb dieses Jahrzehnts stiegen die forschungs- und entwicklungsbezogenen Ausgaben im Sektor der Chemischen Grundstoffe um ungefähr 42 Prozent und im Spezialstoffe-Segment um etwa 22 Prozent. Gleichzeitig nahmen die Ausgaben für Forschung und Entwicklung im Bereich der Biowissenschaften jedoch um etwa 230 Prozent zu.[6]

---

[5] Diese Angaben basieren auf Daten, die dem Autor auf Anfrage vom *American Chemistry Council* (ACC) zur Verfügung gestellt worden sind. Für die Jahre 1991 bis 2000 sind diese Daten auch in der Publikation „Guide to the Business of Chemistry" (American Chemistry Council 2002: 14) des Verbandes enthalten.

[6] Auch diese Angaben basieren auf Daten, die vom ACC auf Anfrage zur Verfügung gestellt worden sind. Teilweise sind sie in der Publikation „Guide to the Business of Chemistry" des American Chemistry Council (2002: 93) enthalten.

11.1.3 Politische Herausforderungen: Regulierungen im Bereich Umwelt, Gesundheit und Sicherheit

Bevor sich dieses Kapitel den tatsächlichen Wandlungsprozessen im politischen Umfeld von Wirtschaftsverbänden zuwendet, sollen die folgenden Absätze die institutionellen Charakteristika des politischen Systems der USA kurz skizzieren. Um verbandliche Aktivitäten verstehen, analysieren und interpretieren zu können, ist es wichtig, die „Positionen und Rollen der übrigen konstitutiven Einheiten politischer Systeme inklusive ihrer Binnendifferenzierung" (Ronit und Schneider 1997: 30) zu berücksichtigen. Die Stärke von Interessengruppen beruht auf ihren jeweiligen Ressourcen, hängt jedoch ebenfalls von den charakteristischen Eigenschaften der anderen konstitutiven Einheiten des politischen Systems ab, darunter insbesondere deren Stärken oder Schwächen (vgl. Wilson 1990: 40).

In Übereinstimmung mit den Prinzipien der Gewaltenteilung („*separation of power*") sowie der gegenseitigen Kontrolle („*checks and balances*") sind die staatlichen Aufgaben in den USA zwischen den drei Staatsgewalten, d. h. dem Kongress, dem Präsidenten und dem Obersten Gerichtshof, aufgeteilt. Diese Fragmentierung der Staatsgewalten wird durch die Struktur der Exekutive verstärkt, die nicht nur dem Präsidenten in seiner Rolle als Oberstem Exekutivorgan verantwortlich sind, sondern auch eine Loyalitätsverpflichtung gegenüber dem Kongress haben (vgl. Grant 1997: 110 ff.). Die Ministerien und Regierungsagenturen sind horizontal fragmentiert und unterliegen darüber hinaus auch zentrifugalen Tendenzen. Eine institutionelle Eigentümlichkeit der Vereinigten Staaten, die die Fragmentierung der Exekutivgewalt noch verstärkt, ist die Existenz von Regulierungsagenturen mit weitreichenden Ermessensspielräumen, die der Kontrolle von Ausschüssen und Unterausschüssen des Kongresses unterliegen. Diese Agenturen finden ihre Aufgabe in der Regulierung unterschiedlicher Industrien in Übereinstimmung mit Satzungen, denen die Kraft und die Wirkung von Gesetzgebung zukommt, was diese Agenturen mit einer großen Vielfalt von Berechtigungen und Funktionen versieht, die als „quasi-legislative, quasi-executive and quasi-judicial" (Grant 1997: 149) beschrieben worden sind.

Interessengruppen verfügen über vielfältige Zugangspunkte zu den unterschiedlichen Staatsgewalten auf bundesstaatlicher, einzelstaatlicher und lokaler Ebene. Über den Rückgriff auf die ihnen zur Verfügung stehenden Einflusskanäle innerhalb der einzelnen Staatsgewalten üben Interessenverbände deutlichen Einfluss auf legislative wie regulative Entscheidungsprozesse innerhalb der unterschiedlichen Staatsgewalten aus, die unterschiedlichen Interessen wohlwollend gegenüberstehen (vgl. Wilson 1990: 90; Grant 1997). Die Bedeutung organisierter Interessen innerhalb des amerikanischen Regierungssystems wurde hervorgehoben durch die Charakterisierung der USA als „Interessengruppengesellschaft" („*interest group society*", vgl. Berry 1984; Berry 1997), wie eingangs erwähnt wurde.

Im Allgemeinen misst die einschlägige Literatur dem amerikanischen Interessengruppensystem pluralistische Eigenschaften bei und betont seinen kompetitiven Charakter. Das verbandliche System der Vereinigten Staaten wird für gewöhnlich mit einem hohen Grad an Dezentralisierung, Fragmentierung und funktionaler Ausdifferenzierung beschrieben. Im Regelfall kommt amerikanischen Interessenverbänden kein Repräsentationsmonopol zu, sondern sie konkurrieren mit anderen Zusammenschlüssen um Mitglieder. Dabei legt die Literatur die Existenz eines geringen Integrationsgrads zwischen unterschiedlichen Interessenorganisationen nahe, die vergleichbare Ziele verfolgen. Aufgrund ihrer fragmentierten, wenig umfassenden und kompetitiven Natur können sich Interessengruppierungen auf die Verfolgung eher spezifischer denn breiter Interessen konzentrieren, was ihnen eine günstige Position gegenüber den drei Staatsgewalten einräumt (vgl. Wilson 1990: 40, 73 ff.). Anders ausgedrückt: Während die institutionelle Fragmentierung des politischen Systems die Kapazität der einzelnen Staatsorgane reduziert, dem Druck von Interessenverbänden standzuhalten, verstärkt die ebenso fragmentierte Struktur dieser Gruppierungen wiederum deren Fähigkeiten, Druck zugunsten der Durchsetzung ihrer spezifischen Interessen auszuüben. Darüber hinaus werden soziale Interessen nicht nur durch Interessengruppen repräsentiert, sondern es existieren zudem verschiedenartige Institutionen wie beispielsweise „Political Action Committees" (PACs), Vertragslobbyisten, Rechtsanwaltskanzleien sowie direkte Lobbyingbemühungen großer Unternehmen (vgl. Wilson 1990: 66 ff.).

Der Chemiesektor und die ihm zugeordneten Industriezweige werden auf bundesstaatlicher Ebene durch mehrere Gesundheits-, Sicherheits- und Umweltgesetze reguliert (vgl. American Chemistry Council 2002: 129 ff.). Insbesondere der im Jahre 1976 in Kraft getretene Toxic Substances Control Act (TSCA) übte einen deutlichen Einfluss auf die chemische Industrie aus, da er „den Chemiesektor in seiner Gesamtheit in einen regulierten Industriezweig verwandelte" (Schneider 1985: 174, eigene Übersetzung). Im Wesentlichen verlieh der TSCA der im Jahre 1970 gegründeten US-amerikanischen Umweltschutzbehörde Environmental Protection Agency (EPA) umfassende Kompetenzen zur Regulierung aller chemischen Substanzen. Darüber hinaus erzeugten oder spezifizierten zusätzliche Gesetze weitere regulative Kompetenzen für zahlreiche weitere Regierungsagenturen wie beispielsweise die Occupational Safety and Health Administration (OSHA), das Chemical Safety and Hazard Investigation Board (CSB) und die Food and Drug Administration (FDA) (vgl. Brickman et al. 1985), die entsprechend von den befragten Verbänden als hochgradig relevante Organisationen nominiert worden sind (vgl. Schmedes 2003: 67). Hinsichtlich einzelner Gesetze oder Gesetzesnovellen wurden insbesondere der Clean Air Act (CAA), der Comprehensive Environmental Response, Compensation, and Liability Act (CERCLA, auch bekannt als Superfund), der Superfund Amendments and Reauthorization Act (SARA), der Resource Conservation and Recovery Act (RCRA) sowie der Food Quality Protection Act (FQPA) als Gesetzgebungsakte mit besonderer Bedeutung für die Industrie und dadurch auch für die untersuchten Verbände genannt (vgl. Schmedes 2003: 67 ff.; vgl. American Chemistry Council 2002: 129 ff.).

Die USA haben keine nationalen Hoheitsrechte oder hoheitliche Kompetenzen an internationale Organisationen abgegeben, da es in Nordamerika zu keiner Verlagerung legislativer oder regulativer Kompetenzen von der nationalen Ebene auf internationale oder supranationale Institutionen gekommen ist, wie dies beispielsweise für die Mitgliedsstaaten der Europäischen Union (EU) der Fall gewesen ist. Auch wenn Kanada, Mexiko und die USA die 1994 in Kraft getretene nordamerikanische Freihandelszone NAFTA (North American Free Trade Agreement) errichtet haben, stellt NAFTA –

	wirtschaftlich	technologisch	politisch
außerordentlich wichtig	66,7	11,1	11,1
wichtig	22,2	11,1	66,7
weniger wichtig	11,1	50,0	5,6
geringe Wichtigkeit	0	27,8	16,7
N	18	18	18

Tabelle 11.1: Bedeutung externer Herausforderungen (in Prozent) für organisatorische Veränderungsprozesse

im Gegensatz zur EU – eine ausschließlich wirtschaftliche Unternehmung intergouvernementaler Natur dar: „NAFTA responds to the logic of markets, whereas the EU incorporates the logic of governments" (Clarkson 1998: 28; vgl. auch Grispun und Kreklewich 1998: 23 ff.). Unabhängig davon sind aufgrund der internationalen Ausrichtung der chemischen Industrie internationale Entwicklungen jedoch von zunehmender Bedeutung für den Sektor. Entsprechend wurden bei der durchgeführten Befragung viele internationale Organisationen angegeben, die eine signifikante verbandliche Aufmerksamkeit erhalten würden, darunter insbesondere die Europäische Kommission, die *Organisation für Wirtschaftliche Zusammenarbeit und Entwicklung* (OECD), die *Vereinten Nationen* (UNO), der EU-Ministerrat, die *Welthandelsorganisation* (WTO) und die *Weltgesundheitsorganisation* (WHO) sowie das *Europäische Parlament* (EP) (vgl. Schmedes 2003: 68).

Darüber hinaus scheint die Antwort auf die Frage, welche Partei die Administration kontrolliert, einen weiteren wichtigen politischen Einflussfaktor für verbandliches Handeln darzustellen, da der Zugang zur Exekutive von wechselnden politischen Mehrheiten abhängig ist. Ein Verbandspräsident erwähnte in einem Interview, dass die Administration während der Präsidentschaft von Bill Clinton die Einstellung offenbarte, wonach Begegnungen und Gespräche mit Industrievertretern einer „Konspiration mit dem Feind" (eigene Übersetzung) glichen – ein Eindruck, der angesichts der Offenheit, die die Administration seit der Amtsübernahme durch George Bush, Jr., Anfang 2001 gegenüber den Anliegen aus der Wirtschaft zeige, um so mehr Gewicht erlange.

11.1.4 Verbandliche Perzeption von Herausforderungen in der verbandlichen Umwelt

Die vorangegangene Beschreibung sowie die in den Tabellen 11.1 und 11.2 enthaltenen Daten zeigen, dass die untersuchten Verbände Herausforderungen in mehr als nur einer ihrer verbandlichen Umwelten und von mehr als nur einer territorialen Ebene als sehr wichtig für ihre Organisation betrachten. Die größte Bedeutung wird dabei wirtschaftlichen Faktoren zugerechnet, die von knapp 89 Prozent der verbandlichen Repräsentanten entweder als „außerordentlich wichtig" oder „wichtig" eingestuft werden, wie in Tabelle 11.1 gesehen werden kann. An zweiter Stelle folgen politische Faktoren, die von knapp 78 Prozent der Befragten als „wichtig" oder „außerordentlich

	wirtschaftlich	technologisch	politisch
national	64,7	56,3	76,5
regional	0	12,5	5,9
global	35,3	31,3	17,6
N	17	16	17

Tabelle 11.2: Herkunft der externen Herausforderungen (in Prozent) für organisatorische Veränderungsprozesse

wichtig" betrachtet werden. Nur etwas weniger als ein Viertel der Befragten schreibt allerdings technologischen Faktoren eine große Bedeutung in der Beeinflussung organisatorischer Veränderungsprozesse der untersuchten Verbände zu.

Bezüglich des relativen Gewichts, das jeder der drei territorialen Ebenen zugeordnet wird, dominieren nationale Entwicklungen eindeutig die regionalen und globalen Einflüsse auf die US-amerikanische Chemieindustrie, wie in Tabelle 11.2 gesehen werden kann. Regionale Entwicklungen zwischen den NAFTA-Ländern spielen lediglich eine untergeordnete Rolle bezüglich technologischer und politischer Prozesse und keine Rolle bezüglich wirtschaftlicher Prozesse. Laut den eingegangenen Antworten werden wirtschaftliche Prozesse hingegen zu fast 65 Prozent von nationalen Entwicklungen und zu 35 Prozent von globalen Entwicklungen beeinflusst. In Bezug auf politische Entwicklungen wird die nationale Ebene von fast 77 Prozent der verbandlichen Repräsentanten, die sich an der Umfrage beteiligt haben, als die relevante Ebene betrachtct.

Die Ergebnisse beider Tabellen weisen eindeutig auf die Entwicklungen hin, die als verantwortlich für die von den Untersuchungsverbänden wahrgenommene Notwendigkeit organisatorischer Adaptionsprozesse angesehen werden können. *Wirtschaftliche* Entwicklungen – insbesondere durch nationale und internationale Konzentrationsprozesse in Form von Fusionen, Zukäufen und Umstrukturierungen, die von ungefähr 78 Prozent der Befragten als entweder „außerordentlich wichtig" oder „wichtig" für ihre jeweilige Organisation bewertet wurden – besitzen die höchste Signifikanz für die untersuchten Verbände. Dies kann vermutlich auf die Tatsache zurückgeführt werden, dass eine Verringerung der Anzahl von Mitgliedsunternehmen die verbandlichen Ressourcen unmittelbar beeinflusst. In einer verbandlichen Umgebung, in der eine Dominanz der Mitgliedschaftslogik angenommen wird, kann diese Entwicklung weitreichende Konsequenzen beinhalten. *Politisch* kann keine signifikante Kompetenzverlagerung zu internationalen oder supranationalen Institutionen verzeichnet werden. Stattdessen haben bedeutende Gesetze auf der Bundesebene die Regulierungsbeschaffenheit des Industriesektors verändert. Darüber hinaus haben diffuse Interessengruppen wie Umweltschutz- oder Verbraucherverbände erfolgreich größere Partizipationsmöglichkeiten erhalten. Beide Faktoren mögen die hohe Wichtigkeit erklären, die den politischen Entwicklungen auf der nationalen Ebene zugeschrieben werden. Im Gegensatz dazu haben *technologische* Entwicklungen keine signifikanten Veränderungsprozesse hervorgerufen – mit Ausnahme von Verbänden wie der *Bio-*

technology Industry Organisation (BIO), die Industriesegmente repräsentiert, welche ständig größeren technologischen Innovationen unterliegen.

11.2 Die organisationale Population: Veränderungen in Struktur und Zusammensetzung

Eine Betrachtung der strukturellen Konfiguration der Chemieverbände in den USA muss berücksichtigen, dass es keine vergleichenden Daten aus den 1980er oder den 1990er Jahren gibt, die einen direkten Vergleich und eine Beschreibung der Informationstauschnetzwerke sowie des Ausmaßes der Kooperation und des Wettbewerbs zwischen den Untersuchungsverbänden über die vergangenen zwei Dekaden ermöglichen würden. Nichtsdestotrotz zeigt die Darstellung des strukturellen Arrangements zum Zeitpunkt der Datenerhebung im September 2002 wichtige Implikationen für das untersuchte Verbandssystem auf. Insbesondere die Konzepte der Differenzierung und der Integration – d.h. das Ausmaß, zu dem das Verbandssystem aus unterschiedlichen organisatorischen Einheiten zusammengesetzt ist, und das Ausmaß, zu dem diese Einheiten zur Erreichung gemeinsamer Ziele koordiniert werden – können angewandt werden zur Beantwortung der Frage, ob die Annahme eines eher pluralistischen Systems der Interessenvermittlung im US-amerikanischen Chemiesektor empirische Bestätigung finden kann (vgl. Schmitter und Streeck 1999: 48 f.). Dies wäre der Fall, wenn eine Vielzahl von miteinander interagierenden Verbände existieren würde, von denen keiner in der Lage ist, hierarchische Kontrolle über andere auszuüben.

Bevor sich die Abschnitte 11.2.2 und 11.2.3 näher der strukturellen Konfiguration widmen, wird der folgende Abschnitt 11.2.1 zunächst die Entwicklung des Verbandssystems im Chemiesektor der USA zwischen 1980 und 2000 beleuchten, gefolgt von einer Beschreibung des Ausmaßes der Kooperation und des Wettbewerbs sowie einer Illustration des Informationstauschnetzwerks zwischen den fokalen Untersuchungsverbänden.[7]

---

[7]Die *Generic Pharmaceutical Association* (GPhA), die *Pharmaceutical Research and Manufacturers of America* (PhRMA) und die *Pharmaceutical Manufacturers Association* (PMA) hatten den relationalen Teil des Fragebogens nicht beantwortet und konnten deshalb nicht in der Darstellung der ökologischen Beziehungen in Abbildung 11.2 berücksichtigt werden. Auch während der netzwerkanalytischen Bearbeitung der erhobenen Daten für das in Abbildung 11.3 dargestellte Informationstauschnetzwerk musste diesen Verbänden besondere Aufmerksamkeit zuteil werden, da die Nichtbeantwortung des relationalen Teils des eingesetzten Untersuchungsfragebogens für eine netzwerkanalytische Beschreibung eine ernsthafte Herausforderung darstellt. Um diese Verbände nicht aus der strukturellen Beschreibung des fokalen Verbändesets ausschließen zu müssen, wurden die Nominierungen, die sie von anderen Akteuren des Netzwerks erhalten hatten, als symmetrische Beziehungen konzipiert. Anders ausgedrückt: Beziehungen zu und von diesen drei Verbänden wurden reziprok aufgefasst, wenngleich der als reziprok unterstellte Charakter der Beziehung empirisch nicht bestätigt wurde. Dieses Verfahren mag zu einer Überrepräsentation der Verbände mit fehlenden Antworten im Vergleich zu den übrigen Akteuren des Netzwerks führen, da zwischen den anderen Verbänden, die Angaben zu den Beziehungen ihres Verbandes gemacht haben, nur bestätigte Beziehungen in der Analyse berücksichtigt werden. Gleichzeitig können fehlende Informationen bezüglich der möglicherweise existierenden Verbindungen zwischen GPhA, PhRMA und PMA auch zu einer Unterrepräsentation dieser Verbände führen. Da PhRMA und GPhA ihre Aktivitäten beispielsweise auf den pharmazeutischen Teil des Sektors konzentrieren,

11.2.1 Entwicklung der Verbandslandschaft

Insgesamt betrachtet lässt sich in den vergangenen Jahren ein Rückgang der Anzahl US-amerikanischer Chemieverbände ausmachen. Während die Anzahl der Verbände in der Chemieindustrie von 136 Verbänden im Jahre 1980 auf 155 Organisationen im Jahr 1985, auf 166 Organisationen im Jahr 1990 und einen Höchststand von 177 Verbänden im Jahr 1995 anstieg, verringerte sich die Anzahl der Verbände auf 162 Organisationen im Jahr 2000 (Colgate und Broida 1981; Colgate et al. 1986; Russell et al. 1991, 1996; Downs et al. 2001). Sechs der untersuchten fokalen Verbände waren während des Untersuchungszeitraums an Fusionen oder der Bildung von Allianzen beteiligt, während es von nur einem der Verbände seit 1980 zu einer organisatorischen Abspaltung gekommen ist. Darüber hinaus gaben 16 der 19 Befragten an, dass das Ausmaß, zu dem ihr Verband mit anderen Verbänden kooperiert, in den zurückliegenden Jahren zugenommen habe. Es ist allerdings interessant, dass lediglich der *American Chemistry Council* (ACC) Mitglied übergeordneter Verbände auf nationaler Ebene wie beispielsweise der *National Association of Manufacturers* (NAM), der *United States' Chamber of Commerce* und dem *National Foreign Trade Council* (NFTC) ist. Von den übrigen Verbänden gab der *American Plastics Council* (APC) an, organisatorischer Bestandteil des ACC zu sein, während das *Vinyl Institute* (VI) seine Mitgliedschaft im APC und somit auch im ACC kenntlich gemacht hat. Darüber hinaus ist der *Chlorine Chemistry Council* (CCC) ein Geschäftsbereich des ACC. Mit Blick auf die internationale Ebene gaben zehn Verbände an, Mitglied in einem oder mehreren internationalen Verbänden zu sein, davon zwei Verbände in internationalen Verbänden globalen Charakters (der ACC vertritt die US-amerikanische Chemieindustrie in dem *International Council of Chemical Associations* (ICCA), und die *National Association of Chemical Distributors* (NACD) ist Mitglied im *International Council of Chemical Trade Associations* (ICCTA), der weltweit Chemielieferanten vertritt), ein Verband in dem europäischen Dachverband (der *Federation of European Aerosols* (FEA)) sowie sieben Verbände in ihrer jeweiligen internationalen Dachorganisation wie beispielsweise dem *World Chlorine Council* (WCC) (zwei Nominierungen), der *World Self-Medication Industry* (WSMI), der *International Generic Pharmaceutical Association* (IGPA), der *International Fertilizer Association* (IFA), dem *International Paint and Printing Ink Council* (IPPIC) sowie dem *Global Vinyl Council* (GVC).

11.2.2 Kooperation und Wettbewerb unter den fokalen Verbänden

Zum Verständnis der interverbandlichen Struktur des Sektors stellt die folgende Abbildung das Ausmaß von Kooperation und Wettbewerb unter den fokalen Verbänden dar. Entsprechend beinhaltet Abbildung 11.1 sowohl Informationen über existierende Relationen als auch über deren Qualität: Die Beziehung zwischen Verbänden, die denselben chemischen Subsektor vertreten und gleichzeitig in Verbindungen zueinander stehen, wird als Kooperation interpretiert, wohingegen Verbände, die denselben

---

kann man von der Existenz direkter Beziehungen zwischen diesen beiden Verbänden im Informationstauschnetzwerk ausgehen, die allerdings nicht erfasst worden sind.

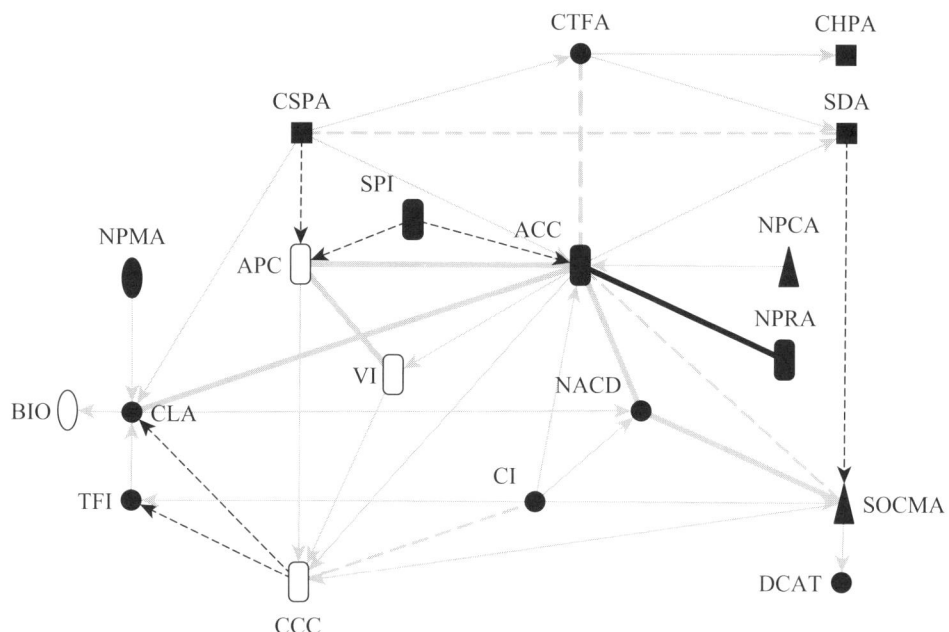

Abbildung 11.1: Ökologische Beziehungen innerhalb des Verbandssystems. Aufgrund fehlender Antworten sind GPhA, PhRMA und PMA nicht in der Darstellung enthalten.

chemischen Subsektor repräsentieren, ohne jedoch irgendeine Art von Beziehung zu unterhalten, als in Konkurrenz zueinander betrachtet werden.

Vor dem Hintergrund der Tatsache, dass das Verbandssystem der USA im Allgemeinen gewöhnlich als pluralistisch beschrieben wird und sich aus einer Vielzahl konkurrierender Verbände zusammensetzt, ist das in Abbildung 11.1 dargestellte hohe Ausmaß der Kooperation überraschend. Während konkurrenzbetonte Beziehungen nur zwischen wenigen Verbänden existieren, dominieren kooperative und neutrale Beziehungen die Darstellung eindeutig. Insbesondere der ACC unterhält zahlreiche kooperative Beziehungen. Die am Ende von Abschnitt 11.3 erfolgende Diskussion verbandlicher Leistungen mag eine Begründung für dieses eher kooperative denn konkurrenzbetonte Gesamtbild abgeben, das hierdurch entsteht.

11.2.3 Informationstauschnetzwerk zwischen den fokalen Verbänden

Die in Abbildung 11.1 dargestellte Qualität der interverbandlichen Beziehungen kann auch in der Darstellung des Informationstauschs zwischen den fokalen Verbänden in Form von informellen Hierarchien gefunden werden. Abbildung 11.2 visualisiert bestätigte Informationsflüsse zwischen den fokalen Verbänden unter Verwendung des Konzepts der Zwischenzentralität (*betweenness centrality*, in deutschen Veröffentlichungen mitunter auch als „Intermediationszentralität" zitiert). Dieses Maß gibt an, wie häufig ein Akteur auf den geodätischen Distanzen, d. h. den kürzesten Verbindungsstrecken zwischen zwei anderen Akteuren liegt, und setzt diese Zahl in Relation zur Anzahl der bei einer bestimmten Zahl von Akteuren in einem Netzwerk maximal möglichen Summe existierender geodätischer Distanzen zwischen diesen Akteuren, wodurch die Zwischenzentralität einen Referenzpunkt für das Kontrollpotenzial beispielsweise von Kommunikationsaktivitäten darstellt (vgl. Freeman 1979: 221 ff.). Die konzentrischen Kreise entsprechen bestimmten Zentralitätswerten, wobei der Kreis in der Mitte der Darstellung den höchsten Zentralitätswert repräsentiert (vgl. Brandes et al. 1999: 99 f.).

Auch wenn der ACC eine sehr zentrale Position einnimmt, kommt ihm keine dominierende Position mit hierarchischem Kontrollpotenzial innerhalb des Netzwerks zu. Im Gegensatz dazu zeigt der Graph ein dicht verbundenes Organisationsgeflecht an, in dem weder der ACC noch ein anderer Verband als Informationsmittler agieren kann, der in der Lage wäre, den Informationstausch zwischen weniger zentralen Verbänden des Netzes kontrollieren zu können, die nicht direkt miteinander in Kommunikation stehen. Anstelle dessen existiert eine Vielzahl alternativer Wege, auf denen die fokalen Verbände unter Umgehung des ACC miteinander interagieren können, was die Annahme eines eher pluralistischen Interessenvermittlungsmusters zwischen Wirtschaftsverbänden der US-amerikanischen Chemieindustrie empirisch untermauert.

Insgesamt kann die interorganisationale Struktur des sektoralen Verbandssystems als ein horizontal differenziertes System mit einem mittleren Ausmaß an vertikaler Integration charakterisiert werden. Der ACC ist weder in der Lage, die amerikanische Chemieindustrie exklusiv als hierarchisch strukturierte Konfiguration gegenüber der Regierung und anderen staatlichen wie gesellschaftlichen Akteuren zu vertreten, noch verfügt der Verband über die Kapazität, die Aktivitäten der übrigen Verbände innerhalb des Sektor zu repräsentieren. Allerdings fällt dem ACC eine sehr zentrale Position innerhalb des fokalen Verbändearrangements zu, was rein pluralistischen Annahmen widerspricht, die die Existenz eines vergleichsweise zentralen Akteurs bestreiten würden. Dieses Arrangement ist um so überraschender, wenn man berücksichtigt, dass der ACC weder über eine von staatlichen Institutionen verliehene autoritative Position verfügt noch den Status eines Spitzenverbandes einnimmt, in dem die Mehrheit der anderen Wirtschaftsverbände Mitglied sind. Allerdings erfüllt der ACC Aufgaben im Namen der gesamten Industrie, wie in Abschnitt 11.3 noch zu sehen sein wird. Auch führt der umfassende Charakter des ACC zu einer Konzentration seiner Arbeit auf breitere Themen, die die Industrie in ihrer Gesamtheit betreffen, anstatt

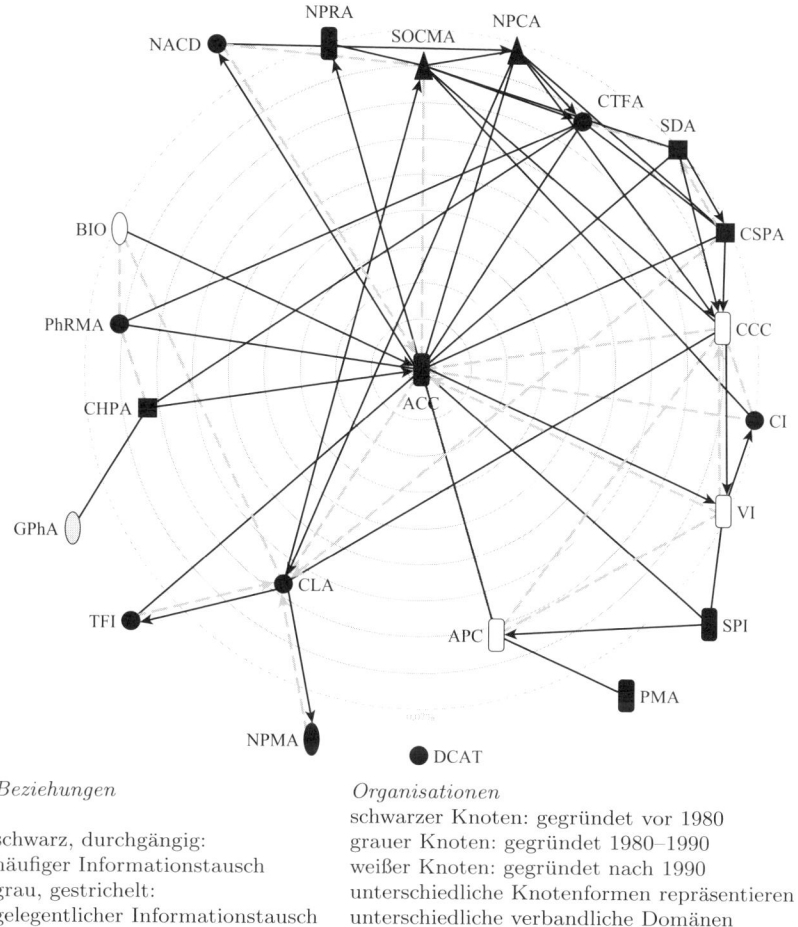

Abbildung 11.2: Informationstauschnetzwerk zwischen den fokalen Verbänden

dass er an spezifischen Fragestellungen einzelner Subsektoren der Chemieindustrie arbeiten würde.

11.3 Die organisationale Ebene: Wandel innerhalb von Wirtschaftsverbänden

Nach dem Überblick über das strukturelle Arrangement der fokalen Untersuchungsverbände und über die Entwicklung des Verbandssystems im vorangegangenen Abschnitt widmet sich die Darstellung nun den Veränderungen innerhalb der fokalen Wirtschaftsverbände im Zeitverlauf. Organisatorischer Wandel kann beschrieben werden anhand der verbandlichen Domänen, ihrer Strukturen, ihrer Ressourcen und ihres Ertrags, wie Schmitter und Streeck (1999: 45 ff.) dargelegt haben, wobei sich die Erörterung an dieser Stelle auf eine Darstellung verbandlicher Ressourcenallokation und seiner Entwicklung in Tabelle 11.3 konzentrieren wird. Einführend ist jedoch zunächst einmal die Feststellung interessant, dass mit einer Ausnahme alle 19 befragten leitenden Verbandsvertreter die Notwendigkeit organisationaler Anpassungsprozesse anerkennen. Entsprechend wurde der Feststellung, dass „heutzutage viele Verbände durch Umstrukturierungsprozesse organisationalen oder personellen Abstimmungs- und Adaptionsnotwendigkeiten Folge leisten müssen", von 18 der 19 befragten Verbandsvertreter zugestimmt, die sich an der empirischen Befragung beteiligt haben. In Übereinstimmung damit wurde auch die Frage nach signifikanten Veränderungen in ihrer jeweiligen Organisation innerhalb der vergangenen zwanzig Jahre von 18 Verbandsvertretern bejaht.

Auch wenn sich keine großen Veränderungen in den von einzelnen Verbänden repräsentierten *Domänen* ergeben haben, haben zwei Drittel der untersuchten Verbände doch eine Erweiterung ihres Interessenportfolios angegeben, worunter beispielsweise die Anzahl potenzieller Mitglieder und möglicher Interessensfelder fällt. Hinsichtlich *struktureller* Veränderungsprozesse kann man feststellen, dass sich im Untersuchungszeitraum neben den in Abschnitt 11.2.1 festgestellten interverbandlichen Veränderungen auch intraverbandliche Umstrukturierungsprozesse ereignet haben. Bei diesen Entwicklungen lässt sich allerdings kein eindeutiger Trend ausmachen: Während die Anzahl administrativer Einheiten in sieben der 18 Verbände (39 Prozent), die auf diese Frage geantwortet haben, zugenommen hat, hat sie in fünf Verbänden (28 Prozent) abgenommen. Sechs Verbände (33 Prozent) wiederum haben angegeben, dass die Anzahl administrativer Einheiten konstant geblieben sei. In Ergänzung zu den Umstrukturierungsprozessen haben neun Verbände angegeben, dass sie Aufgaben an externe Auftragnehmer übertragen hätten, darunter fünf Verbände an ihre Mitgliedsunternehmen, fünf Verbände an externe Agenturen wie beispielsweise Politikberatungs- und Marketingfirmen, drei Verbände an Management- oder Finanzberatungsfirmen, ein Verband an eine Rechtsanwaltskanzlei sowie ein weiterer Verband an eine technische Beratungsfirma und Laboratorien. Darüber hinaus erwähnten zehn Verbandsvertreter Veränderungen des Verbandsnamens seit Gründung ihrer Organisation. *Ressourcen* als die „Schlüsseldeterminanten der verbandlichen Fähigkeiten zur Komplexitätsbewältigung" (Grant 1991: 47, eigene Übersetzung) umfassen sowohl finanzielle wie personelle Mittel. Für eine Mehrzahl von 52 Prozent der Untersuchungsverbände ist das Gesamteinkommen entweder moderat (16 Prozent) oder steil (36 Prozent) angestiegen, wohingegen 32 Prozent einen Budgetrückgang und 16 Prozent ein konstant gebliebenes Budget innerhalb des Untersuchungszeitraums vermelden. Der mit 66 Prozent weitaus größte Teil des verbandlichen Budgets stammt dabei aus Mitgliedsbeiträgen, deren Entwicklungen sich wechselseitig ausgeglichen haben. Nur geringe Budgetanteile stammen aus dem Verkauf von Produkten und Dienstleistungen für Mitglieder (sieben Prozent) und Nicht-Mitglieder (vier Prozent). Insgesamt hat der Umfang der finanziellen Ressourcen deutlich zugenommen. Auch wenn die Mitgliedsbeiträge als größter Budgetposten im Großen und Ganzen konstant geblieben sind, lassen sich doch Ansätze zum Versuch einer Diversifikation verbandlicher Einkommensquellen ausmachen. Diese können beispielsweise in der Zunahme verbandlicher Einkünfte von dem Verkauf von Produkten und Dienstleistungen sowohl für Mitglieder als auch Nicht-Mitglieder gesehen werden. Darüber hinaus hat die direkte Unterstützung der Mitglieder für spezifische verbandliche Aktivitäten leicht zugenommen.

Wenn man sich den verbandlichen *Erträgen* in Tabelle 11.3 im Detail zuwendet, kann man erkennen, dass Mitgliedschaftsinvestitionen als selektive Güter, die nur für die Mitglieder des jeweiligen Verbands erhältlich sind, eindeutig die Einflussinvestitionen dominieren: Während sich diese öffentlichen Einflussgüter auf nur etwas mehr als 38 Prozent der gesamten Ausgaben belaufen, werden fast 55 Prozent der verbandlichen Ressourcen für Investitionen in die verbandliche Mitgliedschaft verwendet. Allerdings wird hauptsächlich den Einflussinvestitionen eine Bedeutungszunahme attestiert.

Tabelle 11.3 zeigt, dass die Zunahme der Mitgliedschaftsinvestitionen, d.h. der selektiven Güter, die den Mitgliedern angeboten und an Nicht-Mitglieder verkauft werden, vergleichsweise gering ausfällt, auch wenn die Bereitstellung selektiver Güter und Dienstleistungen von einigen Verbänden als ein wichtiges Mittel zur Diversifizierung und Stabilisierung des Ressourcenzuflusses angesehen wird. Diese Verbände betrachten sich selbst in einer kontinuierlichen Suche nach zusätzlichen Gütern und Dienstleistungen mit einem Mehrwert für ihre Mitgliedsorganisationen, doch stellt diese Anstrengung für sie eine Notwendigkeit dar, um das Interesse ihrer Mitglieder an ihrem Verband aufrechtzuerhalten und um sich in dem Wettbewerb mit anderen Organisationen wie beispielsweise kommerziellen Beratungs- und Lobbyingbüros sowie Rechtsanwaltskanzleien, die ebenfalls Interessenvertretungsaufgaben wahrnehmen, behaupten zu können. Einflussinvestitionen scheinen allerdings eine weitaus stärkere Bedeutungszunahme erfahren zu haben, auch wenn die Untersuchungsverbände insgesamt betrachtet deutlich weniger Ressourcen auf die Bereitstellung öffentlicher Einflussgüter wie beispielsweise die Vertretung von Industrieinteressen im Umfeld legislativer oder regulativer Entscheidungen bzw. in der generellen Öffentlichkeit verwenden. Nichtsdestotrotz haben politische Lobbyingbemühungen auf der internationalen Ebene sowie gesellschaftliche Lobbyingbemühungen sowohl auf nationalem wie internationalem Parkett eine klare Bedeutungszunahme erfahren.

Die Darstellung verbandlicher Lobbyingadressaten und deren Relevanz in Abbildung 11.3 offenbart eine vergleichsweise starke Korrelation zwischen der Relevanz, die individuellen Organisationen zugesprochen wird, und der Häufigkeit, mit der diese kontaktiert werden, was seinen Ausdruck in einer recht engen Verteilung der Organisationen entlang einer gedachten Diagonalen sowie in einem hohen Korrelationskoeffizienten von 93 Prozent findet.

Die *Environmental Protection Agency* (EPA) nimmt den höchsten Rang in beiden Kategorien ein, gefolgt von den beiden Kammern des US-amerikanischen Kongresses (*Senate, House of Representatives*). Der ACC folgt an dritter Stelle, was seine prominente, aber innerhalb des pluralistischen Verbandsumfeldes eher unerwartete Rolle unterstreicht. Das Weiße Haus hat den vierten Platz inne, gefolgt von mehreren Ministerien und Regierungsagenturen der nationalen Ebene. Diese Dominanz nationaler Organisationen und Institutionen demonstriert die große Bedeutung, die diesen nationalen Einrichtungen beigemessen wird.

Aktivitäten	Ressourcenallokation		Veränderungen	
	Durchschnitt	Standardabweichung	Zunahme (Häufigkeiten)	Abnahme (Häufigkeiten)
Nationales Lobbying	17,95	6,06	3	1
Internationales Lobbying	7,37	7,97	7	0
Gesellschaftliches Lobbying	12,95	9,41	6	0
Einflussinvestitionen	38,27		16	1
Mitglieder-Konsultation	12,74	10,53	2	0
Mitglieder-Information	14,79	17,42	2	2
Mitglieder-Konferenzen	20,05	19,26	1	0
Nebengewinne	1,63	2,99	0	0
Training	5,47	6,98	1	3
Mitgliedschaftsinvestitionen	54,68		6	5
Andere	7,68	15,89	2	0
Summe	100,00		24	6

Tabelle 11.3: Durchschnittliche verbandliche Ressourcenallokation (in Prozent) und Veränderungen (Häufigkeiten), N=19

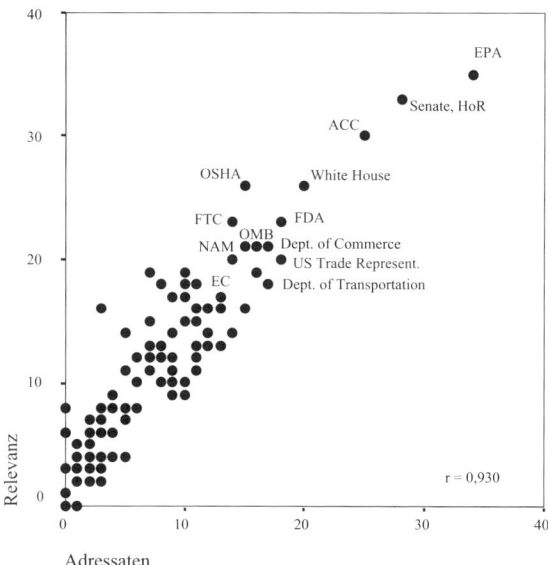

Abbildung 11.3: Verbandliche Lobbyingadressaten und deren Relevanz. N = 19. Angegeben ist die Anzahl der Nennungen, die einzelne Organisationen erhalten haben.

Angesichts des vermeintlich pluralistischen Charakters der USA und des amerikanischen Interessenvermittlungssystems scheint es unwahrscheinlich zu sein, dass amerikanische Wirtschaftsverbände Ressourcen in die Bereitstellung von Monopolgütern investieren, die als verbandliche Partizipation in autoritative Entscheidungen des Staates oder als exklusive Bereitstellung äußerst wichtiger Güter gemeinsam mit dritten Parteien wie dem Staat oder den Gewerkschaften im Austausch für verbandliche Informationen über ihre Mitgliedschaft und deren Einhaltung spezifischer Programme und Regulierungen charakterisiert werden können. Nach Schmitter und Streeck (1999: 90 ff.) können Verbänden Monopolrechte von staatlichen Institutionen übertragen werden, deren Wahrnehmung maßgeblich von dem Ausmaß abhängig ist, zu dem diese Verbände Zwang gegenüber ihren Mitgliedern ausüben können. Das Ausmaß, zu dem die Verbände eine derart privilegierte Position einnehmen können, wird wiederum in Abhängigkeit des Umfangs betrachtet, zu dem die verbandliche Einflusslogik gegenüber der verbandlichen Mitgliedschaftslogik dominiert (vgl. Schmitter und Streeck 1999: 45 ff.).

Interessanterweise demonstrierte Jacek (1991) bereits in den frühen 1990er Jahren, dass Verbände der US-amerikanischen Chemieindustrie entgegen allen Erwartungen Monopolgüter offerierten. Mit Verweis auf das *Chemical Transportation Emergency Center* (CHEMTREC) (das von der *Chemical Manufacturers Association* (CMA) und damit der Vorgängerorganisation des ACC als permanent besetzter Notruf betrieben wird und Informationen sowie technische Unterstützung zu jeder Chemikalie be-

reithält, die von registrierten Mitgliedsfirmen transportiert wird), auf CMAs CHEM-
NET als ein über das gesamte Land verteiltes Netzwerk von Notfall-Einsatzteams
sowie auf CHLOREP als Notfallvorkehrung des *Chlorine Institute* (CI) charakterisiert Jacek (1991: 169, eigene Übersetzung) diese „dem Anschein nach technischen
Programme" als Verkörperung der „rasch zunehmenden Beispiele privater Interessenregierungen im Herzen des pluralistischen Amerikas". Diese Beispiele fielen in die
Kategorie „regulierter Selbst-Regulierung", die das Konzept „privater Interessenregierungen" (Streeck und Schmitter 1996: S 143) definiere. Darüber hinaus kann auch
der unabhängige *Cosmetic Ingredient Review* (CIR), der von der *Cosmetic, Toiletry
and Fragrance Association* (CTFA) durchgeführt wird und seit 1976 verifizierbare
wissenschaftliche Daten über die in Kosmetikartikeln verwendeten Wirkstoffe erzeugt
und publiziert, als „private Interessenregierung" interpretiert werden.

Auch für das *Responsible Care*-Programm wird von der Chemieindustrie der Anspruch einer bedeutenden verbandlichen Selbstregulierungsaktivität erhoben, die –
wenngleich ohne staatliche Lizenzierung – auf eine Verbesserung der Chemieproduktion hinsichtlich gesundheitlicher, sicherheitstechnischer und umweltbezogener Qua-
litätsstandards abzielt. Zunächst konzipiert im Jahre 1984 von der *Canadian Chemical
Producers' Association* (CCPA), besteht das Programm heute aus sechs Richtlinien
für Managementverfahren, die sich über unterschiedliche Gebiete erstrecken. Die Teilnahme an *Responsible Care* ist für Mitglieder des ACC verpflichtend. Auch Firmen
außerhalb des ACC können an *Responsible Care* durch ein Partnerschaftsprogramm
partizipieren, das sich ebenfalls über lizenzierte Partnerverbände erstreckt. Aus dem
fokalen Verbändearrangement der hier vorliegenden Untersuchung gehören zu diesen
Partnerverbänden der CCC, das CI, *CropLife America* (CLA), die *National Petro-
chemical and Refiners Association* (NPRA), die *Synthetic Organic Chemical Manufacturers Association* (SOCMA) sowie das VI.[8] Kritische Beobachter der Industrie
betrachten *Responsible Care* jedoch vornehmlich als ein öffentlichkeitsbezogenes Programm und nicht als eine bedeutende verbandliche Selbstregulierungsaktivität, und
beziehen diese Einschätzung zum Teil aus internen Industriedokumenten, die als Ergebnis von Gerichtsverfahren offengelegt worden sind (vgl. Environmental Working
Group 2001a,b; Public Interest Research Groups 1999).[9] Insbesondere der Mangel
an verifizierbarer und von unabhängiger Stelle bewerteter Kontrolle der Einhaltung
einzelner Standards des Programms durch die individuellen Mitgliedsunternehmen
sowie die Unausgewogenheit zwischen dem geringen Betrag, der in die Umsetzung
der Richtlinien des Programms investiert wird, und der riesigen Summe, die in die

---

[8] Die *Responsible Care*-Initiative ist nicht auf die USA oder Nordamerika begrenzt, sondern erstreckt sich unter Führung der ICCA mittlerweile auf 46 Länder und deckt dabei 85 Prozent der
weltweiten Chemieproduktion ab (vgl. American Chemistry Council 2001). Darüber hinaus existieren in der US-amerikanischen Chemieindustrie mehrere andere verbandliche Initiativen, die –
direkt oder indirekt – das *Responsible Care*-Programm des ACC ergänzen, darunter die *Product
Care-Initiative* der *Consumer Specialty Products Association* (CSPA), den *Responsible Distri-
bution Process* des NACD sowie das Programm *Coatings Care* der *National Paint and Coatings
Association* (NPCA).

[9] Auf einer Internetseite mit dem Namen *Chemical Industry Archives* hat die *Environmental Working Group* (EWG) im März 2001 ungefähr 10.000 Seiten mit internen Akten der Chemischen
Industrie veröffentlicht. Diese können über die Startseite der Internetdarstellung über die Adresse
`http://www.chemicalindustryarchives.org/` erreicht werden (Zugang: 2. Januar 2007).

öffentlichkeitswirksame Darstellung des Programmes fließt, trägt zu diesem Ergebnis bei. Darüber hinaus scheint der offensichtliche Mangel an Sanktionsmöglichkeiten, wie er von King und Lenox (2000) beschrieben worden ist, dazu zu führen, dass *Responsible Care* seinen eigenen Ansprüchen nicht gerecht werden kann, auch wenn beide Autoren existierende Bemühungen zugunsten eines Verifikationssystems durch Dritte anerkennen, das eine effektive Anwendung von Sanktionen möglich machen würde (vgl. King und Lenox 2000: 714).

11.4 Resümee

Die Ergebnisse dieses Kapitels beinhalten zwei wichtige Erkenntnisse. Zunächst wurde versucht, eine empirische Darstellung organisationaler Wandlungsprozesse in Verbänden der US-amerikanischen Chemieindustrie innerhalb der vergangenen zwei Dekaden vorzunehmen. Auch sollte aufgezeigt werden, zu welchem Ausmaß diese Wandlungsprozesse auf Veränderungen in der wahrgenommenen Verbandsumwelt zurückgeführt werden können. Da fast ausnahmslos die Mitgliedsunternehmen ihre Verbände mit den für deren organisatorisches Überleben notwendigen Ressourcen ausstatten, besteht der zentrale Fokus der verbandlichen Aktivitäten im untersuchten Wirtschaftssektor in der Bereitstellung von Leistungen im unmittelbaren Interesse ihrer Mitglieder. Diese dominierende Mitgliedschaftslogik, die als Leitmotiv dieser Analyse betrachtet werden kann, macht die untersuchten Wirtschaftsverbände jedoch anfällig für Veränderungen in der Zusammensetzung ihrer Mitgliedschaft sowie für sich ändernde Bedürfnisse und Ansprüche ihrer Mitglieder. Um diese Abhängigkeit zumindest zu einem gewissen Grad zu reduzieren, rekurrieren die untersuchten Verbände auf Strategien, die auf eine Diversifizierung und Stabilisierung ihrer Ressourcenbasis abzielen, beispielsweise durch Bereitstellung selektiver Anreize für ihre Mitglieder oder durch die Ermittlung zusätzlicher Einkommensquellen. Insbesondere wirtschaftliche Konzentrationsprozesse hatten Einfluss auf die Anzahl und die Zusammensetzung der verbandlichen Mitgliedschaften, was die Verbände zu einer Verbreiterung ihres Interessenportfolios sowie der Suche nach zusätzlichen finanziellen Ressourcen neben den Mitgliedsbeiträgen bewog.

Darüber hinaus ist die Identifikation der Existenz struktureller Arrangements und verbandlicher Programme, die nicht mit der Erwartung eines pluralistischen Verbändearrangements korrespondieren, das fast ausschließlich auf die Mitgliedschaftslogik fokussiert, ein sehr überraschendes Ergebnis dieses Kapitels. Einerseits legen empirische Indizien die Annahme einer Vielzahl von Wirtschaftsverbänden mit hochgradig überlappenden verbandlichen Aktivitäten nahe. Auch kann keiner der Verbände als exklusiver Informationsvermittler agieren oder ist in der Lage zur Ausübung hierarchischer Kontrolle über andere Verbände im Sektor. Andererseits sind die vergleichsweise zentrale Position, die dem ACC im Kreise der Untersuchungsverbände zufällt, sowie seine Rolle als Verfechter der Interessen eines beträchtlichen Teils der Chemieindustrie genauso überraschend wie das Ausmaß, zu dem sich zwischen den Verbänden formelle wie informelle Formen der Zusammenarbeit etabliert haben. Zudem steht die Existenz verbandlicher Programme, die eindeutig mit der

Definition privater Interessenregierungen korrespondieren, in scharfem Kontrast zu allen theoretischen Annahmen über das Verbandssystem der Vereinigten Staaten und die darin empirisch beobachtete vorherrschende Mitgliedschaftslogik. Es bleibt zukünftigen Untersuchungen überlassen, die genauen Bedingungen zu eruieren, unter denen die Existenz solch weitreichender verbandlicher Programme theoretisch in Einklang gebracht werden kann mit der Dominanz pluralistischer Interaktionsmuster.

Abkürzungsverzeichnis

Abkürzung	Name
ABC	Association of Biotechnology Companies
ACC[*]	American Chemistry Council
ACPA	American Crop Protection Association
APC[*]	American Plastics Council
BIO[*]	Biotechnology Industry Organisation
CAA	Clean Air Act
CCC[*]	Chlorine Chemistry Council
CCPA	Canadian Chemical Producers' Association
CERCLA	Comprehensive Environmental Response, Compensation and Liability Act
CHEMNET	Chemical Industry's Mutual Aid Emergency Response Network
CHEMTREC	Chemical Transportation Emergency Center
CHLOREP	Chlorine Emergency Plan
CHPA[*]	Consumer Healthcare Products Association
CI[*]	Chlorine Institute
CIR	Cosmetic Ingredient Review
CLA[*]	CropLife America
CMA	Chemical Manufacturers Association
CSB	Chemical Safety and Hazard Investigation Board
CSMA	Chemical Specialties Manufacturers Association
CSPA[*]	Consumer Specialty Products Association
CTFA[*]	Cosmetic, Toiletry and Fragrance Association
DCAT[*]	Drug, Chemical and Allied Trades Association
EPA	Environmental Protection Agency
EU	Europäische Union
EWG	Environmental Working Group
FDA	Food and Drug Administration
FEA	Federation of European Aerosols
FQPA	Food Quality Protection Act
GATT	General Agreement on Tariffs and Trade
GPhA[*]	Generic Pharmaceutical Association
GPIA	Generic Pharmaceutical Industry Association

Fortsetzung auf der nächsten Seite

Abkürzung	Name
GVC	Global Vinyl Council
IBA	Industrial Biotechnology Association
ICCA	International Council of Chemical Associations
ICCTA	International Council of Chemical Trade Associations
ICT	Information and Communication Technology
IFA	International Fertilizer Association
IGPA	International Generic Pharmaceutical Association
IPPIC	International Paint and Printing Ink Council
MDS	multi-dimensional scaling
NACA	National Cosmetology Association
NACD[*]	National Association of Chemical Distributors
NAFTA	North America Free Trade Agreement (Nordamerikanische Freihandelszone)
NAM	National Association of Manufacturers
NDMA	Nonprescription Drug Manufacturers Association
NFTC	National Foreign Trade Council
NPA	National Pharmaceutical Alliance
NPCA[*]	National Paint and Coatings Association
NPCA	National Pest Control Association
NPMA[*]	National Pest Management Association
NPRA	National Petroleum Refiners Association
NPRA[*]	National Petrochemical and Refiners Association
OECD	Organisation for Economic Co-Operation and Development
OSHA	Occupational Safety and Health Administration
PAC	Political Action Committee
PBA	Plastic Bag Association
PDI	Plastic Drum Institute
PhRMA[*]	Pharmaceutical Research and Manufacturers of America
PMA[*]	Polyurethane Manufacturers Association
PMA	Pharmaceutical Manufacturers Association
PPC	Polystyrene Packaging Council
PPI	Plastics Pipe Institute
RCRA	Resource Conservation and Recovery Act
SARA	Superfunds Amendments and Reauthorization Act
SDA[*]	Soap and Detergent Association
SOCMA[*]	Synthetic Organic Chemical Manufacturers Association
SPI[*]	Society of the Plastics Industry
TFI[*]	The Fertilizer Institute
TPA	The Proprietary Association
TSCA	Toxic Substances Control Act
UN	United Nations (Vereinte Nationen)
USA	Vereinigte Staaten von Amerika

Fortsetzung auf der nächsten Seite

Abkürzung	Name
VI*	Vinyl Institute
WCC	World Chlorine Council
WHO	World Health Organisation
WSMI	World Self-Medication Industry
WTO	World Trade Organisation

*Die 22 Verbände des fokalen Verbändesets dieser Untersuchung sind mit einem Stern markiert.

Literaturverzeichnis

Aftalion, Fred, 2001: A History of the International Chemical Industry. From the 'Early Days' to 2000. Philadelphia: Chemical Heritage Press.

American Chemistry Council, 2001: Responsible Care: A History of Accomplishment, a Future of Promise.

American Chemistry Council, 2002: Guide to the Business of Chemistry.

Arora, Ashish und *Nathan Rosenberg*, 1998: Chemicals: A US Success Story. In: *Ashish Arora, Ralph Landau* und *Nathan Rosenberg* (Hg.), Chemicals and Long-Term Economic Growth. Insights from the Chemical Industry, S. 71–102. New York: John Wiley & Sons.

Berry, Jeffrey M., 1984: The Interest Group Society. Boston: Little, Brown and Co.

Berry, Jeffrey M., 1997: The Interest Group Society. New York: Longman.

Brandes, Ulrik, Patrick Kenis, Jörg Raab, Volker Schneider und *Dorothea Wagner*, 1999: Explorations Into the Visualization of Policy Networks. Journal of Theoretical Politics 11: 75–106.

Brickman, Ronald, Sheila Jasanoff und *Thomas Ilgen*, 1985: Controlling Chemicals: The Politics of Regulation in Europe and the United States. Ithaca: Cornell University Press.

Clarkson, Stephen, 1998: Fearful Asymmetries: The Challenge of Analyzing Continental Systems in a Globalizing World. Canadian-American Public Policy 35: 1–66.

Colgate, Craig, Jr und *Patricia Broida* (Hg.), 1981: National Trade and Professional Associations of the United States and Canada and Labor Unions. Washington: Columbia Books, 16. Auflage.

Colgate, Craig, Jr, John J. Russell und *Patricia Becker Lee* (Hg.), 1986: National Trade and Professional Associations of the United States. Washington: Columbia Books.

Downs, Buck, Jonathan Cook, John Damrosch und *David Varney* (Hg.), 2001: National Trade and Professional Associations of the United States. Washington: Columbia Books, 36. Auflage.

Environmental Working Group, 2001a: Chemical Industry Archives: The Inside Story: Responsible Care 2 URL `http://www.chemicalindustryarchives.org/ dirtysecrets/responsiblecare/2.asp`, Zugang am 10.03.2003.

Environmental Working Group, 2001b: Chemical Industry Archives. The Inside Story: Responsible Care 3 URL `http://www.chemicalindustryarchives.org/ dirtysecrets/responsiblecare/3.asp`, Zugang am 10.03.2003.

Freeman, Linton C., 1979: Centrality in Social Networks: Conceptual Clarification. Social Networks 1: 215–239.

Grant, Alan, 1997: The American Political Process. Aldershot: Ashgate.

Grant, Wyn, 1991: Associational Systems in the Chemical Industry. In: *Alberto Martinelli* (Hg.), International Markets and Global Firms. A Comparative Study of Organized Business in the Chemical Industry, S. 47–60. London: Sage.

Grispun, Ricardo und *Rreklewitch Kreklewich*, 1998: Institutions, Power Relations and Unequal Integration in the Americas: NAFTA, a Deficient Institutionality. In: *Kirsten Appendini* und *Sven Bislev* (Hg.), Economic Integration in NAFTA and the EU, S. 17–33. Houndmills, Basingstoke: MacMillan.

Jacek, Henry J., 1991: The Functions of Associations as Agents of Public Policy. In: *Alberto Martinelli* (Hg.), International Markets and Global Firms. A Comparative Study of Organized Business in the Chemical Industry, S. 145–188. London: Sage.

Kang, Nam-Hoon und *Kentaro Sakai* (Hg.), 2001: New Patterns of Industrial Globalisation: Cross-Border Mergers and Acquisitions and Strategic Alliances. Paris: OECD Publications.

King, Andrew A. und *Michael J. Lenox*, 2000: Industry Self-Regulation without Sanctions: The Chemical Industry's Responsible Care Program. The Academy of Management Journal 43: 698–716.

Landau, Ralph, 1998: The Process of Innovation in the Chemical Industry. In: *Ashish Arora, Ralph Landau* und *Nathan Rosenberg* (Hg.), Chemicals and Long-Term Economic Growth. Insights from the Chemical Industry, S. 139–180. New York: John Wiley & Sons.

Landau, Ralph und *Ashish Arora*, 1999: The Dynamics of Long-Term Growth: Gaining and Losing Advantage in the Chemical Industry. In: *David C. Mowery* (Hg.), Industry in 2000. Studies in Competitive Performance, S. 17–43. Washington, D.C.: National Academy Press.

Mowery, David C., 1999: America's Industrial Resurgence (?): An Overview. In: *David C. Mowery* (Hg.), U.S. Industry in 2000. Studies in Competitive Performance, S. 1–16. Washington, D.C.: National Academy Press.

Organisation for Economic Co-operation and Development, 2002a: National Accounts of OECD Countries. OECD Publications. URL `http://www.oecd.org/dataoecd/44/22/39155880.doc`, Zugang am 30.03.2003.

Organisation for Economic Co-operation and Development, 2002b: The OECD STAN Database for Industrial Analysis. Documentation. OECD Publications. URL `http://www.oecd.org/pdf/M00025000/M00025602.pdf`, Zugang am 30.03.2003.

Organisation for Economic Co-operation and Development, 2002c: The OECD STAN Database for Industrial Analysis. OECD Statistical Compendium. Paris: OECD Publications.

Public Interest Research Groups, 1999: Trust Us, Don't Track Us: An Investigation of the Chemical Industry's Responsible Care Program. Public Interest Research Groups. URL `http://www.pirg.org/reports/enfiro/track98/page1.htm`, Zugang am 10.03.2003.

Ronit, Karsten und *Volker Schneider*, 1997: Organisierte Interessen in nationalen und supranationalen Politökologien – Ein Vergleich der G7-Länder mit der Europäischen Union. In: *Bernhard Weßels* und *Ulrich von Alemann* (Hg.), Verbände in vergleichender Perspektive. Beiträge zu einem vernachlässigten Feld, S. 29–62. Berlin: Edition Sigma.

Russell, John J., Buck J. Downs, W.C. Flowers und *Tiffany M. Jones* (Hg.), 1996: National Trade and Professional Associations of the United States. Washington: Columbia Books, 31. Auflage.

Russell, John J., Buck J. Downs, J. Valerie Steele und *Judith Tabler* (Hg.), 1991: National Trade and Professional Associations of the United States. Washington: Columbia Books, 26. Auflage.

Schmedes, Hans-Jörg, 2003: Trade Associations in the US Chemical Industry: An Empirical Assessment of Organizational Change. Diplomarbeit, Universität Konstanz, Fachbereich Politik- und Verwaltungswissenschaft, Konstanz.

Schmitter, Phillipe C. und *Wolfgang Streeck*, 1999: The Organization of Business Interests: Studying the Associative Action of Business in Advanced Industrial Societies. Köln: Max-Planck-Institut für Gesellschaftsforschung. URL `http://www.mpi-fg-koeln.mpg.de/pu/mpifg_dp/dp99-1.pdf`, Zugang am 28.03.2003.

Schneider, Volker, 1985: Corporatist and Pluralist Patterns of Policy-Making for Chemicals Control: A Comparison Between West Germany and the USA. In: *Alan Cawson* (Hg.), Organized Interests and the State. Studies in Meso-Corporatism, S. 174–191. London: Sage.

Streeck, Wolfgang und *Philippe C. Schmitter*, 1996: Gemeinschaft, Markt und Staat – und Verbände? In: *Patrick Kenis* und *Volker Schneider* (Hg.), Organisation und Netzwerk: Institutionelle Steuerung in Wirtschaft und Politik, Bd. 25, S. 123–154. Frankfurt am Main: Campus.

Wilson, Graham K., 1990: Interest Groups. Oxford: Blackwell.

Young and Partners, 2003a: Mergers and Acquisitions Biotechnology Industry: Summary. Online Report. URL `http://www.pharmaindustry.com/bmat.html`, Zugang am 13.03.2003.

Young and Partners, 2003b: Mergers and Acquisitions Chemical Industry: Summary. Online Report. URL `http://www.chemicalindustry.com/mat.html`, Zugang am 13.03.2003.

Young and Partners, 2003c: Mergers and Acquisitions Pharmaceutical Industry: Summary. Online Report. URL `http://www.pharmaindustry.com/pmat.html`, Zugang am 13.03.2003.

Kapitel 12

Koordination und Selbstregulierung in Japan. Netzwerke zwischen Wirtschaftsverbänden im intersektoralen Vergleich

Andreas Schaumayer

12.1 Einleitung

Globalisierung und Regionalisierung sind die treibenden Kräfte unserer Zeit. Es wird prognostiziert, dass sich politische und wirtschaftliche Systeme aneinander anpassen und sich neben Freihandel und einheitlichen Wirtschaftsräumen auch die soziopolitischen Verhältnisse in naher Zukunft angleichen werden. Fraglich ist dabei der Zusammenhang zwischen wirtschaftlicher und politischer Integration. Bekanntlich sind Versuche, institutionelle Faktoren eines erfolgreichen Landes zu kopieren, oftmals an der Komplexität und spezifischen Einbettung der eigenen institutionellen Konfiguration gescheitert (Hollingsworth und Boyer 1997; Thelen 2006). Auch aufgrund systemischer Kohärenz sind historisch gewachsene, strukturell interdependente Elemente einer Gesellschaft kaum aufnahmefähig für vollkommen neue Lösungen, die von außen übergestülpt werden (Lütz 2003). Darauf weisen neue Untersuchungen hin, die auf eine enge Kopplung von Institutionen verweisen. Neue Strukturen und Verfahren passen sich deshalb nicht beliebig in eine etablierte Gesellschaft ein (Boyer 2005). Jede funktional ausdifferenzierte Gesellschaft, auch die japanische, basiert auf solchen Systemen gegenseitiger Abhängigkeiten und Vernetzung. In diesem Kontext haben sich Institutionen entwickelt, die Wissen vermitteln, wie sich der Einzelne in komplexen Austauschbeziehungen zu verhalten hat. Dabei haben sich in Japan insbesondere Strukturen und Verfahren etabliert, die gesellschaftliches Vertrauen über Netzwerkbeziehungen herstellen (Yamagishi 2001). In diesem Kapitel werden derartige Netzwerkstrukturen zwischen Wirtschaftsverbänden und staatlichen Akteuren in zwei Branchen analysiert und visualisiert. Die vergleichenden Fallstudien umfassen Verbandspopulationen in den Wirtschaftssektoren Informations- und Kommunikationstechnologie (I+K) sowie Chemie in Japan. Verbände sind Organisationen, die Interessen artikulieren und intermediäre Positionen zwischen Unternehmen und dem Staat einnehmen (Schmitter und Streeck 1999: 19). Aus diesem Grund sind sie wichtige Elemente in komplexen und funktional differenzierten Gesellschaften (Granados und Knoke 2004).

Verbandspopulationen sind eine abgegrenzte Menge von Verbänden, die aufgrund ihrer inhaltlichen Ausrichtung – z. B. Vertretung ähnlicher Interessen innerhalb einer

Branche bzw. eines Politikfeldes – als Gruppe definiert werden. Neben der Analyse interverbandlicher Beziehungen in einer solchen Population wird in diesem Artikel auch der Frage nach der Rolle des Staates in diesen Netzwerken nachgegangen. Mittels strukturanalytischer Methoden wird gezeigt, wie die Netzwerke in den beiden Branchen ausgeprägt sind, wie sich der Staat dort in die Aushandlungsbeziehungen zwischen den relevanten Akteuren einmischt und welche Auswirkung dies auf Verbandsnetzwerke hat. Dies Frage stellt sich vor allem im Kontext eines sehr aktiven Staates. In Japan spielt der Staat als Vermittler, Koordinator und Regulierer eine aktive Rolle. Er setzt selektive Anreize und mischt sich direkt in den Markt ein. Gleichzeitig ist er in seinen Ressourcen beschränkt und kann nicht in allen Bereichen aktiv sein, was Strukturen der Selbstregulierung fördert.

Die Ergebnisse der Studie werden in sechs Abschnitten präsentiert. Nach einer Darstellung der Vorgehensweise und Methodik werden zunächst die Branchen und deren politische Relevanz im Allgemeinen dargestellt, bevor auf die beiden Verbändenetzwerke im Besonderen eingegangen wird.

12.2 Vorgehensweise, Methodik und Analyseansatz

In der Untersuchung der Verbandspopulationen und Netzwerke im I+K- und Chemiesektor in Japan werden sowohl qualitative als auch quantitative Analysemethoden angewandt. Die Analysen der jeweiligen Organisationspopulationen erfolgen im Sinne einer „quantitativen Fallstudie" Pappi (1987), die jedoch mit narrativen und qualitativ-deskriptiven Elementen ergänzt werden, wie dies in konventionellen Falluntersuchungen üblich ist.

Die Auswahl der beiden Sektoren zielt auf eine Varianz in den Dimensionen „Netzwerkstabilität" und „Einflussstärke" staatlicher Akteure. Während es sich bei der chemischen Industrie um einen traditionellen und stark internationalisierten Sektor handelt, ist die Informations- und Kommunikationsindustrie ein sogenannter „Sunrise-Sektor". Hier sind die verbandlichen Strukturen noch nicht konsolidiert bzw. personalisierte Netzwerkstrukturen noch nicht etabliert. Die Analyse setzt auf der Ebene gesellschaftlicher Subsysteme an. Aufgrund der gestaltenden Rolle des Staats im Allgemeinen (Evans et al. 1985) und der speziell in Japan starken administrativen Einflussnahme (gyosei shido) erscheint der Vergleich von Wirtschaftssektoren als gewinnbringend (Hollingsworth und Lindberg 1985). Die Existenz eines übergreifenden nationalen Politikstils bzw. allgemeiner Staat-Gesellschaftsbeziehungen wird mit dieser Vorgehensweise jedoch nicht bezweifelt.

Die Identifikation, Deskription und Analyse der Verbandsbeziehungen bedient sich verschiedener Methoden der sozialen Netzwerkanalyse. Hiermit können insbesondere Informationsbeziehungen und damit verbundene Macht- und Einflussstrukturen im I+K- und Chemiesektor in Japan aufgezeigt werden. Bei der Bestimmung von Netzwerken ist die Abgrenzung (*boundary specification*) der Reichweite und des Umfangs eine wichtige Aufgabe. Die Analyse des Netzwerkes ist nur möglich, „wenn die im Hinblick auf die Fragestellung relevanten Beziehungen sowie Akteure erfasst sind" (Jansen 1999: 65). Die Akteure werden anhand ihrer Organisationsform und Funktion bestimmt. Akteure sind „business interest organizations that represent their members' political and economical preferences, although at times they also act as vehicles for governments to implement public policies" (Aldrich und Staber 1988: 111). Die Auswahl der Untersuchungseinheiten erfolgte durch eine „bewusste Auswahl", d. h. es liegt ein angebbarer und überprüfbarer Plan vor (Schnell et al. 1993: 278). Im konkreten Fall wurden jene Unternehmensverbände ausgewählt, die als fokale Akteure im Sektor gelten und eine wichtige Rolle in der Interessenvermittlung spielen. Um diese Akteure herauszufiltern, wurden mehrere Verfahren angewandt. Die einzelnen Verbände wurden zunächst nach der Positionsmethode ausgewählt. Hierbei werden Akteure dann in die Untersuchungspopulation aufgenommen, wenn ihre institutionelle Position als zentral im Hinblick auf Einflussmöglichkeiten in das formale politische System betrachtet wird bzw. sie eine herausragende Rolle in der Aggregation von Interessen besetzen (Jansen 1999: 66). Diese Auswahlmethode wird von Laumann et al. (1983) auch als nominalistische Methode bezeichnet. Im nominalistischen Ansatz definiert der Forscher aufgrund seines Forschungsinteresses, wer aufgrund eines bestimmten Merkmals zum Netzwerk gehört.

Im konkreten Fall wurden die inkorporierten Akteure zum einen über ihre Rechtsform identifiziert (shadan hojin, zaidan hojin) und dadurch den fokalen Akteuren zugerechnet. Zum anderen veröffentlichen die zuständigen Ministerien Listen mit „akkreditierten" Verbänden. Auf diese Weise wurde eine Vorauswahl getroffen und Listen mit 64 Akteuren (I+K) und 50 Akteuren (Chemie) erstellt. Die Zugehörigkeit zum Netzwerk der fokalen Akteure kann anhand der Entscheidungsmethode oder der Reputationsmethode erfolgen. Im vorliegenden Forschungsdesign wurde die Reputationsmethode als finales Auswahlkriterium benutzt. Die Liste mit 64 bzw. 50 sektoralen Unternehmensverbänden wurde Experten des Untersuchungsfeldes vorgelegt, die eine Rangliste erstellten. Die Experten rekrutierten sich hauptsächlich aus Wissenschaftlern, die in diesem Sektor schon einige Jahre geforscht bzw. verschiedenste Publikationen veröffentlicht hatten. Die Experten selbst wurden anhand ihrer Reputation oder ihrer Forschungspublikationen ausgewählt oder mittels eines Schneeballverfahrens durch andere bereits ausgewählte Personen identifiziert (Jansen 1999; Schnell et al. 1993). Von den Experten wurden 28 Verbände als fokale Akteure identifiziert. Von den 28 identifizierten Verbänden konnten 26 schriftlich und mündlich befragt werden. Die einzelnen Verbände wurden immer durch den Hauptgeschäftsführer vertreten. Dadurch konnte sichergestellt werden, dass es der befragten Person möglich war, den Verband als Ganzes zu überblicken und dessen Interaktionsverhalten zu beurteilen. Die kategorialen Daten wurden mittels deskriptiver Statistik in SPSS ausgewertet. Die relationalen Daten wurden mit netzwerkanalytischen Methoden untersucht und visualisiert. Hierzu wurden die Softwareprogramme EXCEL, UCINET, Visone und CORELDRAW verwendet (vgl. Brandes et al. 1999).

Für den japanischen Fall ist die Anwendung des Netzwerkansatzes ein hervorragendes Instrument, um insbesondere die informellen Beziehungen zwischen wirtschaftlichen und politischen Akteuren herauszustellen. Einer der ersten Japanforscher, die diese Ebene der informellen Politik betonen, ist David Friedman (1988: 17):

„Politics that had significant bearings on the process of industrial development had little to do with the state but much to do with worker
careers, subcontractor coordination, regionalism, and mutual coordination." (Friedman 1988: 17)

Er beschreibt dabei ein Zusammenspiel von Elementen, das während der Japanhys-
terie der 1980er Jahre, in der sich eine recht staatszentrierte Perspektive entwickelt
hatte, in der wissenschaftlichen Analyse weitgehend übersehen wurde. An diese Perspektive knüpft die vorliegende Arbeit an. Mit netzwerkanalytischen Methoden soll
gezeigt werden, ob und wie Verbände untereinander Ressourcen austauschen und sich
die Einflussnahme des Staates und externer Faktoren auf diese Beziehungen auswirken. Die Beziehungen selbst wurden mit einem standardisierten Fragebogen erhoben.
Netzwerkstrukturen werden vor diesem Hintergund als soziale Bindeglieder begriffen, die insbesondere in politischen und wirtschaftlichen Prozessen wirksam werden.
Wichtig in dieser Analyse ist, wie die einzelnen Verbände in das Gesamtsystem von
Austauschbeziehungen eingebettet sind und welche intermediären Positionen sie einnehmen, um Kernaufgaben der Verbandstätigkeit zu erfüllen. In ihren Organisationszielen sind Verbände auch abhängig von weiter entfernten und nur indirekt verbundenen Organisationen. Derartige Abhängigkeiten nehmen aufgrund der zunehmenden
Ausdifferenzierung politischer und wirtschaftlicher Strukturen zu, und es entwickeln
sich demgemäß zunehmend dezentrale und informelle Strukturen (Kenis und Schneider 1991: 32).

12.3 Der Informations- und Kommunikationssektor in Japan

Die Entwicklung der Liberalisierung des japanischen Telekommunikations- und In-
formationsmarkts ist sozialwissenschaftlich gut dokumentiert. Eine international vergleichende Studie zur Transformation der Telekommunikation präsentiert Schneider
(2001). Für eine genauere Betrachtung der Deregulierung in mehrere Sektoren gibt
Vogel (1996) genaue Hinweise. Einen vollständigen und aktuellen Überblick über den
Sektor bietet das White Paper des zuständigen Ministeriums für Inneres und Kommu-
nikation (MIC 2004). Ebenfalls aufschlussreich und aktualisiert sind die Informationen
der japanischen Außenhandelskammer (JETRO 2005). Die folgende Darstellung des
Politikfeldes I+K in Japan beruht zum einen auf diesen Quellen, zum anderen auf
Publikationen der interviewten Verbände.
 Ökonomisch relevant wurde der I+K Sektor mit der Verbreitung der PCs, des
Internets und der mobilen Kommunikation. Bereits im Jahr 1996 setzte sich die
Informations- und Kommunikationsindustrie hinsichtlich ihres Marktumfangs an die
Spitze der wichtigsten Industriezweige. Im Jahr 2002 erbrachte der Sektor 12 % der
Produktionsleistung aller japanischen Unternehmen und kann mit einer durchschnitt-
lichen Wachstumsrate von 5,6 % in den letzten zehn Jahren als einer der vitalsten
Wirtschaftszweige Japans betrachtet werden (JETRO 2005). Insgesamt sind 3,64 Mil-
lionen Menschen im I+K-Sektor beschäftigt (MIC 2004). Im Vergleich mit anderen

Wirtschaftszweigen sind dies 6,8 % aller Erwerbstätigen. Der Sektor zählt damit zum drittgrößten Erwerbszweig. Das Marktvolumen wird vom MIC im Jahr 2010 auf 87,6 Billionen Yen geschätzt. Im Vergleich dazu erscheint der Chemiesektor mit einem Volumen von knapp über 50 Billionen Yen weniger aktiv. Der dominante Akteur im Markt ist weiterhin der ehemalige Monopolist NTT. Marktbeobachter plädieren deshalb für eine weitere Aufspaltung dieses Kommunikationsriesens. Aufgrund der Marktöffnung haben sich neue Allianzen zwischen inländischen und ausländischen Betreibern gebildet, die zu einer Verschärfung des Wettbewerbs in diesem Sektor geführt haben. Innerhalb dieses Wachstumsmarktes gelten fünf Marktsegmente als besonders vielversprechend: Netzwerke, Plattformen (einschließlich elektronischer Authentifizierung, Internet-Datenzentren (IDCs), Anwendungsdienstleistern (ASPs) und Sicherheit), Heimnetzwerke, Infrastruktur und Handel (JETRO 2005).

Einer der wichtigsten institutionellen Meilensteine war das von der japanischen Regierung im Jahr 2001 gegründete IT Headquarter. Dieser auf dem „IT Basic Law" bestehende „Think Tank" hat eine Vielzahl von hochrangigen Mitgliedern wie z.B. den Premierminister, den Präsidenten des Industrie-Spitzenverbandes *Keidanren* und diverse Unternehmensvorstände. Ziel dieses IT-Strategiestabes ist es, die Führungsrolle Japans in der I+K-Branche zu festigen (JETRO 2005). Im Januar 2001 entwarf diese Regierungsstelle die „e-Japan Strategy", mit der I+K als eine nationale Aufgabe höchster Priorität definiert wurde (MIC 2004). Innerhalb dieser Struktur spielen die Verbände, allen voran ECOM, eine herausragenden Rolle als Informationsbeschaffer und Vermittler zwischen der Regierung und den Unternehmen. Diese neue konzertierte Aktion auf höchster Ebene zeigt, wie strategisch die japanische Politik ausgerichtet ist und wie das Zusammenspiel der verschiedenen Akteure grundsätzlich funktioniert.

Eine weitere wichtige Initiative ist das im Juni 2004 eingeführte „e-Japan Priority Policy Program" – ein landesweites Projekt zur weiteren Entwicklung der japanischen Infrastruktur unter Beteiligung sowohl privater als auch öffentlicher Akteure. Wesentliche Ziele dieser Initiative sind der Ausbau des Internets und die Verbesserung der Zugriffszeiten. In den letzten fünf Jahren gab es eine Reform der Radiofrequenzverwaltung, eine Initiative zur Förderung und Entwicklung von IT-Fähigkeiten und die im internationalen Vergleich weitreichende Einführung des sogenannten E-Government. Die letzte große Initiative betraf den Bereich der Konvergenz von verdrahteten und drahtlosen Netzen, die mit dem Slogan „Ubiquitous Network Society" propagiert wurde. Er symbolisiert eine Vision der japanischen Regierung, nach der jedermann immer und überall Zugang zu Kommunikationsnetzwerken haben soll. Dank der Tatsache, dass Japans Breitbandnetz weltweit als das schnellste und wirtschaftlichste gilt, befinden sich die Japaner bei der Realisierung dieser Gesellschaftsvision an vorderster Front (JETRO 2005).

12.4 Die Chemiewirtschaft in Japan

Im historischen Vergleich kann man Japan als Nachzügler in der Entwicklung einer eigenständigen Chemieproduktion bezeichnen. In Großbritannien, Deutschland und Frankreich haben sich bereits Ende des 18. Jahrhunderts industrielle Strukturen in der Chemieproduktion herausgebildet. Die großen Entdeckungen und die Entwicklung der chemischen Massenproduktion bahnen sich in diesen Ländern in der zweiten Hälfte des 19. Jahrhunderts den Weg (Aftalion 1991). Dementsprechend sind die ersten Erfolge der japanischen Chemieindustrie seit den 1890er Jahren im internationalen Vergleich keine Meilensteine. Jedoch ist die Geschwindigkeit, mit der die japanische Industrie seit der Meiji-Restauration im Jahre 1868 aufholt, bemerkenswert – vor allem unter den Voraussetzungen einer 250jährigen Abschottung Japans durch das Tokugawa-Shogunat seit dem Jahr 1641. Eine der wenigen Konstanten seit dieser Zeit sind die bis heute bestehenden Unternehmenskonglomerate. Während der Meiji-Restauration gegründet, sind Mitsui, Mitsubishi, Sumitomo bis heute die größten Chemieunternehmen. Aktuell profitiert Japan vor allem vom wirtschaftlichen Aufschwung in der Region Ost- und Südostasien. Die Jahre 2005 und 2006 gehören zu den absatzstärksten der letzten Jahrzehnte. Neuere Tendenzen, mit denen die Verbände konfrontiert werden, sind die weltweite Standardisierung, das sensible Thema Umwelt- und Verbraucherschutz und der innerasiatische Konkurrenzdruck.

Im Vergleich zum I+K-Sektor sind Standardisierung und Umweltregulierung sehr fortgeschritten. Wichtige Gesetzesmaßnahmen werden vor allem in den USA und der EU vorangebracht, die sich dann zum globalen Standard entwickeln. Für japanische Verbände bedeutet dies eine schwächere Position im globalen Wettbewerb, weil die Vertretung japanischer Interessen in Brüssel und Washington nach anderen Prinzipien als den japanischen bzw. den innerasiatischen funktionieren. Oftmals entscheidet man sich, diese Regulierungen gut zu beobachten, um „nur" gut informiert zu sein. Eine der Strategien ist natürlich die Mitgliedschaft in den europäischen Spitzenverbänden und gezieltes Lobbying durch professionelle Firmen. Aber nur der Spitzenverband in der Chemieindustrie (JCIA) ist weltweit vertreten.

12.5 Verbandsnetzwerke im I+K-Sektor

Im Folgenden werden anhand selbst erhobener relationaler Daten die Netzwerkbeziehungen im I+K-Sektor zwischen den fokalen Wirtschaftsverbänden dargestellt. Eine zentrale Frage hierbei ist, wie zentral oder peripher ein Verband in diesen Beziehungsstrukturen positioniert ist. Diese wird mit Hilfe der Zentralitätsanalyse beantwortet, bei der hauptsächlich das Maß der Betweenness-Zentralität (Jansen 1999: 131) verwendet wird.

Die folgenden Verbandsnetzwerke sollen Aufschluss darüber geben, wie sich die tatsächliche Zusammenarbeit zwischen den Verbänden darstellt und welchen Einfluss der Staat auf sie ausübt. Die interviewten Verbände wurden aufgefordert, ihre Beziehungen zu anderen Verbänden im Sektor anzugeben. Die Ergebnisse der Befragung werden in mehreren Matrizen dargestellt, in denen Informationsaustauschbeziehungen zwischen den fokalen Akteuren abgebildet werden (siehe Abbildung 12.1). Die Informationsaustauschmatrix ergibt sich aus der Vereinigung zweier Matrizen, in denen einerseits gesendete, andererseits erhaltene Informationen separat erhobenen wurden. In der visuellen Darstellung in Abbildung 12.1 werden einseitige Beziehungen mit Pfeilspitzen, reziproke Beziehungen ohne Pfeilspitzen dargestellt. Das in Ab-

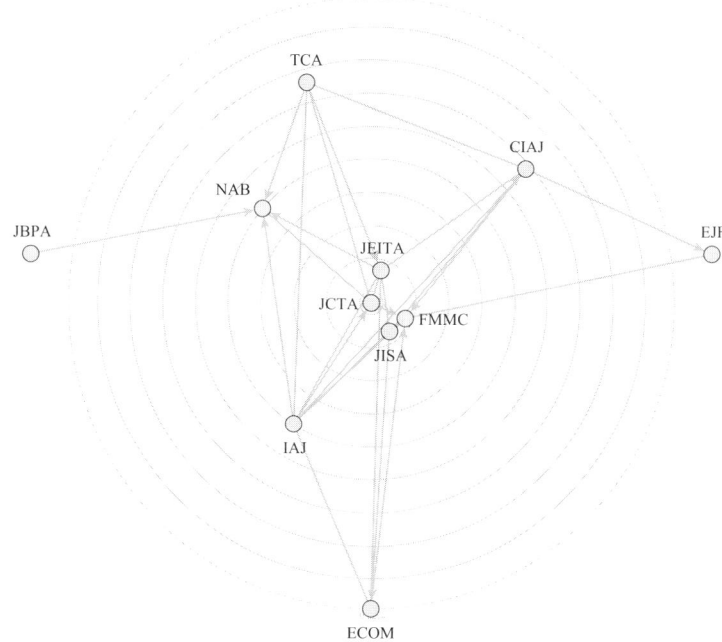

Abbildung 12.1: Informationsaustausch im I+K-Sektor – Betweenness-Zentralität

bildung 12.1 dargestellte Informationsaustausch-Netzwerk basiert in der Zuordnung der verschiedenen Akteurspositionen auf dem Konzept der Betweenness-Zentralität. Dies Konzept zielt darauf, insbesondere jene Positionen zu identifizieren, in denen Verbände Vermittlungs- und Kontrollpositionen einnehmen:

> „Interaction between two non-adjacent actors might depend on the other actors in the set of actors, especially on the actors who lie on the paths between the two. These 'other actors' potentially might have some control over the interactions between the two nonadjacent actors." (Wasserman und Faust 1994: 188)

Anhand der Visualisierung können dementsprechend Aussagen über Kontrollpositionen in einem Netz von Informationsflüssen getroffen werden. Die höchste Zentralität besitzt der Spitzenverband JEITA. Seine Kontroll- und Vermittlungsmöglichkeiten sind jedoch beschränkt, denn es befinden sich noch weitere Verbände im Zentrum des Netzes, die ebenfalls wichtige Mittler von Informationen sind. Im I+K-Sektor hat sich noch kein dominierender Verband entwickelt, obwohl JEITA, CIAJ und JISA sowohl netzwerkanalytisch als auch anhand „harter" Fakten wie Budget, Mitarbeiter und Komitees um das Vertretungsmonopol der Zukunft streiten (vgl. Tabelle 12.1).

Die Position im Netzwerk korreliert mit den Ressourcen, die die Verbände besitzen. Allerdings lassen sich mit den kategorialen Variablen nicht alle Positionen erklären. Im Netzwerk erkennt man auch die zentrale Lage des IAJ (*Internet Association Japan*)

	JEITA	CIAJ	JISA
Budget	33 Mio. \$	1,9 Mio. \$	7,4 Mio. \$
Mitarbeiter	140	43	25
Komitees	120	70	30

Tabelle 12.1: JEITA, CIAJ und JISA im Vergleich

trotz der geringen Ressourcenausstattung mit drei Vollzeitmitarbeitern. Er vertritt Unternehmen mit einer sektorübergreifenden Schlüsseltechnologie, die alle Verbände betrifft. Obwohl IAJ erst 2001 gegründet wurde, nimmt er im Netzwerk aufgrund der Bedeutung des Internets eine intermediäre Stellung ein. Ebenfalls zentral ist JC-TA (*Japan Cable Television Association*). Dieser Verband gehört ebenfalls zu den großen Interessenorganisationen, was sich in der Mitgliederzahl von 478 Unternehmen widerspiegelt. Er besetzt seine Position aufgrund der traditionellen Bedeutung des Kabelnetzes und seiner seit den 1980er Jahren bestehenden Kontakte.

Die außerhalb positionierten Verbände haben wenige direkte Verbindungen und längere indirekte Wege zu allen anderen. Abseits positioniert ist auch ein sehr mächtiger Verband. Die *Telecommunications Carriers Association* (TCA) hat zwar wenige, aber dafür mächtige Mitgliedsfirmen, die zu den Schwergewichten des Nikkei Index (NTT DoCoMo, KDDI usw.) gehören. Außerdem sind mehrere ehemalige Regierungsbeamte für den Verband tätig. Schon die Lage des Büros direkt gegenüber dem MIC verdeutlicht die engen Kontakte zur Ministerialbürokratie. Die mächtige Position wird noch durch die *Keidanren*-Mitgliedschaft unterstrichen. Eine Erklärung für die Randlage liegt möglicherweise in den exklusiven Beziehungen zum Ministerium und der damit einhergehenden Unabhängigkeit gegenüber anderen Verbänden.

In der Netzwerkanalyse gibt es eine Vielzahl weiterer Maßzahlen und Analysekonzepte (vgl. Wasserman und Faust 1994). Hierauf bezogen werden anhand des abgebildeten Netzwerkes die Konzepte Verbundenheitsgrad (degree) und die darauf aufbauende gewichtete Netzwerkdichte verwendet. In einem ersten Schritt werden die mit einem standardisierten Fragebogen erhobenen Beziehungen in einer bewerteten Matrix dargestellt, in der bezüglich der Intensität des Austausches differenziert wird. Keine Beziehungen werden darin mit „0" kodiert, Informationsaustausch-Beziehungen mit „1" oder „2". Der Wert „1" steht für „information exchange rarely to occasionally", „2" für „regular information exchange". Auf dieser Basis kann der gewichtete Gesamtgrad des Netzwerks errechnet werden, für den sich ein Wert von 59 ergibt. Diese Zahl umfasst die Summe aller bewerteten Beziehungen im Netzwerk, die sinnvollerweise auf die in diesem Netzwerk potenziell möglichen Beziehungen von 264 bezogen wird (ungewichtet $132 = 12 \cdot 12 - 12$). Dies ergibt eine gewichtete Netzwerkdichte von $\frac{59}{264} = 0,22$, was keinen übermäßig hohen Wert für ein relativ kleines Netzwerk darstellt. Kleine kohäsive Netzwerke können Werte um 0,4 und höher aufweisen (Jansen 1999: 89). Insofern stellt sich die Frage, ob dies einen eingeschränkten Informationsaustausch impliziert.

Betrachtet man die Struktur des Netzwerks im I+K-Sektor, dann fallen auf die Verbände JEITA, JISA, IAJ und JCTA jeweils 12 % des Informationsflusses. Es gibt innerhalb der nationalen Spitzenverbände die Tendenz, sich auf *strong ties* (Granovetter 1982) und direkte Verbindungen zu anderen Verbänden zu konzentrieren. Man verlässt sich weniger auf weiter entfernte Akteure und kontrolliert die eigene Verbandsdomäne. Eine Erklärung liegt vermutlich im allgemeinen technologischen Wandel in diesem Wirtschaftssektor, der zu immensen Anpassungsleistungen zwingt. Darüber hinaus unterhält jeder Verband enge Beziehungen zu mindestens einem Ministerium und erhält hierüber Zugang zu exklusiven Informationen. Diese Informationen werden aufgrund der vorhandenen Konkurrenzbeziehungen kaum geteilt. Der Austausch findet direkt mit den staatlichen Akteuren statt und läuft nicht wie im Chemiesektor über den zentralen Spitzenverband, was charakteristisch für Sektoren mit hoher Innovationsrate zu sein scheint. Der dahinterstehende Mechanismus ist vermutlich, dass die Verbände sich Alleinstellungsmerkmale sowohl gegenüber dem Austauschpartner Staat als auch den Unternehmen erarbeiten müssen. Es entsteht Konkurrenz um Mitgliedsunternehmen, die sich ebenfalls anhand ihrer technologischen Fähigkeiten ausrichten und dementsprechende Verbandsmitgliedschaften pflegen. Für die Verbände ist weiterhin entscheidend, mächtige Mitglieder in ihren Reihen zu haben, um die Aufmerksamkeit staatlicher Akteure für ihre Anliegen zu gewinnen. Dieser Wettbewerb findet auch nach der Konsolidierungsphase in den Jahren 2000 und 2001 weiter statt. Deshalb konnte noch kein Akteur die Rolle des primus inter pares besetzen.

12.6 Netzwerk der Chemieverbände

Die folgende Analyse zeigt die Vernetzung der Verbände im Chemiesektor. Es konnte von allen 13 Akteuren relationale Daten erhoben werden. Analog zur Analyse der I+K-Verbände wird auch hier der Informationsaustausch dargestellt. In diesem Fall ist der Spitzenverband JCIA der einzige Informationsbroker, denn er übt im sternförmigen Informationsaustausch-Netzwerk eine zentrale Kontroll- und Vermittlungsposition aus.

Betrachtet man die Beziehungen genauer, erkennt man wenige asymmetrische, d. h. einseitige Informationsbeziehungen. Es gibt keine größeren Unterschiede zwischen dem Empfangen und Senden von Informationen. Es gibt jedoch zwei interessante Ausnahmen: der Pharmaverband2 (Pharm2) und der Papierverband (Paper). Der Pharmasektor, hier repräsentiert durch die beiden Spitzenverbände, stellt zusammen mit dem Biotechnologieverband innerhalb der Verbandspopulation eine Teilgruppe dar. Ebenfalls isoliert ist der nicht direkt dem Chemiesektor zugehörige Papierverband, der nur sehr wenige Verbindungen besitzt. Bei den Pharmaverbänden ist einerseits die Unabhängigkeit des Sektors, andererseits eine Arbeitsteilung zwischen den Verbänden zu erkennen. Auf Grund organisatorischer Eigenschaften wäre eine Unterscheidung der beiden Spitzenverbände im Pharmabereich schwer möglich. Bei der Netzwerkanalyse erkennt man jedoch, dass die Verbände Pharma und Pharma2 untereinander Informationen austauschen. Darin können Informationen enthalten sein, die Pharma2 erhält und Pharma an JCIA sendet. Es herrscht also Arbeitsteilung und Komplemen-

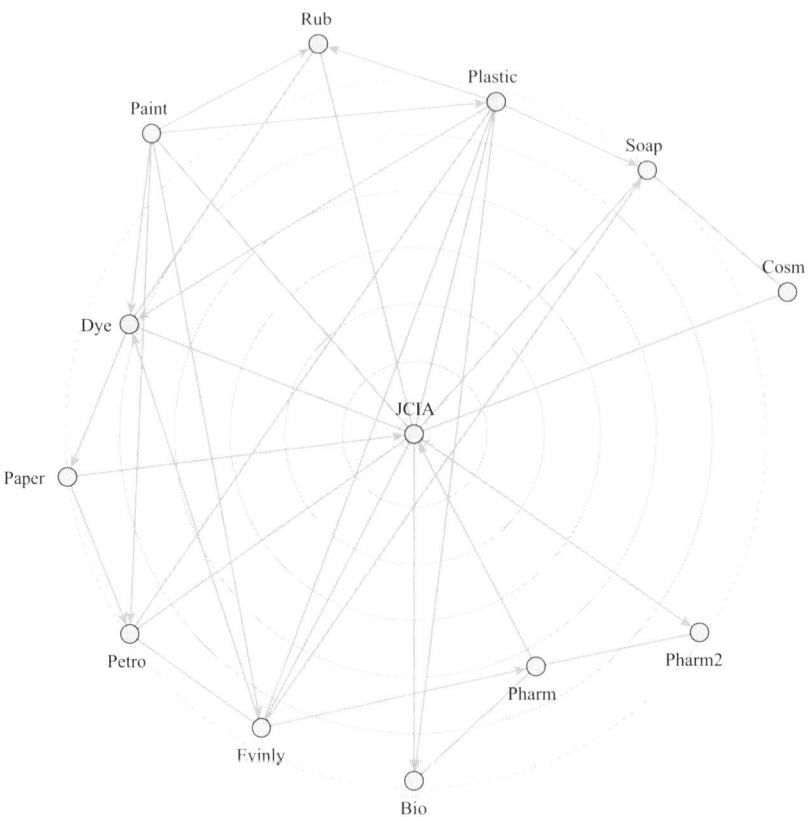

Abbildung 12.2: Informationsaustausch in der Chemiebranche – Betweenness-Zentra-
              lität

tarität zwischen diesen wichtigen Verbänden. Der zweite Verband, mit dem JCIA
keine bestätigten reziproken Beziehungen unterhält, ist der Papierverband. Angesiedelt am äußeren Rand des Netzwerks, ist dieser Verband auch nicht im Kernbereich
der Chemieindustrie verortet. Für die Papierindustrie spielt der Export eine untergeordnete Rolle; es geht vor allem um Umweltfragen und nationale Standards, die der
im Vergleich mit anderen Verbänden sehr große Papierverband selbst vertritt. Er ist
auch Mitglied im *Keidanren* und benötigt die aktive Fürsprache durch die JCIA auf
nationaler Ebene nicht. Der Informationsfluss ist dementsprechend gering und nicht
reziprok.

Analog zur Bestimmung der gewichteten Netzwerkdichte im I+K-Netzwerk wird
auch hier der Grad der Verbundenheit errechnet, bei der sich in diesem Netzwerk
ein Wert von 86 ergibt. Diese wird auf die maximal möglichen Informationsbeziehungen von 312 (ungewichtet $156 = 13 \cdot 13 - 13$) bezogen. Die Netzwerkdichte ist hier
geringfügig höher als im I+K-Netzwerk und beträgt: $\frac{86}{312} = 0,28$. Der dominierende

Akteur ist hier der JCIA. Auf ihn fallen 25 % aller gewichteten Beziehungen. Er ist mit jedem Akteur verbunden, d. h. er kann sehr schnell mit den anderen Verbänden kommunizieren und den Informationsfluss im Netzwerk beeinflussen. Diese Netzwerkstruktur zeigt, dass die Chemieverbände einen Spitzenverband anerkennen und ihre Lobbying-Aktivitäten im großen Ausmaß über diesen abwickeln. Somit besteht nicht die Notwendigkeit für die einzelnen Verbände, mit vielen anderen Verbänden im Sektor vernetzt zu sein. Informationsbeschaffung ist ein wichtiger Aspekt in der Arbeit der Verbände, jedoch muss diese in Relation zu den Informationskosten stehen, die wiederum als eine Funktion der Vernetzung betrachtet werden können.

Informationsaustausch ist in diesem Fall ein arbeitsteiliger Prozess, der Kosten, Spezialisierung und Abhängigkeit mit sich bringt. Es kommt für die Verbände darauf an, indirekte Beziehungen zu nutzen. Indirekt bedeutet, über andere Verbände zu agieren wie im Fall der Chemieverbände über den Spitzenverband JCIA oder den Industrieverband *Keidanren*. Eine zu hohe Konnektivität impliziert hohe Kommunikationskosten. Somit kommt es auf die angemessene Anzahl von Verbindungen und die Fähigkeit im Netzwerk an, indirekte Suchoperationen tätigen zu können. Im Hinblick auf staatliche Steuerungsversuche und Mitteilungen über Gesetzesvorhaben sind die Verbände in einem gegenseitigen Abhängigkeitsverhältnis. Während im I+K-Sektor die Abhängigkeiten geringer sind, haben sich die Chemieverbände auf einen Modus der Selbstregulierung eingestellt, bei dem sich die Ministerien hauptsächlich mit dem Spitzenverband absprechen und bei dem von dort die Informationen weitergeleitet werden.

12.7 Schlussfolgerungen

Die untersuchten Verbandsnetzwerke ermöglichen aufgrund ihrer spezifischen Strukturausprägung Rückschlüsse auf die Rolle des Staates. Grundsätzlich greift der japanische Staat in beiden Sektoren steuernd ein. Anhand der unterschiedlichen Netzwerkstrukturen wird jedoch deutlich, dass die staatlich-administrative Steuerung (*gyosei shido*) hauptsächlich über die Setzung selektiver Anreize läuft, was zum Teil mit der begrenzten Ressourcenausstattung staatlicher Akteure erklärt werden kann.

Das zentralisierte Verbandsnetzwerk im Chemiesektor erhöht die Abhängigkeiten der Verbände untereinander und kann als Indiz für einen selbstregulierten Sektor betrachtet werden, der nur mittelbar durch Ministerien gesteuert wird. Im Chemiesektor hat sich ein Spitzenverband etabliert, der als Plattform für Interaktionen zwischen chemischer Industrie und staatlich-politischen Akteuren fungiert.

Demgegenüber hat sich in der I+K-Branche noch keine zentralisierte Struktur entwickelt. Der Sektor ist geprägt durch direkte staatliche Transfers und Einflussnahmen, die sich an spezifische Bereiche innerhalb der Informations- und Kommunikationstechnologie wendet. Die Bedeutung des Sektors wird durch die Existenz hochrangiger, spezialisierter Ausschüsse (IT Headquarter) deutlich. Die I+K wird als nationale Kernkompetenz definiert, insofern ist die staatliche Einflussnahme größer als bei der Chemieindustrie.

	Name	Abkürzung	URL
I+K	Communications and Information network Association of Japan	CIAJ	http://www.ciaj.or.jp
	Telecommunications Carriers Association	TCA	http://www.tca.or.jp
	The Telecommunications Association	TTA	http://www.tta.or.jp
	Internet Association Japan	IAJ	http://www.iajapan.org
	Japan Electronics and Information Technology Industries Ass.	JEITA	http://www.jeita.or.jp
	The Japan Newspaper Publishers & Editors Association	PressNet	http://www.pressnet.or.jp
	Japan Mobile Telecommunication-systems Association	JAMTA	http://www.jamta.or.jp
	Japan Information Technology Services Industry Association	JISA	http://www.jisa.or.jp
	The national Association of commercial Broadcasters in Japan	NAB	http://www.nab.or.jp
	Japan Book Publishers Association	JBPA	http://www.jbpa.or.jp
	Japan Computer Communications Association	FMMC	http://www.fmmc.or.jp
	Electronic Commerce Promotion Council of Japan	ECOM	http://www.ecom.jp
	The Japan Newspaper Publishers and Editors Association	NSK	http://www.pressnet.or.jp
Chemie	Japan Chemical Industry Association	JCIA Chem	http://www.nikkakyo.org
	Vinyl Environmental Council	VEC Viny	http://www.vec.gr.jp
	Japan Pharmaceutical Manufacturers Association	JPMA Pharm	http://www.jpma.or.jp
	Japan Petrochemical Industry Association	JPCA Petro	http://www.jpca.or.jp
	The Federation of Pharmaceutical Manufacturers Associatin	FPMAJ Pharm	http://www.fpmaj.gr.jp
	The Japan Plastics Industry Federation	JPIF Plastic	http://www.jpif.gr.jp
	Japan Cosmetic Industry Association	JCIA Cosm	http://www.jcia.org
	Japan Paint Manufacturers Association	JPMA Paint	http://www.toryo.or.jp
	Japan Dyestuff and Industrial Chemical Association	JDICA Dye	http://www.kaseikyo.jp
	Japan Rubber Manufacturers Association	JRMA Rubber	http://www.jrma.gr.jp
	The Japan Soap and Detergent Association	JSDA Soap	http://jsda.org/w/
	Japan Paper Association	JPA Paper	http://www.jpa.gr.jp
	Japan Bioindustry Association	JBA Bio	http://www.jba.or.jp

Tabelle 12.2: Liste der Organisationen im ICT- und Chemiesektor

Die Strukturunterschiede in der Interessenvermittlung deuten auf ein unterschiedliches Engagement der regulierenden Ministerien hin. Bei wichtigen und bevorzugten Technologien scheint die Netzwerkstruktur aufgrund staatlicher Transfers dezentrale Züge anzunehmen, und die regulierenden Ministerien übernehmen einen Großteil der Koordination innerhalb der Aushandlungsnetzwerke. In selbstregulierten Sektoren wie dem Chemiesektor gruppieren sich die Verbände hingegen um einen zentralen Spitzenverband, der als Kommunikations- und Koordinationsplattform fungiert.

Literaturverzeichnis

Aftalion, Fred, 1991: A History of the International Chemical Industry. Philadelphia: Chemical Heritage Foundation.

Aldrich, Howard und *Udo Staber*, 1988: Organizing Business Interests. Patterns of Trade Association Foundings, Transformations, and Deaths. In: *Glenn R. Carroll* (Hg.), Ecological Models of Organizations, S. 111–126. Cambridge, MA: Ballinger.

Boyer, Robert, 2005: How and why Capitalisms Differ. Economy and Society 34: 509–557.

Brandes, Ulrik, Patrick Kenis, Jörg Raab, Volker Schneider und *Dorothea Wagner*, 1999: Explorations into the Visualization of Policy Networks. Journal of Theoretical Politics 11: 75–106.

Evans, Peter B., Dietrich Rueschemeyer und *Theda Skocpol*, 1985: Bringing the State Back In. Cambridge University Press.

Friedman, David, 1988: The Misunderstood Miracle: Industrial Development and Political Change in Japan. Cornell University Press.

Granados, Francisco J. und *David Knoke*, 2004: Organized Interest Groups and Policy Networks. In: *Thomas Janoski, Robert Alford, Alexander M. Hicks* und *Mildred A. Schwartz* (Hg.), Handbook of Political Sociology. New York: Cambridge University Press.

Granovetter, Mark S., 1982: The Strength of Weak Ties: A Network Theory Revisited. In: *Nan Lin* und *Peter V. Marsden* (Hg.), Social Structure and Network Analysis. Beverly Hills, CA: Sage.

Hollingsworth, J. Roger und *Leon N. Lindberg*, 1985: The Governance of the American Economy: The Role of Markets, Clans, Hierarchies, and Associative Behavior. In: *Wolfgang Streeck* und *Schmitter Philippe C.* (Hg.), Private Interest Government: Beyond Market and State, S. 221–254. London: Sage.

Hollingsworth, J.Roger und *Robert Boyer*, 1997: Contemporary Capitalism: The Embeddedness of Institutions. New York: Cambridge University Press.

Jansen, Dorothea, 1999: Einführung in die Netzwerkanalyse: Grundlagen, Methoden, Forschungsbeispiele. Opladen: Leske + Budrich.

JETRO, 2005: Attractive Sector – ICT Information and Communication Technology. Bericht, Jetro Japan, Tokyo.

Kenis, Patrick und *Volker Schneider*, 1991: Policy Networks and Policy Analysis: Scrutinizing a New Analytical Toolbox. In: *Bernd Marin* und *Renate Mayntz* (Hg.), Policy Networks: Empirical Evidence and Theoretical Considerations, S. 25–59. Westview Press.

Laumann, Edward O., Peter V. Marsden und *David Prensky*, 1983: The Boundary Specification Problem in Network Analysis. In: *Ronald S. Burt* und *Michael J. Minor* (Hg.), Applied Network Analysis: A Methodological Introduction, S. 18–34. Sage Publications.

Lütz, Susanne, 2003: Governance in der politischen Ökonomie. Discussion Paper 03/5, Max-Planck-Institut für Gesellschaftsforschung Köln.

MIC, 2004: Information and Communications in Japan. White paper, MIC, Tokyo.

Pappi, Franz Urban, 1987: Die Netzwerkanalyse aus soziologischer Perspektive. In: *Franz Urban Pappi* (Hg.), Methoden der Netzwerkanalyse. München: Oldenbourg.

Schmitter, Philippe C. und *Wolfgang Streeck*, 1999: The Organization of Business Interests: Studying the Associative Action of Business in Advanced Industrial Societies. 1999/1. Cologne: Max-Planck-Institut für Gesellschaftsforschung

Schneider, Volker, 2001: Die Transformation der Telekommunikation. Vom Staatsmonopol zum globalen Markt (1800-2000). Frankfurt: Campus.

Schnell, Rainer, Paul B. Hill und *Elke Esser*, 1993: Methoden der empirischen Sozialforschung. München: Oldenbourg.

Thelen, Kathleen, 2006: How Institutions Evolve. The Political Economy of Skills in Germany, Britain, the United States, and Japan. Cambridge: Cambridge University Press.

Vogel, Steven K., 1996: Freer Markets, More Rules. Regulatory Reform in Adavanced Industrial Countries. Ithaca: Cornell University Press.

Wasserman, Stanley und *Katherine Faust*, 1994: Social Network Analysis: Methods and Applications. Cambridge: Cambridge University Press.

Yamagishi, Toshio, 2001: Trust as a Form of Social Intellegence. In: *Karen S. Cook* (Hg.), Trust in Society. New York: Russel Sage Foundation.

Kapitel 13

Die Machtstruktur kommunaler Entscheidungsträger – Eine Netzwerkanalyse

Anna Katharina Ohm

13.1 Einleitung

In vielen OECD-Staaten findet seit den 1980er Jahren eine Umstrukturierung des öffentlichen Sektors anhand der Prinzipien des *New Public Managements* (NPM) statt (vgl. Hood 1991, 1995; Budäus 1998; Schedler und Ploeller 2003; Schröter und Wollmann 2003). Auch in der Bundesrepublik Deutschland wurden seit den 1990er Jahren vielerorts Maßnahmen der Verwaltungsmodernisierung - häufig als *Neues Steuerungsmodell* (NSM) tituliert - umgesetzt, die unter das Konzept des NPM subsumiert werden können.[1] Im Mittelpunkt dieser Reformmaßnahmen stand die Einführung einer „marktgesteuerten, kundenorientierten öffentlichen Dienstleistungsproduktion" (Bogumil und Schmid 2001: 111). Empirische Arbeiten (u. a. Grömig und Gruner 1998; Frischmuth 2001; Bogumil et al. 2006, 2007) zeigen, dass sowohl bei der Implementation als auch bei der Wirkung der Modernisierungsmaßnahmen große interkommunale Unterschiede feststellbar sind, die auf verschiedene exogene Faktoren (insbesondere institutionelle Rahmenbedingungen) sowie endogene Faktoren (Charakteristika des Modernisierungsprozesses, die im Wesentlichen durch die beteiligten Akteure bedingt sind) zurückzuführen sind.

Ein wichtiger Erklärungsfaktor sind die kommunalen Entscheidungsträger (Bürgermeister, Kommunalpolitiker, Verwaltungsspitze), ihre Positionen, Interessen und Koalitionen (vgl. Bogumil et al. 2007: 104 ff.), die auch im Mittelpunkt des vorliegenden Beitrags stehen. Mittels einer Netzwerkanalyse als Strukturansatz, in dem Strukturen als „wesentliche soziale Eigenschaften begriffen und formal beschrieben" werden (Jansen 1999: 11), soll der Diskussions- und Entscheidungsprozess rund um die Modernisierung der Kommunalverwaltung in einer Fallkommune untersucht werden. Im Kern der Arbeit steht die Generierung von Hypothesen über den Zusammenhang zwischen der Akteurskonstellation und dem Policy-Outcome, also dem Stand der Verwaltungsmodernisierung. Dabei wird auch der Versuch unternommen, den Mo-

---

[1] In Deutschland wurden die Modernisierungsbestrebungen vielerorts durch den Bericht 5/93 der Kommunalen Gemeinschaftsstelle für Verwaltungsvereinfachung (KGSt) sowie zahlreiche Folgeberichte initiiert und geprägt.

dernisierungsstand in der Fallkommune anhand der vorliegenden Akteursstruktur zu erklären.

13.2 Kommunale Verwaltungsmodernisierung: Die Relevanz von Akteuren

In über 90 % der deutschen Kommunalverwaltungen (Bogumil et al. 2007), wurden seit den 1990er Jahren Bestrebungen unternommen, die öffentliche Verwaltung handlungs- und zukunftsfähig zu machen. Maßgeblich hierfür waren die Verschlechterung der öffentlichen Haushaltslage (unter anderem durch steigende Sozialausgaben und die Übertragung neuer Pflichtaufgaben) sowie das Image eines ineffizienten bürgerfernen Bürokratieapparates. Die Public-Management-Bewegung inklusive der deutschen Variante des NSM ist dabei lediglich ein - wenn auch bedeutender Modernisierungsstrang - unter einer Vielzahl von Maßnahmen, deren Spektrum von der Rechtsvereinfachung (vgl. Bolz 2005), Public Private Partnerships (vgl. Strünck und Heinze 2003) über E-Governance (vgl. Karger et al. 2005) bis hin zur Bürgerkommune (vgl. Bogumil et al. 2003) reicht. Folgende Kernelemente sollen im NSM dem Aufbau einer neuen Führungs- und Organisationsstruktur dienen (vgl. Kißler et al. 1997: 29 f.):

1. eine klare Abgrenzung zwischen Politik und Verwaltung in Form eines Kontraktmanagements

2. eine dezentrale Ressourcen- und persönliche Ergebnisverantwortung verbunden mit zentralen Steuerungs und Controllingelementen

3. Outputsteuerung mittels Produktdefinitionen, Kosten- und Leistungsrechnung sowie Budgetierung

Public Management umfasst neben den genannten Prozessen zur Binnenmodernisierung auch die Frage nach der Neuausrichtung öffentlicher Aufgaben nach außen (Bogumil 2001: 19).[2] Die Außenwirkung der Verwaltung soll durch Bestrebungen um mehr Bürger- bzw. Kundenorientierung verbessert werden, sowie durch Wettbewerbselemente unterstützt werden.

13.2.1 Akteure als zentrale Erklärungsfaktoren der Modernisierung?

Das NSM greift mit seinen Maßnahmen nicht nur in die Definition der öffentlichen Aufgaben sondern auch in bestehende Organisations- und Führungsprinzipien sowie

---

[2]Oftmals wird eine Unterscheidung zwischen dem „Kernmodell" des NSM und dem „Erweiterten Modell" vorgenommen (vgl. Bogumil und Kuhlmann 2004: 53). Analog dazu unterscheidet Reichard (2003: 353-354) zwischen einem Modell „NSM 1.0", unter das insbesondere betriebswirtschaftliche Instrumente subsumiert werden können, und einem weiter gefassten Modell „NSM 2.0". Letzteres bezieht eine verstärkte Kundenorientierung und damit verbunden die Anwendung von Qualitätsmanagement-Instrumenten wie Kundenbefragungen, ein verstärktes Personalmanagement und die Auslagerung von Aufgabenbereichen sowie die Einführung von Wettbewerbselementen mit ein.

das Verhältnis zwischen Politik und Verwaltung ein. Durch den Umbau der Organisationsstruktur, die Dezentralisierung von Verantwortung sowie die Einführung von internen Kontrakten sowie Controllingstellen werden die Zuständigkeiten und Verantwortlichkeiten innerhalb der Stadtverwaltung neu verteilt. Damit werden die Interessen von Akteuren innerhalb der Stadtverwaltung tangiert: Ämter werden abgeschafft, Fachbereiche zusammengelegt, der Verantwortungsbereich Einzelner wird vergrößert oder eingeschränkt, neue Kontrollinstanzen werden installiert, und eine Arbeitsverdichtung findet (in Teilbereichen) statt. Leicht nachzuvollziehen ist von daher, dass die Verwaltungsspitze, die Angestellten – nicht nur in Führungspositionen – sowie auch der Personalrat als Vertreter der Mitarbeiterinteressen (Bogumil und Kißler 1998: 64) bei der Neugestaltung der Kommunalverwaltung in die Entscheidungen mit einbezogen werden wollen. Neben der Einrichtung eines (hierarchieunabhängigen) Modernisierungsmanagements als Erfolgsfaktor wird auch dem Einfluss externer Akteure (z. B. Beratungsunternehmen, Gewerkschaften, Spitzenverbände, der KGSt) eine nicht unwesentliche Bedeutung zugeschrieben (Bogumil et al. 2007: 103). Für einen erfolgreichen Modernisierungsverlauf ist es darüber hinaus unerlässlich, die Besonderheiten des politischen Prozesses, also Wahlen, Parteienkonkurrenz und Mehrheits- bzw. Bürgermeisterwechsel zu berücksichtigen (vgl. Brandel et al. 1999). Voraussetzung für die Neudefinition des Verhältnisses von Politik und Verwaltung ist das Einverständnis „der Politik, sich nicht mehr in die operative Steuerung einzumischen, sondern auf die Vorgabe von strategischen Größen und Rahmendaten zu beschränken" (Bogumil 2001: 113) – eine Selbstbeschränkung, die von den Kommunalpolitikern vielerorts mit Skepsis betrachtet wird und zu einer Blockade der entsprechenden Modernisierungsschritte führen kann. Nicht zuletzt ist die Haltung der Beschäftigten in der Stadtverwaltung entscheidend, um den Modernisierungserfolg zu garantieren: ohne deren Bereitschaft, Motivation und Qualifikation droht das NSM ein „Papiertiger" (Reichard 1995: 64) zu bleiben. Im Gegensatz zu institutionalistischen Ansätzen, die versuchen, das Ergebnis von politischen Entscheidungsprozessen weitgehend durch institutionelle Faktoren zu erklären (vgl. Jann 2001: 338), wird hier akteursbezogen vorgegangen. Relevant ist dabei vor allem die Frage, welche Akteure die Möglichkeit haben, ihren Einfluss geltend zu machen, um ihre Ziele und Präferenzen im Entscheidungsprozess durchzusetzen. Vor allem die Interessen und Positionen der Akteure, die Gesamtkonstellation der lokalen Entscheidungsträger, ihr strategisches Verhalten sowie ihre Machtbeziehungen spielen dabei eine Rolle (vgl. Bogumil und Schmid 2001: 112).

Im Folgenden wird Verwaltungspolitik als Politikfeld verstanden, das sich mit der intentionalen Veränderung und Neugestaltung von Strukturen aber auch Verhaltensweisen in der Kommunalverwaltung befasst (vgl. Jann 2001: 328). Eine Besonderheit ist darin zu sehen, dass Verwaltungspolitik zumindest teilweise von der Verwaltung selbst betrieben wird, wodurch eine „weitgehende Identität von Subjekt und Objekt der Verwaltungspolitik" (Jann 2001: 330) feststellbar ist, woraus wiederum die besondere Bedeutung der Verwaltungsakteure für die Veränderungsbestrebungen abgeleitet werden kann.

13.2.2 Die Fallkommune

Die wesentlichen Impulse zur Verwaltungsmodernisierung gingen in Arnsberg[3] – das
für seine sehr bürgerorientierten Erfolge bei der Verwaltungsmodernisierung bekannt
ist (vgl. Bogumil und Holtkamp 2005: 27) – im Jahr 1993 vom *Stadtdirektor* (der seit
1999 direkt gewählter *Bürgermeister* ist) aus, der eine Vorlage zur Modernisierung der
Verwaltung in den *Rat* einbrachte, die auch verabschiedet wurde. Bereits zu Beginn
der Modernisierungsmaßnahmen wurde eine *Projektgruppe „Verwaltungsmodernisierung"* gebildet, die zunächst aus dem *Bürgermeister*, dem *Leiter des Hauptamtes* und
einem weiteren *Mitarbeiter der Verwaltung* bestand. Später wurden dann zwei weitere
Verwaltungsmitarbeiter zumindest teilweise von ihrer Arbeit freigestellt um den Modernisierungsprozess mit seinen Pilotprojekten zu begleiten. Schon früh wurden auch
die anderen kommunalen Akteure (*Personalrat, Gleichstellungsbeauftragte, Gemeinde-
rat*, weitere *Mitglieder der Kommunalverwaltung*) in den Modernisierungsprozess einbezogen. Wie in vielen Kommunen – insbesondere in NRW – stand die Modernisierung
in Arnsberg unter dem Stern eines nicht ausgeglichenen Verwaltungshaushalts, der zu
Problemen bei der Wahrnehmung elementarer Selbstverwaltungsaufgaben führte.

Verschiedene Baustellen wurden im Rahmen der Modernisierung der Kommunalverwaltung in Arnsberg eröffnet: So wurden u. a. Veränderungen im Verhältnis zwischen
Rat und *Verwaltung* (mit Masterplänen als Zielvereinbarung) angestrebt, ein (inter-
nes) Auftraggeber-Auftragnehmer-System wurde eingeführt, das auch die Zusammenarbeit mit externen Anbietern regelt. Ein Berichtswesen sowie die Produktdefinitionen
und -beschreibungen wurden in einzelnen Teilbereichen implementiert. Das Konzept
der dezentralen Fach- und Ressourcenverantwortung wurde umgesetzt. Der Abbau von
Hierarchieebenen, die Einführung einer Fachbereichsstruktur und von Teamstruktu-
ren sind hier zu nennen. Auch die Struktur und Anzahl der Ausschüsse wurde an
diese Organisationsumgestaltung angepasst. Neben dem prestigeträchtigen Pilotprojekt „Stadtbüro", das im Sinne einer „one-stop-agency" mit erweiterten Sprechzeiten
und verkürzten Bearbeitungszeiten die Rolle des Bürgers als Kunden stärkt, sind das
„Aktive Beschwerdemanagement" und die Einbeziehung von Bürgerengagement in die
Leistungserstellung und in den Willensbildungsprozess zu nennen. Herausragend ist
das Engagement der Stadt Arnsberg in Vergleichsringen, die eine Form des „nicht-
marktlichen Wettbewerbs im öffentlichen Sektor" (Kuhlmann 2003: 103) darstellen.
Aufgabenbereiche wurden ausgelagert; es fanden z.T. Privatisierungen statt, wobei
unter Einräumung eines gewissen Vorrangs für die eigenen Bereiche Vergleiche mit
externen Anbietern vorgenommen wurden.

Befragt man die Akteure der Stadtverwaltung nach ihrer Einschätzung der Wirkungen der Modernisierung, so wird deutlich, dass das Ziel der Verbesserung der
Bürger- und Kundenorientierung – das auch als wichtigstes Ziel bezeichnet wird –

---

[3]Arnsberg ist eine kreisangehörige Stadt mit rund 80700 Einwohnern (Meldedatei Juni 2007), die
im Sauerland/Nordrhein-Westfalen liegt und Sitz der Bezirksregierung Arnsberg ist. Die Datenerhebung wurde im Mai 2005 im Rahmen einer Diplomarbeit durchgeführt. Weitere Daten
stammen mit dem Einverständnis der Befragten aus den Fragebögen, die der *Bürgermeister* und
der *Personalrat* für das von der Hans-Böckler-Stiftung geförderte Projekt „10 Jahre Neues Steuerungsmodell – Evaluation kommunaler Verwaltungsmodernisierung" ausgefüllt haben, sowie u. a.
aus Bogumil et al. (2003), Bogumil (2001) und Bogumil und Holtkamp (2005).

aus ihrer Sicht weitgehend erreicht worden ist. Auch eine Verbesserung der Leistungsqualität der Verwaltung hat nach Aussage der Befragten stattgefunden. Alle Akteure – unabhängig von ihrer Einbindung in die Modernisierungsdiskussion – sind davon überzeugt, dass die Verwaltungsmodernisierung eine wichtige und notwendige Entwicklung darstellt, die auch in Zukunft fortgeführt werden muss. Wie dieser Modernisierungserfolg – trotz des engen Finanzrahmens und finanzieller Restriktionen – zustande kommen konnte, wird nach der Einführung der theoretischen Konzepte sowie der Methode in den folgenden Abschnitten netzwerkanalytisch zu erklären versucht.

13.3 Die Untersuchung kommunaler Machtstrukturen

Ein klassischer Ansatz der politikwissenschaftlichen Kommunalpolitik-Forschung ist die insbesondere im anglo-amerikanischen Bereich vertretene *Community-Power*-Forschung (vgl. Kleinfeld 1996: 39). Dabei werden kommunale Machtstrukturen und Elitebildungsmechanismen empirisch – meist mittels Anwendung der Methode der Netzwerkanalyse – untersucht. Das innergemeindliche Machtsystem und die Entscheidungsfindungsprozesse der Eliten stehen bei diesen Studien im Fokus. Seit den 1970er Jahren werden vermehrt die Strukturen der Beziehungen in solchen „community influence systems" analysiert. Dabei wird davon ausgegangen, dass es nicht eine eindeutige Hierarchie gibt, in der die einflussreichsten Akteure eingeordnet werden können (vgl. Knoke 1990: 121): Die soziale Struktur der Akteure der kommunalen Elite, ist vielmehr durch multiple Netzwerke gekennzeichnet. Zur Analyse ebendieser Beziehungsstrukturen und -muster müssen zunächst die einflussreichen Akteure identifiziert werden, ihre Eigenschaften als solche systematisch beschrieben und die Verbindungen und Koalitionen zwischen einzelnen Akteuren untersucht werden (vgl. Laumann und Pappi 1973, 1976: 212).

Von zentralem Interesse sind der Einfluss und die Machtposition der relevanten Akteure. Bei der Definition von Macht in sozialen Systemen wird häufig auf eine Begriffsauslegung von Weber (1972: 28) zurückgegriffen, der Macht als „jede Chance, innerhalb einer sozialen Beziehung den eigenen Willen auch gegen Widerstreben durchzusetzen, gleichwohl worauf diese Chance beruht" versteht. Crozier und Friedberg (1993: 43) definieren Macht als Fähigkeit von Akteuren, verschiedene Ressourcen (wie Expertenwissen, Beziehungen, Kontrolle von Informations- und Kommunikationskanälen) zu mobilisieren, um die eigenen Interessen zu vertreten. In jüngeren Studien findet sich häufig eine Kombination der beiden Ansätze mit der Entscheidungsmethode, deren Prinzip darin besteht, „den jeweiligen Erfolg der an wichtigen, kontroversen Entscheidungen beteiligten Personen bei der Durchsetzung ihrer Ziele festzustellen" (Hradil 1980: 76 f.), um alle involvierten Akteure zu erfassen und auch informelle Einflusswege nicht zu vernachlässigen (vgl. Laumann und Knoke 1987). In Anlehnung an Melbeck (2004: 98), der insbesondere den Aspekt betont, dass Macht innerhalb einer sozialen Beziehung existent ist und sich in konkreten Interaktionen manifestiert, werde ich von einem relationalen Machtaspekt ausgehen (vgl. Jansen 1999: 157). Legitime Macht hat dabei inne, „wer angesehen ist, wer in Informations- und Kommunikationsnetzwerke positiv eingebunden ist" (Jansen 1999: 157). Aber nicht nur die Ausstattung eines Akteurs mit Ressourcen wie Information, Expertise usw. bedingt seine Chance, die eigenen Interessen durchzusetzen. Auch sein Zugang zu anderen Akteuren mit guter Ressourcenausstattung ist relevant. Neben institutionellen Regelungskompetenzen aufgrund der Gemeindeordnung und -satzung (Hierarchien und Zuständigkeiten) und anderer rechtlicher Rahmenbedingungen sind also insbesondere auch informelle Macht- und Zugangsstrukturen zu berücksichtigen.

13.4 Methode und Datenerhebung

Wie bereits dargelegt, ist der Erfolg von Organisationsreformen nicht rational planbar, sondern von den Akteuren und ihrer Fähigkeit zur Durchsetzung von (Macht-) Interessen abhängig (vgl. Hennig 1998: 4). Mit Hilfe der quantitativen Netzwerkanalyse sollen Erkenntnisse darüber gewonnen werden, inwiefern einzelne strukturelle Netzwerkcharakteristika, die mittels empirischer Indikatoren erfasst werden können, mit dem Policy-Outcome - dem Modernisierungsstand - in Verbindung gebracht werden können (vgl. Kenis und Schneider 1991: 45). Soziale Netzwerke können dabei definiert werden als „a set of nodes (e.g., persons) linked by a set of social relationships (i.e., linkages) of a specified type" (Laumann und Pappi 1976: 16). Die Akteure (die als „nodes" oder auch Knoten im Netzwerk bezeichnet werden) werden zunächst entsprechend der Positionsmethode unter Berücksichtigung verschiedener wissenschaftlicher Arbeiten (vgl. Bogumil und Schmid 2001: 123; Bogumil und Kißler 1998: 65 ff.) identifiziert. Dabei wird davon ausgegangen, dass der Einfluss eines Akteurs durch die hierarchischen Strukturen, in die er eingebettet ist, und seine Position determiniert wird (vgl. Melbeck 2004: 101) – die formale Macht ist allein stehendes Auswahlkriterium. Wird die Reputation der Akteure berücksichtigt, kann diese Schwäche ausgeglichen werden - die Auswahl der Akteure hängt nicht ausschließlich von deren formaler Position ab, sondern von der Einschätzung ihres Einflusses und ihrer Macht durch andere Akteure. Zu diesem Zweck wurden die bereits ausgewählten Akteure im Rahmen der Untersuchung gefragt, welche anderen Akteure sie als relevant und einflussreich ansehen, wodurch die Akteursliste nochmals ergänzt wurde.

Die Daten wurden in persönlich-mündlichen Interviews anhand eines teilstandardisierten Erhebungsbogens erfasst. Im Kern der Befragung stand die Erhebung der Netzwerkdaten, darüber hinaus wurden die Akteure danach gefragt, wann und wie sie in den Entscheidungsprozess eingebunden waren und welche Interessen sie vertreten haben. Verschiedene Beziehungsarten (oder auch „linkages" zwischen den Akteuren) wurden erhoben:

1. Um informelle Kommunikationswege zu erfassen und einen ersten Überblick über die Kommunikationskanäle der kommunalen Entscheidungsträger zu erhalten wird zunächst die *vertrauliche Kommunikation* erhoben. Nur bestätigte Kontakte werden dabei in die ungerichtete Matrix aufgenommen.

2. Erkenntnisse darüber, wer wem technisches, juristisches, wirtschaftliches oder sonstiges Fachwissen weitergibt und wer es von wem erhält (gerichteter Graph) liefern die Daten zum *Austausch von Expertise*. Angenommen wird dabei, dass

jede Person im Rahmen einer Organisation ein Minimum an „Sachverstand" innehat, den sie zum Verhandeln nutzen kann (Crozier und Friedberg 1993: 51).

3. Um zu analysieren, inwiefern sich die Akteure bewusst abstimmen, wird ihre *strategische Zusammenarbeit* untersucht. Darüber hinaus können mit diesem ungerichteten Graphen erste Erkenntnisse über Teile des Netzwerkes gewonnen werden, die sich koordinieren. Die Daten können möglicherweise Aufschluss über Existenz und Breite von Unterstützerkoalitionen geben, die einen eindeutig positiven Zusammenhang mit der Implementation von Maßnahmen aufweisen (Bogumil et al. 2007: 108).

4. Als vierte Beziehungsart wird die *Unterstützung von Akteuren durch andere Akteure* untersucht (gerichteter Graph). Dabei wird auf das Prestige-Konzept zurückgegriffen, das davon ausgeht, dass „Akteure um so wichtiger innerhalb einer sozialen Struktur sind, je mehr sie das Objekt von Beziehungen sind, also von anderen Akteuren gewählt werden" (Raab 2002: 245).

13.5 Die kommunale Machtstruktur – Ergebnisse der Netzwerkanalyse

Vor der Vorstellung der Netzwerke soll an dieser Stelle kurz dargelegt werden, wie die Haltung der einzelnen Akteure gegenüber der Verwaltungsmodernisierung einzuschätzen ist. Neben den angenommenen positionsimmanenten Interessen der Wahrung der eigenen Position und Aufgabenbereiche wurden zu diesem Zweck weitere Ziele der Akteure bei der Verwaltungsmodernisierung erhoben. Für jeden zweiten Befragten war der Ausbau der Bürger- und Kundenorientierung das wichtigste Ziel. Weitere 22 % nannten eine bessere Leistungsqualität der Verwaltung als Hauptziel. Aber auch die Bereiche Personalmanagement, Aufgabenkritik/Konsolidierungsprozesse und die Umgestaltung der Organisationsstruktur sind für mehr als die Hälfte der Akteure von sehr starkem Interesse. Dabei kommen jedoch auch durchaus konträre Meinungen zutage: insbesondere eine Steigerung der Leistungsfähigkeit/-qualität der Verwaltung ist nur bedingt im Sinn des Personalrates, da Änderungsprozesse häufig zu einer Zunahme der Aufgaben für den Einzelnen, zu stärkeren Arbeitskontrollen, sowie zu einem schlechteren Betriebsklima führen.

13.5.1 Die Kommunikationsnetzwerke

Die Präsentation der Ergebnisse erfolgt zum einen über die Visualisierung der Netzwerke mittels des Programms visone, zum anderen werden die in der Netzwerkanalyse üblichen mathematischen Verfahren zur Berechnung der *Prominence* der Akteure angewandt. „An actor is prominent to the extent that he is involved in relationships that make him an especially visible member of a social system" (Knoke und Burt 1983: 198). Zwei verschiedene Konzepte zur Messung der *Prominence* eines Akteurs können unterschieden werden, die auch in dieser Arbeit Anwendung finden: Zentralitätsmaße und Prestigekonzepte. Ersteres geht davon aus, dass ein Akteur prominent ist, wenn er in viele Beziehungen involviert ist, letzteres Konzept beachtet zudem, ob der Akteur Objekt oder Subjekt der Beziehung ist, also bspw. Informationen gibt oder erhält, wobei letztgenanntes ausschlaggebend für den Prestigewert eines Akteurs ist (Knoke und Burt 1983: 198–199).

Einen ersten Einblick in die Struktur der 20 relevanten Akteure in der Untersuchungskommune (inkl. eines externen Beraters) bietet ein Blick auf die vertraulichen Kommunikationsbeziehungen. Die meisten direkten Verbindungen zu anderen Akteuren – also auch die höchsten Degree-Centrality Werte – haben zwei Mitglieder der *Arbeitsgruppe Verwaltungsmodernisierung* sowie der *ehemalige Leiter des Stadtbüros* (ein Pilotprojekt im Rahmen der Modernisierung), dicht gefolgt von der *Gleichstellungsbeauftragten* und dem *Personalrat*, dem *Kämmerer* sowie zwei weiteren Verwaltungsfunktionären. Bei Betrachtung der informellen Kommunikationswege fällt auf, dass die politischen Akteure (*Fraktionsvorsitzende*), der Leiter des *Rechnungsprüfungsamts* sowie ein *Fachbereichsleiter* nicht oder kaum (lediglich Beziehung zu einem anderen Akteur) in das Netzwerk integriert sind. Im gesamten Netzwerk sind nur etwa ein Viertel der möglichen Verbindungen zwischen den Akteuren realisiert, wenn man lediglich die gegenseitig bestätigten Beziehungen berücksichtigt (Die Dichte des Gesamtnetzwerks liegt bei 26).

Während das Netzwerk der vertraulichen Kommunikation eher die allgemeine Komponente von Kommunikation erfasst, bezieht sich das Expertise-Netzwerk auf den Austausch von spezifischen Fachinformationen. Angenommen wird, dass ein breiter Austausch von Fachwissen als ein Indiz für eine problemlösungsorientierte Herangehensweise an ein Problem – die zielbezogene Modernisierung der Kommunalverwaltung in Arnsberg – dienen kann (Raab 2002: 271). Dabei wird an dieser Stelle sowohl berichtet, wer welchem Akteur (regelmäßig) juristisches, politisches oder organisationsinternes Fachwissen hinsichtlich der Verwaltungsmodernisierung gegeben hat, als auch, wer Fachwissen von wem erhalten hat (gerichteter Graph).

Betrachtet man zunächst die Dichte-Werte für das Netzwerk des gegenseitigen Expertisenaustauschs (wobei es sich jeweils um bestätigte Beziehungen handelt), so scheint es, als würden Fachinformationen nicht frei zirkulieren, sondern tendenziell eher bei einigen wenigen Akteuren „zentral" bewahrt werden. Der Dichte-Wert für das Gesamtnetzwerk[4] der gegebenen und erhaltenen Expertise beträgt lediglich 14,2 (wobei sechs Akteure unvernetzt bleiben) und ist damit noch einmal niedriger als der Wert im Netzwerk der informellen Kommunikation. Wie man Tabelle 13.1 entnehmen kann, sind die zentralsten Akteure im Netzwerk des gegenseitigen Austausches von spezifischen Fachinformationen hinsichtlich beider Zentralitätsarten zwei Mitglieder der *Arbeitsgruppe Verwaltungsmodernisierung* (AGM 13 und AGM 15). Auch der *Personalrat* mit einer Degree-Zentralität von 31,9, gefolgt vom *Kämmerer*, dem *ehemaligen Leiter des Stadtbüros* (V 1) und dem *externen Berater* mit einem Wert von

---

[4] Für das integrierte Netzwerk wird zunächst das Netzwerk der „erhaltenen Expertise" transponiert. Dann werden die beiden Matrizen mit dem UCINET-Befehl *join* zusammengefügt und mit dem UCINET-Befehl *Multiplex* in eine gemeinsame Matrix transformiert. Es entsteht eine Matrix, die durch Rekodieren minimum-symmetrisiert wird. Man erhält ein Netzwerk für den Austausch von Expertise, in dem nur die Beziehungen berücksichtigt werden, die bestätigt sind und bei denen ein beidseitiger Austausch stattfindet.

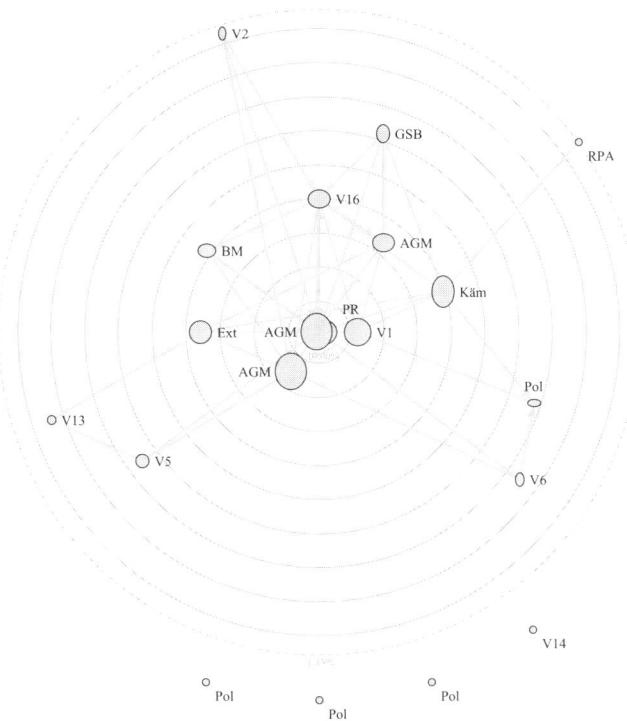

Abbildung 13.1: Prestige der Akteure im Netzwerk „Austausch von Expertise"

26,3 tauschen Fachinformationen mit fünf bzw. sechs anderen Akteuren. Die höchste Betweenness-Zentralität haben neben einem Mitglied der *Arbeitsgruppe Modernisierung* (15) der *Kämmerer*, der *Personalrat*, der *externe Berater* sowie ein weiteres Mitglied der AGM (10), die somit am ehesten eine intermediäre Position einnehmen.

Mit Hilfe der Indegree- und Outdegree-Zentralitäten (visualisiert als Knotenbreite bzw. -höhe) können auch „linkages" einbezogen werden, bei denen lediglich ein Akteur A dem Akteur B Fachwissen gibt, wobei dieser bestätigt, die Expertise erhalten zu haben, aber Akteur B keine Expertise an Akteur A gibt. Auf der Basis derselben Daten, die auch im vorherigen Abschnitt verwandt wurden, kann somit noch ein zweites Netzwerk berechnet werden. Im Graphen ist das Netzwerk der bestätigten Beziehungen dargestellt (unabhängig davon, ob der Expertisenaustausch beidseitig stattfindet), wobei die Position der Akteure ihren Status wiedergibt.

Bei Betrachtung der Abbildung 13.1 wird deutlich, dass der *Personalrat* einen hohen Indegree-Wert hat (42,1), von mehr „fachlich gut informierten" Akteuren Expertise bekommt als die anderen Akteure und somit in der Mitte des Diagramms abgebildet ist. Zwei Mitglieder der AGM (10 und 15) und ein Mitarbeiter der *Verwaltung* (1) mit ebenfalls hohen Indegree- und Outdegree-Werten (siehe Tabelle 13.1) sind die anderen drei zentralen Akteure. Der *Kämmerer* und der *externe Berater*, die beide sehr hohe

ID	Akteur	Betweenness	Degree	Indegree	Outdegree
BM	Bürgermeister	0,7	15,8	21,1	15,8
Käm	Kämmerer	8,8	26,3	26,3	36,8
PR	Personalrat	6,8	31,6	42,1	31,6
RPA	Leiter des Rechnungsprüfungsamts	0	5,3	5,3	5,3
V 16	Leiter Bürgermeisteramt	0	0	26,3	21,1
GSB	Gleichstellungsbeauftragte	0,7	15,8	15,8	21,1
V 1	ehem. Leiter Stadtbüro	3,8	26,3	31,6	31,6
AGM 10	ehem. Arbeitsgruppe Modernisierung	6,8	36,8	36,8	42,1
V 13	FBL Schule, Jugend, Familie	0,4	10,5	10,5	10,5
V 5	Geschäftsführer der Stadtwerke	1,8	15,8	15,8	15,8
V 14	FBL Wirtschaft, Beschäftigung	0	0	0	0
V 6	FBL Technische Dienste	0,4	10,5	10,5	15,9
AGM 15	ehem. Arbeitsgruppe Modernisierung	12,2	36,8	36,8	42,1
AGM 11	ehem. Arbeitsgruppe Modernisierung	2,0	21,1	26,3	21,1
V 2	FDL Personalbüro	0	5,3	5,3	15,8
Pol 17	Fraktionsvorsitz CDU	0	0	0	0
Pol 18	Fraktionsvorsitz SPD	0	0	15,8	0
Pol 19	Fraktionsvorsitz FDP	0	0	0	0
Pol 20	Sprecher Grüne	0	0	0	0
Ext	Berater von „außen"	6,8	26,3	26,3	26,3

Tabelle 13.1: Akteurszentralitäten „Austausch von Expertise" (normalisierte Werte)

Betweenness-Zentralitätswerte aufweisen, liegen gemeinsam mit dem *Bürgermeister*, einem weiteren Mitglied der AGM (11) und einem *Verwaltungsmitarbeiter* (16) mit etwas Abstand zu den vier genannten Akteuren etwa auf einer Statusebene. Die Politikferne des NSM wird an dieser Stelle deutlich: Drei *Politiker* (sowie ein Mitarbeiter der *Verwaltung*, V 14) sind nicht in das Netzwerk integriert und erhalten keine Fachinformationen. Lediglich ein *Politiker* (18) bekommt Fachinformationen von drei Akteuren (Indegree-Wert: 15,8), gibt allerdings keine Expertise. Während der *Personalrat* reger Empfänger von Fachinformationen ist und somit von vielen Akteuren integriert wird, sind insbesondere die *Kommunalpolitiker* weitestgehend nicht in den Austausch von Expertise einbezogen. Die insgesamt geringere Dichte des Netzwerkes (und damit verbunden die geringere Zahl der „linkages" zwischen den Akteuren) lässt möglicherweise den Schluss zu, dass die Akteure interessenorientiert handeln und keine weite Verbreitung von Fachwissen anstreben.

13.5.2 Strategische Zusammenarbeit und Unterstützung

Bei der Untersuchung der strategischen Zusammenarbeit können Erkenntnisse darüber gewonnen werden, welche Akteure sich vor wichtigen Entscheidungen untereinander abstimmen. Der Dichtewert von $d = 0,22$ für das Gesamtnetzwerk der „strategischen Zusammenarbeit", d. h. 22 % aller möglichen direkten Verbindungen sind real existent, deutet auf eine mäßig aktive Koordinierung der Akteure hin. Ein Akteur mit relativ hohen Zentralitätswerten ist der *ehemalige Leiter des Stadtbüros* (Verw 1), der demnach im Vergleich zu den anderen auf vielen Geodesics liegt und zu mehr Akteuren (52,6 %) direkten Kontakt hat als irgendein anderer Knoten des Netzwerkes. Erklären lässt sich das vermutlich dadurch, dass er als *Leiter des* ersten Pilotprojektes – des *Stadtbüros* – sozusagen in der Erprobungsphase der Modernisierung von einer großen Zahl der Akteure Unterstützung empfangen hat. Seine Position auf den Geodesics zwischen verschiedenen Akteuren, die sich nicht direkt gegenseitig strategisch unterstützen, sozusagen als Verbindung zwischen verschiedenen Interessen(gruppen), kann dazu führen, dass er eine gewisse Abstimmungskompetenz gewinnt. Auch der *Bürgermeister* sowie der *Personalrat* und ein Mitglied der *Arbeitsgruppe Verwaltungsmodernisierung* (AGM 10) sind mit Degree-Zentralitätswerten von 36,8 intensiv in die aktive Koordinierung im Vorfeld von Entscheidungen eingebunden.

Einseitige oder gegenseitige Unterstützung, die dann auftreten kann, wenn Akteure aufgrund von Interessenskonvergenzen zusammenarbeiten oder wenn sie die Position anderer Akteure für unterstützenswert erachten, werden im folgenden Schaubild 13.2 verdeutlicht. Zunächst fällt auf, dass im Netzwerk der gegenseitigen Unterstützung mit einer Dichte von 21,6 vergleichsweise mehr Beziehungen realisiert sind als im Expertisenetzwerk. Die Darstellung der Prestigewerte basiert wiederum auf dem Status-Konzept und berücksichtigt, wer von wem unterstützt wird, aber auch das Prestige der unterstützenden Akteure. Der *Leiter des Pilotprojekts Stadtbüro* (V 1) erhält die meiste direkte Unterstützung. Der *Kämmerer* und ein Mitglied der *Arbeitsgruppe Verwaltungsmodernisierung* (10) geben die meiste Unterstützung, werden allerdings auch von etlichen der anderen Akteure unterstützt. Diese drei Akteure sind die aktivsten Unterstützer und die am meisten unterstützten Personen im Netzwerk, gefolgt von

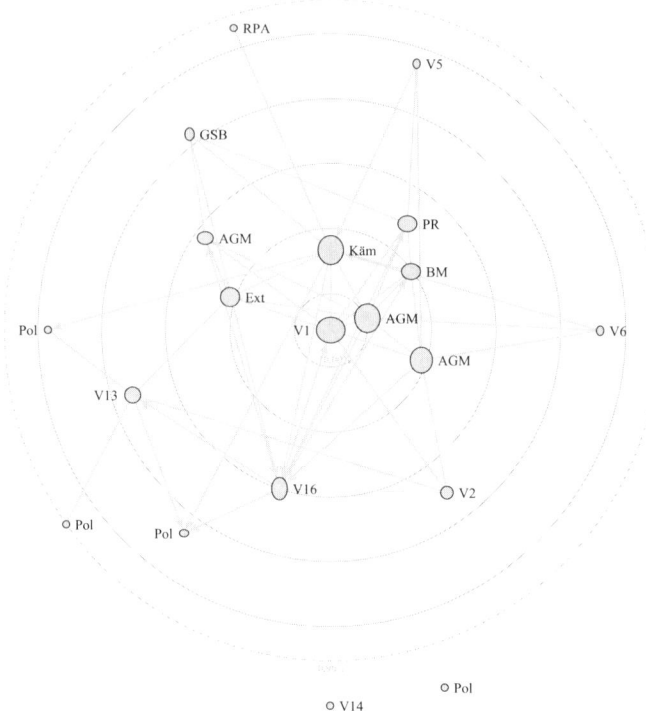

Abbildung 13.2: Prestige der Akteure im Netzwerk „Unterstützung"

einer weiteren Person aus der AGM (15). Auch der *Bürgermeister*, der *externe Berater* und der *Personalratsvorsitzende* haben einen vergleichsweise hohen Prestigewert und erfahren Unterstützung von anderen kommunalen Entscheidungsträgern.

Wiederum zeigt sich die gute Einbindung des ersten *Pilotprojektleiters* (V 1) in Arnsberg in die Beziehungsnetzwerke vor Ort. Auch die weiteren mit der Modernisierung intensiv befassten Personen – das freigestellte Modernisierungsmanagement, der *Kämmerer* als „Finanzminister" sowie der *Bürgermeister* als „Verwaltungschef" – erfahren eine breite Unterstützung, was für eine durchaus breite Unterstützerkoalition spricht. Der *Personalrat* erfährt nicht in gleichem Maße Unterstützung, sondern ist eher im Mittelfeld der Statusdarstellung angesiedelt – vermutlich seiner schwierigen Position als Vertreter der eher modernisierungsskeptischen Mitarbeiter geschuldet.

Eine zusammenfassende Diskussion und Interpretation der Erkenntnisse, die aus den vier Beziehungsnetzwerken gewonnen werden können, findet im folgenden Abschnitt statt. Der Zusammenhang mit den Ergebnissen der Modernisierungsbestrebungen in der Untersuchungskommune wird hergestellt und Thesen zum Modernisierungserfolg entwickelt.

13.6 Akteure, Interessen und ihre Integration in die Netzwerke

Als Vertreter der Mitarbeiterinteressen (bzw. insbesondere der Frauenbelange) werden sowohl *Gleichstellungsbeauftragte* (GSB) als auch *Personalrat* von den anderen Akteuren als „critical friends" bezeichnet. Ausgehend von der Annahme, dass Modernisierung nicht ohne das Engagement der Mitarbeiter funktionieren kann (Reichard 1995: 64) ist es unerlässlich, *Personalrat* und GSB in den Modernisierungsprozess bzw. bereits in die Diskussionsphase und Entscheidungsphase einzubeziehen. Betrachtet man die Zentralität des Personalrats in den Kommunikations-Netzwerken „Vertrauliche Kommunikation" und „Austausch von Expertise", wird deutlich, dass der *Personalrat* gut in die Informationskanäle eingebunden ist, sowohl was die allgemein-politische Dimension betrifft als auch bezogen auf den Austausch von Fachinformationen. Er erhält im Gegensatz zur *Gleichstellungsbeauftragten* die meisten Fachinformationen (vgl. Abbildung 13.1), und kann somit als inhaltlich sehr gut informierter Akteur bezeichnet werden. Die GSB ist hingegen wenig in die strategische Abstimmung und gegenseitige Unterstützung der Akteure eingebunden. Betrachtet man nun die Umsetzung einzelner Modernisierungsmaßnahmen in Arnsberg, so ist zu erkennen, dass viele Maßnahmen des Personalmanagements umgesetzt wurden, die zum Teil den Ansprüchen des *Personalrats* und der *Gleichstellungsbeauftragten* genügen, die Mitarbeiterzufriedenheit zu erhöhen. Folgender Zusammenhang kann aus den dargestellten Befunden abgeleitet werden:

> H_1: Werden der *Personalrat* und die *Gleichstellungsbeauftragte* in den Entscheidungsprozess bei der Verwaltungsmodernisierung mit einbezogen und somit die Interessen der Mitarbeiter vertreten, kann das Ziel der Mitarbeiterzufriedenheit besser erreicht werden, wodurch der Modernisierungserfolg begünstigt wird.

Ein weiterer möglicher Konfliktherd innerhalb der Verwaltung ergibt sich durch die Implementation von Elementen des Kontraktmanagements (Zielvereinbarungen usw.), die auf die Einführung von Auftraggeber-/Auftragnehmerbeziehungen zielt. Anhand der Netzwerkanalyse lassen sich allerdings wenig Aussagen über die relevanten Akteure treffen, da diese als wenig einflussreich eingestuft werden und sich ihre beruflichen Positionen im Laufe des Entscheidungsprozesses geändert haben. Die Problematik der konfligierenden Interessen von Auftraggebern und Auftragnehmern scheint demnach vernachlässigbar zu sein und liefert keinen Zugewinn bei der Erklärung des Modernisierungserfolges.

Die *Kommunalpolitiker*, die der Verwaltungsmodernisierung aufgrund der geforderten Beschränkung auf strategische Entscheidungen tendenziell kritisch gegenüberstehen, wurden nur begrenzt in den Diskussions- und Entscheidungsprozess bei der Verwaltungsmodernisierung einbezogen. Drei von vier *Fraktionsvorsitzenden* erhielten keine Fachinformationen von den zuständigen Personen für Verwaltungsmodernisierung und waren somit nicht in die inhaltliche Diskussion einbezogen: Expertise wird zum Herrschaftswissen, das nicht frei zirkuliert. In das Netzwerk der

Unterstützung hingegen sind alle *Politiker* – ausgenommen der *Sprecher der Grünen* (20) – eingebunden, wenn auch mit niedrigem Prestige, d. h. sie wurden von wenigen Akteuren unterstützt. Aus demokratietheoretischer Sicht ist die geringe Integration der *Kommunalpolitiker* in die Kommunikations- und Koordinationsnetzwerke (Strategische Abstimmung und Unterstützung) kritisch zu beurteilen. Sie deutet darauf hin, dass in Arnsberg die Verwaltungsmodernisierung „zentrale Spielwiese der professionellen Verwaltungsführung" (Jann 2005: 85) ist. Den demokratietheoretischen Bedenken könnte vermutlich dadurch der Wind aus den Segeln genommen werden, dass durch die Modernisierung ein vermehrter direkter Einbezug der Bürger erreicht wurde (Stichworte „Bürgeraktivierung", „Bürger als Prosument", „aktives Beschwerdemanagement"). Die Ressentiments der Politiker sind in Arnsberg vermutlich nicht so stark wie in anderen Kommunen, weil das Ziel der *Bürger- und Kundenorientierung* leicht kommuniziert werden und bei den Bürgern auch für die Politiker als Erfolg verbucht werden kann. In anderen Kommunen fand zunächst eine Fokussierung auf Maßnahmen der Binnenmodernisierung statt und somit auf Modernisierungsinstrumente, die für die Bürger weitestgehend uninteressant sind.

> H_2: Wird die Verwaltungsmodernisierung vor allem unter dem Ziel der Erhöhung der Bürgerorientierung betrieben, so wird dieses Ziel auch von den Kommunalpolitikern befürwortet, und die Modernisierungsbestrebungen führen eher zum Erfolg.

Als Erfolgsfaktor im Initiierungsprozess von Modernisierungsmaßnahmen wird häufig die Existenz einer der Modernisierung gegenüber positiv eingestellten „Meinungsführerschaft" unter den zentralen Akteuren diskutiert, da die Bedeutsamkeit der Reformtätigkeit dadurch für alle Akteure untermauert wird (vgl. Bogumil und Schmid 2001: 128). In Arnsberg hat es schon früh eine *Arbeitsgruppe „Verwaltungsmodernisierung"* gegeben, die Konzepte erarbeitete und in enger Zusammenarbeit mit dem Bürgermeister versuchte, die Verwaltungsmodernisierung zu steuern. Im Netzwerk des Austauschs von Expertise haben die beiden Mitglieder der AGM (10) und (15) die zweithöchsten Indegree- und Outdegree-Zentralitätswerte nach dem Personalrat. Auch der *Leiter des Pilotprojektes Stadtbüro* (V 1), der durch seine Funktion durchaus eine gewisse „Vorreiter-Position" im Modernisierungsprozess innehatte, fällt durch seine gute Vernetzung auf. Auch im Unterstützungsnetzwerk sind die drei Akteure bezogen auf die Indegree- und Outdegree-Werte zusammen mit dem *Kämmerer* diejenigen Akteure, die von den meisten anderen Akteuren direkt unterstützt wurden bzw. die anderen Akteure direkt unterstützten. Bei der Darstellung des Prestiges der Akteure im Unterstützungsnetzwerk ist der *Verwaltungsmitarbeiter* (1) der Akteur, der von den meisten prestigeträchtigen Akteuren unterstützt wird. Das Projekt Stadtbüro, das dieser *Verwaltungsmitarbeiter* (1) leitete, war die erste große Neuerung im Rahmen des Umgestaltungsprozesses der Verwaltung und wurde als Chance begriffen, um im Rahmen der Neugestaltung viele verschiedene Instrumente auszuprobieren wie u. a. Budgetierung oder veränderte Öffnungszeiten. Seine gute Integration in die Netzwerke deutet darauf hin, dass viele Akteure dieses Pilotprojekt zum Erfolg führen wollten, aber auch, dass es jederzeit ein Feedback über Erfolge und Misserfolge der Modernisierungsmaßnahmen gab und die anderen an seinen Erfahrungen teilhaben konnten. Dabei scheint ein positiver Impuls des Modernisierungserfolgs des Projektes Bürgerbüro auf die anderen Teile der Verwaltung übergegangen zu sein. Daraus folgend wird an dieser Stelle die folgende These (H_3) aus den Ausführungen abgeleitet:

> H_3: Erfolgreiche Pilotprojekte, deren Erfolge ausreichend kommuniziert werden, vergrößern die Chance auf Modernisierungserfolg.

Der heutige *Bürgermeister* und ehemalige *Stadtdirektor* kann, wie die Akteure übereinstimmend angaben, als Initiator der Verwaltungsmodernisierungsmaßnahmen bezeichnet werden. Sein Fokus bei den Modernisierungsanstrengungen lag bei der Kunden- und Bürgerorientierung, was einen Aufbau von Beteiligungsinstrumenten einbezieht. Es gibt durchaus auch kritische Stimmen, die aussagen, „dass er den Rat durch Bürgerbeteiligung unter Druck setzen will und zum Teil ausschaltet" (Bogumil et al. 2003: 41). In den Kommunikationsnetzwerken hat er allerdings keine sehr zentrale Position – im Netzwerk der strategischen Zusammenarbeit ist seine Rolle zentraler, er hat den zweithöchsten Degree-Wert, was bedeutet, dass er sich mit vielen Akteuren vor wichtigen Entscheidungen strategisch abstimmt.

Bei der Betrachtung der Ergebnisse der Netzwerkanalyse fällt auf, dass die Impulsgabe des *Bürgermeisters* nicht notwendigerweise direkt erfolgte, sondern möglicherweise über die Mitglieder der AGM und den sehr zentralen *Verwaltungsmitarbeiter* (1). Die folgende These (H_4) lässt sich daraus ableiten:

> H_4: Ist der *Bürgermeister* Initiator und treibende Kraft im Modernisierungsprozess, und übt er seinen Einfluss direkt (oder auch indirekt) über mit der Verwaltungsmodernisierung befasste Akteure aus, steigert dies die Wahrscheinlichkeit des Modernisierungserfolges.

13.7 Resümee

Die Stadt Arnsberg, die bereits vergleichsweise häufig analysiert worden ist, wurde in dieser Arbeit unter einem anderen Aspekt untersucht. Wie sich die Akteurskonstellation und die Akteursbeziehungen in der Phase der Initiierung von und während der Diskussion über Reformmaßnahmen auf den Modernisierungserfolg auswirken, war die zentrale Fragestellung dieser Arbeit. Dabei wurde explorativ vorgegangen mit dem Ziel, theoretisch und empirisch fundierte Thesen zu generieren. Vier Thesen, die den Erfolg der Modernisierung zumindest partiell erklären, wurden auf Basis der Netzwerkergebnisse entwickelt.

Einige Restriktionen des methodischen Vorgehens sollen dabei nicht außer Acht gelassen werden: Bei der Erhebung von Informationen, die über Konflikte zwischen Akteuren Auskunft geben sollen, spielt unter anderem das Problem der *sozialen Wünschbarkeit*, das auch unter Zusicherung von Anonymität lediglich reduziert werden kann, eine Rolle. Ein weiteres Problem stellt die *Retrospektivität* dar, da der Zeitpunkt, auf den sich diese Arbeit bezieht, Anfang bis Mitte der 90er Jahre ist und Erinnerungsprobleme der Akteure nicht ausgeschlossen werden können. Wird dann –

wie in dieser Arbeit – das *Minimalverfahren* zur Symmetrisierung der Netzwerkdaten verwendet und werden demnach nur beidseitig bestätigte Beziehungen berücksichtigt, muss ein gewisser Informationsverlust in Kauf genommen werden. Lediglich einseitig bestätigte Beziehungen gehen nicht in die Analyse ein. Eine weitere Schwäche der Datenerhebung ist darin zu sehen, dass die *Intensität der Beziehungen* nicht erhoben wurde. Sowohl die Anwendung des Minimalverfahren als auch die binäre Erhebung von Beziehungen („vorhanden"/"nicht vorhanden") ist bei quantitativen Netzwerkanalysen allerdings üblich (Jansen 1999).

Eine alternative Erklärung des Modernisierungserfolgs soll an dieser Stelle genannt werden: Eine Möglichkeit, Reformkritiker zu beschwichtigen und zu überzeugen, besteht darin, die Einsicht zu verbreiten, „dass nur durch die Veränderung bestehender Routinen die Überlebensfähigkeit der Organisationen und damit die Gewinnchancen der einzelnen Akteure gesichert werden" (Bogumil und Schmid 2001: 128) können. Diese Argumentationsstrategie scheint – laut Aussage eines Befragten – mit Hinblick auf die schlechte finanzielle Situation und das Defizit im kommunalen Haushalt in Arnsberg angewandt worden zu sein, um Skeptiker von weit greifenden Modernisierungsschritten zu überzeugen. Um Schlimmeres zu verhindern, namentlich keinen genehmigten Haushalt zu haben, wurde Instrumenten zugestimmt, die den Interessen der Akteure nicht entsprachen.

> „Ein defizitärer Haushalt ist das einzige Argument, um einen Stellenabbau zu rechtfertigen, wenn man davon ausgeht, dass Einsparungen von Personal dazu führen, dass der Haushalt genehmigt wird. Ein nicht genehmigter Haushalt würde nämlich dazu führen, dass privatisiert wird und dadurch Stellen abgebaut werden; Außerdem würde es keinerlei Beförderungen mehr geben." (*Personalrat*, Mai 2005)

Es ist unwahrscheinlich, dass diese Argumentationsstrategie in Arnsberg ausreichte, um den Umsetzungsstand von Modernisierungsmaßnahmen zu erreichen, wie er heute zu beobachten ist. Einen Beitrag wird dieses Vorgehen, das durchaus als „strategisch" bezeichnet werden kann, allerdings geleistet haben.

Literaturverzeichnis

Bogumil, Jörg, 2001: Modernisierung lokaler Politik. Kommunale Entscheidungsprozesse im Spannungsfeld zwischen Parteienwettbewerb, Verhandlungszwängen und Ökonomisierung. Baden-Baden: Nomos.

Bogumil, Jörg, Stephan Grohs und *Sabine Kuhlmann*, 2006: Ergebnisse und Wirkungen kommunaler Verwaltungsmodernisierung in Deutschland–Eine Evaluation nach zehn Jahren Praxiserfahrung. In: *Jörg Bogumil, Werner Jann* und *Frank Nullmeier* (Hg.), Politik und Verwaltung. Sonderband 37 der Politischen Vierteljahresschrift, S. 151–184. Wiesbaden: VS Verlag.

Bogumil, Jörg, Stephan Grohs, Anna K. Ohm und *Sabine Kuhlmann*, 2007: Zehn Jahre Neues Steuerungsmodell. Eine Bilanz kommunaler Verwaltungsmodernisierung. Berlin: Edition Sigma.

Bogumil, Jörg und *Lars Holtkamp*, 2005: Die Machtposition der Bürgermeister im Vergleich zwischen Baden-Württemberg und NRW. In: *Jörg Bogumil* und *Hubert Heinelt* (Hg.), Bürgermeister in Deutschland. Politikwissenschaftliche Studien zu direkt gewählten Bürgermeistern, S. 23–52. Wiesbaden: VS Verlag.

Bogumil, Jörg, Lars Holtkamp und *Gudrun Schwarz*, 2003: Das Reformmodell Bürgerkommune: Leistungen, Grenzen, Perspektiven. Berlin: Edition Sigma.

Bogumil, Jörg und *Leo Kißler*, 1998: Akteursstrategien im kommunalen Modernisierungsprozess. In: *Dieter Grunow* und *Hellmut Wollmann* (Hg.), Lokale Verwaltungsreform in Aktion. Fortschritte und Fallstricke, S. 60–72. Basel/ Boston/ Berlin: Birkhäuser Verlag.

Bogumil, Jörg und *Sabine Kuhlmann*, 2004: Zehn Jahre kommunale Verwaltungsmodernisierung-Ansätze einer Wirkungsanalyse. In: *Werner Jann* (Hg.), Status-Report Verwaltungsreform. Eine Zwischenbilanz nach zehn Jahren, S. 51–64. Berlin: Ed. Sigma.

Bogumil, Jörg und *Josef Schmid*, 2001: Politik in Organisationen. Organisationstheoretische Ansätze und praxisbezogene Anwendungsbeispiele. Opladen: Leske + Budrich.

Bolz, R., Hermann, 2005: Rechtsvereinfachung und Entbürokratisierung. In: *Bernhard Blanke, Stephan von Bandemer, Frank Nullmeier* und *Göttrik Wewer* (Hg.), Handbuch zur Verwaltungsreform. 3. Auflage, S. 101–107. VS Verlag.

Brandel, Rolf, Sybille Stöbe-Blossey und *Norbert Wohlfahrt*, 1999: Verwalten und Gestalten. Berlin: Edition Sigma.

Budäus, Dietrich, 1998: Public Management. Konzepte und Verfahren zur Modernisierung öffentlicher Verwaltung. Berlin: Edition Sigma.

Crozier, Michel und *Erhard Friedberg*, 1993: Die Zwänge kollektiven Handelns. Über Macht und Organisation. Frankfurt a. M.: Anton Hain.

Frischmuth, Birgitt et al., 2001: Budgetierung in der Stadtverwaltung. Berlin: Deutsches Institut für Urbanistik.

Grömig, Erko und *Kersten Gruner*, 1998: Reform in den Rathäusern. Der Städtetag 8: 581–587.

Hennig, Jörg, 1998: Organisationsreform als mikropolitischer Gestaltungsprozeß. Behörden zwischen Bürokratie und Partizipation. München: Hampp.

Hood, Christopher, 1991: A Public Management for All Seasons. Public Administration 69: 3–19.

Hood, Christopher, 1995: Contemporary Public Management. A New Global Paradigm? Public Policy and Administration 10: 104–117.

Hradil, Stephan, 1980: Die Erforschung der Macht. Eine Übersicht über die empirische Ermittlung von Machtverteilung durch die Sozialwissenschaften. München: Kohlmaier.

Jann, Werner, 2001: Verwaltungsreform als Verwaltungspolitik: Verwaltungsmodernisierung und Policy-Forschung. In: Empirische Policy- und Verwaltungsforschung. Lokale, nationale und internationale Perspektiven. Festschrift für Hellmut Wollmann, S. 321–344. Opladen: Leske und Budrich.

Jann, Werner, 2005: Neues Steuerungsmodell. In: *Bernhard Blanke, Stephan von Bandemer, Frank Nullmeier* und *Göttrik Wewer* (Hg.), Handbuch zur Verwaltungsreform. 3. Auflage, S. 74–83. Wiesbaden: VS Verlag.

Jansen, Dororthea, 1999: Einführung in die Netzwerkanalyse. Grundlagen, Methoden, Anwendungen. Opladen: Leske und Budrich.

Karger, Pia, oliver Rüß und *N. vom Scheidt*, 2005: E-Government. In: *Bernhard Blanke, Stephan von Bandemer, Frank Nullmeier* und *Göttrik Wewer* (Hg.), Handbuch zur Verwaltungsreform. 3. Auflage, S. 136–146. Wiesbaden: VS Verlag.

Kenis, Patrick und *Volker Schneider*, 1991: Policy Networks and Policy Analysis: Scrutinizing a New Analytical Toolbox. In: *Bernd Marin* und *Renate Mayntz* (Hg.), Policy Networks. Empirical Evidence and Theoretical Considerations, S. 7–41. Frankfurt a.M.: Campus.

Kißler, Leo, Jörq Boqumil, Ralf Greifenstein und *Elke Wiechmann*, 1997: Moderne Zeiten im Rathaus? Reform der Kommunalverwaltungen auf dem Prüfstand der Praxis. Berlin: Edition Sigma.

Kleinfeld, Ralf, 1996: Kommunalpolitik. Eine Problemorientierte Einführung. Opladen: Leske und Budrich.

Knoke, David, 1990: Political Networks. The Structural Perspective. Cambridge: Cambridge University Press.

Knoke, David und *Ronald S. Burt*, 1983: Prominence. In: *Ronald S. Burt* und *Minor Michael J.* (Hg.), Applied Network Analysis: A Methodological Introduction, S. 195–222. London: Sage.

Kuhlmann, Sabine, 2003: Benchmarking auf dem Prüfstand: Kosten, Nutzen und Wirkungen interkommunaler Leistungsvergleiche in Deutschland. Verwaltungsarchiv 1: 99–126.

Laumann, Edward O. und *David Knoke*, 1987: The organizational State. Social Choice in National Policy Domains. Wisconsin: Wisconsin University Press.

Laumann, Edward O. und *Franz U. Pappi*, 1973: New Directions in the Study of Community Elites. American Sociological Review 38: 212–230.

Laumann, Edward O. und *Franz U. Pappi*, 1976: Networks of Collective Action: A Perspective on Community Influence Systems. New York: Academic Press.

Melbeck, Christian, 2004: Netzwerkanalyse zur empirischen Messung von Macht in politischen Systemen. In: *Christian H.C.A Henning* und *Christian Melbeck* (Hg.), Interdisziplinäre Sozialforschung. Theorie und empirische Anwendungen. Festschrift für Franz Urban Pappi, S. 97–114. Frankfurt a.M.: Campus.

Raab, Jörg, 2002: Steuerung von Privatisierung. Eine Analyse der Steuerungsstrukturen der Privatisierung der ostdeutschen Werft- und Stahlindustrie 1990-1994. Wiesbaden: Westdeutscher Verlag.

Reichard, Christoph, 1995: Umdenken im Rathaus. Neue Steuerungsmodelle in der deutschen Kommunalverwaltung. Berlin: Edition Sigma.

Reichard, Christoph, 2003: Local Public Management Reforms in Germany. Public Administration 81: 345–363.

Schedler, Kuno und *Isabella Ploeller*, 2003: New Public Management. Bern: Haupt UTP.

Schröter, Eckhard und *Hellmut Wollmann*, 2003: New Public Management. In: *Bernhard Blanke, Stephan von Bandemer, Frank Nullmeier* und *Göttrik Wewer* (Hg.), Handbuch zur Verwaltungsreform. 3. Auflage, S. 63–73. Wiesbaden: VS Verlag.

Strünck, Christoph und *Rolf G. Heinze*, 2003: Public Private Partnership. In: *Bernhard Blanke, Stephan von Bandemer, Frank Nullmeier* und *Göttrik Wewer* (Hg.), Handbuch zur Verwaltungsreform. 3. Auflage, S. 120–127. Wiesbaden: VS Verlag.

Weber, Max, 1972: Wirtschaft und Gesellschaft. 5. Auflage. Tübingen: Mohr.

Teil IV

Netzwerke in politischen und sozialen Institutionen

Kapitel 14

Sinnvoll oder skandalös? Personelle Verflechtungen von Parlament und Wirtschaft durch die Nebentätigkeiten der Abgeordneten. Eine Netzwerkanalyse

Markus Gaugler

14.1 Die Nebentätigkeiten der Abgeordneten und ihre Bedeutung

Immer wieder steht das Thema der Nebentätigkeiten der Bundestagsabgeordneten im Fokus der Öffentlichkeit. Zuletzt am 04.07.2007, als das Bundesverfassungsgericht die Klage von neun Bundestagsabgeordneten gegen die verschärfte Transparenzregelung im Abgeordnetengesetz mit folgender Begründung zurückwies:

> „Von Nebentätigkeiten wie etwa in Aufsichtsräten gehen 'besondere Gefahren für die Unabhängigkeit' der Abgeordneten aus. Das Volk habe deshalb 'Anspruch darauf' zu wissen, von wem und in welcher Größenordnung seine Vertreter Geld entgegennehmen." (Der Spiegel 2007)

Wie soll man solche Nebentätigkeiten, bei denen Politiker parallel zu ihren Ämtern (bzw. unmittelbar nachdem sie diese abgegeben haben) ein Mandat im Vorstand oder Aufsichtsrat eines Unternehmens annehmen (sog. *Interlocking*) bewerten? Wie wirken sie sich aus? Handelt es sich hier um Einzelfälle, die nur einige wenige prominente Vertreter des politischen Systems betreffen, oder um ein ernstzunehmendes, weitverbreitetes Phänomen? Welche Motive stecken hinter diesen Kontakten? Geht es tatsächlich vorrangig, wie in der Presse immer schnell angedeutet, um Geld, Macht, unerlaubte Einflussnahme und Vetternwirtschaft, oder gibt es auch ganz andere Motive für diese Tätigkeiten? Erst wenn man die Motive hinter diesen persönlichen Kontakten und Verflechtungen kennt, kann man ihre Chancen und Gefahren vernünftig beurteilen. Und dies ist nicht immer leicht, wie das folgende Beispiel zeigt.

Rezzo Schlauch, ehemaliger Fraktionschef der Grünen im Bundestag und zuletzt Staatssekretär im Bundeswirtschaftsministerium, hat nach seinem Rückzug aus der Politik ein Mandat im Beirat des Energiekonzerns EnBW angenommen. Diese Tätigkeit, die auf die Kontakte Schlauchs aus seiner Zeit als aktiver Spitzenpolitiker zurückgeht, kann sowohl als Beleg für die Annäherung der Grünen an die Wirtschaft, als auch als Versuch Schlauchs gesehen werden, die Unternehmenspolitik des Konzerns, der u. a. zwei Atomkraftwerke betreibt, im Sinne ökologischer, „grüner" Ziele zu beeinflussen – was er auch selbst für sich reklamiert. Umgekehrt könnte diese Verbindung auch ein Versuch des Energiekonzerns sein, die Atomkraftgegner in den Reihen der Grünen und in der Bevölkerung durch die Einbindung eines prominenten Vertreters aus dem Lager der Umweltschützer zu „zähmen" (sog. *Kooptation*). Welche Motive auf beiden Seiten maßgeblich waren, kann ohne weitere Informationen nicht geklärt werden. Dieses Beispiel zeigt aber, welche unterschiedlichen Gründe es dafür geben kann, dass Abgeordnete Vorstands- oder Aufsichtsratsmitglied in einem Unternehmen werden und wie unterschiedlich dies in der Folge bewertet werden kann. Der folgende kurze Überblick zeigt, welche Gründe für diese Verbindungen in der Literatur und in empirischen Studien zu *Interlocking Directorates* am häufigsten genannt werden und welche Vor- und Nachteile sie haben können. Einen guten Überblick hierzu geben Pennings (1980) und Mizruchi (1996).

Viele sehen Verbindungen von Unternehmen auf höchster Ebene als direkte Kanäle unerlaubter Einflussnahme (z. B. Salamon und Siegfried 1977), was natürlich kritisch gesehen wird, oder als Mittel zum Informationsaustausch, was aber als mögliche Vorstufe von Lobbying und Beeinflussung meist ebenfalls kritisch gesehen wird. Verwandt damit ist die Kooptationstheorie. Hier werden die Verbindungen als Versuch gesehen, potenziell störende Einflüsse aus dem Umfeld eines Unternehmens – in diesem Fall also den Gesetzgeber – in die Entscheidungsstrukturen des Unternehmens mit einzubeziehen, ohne diese allerdings wirklich an Entscheidungen zu beteiligen. Hiernach würde der Parlamentarier, der einen Aufsichtsrats- oder Vorstandsposten angeboten bekommt, also lediglich dazu benutzt, vorbeugend, beispielsweise bei Gesetzesvorhaben, ein „gutes Klima" für das Unternehmen zu schaffen. Ein weiterer Ansatz stellt nicht die Organisationen, sondern die beteiligten Individuen, die Interlocker selbst, in den Mittelpunkt: Prestige und Ansehen stehen demnach für die beteiligten Personen wie für die beteiligten Organisationen im Vordergrund, wenn es um die Entscheidung geht, bestimmte Posten zu besetzen (Fombrum und Shanely 1990; Mace 1971: 90). Auch dies wird kritisch gesehen, da Prestigestreben und die Verfolgung persönlicher Motive durch einen Abgeordneten die Gefahr bergen, dass dessen Unabhängigkeit durch die Verbindungen zu mächtigen, bekannten Unternehmen beeinträchtigt wird oder dass er, sein Name und seine Position durch das Unternehmen, das sich mit seinen Verbindungen zur politischen Prominenz rühmt, instrumentalisiert wird. Ebenfalls kritisiert wird die Gefährdung der parlamentarischen Arbeit der Abgeordneten durch den Zeitaufwand, der mit der Ausübung dieser Nebentätigkeiten verbunden ist. Angesichts der „Mandatshäufung" bei einigen Abgeordneten, die im Extremfall mehr als zehn Aufsichtsrats- und Vorstandsposten in Unternehmen bekleiden (vgl. Abschnitt 14.4.4), stellt sich natürlich die Frage, wie der Abgeordnete dann noch den ohnehin schon sehr fordernden Hauptberuf, die Vertretung des Wahlvolkes, inklusive Ausschussarbeit, Präsenz im heimischen Wahlkreis usw. vernünftig ausüben kann.

Neben diesen problematischen Aspekten werden aber auch Vorteile in der Existenz von personellen Verbindungen der Mitglieder des Bundestags mit Unternehmen gesehen. Angesichts der Tatsache, dass die klassische Trennung von öffentlichem und privatem Sektor, von Politik und Wirtschaft, zunehmend aufgehoben wird und dass Faktoren wie Internationalisierung, Ressourceninterdependenz und die zunehmende Komplexität der zu lösenden Probleme die Arbeit der Abgeordneten erschweren, wäre es nicht gut, wenn die Politik völlig von den anderen wichtigen gesellschaftlichen Akteuren isoliert wäre. Die Zusammenarbeit von Akteuren aus allen gesellschaftlichen Bereichen in sektorübergreifenden Netzwerken sowie der personelle Austausch und der persönliche Kontakt von Abgeordneten, Wirtschaft und Unternehmen können hier hilfreich sein. Gegenseitiger Austausch von Informationen und Fachwissen und die Schaffung von Verständnis für die Sichtweise und die Probleme des jeweils anderen Bereiches sollten so dazu beitragen, sachgerechte und konstruktive politische Entscheidungen zu fördern. Ein weiterer Vorteil kann darin bestehen, dass Repräsentanten des Staates über den Aufsichtsrat eines Unternehmens eine Kontrollfunktion ausüben. Bei Unternehmen, die für den Staat öffentliche Aufgaben übernommen haben sowie bei Unternehmen, an denen der Bund direkt, bzw. über eine der staatlichen Förderbanken (z. B. KFW – *Kreditanstalt für Wiederaufbau*) Eigentümer, Teilhaber oder Investor ist, kann daran ein direktes öffentliches Interesse bestehen. An der Deutschen Telekom AG beispielsweise hält der Bund auch nach der Teilprivatisierung noch beträchtliche Anteile, so dass es legitim und erwünscht ist, wenn Repräsentanten des Staates die Geschäftspolitik dieses Unternehmens im Aufsichtsrat kontrollieren.

Welche Aspekte und welche Motive für die Verbindungen von Parlament und Wirtschaft in der Praxis die größte Bedeutung haben, und wie die Nebentätigkeiten der Abgeordneten in Vorständen und Aufsichtsräten demzufolge normativ zu bewerten sind, wird die folgende umfassende Analyse der personellen Verflechtungen von Parlament und Wirtschaft in der Bundesrepublik in den Jahren 1987 – 2005 zeigen.

14.2 Forschungsmethode und Abgrenzung des Netzwerks

Einzelfallstudien und Presseberichte über aufsehenerregende Nebentätigkeiten und Unternehmenskontakte einzelner Abgeordneter gibt es zur Genüge. Um diese eingeengte Sichtweise zu überwinden, wurden die Unternehmenskontakte durch die Interlockverbindungen für alle Abgeordneten des Bundestags, vom Minister bis zum „Hinterbänkler", untersucht. Dazu wurden Methoden und Konzepte der Interlocking-Directorate-Forschung genutzt. Sie analysiert Wirtschaftsnetzwerke und personelle Verbindungen zwischen Unternehmen oder allgemeiner zwischen verschiedenen Organisationen. Interlocking Directorates (kurz: Interlocks) entstehen, wenn eine Person, die Mitglied von Organisation A ist, gleichzeitig Mitglied im Vorstand oder Aufsichtsrat von Unternehmen B ist (Mizruchi 1996: 271). Die Person, durch die beide Organisationen verbunden werden, wird dann *Interlocker* genannt. Die oben aufgeführten Interlocking-Motive sind alle dieser Forschungsdisziplin entnommen, die eine lange Tradition hat. Die Ursprünge reichen bis zum Anfang des vergangenen Jahrhunderts zurück. Die Methode wurde damals vor allem zur Aufdeckung und Untersuchung möglicher Kartelle benutzt oder auch – von Lenin – zur ideologischen Argumentation gegen die „Kapitalisten". Einen guten Überblick über Historie und Ursprünge der Interlock-Forschung geben Fennema und Schijf (1979: 298 ff.).

Die hier beschriebene Arbeit ist eine der seltenen intersektoralen Anwendungen dieser Methodik. Gerade die Weiterentwicklung des Ansatzes, weg von der bloßen Untersuchung der Binnenstruktur von Wirtschaftsnetzwerken hin zu einer Untersuchung der Verbindungen des Wirtschaftssektors zu anderen Gesellschaftsbereichen – und dabei insbesondere zum politischen Sektor – wurde schon vor fast 30 Jahren gefordert (Mokken und Stokman 1978: 334), aber so gut wie nie umgesetzt. Dabei gewinnt gerade die Perspektive der sektorübergreifenden Betrachtung von Netzwerken angesichts der oben schon erwähnten fortschreitenden Verzahnung verschiedener gesellschaftlicher Sektoren und der Auflösung der starren Grenzen von öffentlichem und privatem Sektor, von Politik und Wirtschaft, zunehmend an Bedeutung.

14.2.1 Die Knoten: Unternehmen und Abgeordnete

Jede Vorauswahl und Beschränkung der Untersuchungspopulation ist letztendlich willkürlich. Dies ist problematisch, wenn man nicht sicher davon ausgehen kann, dass die Elemente jenseits der gezogenen Grenze für die vorzunehmende Netzwerkanalyse nicht relevant sind (vgl. Scott 2000: 55). Bei intersektoralen Verbindungen ist jedoch genau das Gegenteil der Fall, wie verschiedene Studien zeigen (vgl. dazu z. B. Salzman und Domhoff 1980: 239 ff.). Daraus folgt hier, dass man keine künstliche Grenze in der zu untersuchenden Unternehmenspopulation ziehen darf, da man sonst das wahre Ausmaß der Verbindungen der Bundestagsabgeordneten zu Unternehmen in Deutschland mit Sicherheit unterschätzt. Folgerichtig wurden alle Unternehmen unabhängig von ihrer Größe mit in die Analyse einbezogen. Die einzige Einschränkung betrifft die gemeinnützigen GmbHs (gGmbHs). Sie sind der Rechtsform nach zwar Unternehmen, arbeiten aber nicht gewinnorientiert, sondern verfolgen primär ideelle, „gemeinnützige, mildtätige oder kirchliche Zwecke" (vgl. §§ 51–54 AO). Sie wurden daher bei dieser Untersuchung nicht berücksichtigt.

Auf der Seite des politischen Bereichs wurde ausschließlich der Bundestag mit seinen Abgeordneten untersucht, so interessant eine breiter angelegte Analyse des gesamten politischen Bereichs auch wäre. Der Bundestag wurde ausgewählt, weil dieser als Legislativorgan und Volksvertretung größte Bedeutung besitzt und weil er mit seiner Arbeit und seinen Mitgliedern im Mittelpunkt des öffentlichen Interesses steht. Um auch hier keine unbegründete und möglicherweise fehlgeleitete Vorauswahl zu treffen, wurden nicht nur die „prominenten" Mitglieder des Parlaments betrachtet, sondern der gesamte Bundestag mit allen ihm angehörenden Abgeordneten. Nur so erhält man ein vollständiges Bild des *Interlockings*, also der Nebentätigkeiten der Abgeordneten in Vorständen und Aufsichtsräten. Konsequenterweise wurden auch die Daten derer analysiert, die ihr Mandat nicht eine volle Legislaturperiode lang ausgeübt haben. Dies betrifft die Abgeordneten, die ihr Mandat freiwillig niedergelegt haben, die Abgeordneten, die während einer Legislaturperiode durch Krankheit oder Tod aus dem Parlament ausschieden, sowie die Personen, die für diese Abgeordneten in den Bundestag nachgerückt sind. Nicht gewertet wurden lediglich Kandidaten, die ihr Mandat gar nicht erst angetreten haben. Ebenfalls nicht mit berücksichtigt werden konnten wegen der enormen Unterschiede des Wirtschafts- und Rechtssystems in der DDR und der BRD die noch von der Volkskammer der DDR gewählten, am 28. September 1990 neu in den Bundestag aufgenommenen, ostdeutschen Abgeordneten (Näheres dazu siehe Gaugler 2006: 75).

14.2.2 Die Kanten: Vorstands- und Aufsichtsratsposten (Interlocking Directorates)

Wie die personellen Beziehungen zwischen Unternehmen können auch die persönlichen Verbindungen von Bundestagsabgeordneten zu Unternehmen auf verschiedene Arten zustandekommen. Sie können beispielsweise durch die Fortsetzung der angestammten Berufstätigkeit parallel zum Mandat, durch Beratungs-, Vertretungs-, und Gutachtertätigkeiten, durch publizistische und Vortragstätigkeiten (vgl. § 1 Abs. 2 Nr. 1 S. 2 Anl. 1 GO BT) sowie durch bestimmte Arten von Beteiligungen an Kapital- und Personengesellschaften entstehen (vgl. § 1 Abs. 2 Nr. 6 Anl. 1 GO BT). Analog zur Interlockforschung bei Unternehmensnetzwerken werden hier nur Tätigkeiten der Abgeordneten „als Mitglied eines Vorstandes, Aufsichtsrates, Verwaltungsrates, Beirates oder sonstigen Gremiums einer Gesellschaft oder eines in einer anderen Rechtsform betriebenen Unternehmens" (§ 1 Abs. 2 Nr. 2 Anl. 1 GO BT) betrachtet. Eine weitere Differenzierung zwischen den verschiedenen Gremien und ihren unterschiedlichen Bezeichnungen und Befugnissen ist für die hier vorgenommene Untersuchung nicht nötig und nicht üblich. Bei internationalen Interlocking-Untersuchungen werden Vorstand und Aufsichtsrat stets gemeinsam als Äquivalent zum amerikanischen *Board of Directors* abgesehen.

Die somit ausgewählten *Knoten* und *Kanten* bilden die Grundelemente für ein bi-partites Netzwerk (auch: *two-mode network*). Dies bedeutet, dass das Netzwerk aus Elementen zweierlei Art – Unternehmen und Abgeordneten – besteht und nur die Verbindungen zwischen beiden Gruppen, nicht aber die Verbindungen innerhalb einer Gruppe betrachtet werden.

14.3 Datenquelle

Die für sie Studie verwendeten Daten stammen aus den nach den „Verhaltensregeln für die Mitglieder des Deutschen Bundestages" veröffentlichungspflichtigen Angaben der Abgeordneten in den Amtlichen Handbüchern des Deutschen Bundestages. Hier bzw. auf den Internetseiten des Deutschen Bundestages werden die von mir untersuchten Daten zu den Verbindungen der Bundestagsabgeordneten festgehalten und veröffentlicht. Die Anzeige- und Veröffentlichungspflicht für diese Tätigkeiten der Mitglieder des Deutschen Bundestages ist in §§ 44a, 44b AbgG und § 3 Anlage 1 der GO BT geregelt. Ausgewertet wurden die Daten für die Wahlperioden 11–15, also die Jahre 1987–2005.

Die Vorteile dieser Daten liegen auf der Hand: Will man Informationen über die Aufsichtsrats- Vorstands- und Nebentätigkeiten der Abgeordneten durch Befragungen gewinnen, wären hohe Nonresponsequoten, lückenhafte Daten und Verzerrungen durch selektive Ausfälle zu erwarten (vgl. Schnell et al. 1999: 292). Dies liegt an der geringen Erreichbarkeit der Zielpersonen und an ihrer vermutlich eher geringen Bereitschaft zu kooperieren und vollständig und korrekt Auskunft zu geben. Solche Verzerrungseffekte durch fehlende Antwortdaten sind aber bei der Untersuchung relationaler Daten mit Hilfe von Methoden der Netzwerkanalyse besonders schwerwiegend, weil durch die „Ausfälle bzw. fehlenden Werte die Struktur des 'Restnetzwerks' von der tatsächlichen stark abweichen [kann]" (Schnell et al. 1999: 243). Im Gegensatz dazu liegen die hier verwendeten Daten bereits fertig vor, sind öffentlich zugänglich, werden in praktisch unveränderter Form für jeden neu gewählten Bundestag veröffentlicht und werden fortlaufend aktualisiert. Durch die Anzeige- und Veröffentlichungspflicht liegen die Daten für alle Abgeordneten vollständig vor. Die Angaben der einzelnen Abgeordneten dürften zudem in hohem Maße zuverlässig sein (zumindest im Vergleich zu freiwilligen Selbstauskünften von Abgeordneten bei Befragungen durch Sozialforscher!), da bei Missachtung dieser Verhaltensregeln dem Abgeordneten mittlerweile nicht nur kritische Fragen von Kollegen, Presse und Öffentlichkeit, sondern auch empfindliche Sanktionen drohen (siehe dazu Gaugler 2006: 62 f. und § 44a Abs. 4 S. 2 AbgG).

14.4 Ergebnisse

14.4.1 Gesamtergebnis und Verflechtungsniveau

Die betreffenden Verbindungen zwischen Abgeordneten und Unternehmen in der BRD treten tatsächlich nicht nur in Einzelfällen auf, sondern in beachtlichem Ausmaß. Etwa ein Viertel aller Abgeordneten war parallel zu ihrem Abgeordnetenmandat in Aufsichtsräten oder Vorständen von Unternehmen tätig. Dieser Befund gilt für alle fünf untersuchten Wahlperioden. Der Gesamtanteil der Abgeordneten, die derartige Tätigkeiten ausüben (*Interlocker*) bleibt dabei mit Werten zwischen 24,22 % (11. Wahlperiode) und 27,19 % (14. Wahlperiode) sehr konstant (vgl. Tabelle 14.1).[1] Diese Interlocker unter den Abgeordneten bringen es dabei durch ihre Nebentätigkeiten im Schnitt auf knapp zwei Verbindungen zu Unternehmen. Die detaillierten Werte für das Konzentrationsmaß (*Verbindungen pro Interlocker*) zeigen Tabelle 14.1 und Abbildungen 14.1 (a) und (b).

Kontakte zu einem einzigen Unternehmen überwiegen dabei bei den Interlockern: 52,67 % (69 von 131 Interlockern) der Interlocker in Wahlperiode 11, 57,86 % (103 von 178) in Wahlperiode 12, 60,69 % (105 von 173) in Wahlperiode 13, 60,63 % (114 von 188) in Wahlperiode 14 und 56,87 % der Interlocker (91 von 160) in Wahlperiode 15 haben Verbindungen zu nur je einem Unternehmen. Insgesamt knüpfen die Parla-

---

[1]BT = Bundestag, Ant. = Interlockeranteil in %, Konz. = Interlockerkonzentration (durchschnittliche Verbindungen pro Interlocker). Die Werte der Grünen für die 12. Wahlperiode sind nicht verlässlich zu interpretieren, da hier nur – über das Wahlergebnis in Ostdeutschland – eine kleine Gruppe von Abgeordneten den Sprung ins Parlament geschafft hat. Die Grünen besitzen in dieser Wahlperiode nicht wie sonst Fraktionsstatus. Diese Werte sind damit Verzerrungen unterworfen und nicht direkt mit den anderen Werten vergleichbar. Daher ist die Linie um diesen Wert auch nur gestrichelt gezogen.

	BT 11		BT 12		BT 13		BT 14		BT 15	
	Ant.	K.	Ant.	K.	Ant.	K.	Ant.	K.	Ant.	K.
Gesamt	24,22	2,01	25,64	1,78	25,03	1,73	27,19	1,80	26,68	1,93
CDU/										
CSU	29,67	2,12	27,16	1,77	29,93	1,78	35,54	2,00	30,24	2,28
SPD	23,15	1,74	23,10	1,74	22,86	1,61	23,52	1,52	21,91	1,42
FDP	24,48	3,00	31,32	1,96	37,50	2,00	27,27	2,25	29,41	2,13
Grüne	0,00	0,00	25,00	1,00	6,12	1,66	18,00	1,55	21,81	1,66

Tabelle 14.1: Interlockeranteil und Interlockerkonzentration

mentarier so Verbindungen zu maximal 340 Unternehmen (in Wahlperiode 14). Diese Gesamtanzahl der Unternehmenskontakte ist jedoch nur sehr begrenzt aussagefähig, da sich die Parlamentsgröße je nach Wahlperiode ändert. Aufschlussreicher ist daher die Betrachtung der relativen Maße *Interlockeranteil* und *Interlockkonzentration* (Verbindungen pro Interlocker) für die einzelnen im Bundestag vertretenen Parteien, die nun folgt.

14.4.2 Unterschiede und Entwicklungen bei den im Bundestag vertretenen Parteien

Der *Anteil* der Abgeordneten mit Nebentätigkeiten in Vorständen und Aufsichtsräten ist bei den beiden großen Volksparteien sehr konstant. Während der Interlockeranteil bei den CDU/CSU-Abgeordneten mit Werten zwischen 27,16 % in der 12. Wahlperiode und 35,54 % in der 14. Wahlperiode schon wenig Schwankungen aufweist, bleibt er bei der SPD mit Werten zwischen 21,91 % und 23,52 % nahezu konstant (vgl. Abbildung 14.1 (a)).

Die CDU/CSU kommt dabei auf Werte, die nicht nur konstant und deutlich über denen der SPD liegen, sondern auch stets über dem Parlamentsdurchschnitt. Anschaulich zeigt dies nochmals Abbildung 14.1(a). Die FDP liegt mit Werten von 24,48 % in Wahlperiode 11 bis zu 37,50 % in Wahlperiode 13 ebenfalls stets sehr hoch und über dem Durchschnitt des Bundestags insgesamt. Der Interlockeranteil von 37,50 % ist sogar der höchste für eine Partei in einer der untersuchten Legislaturperioden gemessene. Dieses hohe Verflechtungsniveau ist wenig überraschend, da die FDP sicherlich die Partei ist, der man auch sonst die größte Nähe zur Wirtschaft nachsagt. Die relativ starken Schwankungen und der deutliche Rückgang des Interlockeranteils zwischen Wahlperiode 13 und 14 (siehe Abbildung 14.1(a) und Tabelle 14.1) erklären sich möglicherweise durch den Verlust der Regierungsbeteiligung der FDP nach der Wahl 1998. Für die FDP-Abgeordneten bedeutet dies einen Verlust an persönlicher Bedeutung und Prestige und einen schlechteren Zugang zu Entscheidungen und Informationen, was laut den oben dargestellten Theorien dazu führen müsste, dass diese jeweils als Vorstands- und Aufsichtsratsmitglieder unattraktiver werden (Näheres dazu bei Gaugler 2006: 86).

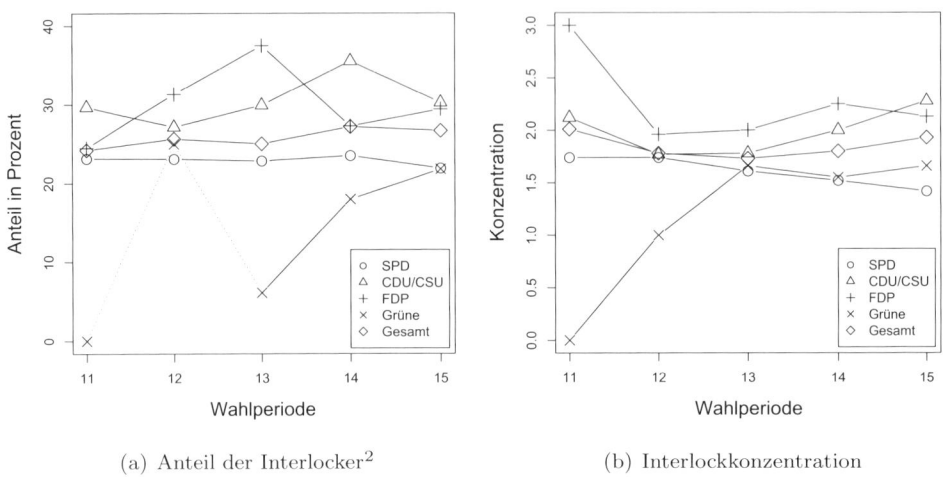

(a) Anteil der Interlocker[2]   (b) Interlockkonzentration

Abbildung 14.1: Der Deutsche Bundestag 1987–2005

Am interessantesten ist jedoch die Entwicklung bei den Grünen (Bündnis 90/Grü-
ne). Hier zeigt sich eine klare und deutliche Zunahme der Kontakte zu den Unternehmen. Der Interlockeranteil liegt zu Anfang, also in der 11. Wahlperiode, ebenso wie
die Interlockerkonzentration und logischerweise auch die Anzahl der Verbindungen
bei null. Ab der 13. Wahlperiode steigt der Interlockeranteil kontinuierlich, zunächst
auf 6,12 % in Wahlperiode 13, dann auf 18,00 % in Wahlperiode 14 und zuletzt auf
knapp 22 % in Wahlperiode 15, womit dieser Wert fast auf dem Niveau der etablierten
Parteien liegt. Damit einher geht natürlich auch ein Anstieg der insgesamt gehaltenen
Verbindungen und zwar auf zuletzt 20 in Wahlperiode 15.

Diese Entwicklungen schlagen sich folgerichtig auch in einer ansteigenden *Interlockkonzentration* für die Grünen nieder. Sie liegt zuletzt sogar höher als bei der
SPD (siehe Abbildung 14.1(b)). Diese Tendenz zur Annäherung an die Wirtschaft,
die zunehmende Interlocking-Aktivität und die verstärkte Präsenz der Abgeordneten der Grünen in Vorständen und Aufsichtsräten kann als Ausdruck und Folge des graduellen Wandels der Grünen vom Sprachrohr der linken Protest- und
Bürgerrechtsbewegungen bis hin zum Parteien-Establishment und in die Regie-
rungsverantwortung auf Bundesebene gesehen werden. Diese zunehmende Nähe der
Grünen-Abgeordneten zur Wirtschaft, wo offensichtlich alte Berührungsängste und
Vorbehalte abgelegt werden und guten persönlichen Kontakten zu den Unternehmen

---

[2]Die Werte der Grünen für die 12. Wahlperiode sind nicht verlässlich zu interpretieren, da hier
nur – über das Wahlergebnis in Ostdeutschland – eine kleine Gruppe von Abgeordneten den
Sprung ins Parlament geschafft hat. Die Grünen besitzen in dieser Wahlperiode nicht wie sonst
Fraktionsstatus. Diese Werte sind damit Verzerrungen unterworfen und nicht direkt mit den
anderen Werten vergleichbar. Daher ist die Linie um diesen Wert gestrichelt gezogen.

Platz machen, bestätigt damit Befunde in anderen Bereichen. Auch am Wandel der politischen Einstellungen der Wähler und der Mitglieder der Grünen (vgl. Klein und Falter 2003: 169 ff.), an den Veränderungen der Satzungsbestimmungen der Partei wie beispielsweise der Abschaffung des Rotationsprinzips oder des imperativen Mandats und bei den politischen Entscheidungen der Grünen, die sich als Regierungspartei gezwungen sahen, Kompromisse zu schließen, die inhaltlich weit von den grünen Ur-Überzeugungen entfernt lagen, zeigt sich die zunehmende Annäherung der Grünen an die etablierten Parteien und an die Wirtschaft.

Die Werte der Abgeordneten der SPD liegen auch beim Konzentrationsmaß *Verbindungen pro Interlocker* konstant und teilweise sehr deutlich unter denen der CDU/CSU (vgl. Tabelle 14.1). Dies bedeutet im Klartext, dass die Interlocker unter den Abgeordneten der SPD jeweils auch weniger dieser Verbindungen zu Unternehmen haben als ihre Kollegen in der CDU (vgl. Tabelle 14.1). Besonders bemerkenswert aber ist die starke Konzentration der Verbindungen der FDP-Abgeordneten. Anders als bei der Mehrzahl der Parlamentarier, die höchstens in einem oder in zwei Unternehmen Vorstands- oder Aufsichtsratsmandate wahrnehmen, üben die Interlocker in der FDP-Fraktion oft sehr viel mehr derartige Nebentätigkeiten aus. Die Konzentration der Verbindungen der FDP-Abgeordneten ist damit höher als die Konzentration von Interlocking Directorates in jeder anderen Bundestagsfraktion (vgl. Abbildung 14.1(b) und Tabelle 14.1). In der Spitze (BT 11; 1987–1990) werden im Schnitt sogar drei Interlocks von jedem Mitglied der FDP-Fraktion gehalten!

Zum Schluss noch ein Wort zur PDS: Sie spielt von allen im Bundestag vertretenen Parteien die geringste Rolle im Bezug auf Interlocking Directorates. Ihre Abgeordneten haben mit maximal fünf Verbindungen in der 14. Wahlperiode so gut wie gar keine Interlocking Directorates vorzuweisen. Die Konzentration liegt, mit einer Ausnahme, immer bei einer Verbindung pro Interlocker. Dies spiegelt wohl das Selbstverständnis der PDS wieder, die kritisch gegenüber den Unternehmen und dem kapitalistischen Wirtschaftssystem auftritt. Passend dazu scheinen auch die von der PDS kritisierten Repräsentanten der Wirtschaft kein Interesse daran zu haben, Vertreter dieser Partei in irgendeiner Weise in ihre Firmengremien einzubinden.

14.4.3 Netzwerkstruktur

Trotz der auffallend hohen und konstanten Zahl der Verbindungen, insbesondere bei den Abgeordneten der großen Volksparteien und der FDP, ist das Netzwerk der Verbindungen zwischen Parlament und Unternehmen, das durch die Vorstands- und Aufsichtsrattätigkeiten der Abgeordneten zu Stande kommt, eher dünn geknüpft. Der globale Interlockeranteil (rund 25 %) sowie der Anteil der Abgeordneten mit lediglich einer einzelnen Verbindung (vgl. Abschnitt 14.4.1) weisen darauf bereits hin. Doch wie dicht bzw. dünn geknüpft ist das Netzwerk genau?

Dichtemaße für Netzwerke ermitteln immer die Relation der vorliegenden Verbindungen und der maximal möglichen Verbindungen. In bi-partiten Netzwerken (*two-mode-networks*), die aus zwei verschiedenen Klassen von konstituierenden Elementen – hier Abgeordneten und Unternehmen – bestehen, werden dabei nur die Verbindungen zwischen den beiden Klassen, aber nicht innerhalb einer Art von Elementen betrachtet. Ein solches Dichtemaß lässt sich hier aber leider nicht anwenden, da das untersuchte Netzwerk, was die eine Klasse seiner konstituierenden Elemente, die Unternehmen in Deutschland, angeht, im Prinzip unbegrenzt ist. Folglich ist auch die Anzahl der Verbindungen der Parlamentarier zu dieser potenziell unendlichen Anzahl von Unternehmen – abgesehen von Einschränkungen durch die tatsächliche reale Größe der betrachteten Gremien und den zeitlichen Restriktionen, die irgendwann eine natürliche Obergrenze setzen – prinzipiell unendlich. Damit würde aber logischerweise das Maß für die Dichte in bi-partiten Netzwerken automatisch gegen null gehen.

Um dennoch die Dichte und die Struktur der hier vorliegenden Netzwerke veranschaulichen zu können, werden für einen eingegrenzten Kreis von Unternehmen, und zwar die größten 100 Unternehmen in Deutschland im Jahr 2001, die Verbindungen zu den Abgeordneten des 14. Deutschen Bundestages exemplarisch dargestellt (zur genauen Bestimmung dieser Unternehmen siehe Gaugler 2006: 115 ff.). Gerade bei diesen großen Unternehmen sollten sich vermutlich viele Abgeordnete finden lassen. Das Netzwerk wurde in zwei Schritten analysiert. Betrachtet man nur die Top-100-Unternehmen, in deren Vorstand oder Aufsichtsrat ein Abgeordneter vertreten ist (direkte Verbindungen; Verbindungen ersten Grades), dann ergeben sich insgesamt neun Netzwerkkomponenten (Abbildung 14.2),[3] bei denen sich 14 Abgeordnete um insgesamt zwölf Unternehmen herum gruppieren. Dabei bilden sich sechs isolierte Dyaden heraus, die jeweils nur aus einem Abgeordneten und einem Unternehmen bestehen, sowie eine Komponente, bei der zwei Unternehmen Verbindungen zu demselben Abgeordneten aufweisen, eine Komponente, die aus drei Abgeordneten besteht, die alle im Aufsichtsrat der RAG vertreten sind, sowie einer größeren Komponente, die aus insgesamt drei Unternehmen und vier Abgeordneten, also insgesamt sieben Knoten, besteht. Diese EnBW-Bosch-Telekom-Komponente ist aber ebenfalls nur spärlich vernetzt. Sie wird nur durch Klaus Kinkel zusammengehalten, der Verbindungen zu allen drei Unternehmen aufweist. Entfällt er, so zerfällt diese Komponente in drei Einzelteile (siehe Abbildung 14.2).

Dieses Netzwerk besteht also aus vielen kleinen, voneinander isolierten Unternehmens-Abgeordneten-Dyaden und ist somit kein durchweg verbundenes, eng geknüpftes Netzwerk im engeren Sinne. Ein interessantes Bild ergibt sich, wenn man nicht nur die Verbindungen ersten Grades der Top-100-Unternehmen betrachtet, sondern auch die Verbindungen zweiten Grades. Da es sich hier um ein bi-partites Netzwerk handelt, bedeutet das in der Praxis, wiederum die weiteren Unternehmenskontakte der 14 Abgeordneten in die Betrachtung mit einzubeziehen, die direkt bei den deutschen Top-100-Unternehmen Aufsichtsrats- und Vorstandsposten bekleiden. Dabei bleiben noch sieben Netzwerkkomponenten übrig. Fünf der ursprünglichen Dyaden und Kleinkomponenten werden zwar um Verbindungen zu Unternehmen außerhalb der Top-100-Unternehmen erweitert, dadurch aber noch nicht weiter mit anderen Parlamentariern oder Top-100-Unternehmen verbunden. Zwei der isolierten Dyaden wachsen durch die

---

[3]Ellipsen stehen für Unternehmen (Rang in Klammern), Rechtecke für Parlamentarier. Eingezeichnete Linien zeigen Verbindungen ersten und zweiten Grades (nämlich einmal direkt von den größten 100 Unternehmen zu Bundestagsabgeordneten und dann im zweiten Grad von diesen Abgeordneten zu weiteren, kleineren Unternehmen).

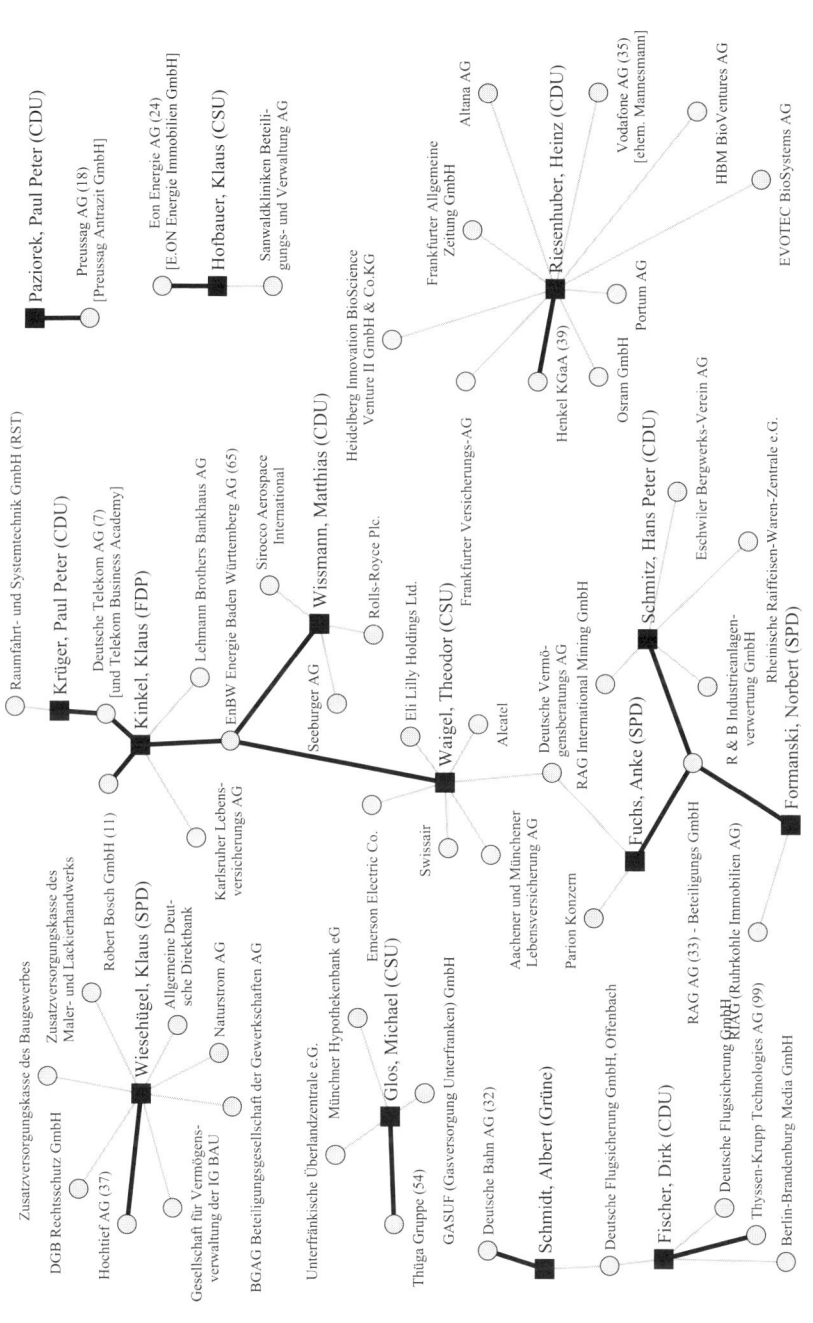

Abbildung 14.2: Verbindungen der 100 größten Unternehmen zu den Abgeordneten des 14. Deutschen Bundestages (Verbindungen bis einschließlich Grad 2). Verbindungen 1. Grades werden durch breite, schwarze Kanten dargestellt. Schwarze Quadrate stehen für Abgeordnete, graue Ellipsen für Unternehmen (Rang in Klammern).

Deutsche Flugsicherung GmbH, Offenbach am Main, bei der beide Abgeordnete im Beirat sitzen, zu einer Komponente zusammen. Die RAG und die drei mit ihr direkt verbundenen Abgeordneten wiederum werden durch einen einzigen Pfad, der die Abgeordnete Anke Fuchs (SPD) mit Theodor Waigel verbindet, da beide im Beirat der *Deutschen Vermögensberatungs AG* vertreten sind, an die größte bis dahin bestehende Komponente rund um EnBW, *Bosch* und die *Deutsche Telekom* angebunden. So entsteht als Teil des gesamten untersuchten Netzwerks zwischen Politik und Wirtschaft ein kleines bi-partites Netzwerk aus insgesamt 22 Unternehmen und 7 Abgeordneten. Auch diese 29 Knoten sind aber nur schwach miteinander verbunden, da ausnahmslos – wie übrigens bei allen sechs anderen Komponenten auch – nur einfache Verbindungen vorliegen. Die einzelnen Komponenten sind alle so strukturiert, dass sie sofort in kleinere Komponenten zerfallen, wenn man einen der Abgeordneten entfernt. Von einem dicht geknüpften Netzwerk kann also tatsächlich keine Rede sein. Angesichts der (unbegrenzt) großen Anzahl von Unternehmen, die das hier untersuchte bi-partite Netzwerk konstituieren können, ist dies aber nicht weiter verwunderlich.

14.4.4 Zentralität: Die „großen Vernetzer" unter den Abgeordneten

Vielleicht relativiert sich dieser Befund über die vorgefundene Netzwerkstruktur noch, wenn man speziell die Abgeordneten betrachtet, die die höchste Grad-Zentralität, also die größte Anzahl an Verbindungen haben? Während die meisten Abgeordneten nur eine oder gar keine der hier untersuchten Verbindungen zu Unternehmen haben, fallen einige Abgeordnete nämlich dadurch auf, dass sie durch ihre Nebentätigkeiten besonders viele Verbindungen zu Unternehmen knüpfen. Diese Parlamentarier werden im hier behandelten Kontext *big linker*, also „große Vernetzer" genannt (vgl. Nollert 1998: 31 ff., der zu dieser Gruppe Personen mit Verbindungen zu mindestens vier Unternehmen zählt). Sie weisen eine hohe lokale Degree-Zentralität auf. Durch ihre große Anzahl an Kontakten – im politischen Bereich per se schon durch die Zugehörigkeit zu Parteien und Parlament gegeben und im wirtschaftlichen Bereich durch die Zugehörigkeit zur Gruppe der *big linker* per Definition vorhanden – sollten die „großen Vernetzer" zudem beste Möglichkeiten haben, als „Schaltstellen" zwischen Politik und Wirtschaft zu fungieren; eine Position, in der sie ein erhöhtes Potenzial zur Informationsweiterleitung und damit auch zur Einflussnahme besitzen. Die *big linker* sind also genau die Personen, die in besonderem Maße das Potenzial haben, das Netzwerk der Verbindungen zwischen Wirtschaft und Staat insgesamt zusammenzuhalten und die hier zentrale Positionen einnehmen (vgl. Granovetter 1985: 496 ff., Nollert 1998: 48 ff. und Wasserman und Faust 1994: 172 ff.).

Bei der näheren Betrachtung der Daten fällt auf, dass es innerhalb der *big linker* einige „Spitzenreiter" gibt, die zum Teil bis zu zehn und mehr Vorstands- und Aufsichtsratssitze haben. Zu dieser Gruppe der *top linker*, wie man diese Abgeordneten vielleicht nennen könnte, gehören auffallend viele ehemalige Bundesminister (vgl. Gaugler 2006: Anhang 3). Hier tauchen so bekannte Namen wie *Otto Graf Lambsdorff*, *Heinz Riesenhuber*, *Günter Rexrodt* oder *Theo Waigel* auf. Über alle fünf untersuchten Wahlperioden betrachtet würden die ehemaligen Bundesminister sogar acht von neun

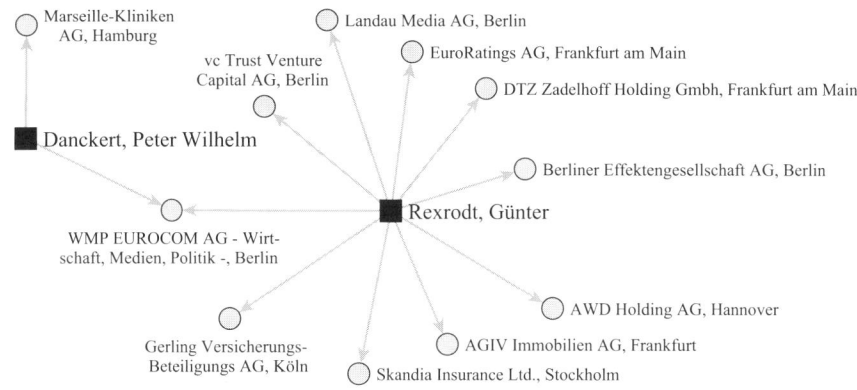

Abbildung 14.3: Ego-Netzwerk von Günter Rexrodt

dieser *top linker* stellen! Interessant ist jedoch, dass sie trotz ihrer großen Anzahl von Verbindungen abgesehen von ihren direkten Kontakten isoliert dastehen und nicht, wie zu erwarten war, den Kern eines weitläufigen Netzwerks zwischen Unternehmen und Politikern bilden, obwohl sie dazu ja eigentlich prädestiniert wären. Genau dies wird ja auch von den Vertretern der *upper class cohesion theory* so postuliert (Useem 1984).

Exemplarisch ist dies in Abbildung 14.3 für die direkten Kontakte des ehemaligen Bundeswirtschaftsministers *Günter Rexrodt* (FDP) in der 14. Wahlperiode abgebildet (hier dargestellt bis zu den Verbindungen zweiten Grades). Bei *Günter Rexrodt* bestehen zwar Verbindungen zu insgesamt zehn Unternehmen. Nur ein einziges davon aber, die *WMP Eurocomp AG*, bei der *Rexrodt* Vorstandsmitglied ist, hat eine weitere Verbindung zu einem Abgeordneten, und zwar zu *Peter Wilhelm Danckert* von der SPD, der hier im Aufsichtsrat vertreten ist. Dieser hat wiederum nur ein einziges weiteres Unternehmensmandat als Mitglied des Aufsichtsrats der *Marseille Kliniken-AG*, Hamburg. Wenn man auch noch die Verbindungen dritten Grades mit betrachtet, finden sich keine weiteren Interlockverbindungen. Das persönliche Netzwerk von Rexrodt ist also trotz der vielen direkten Kontakte komplett isoliert.

14.4.5 Veränderungen im Laufe der Zeit: Die Stabilität der Verbindungen und die „broken tie"-Analyse

Netzwerkanalysen sind meist Querschnittsanalysen. Das Format und die Herkunft der für die Untersuchung verwendeten Daten erlaubten es mir jedoch, das Netzwerk mit den dazugehörigen Indikatoren auch im Längsschnitt zu untersuchen. Bemerkenswert war dabei die Stabilität des Interlockeranteils und der Interlockkonzentration, sowohl für das Parlament als Ganzes als auch für die beiden größten Fraktionen, CDU/CDU und SPD (siehe oben), die sich unabhängig von Regierungswechseln und den Veränderungen in der personellen Zusammensetzung des Bundestages sowie seiner politischen, sozialen und ökonomischen Umwelten zeigt. Neben diesen herkömmlichen Längsschnittbetrachtungen gibt es auch netzwerkanalysespezifische Untersuchungsmethoden, die insbesondere den relationalen Charakter der vorliegenden Daten berücksichtigen. Hier stehen zwei Aspekte im Vordergrund: Die Kontinuität der einzelnen Verbindungen (vgl. Fennema und Schijf 1979: 324) und – noch spezieller – die Wiederherstellung einer (unabsichtlich) unterbrochenen Verbindung (*broken tie reconstitution*). Kontinuität bei einer Interlock-Verbindung liegt dann vor, wenn sie über mehr als eine Wahlperiode bestehen bleibt. Von den Parlamentariern, die Aufsichtsrats- und Vorstandsposten inne hatten, haben nur 51,91 % die betreffende Tätigkeit länger als eine Wahlperiode ausgeübt.

Darüber hinaus kann man grundsätzlich zwischen zwei Hauptklassen von Motiven für die Ausübung von Vorstands- oder Aufsichtsratstätigkeiten in fremden Unternehmen unterscheiden. Diese Verbindungen sind entweder vorwiegend *interpersonell* oder *interorganisational* motiviert. Zwischen beiden Gruppen von Motiven kann man mit Hilfe der *broken-tie*-Methode unterscheiden. Man geht davon aus, dass Verbindungen interpersonellen Typs, für deren Entstehung Faktoren wie persönliche Bekanntschaft, Freundschaften, die Herkunft aus derselben Region usw. sowie Persönlichkeit, Prestige, Bekanntheit und Ansehen der beteiligten Personen entscheidend sind, sich nur schwer ersetzen lassen und daher nicht direkt wiederhergestellt werden, wenn sie unbeabsichtigt unterbrochen werden (Stearns und Mizruchi 1986: 522). Handelt es sich dagegen um rein organisational motivierte Interlockverbindungen, ist es absolut egal, welche Person gerade die entsprechende Verbindung ausfüllt, so lange diese nur Mitglied der Organisation *Bundestag* ist. Eine interorganisationale Verbindung, bei der die Funktion des Abgeordneten und seine Zugehörigkeit zum politischen Bereich und die damit verbundenen Macht- und Entscheidungsbefugnisse im Vordergrund stehen, kann und wird nach dieser Logik auf jeden Fall ersetzt werden, wenn sie ungeplanterweise unterbrochen wird. Zu diesem zweiten Typ wären alle Verbindungen zu zählen, die der Kontrolle dienen, aber auch die Interlocks, die das Ziel der Informationsbeschaffung, Kooptation oder Beeinflussung verfolgen.

Unbeabsichtigt können Verbindungen zwischen Abgeordneten und Unternehmen dann unterbrochen werden, wenn der Abgeordnete, durch den diese Verbindung besteht, stirbt – der klassische Fall für eine *broken tie* – oder wenn er nicht mehr für den Bundestag kandidiert bzw. nicht wieder gewählt wird. In diesen Fällen werden alle Verbindungen, die der Abgeordnete zu diesem Zeitpunkt noch inne hat, unbeabsichtigt unterbrochen. Dies war bei insgesamt 452 der für die Mitglieder des 11. bis 15. Deutschen Bundestages vorliegenden Interlockverbindungen der Fall. Bei 22 dieser Verbindungen konnte die *broken-tie*-Methode nicht verwendet werden, da zwischen dem Parlament und dem betreffenden Unternehmen mehrere Verbindungen vorlagen, so dass der ungeplante Ausfall eines einzelnen Abgeordneten diese noch nicht vollständig beendete. Somit verbleiben noch 430 „zerbrochene" Interlock-Verbindungen für die Untersuchung. Von diesen wurden bis heute 66 (15,34 %) wiederhergestellt, indem sie durch andere Abgeordnete fortgeführt wurden. Dieser Anteil aller „parliament-business ties" ist somit mit großer Wahrscheinlichkeit als Verbindung interorganisationalen Typs anzusehen. Die meisten Verbindungen scheinen dagegen auf persönliche Kontakte und Motive zurückzugehen und, wenn überhaupt, dann nur eingeschränkt mit der Funktion des Parlamentariers und seinen damit verbundenen Befugnissen zu tun zu haben.

14.5 Fazit

Verdienst der Methoden und Konzepte der Netzwerkanalyse war, dass sie die systematische Untersuchung der personellen Verflechtungen zwischen Unternehmen und Bundestagsabgeordneten über den Einzelfall hinaus möglich machten. Dabei wurde ersichtlich, dass es beileibe nicht nur einzelne Abgeordnete sind, die neben ihrem politischen Mandat auch Aufgaben in Vorständen und Aufsichtsräten von Unternehmen wahrnehmen. Ihr Anteil ist im Gegenteil mit insgesamt rund 25 % zwischen 1987 und 2005 konstant recht hoch. Ein engmaschiges Netzwerk zwischen Politik und Wirtschaft oder gar ein unkontrollierter „Filz" entsteht aber trotz allem allein durch diese Verbindungen nicht. Dies bestätigt auch die Betrachtung der zentralen Akteure im Netzwerk, der „großen Vernetzer" sowie der größten 100 Unternehmen in Deutschland. Durch die Methode der *broken-tie*-Analyse konnte zudem die Annahme untermauert werden, dass den Nebentätigkeiten der Parlamentarier vor allem individuelle, persönliche Motive zu Grunde liegen. Das beiderseitige Streben nach Prestige und die eigene Karriere sind demnach wohl der Hauptgrund für die Aufnahme der Nebentätigkeiten der Abgeordneten in Vorständen und Aufsichtsräten. Die Funktion und die politische Arbeit der Parlamentarier und ihre Machtbefugnisse stehen dagegen nicht im Vordergrund. Zu diesem Ergebnis kommen im Übrigen auch andere Studien (Zajac 1988: 437). Folglich kann man, ganz wie das Verfassungsgericht, zu einer gemischten Bewertung der Nebentätigkeiten der Abgeordneten in Vorständen und Aufsichtsräten kommen. Sie generell abzulehnen oder gar zu verbieten, wäre überzogen. Transparenz, Offenheit und eine kritische, wachsame Überprüfung der jeweils vorliegenden Motive sind aber sicherlich geboten.

Anhang: Rechtsquellen, Gesetze und Verordnungen

AbgG Gesetz über die Rechtsverhältnisse der Mitglieder des Deutschen Bundestages (Abgeordnetengesetz – AbgG) In der Fassung der Bekanntmachung vom 21. Februar 1996; BGBl. I S. 326 (Neubekanntmachung des AbgeordnetenG vom 18.2.1977 (BGBl. I S. 297) in der seit 22.12.1995 geltenden Fassung)

AO Abgabenordnung 1977 (AO 1977) vom 16.3.1976; BGBl. I S. 613, berichtigt BGBl. 1977 I S. 269

GO BT Geschäftsordnung des Deutschen Bundestages; in der Fassung der Bekanntmachung vom 2. Juli 1980; BGBl. I S. 1237

Literaturverzeichnis

Der Spiegel, 2007: Bundesverfassungsgericht lässt die neun Geheimniskrämer abblitzen. 4. Juli. `http://www.spiegel.de/politik/deutschland/0,1518,492294,00.html`.

Fennema, Meindert und *Huibert Schijf*, 1979: Analysing Interlocking Directorates: Theory and Methods. Social Networks 1: 297–332.

Fombrum, Charles und *Mark Shanely*, 1990: What's in a name? Reputation Building and Corporate Strategy. Academy of Management Journal 33: 233–258.

Gaugler, Markus, 2006: Bundestagsabgeordnete zwischen Mandat und Aufsichtsrat. Hintergründe und Status quo der Verflechtungen zwischen Politik und Wirtschaft. Saarbrücken: VDM, Verlag Dr. Müller.

Granovetter, Mark, 1985: Economic Action and Social Structure: The Problem of Embeddedness. American Journal of Sociology 91: 481–510.

Klein, Markus und *Jürgen W. Falter*, 2003: Der lange Weg der Grünen: Eine Partei zwischen Protest und Regierung. München: Beck.

Mace, Myles L., 1971: Directors: Myth and Reality. Boston: Harvard University Press.

Mizruchi, Mark S., 1996: What Do Interlocks Do? An Analysis, Critique, and Assessment of Research on Interlocking Directorates. Annual Review of Sociology 22: 271–298.

Mokken, Robert J. und *Frans N. Stokman*, 1978: Corporate-Governmental Networks in the Netherlands. Social Networks 1: 333–358.

Nollert, Michael, 1998: Interlocking Directorates in Switzerland: A Network Analysis. Schweizerische Zeitschrift für Soziologie 24: 31–58.

Pennings, Johannes M., 1980: Interlocking Directorates: Origins and Consequences of Connections Among Organizations' Boards of Directors. San Francisco: Jossey-Bass.

Salamon, Lester M. und *John J. Siegfried*, 1977: Economic Power and Political Influence: The Impact of Industry Structure on Public Policy. The American Political Science Review 71: 1026–1043.

Salzman, Harold und *G.William Domhoff*, 1980: The Corporate Community and Government: Do they Interlock? In: *G.William Domhoff* (Hg.), Power Structure Research, S. 227–254. London: Sage Publications.

Schnell, Rainer, Paul B. Hill und *Elke Esser*, 1999: Methoden der empirischen Sozialforschung. München: Oldenbourg.

Scott, John, 2000: Social Network Analysis: A Handbook. London: Sage Publications.

Stearns, Linda Brewster und *Mark S. Mizruchi*, 1986: Broken-Tie Reconstitution and the Functions of Interorganizational Interlocks: A Reexamination. Administrative Science Quarterly 31: 522–538.

Useem, Michael, 1984: The Inner Circle. New York: Oxford University Press.

Wasserman, Stanley und *Katherine Faust*, 1994: Social Network Analysis: Methods and Applications. Cambridge: Cambridge University Press.

Zajac, Edward J., 1988: Interlocking Directorates as an Interorganizational Strategy: A Test of Critical Assumptions. The Academy of Management Journal 31: 428–438.

Kapitel 15

Personelle Verflechtungen zwischen Unternehmensverbänden und dem Deutschen Bundestag: Analyse eines bipartiten Netzwerkes

Martin Schmid

15.1 Ausgangslage und theoretischer Rahmen

Verbandsvertreter im Deutschen Bundestag – diese Diskussion ist beinahe so alt wie der Bundestag selbst. Bereits in den 50er Jahren des vergangenen Jahrhunderts sprach der Politologe Dolf Sternberger (1953: 208) von einem „Parlament von Verbandsdelegierten", Theodor Eschenburg (1989: 36) nannte später einzelne Ausschüsse „Verbandsherzogtümer". Die Fragestellung hat seither nichts an Aktualität verloren. Erst im letzten Sommer gab es in den Medien eine große Diskussion über die Verquickung von Bundestagsmandat und Verbandsposten, entzündet an der angestrebten Doppelfunktion des CDU-Abgeordneten Röttgen als BDI-Hauptgeschäftsführer. Erstaunlicherweise hat sich die Politik- und Verwaltungswissenschaft mit diesem Thema bisher nur sehr unzureichend beschäftigt. So gibt es für die Zeit nach 1994 keine Untersuchungen über das Ausmaß personeller Verflechtungen zwischen Unternehmensverbänden[1] und dem Deutschen Bundestag (BT), sieht man von einer Tabelle bei Rudzio (2000: 96) über den 14. BT ab. Frühere Untersuchungen (etwa Schindler 1999) zeigen eine Abnahme dieser Beziehungen seit den frühen 80er Jahren des vorigen Jahrhunderts. Zumeist sind diese Arbeiten jedoch rein deskriptiv, plausible Erklärungen sind zumindest rar. Ebenso unklar ist es, welche Bedeutung personelle Verflechtungen im Kontext der verbandlichen Interessenvermittlung spielen.

Die Diskussion über personelle Verflechtungen zwischen Unternehmensverbänden und dem Deutschen Bundestag lässt sich grob in zwei Lager einteilen: So gibt es Autoren, die wie Steinberg (1989) und Weber (1977) personelle Verflechtungen als

---

[1] Als Unternehmensverband gelten in dieser Untersuchung alle bundesweit tätigen Unternehmens- und Arbeitgeberverbände und ihre regionalen Tochterorganisationen sowie Verbände, deren Mitglieder überwiegend oder zum großen Teil unternehmerisch tätig sind (freie Berufe). In dieser Untersuchung nicht berücksichtigt werden Verbände aus den Politikfeldern Landwirtschaft und Gesundheit. Beide Politikfelder gelten gemeinhin als sehr spezialisiert und bedürften einer separaten, eigenständigen Betrachtung, die an dieser Stelle nicht geleistet werden kann.

hocheffektives Instrument verbandlicher Interessenvermittlung und -durchsetzung betrachten. Dabei wird häufig die Verbandsdurchsetzung von für die jeweilige Interessengruppe besonders wichtigen Ausschüssen als zentral betrachtet (von Beyme 1997: 209; Hirner 1993: 138 ff.). Schaffen es die Verbände, in einzelnen Ausschüssen eine starke Präsenz zu entwickeln, wird häufig von „Verbandsinseln" gesprochen.

Auf der anderen Seite finden sich diejenigen Betrachter, die den Nutzen personeller Verflechtungen für die Verbände eher kritisch sehen. So beschreibt es Schröder (2003: 293) als Vorteil für Verbände, weniger eigene Funktionäre im Bundestag sitzen zu haben. Der Makel direkter Einflussnahme und Abhängigkeit würde so vermieden. Ähnlich argumentiert Sebaldt (2002: 299), der personelle Verflechtungen ebenfalls als nicht besonders effektiv darstellt. Ausgehend von einer Befragung von 23 Verbandsfunktionären kommt er zu dem Ergebnis, dass innerfraktionelle Stigmatisierungsprozesse eine effektive „innere Lobby" verhindern würden. Viel wichtiger, so Sebaldt, seien gute Kontakte zu den jeweils federführenden Fraktionsexperten. Auch Patzelt (1995: 165 ff.) kommt zu dem Schluss, aus Verbänden hervorgegangene Abgeordnete seien keinesfalls die besten Advokaten für verbandliche Interessen. Zu leicht würden diese als Lobbyisten wahrgenommen und verlören somit an Glaubwürdigkeit.

Die Mehrzahl der Autoren, die sich mit dem Thema personeller Verflechtungen zwischen Verbänden und dem Bundestag auseinandergesetzt haben, verzichtet jedoch darauf, die „black box" personeller Verflechtungen zu öffnen. So wird entweder ohne weitere Begründung angenommen, mit Verbänden verbundene Abgeordnete seien als „eingebaute Lobbyisten" einflussreich (Eschenburg 1989), oder auf der Grundlage weniger, qualitativer Interviews mit Verbandsfunktionären das Gegenteil behauptet (etwa bei Sebaldt 2002). Wenn personelle Verflechtungen aber tatsächlich keinen Vorteil bringen, stellt sich die Frage, warum es sie dann überhaupt gibt. Sollten Interlocker dagegen so effektiv sein wie von anderen Beobachtern angedeutet, sollten wir einen hohen Verflechtungsgrad beobachten können. Allerdings bleibt auch hier in vielen Untersuchungen die Frage offen, wer mit wem aus welchem Grund verflochten ist, wie Einfluss ausgeübt wird und mit welchen Konsequenzen. Spektakuläre Einzelfälle ersetzen weder eine Theorie noch fundierte empirische Analysen.

Daher erscheint es notwendig, die Diskussion auf ein breiteres Fundament zu stellen. Zu diesem Zweck wird im nächsten Abschnitt ein kurzer Überblick über die Interlocking-Directorates-Forschung (ID-Forschung) gegeben. Anschließend werden drei Modelle des Staat-Gesellschafts-Verhältnisses vorgestellt: Politiknetzwerke, Pluralismus und Elitentheorie. Zur Ableitung der Hypothesen werden diese mit jeweils einem Erklärungsansatz aus der ID-Forschung kombiniert. Auch wenn sich die ID-Forschung fast ausschließlich mit Verbindungen zwischen Unternehmen beschäftigt, ist sie dennoch in der Lage, Erkenntnisse über Motivation, Begründung und Folgen personeller Verflechtungen zu liefern. Erst die Kombination mit den politikwissenschaftlichen Modellen ermöglicht es, Erklärungen aus der ID-Forschung sinnvoll auf das Phänomen personeller Verflechtungen zwischen Unternehmensverbänden und dem Deutschen Bundestag übertragen zu können. Im Rahmen der empirischen Analysen dieser Arbeit sollen dann das aktuelle Ausmaß sowie Entwicklungstendenzen personeller Verflechtungen zwischen Unternehmensverbänden und dem Deutschen Bundestag ergründet werden. Außerdem soll die Bedeutung geklärt werden, welche personelle

Verflechtungen mit dem Deutschen Bundestag im Kontext der Interessenvermittlung von Unternehmensverbänden besitzen.

15.1.1 Interlocking Directorates

„An interlock is a social relation created by a *multiple director*, a person who sits on two or more company boards" (Scott 1990: Hervorhebung im Original). Von einem Interlocking Directorate wird also gesprochen, wenn eine Person, die mit einer Organisation verbunden ist, gleichzeitig im *board of directors* einer anderen Organisation sitzt. Diese *boards of directors* haben in deutschen Unternehmen keine direkte Entsprechung, sondern stellen die im angelsächsischen Raum übliche Mischform aus Vorstand und Aufsichtsrat dar. Dennoch erscheint es unproblematisch, den Begriff ebenso auf andere Formen von Organisationen sowie andere Arten personeller Verflechtungen zu erweitern.

Der entsprechende Forschungszweig, welcher sich mit Interlocking Directorates beschäftigt, hat seine Wurzeln im frühen 20. Jahrhundert, als im Zuge der damals in den USA populären Anti-Trust-Gesetzgebung Untersuchungen über personelle Verflechtungen von Großunternehmen durchgeführt wurden (Allen 1990: 121). Einen Boom erlebte die Interlocking-Directorates-Forschung dagegen in den späten 70er und 80er Jahren des vergangenen Jahrhunderts, in den USA ebenso wie in Deutschland und anderen Ländern. Ein Grund hierfür waren technische und methodische Fortschritte der Netzwerkanalyse in den 70er Jahren, insbesondere die Anwendung der Graphentheorie (Scott 1991: 183). Einen guten Überblick über die ID-Forschung bietet neben Mizruchi (1996) auch Scott (1985).

Der wichtigste Beitrag, welchen die ID-Forschung zum Verständnis personeller Verflechtungen zwischen Unternehmensverbänden und dem Bundestag leisten kann, besteht in Erklärungen für das Zustandekommen und die Bedeutung von Interlocking Directorates. Haunschild und Beckman (1998) kommen auf nicht weniger als sechs sich teilweise ergänzende Funktionen von IDs. Dies sind: (1) *collusion and cooperation*, (2) *cooptation*, (3) *upper class cohesion*, (4) *career advancement*, (5) *legitimacy*, (6) *information about business practices* (Haunschild und Beckman 1998: 815). Von diesen werden insbesondere *cooptation*, *upper class cohesion* und *legitimacy* in dieser Arbeit von Bedeutung sein.

15.1.2 Politiknetzwerke und Verbände

> „Policy networks are mechanisms of political resource mobilization in situations where the capacity for decision making, program formulation and implementation is widely distributed or dispersed among private and public actors" (Kenis und Schneider 1991: 41).

Somit ist Politikformulierung und -implementation in Policy-Netzwerken ein dezentraler Prozess, an dem sowohl staatliche als auch private Akteure beteiligt sind. Im Gegensatz zu den so genannten „Iron Triangles" einiger Vertreter des Pluralismus und den tripartistischen Verhandlungen des Neo-Korporatismus gibt die Netzwerk-perspektive den Blick frei für eine Vielzahl weiterer formeller wie informeller Akteu-re in der politischen Arena. Diese stehen keineswegs a priori fest, sondern müssen für jedes einzelne Politikfeld empirisch identifiziert werden und können ständigen Veränderungen unterworfen sein (Mayntz 1997: 180 f.). Mit dem Aufkommen von Politiknetzwerken geht eine veränderte Wahrnehmung der Rolle von Verbänden ein-her. Während Vertreter des Neo-Korporatismus für (Unternehmens-)Verbände ein Repräsentationsmonopol forderten oder es zumindest als förderlich ansahen, zeigen empirische Netzwerkanalysen, dass in vielen Politikfeldern durchaus mehrere konkur-rierende oder kooperierende Unternehmensverbände vertreten sein können, ebenso wie Einzelunternehmen und eine Vielzahl weiterer Interessengruppen. Dies beeinflusst natürlich auch das Verhältnis von Verbänden und Staat(lichen Akteuren). So kann der Zugang von Verbänden zu den für sie relevanten Politiknetzwerken keinesfalls a priori angenommen werden, sondern hängt unter anderem von den Ressourcen ab, welche sie zur Problemlösung einbringen können. Dennoch zeigen verschiedene em-pirische Untersuchungen, dass Verbände in den meisten Politiknetzwerken sehr wohl eine wichtige Rolle spielen (Schneider 2000: 254 f.).

15.1.3 Politiknetzwerke und personelle Verflechtungen

Wie aber lassen sich personelle Verflechtungen zwischen Unternehmensverbänden und dem Deutschen Bundestag aus einer Netzwerkperspektive einschätzen, welche Vor-aussagen bezüglich Häufigkeit und Bedeutung dieses Instrumentes können getroffen werden? Den Ausgangspunkt bildet hier die Beobachtung, dass Politikformulierung in Netzwerken ein dezentraler Prozess ist, an dem eine Vielzahl von privaten und staatlichen Akteuren beteiligt ist. Dies legt den Schluss nahe, dass es für einen Unter-nehmensverband, der Einfluss auf politische Outcomes nehmen will, nicht ausreicht, den Bundestag als nur einen von vielen Akteuren zu beeinflussen. Vielmehr sollte es für einen Verband notwendig sein, eine Vielzahl von öffentlichen und privaten Akteu-ren zu beeinflussen.

Angesichts begrenzter Ressourcen (Zeit, Geld und Aufmerksamkeit) sollten die Unternehmensverbände danach streben, diese so zu investieren, dass sie einen größtmöglichen Nutzen bringen. Diesen bringen in Politiknetzwerken jedoch nicht per-sonelle Verflechtungen zu einigen Abgeordneten, sondern gute Kontakte und Arbeits-beziehungen zu denjenigen Personen und Institutionen, die in den für die Verbände relevanten Politiknetzwerken über entsprechende Problemlösungskompetenz und Einfluss verfügen. Carpenter et al. (1998) gehen sogar noch einen Schritt weiter: Sie stellen fest, dass zur Informationsbeschaffung für Lobbyisten *weak ties* gegenüber *strong ties* im Vorteil sind – ein Argument, welches auf der Arbeit von Grano-vetter (1973) basiert. Auf die vorliegende Fragestellung angewandt, könnte man argumentieren, dass informelle Beziehungen als *weak ties* personellen Verflechtungen als besonders starken Verbindungen in mancherlei Hinsicht überlegen sein können. Insofern sollten wir also erwarten, dass im Zuge des Aufkommens netzwerkartiger For-men des Regierens die Anzahl und Bedeutung personeller Verflechtungen abnimmt. Wir können aus einer Netzwerkperspektive also einen niedrigen Grad personeller

Verflechtungen erwarten, der sich vom 11. zum 15. Bundestag tendenziell eher noch verringert hat.

Allerdings können Verbände im Kampf um Aufmerksamkeit in und Zugehörigkeit zu Policy-Netzwerken durchaus vom Instrument personeller Verflechtungen mit dem Bundestag profitieren. Profilierte Politiker in den Reihen eines Verbandes etwa können eine Türöffnerfunktion besitzen. Damit ist allerdings nicht gemeint, dass diese die Politikformulierung entscheidend im Sinne ihres Verbandes beeinflussen. Vielmehr können sie durch ihre Kontakte und ihr persönliches Netzwerk dazu beitragen, dem Verband Türen zu öffnen, die ihm bis dato verschlossen geblieben sind. Sie können – auch wiederholt – Kontakt zu den relevanten Akteuren in den Policy-Netzwerken herstellen.

An dieser Stelle ist ein Rückgriff auf die Ergebnisse der ID-Forschung sinnvoll. Die soeben beschriebene Funktion personeller Verflechtungen zwischen Verbänden und dem Deutschen Bundestag bedeutet nämlich nichts anderes als die Legitimacy- oder Prestige-Funktion von IDs. Hierbei geht es genau darum, sich externe Glaubwürdigkeit für die eigene Organisation zu beschaffen und den eigenen Status dadurch zu verbessern. Gerade Organisationen, in diesem Fall Verbände, mit vergleichsweise geringem Prestige bzw. schlechter Vernetzung sollten also von dem Instrument der personellen Verflechtung profitieren können. Hoch angesehene, sehr einflussreiche und gut vernetzte Unternehmensverbände hingegen dürften dieses Instrument weniger benötigen, da sie über genügend Reputation und eigene Kontakte verfügen.

Bedeutet das nun, dass wir einen negativen linearen Zusammenhang zwischen dem Einfluss eines Verbandes und der Anzahl seiner IDs zum Deutschen Bundestag erwarten dürfen? Hierzu sollte man sich bewusst machen, dass wenig einflussreiche Verbände möglicherweise über nur geringe Ressourcen, personeller wie materieller Art verfügen. Zudem bedarf es auch eines gewissen Maßes an Vernetzung und Prestige, um überhaupt Bundestagsabgeordnete für eine Mitarbeit im Verband gewinnen zu können oder gar die Wahl von eigenen Funktionären in den Bundestag zu ermöglichen. Daher können wir davon ausgehen, dass der Wunsch nach personellen Verflechtungen zum Bundestag und die Fähigkeit, diese auch tatsächlich herzustellen, sehr unterschiedlich verteilt sind. Während es sehr einflussreichen, angesehenen, großen und gut vernetzten Unternehmensverbänden am leichtesten fallen sollte, Bundestagsabgeordnete für eine Mitarbeit bzw. Beratungs- oder Repräsentationsfunktion im Verband zu gewinnen, sind dies gerade jene Verbände, die dieses Instrumentes am wenigsten bedürfen. Auf der anderen Seite finden wir, vereinfacht gesprochen, schlecht vernetzte Verbände mit wenig Einfluss und Prestige, die, um ihren Zugang zu den für sie relevanten Policy-Netzwerken zu verbessern, liebend gerne über personelle Verflechtungen zum Deutschen Bundestag verfügen würden, jedoch kaum dazu in der Lage sind, diese auch tatsächlich herzustellen.

Somit wird klar, dass es vor allem Unternehmensverbände im mittleren Einflussbereich sein sollten, die über eine Vielzahl personeller Verflechtungen mit dem Bundestag verfügen. Außer dem Einfluss eines Verbandes kann aber auch das Umfeld, in dem er sich bewegt, einen Einfluss auf die Anzahl seiner IDs haben. So könnten etwa solche Unternehmensverbände, die Schwierigkeiten haben, sich als Neuling in einem verfestigten Politikfeld Gehör zu verschaffen, verstärkt auf das Instrument personeller

Verflechtungen zurückgreifen. Bundestagsabgeordnete als Türöffner können hier sehr nützlich sein. Aber auch Verbände, die in einem starken Wettbewerb stehen, können versuchen, sich durch das Instrument personeller Verflechtungen einen Prestigevorteil gegenüber der Konkurrenz zu erarbeiten.

> H_1: Moderne Politik kann am besten als Netzwerkprozess begriffen werden. Personelle Verflechtungen besitzen in diesem Kontext vor allem eine Prestige- und Türöffnerfunktion.
>
> 1. Zwischen Unternehmensverbänden und dem Deutschem Bundestag gibt es nicht all zu viele IDs, deren Häufigkeit ist seit dem Aufkommen netzwerkartiger Regierungsformen zurückgegangen.
> 2. Verbände mit mittlerem Einfluss verfügen über die meisten IDs.

15.1.4 (Neo-) Pluralismus

Pluralismus ist sicherlich das am weitesten verbreitete Paradigma der Verbändeforschung. Dies allein würde ausreichen, es hier vorzustellen, ist aber nicht der eigentliche Grund hierfür. Vielmehr lassen sich aus einer pluralistischen Perspektive Aussagen über Häufigkeit und Bedeutung von personellen Verflechtungen zwischen Unternehmensverbänden und dem Bundestag treffen, die sich ganz erheblich von dem eben behandelten Netzwerkmodell unterscheiden.

Politik ist, pluralistischen Vorstellungen zufolge, Gruppenkampf. Der Staat bildet hierfür die entsprechende Arena oder fungiert als neutraler Schiedsrichter. Im radikalen Pluralismus bildet er auch nur eine Interessengruppe unter vielen (Bentley 1967). Policies werden dabei als Ergebnis von Machtkonstellationen gesehen, die sich in Kräfteparallelogrammen, einer Anleihe aus der Physik, modellieren lassen (Fraenkel 1979: 45). Allerdings gibt es im Pluralismus eine Reihe von Mechanismen, die dafür sorgen, dass die Ergebnisse in groben Zügen den Mehrheitsinteressen entsprechen. So nimmt etwa David Truman, einer der bedeutendsten Pluralisten, an, Interessengruppen würden durch sogenannte „cross-cutting cleavages" und „multiple overlapping memberships" gemäßigt. Sind dennoch die Interessen der Mehrheit bedroht, würden sich latente Gruppen manifestieren und diese zur Geltung bringen (Truman 1970).

Was aber lässt sich aus einer pluralistischen Position heraus über personelle Verflechtungen zwischen Unternehmensverbänden und dem Bundestag aussagen? An dieser Stelle ist es zunächst einmal notwendig, zwischen normativen und deskriptiven Ideen zu unterscheiden, was in Bezug auf den Pluralismus oft gar nicht so einfach ist. Sehr oft wurden unter seinem Banner durchaus wünschenswerte Idealvorstellungen propagiert, die jedoch so in der empirischen Welt nicht zu finden waren. Normativ ließe sich argumentieren, dass, wenn der Staat seine Funktion als neutraler Schiedsrichter erfüllen wolle, es personelle Verflechtungen mit Verbänden nicht geben dürfe. Dies widerspricht jedoch nicht nur der empirischen Realität, sondern auch der pluralistischen Vorstellung, dass (organisierte) Interessen nach Einfluss streben. Wenn Politik im Sinne von *politics* also der Widerstreit von Interessen(-gruppen) ist, gibt es keinen Grund anzunehmen, dass sich diese auf Lobbying beschränken sollten, wenn sie die Möglichkeit haben, das Parlament und andere staatliche Institutionen personell zu durchsetzen und so das Kräfteparallelogramm zu ihren Gunsten zu beeinflussen. Auch die von vielen pluralistisch orientierten Autoren geforderte allgemeine Akzeptanz von Grundregeln widerspricht diesem Vorgehen nicht. So sind Vertreter von Interessengruppen im Parlament weder illegal, noch werden diese gemeinhin als illegitim angesehen.[2] Außerdem scheinen es vor allem die Ausschüsse zu sein, auf die sich Verbandsvertreter konzentrieren, um im Idealfall Verbandsinseln aufzubauen. Dies gibt ihnen die Möglichkeit, eigene Vorstellungen in den Gesetzgebungsprozess einfließen zu lassen oder zumindest aber Vorlagen abzumildern, die ihren Interessen zuwiderlaufen.

Diese Argumentationsweise entspricht auf Seiten der ID-Forschung der Kooptationsfunktion personeller Verflechtungen. Hierbei werden IDs von einer Organisation genutzt, um eine andere in ihrem Sinne zu beeinflussen, zumindest jedoch Handlungen zu verhindern, welche eigenen Interessen schaden. Eine solche Beziehung muss jedoch nicht notwendigerweise einseitig sein, eine gegenseitige Beeinflussung ist genauso denkbar. Erfüllen IDs die Funktion, zumindest schädliche Handlungen einer anderen Organisation zu verhindern, ist klar, dass der Bundestag eine attraktive Zielorganisation für personelle Verflechtungen darstellt. Alle Unternehmensverbände sollten also danach streben, solche Verbindungen aufzubauen. Umgekehrt sind für den Bundestag, vertreten durch einzelne Abgeordnete, Unternehmensverbände umso attraktiver, je einflussreicher sie sind. Schließlich können so ebenfalls potentielle Störfaktoren kontrolliert werden. Die Antwort auf die Frage, welche Verbände über Interlocks zum Bundestag verfügen sollten, fällt aus einer pluralistischen Perspektive vergleichsweise leicht: Je einflussreicher ein Verband ist, über desto mehr Interlocks zum Bundestag sollte er verfügen. Dem hier vorgestellten Pluralismus- bzw. Kooptationsmodell zufolge sind IDs also Indikatoren für und Werkzeuge von Verbandseinfluss.

> H_2: Verbände sind einflussreich und IDs dienen der Kooptation.
>
> 1. Zwischen Unternehmensverbänden und dem Deutschen Bundestag existiert eine Vielzahl von personellen Verflechtungen.
> 2. Je einflussreicher ein Verband ist, über desto mehr IDs zum Deutschen Bundestag verfügt er.

15.1.5 Machteliten

Als dritter und letzter Theoriestrang zur Erklärung des Verhältnisses von Unternehmensverbänden und dem Deutschen Bundestag soll an dieser Stelle in aller Kürze die Elitentheorie vorgestellt werden. Insbesondere soll dabei das Augenmerk auf die Arbeit des vielleicht wichtigsten Elitentheoretikers gelegt werden, C. Wright Mills. In seinem Buch „The Power Elite" (1956) analysiert Mills die amerikanische Gesellschaft und kommt zu dem Schluss, diese würde von einflussreichen Eliten kontrolliert. Auf diese Weise glaubt er, pluralistische Vorstellungen von Chancengleichheit und der

---

[2]Diesen Punkt kann man durchaus als kontrovers ansehen. Allerdings spricht die Tatsache, dass personelle Verflechtungen zwischen dem Bundestag und Interessengruppen verbreitet sind, gegen die Existenz einer solchen ungeschriebenen Regel, zumindest unter den Beteiligten.

Dominanz von Mehrheitsinteressen widerlegen zu können. Der Staat wird nicht mehr als Arena oder Schiedsrichter gesehen, sondern zu einem Instrument der Eliten. Im Gegensatz dazu sind die „Massen", also derjenige Teil der Bevölkerung, welcher nicht den Eliten zuzurechnen ist, relativ unbedeutend.

Mills sieht erhebliche personelle Verflechtungen bzw. einen Personalaustausch zwischen den verschiedenen Teilen der Machtelite, bestehend aus Wirtschaft, Militär und Politik. Dieses Machtzentrum bilden „those who interchange commanding roles at the top of one dominant institutional order with those in another" (Mills 1956: 288). Das Machtelitenmodell von Mills besitzt somit den Vorteil, dass es klare Voraussagen über personelle Verflechtungen zwischen Politik und Wirtschaft trifft. Dass Mills und andere, wie etwa sein Schüler Domhoff (1967, 1990), dabei eher von Unternehmen als von Unternehmensverbänden ausgehen, sollte vor allem der zersplitterten und im Vergleich zu Deutschland eher schwachen amerikanischen Unternehmensverbändelandschaft geschuldet sein. Anders als deutsche sind amerikanische Unternehmen seit jeher politisch sehr aktiv, etwa in Form von Direktlobbying und Wahlkampfspenden.

In Deutschland dagegen spielen Verbände eine wichtige Rolle. „Um den Kapitaleinfluss in der legislativen Arbeit zu sichern, reserviert insbesondere die CDU/CSU eine bestimmte Menge von Kandidatenplätzen für Verbandsvertreter" (Simon 1976: 175). An dieser Stelle wird deutlich, dass eine zweite Modifikation des Machtelitenmodells unerlässlich erscheint, um es an die Gegebenheiten in Deutschland anzupassen. Im ursprünglichen Machtelitenmodell bei Mills spielen Parteien keine bedeutende Rolle. Die Eliten sind konservativ (Mills 1956: 325 ff.), beeinflussen aber beide großen amerikanischen Parteien (Domhoff 1967: 87 ff.). Dies erklärt sich mit den schwachen, unideologischen Parteien in den USA, die sich programmatisch oft kaum voneinander unterscheiden. In Deutschland finden wir dagegen andere Bedingungen vor. So ist die SPD durch ihre traditionell starke Verflechtung mit den Gewerkschaften dem Einfluss der wirtschaftlichen Eliten teilweise entzogen (zur gesellschaftlichen Vernetzung von Parteien in Deutschland siehe von Alemann 2003). Auch die Grünen, aus der Umwelt- und Friedensbewegung hervorgegangen und teilweise bis heute im alternativen Milieu verwurzelt, scheinen kein adäquater Partner zu sein. Von daher müssen wir in Deutschland von einer engen Verflechtung zwischen wirtschaftlichen Eliten, d. h. Unternehmensverbänden und insbesondere den Unionsparteien ausgehen. Diese beschreiben neben Simon auch andere Autoren wie etwa Adam (1979: 91 ff.). Neben den Unionsparteien könnte in diesem Zusammenhang aber auch die FDP eine Rolle spielen, hat sie doch unter ihren Mitgliedern den höchsten Anteil von Selbstständigen aller im Bundestag vertretenen Parteien (Gabriel und Niedermayer 1997: 291). Mehr noch, sie findet laut Dittberner (1987: 101) den stärksten Zuspruch in den „höheren" sozialen Lagen der verschiedenen Berufsgruppen.

Was also kann uns die Elitentheorie, also die *upper class cohesion*-Funktion personeller Verflechtungen, über IDs zwischen Unternehmensverbänden und dem Deutschen Bundestag sagen? Mitglieder des Deutschen Bundestages sind aufgrund ihrer Position im Gesetzgebungsprozess den Macht-, zumindest jedoch Funktionseliten zuzuordnen. Auf der anderen Seite sind Unternehmensverbände und ihre Mitglieder als Vertreter des Kapitals führende Vertreter der wirtschaftlichen Eliten. Folgt man nun dem Machtelitenmodell, sollten beide Gruppen personell stark miteinander verflochten sein. Allerdings ist hier noch zwischen den einzelnen Parteien zu unterscheiden. Wie bereits erwähnt, sollten im Bundestag die CDU/CSU-Fraktion sowie die FDP über den Löwenanteil der personellen Verflechtungen verfügen. Doch auch auf Seiten der Unternehmensverbände lassen sich Unterscheidungen treffen. So sollten es vor allem Vertreter etablierter wirtschaftlicher Interessen sein, die über viele Interlocker verfügen. Im Gegensatz zu den bereits beschriebenen pluralistischen Interessengruppen sind die Ziele der Machteliten sehr viel weiter gefasst. Während im Pluralismusmodell Verbände versuchen, staatliche Entscheidungen auf ihrem Interessengebiet zu beeinflussen, nutzen Machteliten personelle Verflechtungen mit dem Bundestag erstens, um den Zusammenhalt der Eliten zu fördern, und zweitens, um die Politik insgesamt zu kontrollieren. Daher lässt sich ihr Interesse eben nicht auf wirtschaftspolitische Fragestellungen reduzieren. So ist es elitentheoretischen Vorstellungen zufolge nicht zu erwarten, dass sich die IDs zwischen Unternehmensverbänden und dem Bundestag auf bestimmte Ausschüsse konzentrieren.

> H_3: Mächtige Eliten bestimmen Wirtschaft und Politik, zu diesen gehören Abgeordnete des Bundestages ebenso wie Unternehmensverbände. IDs dienen dem Zusammenhalt der Eliten und der Kontrolle der Politik.
>
> 1. Zwischen Unternehmensverbänden und dem Deutschen Bundestag existiert eine Vielzahl von personellen Verflechtungen.
> 2. Je stärker ein Verband Teil der Machtelite ist, über desto mehr IDs mit dem Deutschen Bundestag verfügt er.

15.1.6 Zusammenfassung der Voraussagen der drei Modelle

In Tabelle 15.1 werden die Voraussagen der drei Modelle bezüglich Häufigkeit und Verteilung personeller Verflechtungen zusammengefasst. Um angesichts der Vielzahl von Voraussagen und zu untersuchenden Indikatoren die Übersichtlichkeit zu wahren, soll an dieser Stelle nur ein kurzer Überblick über selbige gegeben werden. Dies bedeutet, dass vor den jeweiligen Untersuchungen expliziert wird, wie genau die einzelnen Variablen gemessen werden und unter welchen Bedingungen die einzelnen Modelle bestätigt oder widerlegt werden.

15.1.7 Auswahl der Untersuchungszeiträume

Die Auswahl der Untersuchungszeiträume resultiert sowohl aus theoretischen Erwägungen wie auch aus Gründen der Datenverfügbarkeit. In Bezug auf die Datenverfügbarkeit ist anzumerken, dass die Bundestagsabgeordneten erst seit 1987 verpflichtet sind, ehrenamtliche Nebentätigkeiten anzugeben. Somit bietet sich der 11. Bundestag als natürlicher Startpunkt der Untersuchung an. Zwar ist es prinzipiell auch möglich, mit Hilfe biografischer Handbücher Aussagen über weiter zurückliegende Perioden zu treffen, diese ließen sich dann allerdings nicht ohne Weiteres mit den neueren, vollständigeren Daten vergleichen. Über den aktuellen, 16. BT waren zum Zeitpunkt dieser Untersuchung (April 2007) noch keine Aussagen möglich, da der zweite Teil des Amtlichen Handbuchs noch nicht veröffentlicht war. Eine vollständige

Kriterium	Modell 1 Netzwerk & Prestige	Modell 2 Pluralismus & Kooptation	Modell 3 Machteliten
Häufigkeit von IDs	niedrig	hoch	hoch
Veränderung 11. → 15. BT bei der Häufigkeit der IDs	Rückgang	unklar	unklar
Verbandsdurchsetzung relevanter Ausschüsse	niedrig	hoch	niedrig
Veränderung 11. → 15. BT bei der Verbandsdurchsetzung relevanter Ausschüsse	Rückgang	keine Veränderung bzw. abhängig von Anzahl gesamt	keine Veränderung bzw. abhängig von Anzahl gesamt
Verteilung von IDs auf Parteien	unklar	kein Einfluss	v.a. CDU/CSU und FDP
IDs nach Branchen	v.a. neue Interessen und „schwierige" Politikfelder	v.a. wichtige, einflussreiche Branchen	v.a. etablierte Verbände
Verhältnis Einfluss – IDs	v.a. bei mittlerem Einfluss	linear positiv	linear positiv

Tabelle 15.1: Zusammenfassung der Voraussagen der drei Modelle

Zeitreihenanalyse von 1987 (11. BT) bis 2005 (15. BT) erscheint an dieser Stelle nicht notwendig. Da die mittlere Verweildauer eines Abgeordneten im Bundestag bereits zu Beginn einer Legislaturperiode meist mehr als sechs Jahre beträgt (Feldkamp 2005: 146), zeigen sich Veränderungen in seiner Zusammensetzung nur sehr langfristig. Aus diesem Grund erfolgt in der vorliegenden Arbeit eine Analyse des 11. und des 15. Bundestages sowie ein Vergleich der Ergebnisse beider Legislaturperioden.

15.1.8 Datengrundlage und -kritik

Für die empirische Analyse der personellen Verflechtungen wird auf Informationen aus den Amtlichen Handbüchern des Deutschen Bundestages für die 11. und 15. Legislaturperiode zurückgegriffen. Diese sind für den 15. BT auch im Internet unter `http://www.bundestag.de` zu finden. Relevant sind für diese Arbeit insbesondere die so genannten „veröffentlichungspflichtigen Angaben" der Abgeordneten, welche jeweils im zweiten Teil des Amtlichen Handbuchs publiziert werden, sowie die biographischen Angaben jeweils im ersten Teil. Als Interlocker zu Unternehmensverbänden gelten dabei diejenigen Abgeordneten, die entweder (a) während ihrer Mandatszeit ein Amt in einem entsprechenden Verband ausübten oder (b) während oder vor ihrer Mandatszeit bei einem solchen Verband beschäftigt waren (in Anlehnung an Weber 1977). Auf eine eingehende Diskussion der Datenquelle soll an dieser Stelle verzichtet werden. Eine solche findet sich etwa bei Gaugler (2006: 71 f.). Allerdings sei erwähnt, dass die Amtlichen Handbücher des Deutschen Bundestages im Vergleich zu anderen möglichen Wegen der Datenerhebung sehr gut abschneiden. Eine Nonresponse-Problematik, wie sie bei Interviews gegeben wäre, ist hier zu vernachlässigen, und die Zuverlässigkeit der Daten kann als höher eingeschätzt werden als die anderer Quellen. Darüber hinaus ermöglicht erst die freie Verfügbarkeit der Daten eine Vollerhebung aller Abgeordneten in zwei Legislaturperioden in einer angemessenen Zeit und zu einem vertretbaren Aufwand. So kann man davon ausgehen, den größten Teil der personellen Verflechtungen zu entdecken, eine Garantie auf Vollständigkeit gibt es allerdings nicht.

15.2 Analyse: Häufigkeit und Verteilung personeller Verflechtungen zwischen Unternehmensverbänden und dem Deutschen Bundestag

15.2.1 Grafische Darstellung des bipartiten Netzwerkes

Als erster Schritt der Analyse wollen wir uns dem Netzwerk aus Unternehmensverbänden und Bundestagsabgeordneten grafisch annähern. In den Darstellungen des bipartiten Netzwerkes der personellen Verflechtungen zwischen Unternehmensverbänden und dem Deutschen Bundestag, die in den Abbildungen 15.1 und 15.2 gezeigt werden, werden aus Gründen der Übersichtlichkeit nur diejenigen Akteure, Abgeordnete wie Verbände, dargestellt, die über mindestens eine Verbindung zum jeweils anderen Subset verfügen.

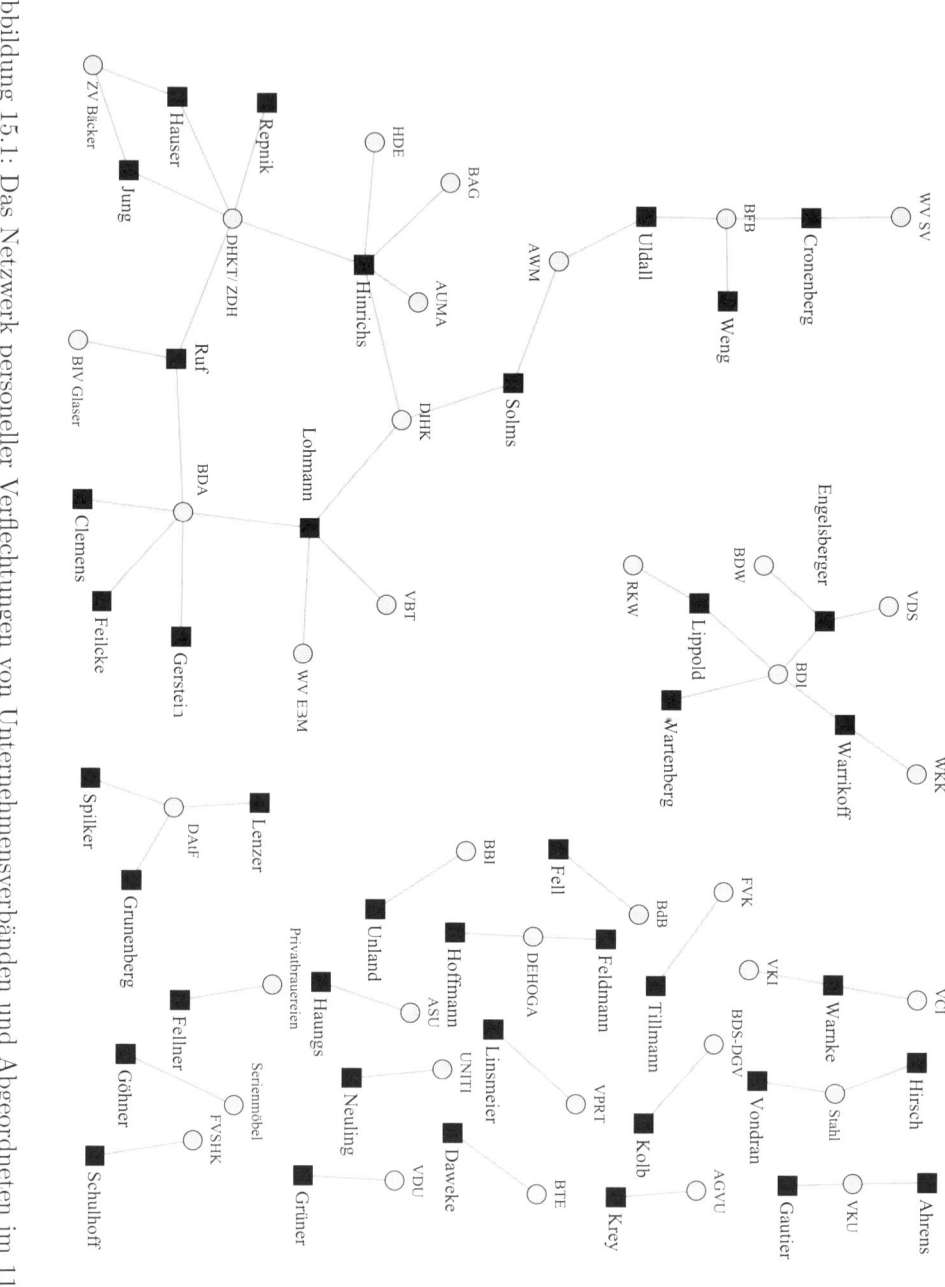

Abbildung 15.1: Das Netzwerk personeller Verflechtungen von Unternehmensverbänden und Abgeordneten im 11. BT

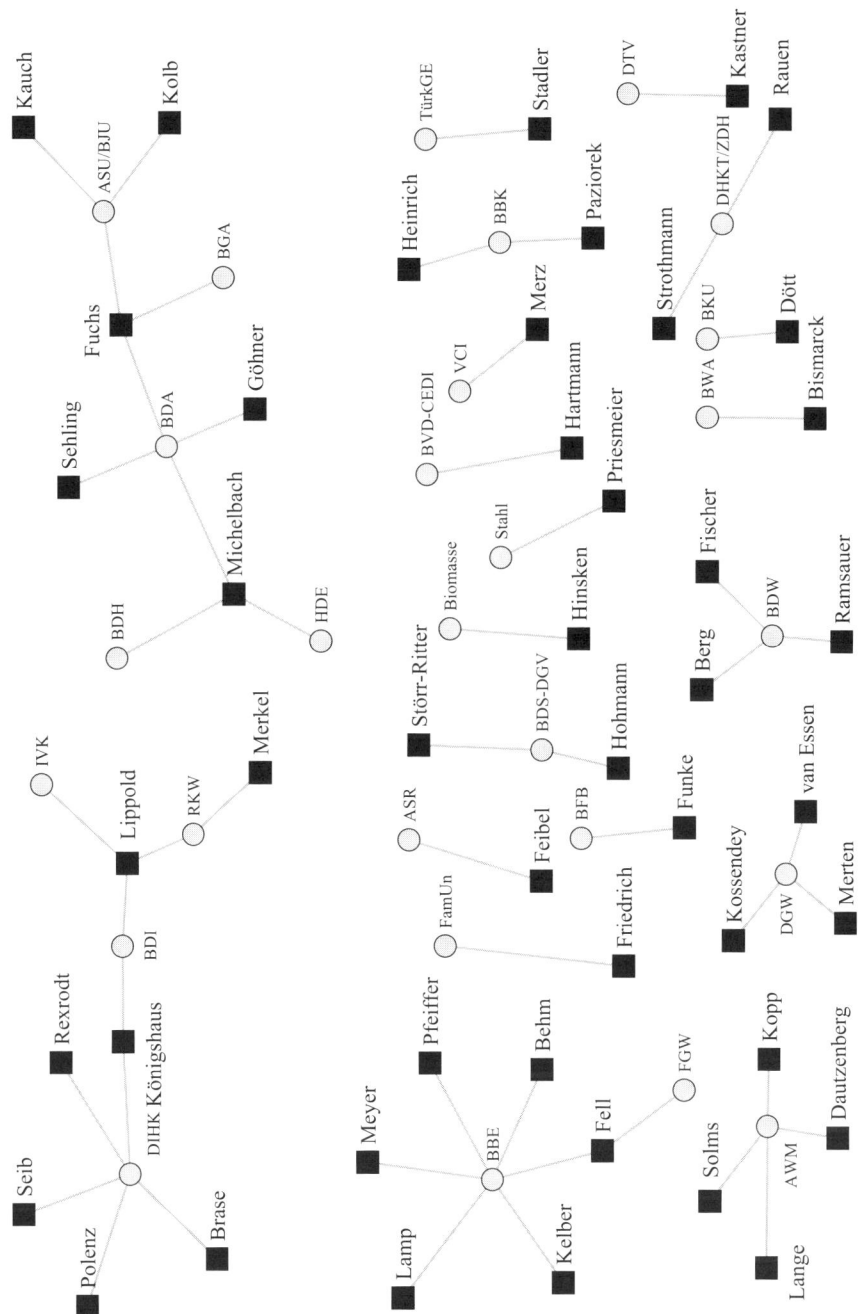

Abbildung 15.2: Das Netzwerk personeller Verflechtungen von Unternehmensverbänden und Abgeordneten im 15. BT

| Ausschuss | Anteil von Unternehmensverbandsvertretern | | | |
	im 11. BT		im 15. BT	
Finanzen	21,2 %	(7 von 33)	8,6 %	(3 von 35)
Haushalt	5,4 %	(2 von 37)	0,0 %	(0 von 44)
Wirtschaft	15,2 %	(5 von 33)		
Arbeit	11,4 %	(4 von 35)		
Wirtschaft und Arbeit			12,2 %	(4 von 41)

Tabelle 15.2: Interlocker in besonders relevanten Ausschüssen

Wie sich bereits aus der graphischen Darstellung der beiden Netzwerke erkennen ließe, unterscheiden sich der 11. und der 15. Bundestag hinsichtlich der Anzahl von personellen Verflechtungen zwischen Unternehmensverbänden und dem Bundestag. So sank die Zahl dieser Verbindungen vom 11. zum 15. Bundestag von 59 auf 54. Kein bedeutender Rückgang, möchte man meinen. Allerdings stieg im gleichen Zeitraum die Zahl der Abgeordneten des Deutschen Bundestages von 518 auf 628 Abgeordnete.[3] Ob es legitim ist, angesichts dieser Veränderungen von einem bedeutsamen Rückgang personeller Verflechtungen zu sprechen, soll allerdings erst später überprüft werden.

15.2.2 Bundestagsausschüsse

Wie bereits erwähnt, spielen Bundestagsausschüsse eine Schlüsselrolle im deutschen Politikformulierungsprozess. So sind Abgeordnete, die in den jeweils relevanten Ausschüssen sitzen, potentiell deutlich effektiver als solche, die nur im Plenum über die Gesetzesvorlagen abstimmen. Wann aber ist ein Ausschuss für Unternehmensverbände „besonders relevant"? Vermutlich dann, wenn die in ihm verhandelten Themen die wirtschaftlichen Interessen der Mitgliedsunternehmen stark beeinflussen. Dies trifft im Falle der Themengebiete Arbeit und Wirtschaft ganz eindeutig zu. Aber auch die Ausschüsse für Haushalt und Finanzen fallen in diese Gruppe, geht es hier doch um Fragen von Steuern und staatlichen Ausgaben, welche im ersten Fall zumindest teilweise von Unternehmen aufgebracht werden müssen und im zweiten Fall diesen zumindest teilweise zugute kommen können.

Wie aus Tabelle 15.2 hervorgeht, zeigt sich in den besonders relevanten Ausschüssen ein überraschend deutlicher Rückgang an personellen Verflechtungen mit Unternehmensverbänden. Waren diese in den für Unternehmensverbände besonders wichtigen Ausschüssen des 11. Bundestages teilweise noch stark vertreten, entspricht ihr Anteil im 15. Bundestag nur noch dem im allgemeinen Plenum. Die Aussage, dass diese Verbände über die Ausschüsse versuchen, Politikformulierung maßgeblich zu beeinflussen und eine „innere Lobby" bilden, ist in Bezug auf Unternehmensverbände nicht

---

[3]Damit ist nicht die gesetzliche Zahl der Mitglieder des Bundestages gemeint, sondern die Gesamtzahl der untersuchten Abgeordneten, zu welcher auch Nachrücker und Überhangmandate gehören. Nicht Teil der Grundgesamtheit sind dagegen diejenigen Abgeordneten, welche zwar in den Bundestag gewählt wurden, ihr Mandat jedoch nicht antraten.

Fraktion	Interlocks pro Abgeordnetem	
	11. BT	15. BT
SPD	0,02	0,03
CDU/CSU	0,21	0,13
Grüne	0,00	0,05
FDP	0,17	0,26
∅ aller Parteien (gewichtet nach Sitzen)	0,11	0,09

Tabelle 15.3: Interlocks pro Abgeordnetem

mehr zu halten. Dies widerspricht klar dem in dieser Arbeit formulierten Pluralismus-/Kooptationsmodell, nach dem die Verbände möglichst viele Sitze in den für sie wichtigen Ausschüssen besetzen. So können wir heutzutage nicht mehr von Ausschüssen als „Verbandsherzogtümern" sprechen, zumindest nicht in Bezug auf Unternehmensverbände.

Von den 59 Interlocks im 11. BT entfielen nicht weniger als 48 auf die CDU/CSU-Fraktion. Dahinter, jedoch mit großem Abstand folgte die FDP mit 8 IDs und die SPD mit 3. Die Grünen, obgleich im Bundestag vertreten, unterhielten keine personellen Verflechtungen mit Unternehmensverbänden. Betrachten wir dagegen den 15. BT, so bleibt die Reihenfolge der Parteien zunächst erhalten, allerdings mit veränderten Werten. Aus diesen Zahlen lässt sich bereits ein Aufholprozess der weniger verflochtenen Parteien zulasten der Union erahnen. Dies wird noch deutlicher, wenn wir die Anzahl der IDs der einzelnen Fraktionen durch die Anzahl ihrer Sitze dividieren.

Wie aus Tabelle 15.3 hervorgeht, erlebten SPD und Grüne auf niedrigem Niveau einen leichten Aufholprozess, was den Anteil von Interlockern in ihrer Fraktion angeht. Dagegen entfallen im 15. BT nur noch 0,13 Interlocks auf einen Unionsabgeordneten, verglichen mit 0,21 im 11. BT. Die größten Zugewinne konnte die FDP verbuchen, mehr als jeder Vierte (0,26) ihrer Abgeordneten war im 15. BT mit einem Unternehmensverband verbunden, während es im 11. BT nur 0,17 Interlocks pro Abgeordneter waren. Möglicherweise lässt sich die vermehrte Hinwendung von Unternehmensverbänden zu den beiden vermeintlich „linkeren" Parteien durch die programmatische Öffnung dieser Parteien für Wirtschaftsthemen erklären (vgl. Gerhard Schröders „Neue Mitte"), alternativ oder ergänzend durch das Aufbrechen traditioneller Milieus (von Alemann 2003: 106 ff.). Dennoch bleibt festzuhalten, dass in beiden Legislaturperioden CDU/CSU und FDP über weitaus mehr Interlocks verfügten als SPD und Grüne. Dies wiederum stützt das im Theorieteil vorgestellte Elitenmodell.

15.2.3 Kontrolle für Sitzanteile der Parteien

Da sich, wie wir gesehen haben, der Anteil von Abgeordneten mit ID-Beziehungen zu Unternehmensverbänden je nach Fraktion deutlich unterscheidet, drängt sich natürlich die Frage auf, ob wir den beobachteten Rückgang der Anzahl personeller

Partei	15. Bundestag	
	prognostizierte Anzahl IDs[4]	tatsächliche Anzahl IDs
SPD	5	7
CDU/CSU	52	32
Grüne	0	3
FDP	8	12
Summe	65	54

Tabelle 15.4: Kontrolle für Sitzanteile der Parteien

Verflechtungen vom 11. zum 15. BT nicht auch durch veränderte Sitzanteile der Parteien im Bundestag erklären können. So verfügten mit CDU/CSU und FDP im 11. Bundestag die beiden Parteien über die Mehrheit, die in beiden Legislaturperioden anteilsmäßig die meisten IDs mit Unternehmensverbänden auf sich vereinigen konnten. Im 15. BT wiederum regierte, wenn auch mit äußerst knapper Mehrheit, eine Koalition aus SPD und Grünen. Das sind jene Parteien, die, wie wir gesehen haben, über anteilsmäßig weniger Interlocker verfügten.

Allerdings lässt sich durch ein einfaches Rechenbeispiel zeigen, dass sich die geringere Anzahl von Interlocking Directorates im 15. BT nicht durch eine veränderte Sitzverteilung erklären lässt. Tabelle 15.4 nimmt eine Prognose der Anzahl an IDs des 15. BT auf Grundlage von deren Verteilung im 11. BT vor und kontrolliert gleichzeitig für die veränderte parteipolitische Zusammensetzung des Parlaments, sowie die gestiegene Gesamtzahl seiner Sitze. Am interessantesten ist hier die Summe aus den Ergebnissen der einzelnen Parteien: 65 IDs. Diese Anzahl an personellen Verflechtungen hätte man im 15. BT erwarten können, wäre der Grad an personeller Verflechtung konstant geblieben und nur der Anteil der Sitze der einzelnen Parteien hätte sich verändert. Tatsächlich konnten im 15. BT aber nur 54 IDs beobachtet werden. Somit ist klar, dass die geänderte Sitzverteilung vom 11. zum 15. BT nicht die treibende Kraft hinter dem Rückgang an personellen Verflechtungen sein kann.

15.2.4 Personelle Verflechtungen nach Branchen

In Tabelle 15.5 werden die Unternehmensverbände mit Interlocks zum 11. und 15. BT nach Branchen geclustert, um so mögliche Häufungen und Muster zu erkennen. Auffällig sind im Vergleich von 11. und 15. BT vor allem vier Entwicklungen. So sind Mittelstandsverbände in beiden Legislaturperioden mit vergleichsweise vielen Interlocks vertreten. Lagen sie im 11. BT noch auf Platz zwei, so belegten sie im 15. BT mit insgesamt 15 Interlocks den ersten Platz. Bemerkenswert ist auch der starke Rückgang der IDs von Verbänden der verarbeitenden Industrie und in noch stärkerem Ausmaße des Handwerks. Im Gegensatz dazu konnten Verbände der erneuerbaren Energien in starkem Ausmaß personelle Verflechtungen hinzugewinnen. Was aber sagen uns

---

[4]Auf Grundlage des Grades an personeller Verflechtung des 11. BT und der Anzahl an Sitzen des 15. BT, gerundet.

Branche	Anzahl der Interlocks	
	11. BT	15. BT
Verarbeitende Industrie (inkl. BDI)	15	5
Handwerk	10	2
Mittelstand & Selbständige	10	15
Branchenübergreifende Dachverbände	8	9
Energiewirtschaft konventionell	4	0
Handel	3	4
Tourismus & Gastronomie	2	1
Erneuerbare Energien	1	13
Sonstige	6	5
Gesamt	59	54

Tabelle 15.5: Interlocks zum 11. BT nach Branchen

diese Ergebnisse? Zunächst einmal ist es an dieser Stelle nicht möglich, alle in der Tabelle 15.5 erkennbaren Trends erschöpfend zu erklären. So erscheint es durchaus plausibel anzunehmen, dass sich in diesen Zahlen auch ein Strukturwandel in der deutschen Wirtschaft abzeichnet, ein Phänomen, welches Martin Sebaldt (1997) anhand der Lobbylisten des Deutschen Bundestages untersucht hat. Darum kann es an dieser Stelle jedoch nicht gehen. Stattdessen gilt es, den Blick darauf zu richten, welche Gruppen von Unternehmensverbänden über besonders viele Interlocks verfügen. Im 15. BT waren Verbände der erneuerbaren Energien und des wirtschaftlichen Mittelstands zusammen für mehr als die Hälfte aller Interlocks (28 von 54) verantwortlich. Daher sollen die beiden genannten Gruppen im nächsten Abschnitt genauer betrachtet werden und mögliche Erklärungen für ihren hohen Verflechtungsgrad gewonnen werden.

15.2.5 Verbände der erneuerbaren Energie und des wirtschaftlichen Mittelstands

Verbände, welche die Interessen von erneuerbaren Energien vertreten, haben bzw. hatten das Problem, sich in einem verfestigten Politikfeld Gehör zu verschaffen. Mit Ausnahme der Wasserkraft sind nahezu alle Technologien der erneuerbaren Energieerzeugung erst in den letzten 15 Jahren wirtschaftlich nutzbar gemacht worden bzw. haben – wie etwa die Windenergie – an Bedeutung gewonnen. So vertreten die Verbände der erneuerbaren Energien neue Interessen, während Arbeitsbeziehungen zwischen Bundestag und Ministerialbürokratie einerseits und zwischen der konventionellen Energiewirtschaft und ihren Verbänden andererseits schon seit Bestehen der Bundesrepublik existieren.[5]

---

[5] Die von den Verbänden der erneuerbaren Energien erzielten 13 IDs im 15. BT sind auch deshalb als sehr hoch einzuschätzen, als sie nur von einer Subgruppe dieser Verbände erzielt wurden. So gibt es neben den für diese Untersuchung relevanten Unternehmensverbänden weitere Verbände

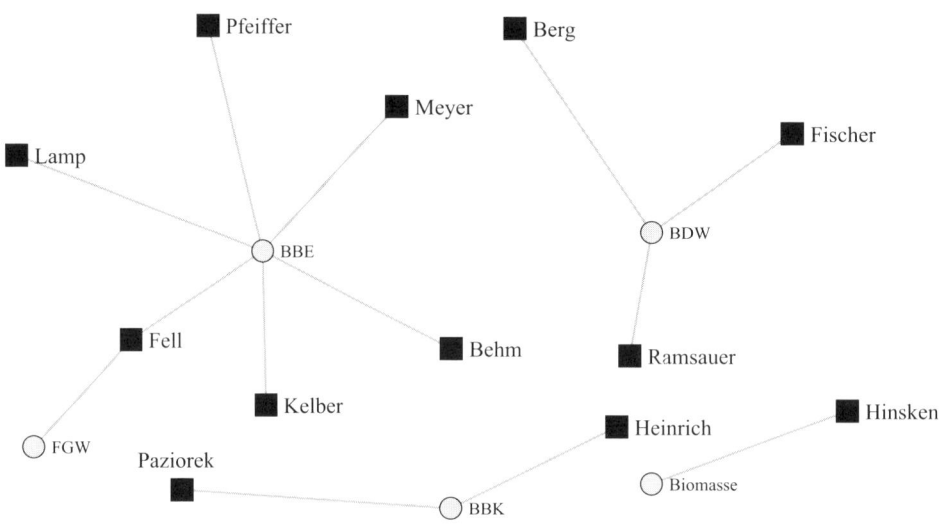

Abbildung 15.3: Personelle Verflechtungen von Verbänden der erneuerbaren Energien

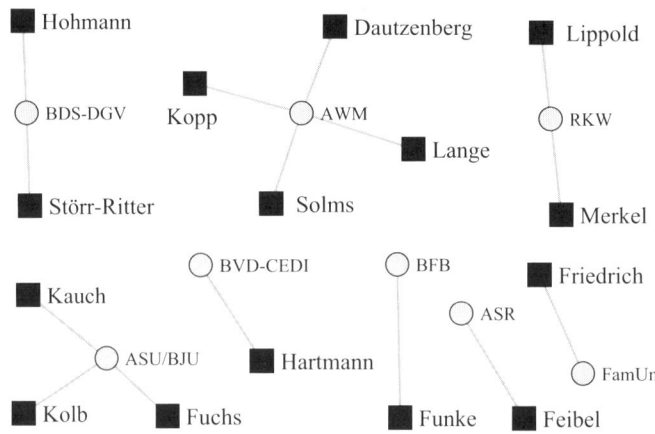

Abbildung 15.4: Personelle Verflechtungen von Verbänden des wirtschaftlichen Mittelstands im 15 . BT

Warum Verbände des wirtschaftlichen Mittelstandes in beiden Legislaturperioden über so viele personelle Verflechtungen mit dem Deutschen Bundestag verfügten (Platz drei im 11. BT, Platz eins im 15. BT), lässt sich aus deren Organisations- und Mitgliedschaftsstrukturen erklären und unterstützt sehr klar das Netzwerkmodell personeller Verflechtungen. Gemeinhin gelten Interessen des wirtschaftlichen Mittelstandes als relativ schwer zu organisieren, was sich mit Mancur Olson (1985) hervorragend erklären lässt. Der Theorie Olsons folgend, sollten vor allem große Gruppen Probleme haben, sich zu organisieren. Um eine solche handelt es sich bei mittelständischen Unternehmen zweifelsohne. Nimmt man eine Obergrenze von 500 Beschäftigten an, finden sich in Deutschland über 2,5 Millionen mittelständische Betriebe (Krickhahn 1995: 22). Daher sollte man erwarten, der Mittelstand habe große Schwierigkeiten, sich effektiv zu organisieren. Die empirische Wirklichkeit spiegelt diese Aussagen wider. So fällt bei den Verbänden des wirtschaftlichen Mittelstands in Deutschland die zersplitterte Organisation – Krickhahn (1995: 285) nennt sie „suboptimal" – ins Auge. Damit einher geht ein äußerst niedriger Organisationsgrad für die beteiligten Verbände (Krickhahn 1995: 221). Angesichts dieser Probleme können wir annehmen, dass sich Mittelstandsverbände vergleichsweise schwer tun, ihre Interessen im politischen Raum wirkungsvoll zu vertreten. Wenn dies zutrifft, sollten diese Verbände, dem Netzwerkmodell folgend, nach personellen Verflechtungen mit dem Bundestag streben. Auf diese Weise können die konkurrierenden Verbände ihr Prestige erhöhen, und „ihre" Abgeordneten können als Türöffner zu den für sie relevanten Politiknetzwerken dienen. Die beiden anderen Modelle (Pluralismus und Machteliten) prognostizieren dagegen für Verbände des wirtschaftlichen Mittelstands und der erneuerbaren Energien einen vergleichsweise niedrigen Verflechtungsgrad mit dem Bundestag.

15.2.6 Zusammenfassung der Ergebnisse des letzten Abschnitts

Zusammenfassend zeigt diese Analyse vom 11. zum 15. BT einen leichten Rückgang des Ausmaßes personeller Verflechtungen zwischen Unternehmensverbänden und dem Bundestag. In Bezug auf die Häufigkeit von IDs können wir also feststellen, dass sich der von Schindler (1999) beobachtete Trend hin zu einer geringeren Anzahl von Unternehmensverbandsvertretern im Bundestag fortgesetzt hat. Der Grad personeller Verflechtungen muss zumindest für den 15. Bundestag als gering bezeichnet werden. So sind 81 % aller Abgeordneten nicht über das Instrument personeller Verflechtung für einen Unternehmensverband erreichbar. In den für Unternehmensverbände besonders wichtigen Ausschüssen des 15. BT lag der Verflechtungsgrad mit Ausnahme des Ausschusses für Wirtschaft und Arbeit unter dem des Parlamentsplenums. Insgesamt verfügten nur 28 Unternehmensverbände über ein Interlock mit dem 15. Bundestag, was angesichts von Hunderten Unternehmensverbänden in Deutschland ein verschwindend geringer Anteil ist. Aus diesen Ergebnissen lässt sich klar erkennen, dass das Ausmaß personeller Verflechtungen zwischen Unternehmensverbänden und dem Bun-

---

der erneuerbaren Energien, die sich der Förderung dieser Energieformen verschrieben haben. Ihre Mitglieder sind jedoch überwiegend Verbraucher und Umweltschützer. Dem selektiven Erkenntnisinteresse dieser Arbeit folgend, gingen diese Verbände sowie alle Grenzfälle, die nicht eindeutig Unternehmensverbände waren, nicht in die Untersuchung ein.

destag doch sehr gering ist, was der öffentlichen Wahrnehmung ebenso widerspricht wie vielen der zu Beginn dieser Arbeit besprochenen Autoren.

15.3 Einfluss der Unternehmensverbände und personelle Verflechtungen

Im zweiten Teil dieser Untersuchung soll es nun darum gehen, die Bedeutung von personellen Verflechtungen im Kontext der verbandlichen Interessenvermittlung näher zu untersuchen und dabei gleichzeitig die drei Modelle entweder zu bestätigen oder zu entkräften. Dabei soll insbesondere ein möglicher Zusammenhang zwischen dem Einfluss der Verbände und der Anzahl ihrer IDs zum Bundestag untersucht werden. Erster ist jedoch schwierig zu messen. Während sich der Einfluss von Parteien zumindest ansatzweise in Form von Parlamentsmandaten und Regierungsbeteiligungen manifestiert, gibt es für Verbände kein entsprechendes Maß. Da jedoch zumindest eine grobe Klassifizierung nötig war, wurde zu diesem Zweck eine Expertenumfrage durchgeführt. In Anlehnung an Sebaldt (1997: 255) wurden wichtige Adressaten von Verbandseinfluss gebeten, den Einfluss von 101 Unternehmensverbänden jeweils als „sehr groß", „groß", „gering" oder „sehr gering/unbekannt" zu klassifizieren.[6] Bei der Auswahl der 101 Verbände für den Fragebogen wurde versucht sicherzustellen, dass dieser alle Verbände umfasst, die personelle Verflechtungen mit dem 15. BT aufwiesen.[7]

In Abbildung 15.5 werden die von den drei Modellen vorausgesagten Zusammenhänge zwischen Einfluss und Interlocks noch einmal grafisch dargestellt. Das Pluralismus-/Kooptationsmodell geht davon aus, dass Verbände über Interlocks ihren Einfluss geltend machen. Je einflussreicher ein Verband ist, über desto mehr Interlocks sollte er verfügen. Daraus folgt, wie in Abbildung 15.5 (a) ersichtlich, ein linear positiver Zusammenhang zwischen Einfluss und der Anzahl personeller Verflechtungen eines Verbandes mit dem Bundestag. Zum gleichen Ergebnis kommt das elitentheoretische Modell. Hier dienen Interlocks nicht der direkten Einflussnahme, sondern sind Ausdruck der gemeinsamen Zugehörigkeit zu einer Elite und dienen deren Kohäsion. Da die Abgeordneten des Bundestages zweifelsohne zumindest Teil einer Funktionselite sind und Verbände über umso mehr Einfluss verfügen, je mehr sie ebenfalls Teil der Elite (daher: Machtelite) sind, ist auch hier von einem linear positiven Zusammenhang zwischen Einfluss und der Anzahl der IDs wie in Abbildung 15.5 (a) auszugehen.

Ganz anders stellt sich der Zusammenhang dar, wenn man dem Netzwerk-/Prestigemodell Glauben schenkt. Hier sind, wie bereits im Theorieteil erwähnt,

---

[6]Insgesamt gingen elf Experten in die Untersuchung ein. Auf der bereits erwähnten Skala von 3 = sehr großer Einfluss über 2 = groß, 1 = gering und 0 = kein Einfluss bzw. Verband unbekannt erzielten die Unternehmensverbände eine durchschnittliche Wertung von 1,29, der Median der Durchschnittswerte lag bei 1,11.

[7]Da die Zusammenstellung des Expertenfragebogens auf einer vorläufigen Analyse der personellen Verflechtungen beruhte, wurde dieses Ziel in drei Fällen (Stiftung Familienunternehmen, Bundesverband biogener Kraftstoffe, Fördergesellschaft Windenergie) nicht erreicht.

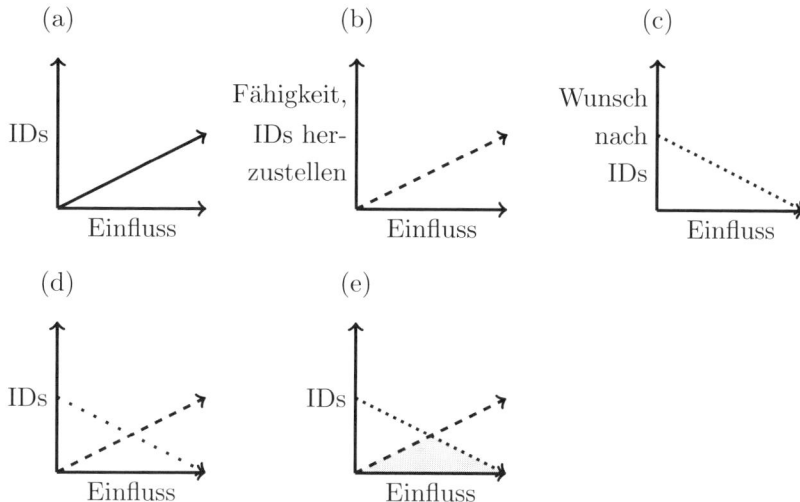

Abbildung 15.5: Mögliche Zusammenhänge zwischen dem Einfluss von Verbänden und der Anzahl ihrer Interlocks zum Bundestag

zwei gegenläufige Kräfte am Werk. Je einflussreicher, d. h. besser vernetzt, ein Verband ist, desto eher ist er in der Lage, Interlocks zum Bundestag herzustellen, was in Abbildung 15.5 (b) deutlich gemacht wird. Auf der anderen Seite benötigen Unternehmensverbände personelle Verflechtungen mit dem Bundestag, d. h. deren Prestige und Türöffnerfunktion, um so weniger, über je mehr Einfluss sie verfügen, ersichtlich in Abbildung 15.5 (c). Somit sind das Bedürfnis nach Interlocks und die Fähigkeit, diese herzustellen, wie in Abbildung 15.5 (d) zu erkennen, gegenläufig. Hier wurden die Abbildungen 15.5 (b) und (c), also der Wunsch nach IDs und die Fähigkeit, IDs herzustellen, übereinander gelegt. Daraus folgt, dass in Bezug auf das Verhältnis von Einfluss und der Anzahl an Interlocks kein klarer Zusammenhang zu erwarten ist, jedoch eine Häufung im mittleren Einflussbereich wie in Abbildung 15.5 (e) schraffiert. In der folgenden graphischen Analyse gilt es nun zu überprüfen, ob die vorausgesagten Zusammenhänge so auch in der empirischen Wirklichkeit zu finden sind bzw. welches der Modelle von ihr bestätigt wird.

Wie das Verhältnis von Einfluss zu Interlocks aussieht, wenn man regionale Tochterorganisationen ausklammert, sehen wir in Abbildung 15.6. Wie bereits aus dem ersten Teil der Analyse bekannt, verfügt die Mehrheit der Verbände über keine personellen Verflechtungen mit dem Bundestag. Mit Ausnahme der BDA und des Handwerkskammertags verfügt keiner der „Top-10"-Verbände nach Einfluss über mehr als ein ID. Dagegen zeigt sich eine Häufung von Verbänden mit mehreren IDs im mittleren Einflussbereich. Somit können wir nach der graphischen Analyse des Verhältnisses von Einfluss und Interlocks das Netzwerkmodell personeller Verflechtungen in diesem Punkt als bestätigt ansehen.

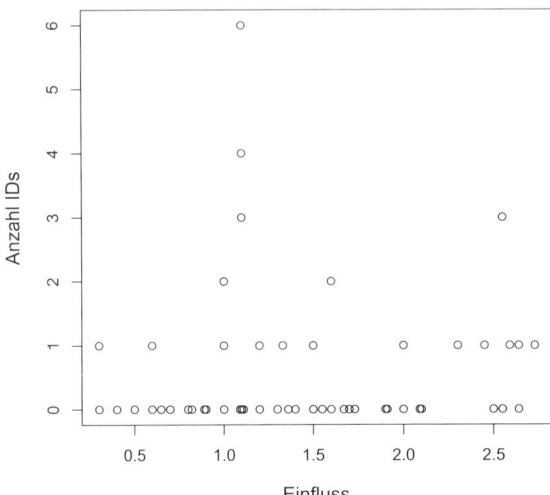

Abbildung 15.6: Einfluss der Verbände und Anzahl ihrer Interlocks, ohne Tochteror-
            ganisationen

15.4 Zusammenfassung der Ergebnisse und Ausblick

Um bei der Vielzahl der untersuchten Indikatoren nicht den Überblick zu verlieren,
ist es hilfreich, die wichtigsten Ergebnisse dieser Arbeit noch einmal in einer Tabelle
gesammelt darzustellen. Bestätigte Voraussagen eines Modells werden in Tabelle 15.6
mit einem Pluszeichen (+) versehen, widerlegte mit einem Minuszeichen (−). Wo ein
Modell nicht in der Lage war, eine klare Voraussage zu treffen, findet sich vor der
jeweiligen Voraussage ein Kreis (○).

Wie die Zusammenfassung der Ergebnisse dieser Arbeit in Tabelle 15.6 zeigt, wurde
das Netzwerk-/Prestigemodell durch sechs von sieben Indikatoren bestätigt. Wie von
diesem Modell vorausgesagt, finden sich nicht all zu viele personelle Verflechtungen
zwischen Unternehmensverbänden und dem Bundestag, deren Anzahl zudem vom
11. zum 15. Bundestag zurückgegangen ist. Auch entfallen viele IDs auf Verbände
mit mittlerem Einfluss. Die Untersuchung besonders relevanter Ausschüsse kann das
Netzwerkmodell ebenfalls bestätigen und zeigt, dass personelle Verflechtungen zumindest heutzutage kein geeignetes Instrument mehr darstellen, um die gewünschten
Policy Outcomes zu erzielen. Die Untersuchung personeller Verflechtungen nach Branchen legt außerdem nahe, dass es vor allem in einem schwierigen Umfeld agierende
Verbände sind, die auf das Instrument personeller Verflechtungen besonders häufig
zurückgreifen.

Kriterium	Modell 1 Netzwerk & Prestige		Modell 2 Pluralismus & Kooptation		Modell 3 Machteliten	
Häufigkeit von IDs	+	niedrig	−	hoch	−	hoch
Veränderung 11. → 15. BT bei der Häufigkeit der IDs	+	Rückgang	o	unklar	o	unklar
Verbandsdurchsetzung relevanter Ausschüsse	+	niedrig	−	hoch	−	niedrig
Veränderung 11. → 15. BT bei der Verbandsdurchsetzung relevanter Ausschüsse	+	Rückgang	−	keine Veränderung bzw. abhängig von Anzahl gesamt	−	keine Veränderung bzw. abhängig von Anzahl gesamt
Verteilung von IDs auf Parteien	o	unklar	−	kein Einfluss	+	v.a. CDU/CSU und FDP
IDs nach Branchen	+	v.a. neue Interessen und „schwierige" Politikfelder	−	v.a. wichtige, einflussreiche Branchen	−	v.a. etablierte Verbände
Verhältnis Einfluss – IDs	+	v.a. bei mittlerem Einfluss	−	linear positiv	−	linear positiv

Tabelle 15.6: Zusammenfassung der Ergebnisse

Das Pluralismus-/Kooptationsmodell personeller Verflechtungen konnte dagegen anhand nahezu aller untersuchter Indikatoren widerlegt werden. Etwas anders sieht es mit der elitentheoretischen Erklärung aus. Auch sie wäre prinzipiell in der Lage, den niedrigen Verflechtungsgrad relevanter Ausschüsse im 15. BT zu erklären, nicht jedoch seinen Rückgang ausgehend vom 11. BT. Auch an der Voraussage der Häufigkeit personeller Verflechtungen zwischen Unternehmensverbänden und dem Deutschen Bundestag scheitert dieses Modell. Ebenso konnte es anhand des Indikators *Konzentration von IDs auf Abgeordnete* widerlegt werden. Der vom elitentheoretischen Modell postulierte Zusammenhang zwischen dem Einfluss von Verbänden und der Anzahl ihrer IDs zeigte sich in der empirischen Realität nicht.

Die nach wie vor überproportional hohe Verflechtungsdichte zwischen Unternehmensverbänden und CDU/CSU sowie FDP kann dagegen die elitentheoretische Erklärung stützen, tut dies aber nicht zwangsläufig. So kann auch eine programmatische Nähe der Parteien CDU/CSU und FDP zu den Interessen der Wirtschaft möglicherweise die Konzentration der IDs auf vermeintlich konservativere und wirtschaftsfreundliche Parteien erklären. Aus einer solchen Konzentration folgt nicht unbedingt die Existenz einer Wirtschaft und Politik kontrollierenden Machtelite, auf die es auch sonst in den Untersuchungen dieser Arbeit kaum Hinweise gab.

In jedem Fall scheint die Türöffner- bzw. Prestigefunktion von personellen Verflechtung zu dominieren. Verbände, die sich in den für sie relevanten Policy-Netzwerken nicht ausreichend vertreten sehen, versuchen durch Kontakte zu einzelnen Abgeordneten ihren Status zu verbessern. Um die Ergebnisse dieser Arbeit in einem Satz zusammenzufassen, lässt sich eine im Theorieteil benutzte Formulierung umkehren: Personelle Verflechtungen von Unternehmensverbände mit dem Deutschen Bundestag sind weder Indikatoren für, noch Instrumente von Verbandseinfluss.

Literaturverzeichnis

Adam, Hermann, 1979: Der Einfluss der Industrie- und Handelskammern auf politische Entscheidungsprozesse. Frankfurt: Campus-Verlag.

von Alemann, Ulrich, 2003: Das Parteiensystem der Bundesrepublik Deutschland. Opladen: Leske und Budrich.

Allen, Michael P., 1990: Economic Interest Groups and the Corporate Elite Structure. In: *John Scott* (Hg.), The Sociology of Elites. Volume III: Interlocking Directorates and Corporate Networks, S. 120–138. Aldershot: Edward Elgar.

Bentley, Arthur Fisher, 1967: The Process of Government: A Study of Social Pressures. New Brunswick, NJ: Transaction Publishers.

von Beyme, Klaus, 1997: Der Gesetzgeber: Der Bundestag als Entscheidungszentrum. Opladen: Westdeutscher Verlag.

Carpenter, Daniel P., Kevin M. Esterling und *David M.J. Lazer*, 1998: The Strength of Weak Ties in Lobbying Networks: Evidence from Health-Care Politics in the United States. Journal of Theoretical Politics 10: 417.

Dittberner, Jürgen, 1987: FDP, Partei der zweiten Wahl: Ein Beitrag zur Geschichte der Liberalen Partei und ihrer Funktionen im Parteiensystem der Bundesrepublik. Opladen: Westdeutscher Verlag.

Domhoff, G.William, 1967: Who rules America? Englewood Cliffs, NJ: Prentice-Hall.

Domhoff, G.William, 1990: The Power Elite and the State: How Policy is Made in America. New York: Aldine de Gruyter.

Eschenburg, Theodor, 1989: Das Jahrhundert der Verbände: Lust und Leid organisierter Interessen in der deutschen Politik. Siedler.

Feldkamp, Michael F., 2005: Datenhandbuch zur Geschichte des Deutschen Bundestages, 1994–2003. Baden-Baden: Nomos.

Fraenkel, Ernst, 1979: Deutschland und die westlichen Demokratien. Stuttgart: Verlag W. Kohlhammer.

Gabriel, Oscar W. und *Oskar Niedermayer*, 1997: Entwicklung und Sozialstruktur der Parteimitgliedschaften. In: *Oscar W. Gabriel, Oskar Niedermayer* und *Richard Stöss* (Hg.), Parteiendemokratie in Deutschland, S. 277–300. Berlin: Bundeszentrale für politische Bildung.

Gaugler, Markus, 2006: Bundestagsabgeordnete zwischen Mandat und Aufsichtsrat – Hintergründe und Status quo der Verflechtungen zwischen Politik und Wirtschaft. Saarbrücken: VDM - Verlag Dr. Müller.

Granovetter, Mark S., 1973: The Strength of Weak Ties. The American Journal of Sociology 78: 1360–1380.

Haunschild, Pamela R. und *Christine M. Beckman*, 1998: When Do Interlocks Matter?: Alternate Sources of Information and Interlock Influence. Administrative Science Quarterly 43: 815–844.

Hirner, Manfred, 1993: Der Deutsche Bundestag im Netzwerk organisierter Interessen. In: Parlament und Gesellschaft. Eine Funktionsanalyse der repräsentativen Demokratie, S. 138–183. Opladen: Westdeutscher Verlag.

Kenis, Patrick und *Volker Schneider*, 1991: Policy Networks and Policy Analysis. Scrunting a New Analytical Toolbox. In: *Bernd Marin* und *Renate Mayntz* (Hg.), Policy Networks. Empirical Evidence and Theoretical Considerations, S. 25–69. Frankfurt a.M.: Campus.

Krickhahn, Thomas, 1995: Die Verbände des wirtschaftlichen Mittelstands in Deutschland. Wiesbaden: Deutscher Universitätsverlag.

Mayntz, Renate, 1997: Corporate Actors in Public Policy. In: *Renate Mayntz* (Hg.), Soziale Dynamik und politische Steuerung: Theoretische und methodologische Überlegungen, S. 168–185. Frankfurt am Main: Campus.

Mills, C.Wright, 1956: The Power Elite. New York: Oxford University Press US.

Mizruchi, Mark S., 1996: What do Interlocks do? An Analysis, Critique, and Assessment of Research on Interlocking Directorates. Annual Review of Sociology 22: 271–298.

Olson, Mancur, 1985: Die Logik des kollektiven Handelns: Kollektivgüter und die Theorie der Gruppen. In: *Rudolf Steinberg* (Hg.), Staat und Verbände, S. 156–179. Wissenschaftliche Buchgesellschaft.

Patzelt, Werner J., 1995: Abgeordnete und ihr Beruf: Interviews, Umfragen, Analysen. Berlin: Akademie Verlag.

Rudzio, Wolfgang, 2000: Das politische System der Bundesrepublik Deutschland. Opladen: Leske und Budrich.

Schindler, Peter, 1999: Datenhandbuch zur Geschichte des Deutschen Bundestages 1949 bis 1999. Nomos.

Schneider, Volker, 2000: Organisationsstaat und Verhandlungsdemokratie. In: *Raimund Werle* und *Uwe Schimank* (Hg.), Gesellschaftliche Komplexität und kollektive Handlungsfähigkeit, S. 243–269. Frankfurt/New York: Campus.

Schröder, Wolfgang, 2003: Unternehmensverbände als klassische Verhandlungsdemokratie. In: *Thomas Leif* und *Rudolf Speth* (Hg.), Die stille Macht: Lobbyismus in Deutschland. Wiesbaden: Westdeutscher Verlag.

Scott, John, 1985: Theoretical Framework and Research Design. In: *Rolf Ziegler* und *John Scott* (Hg.), Networks of Corporate Power. A Comparative Analysis of Ten Countries. Cambridge: Polity Press.

Scott, John, 1990: Introduction. In: *John Scott* (Hg.), The Sociology of Elites. Volume III: Interlocking Directorates and Corporate Networks, S. ix– xvii. Hants: Elgar.

Scott, John, 1991: Networks of Corporate Power: A Comparative Assessment. Annual Review of Sociology 17: 181–203.

Sebaldt, Martin, 1997: Organisierter Pluralismus: Kräftefeld, Selbstverständnis und politische Arbeit deutscher Interessengruppen. Opladen: Westdeutscher Verlag.

Sebaldt, Martin, 2002: Parlamentarische Demokratie und gesellschaftliche Modernisierung: Der Deutsche Bundestag im Gefüge organisierter Interessen seit Mitte der 70er Jahre. In: *Heinrich Oberreuter, Uwe Kranepohl* und *Martin Sebaldt* (Hg.), Der Deutsche Bundestag im Wandel, S. 280–302. Wiesbaden: Westdeutscher Verlag.

Simon, Walter, 1976: Macht und Herrschaft der Unternehmerverbände: BDI, BDA und DIHT im ökonomischen und politischen System der BRD. Köln: Pahl-Rugenstein.

Steinberg, Rudolf, 1989: Parlament und organisierte Interessen. In: *Hans-Peter Schneider* und *Wolfgang Zeh* (Hg.), Parlamentsrecht und Parlamentspraxis in der Bundesrepublik Deutschland: Ein Handbuch, S. 217–259. Berlin: de Gruyter.

Sternberger, Dolf, 1953: Rundtafelgespräch. Der Staat der Gegenwart und die wirtschaftlichen und außenwirtschaftlichen Interessengruppen. Kölner Zeitschrift für Soziologie und Sozialpsychologie 5: 204–214.

Truman, David, 1970: Interest Groups and the Nature of the State. In: *Maurice Zeitlin* (Hg.), Studies of the Social Structure and Political Economy of the United States, S. 316–337. Chicago: Markham.

Weber, Jürgen, 1977: Die Interessengruppen im politischen System der Bundesrepublik Deutschland. Stuttgart: Kohlhammer.

Kapitel 16

Wissenstransfernetzwerke. Eine netzwerkanalytische Bewertung der Effektivität von intraorganisationalen Wissenstransfernetzwerken

Melanie Nagel

16.1 Problemstellung

Volkswagen braucht für den Bau eines Autos doppelt so lange wie Renault, 47 Stunden bauen die Wolfsburger an einem Golf, 54 Stunden gar an einem Passat. Nicht nur VW kann zum Thema Wissenstransfer noch viel lernen, „insgesamt ist der Wissenstransfer in den Unternehmen in Deutschland oft kaum strukturiert", wie das Handelsblatt am 12. Mai 2006 exklusiv auf Seite 1 in der Beilage „Karriere & Management" über eine Studie vom European Research Center for Knowledge and Innovation (Eureki: http://www.eureki.org) über Best Practice Transfer (BPT) berichtet.

Wissensmanagement ist nach wie vor ein aktuelles Thema besonders für wissensintensive Bereiche wie die IT-Branche, da die Kernkompetenz in solchen Unternehmen darin besteht, wissensintensive und intelligente Produkte herzustellen. Diese Produkte sind von strategisch herausragender Bedeutung, da sie nur sehr schwer von Wettbewerbern zu kopieren sind. Die Fähigkeit, Wissen marktorientiert aufzubauen, abzusichern und optimal zur Generierung von Geschäftserfolgen zu nutzen, zeichnet Wissensunternehmen aus (North 2002: 25).

Dieser Beitrag verfolgt das Ziel, mit Hilfe der Methoden der sozialen Netzwerkanalyse und der Visualisierung durch ^vis_{on}e den Wissenstransfer ausgehend von der Abteilung *Corporate Community Relations* (CCR) der *IBM Deutschland GmbH* hinsichtlich seiner Effektivität zu untersuchen. Die gewonnenen Erkenntnisse sollen nicht nur den Praktikern, insbesondere den Managern im untersuchten Unternehmen, sondern auch den Wissenschaftlern nützliche Informationen bereitstellen. Die Netzwerkanalyse gewinnt zunehmende Bedeutung für eine Effektivitätsbewertung in intraorganisatorischen, managementorientierten Arbeiten (Krackhardt und Hanson 1994; Ricken 2002). Dieses relativ neue Gebiet zu betreten stellt eine besondere Herausforderung dar, da nur auf wenige Publikationen zurückgegriffen werden kann. Durch die effiziente Nutzung von Netzwerkstrategien können der zwischenmenschliche Austausch von Informationen und die Problemlösungsfähigkeit erhöht werden (Probst und Büchel

1998: 127). Die Netzwerkanalyse stellt hierbei meines Erachtens eine ideale Untersuchungsform dar, da sie die individuelle Ebene der Mitarbeiter mit der Makroebene der Strukturen des Unternehmens verbindet (Jansen 1999: 16).

16.2 Analyse

16.2.1 Die Ziele des Unternehmens

Eine Definition des Begriffes „Ziel" wird für diese Arbeit nach der verhaltenswissenschaftlichen Entscheidungstheorie vorgenommen: „Ein Organisationsziel ist die aus mehreren, teilweise miteinander konfligierenden Zielelementen bestehende Vorstellung über den für die Zukunft anzustrebenden Zustand der Organisation, die eine Gruppe von Organisationsmitgliedern durchgesetzt hat" (Kieser und Kubicek 1992: 10).

16.2.2 Das zugrunde liegende Effektivitätskonzept

Da es in der Literatur kein einheitliches Effektivitätskonzept gibt, wird für die zugrunde liegende Arbeit ein solches entwickelt. Zunächst erklären wir den Begriff Effektivität und unterscheiden ihn von Effizienz (für eine ausführliche Unterscheidung siehe Osterloh und Frost 2000: 181 f.). Der Begriff „Effektivität" bedeutet *„doing the right things"* (Osterloh und Frost 2000: 181 f.), die richtigen Dinge tun. Der Grad der Zielerreichung, also die Verwirklichung eines Zieles mit den geringst möglichen Kosten, soll hierbei gemessen werden. Dieses Kriterium wird häufig zur Messung der Wirksamkeit eines eingesetzten organisatorischen Instrumentes herangezogen. Der Begriff „Effizienz" hingegen bedeutet *„doing the things right"* (Osterloh und Frost 2000: 180 f.), die Dinge richtig tun, und bezieht sich lediglich auf die Output-/Input- oder Ziel-/Mittel-Relation. Die Generierung der richtigen Ziele und Alternativen steht hierbei im Vordergrund.

Während in der angelsächsischen Literatur häufiger der Begriff Effektivität gebraucht wird (Scholz 1992; Ahn und Dyckhoff 1997: 533), wird im deutschen Sprachraum vorwiegend der Terminus Effizienz verwendet. Aus der Begriffskonzeption geht hervor, dass Effizienz eine Unterdimension des übergeordneten Maßstabes Effektivität darstellt. Aus diesem Grund und um konzeptionelle Klarheit zu erreichen, wird dem im angloamerikanischen Sprachraum üblichen Begriff Effektivität Vorzug gegeben. Das Effektivitätskriterium wird zudem in dieser Arbeit verwendet, da inhaltliche Informationen über Entscheidungen nicht oder nicht ausreichend spezifiziert sind und mit der Netzwerkanalyse eine Abbildung der Strukturen erfolgt.

Begreift man nun den Grad der Zielerreichung als Maßstab für Effektivität, bedarf es einer Definition der Unternehmensziele, um das Effektivitätskonzept der Arbeit spezifizieren zu können.

Frese (1995: 284 ff.) empfiehlt die Einführung von Subzielen zur Komplexitätsreduzierung, da ohne diese eine Aussage über die Vorteilhaftigkeit einer Organisationsstruktur nicht möglich sei. Dabei muss ein Subziel nicht logisch zwingend aus dem gegebenen Organisationsziel abgeleitet werden (Frese 1995: 286). Subziele können von strategischen Unternehmenszielen des Unternehmens abgeleitet werden, welche zum einen aus Formalzielen und zum anderen aus Sachzielen bestehen, wobei Formalziele generelle Ziele wie Gewinnmaximierung und Sachziele die konkreten Umsetzungen der Formalziele wie z. B. Marktführerschaft oder Marketingziele sind (Staehle et al. 1999: 440). Zudem können aus verschiedenen Informationsquellen (Intranet, Internet, qualitative Interviews) weitere Bereichs- und Abteilungsziele identifiziert werden.

Werden diese Ziele erreicht, ist das (Sub-) Netzwerk effektiv. Problematisch ist jedoch, dass es sich um komplexe Themen handelt, welche nur schwer messbar sind. Weiterhin handelt es sich häufig um Projekte, welche noch nicht abgeschlossen sind bzw. über längere Zeiträume laufen und durch äußere Faktoren (konjunkturelle Schwankungen, Handlungen von Konkurrenzunternehmen) beeinflusst werden.

Um die Subziele zu erreichen, muss das relevante Wissen innerhalb des Projektes/der Gruppe möglichst optimal transferiert werden. Daraus folgt die Plausibilitätsannahme, dass für eine schnelle und reibungslose interne Zusammenarbeit der Wissenstransfer intern im Projekt hoch sein sollte (oder zumindest höher als zu den anderen Personen außerhalb des Projekts). In anderen Worten: die Innendichte innerhalb einer projektspezifischen Gruppe sollte deutlich höher sein als die Außendichte.

Die grundlegende Hypothese lautet: *Effektiver Wissenstransfer findet dann statt, wenn zwischen den Mitarbeitern Wissen transferiert wird, die zur Erledigung ihrer Aufgaben ähnliche oder identische Kenntnisse und Fähigkeiten benötigen.*

16.2.3 Die Konzeptspezifikation der Wissenstransfernetzwerke

Das zentrale Erkenntnisinteresse dieser Arbeit ist die Erhebung und Darstellung der Wissenstransfernetzwerke mit einer anschließenden netzwerkanalytischen Effektivitätsbewertung. Bei der Konzeptspezifikation sind verschiedene Probleme anzusprechen (Jansen 1999: 65 ff.): Die Abgrenzung des Netzwerks (Boundary Specification Problem) stellt die erste Herausforderung dar und kann anhand von verschiedenen Kriterien vorgenommen werden. Des Weiteren sind die Relationsinhalte zu definieren, über welche die Daten erhoben werden. Zusätzlich ist zu klären, ob es sich hierbei um gerichtete oder um ungerichtete Beziehungen handelt. Schließlich ist auch die Skalierung der Relationen zu definieren.

16.2.4 Die Netzwerkabgrenzung

Der Definition von Grenzen sozialer Netzwerke kommt in dieser Untersuchung eine bedeutende Rolle zu, da sie erheblichen Einfluss auf die weitere Vorgehensweise hat. Es gibt hierzu unterschiedliche Methoden: Laumann et al. (1983: 20 ff.) unterscheiden beispielsweise zwischen der nominalistischen und der realistischen Methode. Im *nominalistischen Ansatz* legt der Forscher fest, wer aufgrund eines bestimmten Merkmals und aufgrund seines Forschungsinteresses zum Netzwerk gehört. Die Netzwerkakteure müssen sich hierbei jedoch nicht als Gruppe empfinden (Jansen 1999: 66). *Realistische Methoden* setzen im Gegensatz dazu an der Perzeption oder dem Verhalten der Akteure an. Dabei kann wiederum zwischen der Entscheidungsmethode (bei der die Zugehörigkeit zu relevanten Ereignissen und Entscheidungen beobachtet werden kann) und der Reputationsmethode (bei der sich die Forscher auf die Informationen von Experten des Untersuchungsfeldes stützen) unterschieden werden. Durch die relationale Methode ist es möglich, die Netzwerkabgrenzung mit Hilfe von Netzwerkdaten selbst zu validieren (Jansen 1999: 67).

Jansen (1999: 65) nennt als mögliche Kriterien zur Abgrenzung der zugehörigen Netzwerkakteure die Organisations- oder Gruppengrenzen, geografische Grenzen, Teilnahme an einem oder mehreren Ereignissen, Eigenschaften der Akteure/Knoten oder Beziehungen der Akteure untereinander. Bei den untersuchten Netzwerken handelt es sich um Kommunikationsstrukturen und Wissenstransferbeziehungen ausgehend von der Abteilung CCR. Die Grenzen des sozialen Netzwerkes sind somit zum einen durch das Merkmal Organisationszugehörigkeit und zum anderen durch die Zugehörigkeit zum Wissenstransfernetzwerk und zur Kommunikationsstruktur, ausgehend von CCR, festgelegt.

Ersteres ist unproblematisch und kann durch Kriterien für Mitglieder gegenüber Nichtmitgliedern gelöst werden. Mayntz (1963: 46) nennt mögliche Kriterien wie „formelle Mitgliedschaft; subjektives Zugehörigkeitsgefühl bzw. die Selbstidentifizierung als Mitglied; die Häufigkeit der Interaktion mit anderen Mitgliedern; den Grad der Abhängigkeit von der Organisation, das Maß der persönlichen Bindung an die Organisation und den Umfang der Tätigkeiten für die Organisation." Nach der nominalistischen Methode werden demnach Personen ausgewählt, die durch eine formelle Zugehörigkeit, z. B. einem formalen Arbeitsvertrag, zum Unternehmen gehören.

Die Zugehörigkeit zum Wissenstransfernetzwerk und zur Kommunikationsstruktur im Falle von CCR ist schwieriger zu lösen. Dieses Problem wurde mit der realistischen Methode gelöst: Nur wer dazu gehört oder als dazugehörig betrachtet wird, soll zum Wissenstransfernetzwerk gehören. Dazu wurden verschiedene Schlüsselpersonen im untersuchten Wissensnetzwerk ausgewählt, die ähnlich wie beim Schneeballverfahren (Knoke und Kuklinski 1982: 24) nach Kontaktpersonen, mit denen sie kommunizieren und von denen sie Wissen erhalten, gefragt wurden. Bei dem so genannten „Schneeballverfahren" handelt es sich um eine besondere Form der Stichprobenziehung (Gabler 1992; Jansen 1999). Ausgehend von einer Stichprobe wird eine erste Zone von Befragten festgestellt und diese nach Personen befragt, mit denen sie z. B. politische Informationen austauschen. Diese Personen werden anschließend wieder befragt usw. Allerdings wurde die so genannte „erste Zone" nicht per Zufallsauswahl gezogen, sondern durch ein qualitatives Interview mit dem Leiter von CCR ausgewählt.

16.2.5 Die Relationsinhalte

Nachdem die Grenzen der sozialen Netzwerke festgelegt worden sind wird nun die Definition der Relationsinhalte vorgenommen. Soziale Netzwerke sind empirische Phänomene (Pappi 1987: 15), und es existieren zahlreiche verschiedene Arten an möglichen Beziehungsinhalten. Aus dieser großen Anzahl werden nun in Bezug auf die Fragestellung relevante Beziehungsinhalte ausgewählt. Den Gegenstand unserer Analyse bilden mehrere Netzwerke, die verschiedene Relationen zwischen den Elementen des gleichen Kollektivs abbilden (Jansen 1999: 52). Relationen können in Bezug auf ihren Inhalt, ihre Intensität und ihre Form charakterisiert werden. Einen umfassenden Überblick der Klassifikationen von Relationsinhalten liefern Knoke und Kuklinski (1982: 15), Wasserman und Faust (1994: 18) sowie Jansen (1999: 53 f.).

Das Erkenntnisinteresse dieses Beitrags liegt in der Darstellung und der anschließenden Analyse der Wissenstransfernetzwerke ausgehend von CCR. In der Organisation liegen eine Vielzahl von verschiedenen Interaktionstypen vor. Daher werden die für die Fragestellung relevanten Relationsinhalte ausgewählt, welche für das Erreichen des Organisationszieles durch effektiven Wissenstransfer von Bedeutung sind. Auf das Effektivitätskonzept der Arbeit wurde bereits oben näher eingegangen. Da jegliches Handeln in Organisationen aufgrund von bestehendem Wissen geschieht, kommt Wissen und Information in Bezug auf die Zielerreichung eine bedeutende Rolle zu. Für diese Fragestellung erscheint der Relationsinhalt Wissenstransfer (von explizitem und implizitem Wissen) als sinnvoll. In der Diplomarbeit wird zudem auf den Relationsinhalt Kommunikation (arbeitsbezogene und allgemeine) eingegangen, was in diesem gekürzten Beitrag nicht zusätzlich betrachtet wird.

Wissenstransfernetzwerke lassen sich durch die transferierten Inhalte, die Gerichtetheit des Wissenstransfers und die Art des Wissenstransfers charakterisieren. Das von Polanyi (1966) unterschiedene implizite und explizite Wissen lässt sich jedoch nicht streng trennen; es stellt vielmehr die Endpunkte eines Kontinuums dar (Zander und Kogut 1995: 79 ff.). „Soziale Kompetenz" etwa liegt irgendwo dazwischen, da man zunächst einmal bewusst lernen muss und dieses Wissen dann aber anschließend implizit vorhanden sein muss. Explizites Wissen ist jedem im Unternehmen zugänglich; es ist in Textdokumenten, Handbüchern und ähnlichem hinterlegt. Implizites Wissen hingegen befindet sich in den Köpfen der Mitarbeiter und ist daher „stillschweigender" Art. Explizites Wissen kann problemlos zwischen den Mitarbeitern transferiert werden, implizites Wissen kann hingegen nur direkt zwischen Individuen übertragen werden (Osterloh und Frey 2000: 539). Wissenstransfer kann über Kommunikation oder durch Verhaltensbeobachtung geschehen. Grundsätzlich ist ein Wissenstransfer eine gerichtete Beziehung, wobei diese Beziehung sowohl einseitiger, als auch beidseitiger Natur sein kann.

16.2.6 Die Datenaufbereitung

Bei der Aufbereitung der netzwerkanalytischen Daten wurden folgende Schritte unternommen (in der ursprünglichen Untersuchung wurden dabei vier Fragen durch eine Online-Befragung erhoben):

1. Die Daten für jede der Fragen wurden in die Form einer Matrix gebracht.

2. Die Mitarbeiter aus einem bestimmten Bereich wurden jeweils untereinander angeordnet, um eine bessere Übersicht zu erhalten.

3. Verschiedene Non-Response-Fälle wurden aus dem Wissenstransfernetzwerk gelöscht, wenn sie wenig relevant für das untersuchte Netzwerk waren. Die Relevanz für das untersuchte Netzwerk ist gegeben bei mindestens fünfmaliger Nennung durch andere Netzwerkmitgliedern.

4. Daraus ergaben sich Rohmatrizen, mit denen anschließend die netzwerkanalytischen Berechungen durchgeführt wurden.

16.2.7 Die Auswahl des Untersuchungsobjektes

Die Wahl des Untersuchungsgegenstandes ist auf das Unternehmen *IBM Deutschland
GmbH* gefallen, das verschiedene Kriterien erfüllt, welche für eine empirische Analyse
von Wissenstransfernetzwerken sinnvoll sind. In Anlehnung an die Kriterien von Yin
(2003: 9 f.) über „Case Selection" und „Screening" (Fallauswahl und Überprüfung)
bei einem Fallstudiendesign haben wir die Fallauswahl der Arbeit vorgenommen. Das
Ziel dieser Arbeit soll es sein, Wissenstransfernetzwerke zu erheben, diese zu visualisieren und anschließend eine Bewertung hinsichtlich der Effektivität vorzunehmen.
In diesem Kontext des Wissensmanagements erscheint es sinnvoll, ein Unternehmen
als Untersuchungseinheit auszuwählen, welches zum einen besonders wissensintensive
Produkte und Dienstleistungen produziert und zum anderen einer turbulenten Umwelt gegenübersteht, so dass Wissen als wichtigster Wettbewerbsfaktor entscheidend
ist. Die *IBM Deutschland GmbH* als führendes Unternehmen in der IT-Branche befindet sich in einer sich schnell wandelnden Umwelt mit großem Veränderungs- und
Wettbewerbsdruck und erfüllt somit diese Bedingungen. Zudem sind selbstinitiierte
Veränderungsprozesse in einem gewinnorientierten Unternehmen wie IBM dringend
erforderlich und wichtiger Bestandteil eines ständigen Verbesserungsprozesses. Die
beiden Prämissen „turbulente Umwelt" und „selbstinitiierte Veränderungsprozesse"
werden von Klimecki et al. (1994: 5) für eine empirische Analyse organisationaler
Lernvorgänge gefordert. Wissensverteilung betrifft den Prozess der Verbreitung bereits vorhandenen Wissens innerhalb des Unternehmens (Probst et al. 1999: 55) und
ist somit als Voraussetzung für Organisationales Lernen zu betrachten.

Die Abteilung CCR wurde als Untersuchungsgegenstand ausgewählt, da die Analyse
des ganzen Unternehmens *IBM Deutschland GmbH* mit ca. 26.000 Mitarbeitern nicht
möglich gewesen wäre. Die für die Auswahl des Unternehmens genannten Kriterien,
wissensintensive Produkte und Dienstleistungen, turbulente Umwelt und selbstiniti-
ierter Veränderungsprozess, treffen insbesondere auf die Abteilung CCR zu. Zudem
umfasst das von CCR ausgehende Wissensnetzwerk Personen aus unterschiedlichsten
Abteilungen wie *Communications* (Presseabteilung), *Personal, Aus- und Weiterbil-
dung, Public Affairs, Vertrieb* und *Marketing* mit unterschiedlichen quantitativen und
qualitativen Zielsetzungen und kann somit als repräsentative Auswahl innerhalb des
Unternehmens betrachtet werden. Ein weiteres Kriterium ist der Zugang der Autorin
zu dieser Abteilung und die Bereitschaft und das Interesse der Mitarbeiter an dieser
Zusammenarbeit.

16.2.8 Bewertungskriterien

Zunächst einmal werden Bewertungskriterien für die Effektivität der Wissenstransfernetzwerke im untersuchten Bereich aufgestellt. Anschließend wird mit Hilfe von
Methoden der Netzwerkanalyse in Verbindung mit den qualitativen Erkenntnissen
eine Bewertung vorgenommen.

Die Begriffe Effizienz und Effektivität sind bereits oben angesprochen worden. Zusätzlich ist ein Effektivitätskonzept entwickelt worden, das hier nochmals aufgegriffen wird. In Anlehnung an Scholz (1992: 532) wird unter Effektivität eine Maßgröße für die Zielerreichung verstanden. Das Effektivitätskriterium sagt außerdem etwas über die Innovationsfähigkeit eines Unternehmens aus und ist demnach auch ein wissensbasierter, firmenspezifischer Aktivposten des Unternehmens (Osterloh und Frost 2000: 182). Daher stellen die Bewertungskriterien eine Effektivitätsbewertung des Wissenstransfers und der Kommunikation hinsichtlich der Zielerreichung dar. Es stellt sich folglich die Frage, welche Bewertungskriterien sich aus den Organisationszielen von IBM ableiten lassen. Die wichtigen Ziele wurden oben genannt. Die Ziele des untersuchten Bereiches sind (Sub-)Ziele, die jedoch in der Umsetzung der Unternehmensziele gründen.

Folgende Kriterien wurden ausgewählt, welche in Zusammenhang mit Wissenstransfer stehen und sich mit der Methode der Sozialen Netzwerkanalyse operationalisieren lassen.

Der *Wissenstransfer* sollte effizient sein. Wie bereits oben ausführlich besprochen, sind für die Innovationsfähigkeit und für das Unternehmensziel der langfristigen Gewinnmaximierung ständiges Lernen und eine ständige Entwicklung der organisationalen Wissensbasis notwendig. „Interunit links and networks are an important part of the learning process in which organizational units discover new opportunities and obtain knowledge through interacting with one another" (Tsai 2001: 996 f.).

Des Weiteren sollte eine ausreichend gute *Informationsversorgung* der Mitarbeiter gewährleistet sein (Clampitt 1991: 74 ff.). Mitarbeiter, Teams und Abteilungen sollten möglichst schnell die notwendigen arbeitsrelevanten Informationen erhalten. Daher ist es wichtig, dass die Kommunikationsstruktur in der Lage ist, in kurzer Zeit die entsprechenden Informationen an die richtigen Mitarbeiter im Unternehmen weiterzuleiten.

Schließlich sollte die *Koordination* zwischen den einzelnen Bereichen optimiert werden. Besonders die mangelhafte Gesamtsicht der einzelnen Bereiche im Unternehmen und der häufig vorliegende Ressortegoismus behindern erfolgreiche Zusammenarbeit (Bea und Göbel 1999: 318). Deshalb muss ein wichtiges Unterziel sein, die Schnittstellen zwischen den Bereichen, Teams und Mitarbeitern, welche auf eine Zusammenarbeit angewiesen sind, zu verbessern (Bea und Göbel 1999: 16).

Diese drei Kriterien bilden die Grundlage der Effektivitätsbewertung, jedoch wird in diesem Beitrag ausschließlich auf das erste Kriterium, Wissenstransfer, eingegangen.

16.2.9 Das Kriterium Wissenstransfer

Das Kriterium *Wissenstransfer* soll näher betrachtet werden. Problematisch ist bei dieser Vorgehensweise, dass im begrenzten zeitlichen Rahmen dieser Arbeit nur Tendenzen bezüglich des arbeitsrelevanten Wissens der Mitarbeiter aus den untersuchten Bereichen abzuleiten waren. Durch einen Workshop oder intensivere Gespräche mit allen Mitarbeitern des untersuchten Bereiches hätten weitaus verlässlichere und fundiertere Erkenntnisse gewonnen werden können. Die Anforderungen an den Wissenstransfer werden daher auf Grundlage von theoretischen Konzepten und Plausibilitätsannahmen betrachtet.

Verschiedene Faktoren sind für den Transfer von Wissen entscheidend (vgl. Nagel 2004: Kapitel 3.1.2):

Die *Art des Wissens* ist von Bedeutung. Explizites Wissen kann relativ leicht übertragen werden, da es allen zugänglich ist und häufig in Textdokumenten vorliegt. Implizites Wissen hingegen erweist sich als problematisch, da es nur schwer in Worte zu fassen ist (Justus 1999: 94).

Der *Kommunikationskanal*, durch den Wissen weitergegeben wird, hat zudem eine wichtige Funktion. Hierbei stellt sich die Frage, ob die Kommunikation z. B. in einem persönlichen Gespräch (Face-to-face), per Telefon, Brief oder E-Mail stattfindet. Möglichkeiten des Feedbacks, das Vorhandensein eines persönlichen Bezugs und die Art der Signale (akustisch, visuell, vielfältig...) sind hierbei entscheidende Variablen (Justus 1999: 97).

Tsai (2001: 997) entdeckte zwei weitere wichtige Faktoren, die Wissenstransfer beeinflussen: die *Position im Netzwerk* und die so genannte *„absorptive capacity"*. Verschiedene Positionen in einem Netzwerk stellen unterschiedliche Möglichkeiten für den Zugang zu neuem Wissen dar (Tsai 2001: 997). Cohen und Levinthal (1990) nennen die Fähigkeit, Wissen von anderen externen Quellen aufzunehmen und weiterzugeben, „absorptive capacity". Zudem bestehe ein großer Zusammenhang von „absorptive capacity" und der Innovativität des Unternehmens (Tsai 2001: 998).

16.2.10 Wissenstransfer im untersuchten Bereich

Verschiedene Konzepte der sozialen Netzwerkanalyse wie strukturelle Autonomie, soziales Kapital und strukturelle Löcher werden nun in Verbindung mit der Visualisierung skizziert. Der Begriff „strukturelle Autonomie" in Netzwerken wurde vor allem von Burt (1992) geprägt. Hierbei geht es um Konkurrenzsituationen zwischen strukturell ähnlichen Akteuren, die ähnliche Güter anbieten und daher unter sozialem Druck stehen. Die Fähigkeit dieser Akteure zur kollektiven Handlung kann beispielsweise durch die Dichte des Subnetzwerkes zwischen den strukturell gleichartigen Akteuren operationalisiert werden (Jansen 1999: 177). Bei größeren Netzwerken, bei denen – wie im untersuchten Fall – die Möglichkeiten zur Selbstorganisation der Akteure durch Face-to-face Kommunikation begrenzt ist, können Zentralitätsmaßzahlen eine Operationalisierung der Fähigkeit zur Absprache gemeinsamer Reaktionen auf strukturelle Zwänge darstellen (Jansen 1999: 178). Besonders zentrale Akteure koordinieren hierbei die Kommunikation. Durch Zentralitäts- und Hierarchisierungsmaße können besonders starke Akteure in einer Subgruppe identifiziert werden.

Ein weiterer Ausgangspunkt der Überlegungen von Burt ist das Bezugsgruppenargument: Akteure mit einer Vielzahl verschiedener Bezugsgruppen entwickeln – im Gegensatz zu Akteuren mit weniger Bezugsgruppen – gegenüber jeder einzelnen Gruppe eine höhere Autonomie. Sozialer Druck und Kontrolle nehmen mit der Anzahl der Bezugsgruppen ab (Jansen 1999: 178).

Aufbauend auf dem Bezugsgruppenargument hat Burt (1992) die Analyse struktureller Löcher entwickelt. Soziales Kapital existiert für den Akteur, der als Broker

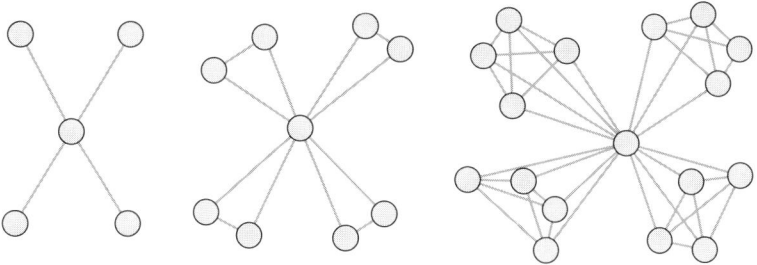

Abbildung 16.1: Effizienz von Netzwerken. Eigene Darstellung nach Burt (1992: 17)

mehrere Gruppen miteinander verbindet und damit ein strukturelles Loch überbrückt. Durch die Diversifizierung der eigenen Bezugsgruppen bringt dies den Vorteil der verbesserten Informationsversorgung mit sich. Einen weiteren Vorteil stellt der Gewinn relativer Freiheit von sozialen Zwängen dar. Dies eröffnet unternehmerisches Handlungspotential, indem bewusst die verschiedenen Interessen und Ressourcen genutzt werden (Jansen 1999: 179).

Ein wichtiges Argument für den strategischen Aufbau eines optimalen Informationsnetzwerks ist seine Effektivität, welche mit der Zahl indirekter Beziehungen steigt (Jansen 1999: 180). In obiger Abbildung 16.1 werden beispielhaft drei mögliche Formen von Kontaktnetzwerken dargestellt. Netzwerkanalytisch wird hier die Effektivität durch die Zahl der direkt und indirekt erreichten Akteure errechnet, was die so genannte Erreichbarkeitsmatrix ergibt (Jansen 1999: 180). Redundante Beziehungen sind im dritten Netzwerk (Abbildung 16.1) erkennbar: Die vier Teilgruppen werden mit redundanten Beziehungen verbunden; die Effektivität könnte größer sein, wenn lediglich eine Verbindung zu jeweils einer Gruppe bestünde.

Im untersuchten Wissenstransfernetzwerk von CCR kann strukturelle Autonomie aufgrund der Größe des Netzwerks durch Zentralitäts- und Hierarchiemaße operationalisiert werden. Hierbei wurde die Visualisierung (Brandes et al. 2004) basierend auf dem Status-Index nach Katz (1953: 39 ff.) vorgenommen. Bei diesem Status-Index werden nicht nur die direkten Wahlen berücksichtigt, sondern auch rekursiv der Status der indirekten Wähler. Der Index beinhaltet die Information darüber, wer und wie viele Personen „wählen" (Katz 1953: 39 ff.). Die Formel dazu ist $s = (\frac{1}{\alpha}I - C')$, wobei C' der Wissenstransfermatrix entspricht; α entspricht einem „Nicht-Schwächerwerden" („non-attenuation") einer Verbindung ($\alpha = 0$ bei vollständigem „Schwächerwerden" („attenuation") einer Verbindung und $\alpha = 1$ bei Abwesenheit von „attenuation").

In der Abbildung 16.2 wird deutlich, dass im untersuchten Wissenstransfernetzwerk der Mitarbeiter h17 ein sehr starker Akteur ist, was durch seinen hohen Wert bei der Statusberechnung deutlich wird (Jansen 1999: 178). Weitere bedeutende Akteure sind a6, c4, m7, m2, v7 und h10.

Der Grad der Zentralisierung ist, wie oben schon erwähnt, in einem positiv verbundenen Netzwerk ein weiterer Indikator für Kommunikations- und Einflussbeziehungen; positiv im Sinne von „A gibt an B weiter", negativ: „A ist von B abhängig" (vgl.

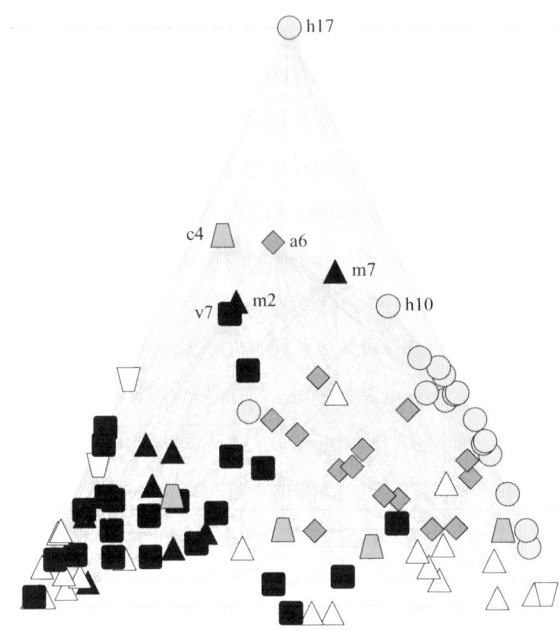

Abbildung 16.2: Status/Hierarchisierung im Wissenstransfernetzwerk von CCR

dazu Jansen 1999: 176)). In dieser Untersuchung wurde die Betweenness-Zentralität gewählt, da diese Messgröße als ein Zeichen für Monopolisierung der Informations- und Ressourcenkontrolle durch herausragend zentrale Akteure gilt Jansen (1999: 135).

Durch die Berechnung der Betweeness-Zentralität und der Visualisierung mit ᵛisonₑ (Abbildung 16.3) können verschiedene zentrale Akteure identifiziert werden, die eine bedeutende Stellung im untersuchten Wissenstransfernetzwerk innehaben: die Mitarbeiter *Director Sales Public* (v10), *Leiter IBM Ausbildung Deutschland* (a6) (befindet sich in der Visualisierung verdeckt dahinter), *Director Marketing Central Region* (m7), *Leiter CCR* (m2), *Ausbildungsreferent* (a11), *Vice President System Sales* (v14), *Assistent HR* (h6) und *Leiter Labor* (s5).

Nach dem Bezugsgruppenargument gilt, wie bereits erwähnt, dass die Anzahl und Diversifikation von Bezugsgruppen aufgrund von geringerem sozialen Druck und mehr Autonomie positive Auswirkungen mit sich bringt.

Aus der Visualisierung des bereichsübergreifenden Wissenstransfers mit ᵛisonₑ (Abbildung 16.4) geht hervor, dass ausgehend von *Corporate Marketing* verschiedene Verbindungen zu den anderen Subgruppen bestehen. Dies ist aufgrund der Vielzahl und Verschiedenheit der Bereiche als funktional zu werten. Es besteht die Möglichkeit der bewussten Nutzung der verschiedenen Interessen und Ressourcen aus anderen Bereichen (Jansen 1999: 179).

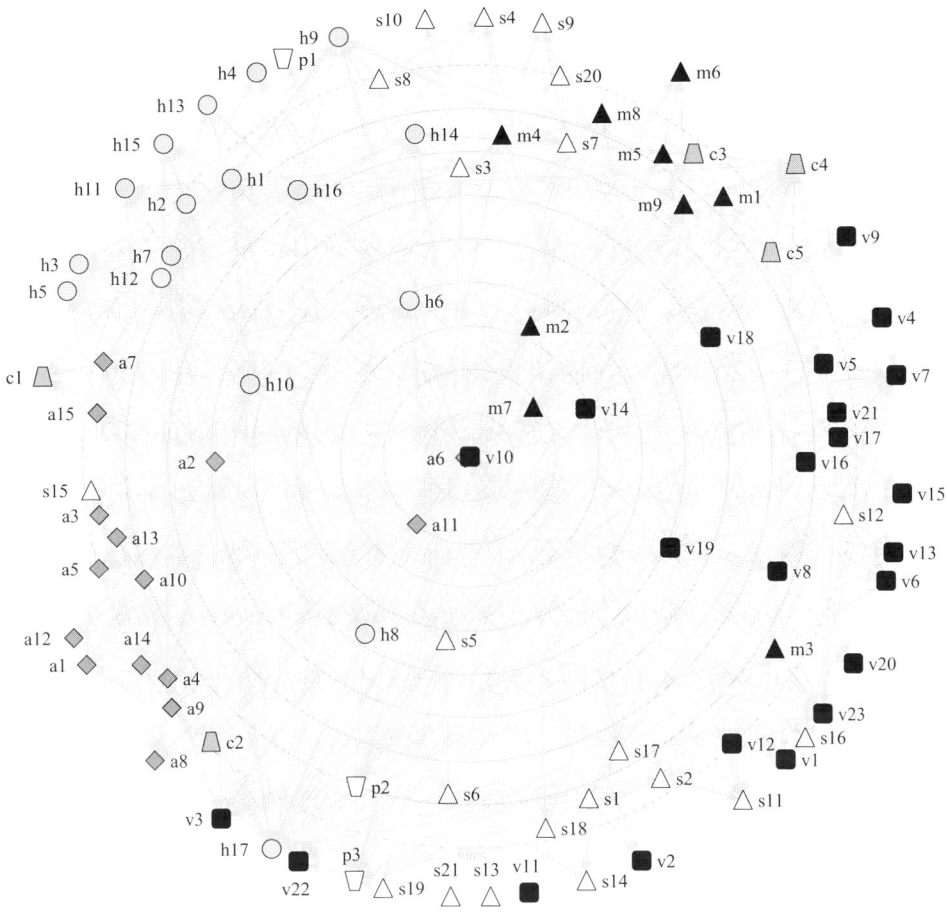

Abbildung 16.3: Betweeness-Zentralität im Wissenstransfernetzwerk

16.3 Diskussion

Dieser Beitrag stellt einen Versuch dar, dem Phänomen „intraorganisationaler Wissenstransfer" näher zu kommen. Es wurde hierbei das Ziel verfolgt, die Wissenstransfernetzwerke zu visualisieren und anschließend hinsichtlich der Effektivität zu bewerten. Mit Hilfe netzwerkanalytischer Methoden wurden die Wissenstransfernetzwerke im Bereich CCR analysiert.

Der Wissenstransfer in dem untersuchten Bereich wurde hinsichtlich struktureller Autonomie, sozialem Kapital und strukturellen Löchern betrachtet. Es wurden hierbei starke Akteure, die durch einen hohen Status-Wert gekennzeichnet sind, identifiziert: der *Leiter HR* (h17) ist hierarchisch deutlich übergeordnet in der Status-Visualisierung, etwas tiefer befinden sich die Mitarbeiter *Leiter IBM Ausbildung*

Abbildung 16.4: Bereichsübergreifender Wissenstransfer

Deutschland (a6), *ehem. Leiter Communications* (c4), *Director Marketing Central Region* (m7), *Leiter CCR* (m2) und der *Leiter HR Learning* (h10).

Durch den Grad der Zentralität im Wissenstransfernetzwerk konnten verschiedene zentrale Akteure identifiziert werden, die eine bedeutende Stellung im Wissenstransfernetzwerk innehaben: Dies sind die Mitarbeiter *Director Sales Public* (v10), *Leiter IBM Ausbildung Deutschland* (a6), *Director Marketing Central Region* (m7), *Leiter CCR* (m2), *Ausbildungsreferent* (a11), *Vice President System Sales* (v14), *Assistent HR* (h6) und *Leiter Labor* (s5).

Aufbauend auf dem Bezugsgruppenargument besteht – aufgrund der Vielzahl und Verschiedenheit der Kontakte ausgehend von CCR zu Subgruppen – die Möglichkeit, die verschiedenen Interessen und Ressourcen der anderen Bereiche zu nutzen (Jansen 1999: 179). Dies ist durchaus als funktional zu bewerten.

16.4 Fazit

Was haben die Methoden der Netzwerkanalyse für die Untersuchung dieser Arbeit gebracht? „Through social network analysis, people can identify where they need to build more or better relationships" (Cross und Prusak 2002: 112). Die besondere Stärke der sozialen Netzwerkanalyse liegt in der Möglichkeit, komplexe Sachverhalte zu sammeln und sowohl auf der Mikro- als auch auf der Makroebene zu analysieren. Zusätzlich wird durch die Visualisierung mit ᵛisonₑ die Analyse erleichtert und auch für andere Personen, die über weniger detaillierte Kenntnisse im Bereich der Netzwerkanalyse verfügen, anschaulich gemacht. Die soziale Netzwerkanalyse erwies sich bei dieser Arbeit als das am besten geeignete Instrument zur Analyse relationaler Daten dieser Größenordnung.

Jedoch tauchen bei einer kritischen Betrachtung der sozialen Netzwerkanalyse methodische Schwächen auf. Aufgrund der großen Allgemeingültigkeit ist die soziale Netzwerkanalyse allein nicht in der Lage, Aussagen bezüglich der Funktionalität oder Dysfunktionalität der untersuchten Netzwerke zu machen. Es handelt sich bei dieser Art der Netzwerkanalyse zudem um eine „statische" Methode. Entwicklungen und Dynamiken im Unternehmen werden nicht mit einbezogen. Der Zeitraum zwischen den einzelnen Interviews, in denen die Identifikation der Grundgesamtheit des Wissenstransfernetzwerks festgelegt wurde, und der Online-Befragung betrug teilweise mehrere Monate. Die zwischenzeitlichen Personalwechsel und Umstrukturierungen konnten nicht berücksichtigt werden.

Hingegen ist die Kombination mit qualitativen Methoden – unterstützt durch die Erklärungsansätze und die Forschungsarbeiten von Vertretern der sozialen Netzwerkanalyse – meines Erachtens eine große Bereicherung organisationaler Forschung. Zudem kann ausblickend gesagt werden, dass eine Analyse dynamischer Netzwerke in diesem Untersuchungskontext sicher eine interessante Weiterentwicklung darstellen würde.

Literaturverzeichnis

Ahn, Heinz und *Harald Dyckhoff*, 1997: Organisatorische Effektivität und Effizienz. Wissenschaftliches Studium S. 2–6.

Bea, Franz Xaver und *Elisabeth Göbel*, 1999: Organisation. Theorie und Gestaltung. Stuttgart: Lucius und Lucius.

Brandes, Ulrik, Tim Dwyer und *Falk Schreiber*, 2004: Visual understanding of metabolic pathways across organisms using layout in two and a half dimensions.

Burt, Ronald S., 1992: Structural Holes. The Social Structure of Competition. Cambridge, London: Harvard University Press.

Clampitt, Phillip G., 1991: Communicating for Managerial Effectiveness. New Delhi: Sage.

Cohen, Wesley Marc und *Daniel Levinthal*, 1990: Absorptive Capacity. A New Perspective on Learning and Innovation. Administrative Science Quarterly S. 128–152.

Cross, Robert Lee und *Laurence Prusak*, 2002: The People who make Organizations stop - or go. Harvard Business Review S. 104–112.

Frese, Erich, 1995: Grundlagen der Organisation. Konzept – Prinzipien – Strukturen. Wiesbaden: Gabler.

Gabler, Siegfried, 1992: Schneeballverfahren und verwandte Stichprobendesigns. ZUMA-Nachrichten S. 47–69.

Jansen, Dorothea, 1999: Einführung in die Netzwerkanalyse: Grundlagen, Methoden, Anwendungen. Opladen: Leske und Budrich.

Justus, Angelika, 1999: Wissenstransfer in strategischen Allianzen: Eine verhaltenswissenschaftliche Analyse. Berlin: Lang.

Katz, Leo, 1953: A New Status Index Derived from Sociometric Analysis. Psychometrika S. 39–43.

Kieser, Alfred und *Herbert Kubicek*, 1992: Organisation. Berlin, New York: De Gruyter.

Klimecki, Rüdiger, Hermann Lassleben und *Beate Riexinger-Li*, 1994: Zur empirischen Analyse organisationaler Lernprozesse im öffentlichen Sektor: Modellbildung und Methodik. Chur, Zürich: Rüegger.

Knoke, David und *James Kuklinski*, 1982: Network Analysis. London: Sage.

Krackhardt, David und *Jeffrey R. Hanson*, 1994: Informelle Netze – die heimlichen Kraftquellen. Harvard Business Manager S. 16–24.

Laumann, Edward O., Peter V. Marsden und *David Prensky*, 1983: The Boundary Specification Problem in Network Analysis. In: *Ronald S. Burt* und *Michael J. Minor* (Hg.), Applied Network Analysis: A Methodological Introduction, S. 18–34. London: Sage.

Mayntz, Renate, 1963: Soziologie der Organisation. Reinbek bei Hamburg: Rowohlt.

Nagel, Melanie, 2004: Wissenstransfernetzwerke. Eine netzwerkanalytische Effektivitätsbewertung von intraorganisationalen Wissenstransfernetzwerken. Diplomarbeit, Universität Konstanz.

North, Klaus, 2002: Wissensorientierte Unternehmensführung. Wertschöpfung durch Wissen. Wiesbaden: Gabler.

Osterloh, Margit und *Bruno Frey*, 2000: Motivation, Knowledge Transfer, and Organizational Forms. Organization Science S. 538–550.

Osterloh, Margit und *Jetta Frost*, 2000: Prozessmanagement als Kernkompetenz. Wie Sie Business Reengineering strategisch nutzen können. Wiesbaden: Gabler.

Pappi, Franz Urban, 1987: Methoden der Netzwerkanalyse. München: Oldenburg.

Polanyi, Michael, 1966: The Tacit Dimension. London: Doubleday.

Probst, Gilbert und *Bettina S.T. Büchel*, 1998: Organisationales Lernen. Wettbewerbsvorteile der Zukunft. Wiesbaden: Gabler.

Probst, Gilbert, Steffen Raub und *Kai Romhardt*, 1999: Wissen managen: wie Unternehmen ihre wertvollste Ressource optimal nutzen. Wiesbaden: Gabler.

Ricken, Boris, 2002: Empirischer Vergleich formaler und informaler Organisationsstrukturen. Netzwerkanalytische Effektivitätsbewertung informaler Organisationsstrukturen im Unternehmen. Diplomarbeit, Universität Konstanz.

Scholz, Christian, 1992: Organisatorische Effektivität und Effizienz. In: *Erich Frese* (Hg.), Handwörterbuch der Organisation, S. 534–552. Stuttgart: Poeschel.

Staehle, Wolfgang H., *Peter Conrad* und *Jörg Sydow*, 1999: Management: eine verhaltenswissenschaftliche Perspektive. München: Vahlen.

Tsai, Wenpin, 2001: Knowledge Transfer in Intraorganizational Networks: Effects of Network Position and Absorptive Capacity on Business Unit Innovation and Performance. Academy of Management Journal S. 996–1004.

Wasserman, Stanley und *Katherine Faust*, 1994: Social Network Analysis: Methods and Applications. Cambridge: Cambridge University Press.

Yin, Robert K., 2003: Case Study Research. Design and Methods. New Delhi: Sage.

Zander, Udo und *Bruce Kogut*, 1995: Knowledge and the Speed of the Transfer and Imitation of Organizational Capabilities: An Empirical Test. Organization Science S. 76–92.

Teil V

Anhang

Anhang A

Glossar der Politiknetzwerkanalyse

Philip Leifeld und Thomas Malang

Die hier erklärten Stichworte beziehen sich auf methodische und theoretische Begriffe aus der Netzwerkanalyse, die entweder in den Kapiteln des vorliegenden Sammelbands zum Einsatz gekommen sind oder für das Verständnis jeweils anderer Glossareinträge erforderlich sind.[1] Querverweise innerhalb des Verzeichnisses sind mit einem Pfeil (⇨) gekennzeichnet. Die Umsetzung der jeweiligen Verfahren mit Softwarepaketen bezieht sich auf die Version 2.3.5 von visone (http://www.visone.info) und auf die Version 6.163 von Ucinet (Borgatti et al. 2002), zu finden unter http://www.analytictech.com.

Adjazenzmatrix Liegt ein ⇨*One-Mode-Netzwerk* vor, können die Netzwerkdaten in einer Adjazenzmatrix gespeichert werden. Eine solche Matrix ist quadratisch und enthält als Spalten die gleichen Entitäten wie als Zeilen, z. B. Akteure×Akteure oder Ereignisse×Ereignisse. Die Zellen dieser Matrix enthalten dann die Relationen zwischen den Akteuren oder zwischen den Ereignissen. Um Relationen zwischen verschiedenen Gruppen von Entitäten zu speichern, können ⇨*Two-Mode-Netzwerke* verwendet werden.

Affiliationsmatrix Affiliationsmatrizen sind eine Darstellungsform für ⇨*Two-Mode-Netzwerkdaten*. Eine Klasse von Entitäten (z. B. Akteure) wird als Zeilenbeschriftung und eine andere Klasse (z. B. Ereignisse oder Gremien) als Spaltenbeschriftung benutzt. Die Zellen dieser rechteckigen Matrix enthalten dann z. B. die Zuordnungen der Akteure zu Ereignissen. Andere Darstellungsformen für Two-Mode-Netzwerke sind ⇨*bipartite Graphen* und ⇨*Hypergraphen*.

Akteur Siehe ⇨*Graph*.

Betweenness-Zentralität Austauschbeziehungen zwischen Knoten in Netzwerken finden oft nicht nur zwischen direkt verbundenen Knoten statt, sondern Informationen fließen über dritte, intermediäre Knoten. Die Betweenness-Zentralität (vgl. ⇨*Zentralität*) misst, auf wie vielen kürzesten Verbindungen ein Knoten liegt. Für einen Knoten n_i betrachtet man den Anteil der ⇨*Geodesics* zwischen zwei beliebigen anderen Knoten n_j und n_k, auf denen n_i liegt, an allen Geodesics zwischen n_j und n_k. Die Betweenness von n_i ist dieser Anteil, aufsummiert

---

[1]Die Autoren danken Michael Baur für zahlreiche wertvolle Hinweise.

über alle möglichen Knotenpaare n_j und n_k. Zur besseren Vergleichbarkeit kann die Betweenness wie andere Zentralitäten so normiert werden, dass die Summe aller Werte im Netzwerk eins ergibt:

$$C'_B(n_i) = \frac{\sum\limits_{j < k} \frac{g_{jk}(n_i)}{g_{jk}}}{\frac{(g-1)(g-2)}{2}}$$

Unter der Annahme, dass Informationen auf kürzesten Verbindungen fließen, bedeutet ein hoher Wert von Betweenness inhaltlich, dass Knoten n_i den Informationsfluss zwischen vielen anderen Knoten beeinflussen kann, da ein großer Anteil der Informationen über ihn geleitet wird. Details finden sich bei Wasserman und Faust (1994: 190).

Binäre Relation Ein Netzwerk kann *binäre* oder *gewichtete* Relationen/Kanten enthalten. Binäre Relationen können ausschließlich die Werte 0 oder 1 annehmen, je nach Vorhandensein oder Nichtvorhandensein einer Beziehung. Gewichtete Relationen können unterschiedliche Werte auf mindestens ordinalem Skalenniveau je nach Intensität der Beziehung annehmen. Ungewichtete Relationen können oft als gewichtete Relationen mit den Werten 0 bzw. 1 angesehen werden.

Bipartiter Graph Ein bipartiter ⇨ *Graph* ist eine Repräsentationsform für ⇨ *Two-Mode-Netzwerke*. In einem solchen Graphen werden beide Klassen von Entitäten (z. B. Akteure und Ereignisse) als Knoten dargestellt. Zwei beliebige Knoten können nur dann mit einer Kante verbunden werden, wenn sie unterschiedlichen Klassen von Entitäten angehören. Auf diese Weise wird z. B. die Zuordnung von Akteuren zu Ereignissen oder zu Gruppen dargestellt. Details finden sich bei Wasserman und Faust (1994: 299 ff.). Andere Darstellungsformen für Two-Mode-Netzwerke sind ⇨ *Hypergraphen* und ⇨ *Affiliationsmatrizen*.

Blockmodeling Blockmodeling ist eine Bezeichnung für die Einteilung eines Netzwerks in mehrere Blöcke auf der Basis einer ⇨ *Subgruppenanalyse*. Blockmodeling umfasst einerseits die Partitionierung der Knoten in Blöcke und andererseits die Untersuchung der Beziehungen zwischen diesen Blöcken, z. B. anhand der ⇨ *Dichte*. Wasserman und Faust (1994: 389 ff.) beschreiben die Darstellung von Blockmodellen mittels *Dichtetabellen*, die die Dichte der einzelnen Blöcke enthalten, mittels *Bildmatrizen* („Image Matrices"), die als ⇨ *dichotomisierte* Version der Dichtetabellen aufgefasst werden können, oder mit der Hilfe von *reduzierten Graphen* („Quotientengraphen"), die als Knoten die Blöcke und als Kanten die Zelleinträge der Bildmatrix visualisieren. Die Partitionierung einer Matrix in Blöcke erfolgt entweder über typische Blockmodeling-Algorithmen wie ⇨ *CONCOR* oder der ⇨ *Tabu-Search-Permutation* oder mit Hilfe anderer Subgruppenverfahren wie der ⇨ *hierarchischen Clusteranalyse* oder der ⇨ *Cliquenanalyse*. In UCINET finden sich die Partitionierungsmethoden im Menü „Network" unter *Roles & Positions*.

Boundary Specification Die Boundary Specification (Netzwerkabgrenzung) ist einer der ersten Punkte, die es bei der empirischen Untersuchung von Netzwerken zu klären gilt. Die Frage lautet, welche Akteure in die Auswahlgesamtheit des Netzwerks aufgenommen werden sollen. Es gibt mehrere Methoden, eine Boundary Specification durchzuführen (vgl. Jansen 2003: 71 ff.). Laumann et al. (1983) unterscheiden zwischen *nominalistischen Methoden* und *realistischen Methoden* der Abgrenzung.

Bei den nominalistischen Methoden wird ausgehend von der Forschungsfrage bestimmt, wer auf Grund gewisser Merkmale zur Netzwerkpopulation gehört. Eine Unterkategorie dieser Methode ist die sog. *Positionsmethode*, bei der Akteure auf der Basis ihrer institutionellen Position als Akteur im Netzwerk betrachtet werden.

Realistische Methoden grenzen Netzwerke nicht auf Grund des Forschungsinteresses ein, sondern gehen umgekehrt davon aus, dass diejenigen Akteure zu einem Netzwerk gehören, die sich zugehörig fühlen oder aktiv im Netzwerk agieren. „Agieren im Netzwerk" wird nach der *Entscheidungsmethode* auf Grund konkreter Teilnahmen an relevanten Ereignissen oder Entscheidungen festgelegt. Gilt die Perzeption der Zugehörigkeit als grenzziehendes Merkmal, wird mit der *Reputationsmethode* zuerst ein Kern wichtiger Akteure festgelegt (oft durch Experten), die dann wiederum angeben, wer ein Teil des Netzwerks ist.

Box-Cox-Transformation Zusammenhänge zwischen Netzwerkdaten (z. B. die Zentralität von Knoten) sind in der Regel nicht normalverteilt und sollten daher ohne vorherige Power-Transformation nicht mit linearen Regressionen untersucht werden. Die Box-Cox-Power-Transformation (Box und Cox 1964) dient dazu, empirische Daten einer Normalverteilung anzunähern, um die Annahmen nicht zu verletzen. Die Transformation folgt der Form:

$$y(\lambda) = \begin{cases} \frac{(y+\alpha)^{\lambda}-1}{\lambda}, \text{ wenn } \lambda \neq 0 \\ \log(y+\alpha), \text{ wenn } \lambda = 0 \end{cases}$$

Dabei wird λ mit Hilfe einer Maximum-Likelihood-Schätzung bestimmt. α ist ein konstanter Glättungsfaktor.

Cliquenanalyse Bei der Cliquenanalyse handelt es sich um eine graphentheoretische Form der ⇨*Subgruppenanalyse*. Anhand der Knoten und Kanten eines Netzwerks werden kohäsive Subgruppen gefunden, die besonders dichte Beziehungen aufweisen oder nach einem anderen graphentheoretischen Kriterium identifiziert werden können. Die gängigsten Cliquenkonzepte und -algorithmen sind die ⇨*n-clique*, der *n-clan*, *n-club*, ⇨*k-plex* und der *k-core*; sie werden detailliert bei Wasserman und Faust (1994: 258 ff.) beschrieben.

In UCINET sind diese Verfahren hauptsächlich im Menü „Network" unter dem Punkt *Subgroups* implementiert. In ᵛⁱˢoⁿₑ kann die Cliquenanalyse wie im Punkt ⇨*visone – Analyse und Visualisierung* beschrieben durchgeführt werden, indem im Analyse-Tab bei „Level" *Group* und bei „Objective" *Cohesiveness* angewählt wird. Es stehen *n*-cliquen und *n*-clans zur Verfügung. Zusätzlich zur Variablen k, die hier statt n verwendet wird, kann die minimale Größe der zu identifizierenden Subgruppen festgelegt werden.

Closeness-Zentralität Die Closeness-Zentralität (vgl. ⇨ *Zentralität*) beruht auf der
Idee, dass ein Knoten zentral ist, wenn er schnell mit allen anderen in Kontakt
treten kann. Eine Annahme könnte lauten, dass er dies tun kann, wenn er in
der Nähe aller anderen Knoten liegt, d. h. die Distanz zu den anderen Knoten
gering ist. Um die Nähe zu berechnen, werden die Längen der kürzesten Verbindungen (⇨ *geodesics*) eines Knotens n_i zu allen anderen Knoten im Netzwerk
($d(n_i n_j)$) aufsummiert. Die Closeness-Zentralität wird nach Sabidussi (1966) als
die Umkehrfunktion der Summe aller Distanzen von Knoten n_i zu allen anderen
Knoten berechnet.

$$C_C(n_i) = \left[\sum_{j=1}^{g} d(n_i n_j) \right]^{-1}$$

Wie sich aus der Formel ergibt, entstehen hierbei zwei Probleme. Sobald ein oder
mehrere Knoten von Knoten n_i nicht erreicht werden können, wird das Ergebnis
der Closeness-Zentralität null. Ihre Berechnung bietet sich deshalb nur in Netzwerken an, in denen keine isolierten Knoten vorkommen. Eine Lösung besteht
darin, Closeness für die einzelnen Zusammenhangskomponenten des Netzwerks
zu bestimmen. Zweitens hängt der Maximalwert des Index von der Größe des
Netzwerks g ab. Um einen standardisierten Wert zu erhalten, schlägt Beauchamp (1965) eine Berücksichtigung der Größe (hier: Knotenanzahl) des Netzwerks ($g-1$) vor. Die standardisierte Form der Closeness-Zentralität wird durch
eine Multiplikation des Index mit der Anzahl aller anderen Knoten des Netzwerks errechnet.

$$C'_C(n_i) = (g-1)C_C(n_i)$$

Eine andere, sinnvolle Normierung besteht darin, jeden Closeness-Wert durch
die Summe der Werte im Netzwerk bzw. in der Zusammenhangskomponente zu
teilen.

Clusteranalyse Siehe ⇨ *Hierarchische Clusteranalyse.*

Co-Occurrence-Matrix Will man aus einer ⇨ *Affiliationsmatrix* eine zeilenweise
⇨ *Adjazenzmatrix* mit der Anzahl der gemeinsamen Affiliationen zwischen
beliebigen Knoten (*Co-Occurrence-Matrix*) berechnen, kann man die Matrix
mit ihrer ⇨ *Transponierten* multiplizieren: $\mathbf{A}\mathbf{A}^T$. Will man eine solche Co-
Occurrence-Matrix für die Spalten berechnen (z. B. Wie viele Mitglieder haben
je zwei Gremien oder Vorstände gemein?), berechnet man $\mathbf{A}^T\mathbf{A}$.

Die Konvertierung eines ⇨ *Two-Mode-Netzwerks* in ein ⇨ *One-Mode-Netzwerk*
kann in UCINET über die Funktion *Affiliations* im Menü „Data" oder manuell
mit Hilfe des Punktes *Matrix Algebra* im Menü „Tools" durchgeführt werden.

Cognitive Social Structure Während in einem standardisierten Fragebogen zur Erhebung eines Beziehungsnetzwerks die Akteure nach ihren eigenen Beziehungen
befragt werden, wird im Cognitive Social Structure Design darüber hinaus nach
den wahrgenommenen Verbindungen der anderen Akteure gefragt. Es ergibt sich
dadurch nicht nur ein Netzwerk der wirklichen Verbindungen, sondern auch ein

Netzwerk der Perzeption von Verbindungen der einzelnen Akteure (vgl. Krackhardt 1987).

CONCOR Die Abkürzung CONCOR steht für „Convergence of Iterated Correlations". Bei dem ⇨*Blockmodeling*-Algorithmus werden zeilenweise die Korrelationen einer Matrix berechnet. Für die resultierende ⇨*Distanzmatrix* werden wiederum zeilenweise die Korrelationen berechnet. Der Schritt wiederholt sich so lange, bis die Matrix nur noch aus den Werten $+1$ und -1 besteht. Die Matrix kann nun so permutiert werden, dass rechteckige Blöcke mit Werten von $+1$ oder -1 entstehen. Diese Blöcke weisen eine maximale interne Dichte auf, während sie weniger Relationen zu Mitgliedern anderer Blöcke unterhalten. Die mathematischen Eigenschaften von CONCOR sind nicht vollständig bekannt, was generell für den Einsatz anderer Blockmodeling-Techniken spricht (Nunkesser und Sawitzki 2005: 271; Wasserman und Faust 1994: 380).

Degree-Zentralität Dem einfachsten ⇨*Zentralitätsmaß* liegt die Annahme zu Grunde, dass ein zentraler Knoten viele Verbindungen im Netzwerk besitzt. Die Degree-Zentralität $C_D(n_i)$ misst, wie viele Verbindungen $d(n_i)$ ein Knoten n_i von den maximal möglichen Verbindungen zu den anderen Akteuren realisiert.

$$C'_D(n_i) = \frac{d(n_i)}{g-1}$$

Um ein standardisiertes Maß unabhängig von der Größe des Netzwerks zu erhalten, wird der Grad der realisierten Verbindungen durch die Anzahl der anderen Knoten (d. h. der insgesamt möglichen Verbindungen) $g-1$ im Netzwerk geteilt.

Dendrogramm Ein Dendrogramm ist eine Darstellungsform für ⇨*hierarchische Clusteranalysen*, bei der Fusionsschritte von Clustern in einem Baumdiagramm dargestellt werden. Kritisch ist dabei die *Höhe*, bei der zwei geschachtelte Strukturen (Cluster) fusioniert werden: Laufen zwei Zweige spät zusammen, ist die Trennung zwischen den Clustern eindeutig; werden sie bereits früh fusioniert, gehören sie dem selben Cluster an. Der Analyst kann einen Schwellenwert in Bezug auf die Fusionshöhe über das Dendrogramm legen, bei dem die Interpretation der Cluster vorgenommen wird. Ein höherer Schwellenwert produziert demnach wenige Cluster, während ein niedrigerer Schwellenwert viele Cluster produziert.

Dichotomisierung Dichotomisierung bezeichnet die Konvertierung eines Netzwerks mit ⇨*gewichteten Kanten* in ein ⇨*binäres Netzwerk*. Hierzu muss ein Schwellenwert angegeben werden, so dass alle Werte über dem Schwellenwert als 1 und alle Werte unter oder gleich dem Schwellenwert als 0 kodiert werden können. Die Dichotomisierung ist ein Spezialfall der allgemeineren ⇨*Rekodierung*. In UCINET ist die Dichotomisierung im Menü „Transform" enthalten. In ᵛisonₑ kann eine Dichotomisierung mit Hilfe des *Selection*-Dialogs im Menü „Links" durchgeführt werden, indem die Kanten anhand eines Wert-Attributs ausgewählt werden und die anderen entsprechend gelöscht werden.

Dichte Die Dichte Δ gibt an, wie stark verbunden ein Netzwerk ist. Dichte definiert sich als der Anteil der Anzahl in einem Netzwerk tatsächlich vorhandener Kanten L an der theoretisch möglichen maximalen Anzahl an Kanten $\binom{g}{2}$. Damit die Dichte verschiedener Netzwerke miteinander vergleichbar ist, ist das Dichtemaß also unabhängig von der Anzahl der Knoten. Für gerichtete und ungerichtete Graphen unterscheidet sich die Anzahl maximal möglicher Kanten.

$$\Delta = \frac{L}{\frac{g(g-1)}{2}}$$

Die Dichte kann entweder für einen Graphen oder für einen Subgraphen, also eine Teilmenge der Knoten, berechnet werden. Sinnvoll ist dies beispielsweise, um den Grad der Integration zwischen verschiedenen Teilsystemen oder Blöcken (vgl. ⇨ *Blockmodeling*) wie etwa wissenschaftlichen Akteuren und Interessengruppen zu quantifizieren oder um die Intensität der internen Kommunikation innerhalb von Subgruppen vergleichbar zu machen.

Distanzmaß Distanzmaße geben die strukturelle Unähnlichkeit oder *Distanz* zwischen verschiedenen Knoten an. Verwandt dazu sind *Ähnlichkeitsmaße*, bei denen die strukturelle Ähnlichkeit zwischen den Knoten angegeben wird. Dies kann in binärer Form (Knoten sind entweder ähnlich oder unähnlich; ⇨ *strukturelle Äquivalenz*) oder durch reelle Werte angegeben werden. Distanzen und Ähnlichkeiten, die zwischen 0 und 1 normiert sind, kann man leicht konvertieren: $d_{ij} = 1 - s_{ij}$.

Beispielsweise sind zwei Akteure ähnlich, wenn sie gleiche Beziehungsmuster zu anderen Akteuren aufweisen, wenn sie den gleichen Gremien angehören oder wenn sie ähnlich positive oder negative Bewertungen für mehrere Issues in einer Befragung abgeben. Berechnet man für alle möglichen Dyaden von Knoten n_i und n_j im Netzwerk eine Distanz, erhält man eine quadratische *Distanzmatrix*. Eine solche Distanzmatrix ist als Eingabeformat für multivariate Verfahren wie die ⇨ *hierarchische Clusteranalyse* oder die ⇨ *multidimensionale Skalierung* erforderlich. Für unterschiedliche Zwecke und Skalenniveaus gibt es entsprechende Distanzmaße, z. B. den ⇨ *Jaccard-Koeffizienten* für ⇨ *binäre* Daten, die ⇨ *euklidische Distanz* bzw. Pearsons Korrelationskoeffizient für intervallskalierte Daten oder die ⇨ *Pfaddistanz* als graphentheoretisches Distanzmaß für binäre oder gewichtete Relationen.

In UCINET sind Ähnlichkeitsmaße im Menü „Tools" unter dem Punkt *Similarities* und Distanzmaße unter *Dissimilarities & Distances* implementiert.

E-I-Index Der E-I-Index ist von Krackhardt und Stern (1988) entwickelt worden, um das Verhältnis zwischen gruppeninternen und gruppenexternen Kanten zu quantifizieren. Untersucht man mehrere Blöcke (vgl. ⇨ *Blockmodeling*) von Knoten, ist eine häufige Fragestellung, ob die Knoten der Blöcke eher *miteinander* in Kontakt stehen oder ob sie eher zu Knoten aus *anderen* Blöcken Kontakt suchen. Blöcke von Knoten können mit Hilfe von Blockmodellen, Clusteranalysen oder aus theoretischen Überlegungen (z. B. aus der Systemtheorie) abgeleitet werden. Der E-I-Index verrechnet die Anzahl interner Links IL und die Anzahl externer Links EL miteinander:

$$\text{E-I-Index} = \frac{EL - IL}{EL + IL}$$

Der Index nimmt Werte zwischen -1 und $+1$ an, wobei -1 ausschließlich blockinterne Relationen, $+1$ ausschließlich blockexterne Relationen und ein Wert von 0 eine Gleichverteilung von internen und externen Relationen bedeutet. Der E-I-Index ist in UCINET im Menü „Network" unter dem Punkt *Cohesion* implementiert.

Eigenvektor-Zentralität Der Eigenvektor-Ansatz berechnet die ⇨ *Zentralität* der Knoten nicht auf Grund ihres lokalen Umfeldes (wie die ⇨ *Degree-Zentralität*, sondern bezieht die gesamte Netzwerkstruktur in den Berechnungsprozess mit ein. Die ⇨ *Adjazenzmatrix* besitzt Eigenvektoren, und die Werte an den jeweiligen Stellen ergeben den Wert eines Knotens.

Die Idee der Eigenvektor-Zentralität ist, dass ein Knoten wichtiger ist, wenn er wichtige Nachbarn hat. Der Zentralitätswert eines Knotens entspricht deshalb der Summe der Werte seiner Nachbarn. Offensichtlich ergeben sich durch diese Definition Rückkopplungen der Werte; trotzdem lassen sich dazu sinnvolle Werte bestimmen. Mathematisch entsprechen die Eigenvektoren der Adjazenzmatrix gültigen Werten. Um Eindeutigkeit zu erreichen, wird die Eigenvektor-Zentralität als Eigenvektor zum größten Eigenwert definiert. Es gibt drei Möglichkeiten zur Berechnung: Durch Faktorenanalyse, durch die Konvergenz einer infiniten Sequenz oder durch die Lösung eines linearen Gleichungssystems (vgl. Koschützki et al. 2005: 48 f.). Eigenvektorzentralität wird in den Sozialwissenschaften oft als *Prestigemaß* bezeichnet (vgl. Jansen 2003: 150 ff.; speziell Bonacich 1987).

Euklidische Distanz Die euklidische Distanz ist ein ⇨ *Distanzmaß* für metrische Daten. Die Werte der Knoten werden dabei als Punktkoordinaten in einem entsprechend dimensionalen Vektorraum interpretiert und ihre natürlichen (euklidischen) Distanzen berechnet.

Beispielsweise kann die Zustimmung der Akteure zu verschiedenen Issues k auf einer Intervallskala gemessen und in einer ⇨ *Affiliationsmatrix* gespeichert werden, wobei die Zeilenbeschriftung der Matrix die Akteure und die Spaltenbeschriftung die Issues enthält. Die Distanz zwischen den Akteuren n_i und n_j kann dann anhand der Daten berechnet werden, indem für jede Spalte k die Bewertung von n_j von der Bewertung von n_i subtrahiert wird, alle so gewonnenen Differenzen quadriert und aufsummiert werden und schließlich die Wurzel der Summe gezogen wird:

$$d_{ij} = \sqrt{\sum_{k=1}^{n} (i_k - j_k)^2}$$

In UCINET ist die euklidische Distanz im Menü „Tools" unter *Dissimilarities &
Distances* implementiert.

Geodesic Siehe ⇨ *Pfaddistanz.*

Gerichteter Graph Siehe ⇨ *Graph.*

Gewichtete Relation Siehe ⇨ *binäre Relation.*

Graph Ein Graph ist eine Struktur, die aus Knoten und Kanten besteht. Es gibt gerichtete und ungerichtete Graphen: In gerichteten Graphen spielt es eine Rolle,
ob Knoten n_i Knoten n_j wählt oder ob es umgekehrt ist (z. B. bei Freundschaftsbeziehungen), während in ungerichteten Graphen beides durch dieselbe Kante
ausgedrückt wird (z. B. bei gemeinsamer Gruppenmitgliedschaft). Darüber hinaus gibt es ⇨ *binäre Relationen* und gewichtete Relationen.

Während der Begriff „Graph" die mathematische Struktur meint, zielt der Begriff „Netzwerk" in der Regel auf die inhaltliche Bedeutung ab. So kann beispielsweise ein Netzwerk von politischen Akteuren durch einen Graphen repräsentiert werden. Gleichsam verhält es sich mit einigen sinnverwandten Begriffen: ⇨ *One-Mode-Netzwerke* und ⇨ *Two-Mode-Netzwerke* beschreiben reale
Phänomene, während ⇨ *Adjazenzmatrizen,* ⇨ *Affiliationsmatrizen* und ⇨ *bipartite
Graphen* die mathematischen Strukturen meinen. Mit „Knoten" und „Kanten"
sind abstrakte, graphentheoretische Entitäten gemeint, während „Akteure" und
„Verbindungen" die inhaltliche Ausgestaltung der Entitäten im Rahmen der Politikwissenschaft oder anderer Bereiche sind. Ein Graph ist folglich das Modell
eines Netzwerks.

Hierarchische Clusteranalyse Inhaltlich setzt die Clusteranalyse für den Fall der
⇨ *One-Mode-Netzwerke* beim Konzept der ⇨ *strukturellen Äquivalenz* oder strukturellen Ähnlichkeit an: Zwei Knoten, die ähnliche Beziehungsprofile zu anderen Knoten aufweisen, sind demnach strukturell ähnlich. Alternativ dazu kann
Ähnlichkeit zwischen Akteuren im Fall von ⇨ *Two-Mode-Netzwerken* über gemeinsame Affiliation zu Gremien, Organisationen oder Ereignissen operationalisiert werden, d. h. zwei Akteure sind dann ähnlich, wenn sie den gleichen
Gremien usw. angehören.

Die hierarchische Clusteranalyse identifiziert Cluster von ähnlichen Daten. Dabei wird ein Cluster dadurch definiert, dass seine Mitglieder (hier die Knoten
des Netzwerks) untereinander ähnlich sind, aber die Mitglieder unterschiedlicher
Cluster unähnlich sind. Zur Berechnung der Ähnlichkeit zwischen zwei beliebigen Knoten wird ein Ähnlichkeitsmaß (oder ⇨ *Distanzmaß*) verwendet. Eine
Ähnlichkeitsmatrix wird im Rahmen der agglomerativen Clusteranalyse so ma-
nipuliert, dass iterativ immer die beiden Spalten bzw. Zeilen zu einer einzigen
Spalte bzw. Zeile verschmolzen werden, die sich am ähnlichsten sind, bis schließlich die Matrix nur noch aus einer einzigen Spalte bzw. Zeile besteht. In einem
⇨ *Dendrogramm* können dann die einzelnen Fusionsschritte in einer Baumstruk-
tur dargestellt werden. Alternativ können die Fusionsschritte als geschachtelte

Mengen in eine zweidimensionale Abbildung wie z. B. eine ⇨*multidimensionale Skalierung* eingezeichnet werden. Wenn zwei oder mehr genestete Mengen erst nach vielen anderen Fusionsschritten zusammengefasst werden, spricht dies für die Existenz mehrerer Cluster. Die gefundenen Cluster können nach theoretischen Gesichtspunkten interpretiert werden. Im Wesentlichen handelt es sich daher um ein exploratives Verfahren.

Eine klassische Einführung in Clustertechniken und die Analyse von mehrdimensionalen Daten bieten Jain und Dubes (1988). Stärker auf Netzwerkanalyse fokussieren die weniger technischen Einführungen von Scott (2000: 126 ff.) und Wasserman und Faust (1994: 381 ff.).

Homophilie In der Soziologie versteht man unter Homophilie die Hypothese, dass miteinander verbundene Akteure eine überzufällige Ähnlichkeit von Merkmalen und Einstellungen aufweisen. Umgekehrt bedeutet das, dass Akteure mit Gemeinsamkeiten oder Ähnlichkeiten (z. B. gemeinsame Interessen, ähnliche Gesinnung) eine erhöhte Wahrscheinlichkeit haben, miteinander zu interagieren. Distanzen in den sozialen Charakteristika spiegeln sich demnach auch in Netzwerkdistanzen wieder (vgl. McPherson et al. 2001).

Hubs and Authorities Hubs and Authorities sind zwei zusammengehörige ⇨*Zentralitätsmaße*, die ursprünglich zur Bewertung von Webpages im WWW entwickelt wurden. Ziel ist es, große Hubs und bedeutende Autoritäten zu identifizieren. Annahme: Eine wichtige Authority erhält viele wichtige Informationen, während ein wichtiger Sender von Informationen als guter Hub gilt. Der Zusammenhang zwischen Hubs und Authorities stellt sich wie folgt dar: Ein Akteur besitzt eine hohe Hub-Maßzahl, wenn er vielen wichtigen Authorities Informationen sendet. Ein Akteur besitzt eine hohe Authority-Maßzahl, wenn er von vielen guten Hubs Informationen erhält (vgl. Koschützki et al. 2005: 54 f.). Hubs and Authorities kann als ⇨*Eigenvektor-Zentralität* auf Abwandlungen des Ursprungsgraphen modelliert werden.

Bei der Visualisierung kann beispielsweise die Knotengröße für die Hub-Werte und die Lage der Knoten zur Darstellung der Authority-Werte benutzt werden. Details finden sich unter dem Punkt ⇨*visone – Analyse und Visualisierung*.

Hypergraph In einem Hypergraphen können Kanten nicht nur zwei sondern beliebig viele Knoten verbinden. Ein typische Anwendung ist die Darstellung von ⇨*Two-Mode-Netzwerken*, bei der eine Klasse von Entitäten (z. B. politische Akteure) als Knoten dargestellt wird und die andere Klasse von Entitäten (z. B. Gremien) als Kanten, von denen jede jeweils alle zugehörigen Knoten verbinden. Ein *dualer Hypergraph* ist die Umkehrung eines solchen Hypergraphen: Die erste Klasse wird nun als Kanten dargestellt und die zweite als Knoten. Weitere Repräsentationsformen für Two-Mode-Netzwerke sind ⇨*bipartite Graphen* und ⇨*Affiliationsmatrizen*.

Interlocking Directorate Ein Interlocking Directorate entsteht, wenn eine Person, die mit einer Organisation verbunden ist, gleichzeitig im Aufsichtsrat eines anderen

Unternehmens sitzt (Mizruchi 1996: 271). Es wird zwischen *direct interlocks*, bei denen zwei Firmen durch einen gemeinsamen Direktor verbunden sind, und *indirect interlocks*, bei denen die Verbindung der Firmen durch zwei Direktoren entsteht, die gemeinsam im Aufsichtsrat einer dritten Firma sitzen, getrennt (Burris 2005: 251). Durch die Erhebung von Mitgliedschaften in Aufsichtsräten können Interlocking-Directorate-Netzwerke untersucht werden.

Issue Network Der Issue-Networks-Ansatz geht auf die Arbeit von Heclo (1978) zurück. Es wird angenommen, dass sich innerhalb des Politikprozesses auf Grund bestimmter Problemstellungen, Interessen und Erwartungen themenbezogene Akteursnetzwerke bilden. Issue-Netzwerke bestehen aus einer großen Anzahl heterogener Akteure, die sich auf Grund der gemeinsamen Interessen und Ergebnisorientierung formieren. Die Grenzen von Issue-Netzwerken nach außen sind daher durchlässig und dynamisch. Der Issue-Networks-Ansatz war eines der ersten theoretischen Modelle, die den Netzwerkgedanken in der Politikwissenschaft etablierten.

Jaccard-Koeffizient Der Jaccard-Koeffizient ist ein ⇨ *Distanzmaß* für ⇨ *binäre* Daten. Beispielsweise kann die Distanz d zwischen zwei Knoten n_i und n_j anhand von Affiliationen zu Gremien oder Ereignissen berechnet werden. Der Koeffizient ist gegeben als:

$$d_{ij} = 1 - \frac{a}{a+b+c}$$

Dabei ist a die Anzahl der Spalten, in denen beide Knoten (n_i und n_j) eine 1 aufweisen, b ist die Anzahl der Spalten, in denen nur n_i eine 1 aufweist, und c sind die Spalten, in denen n_j eine 1 aufweist und n_i eine 0.

k-**plex** Bei einem k-plex handelt es sich um ein Konzept aus der ⇨ *Cliquenanalyse*, bei dem eine ⇨ *Subgruppe* nur aus Knoten bestehen darf, die zu allen außer k anderen Knoten aus der Subgruppe eine Verbindung aufweisen. Besteht z. B. eine Subgruppe aus fünf Knoten, und nimmt man einen k-Wert von 2 an (also einen 2-plex), muss jeder der fünf Knoten in der Subgruppe eine Verbindung zu jeweils mindestens drei anderen Knoten innerhalb der Subgruppe haben, damit die Subgruppe als solche identifiziert wird. Die Analyse und Visualisierung von k-plexen ist im Eintrag zur ⇨ *Cliquenanalyse* beschrieben.

Kante Siehe ⇨ *Graph*.

Knoten Siehe ⇨ *Graph*.

Kognitiver Sozialstrukturansatz Siehe ⇨ *Cognitive Social Structure*.

Maximaler Subgraph Ein maximaler Subgraph ist eine Teilmenge eines Graphen mit der Eigenschaft, dass keine weiteren Knoten oder Kanten zum Subgraphen hinzugezählt werden können, ohne das Kriterium zu verändern, das zur Bildung des Subgraphen führt.

MRQAP-Regression MRQAP ist eine nicht-parametrische multiple Regressionstechnik, mit der der Einfluss mehrerer unabhängiger Matrizen auf eine abhängige Matrix berechnet werden kann (Dekker et al. 2005; Hanneman und Riddle 2005; Krackhardt 1988). Üblicherweise verletzt die Berechnung linearer Regressionen für Netzwerkmatrizen die Annahme, dass die einzelnen Beobachtungen innerhalb der Netzwerke unabhängig voneinander sind, da die Relation zwischen n_i und n_j häufig auch einen Einfluss auf die Relation zwischen n_i und n_k innerhalb derselben Soziomatrix impliziert. Die *Quadratic Assignment Procedure* (QAP) beruht nicht auf einer Unabhängigkeitsannahme: Sie zieht eine hinreichend große Zufallsstichprobe aus den $n!$ möglichen zeilen- und spaltenweisen Permutationen der Matrix, vergleicht die tatsächliche Stärke des Zusammenhangs zwischen unabhängiger und abhängiger Matrix mit der durchschnittlichen Zusammenhangsstärke der Permutationen und zeigt dann, ob der gemessene Zusammenhang überzufällig und damit signifikant ist. MRQAP und andere QAP-Verfahren sind in UCINET im Menü „Tools" unter *Testing Hypotheses* implementiert.

Multidimensionale Skalierung Die multidimensionale Skalierung (MDS) ist ein Verfahren, mit dem hochdimensionale Daten in einen niedrigdimensionaleren Raum abgebildet werden können. Dabei werden Entfernungen der Knoten bezüglich eines ⇨ *Distanzmaßes* in einem Vektorraum als tatsächliche Entfernungen abgebildet, beispielsweise in der Ebene (einem zweidimensionalen Vektorraum). Hierzu ist jedoch meistens ein Vektorraum erforderlich, der so viele Dimensionen hat, wie das Netzwerk Knoten aufweist. Die Anzahl der Dimensionen, in die eine solche Abbildung eingebettet ist, nennt sich *extrinsische Dimensionalität*. Die multidimensionale Skalierung dient nun der Reduktion der Dimensionalität, bei der die Distanzen zwischen den Akteuren trotzdem möglichst gut erhalten bleiben. Üblicherweise wählt man dazu eine tatsächlich in den Daten vorhandene *intrinsische Dimensionalität* (Jain und Dubes 1988: 42 ff.) von einer, zwei oder höchstens drei Dimensionen.

Die Reduktion der Dimensionalität erfolgt bei der in der Netzwerkanalyse gängigen nichtmetrischen MDS mit Hilfe des so genannten Stress-Werts, der die Güte einer Darstellung wiedergibt. Ein Stress-Wert kleiner als $0,10$ deutet auf eine Darstellung hin, die die Werte der Distanzmatrix gut approximiert, und Werte bis $0,20$ gelten als akzeptabel. Die nichtmetrische MDS verändert iterativ die Darstellung, bis der Stress-Wert nicht mehr niedriger wird, und gibt dann zweidimensionale Koordinaten für alle Knoten aus. Der Zweck einer MDS liegt vor allem in der Repräsentation der Ähnlichkeiten und in der Identifikation von ⇨ *Subgruppen*. Nicht-technische Einführungen in die multidimensionale Skalierung geben Wasserman und Faust (1994: 287 ff.) und Hanneman und Riddle (2005: Kapitel 13). Tiefergehende Einblicke vermitteln Jain und Dubes (1988: 51 ff.) sowie das Originalwerk von Kruskal (1964).

In UCINET ist die MDS im Menü „Tools" unter *MDS* zu finden. Standard-Statistiksoftware wie STATA, SPSS oder R kann mulidimensionale Skalierungen ebenfalls berechnen. Visone hält im Menü „Layout" unter *Classical MDS* und *Stress Minimization* die multidimensionale Skalierung bereit; es ordnet im Gegensatz zu anderer Software die Knoten *unter Beibehaltung der Kanten* nach ihren berechneten Koordinaten an.

Multiplexität Multiplexität liegt in einem Netzwerk vor, wenn zwei oder mehr unterschiedliche Relationen gleichzeitig betrachtet werden. Beispielsweise können in einem Policy-Netzwerk Informationsaustausch und Einflussattribution in einer einzigen Visualisierung mit unterschiedlichen Farben oder Stricharten dargestellt werden. In einer ⇨ *Adjazenzmatrix* können mehrere ⇨ *binäre Relationen* mit Hilfe unterschiedlicher Zahlen gespeichert werden, beispielsweise „0" für „keine Relation", „1" für Informationsaustausch, „2" für Einflussattribution und „3" für das Vorliegen beider Relationen. Multiplexitätsanalysen dienen der Inspektion von Zusammenhängen zwischen mehreren Relationen.

n-clique Das Konzept der n-clique gehört zum Bereich der ⇨ *Cliquenanalyse* und damit zur Identifikation von kohäsiven ⇨ *Subgruppen*. Eine *n*-clique ist ein ⇨ *maximaler Subgraph*, in dem jedes Mitglied über einen Pfad der maximalen Länge *n* mit allen anderen Mitgliedern verbunden sein muss. Im einfachsten Fall $n = 1$ ist die 1-clique (auch *clique* genannt) ein maximaler Subgraph, dessen Mitglieder untereinander höchstens die ⇨ *Pfaddistanz* 1 aufweisen dürfen, d. h. sie sind komplett miteinander verbunden, und die interne ⇨ *Dichte* ist 1,0. Für den Fall von $n = 2$ darf es innerhalb des maximalen Subgraphen höchstens eine Pfaddistanz von 2 geben; in der 2-clique dürfen die Knoten also maximal zwei Kanten weit voneinander entfernt sein. Eine 2-clique basiert folglich gegenüber der 1-clique auf einem weniger strengen Kriterium, so dass eine 2-clique gegenüber der 1-clique inklusiver ist. Bei steigender Größe von *n* wird die *n*-clique immer inklusiver.

Details und weitere Cliquenanalyseverfahren finden sich bei Wasserman und Faust (1994: 258 ff.). Die Analyse und Visualisierung in ^Vis̲o̲n̲ₑ wird im Eintrag ⇨ *Cliquenanalyse* behandelt.

Netzwerk Siehe ⇨ *Graph*.

One-Mode-Netzwerk Netzwerke (vgl. ⇨ *Graph*) bestehen aus Knoten und Kanten. Wird ausschließlich eine einzige Klasse von Knoten betrachtet (z. B. Akteure oder Individuen), handelt es sich um ein *One-Mode-Netzwerk*. Werden Relationen zwischen verschiedenen Klassen von Knoten betrachtet (z. B. die Zuordnung von Akteuren zu Ereignissen oder Gremien), handelt es sich um ein *Two-Mode-Netzwerk*. One-Mode-Netzwerke werden durch ⇨ *Adjazenzmatrizen* oder einfache Graphen repräsentiert, während Two-Mode-Netzwerke durch ⇨ *Affiliationsmatrizen*, ⇨ *bipartite Graphen* oder ⇨ *Hypergraphen* dargestellt werden.

Pfaddistanz Die Pfaddistanz ist ein graphentheoretisches Distanzmaß und gibt an, wie viele Schritte erforderlich sind, um von einem Knoten aus einen anderen Knoten zu erreichen. Schritte werden über die Anzahl der Kanten auf dem kürzesten Pfad zwischen beiden Knoten operationalisiert. Ein Synonym für die Pfaddistanz ist *geodesic distance*. Ein *geodesic* ist der kürzeste Pfad zwischen zwei Knoten. Die Pfaddistanz ist sowohl auf ⇨ *binäre Relationen* als auch auf Relationen mit Gewichten als Kantenlängen anwendbar.

Preferential Attachment Preferential Attachment beschreibt das Phänomen, dass Akteure mit höherer Wahrscheinlichkeit einen Kontakt zu einem anderen Akteur etablieren, wenn dieser bereits als einflussreich oder bekannt wahrgenommen wird (vgl. Barabási und Albert 1999). Aus der Netzwerkperspektive bedeutet dies, dass Akteure, die auf Grund ihrer Beziehungen schon prominent sind, von neuen Akteuren eher kontaktiert werden als periphere Akteure. Dies hat einen Einfluss auf die Gesamttopographie von Preferential-Attachment-Netzwerken: Beispielsweise folgt die Verteilung von Zentralitätsmaßen aus diesem Grund in solchen Netzwerken einem Power Law. Netzwerke, die aufgrund von Preferential Attachment entstehen, heißen „scale-free".

Prestige Siehe ⇨ *Zentralität.*

QAP Siehe ⇨ *MRQAP-Regression.*

Rekodieren Das manuelle Rekodieren einer Matrix kann sinnvoll sein, um Daten zu ⇨ *dichotomisieren,* multiplexe Matrizen zu produzieren oder Schwellenwerte auf die Datenmatrix anzuwenden, um Ausreißer oder unbedeutende Relationen zu entfernen. Beim Rekodieren werden beliebige Werte in einer Matrix durch beliebige andere Werte ersetzt. Dies gleicht einer komfortablen Suchen-/Ersetzen-Funktionalität, die in Texteditoren verbreitet ist.

In UCINET ist das Rekodierungswerkzeug im Menü „Transform" implementiert. In ᵛisonₑ kann Rekodieren durch die Manipulation der Attributewerte und die Verwendung des *Selection*-Dialogs im Menü „Links" erreicht werden.

Status Das Statuskonzept nach Katz (1953) ist ein ⇨ *Zentraliätsmaß,* das neben den direkten Verbindungen eines Knotens (n_i) auch den Status der Knoten, die mit n_i verbunden sind, mit einbezieht. Der Status von n_i ist deshalb eine Funktion des Status aller anderen Knoten, die mit n_i eine Verbindung haben. Jeder Knoten besitzt einen Status, der als Rangprestige angegeben wird ($P_R(n_1)$). Hohes Rangprestige bedeutet, dass ein Knoten entweder wenige Verbindungen zu Knoten mit ebenfalls hohem Rangprestige hat oder viele Verbindungen zu Knoten mit niedrigerem Rangprestige. Zusätzlich zum Rangprestige enthält das Statusmaß noch einen Parameter, der als *attenuation parameter* bezeichnet wird. Durch ihn werden längere Pfade zwischen den Knoten in der Berechnung des Status abgeschwächt.

Strong Ties vs. Weak Ties Das Begriffspaar strong ties – weak ties ist stark mit den Arbeiten von Granovetter (1973) verbunden. Strong ties sind relativ etablierte Verbindungen eines Akteurs innerhalb eines kleinen, stark verbundenen Netzwerks (z. B. Freundschaftsbeziehungen oder Verwandtschaft), während weak ties eher flüchtige Verbindungen zu Akteuren anderer Subgruppen oder Cliquen des Netzwerks darstellen (Bekanntschaften). Granovetter stieß bei einer Untersuchung auf die *Stärke der schwachen Beziehungen* (Granovetter 1974):

Die Chancen, neue Informationen zu bekommen, ist bei einem weak tie höher als bei einem strong tie, da strong ties meist nur schon bekannte Informationen austauschen. Weak ties werden deshalb in der Sozialkapitalforschung auf Grund ihrer Verbreitungsfunktion von Informationen zwischen Subgruppen als wichtiger Integrationsfaktor eines Gesamtnetzwerks betrachtet (⇨ *Structural Holes*).

Structural Holes Der Begriff Structural Holes geht auf die Arbeiten von Burt (1992) zurück. Structural Holes bezeichnen Konstellationen, bei denen einzelne Subgruppen innerhalb eines Netzwerks kaum verbunden sind. In der jüngeren Sozialkapitalforschung werden den Handlungsmöglichkeiten der verbindenden Elemente, den so genannten *Brokern* – angelehnt an das Konzept der ⇨ *weak ties* und der ⇨ *Betweenness-Zentralität* –, eine wichtige Rolle in der Bestimmung des Sozialkapitals eines Netzwerks zugeschrieben (vgl. Burt 2000).

Strukturelle Äquivalenz Zwei Knoten sind dann strukturell äquivalent, wenn sie zu den selben anderen Knoten verbunden sind. In der Praxis sind zwei Akteure selten absolut äquivalent, daher wird häufig die strukturelle Ähnlichkeit, mit Hilfe von Ähnlichkeits- oder ⇨ *Distanzmaßen* gemessen.

Subgruppenanalyse Eine Subgruppe (oder Subgraph) ist eine Teilmenge der Knoten in einem Graphen. Üblicherweise ist man an Subgruppen mit speziellen Eigenschaften interessiert, die mittels ⇨ *Cliquenanalyse*, ⇨ *Blockmodelingverfahren* oder ⇨ *hierarchischer Clusteranalyse* ermittelt wurden. Subgruppen werden häufig bestimmte „Rollen" oder „Positionen" in einem Netzwerk zugeschrieben (Wasserman und Faust 1994, 348).

Symmetrisierung Symmetrisierung bezeichnet die Konvertierung eines gerichteten ⇨ *One-Mode-Netzwerks* in ein ungerichtetes Netzwerk. Dabei müssen die beiden möglichen gerichteten Kanten (n_i, n_j) und (n_j, n_i) zwischen zwei Knoten n_i, n_j zu einer ungerichteten Kante verschmolzen werden. Binäre Relationen können dabei als 0 und 1 betrachtet werden.

Entweder ersetzt man beide Werte durch den größeren Wert (*Maximum-Methode*) oder durch den kleineren Wert (*Minimum-Methode*) oder durch den Durchschnitt beider Werte (*Durchschnittsmethode*). In UCINET ist die Symmetrisierung im Menü „Transform" untergebracht. In Visone kann dazu der Menüpunkt *Link Transformation* im Menü „Link" verwendet werden.

Tabu-Search-Permutation Bei Tabu Search handelt es sich um einen Optimierungsalgorithmus, der im Rahmen der Netzwerkanalyse dazu dient, ⇨ *Blockmodelle* zu bilden. Der Algorithmus permutiert die Zeilen und Spalten einer Matrix, um die ähnlichsten Knoten jeweils in einen Block schieben zu können, und minimiert die Varianz innerhalb der Blöcke. Auf diese Weise entstehen besonders dicht besiedelte Rechtecke in der Matrix und besonders dünn besiedelte. Die Blöcke, die eine hohe interne ⇨ *Dichte* aufweisen, sind dabei entlang der Diagonalen angeordnet, während alle anderen Felder eine niedrige Dichte haben. Als Parameter muss dem Programm übergeben werden, wie viele Blöcke gebildet

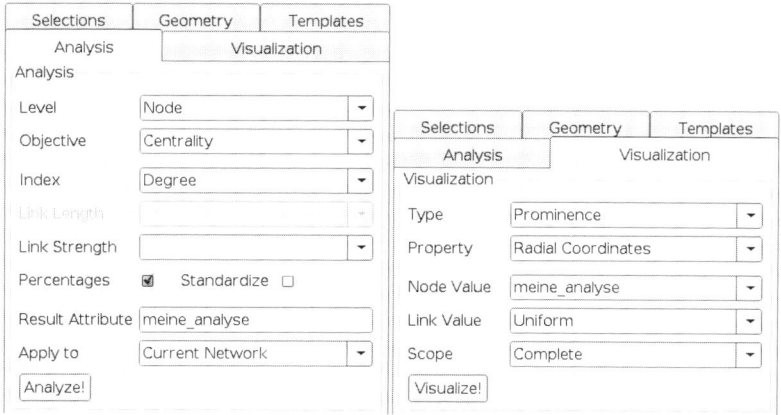

Abbildung A.1: Analyse und Visualisierung in ᵛis₀nₑ

werden sollen, daher empfiehlt sich eine theoretische oder empirisch begründete Vermutung über die zu erwartende Anzahl der Blöcke. Der Name „Tabu Search" kommt zustande, weil der iterative Algorithmus alle bisherigen Lösungen in einer Tabu-Liste speichert und sie für alle folgenden Suchschritte verbietet, um so aus lokalen Optima entkommen zu können und gänzlich neue Suchen zu initiieren (Heppner 2005). In UCINET ist die Tabu-Search-Permutation im Menü „Network" unter *Roles & Positions* im Untermenü „Structural" untergebracht. Dort existiert eine Version für ⇨ *binäre Relationen* und eine für gewichtete Kanten.

Transponieren Transponiert man eine Matrix A, erhält man ihre Transponierte A^T, indem man alle Zeilenvektoren als Spaltenvektoren notiert, d. h. die erste Zeile von A ist die erste Spalte von A^T, die zweite Zeile von A ist die zweite Spalte von A^T usw. Bei einer quadratischen Matrix entspricht dies der Spiegelung der Matrix an der Hauptdiagonalen. Für das Netzwerk bedeutet das, dass die Kantenrichtungen umgedreht werden.

In UCINET ist ein Werkzeug zum Transponieren von Matrizen im Menü „Data" enthalten. Weitere matrixalgebraische Funktionen wie Matrixmultiplikation oder -addition sind im Menü „Tools" unter dem Punkt *Matrix Algebra* implementiert.

Two-Mode-Netzwerk Siehe ⇨ *One-Mode-Netzwerk*.

Ungerichteter Graph Siehe ⇨ *Graph*.

visone – Analyse und Visualisierung Die Software ᵛis₀nₑ wird in zwei Schritten bedient: Zuerst wird das vorliegende Netzwerk analysiert, z. B. mittels ⇨ *Zentralitätsmaßen* oder ⇨ *Cliquenanalyse*. Im zweiten Schritt werden die gespeicherten

Ergebnisse dieser Analyse visualisiert, z. B. mit einem Radial-Layout oder mittels unterschiedlich großer Knoten oder Kanten. Abbildung A.1 zeigt die Tabs für die Analyse (links) und die Visualisierung (rechts) von Netzwerken.

Bei der Analyse kann unter „Level" zwischen *Node* (für Zentralitätsmaße u. ä.) und *Group* (für Subgruppenanalyse u. ä.) ausgewählt werden. Unter „Objective" kann noch etwas feiner zwischen verschiedenen Analysezielen unterschieden werden. „Index" lässt schließlich die Wahl des zu berechnenden Maßes zu, beispielsweise *Betweenness* oder *k-Clique*. Die Ergebnisse der Berechnung werden in einem Vektor gespeichert, dessen Name unter dem Punkt „Result Attribute" eingegeben werden kann. Ein Klick auf den Knopf „Analyze!" führt die Berechnung durch und speichert die Ergebnisse unter dem angegebenen Namen.

Um die Analyseergebnisse zu visualisieren, muss im Tab „Visualization" als erstes die Art der Visualisierung („Type") ausgewählt werden. Hier stehen *Color*, *Size*, *Prominence* und andere Visualisierungsmethoden zur Verfügung. Auf welche Elemente des Graphen die jeweilige Methode angewendet wird, kann unter „Property" festgelegt werden. Beliebt ist z. B. die gleichzeitige Visualisierung eines Zentralitätsmaßes als Größe der Knoten (*Size – Node Area*) und eines anderen Maßes als Lage der Knoten (*Prominence – Radial Coordinates*). Unter „Node Value" (bzw. „Link Value") muss angegeben werden, welcher zuvor berechnete Ergebnisvektor für die Visualisierung der Knoten (bzw. Kanten) herangezogen werden soll. Der Knopf „Visualize!" startet schließlich die Visualisierung mit den gegebenen Einstellungen.

Weak Tie Siehe ⇨*Strong Tie vs. Weak Tie.*

Zentralisierung Die Zentralisierung ist ein Maß auf Netzwerkebene. Je größer der Wert ist, desto mehr weichen die Zentralitätswerte der einzelnen Knoten vom maximal vorkommenden Wert ab. Der allgemeine Zentralisierungsindex nach Freeman (1979) berechnet die normierte Differenz zwischen dem höchsten Zentralitätswert eines Akteurs $C_A(n^*)$ und den Zentralitätswerten aller anderen Akteure. Die Differenz lässt sich als $[C_A(n^*) - C_A(n_i)]$ formalisieren. Um eine Standardisierung zu erhalten, wird der Wert durch den maximal möglichen Wert für ein Netzwerk bestimmter Größe geteilt. Dies ergibt die Formel für den Zentralisationsgrad (C_A) eines Netzwerks:

$$C_A = \frac{\sum\limits_{i=1}^{g}[C_A(n^*) - C_A(n_i)]}{max \sum\limits_{i=1}^{g}[C_A(n^*) - C_A(n_i)]}$$

Der Index besitzt immer einen Wert zwischen 0 und 1, wobei das Minimum erreicht wird, wenn alle Knoten genau den gleichen Zentralitätswert besitzen, und immer größer wird, je mehr ein Knoten den Zentralitätsgrad aller anderen Knoten übertrifft. Zur Berechnung der Zentralisierung können beliebige ⇨*Zentralitätsmaße* auf Knotenebene herangezogen werden.

Zentralität Zentralitätsmaße (bisweilen als „Prestigemaße" bezeichnet) sind eine Möglichkeit, um die Bedeutung oder Wichtigkeit von Akteuren oder Verbindungen zu berechnen. Da es viele verschiedene Modelle von Wichtigkeit gibt, gibt es auch eine große Zahl unterschiedlicher Maße, und oft führen verschiedene Maße zu sehr unterschiedlichen Ergebnissen. Es ist deshalb wichtig, ein passendes Maß für eine konkrete Fragestellung auszuwählen. Häufig verwendete Maße sind ⇨ *Betweenness-*, ⇨ *Closeness-*, ⇨ *Degree-* und ⇨ *Eigenvektor-Zentralität*. Viele Maße wurden ursprünglich nur für spezielle Klassen von Graphen definiert. Durch Berechnung auf gültigen Teilgraphen und anschließende Normierung lassen sich viele Maße auf allgemeine Graphen erweitern.

Die Implementation von Zentralitätsmaßen in visone wird unter dem Eintrag ⇨ *visone – Analyse und Visualisierung* dargestellt. In UCINET ist die Berechnung von Zentralitätsmaßen im Menü „Network" unter *Centrality* untergebracht.

Literaturverzeichnis

Barabási, Albert L. und *Réka Albert*, 1999: Emergence of Scaling in Random Networks. Science 286: 509–512.

Beauchamp, Murray, 1965: An Improved Index of Centrality. Behavioral Science 10: 161–163.

Bonacich, Phillip, 1987: Power and Centrality. A Family of Measures. American Journal of Sociology 92: 1170–1182.

Borgatti, Steve P., *Martin G. Everett* und *Linton C. Freeman*, 2002: Ucinet for Windows: Software for Social Network Analysis. Harvard: Analytic Technologies. URL http://www.analytictech.com.

Box, George E.P. und *David R. Cox*, 1964: An Analysis of Transformations. Journal of the Royal Statistical Society. Series B (Methodological) 26: 211–252.

Burris, Val, 2005: Interlocking Directorates and Political Cohesion among Corporate Elites. American Journal of Sociology 111: 249–283.

Burt, Ronald S., 1992: Structural Holes. The Social Structure of Competition. Cambridge: Harvard University Press.

Burt, Ronald S., 2000: The Network Structure of Social Capital. Research in Organizational Behavior 22: 345–423.

Dekker, David, *David Krackhardt* und *Tom A.B. Snijders*, 2005: Sensitivity of MR-QAP Tests to Collinearity and Autocorrelation Conditions. Working Paper 2005-03, Carnegie Mellon, Heinz School.

Freeman, Linton C., 1979: Centrality in Social Networks. Conceptual Clarification. Social Networks 1: 215–239.

Granovetter, Mark S., 1973: The Strength of Weak Ties. The American Journal of Sociology 78: 1360–1380.

Granovetter, Mark S., 1974: Getting a Job. A Study of Contacts and Careers. Cambridge: Harvard University Press.

Hanneman, Robert A. und *Mark Riddle*, 2005: Introduction to Social Network Methods. Riverside, CA: University of California, Riverside. URL `http://faculty.ucr.edu/~hanneman/`.

Heclo, Hugh, 1978: Issue Networks and the Executive Establishment. In: *Anthony King* (Hg.), The New American Political System, S. 87–125. Washington, D.C.: American Enterprise Institute.

Heppner, Clemens, 2005: Tabu-Search – Übersicht/Einführung in eine moderne Meta-Heuristik. Published online. URL `http://www.informatik.uni-hamburg.de/WSV/teaching/sonstiges/EwA-Folien/Heppner-Paper.pdf`.

Jain, Anil K. und *Richard C. Dubes*, 1988: Algorithms for Clustering Data. Upper Saddle River, NJ: Prentice-Hall, Inc.

Jansen, Dorothea, 2003: Einführung in die Netzwerkanalyse. Opladen: Leske + Budrich. 2. Auflage.

Katz, Leo, 1953: A New Status Index Derived from Sociometric Analysis. Psychometrika 18: 39–43.

Koschützki, Dirk, Katharina A. Lehmann, Leon Peters, Stefan Richter, Dagmar Tenfelde-Podehl und *Oliver Zlotowski*, 2005: Centrality Indices. In: *Ulrik Brandes* und *Thomas Erlebach* (Hg.), Network Analysis. Methodological Foundations, S. 16–61. Berlin: Springer.

Krackhardt, David, 1988: Predicting with Networks: Nonparametric Multiple Regression Analysis of Dyadic Data. Social Networks 10: 359–381.

Krackhardt, David und *Robert N. Stern*, 1988: Informal Networks and Organizational Crises: An Experimental Simulation. Social Psychology Quarterly 51: 123–140.

Krackhardt, David M., 1987: Cognitive Social Structures. Social Networks 9: 109–134.

Kruskal, Joseph B., 1964: Multidimensional Scaling by Optimizing Goodness of Fit to a Nonmetric Hypothesis. Psychometrika 29: 1–27.

Laumann, Edward O., Peter Marsden und *David Prensky*, 1983: The Boundary Specification Problem in Network Analysis. In: *Ronald S. Burt* und *Michael J. Minor* (Hg.), Applied Network Analysis, S. 18–34. Beverly Hills: Sage.

McPherson, Miller J., Lynn Smith-Lovin und *James M. Cook*, 2001: Birds of a Feather: Homophily in Social Networks. Annual Review of Sociology 27: 415–444.

Mizruchi, Mark S., 1996: What Do Interlocks Do? An Analysis, Critique, and Assessment of Research on Interlocking Directorates. Annual Review of Sociology 22: 271–298.

Nunkesser, Marc und *Daniel Sawitzki*, 2005: Blockmodels. In: *Ulrik Brandes* und *Thomas Erlebach* (Hg.), Network Analysis. Methodological Foundations, S. 253–292. Heidelberg: Springer.

Sabidussi, Gert, 1966: The Centrality Index of a Graph. Psychometrika 31: 581–603.

Scott, John, 2000: Social Network Analysis: A Handbook. Sage Publications.

Wasserman, Stanley und *Katherine Faust*, 1994: Social Network Analysis: Methods and Applications. Cambridge: Cambridge University Press.

Anhang B

Die Untersuchung von Diskursnetzwerken mit dem Discourse Network Analyzer (DNA)

Philip Leifeld

B.1 Zusammenführung von Diskursen und Akteuren

Wie Steensland (2008: 1031) richtigerweise hervorhebt, existieren kaum Studien, die Interpretationsrahmen („Frames") mit den politischen Akteuren verbinden, die sie benutzen oder repräsentieren. Auf der einen Seite gibt es die Bestrebung, politische Diskurse inhaltsanalytisch zu erfassen (z. B. Nullmeier und Wrobel 2005) oder gar zu quantifizieren (vgl. Engels 2003). Auf der anderen Seite stehen konventionelle akteursbasierte Politikfeldanalysen, die an Machtkoalitionen und Kooperationsmustern interessiert sind. Wie an anderer Stelle in diesem Band diskutiert wird, können beide Forschungsstrategien mit Hilfe der sozialen Netzwerkanalyse gewinnbringend zusammengeführt werden (Janning et al. 2009).

Zweck eines solchen Vorhabens ist die Messung von Veränderungen in einem politischen Diskurs sowohl auf der Akteurs- als auch auf der Diskursebene. Auf der Akteursebene können sich die Diskurskoalitionen über die Zeit ändern. Dies erfordert die Messung der Ähnlichkeit zwischen Akteuren in Bezug auf die von ihnen verwendeten Konzepte. Auf der Diskursebene können sich Frames, Überzeugungssysteme („Belief Systems") oder Deutungsmuster über die Zeit ändern. Ein Frame in einem politischen Diskurs besteht aus einem Cluster von mehreren Konzepten, deren Ähnlichkeit über die gemeinsame Verwendung durch Akteure bestimmt ist. Analyseziel ist die Erfassung von Veränderungen, um diese als Bestimmungsfaktoren oder in Abhängigkeit von anderen Daten wie etwa Ressourcentausch, Vetospieler-Konstellationen oder externen Ereignissen wie Wahlen zu analysieren.

Um eine solche Studie durchzuführen, bedarf es eines Hilfsmittels, das die gemeinsame Extraktion von Akteuren und Konzepten aus Dokumenten erleichtert. Im Folgenden soll anhand der Software DISCOURSE NETWORK ANALYZER (DNA) gezeigt werden, wie ein solches Hilfsmittel aussehen kann und wie man reale Daten damit untersuchen kann. Abschnitt B.2 grenzt den hier vorgestellten Ansatz von verwandten Verfahren ab; Teil B.3 führt in die wichtigsten theoretischen Konzepte ein; Abschnitt B.4 beschreibt die Umsetzung als Java Programm, und in Teil B.5 wird ein kurzes Beispiel anhand realer Daten gezeigt.

B.2 Abgrenzung von ähnlichen Verfahren

Es existieren Anwendungen für die *semantische Netzwerkanalyse*, die sich mit der automatischen Extraktion von Netzwerken aus Textdokumenten beschäftigt. Der Fokus liegt auf der Abbildung des Inhalts eines Dokuments oder mehrerer Dokumente als Netzwerk. Der hier verfolgte Ansatz der *Diskursnetzwerkanalyse* ist insofern anders, als er auf qualitative, manuelle Kodierung des Inhalts mehrerer Dokumente setzt, um die Beziehungen zwischen dem Textinhalt (d. h. dem Diskurs) und den damit verbundenen Akteuren als Netzwerk herauszuarbeiten. Im Folgenden sollen die ähnlichsten Anwendungen skizziert werden:

iNet (van Atteveldt et al. 2009) Textstellen werden ähnlich wie im DNA-Ansatz manuell mit Auszeichnungen für Akteure, Themen und Bewertungen versehen. Die strukturierten Daten werden jedoch in ein semantisches Netzwerk überführt, in dem verschiedenartige Knoten Beziehungen zueinander aufweisen können, so dass der Inhalt eines Textes grafisch wiedergegeben wird. Der hier vorgestellte Ansatz der Diskursnetzwerkanalyse zielt vielmehr darauf ab, Cluster von ähnlichen Akteuren oder Konzepten zu analysieren.

AutoMap (Carley et al. 2006) Verschiedene Arten von Knoten (nicht nur Akteure und Konzepte) können definiert werden; sie werden durch eine Kante verbunden, wenn sie im Text nah beieinander stehen. Die Kodierung erfolgt weitgehend automatisiert. Der Fokus liegt wiederum auf der Repräsentation des Textinhaltes als Netzwerk. DNA bietet den Vorteil, auch über verschiedene Texte und Zeitpunkte hinweg Akteure oder Konzepte zu verbinden, während AutoMap nur solche Knoten verbindet, die sich innerhalb eines Textfensters befinden.

Fulltext.exe (Leydesdorff 2007) und VB-Pro (Miller 1997) Diese beiden Programme verfolgen den Frame-Mapping-Ansatz, d. h. ganze Texte müssen einem Akteur zuzuordnen sein, was die Anwendungen beispielsweise für Nachrichtentexte ungeeignet erscheinen lässt.

Weitere konkurrierende Ansätze werden in dem Kapitel von Janning et al. (2009) in diesem Band beschrieben.

B.3 Von Texten zu Netzwerken

Zunächst muss geklärt werden, welche Daten der Analyse zugrunde liegen sollen. Für eine longitudinale Analyse empfehlen sich beispielsweise Nachrichtentexte aus überregionalen Zeitungen, die zu einem bestimmten Thema über einen festgelegten Zeitraum gesucht und zusammengestellt werden. Jeder Artikel muss zwingend ein Datum aufweisen, um die zeitliche Zuordnung zu gewährleisten. Vor der eigentlichen Kodierung sollte darüber hinaus Klarheit darüber bestehen, was für Kategorien untersucht werden sollen, z. B. Lösungskonzepte für ein politisches Problem, Symbole, Metaphern, Interpretationsrahmen, Präferenzen oder Ähnliches. Die Kategorien dürfen in ihrem Sinngehalt überlappen, da zum einen vollständige Orthogonalität nur bei sehr grundsätzlichen Kategorien wie pro und kontra erreicht werden kann und da zum anderen die Erfassung der Ähnlichkeit zwischen den Kategorien eins der Analyseziele darstellt. Jeder Text wird darauf hin untersucht, ob er Nennungen solcher Kategorien enthält. Es sind nur solche Textstellen zu berücksichtigen, die einem Akteur direkt zuzuordnen sind, d. h. redaktionelle Meinungen oder Interpretationen sind zu überspringen. Jede Textstelle dieser Art wird im Folgenden als „Statement" bezeichnet.

B.3.1 Die Kodierung von Statements und Artikeln

Statements werden mit XML-Tags versehen, die als Attribute die Person, die zugehörige Organisation, die von der Person oder Organisation genannte Kategorie sowie eine Dummy-Variable der Zustimmung oder Ablehnung des Akteurs zu der Kategorie enthalten. Ein kodiertes Statement kann z. B. so aussehen:[1]

> Gegenüber der Bild-Zeitung sagte Blüm: *<statement person= "Blüm, Norbert" organization= "BMAS" category= "Rentenproblem durch Verringerung der Arbeitslosigkeit lösen" agreement= "yes">*Das System stößt an seine Grenzen, wenn die Arbeitslosigkeit stark zunimmt. Die soziale Sicherheit hänge immer vom Grad der Beschäftigung ab. Das Rentensystem könne langfristig nur funktionieren, wenn es genügend Arbeitsplätze gebe.*</statement>*

Die Texte, die die Statements enthalten, werden wie folgt in ein *article*-Element gefasst, das als Attribute das Datum des Texts sowie den Titel enthält. Dabei kann ein Artikel mehrere Statements enthalten, die aber nicht geschachtelt werden dürfen.

```
<discourse>
  <article day="" month="" year="" title="">
    ...
    <statement person="" organization="" category=""
    agreement=""> ... </statement>
    ...
  </article>
</discourse>
```

B.3.2 Arten von Diskursnetzwerken

Mit Hilfe der kodierten Daten kann ein bipartiter Graph erstellt werden, in dem Kategorien zu Organisationen (oder alternativ Personen) zugeordnet werden. Jedes Statement ist eine Beobachtung und führt zu einer Kante in diesem Graphen. Anschließend wird der bipartite Graph in einen simplen Graphen umgewandelt. Dabei gibt es drei Möglichkeiten:

---

[1] Die hier als Beispiel verwendete Textstelle wurde im Februar 1996 in der Frankfurter Allgemeinen Zeitung abgedruckt.

1. Es wird ein Netzwerk der Akteure untereinander berechnet, wobei zwei Akteure immer dann mit einer Kante verbunden sind, wenn sie ein gemeinsames Konzept aufweisen. Je mehr gemeinsame Konzepte zwei beliebige Akteure haben, desto höher ist ihr Kantengewicht, das hier als Ähnlichkeit interpretiert wird. Ein Konzept wird nur dann berücksichtigt, wenn es von beiden Akteuren abgelehnt wird (agreement="no") oder wenn beide Akteure diesem Konzept zustimmen (agreement="yes"). Diese Art von Netzwerk wird im Folgenden *Kongruenznetzwerk* genannt.

2. Aus dem bipartiten Graphen wird ein Netzwerk der Konzepte untereinander generiert. Zwei Konzepte sind immer dann durch eine Kante verbunden, wenn sie durch den selben Akteur genannt werden. Je mehr Akteure beide Konzepte gemeinsam aufweisen, desto höher ist das Kantengewicht bzw. die Ähnlichkeit zwischen diesen Konzepten. Diese Art von Netzwerk wird im Folgenden als *Konzeptnetzwerk* oder *Diskursraum* bezeichnet.

3. Es wird ein Netzwerk der Akteure untereinander erstellt, in dem zwei Akteure immer dann durch eine Kante verbunden sind, wenn der eine Akteur einem Konzept zustimmt, das der andere Akteur ablehnt. Je mehr unterschiedlich bewertete Konzepte es zwischen zwei Akteuren gibt, desto höher ist das Kantengewicht oder die Unähnlichkeit zwischen diesen Akteuren. Mehrfachnennungen von Konzepten innerhalb eines Zeitraums ändern das Kantengewicht nicht. Diese Art von Netzwerk kann als *Konfliktnetzwerk* bezeichnet werden.

B.3.3 Betrachtung über die Zeit

Bislang sind die Netzwerke ohne Berücksichtigung zeitlicher Variabilität beschrieben worden. Es gibt drei Möglichkeiten, zeitliche Veränderungen einzubeziehen. In allen drei Fällen wird zunächst das Datum des ersten Artikels von dem Datum des letzten Artikels subtrahiert, um die Dauer des betrachteten Diskurses zu erfassen. Die erste Möglichkeit besteht darin, den Diskurs in gleich lange Zeitabschnitte zu unterteilen und das Netzwerk für jeden der entstehenden Zeitabschnitte neu zu aggregieren. So erhält man eine Serie von diskreten Zeiteinheiten, die miteinander verglichen werden können. Hierzu bieten sich Methoden der dynamischen Netzwerkanalyse an (de Nooy 2008; Moody et al. 2005). Ein derartiges Netzwerk wird im Folgenden *sequenziell* genannt.

Diese Art der Aggregation zieht zwei Probleme nach sich. Ein Problem ist, dass Konzepte im Diskurs häufig eine „Halbwertszeit" besitzen, die leider unbekannt ist. Wenn ein Akteur im Jahr 1993 eine politische Forderung stellt, ist das vermutlich in einem anderen Kontext zu sehen als eine gleich lautende Forderung, die im Jahr 1999 ausgesprochen wird. In der Regel werden Statements nicht zufällig geäußert (dies entspräche einem Zufallsgraphen), sondern hängen von der Interaktion zwischen den Akteuren ab. Wird ein Statement geäußert, erhöht sich die Wahrscheinlichkeit, dass kurz darauf ein anderer Akteur positiv oder negativ zu diesem Statement Stellung nimmt, bis die so entstandene Auseinandersetzung von einer anderen Debatte überlagert wird. Diese Kontextabhängigkeit von Konzepten führt dazu, dass die Kantengewichte nicht mehr die tatsächliche Ähnlichkeit zwischen den Knoten abbilden.

Ein zweites Problem ist Zufallsvariation bei der Äußerung von Statements, die entweder durch den Akteur oder durch den Kodierer entsteht. Sobald ein Akteur nur einmal ein für ihn untypisches Konzept benutzt, erhält der Graph eine Reihe neuer Kanten, so dass letztendlich die Dichte des erhobenen Netzwerks überschätzt wird. Die Wahrscheinlichkeit dafür ist umso höher, je größer der zu betrachtende Zeitabschnitt gewählt wird.

Die Lösung besteht in der zweiten Möglichkeit zur Erfassung zeitlicher Veränderungen, und das ist die Einführung zweier neuer Parameter, von denen der eine als *Verkettungsparameter* und der andere als *Verschiebungsparameter* bezeichnet werden kann. Man stelle sich ein bewegliches Zeitfenster vor, dessen Länge in Tagen durch den Verkettungsparameter definiert ist. Dieses Fenster bewegt sich vom oben erwähnten Anfangsdatum bis zum letzten im Diskurs enthaltenen Datum vorwärts, indem in jeder Runde der Beginn und das Ende des Zeitfensters um eine Anzahl von Tagen erhöht werden, die dem Verschiebungsparameter entspricht, bis das Ende des Diskurses erreicht ist. In jeder dieser Runden wird zunächst nach den üblichen in Abschnitt B.3.2 genannten Kriterien geprüft, welche Kanten aufgrund gemeinsamer Affiliationen in Frage kommen. Dann wird geprüft, ob die jeweilige in Frage kommende Kante bereits existiert oder nicht. Falls nein, wird sie erstellt, sofern beide zugrunde liegenden Statements sich innerhalb des Zeitfensters befinden. Falls ja, wird das Kantengewicht erhöht, sofern beide Statements sich innerhalb des Zeitfensters befinden.

Das Ergebnis ist ein gewichteter Graph, der nuanciertere Informationen über die Ähnlichkeiten zwischen den Akteuren enthält und der die unmittelbaren Interaktionen der Akteure mit einbezieht. Er kann vor der eigentlichen Datenanalyse dichotomisiert oder mit einem Schwellenwert versehen werden. Ein solches *aggregiertes* Netzwerk kann auch als *Verkettungsnetzwerk* bezeichnet werden. Der Nachteil dieser zweiten und auch der unten folgenden dritten Lösung ist, dass die zeitliche Dimension zwar zur Gewinnung detaillierterer Informationen benutzt wird, jedoch das Ziel einer sequenziellen Betrachtung zur Erfassung von Veränderungen im Diskurs über die Zeit vernachlässigt wird. Es ist jedoch möglich, zwei oder mehrere längere, aggregierte Zeitabschnitte qualitativ miteinander zu vergleichen.

Eine dritte Möglichkeit der Einbeziehung von Zeit besteht darin, auf ein Zeitfenster zu verzichten und stattdessen ein gerichtetes Kongruenz- oder Konfliktnetzwerk zu konstruieren, in dem jedes Kantengewicht die Summe der inversen Dauern zwischen sequenziellen Statements reflektiert. Wenn beispielsweise ein Akteur an den Tagen 4, 8, 15, 16, 23 und 42 ein Statement abgibt, das an den Tagen 1 und 19 von einem anderen Akteur abgegeben worden ist, beträgt das Kantengewicht von dem einen Akteur zu dem anderen Akteur $\frac{1}{3} + \frac{1}{7} + \frac{1}{14} + \frac{1}{15} + \frac{1}{4} + \frac{1}{23} \approx 0,9$ und im umgekehrten Fall $\frac{1}{3} \approx 0,3$. Auf diese Weise wird den Interaktionen zwischen Akteuren im Diskurs stärker Rechnung getragen. Die Kontextabhängigkeit von Konzepten und der reaktive Charakter von Kategoriennennungen gehen beide in die Berechnung dieses *referenzierenden* Netzwerks oder *Attenuationsnetzwerks* ein. Die (kritisch zu überprüfende) Annahme dieses Modells ist, dass ein Akteur sich durch eine Konzeptnennung auf andere Akteure bezieht, die das gleiche Konzept zuvor genannt haben.

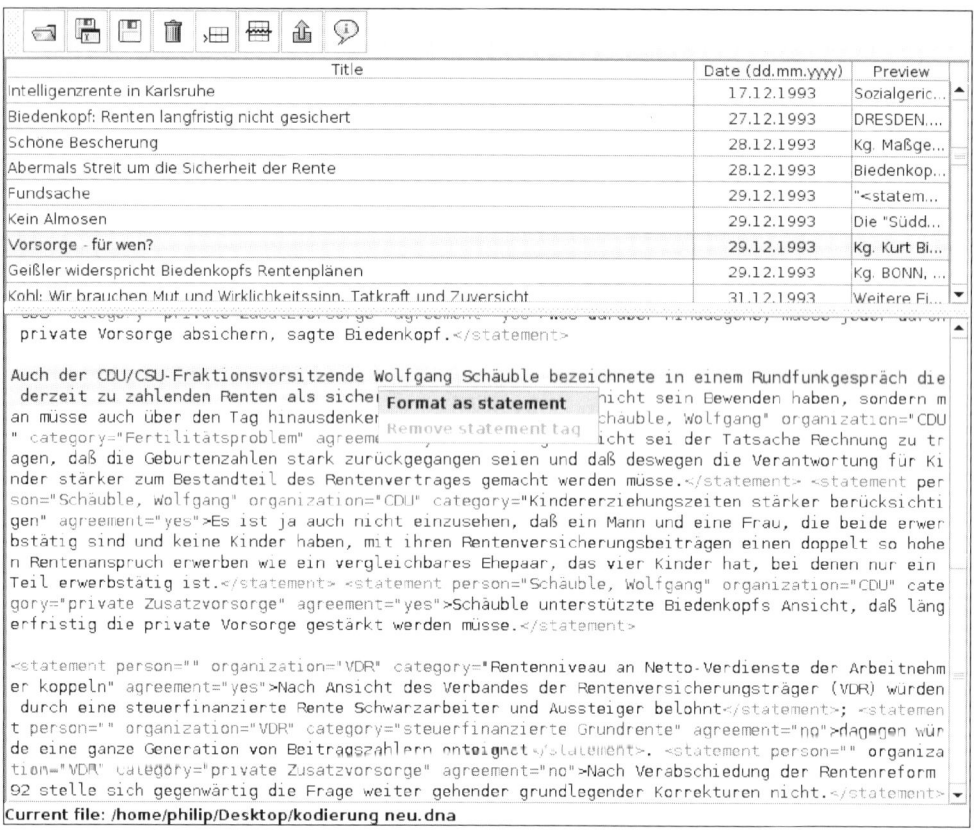

Abbildung B.1: Discourse Network Analyzer – Kodierung von Artikeln

B.4 Beschreibung der Anwendung

Die im vorangegangenen Abschnitt beschriebenen Konzepte sind in ein Java-Programm mit dem Namen Discourse Network Analyzer (DNA) implementiert worden. Die Software verfolgt den Zweck, die einheitliche manuelle Kodierung von Artikeln und Statements zu vereinfachen und die Extraktion von Netzwerken zu automatisieren.

Abbildung B.1 zeigt das Hauptfenster der Anwendung. Der obere Bereich enthält eine Tabelle, in die Einträge für neue Artikel eingefügt werden können. Zu jedem Artikel müssen Titel und Datum angegeben werden. Der zu einem Eintrag gehörende Text wird in den unteren Bereich des Hauptfensters eingefügt. Textsegmente können entweder manuell als Statements ausgezeichnet werden, oder es können mit Hilfe eines Kontextmenüs und Dialogfensters die einzufügenden Attribute aus Listen ausgewählt werden (Abbildung B.2). Diese Listen werden bei jedem Aufruf des Dialogfensters aktualisiert, es können aber auch neue Akteure oder Kategorien eingegeben werden. Dies

Abbildung B.2: Discourse Network Analyzer– Statement einfügen

bietet den Vorteil, dass Tippfehler und somit die Häufigkeit fälschlich nicht erfasster Kanten minimiert werden. Die eingefügten Artikel und Statements werden in einem XML-Dateiformat abgespeichert, das der im vorherigen Abschnitt kurz beschriebenen Spezifikation folgt.

Ein Knopfdruck auf den Netzwerk-Export-Knopf öffnet ein weiteres Fenster, das in Abbildung B.3 zu sehen ist. Hier können die einzelnen Optionen für das Generieren des Netzwerks festgelegt werden:

- Der *Algorithmus* für den Export muss festgelegt werden. Zur Verfügung stehen die Generierung eines bipartiten Affiliationsnetzwerkes, eines statischen oder dynamischen Co-Occurrence-Netzwerks und einer einfachen Liste der Statements.

- Als *Dateiformat* stehen DL-Edgelist-Dateien, die von Ucinet gelesen werden können, sowie GraphML-Dateien, die von Visone gelesen werden können, zur Verfügung. Kontinuierliche, dynamische Daten können für die dynamische Visualisierung mit Commetrix in ein entsprechendes Format exportiert werden. Darüber hinaus können Statements in eine CSV-Datei geschrieben werden, die von gängigen Spreadsheet-Programmen wie etwa OpenOffice.org Calc oder Excel eingelesen werden kann.

- Der Benutzer muss zwei *Klassen* auswählen, die als Grundlage dienen sollen. Wenn der Algorithmus für Affiliationsnetzwerke ausgewählt worden ist, müssen zwei unterschiedliche Klassen (etwa Organisationen und Kategorien) ausgewählt werden. Im Fall von Co-Occurrence-Netzwerken muss der Benutzer eine Klasse für die Knoten (z. B. Organisationen) und zusätzlich eine für die gemeinsamen Items (z. B. Anzahl der gemeinsamen Kategorien) angeben.

- Das *Anfangs-* sowie das *Enddatum* des zu exportierenden Zeitraums muss angegeben werden.

- Es gibt die Möglichkeit, nur *zustimmende* oder *ablehnende* Kategorienennungen (d. h. agreement="yes" oder agreement="no") oder aber eine *Kombination* beider Ausprägungen einzubeziehen. Soll ein *Konfliktnetzwerk* erstellt werden, muss hier „conflict" gewählt werden.

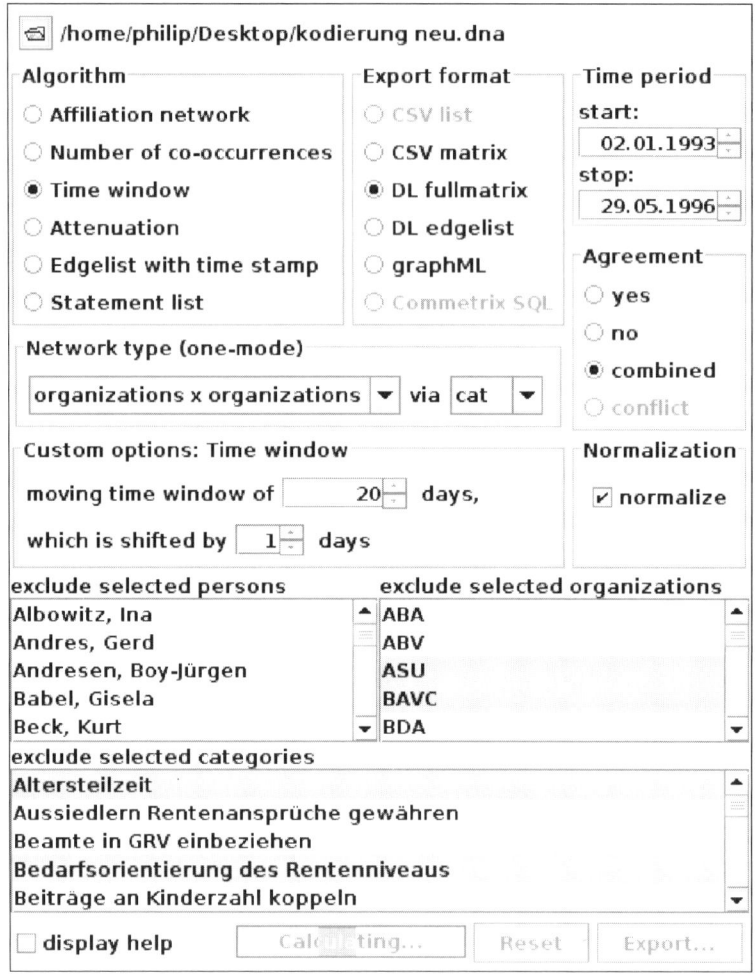

Abbildung B.3: DISCOURSE NETWORK ANALYZER– Netzwerk-Export

- Die *Normalisierungsfunktion* garantiert, dass die generelle Neigung der Akteure, z. B. aufgrund ihrer institutionellen Stellung viele oder wenige Statements abzugeben, die Kantengewichte nicht beeinflusst.

- Je nach eingestelltem Algorithmus kommen weitere spezifische Parameter hinzu, etwa der *Verkettungsparameter* und der *Verschiebungsparameter* im Fall des Zeitfenster-Algorithmus.

- Es können Personen, Organisationen und Kategorien ausgewählt werden, die beim Export übersprungen und nicht berücksichtigt werden sollen.

B.5 Ein kurzes Beispiel

Anhand eines kurzen Beispiels des rentenpolitischen Diskurses in Deutschland in den frühen 1990er Jahren soll illustriert werden, wie eine Diskursnetzwerkanalyse aussehen kann. Zugrunde liegen alle Zeitungsartikel aus den Ressorts Politik und Wirtschaft der Frankfurter Allgemeinen Zeitung (FAZ) zwischen Anfang 1993 und Ende 1995, die das Suchwort „Rente" enthalten. An dieser Stelle sollen mögliche Validitätsprobleme durch die Auswahl der Zeitung aus Illustrationsgründen ausgeblendet werden. Im ersten der drei zu betrachtenden Jahre existieren 106, im zweiten 81 und im dritten Jahr 64 Artikel, die Statements von politischen Akteuren enthalten. Die insgesamt 251 Artikel enthalten 632 Statements, die von 61 Organisationen abgegeben werden und sich auf 42 verschiedene Kategorien beziehen.

Das Politikfeld „Rente" wird von dem bevorstehenden und bereits stattfindenden demografischen Wandel dominiert, der zu Problemen bei der Finanzierung der gesetzlichen Rentenversicherung (GRV) führt. Die Rentenversicherung der frühen 1990er Jahre basiert auf einem Umlageverfahren, in dem die arbeitende Bevölkerung Beiträge für die Rentner in Form von Lohnnebenkosten entrichtet, die sich an der Höhe der erforderlichen Ausgaben für die Renten orientieren. Dieses System gerät unter Druck, da die Geburtenrate seit den 1970er Jahren gesunken ist, gleichzeitig aber die Lebenserwartung zugenommen hat und somit den Altenquotienten erhöht (Börsch-Supan 2000). Infolgedessen steigen die Rentenbeiträge bis ungefähr 2035 immer weiter an, falls die Problemursachen nicht abgemildert werden.

Die zuständige Bundesbehörde ist das *Bundesministerium für Arbeit und Soziales (BMAS)*; weitere maßgebliche staatliche Akteure sind das *Bundeswirtschaftsministerium (BMWi)*, das *Bundesfinanzministerium (BMF)*, das *Bundesministerium für Familie und Senioren (BMFS)* sowie der *Bundeskanzler*. Die Parteien fungieren als Scharniere zwischen den politischen und administrativen Organen und sind folgerichtig in der Mitte des Diskursraums zu erwarten. Hinzu kommen die Rentenversicherungsträger (insbesondere die *BfA* und der *VDR*), einige wissenschaftliche Gremien und Institute wie etwa der *Sozialbeirat*, das *Ifo-Institut* oder das *Rheinisch-Westfälische Institut für Wirtschaftsforschung (RWI)*, einige Firmen (z. B. *Deutsche Bank*, *Thyssen*, *Volkswagen*) sowie diverse Interessengruppen und -verbände. Letztere üben zum Teil institutionalisiert Einfluss auf politische Verhandlungen aus (insbesondere der *Deutsche Gewerkschaftsbund DGB* und der *Bundesverband der Deutschen Arbeitgeber BDA*). Weitere organisierte Interessen auf Wirtschaftsseite sind u. a. der *Bund der Deutschen Industrie (BDI)*, der *Deutsche Industrie- und Handelskammertag (DIHT)*, der *Zentralverband des Deutschen Handwerks (ZDH)* oder der *Wirtschaftsrat der CDU*. Dem stehen eine Reihe von sozialen Organisationen und Verbänden gegenüber, zu denen die Sozialverbände *SoVD* und *VdK*, die *Arbeitsgemeinschaft SPD 60 plus*, die *Sozialausschüsse der CDU (CDA)*, die *Kirchen* und die Gewerkschaften *DAG*, *IG Chemie* und *IG Metall* gehören. Einige dieser Organisationen vertreten explizit die Ansprüche von Rentnern, während gerade die Gewerkschaften etwas komplexere Interessenlagen aufweisen, da sie mit den Arbeitnehmern zugleich Beitragszahler und zukünftige Rentner vertreten.

Im rentenpolitischen Diskurs spielen Lösungsvorschläge aus vier unterschiedlichen Bereichen eine Rolle:

1. Ein Bündel von Lösungsvorschlägen zielt darauf ab, die *Beitragsbasis* der GRV zu *vergrößern*. Konkrete Maßnahmen zur Erreichung dieses Ziels sind u. a. die Bekämpfung von Arbeitslosigkeit, die Erhöhung des Frauenanteils im Arbeitsmarkt, eine Verkürzung der Regelschulzeit, Erhöhung des Renteneintrittsalters, Bekämpfung von Frühverrentung, mehr Zuwanderung oder auch die Einbeziehung von Beamten in die GRV.

2. Eine weitere Sammlung von Lösungskonzepten zielt darauf ab, die *Kosten der Rentenversicherung* zu *minimieren*. Hierzu gehören die Herausnahme versicherungsfremder Leistungen aus der GRV – etwa die Querfinanzierung der Deutschen Wiedervereinigung über die GRV –, die Abschaffung oder Verringerung von Invaliden- oder Hinterbliebenenrenten, die Kürzung der Anrechnung von Wehrdienst- oder Studienzeiten oder auch die Kürzung von Rentenansprüchen, die deutsche Spätaussiedler geltend machen.

3. Der Erkenntnis, dass es sich bei der Rentenlücke auch um ein *Fertilitätsproblem* handelt, folgt eine Reihe von Vorschlägen, die Anreize zum Gebären von Kindern setzen sollen. Hierzu gehören allgemeine Maßnahmen der Familienförderung, die Anrechnung von Kindererziehungszeiten bei der Rente, bessere Kinderbetreuungsangebote wie etwa Kindertagesstätten oder die Kopplung der Rentenversicherungsbeiträge an die Zahl der geborenen Kinder.

4. Während insbesondere die ersten beiden Bündel von Lösungsvorschlägen auf Veränderungen abzielen, die innerhalb des bestehenden Rentensystems möglich sind, zielt eine letzte Kategorie von Vorschlägen auf eine Transformation des Umlageverfahrens ab, um Beiträge und Renten voneinander zu entkoppeln. Diese Vorschläge können als *Privatisierung* zusammengefasst werden, da die Ergänzung bzw. Ersetzung des Umlageverfahrens durch ein Kapitaldeckungsverfahren oder zumindest private Zusatzvorsorge gefordert wird. Der mildeste dieser Vorschläge ist die teilweise Abfederung der Beiträge über Steuern. Ein ähnlicher Vorschlag ist die steuerfinanzierte Grundrente. Hinzu kommen Rufe nach privater Zusatzvorsorge am Kapitalmarkt, der Stärkung der betrieblichen Altersvorsorge, einem Rückbau des Verwaltungsapparats der GRV, Kürzung des Rentenniveaus bis hin zu einer kompletten Ersetzung des Umlageverfahrens durch ein Kapitaldeckungsverfahren.

Im ersten Schritt wird ein aggregiertes Kongruenznetzwerk über den gesamten Zeitraum gebildet. Abbildung B.4(a) zeigt eine nicht-metrische multidimensionale Skalierung einer Korrelationsmatrix der Kantengewichte bei einem Verkettungsparameter von 20 Tagen und einer Schrittweite von einem Tag. Der Stress-Wert liegt bei 0,16. Die Wahl des Ähnlichkeits- bzw. Distanzmaßes fällt zugunsten des Korrelationskoeffizienten und gegen die euklidische Distanz aus, da es sich um unstandardisierte Daten handelt; die Akteure unterscheiden sich in den Häufigkeiten ihrer Statements.

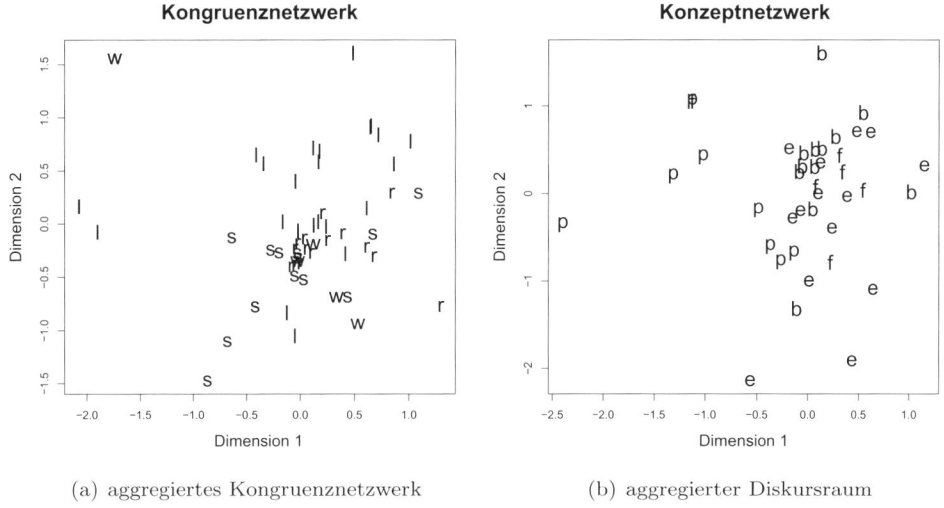

(a) aggregiertes Kongruenznetzwerk   (b) aggregierter Diskursraum

Abbildung B.4: Deutsche Rentenpolitik 1993 – 1995

Die Dauer von 20 Tagen wird gewählt, da sich politische Akteure in der Regel inner-halb dieses Zeitraums zu vorhergehenden Statements anderer Akteure äußern. Hier werden ausschließlich die Übereinstimmungen zwischen den Akteuren im Bezug auf ihre Statements einbezogen, nicht jedoch Konflikte oder direkte Bezugnahmen. Als Kategorien sind die einzelnen Lösungskonzepte verwendet worden, nicht jedoch die oben aufgezählten aggregierten Kategorien. Somit ist eine differenzierte Betrachtung des Akteursraumes möglich; das Analyseergebnis wird nicht von vorn herein von der theoretischen Klassifikation determiniert. Um die Informationen in dem Schaubild übersichtlicher zu gestalten, sind statt den Namen der einzelnen Organisationen nur einzelne Buchstaben stellvertretend für die Kategorien *Regierung und Parteien* („r"), *liberale Interessenorganisation* („l"), *soziale Interessenorganisation* („s") und *Wissenschaft* („w") eingezeichnet worden.

Es ist erkennbar, dass in dem Betrachtungszeitraum die Wirtschaftsinteressen auf der einen und die sozialen Interessen auf der anderen Seite die in der Mitte be-findlichen staatlichen Organisationen und Parteien umgeben. Zugleich gibt es eine Reihe von Akteuren beider Seiten, deren Präferenzprofile mit den Regierungsakteu-ren deckungsgleich sind. Dies sind insbesondere die großen Arbeitnehmer- und Ar-beitgeberorganisationen DGB und BDA, die innerhalb des korporatistischen Systems nach Veränderung streben. Es gibt darüber hinaus Ausreißer auf beiden Seiten. Dazu gehören auf der Wirtschaftsseite die *Arbeitsgemeinschaft Berufsständischer Versor-gungseinrichtungen (ABV)* und der *Bundesverband der freien Berufe (BFB)* sowie auf der Seite der Rentner die *Kirchen*. Links im Bild sind mehrere weitere liberale Daten-punkte zu sehen, die kaum Ähnlichkeit mit dem restlichen Diskursnetzwerk aufweisen. Dabei handelt es sich um Industrieunternehmen, die sich gegen die Bekämpfung von

Frühverrentung aussprechen. Interessant ist die Verteilung der wissenschaftlichen Organisationen: Vertreter des Ifo-Instituts, des RWI und des Instituts der Deutschen Wirtschaft äußern ausschließlich sehr liberale Vorschläge, während das Institut für Wirtschaft und Gesellschaft (IWG) und das Kieler Institut für Weltwirtschaft sowohl wirtschaftsnahe als auch systemimmanente Lösungen fordern, so dass sie eher mittig zwischen den Positionen der Regierung und der Gewerkschaften anzuordnen sind.

Insgesamt gibt das Schaubild einen Überblick über die Diskurskoalitionen und produziert drei wesentliche Ergebnisse: Es gibt zwei große, diametral entgegengesetzte Interessenlagen und zugehörige Diskurskoalitionen; die staatlichen Akteure befinden sich genau zwischen diesen Flügeln, wie es das korporatistische Modell vorhersagt; der Sozialbeirat, der nach Schulze und Jochem als „Clearingstelle" zwischen Arbeit, Kapital und Wissenschaft fungiert und dessen Rolle bisher schwer einzuschätzen ist (Schulze und Jochem 2007: 671), liegt tatsächlich exakt zwischen allen drei genannten Gruppen.

Abbildung B.4(b) zeigt die gleichen Berechnungen für das aggregierte Konzeptnetzwerk. Die über die Organisationen aggregierten Konzepte werden wie oben beschrieben in vier theoretische Gruppen unterteilt und mit den Buchstaben „e" (*Einsparungen*), „b" (*Beitragszahler vermehren*), „f" (*Fertilität*) und „p" (*Privatisierung*) abgekürzt. Die Einteilung kann leider nur grob erfolgen, da manche Lösungskonzepte mehreren Gruppen zugeordnet werden könnten – beispielsweise wird der Rückbau des Verwaltungsapparats der GRV hier als Privatisierungsmaßnahme interpretiert, obwohl er zugleich eine Einsparungsmaßnahme darstellt. Der Stress-Wert liegt bei 0,15.

In der multidimensionalen Skalierung werden wiederum mehrere Dinge deutlich: Einsparungsmaßnahmen, Lösungsvorschläge zur Vermehrung der Beitragszahler sowie Maßnahmen, die bei der Fertilität als Problemursache ansetzen, werden von den gleichen Akteuren gemeinsam benutzt und in der Diskussion vermengt. Man kann diese recht große Menge an Konzepten als Status-Quo-Orientierung umschreiben. Privatisierungsmaßnahmen hingegen stechen aus dem Diskursraum hervor und werden von einer weitgehend distinkten Menge von Akteuren propagiert. Dies entspricht beispielsweise der qualitativen Wahrnehmung von Hinrichs (2004: 281 ff.), der von einem relativ geschlossenen Politiknetzwerk in den frühen 1990er Jahren spricht, das in zunehmendem Maße von neuen Ideen herausgefordert und schließlich spätestens mit der Riester-Reform im Jahr 2001 aufgebrochen wird (vgl. Schulze und Jochem 2007: 702). Um den Medoid der Datenpunkte herum ist die Dichte an Lösungskonzepten zur Vermehrung der Beitragszahler besonders hoch. Dies entspricht der Position der Regierung, insbesondere des BMAS. Es wird deutlich, dass die offizielle Regierungslinie vor allem solche Maßnahmen in den Vordergrund rückt, während Einsparungsmaßnahmen oder Fertilitätsanreize vor allem von den übrigen Mitgliedern dieser Diskurskoalition genannt werden.

Der betrachtete Zeitraum erlaubt bereits interessante Einblicke in den rentenpolitischen Diskurs der frühen 1990er Jahre. Weitaus interessanter dürfte in zukünftiger empirischer Forschung eine dynamische Betrachtung sein, die Veränderungen in diesen Strukturen über Legislaturperioden und Rentenreformen hinweg aufdeckt. Dabei sollte jedoch in stärkerem Maße auf die Validität der aus Zeitungen gewonnenen Daten geachtet werden, als es hier zu Demonstrationszwecken geschehen ist.

B.6 Zusammenfassung und Ausblick

Das vorliegende Kapitel hat mit einer kurzen Einordnung der Diskursnetzwerkanalyse in die Politikwissenschaft begonnen; es wurden theoretische Konzepte der Diskursnetzwerkanalyse sowie deren technische Umsetzung diskutiert. Anschließend wurde anhand einer Software-Implementation der vorgestellten Algorithmen deren Anwendbarkeit und Tauglichkeit exemplarisch für den spezifischen Fall des deutschen rentenpolitischen Diskursnetzwerks der frühen 1990er Jahre anhand einer aggregierten Querschnittsbetrachtung vorgeführt.

Zukünftige Forschung in diesem Feld mag für die Politikfeldanalyse hilfreiche Ergebnisse produzieren und auf der methodischen Ebene ein komplementäres Werkzeug zur semantischen Netzwerkanalyse, zur Policy-Netzwerkanalyse wie auch zu anderen akteursbasierten Methoden der Politikfeldanalyse darstellen. Ein spezifischer Vorteil der Diskursnetzwerkanalyse liegt darin, dass historische, einfach zugängliche Daten analysiert werden können, während als Nachteil mögliche Validitäts- oder Reliabilitätsprobleme mit dem vorhandenen Quellmaterial in Kauf genommen oder kontrolliert werden müssen.

Literaturverzeichnis

van Atteveldt, Wouter, Jan Kleinnijenhuis und *Nel Ruigrok*, 2009: Parsing, Semantic Networks, and Political Authority Using Syntactic Analysis to Extract Semantic Relations from Dutch Newspaper Articles. Political Analysis 16.

Börsch-Supan, Axel, 2000: Was lehrt uns die Empirie in Sachen Rentenreform? Perspektiven der Wirtschaftspolitik 1: 431–452.

Carley, Kathleen, Jana Diesner und *Matt De Reno*, 2006: AutoMap User's Guide. Technical Report CMU-ISRI-06-114, Carnegie Mellon University, School of Computer Science, Institute for Software Research. URL http://www.casos.cs.cmu.edu/publications/papers/CMU-ISRI-06-114.pdf.

Engels, Anita, 2003: Institutionalisation of Ecological Risk Perceptions: The Role of Climate Change Discourses in Germany. In: *Heiko Breit, Anita Engels, Timothy Moss* und *Markus Troja* (Hg.), How Institutions Change, S. 155–177. Opladen: Leske + Budrich.

Hinrichs, Karl, 2004: Alterssicherungspolitik in Deutschland: Zwischen Kontinuität und Paradigmenwechsel. In: *Jürgen Beyer* und *Petra Stykow* (Hg.), Gesellschaft mit beschränkter Hoffnung: Reformfähigkeit und die Möglichkeit rationaler Politik, S. 266–286. Wiesbaden: VS-Verlag für Sozialwissenschaften.

Janning, Frank, Philip Leifeld, Thomas Malang und *Volker Schneider*, 2009: Diskursnetzwerkanalyse. Überlegungen zur Theoriebildung und Methodik. In: *Volker Schneider, Frank Janning, Philip Leifeld* und *Thomas Malang* (Hg.), Politiknetzwerke. Modelle, Anwendungen und Visualisierungen. Wiesbaden: VS Verlag für Sozialwissenschaften.

Leydesdorff, Loet, 2007: FullText.exe for Full Text Analysis. URL `http://users.fmg.uva.nl/lleydesdorff/software/fulltext/index.htm`.

Miller, M.Mark, 1997: Frame Mapping and Analysis of News Coverage of Contentious Issues. Social Science Computer Review 15: 367–377.

Moody, James, Daniel McFarland und *Skye Bender-deMoll*, 2005: Dynamic Network Visualization. American Journal of Sociology 110: 1206–1241. URL `http://www.soc.duke.edu/~jmoody77/ajs_online.pdf`.

de Nooy, Wouter, 2008: Signs Over Time: Statistical and Visual Analysis of a Longitudinal Signed Network. Journal of Social Structure URL `http://www.cmu.edu/joss/content/articles/volume9/DeNooy/`.

Nullmeier, Frank und *Sonja Wrobel*, 2005: Gerechtigkeit und Demographie. In: *Judith Kerschbaumer* und *Wolfgang Schroeder* (Hg.), Sozialstaat und demographischer Wandel. Herausforderungen für Arbeitsmarkt und Sozialversicherung, S. 21–41. Wiesbaden: VS Verlag für Sozialwissenschaften.

Schulze, Isabelle und *Sven Jochem*, 2007: Germany: Beyond Policy Gridlock. In: *Ellen M. Immergut, Karen M. Anderson* und *Isabelle Schulze* (Hg.), The Handbook of West European Pension Politics, S. 660–710. Oxford University Press, USA.

Steensland, Brian, 2008: Why do Policy Frames Change? Actor-Idea Coevolution in Debates Over Welfare Reform. Social Forces 86: 1027–1054.

Autorenverzeichnis

Ulrik Brandes ist Inhaber eines Lehrstuhls mit Schwerpunkt Algorithmik im Fachbereich Informatik und Informationswissenschaft der Universität Konstanz.

Markus Gaugler hat Verwaltungswissenschaft an der Universität Konstanz studiert und arbeitet bei der Gesellschaft für Management und Personalentwicklung, der Zentrale eines Netzwerks von HR-Spezialisten, Personalentwicklern, Trainern und Coaches, als Business Development Manager.

Verena Halbherr hat an der Universität Konstanz, der University of Warwick und Jiao Tong Universität Shanghai Politik- und Verwaltungswissenschaft (Diplom) mit Schwerpunkt Evaluationsforschung und Politikfeldanalyse studiert und arbeitet derzeit als Studienleiterin bei TNS Infratest Sozialforschung in München.

Frank Janning vertritt gegenwärtig eine Professur für Regierungslehre am Institut für Politikwissenschaft der Universität Hamburg.

Achim Lang, Dr., ist wissenschaftlicher Angestellter am Fachbereich Politik- und Verwaltungswissenschaft der Universität Konstanz.

Philip Leifeld ist Doktorand am Fachbereich Politik- und Verwaltungswissenschaft der Universität Konstanz sowie Doctoral Fellow des Max Planck International Research Network on Aging am Max-Planck-Institut zur Erforschung von Gemeinschaftsgütern in Bonn.

Thomas Malang ist Doktorand am Fachbereich Politik- und Verwaltungswissenschaft sowie wissenschaftlicher Mitarbeiter im Exzellenzcluster „Kulturelle Grundlagen von Integration" der Universität Konstanz.

Nicolas Marschall schloss 2006 sein Studium an der Universität Konstanz als Diplom-Verwaltungswissenschaftler ab und arbeitet nun als Projektmanager für ein europäisches Forschungsnetzwerk am Universitätsklinikum Ulm.

Melanie Nagel hat an der Universität Konstanz Diplom-Verwaltungswissenschaft studiert und promoviert bei Prof. Dr. V. Schneider.

Anna Katharina Ohm hat Verwaltungswissenschaft an der Universität Konstanz studiert, ist bei der Infratest dimap Gesellschaft für Trend- und Wahlforschung mbH beschäftigt und arbeitet dort als Projektleiterin im Bereich Meinungs- und Wahlforschung.

Matthias Orlowski hat Politik und Verwaltung an der Universität Konstanz studiert und ist derzeit Student des Masterstudiengangs Sozialwissenschaften am Institut für Sozialwissenschaften der Humboldt-Universität zu Berlin und studentischer Mitarbeiter am dortigen Lehrstuhl für Innenpolitik der Bundesrepublik Deutschland.

Andreas Schaumayer hat Verwaltungswissenschaft an der Universität Konstanz studiert und ist zur Zeit tätig als wissenschaftlicher Mitarbeiter im Landtag von Baden-Württemberg.

Hans-Jörg Schmedes hat an der Universität Konstanz über die Rolle von Wirtschafts- und Verbraucherschutzverbänden im europäischen Mehrebenensystem promoviert und arbeitet als wissenschaftlicher Mitarbeiter des Bundestagsabgeordneten Peter Friedrich.

Martin Schmid hat Verwaltungswissenschaft an der Universität Konstanz studiert, ist Consultant bei der Unternehmensberatung *Xpuls business solutions gmbh* und betreut derzeit ein Projekt zum Thema *alternative Antriebe*.

Volker Schneider ist Inhaber des Lehrstuhls für materielle Staatstheorie im Fachbereich Politik- und Verwaltungswissenschaft der Universität Konstanz.